THE END OF THE COLD WAR 1985-1991

意外的和平

雷根、戈巴契夫等「四巨頭」如何攜手結束半世紀的冷戰對峙？

Robert Service
羅伯・塞維斯——著　梁文傑——譯

目錄

第三部　解除武裝

第四部　帝國其萎

年表：冷戰大事年表

時間	事件
1945年	2月，羅斯福、邱吉爾、史達林舉行雅爾達會議，規劃戰後的世界秩序。兩個月後，羅斯福逝世。 5月，德國無條件投降。 7月，世界第一顆原子彈爆炸，人類擁有能夠瞬間毀滅大城市的武器。 8月，原子彈在廣島、長崎爆炸。 9月，日本無條件投降，第二次世界大戰結束。
1946年	3月，邱吉爾發表「鐵幕演說」，預測歐洲將會分裂為自由陣營與共產陣營。
1948年	6月，蘇聯封鎖西柏林，封鎖將會持續八個月。蘇聯與西方盟國的關係開始惡化。
1949年	4月，北大西洋公約組織成立。 10月，中華人民共和國成立。中華民國在內戰中戰敗，政府遷往台灣，東亞大陸被納入共產陣營。
1950年	6月，韓戰爆發。10月，中國人民志願軍參戰。
1952年	11月，美國在馬紹爾群島引爆世界第一枚氫彈，足以完全毀滅人類文明的核子武器出現。
1953年	7月，簽訂韓戰停戰協定，自由陣營與共產陣營在朝鮮半島維持分治僵局。
1955年	5月，華沙公約組織成立。 11月，美國捲入越戰。
1956年	10-11月，匈牙利人民發動革命，反抗匈牙利共產政權，匈牙利政府倒台。蘇聯軍隊入侵匈牙利鎮壓革命。
1957年	8月，蘇聯成功試射第一枚洲際彈道飛彈R-7。 10月，蘇聯發射史上第一顆人造衛星史潑尼克一號。全世界，甚至於太空，都有可能成為核子戰爭的戰場。
1958年	8月，金門危機爆發，中華民國與中華人民共和國互相砲擊。
1959年	1月，古巴革命成功，古巴隨後成為共產主義國家，給美國帶來相當大的國家安全威脅。
1961年	4月，蘇聯東方一號計畫成功，人類首次進入太空。 8月，東德樹立柏林圍牆。

1962年	10月，古巴飛彈危機爆發，人類在大規模核子戰爭爆發的邊緣，危機後來順利解除，蘇聯移除了古巴的飛彈，美國也移除了土耳其的飛彈。
1968年	1月，捷克斯洛伐克的共產政權開始進行改革，是為「布拉格之春」。 8月，蘇聯與華約國家進行干涉，聯軍攻入捷克斯洛伐克，捷克斯洛伐克的政權自由化之路中止，改革也被中斷。
1969年	3月，珍寶島事件爆發，中蘇衝突到達頂點，共產陣營出現了巨大的分裂。7月，美國阿波羅十一號計畫成功，人類首次登上月球。
1972年	2月，美國總統尼克森訪問中國，這是中美邦交正常化的開始，此後美國將會援助中國以牽制蘇聯。 5月，美國總統尼克森與蘇聯最高領導人布里茲涅夫簽署《反彈道飛彈條約》，這是限制大規模戰略武器威脅的一步嘗試。
1973年	1月，美國退出越戰，美軍撤出越南。
1975年	4月，北越軍隊攻入西貢，越南統一，越戰結束，共產陣營突破了東南亞的圍堵防線。
1979年	2-3月，中國向越南發動戰爭，中國人民解放軍攻入越南北部，越南政權此時受到蘇聯的支持，這場戰爭可以視為中國與蘇聯在共產陣營內部的爭奪。12月，蘇聯入侵阿富汗，開始長達九年的阿富汗戰爭，美國卡特政府也對蘇聯發起經濟制裁。
1981年	1月，美國總統雷根上任。 11月，雷根提出歸零方案，宣布將撤除歐洲大陸的中程導彈。 12月，波蘭宣布戒嚴，打壓反對派「團結工聯」的抗爭行動。
1982-1985年	蘇聯最高領導人布里茲涅夫、安德羅波夫、契爾年科在三年內相繼去世，1985年3月，戈巴契夫接任蘇聯最高領導人。
1983年	1月，美國總統雷根簽訂「國家安全決定75號指令」，決心解除「低盪」狀態，轉而大力遏制蘇聯。 3月，雷根總統提出俗稱「星戰計畫」的「戰略防禦計畫」。 9月1日，大韓航空007號班機在庫頁島附近遭到蘇聯軍隊擊落。 11月，北約國家舉行「優秀射手」演習，蘇聯與華約國家針對此次演習顯現了不尋常的緊張與提防。
1985-1991年	在戈巴契夫的帶領下，蘇聯開始一連串以「開放」、「重建」為目標的改革政策，並試圖與美國緩和關係。然而改革並沒有產生預期的效果，反而使蘇聯進入政治動盪、經濟惡化的時代。1988年之後，蘇聯對於東歐各國的控制力減弱，東歐各國的共產政權相繼垮台，是為東歐劇變。
1985年	11月，美國總統雷根與蘇聯最高領導人戈巴契夫在日內瓦舉行高峰會，雖然兩方對「戰略防禦系統」都沒有讓步，但是美國和蘇聯首次顯示出願意與對方對話的友善態度。

1986年	4月，蘇聯烏克蘭境內的車諾比核電廠發生爆炸，輻射塵隨即散布到歐洲各地，車諾比核災是有史以來最為嚴重的核事故。 10月，美國總統雷根與蘇聯最高領導人戈巴契夫在雷克雅維克舉行高峰會，主要探討裁軍問題，然而兩方的共識在最後一刻破裂，沒有簽署任何書面協定。
1987年	5月，西德青年魯斯特駕駛一架小型民航機從赫爾辛基出發，穿過蘇聯領空抵達莫斯科紅場。這件事撼動國際，蘇聯軍方顏面盡失。戈巴契夫利用此機會整頓總參謀部和國防部的保守派，掃除改革障礙。 11月，在雷根政府中一向力主對蘇聯採取強硬路線的國防部長溫伯格，因為不滿雷根在「戰略防禦系統」上的讓步而辭職。 12月，美國總統雷根與蘇聯最高領導人戈巴契夫簽訂《中程核子飛彈條約》，美國與蘇聯同意裁撤中程導彈，這是雙方願意邁向和平的重大事件。
1988年	蘇聯軍隊從阿富汗撤出。波蘭發生橫跨上半年的大規模罷工與抗爭行動。 4月，美、蘇、巴基斯坦、阿富汗四國簽訂《日內瓦協議》，確定蘇聯撤離阿富汗。 12月，戈巴契夫拜訪紐約，並在聯合國大會發表演說。亞美尼亞發生強烈地震，數萬民眾死亡。
1989年	1月，雷根兩任總統任期屆滿下台，布希繼位。 2月，最後一名蘇聯士兵撤離阿富汗。 5月，戈巴契夫訪問中國，這是中蘇交惡以來蘇聯最高領導人第一次訪問中國。 6月，中國發生六四天安門事變。同一天，波蘭舉行選舉，團結工聯大勝波蘭統一工人黨。 8月，波羅的海三國大規模遊行示威，愛沙尼亞、拉脫維亞、立陶宛三國公民串起「自由之鏈」。 10月，東德何內克下台。 11月，柏林圍牆倒塌，標示冷戰已經接近尾聲，冷戰終將以自由陣營的勝利作為結束；捷克斯洛伐克的共產政權放棄專政權力，是為「天鵝絨革命」。 12月，美國總統雷根與蘇聯最高領導人戈巴契夫在馬爾他舉辦高峰會，兩方沒有簽訂協定，但是通常將這場高峰會視為冷戰結束的眾多重大事件之一；羅馬尼亞發生革命，西奧塞古領導的共產政權倒台，西奧塞古夫婦被處決。
1990年	8月，美國與聯合國軍隊出兵波斯灣，波灣戰爭爆發，隨後美國攻擊蘇聯的盟友伊拉克。這是美國軍隊直接干涉中東的開始。 11月，北約國家與華約國家簽訂《歐洲傳統武力條約》，意在對於歐洲部署的傳統武力作出限制，增進區域的和平，然而蘇聯與東歐已經進入大規模動盪。
1991年	7月，美國總統布希與蘇聯最高領導人戈巴契夫簽訂《削減戰略武器條約》，條約中規定了各種彈頭的裁減數量。 8月，蘇聯發生政變，保守派意圖推翻戈巴契夫，雖然政變終告失敗，但戈巴契夫的聲望大幅下滑，在政變中表現果斷的葉爾欽則得到民眾的歡迎。 9月，蘇聯承認愛沙尼亞、拉脫維亞、立陶宛獨立。 12月，蘇聯解體，冷戰結束。

譯序

歷史結構中的領導人意志

梁文傑

翻譯這本談冷戰末期的書，其實是在重新經歷一段雖然發生未久且影響深遠，個人在當時卻茫然無知的歷史。

一九八五年戈巴契夫上台時，譯者只是十四歲的國中生。當時的蘇聯是世界兩大超強之一，美蘇冷戰、核戰一觸即發、世界末日隨時降臨，這些是國中生都知道的，因為前一年（一九八四年），《魔鬼終結者》這部末日電影才在全球造成轟動。但戈巴契夫上台後怎麼搞改革開放、怎麼和雷根總統從冷戰敵人變成合作夥伴、怎麼和鄧小平在北京會面從而引發了一九八九年的天安門學潮和屠殺，當時我都是懵懵懂懂。至於看似會千秋萬代的蘇聯怎會在譯者剛上大學的一九九一年戛然崩解，當時更一無所知。

事後回顧，超級大國領導人的性格、氣質、作風、目標，確實會影響到歷史的進程。受歷史唯物論影響比較大的社會科學家喜歡強調結構的力量，不喜談個人的作用。但很清楚的是，儘管蘇聯當有種種內外危機，但如果在一九八五年掌權的是蘇共元老葛羅米柯而不是戈巴契夫，蘇聯並不是注定會在一九九一年崩解，因為同樣是危機重重的共產極權國家，北韓的金氏王朝就撐到現在。如果雷根在一九八一年遇刺身亡，我們所知的冷戰末期史也會改寫。又如果鄧小平在一九八九年六月四日之前就離世，或鄧小平當時鐵腕鎮壓的意志稍有鬆動，今天的中國共產黨可能已不存在。光是比較胡錦濤時代和習近平時代，就會知道同樣是中共總書記，溫和開放和一人專制有多大的不同。

所有這些事件都影響到當時在世界上幾無足輕重的台灣，但事件發生當下卻無人能預料其深遠影響。比方說，假如不是戈巴契夫搞「開革開放」，對美國不再造成威脅，美國可能延續尼克森和季辛吉「拉中抗蘇」的政策，早對台灣棄之不顧。又假如不是戈巴契夫引發中國的六四學潮和天安門屠殺，國民黨頑固派也可能不顧所謂「野百合學運」要求民主化的呼聲，繼續一黨專制，而台灣人追求獨立的意識也不會高漲，從此和中國越走越遠。

「假設性歷史」（counterfactual history）的問題永遠問不完。細思歷史人物如何決策，以及非常有可能做出不同的決策，以及不同的決策會造成如何不同的長遠後果，這是翻譯本書最重要的樂趣之一。希望細心的讀者也能找到樂趣。

前言

關於冷戰的終結，美國已有無數文章、論文集和相關網頁在探討，許多議題才剛開始研究中。來自俄國檔案庫的蘇聯時代文獻也很豐富，但其中有很多只能在國外的圖書館找到。日記、會議紀錄和對話紀錄等資料讓我們更能看清楚這段全球政治上的巨變時期。例如，我們已能精確追溯雷根在一九八七年的「柏林圍牆」演說稿的歷次修正過程，以及蘇聯領導人如何字斟句酌修改蘇共中央委員會的會議紀錄。我們對這些紀錄必須小心使用，因為凡是有紀錄的東西都是被政治人物過濾過的。但檔案材料總是越多越好，它們提供的洞見構成了本書的基礎。

在蘇聯方面，蘇共政治局的會議紀錄保留在蘇共中央書記處總務部所編的「工作紀要」（working notes）當中。這些紀要有許多被收藏在胡佛研究所的俄國社會政治史國家檔案的全宗第八十九號（RGASPI FOND 89），德米特里·沃爾科戈諾夫（Dmitri Volkogonov）的個人檔案中也有許多在一九九〇年代初印自俄羅斯總統府檔案館的文件。此外，戈巴契夫的幾位幕僚——阿納托利·切爾尼雅耶夫（Anatoly Chernyaev）、喬治·謝赫納札羅夫（Georgi Shakhnazarov）、瓦迪姆·梅德韋傑夫（Vadim

Medvedev）——都違反了禁止記錄自己親身經歷的規定，也都有出版。我在牛津大學聖安東尼學院的俄文圖書館參閱了切爾尼雅耶夫留下的資料。史丹佛大學收藏的蘇共中央委員會會議紀錄也相當重要，其中還有會議紀錄的歷次修訂版本，甚至還有已經寫好但未發表的演講稿。

胡佛研究所蒐集的蘇聯主要領導人檔案對理解冷戰最後幾年最為重要。其中又以三個檔案特別有用。蘇聯外交部長愛德華・謝瓦納茲（Eduard Shevardnadze）要求其幕僚泰姆拉茲・斯特帕諾夫—馬馬拉澤（Teimuraz Stepanov-Mamaladze）詳細記錄其開會和對話內容，從而驚人地記錄下了蘇聯外交政策的討論和決定過程。我很榮幸首度向世人引介這份材料。蘇共中央書記處防衛部的維塔利・卡塔耶夫（Vitali Kataev）也詳細記錄了蘇聯領導人對裁軍問題的討論。這份文件有助於了解政治人物和「軍事—工業複合體」的關係。阿納托利・阿達米申（Anatoli Adamishin）在當外交部副部長之前是外交部第一歐洲部部長，他的日記貫穿整個八〇年代。他對於蘇聯內部政治及國際關係的觀察相當精彩，而且這份資料基本上都未被引用過。

在美國方面，我引用了加州西米谷雷根總統圖書館的館藏。胡佛研究所檔案館也有「當前危機委員會」（the Committee on the Present Danger）的豐富資料，還有中情局局長威廉・凱西（William J. Casey）及國家安全顧問理查・艾倫（Richard V. Allen）的個人檔案。外交官員查爾斯・希爾（Charles Hill）為國務卿喬治・舒茲（George Shultz）工作時所留下的大量紀錄對本書也相當重要，感謝他們允許我引用這份獨特的資料來源。此外，我在喬治華盛頓大學的國家安全檔案館也找到許多紙本和電子檔案。我也運用了布希總統圖書館的館藏，還有依據資訊自由法案申請到的線上出版物。史丹佛大學的大衛・霍洛威（David Holloway）大方和我分享他所收藏的中情局檔案。北卡大學的莫利・沃森（Molly Worthen）也提供我查爾斯・希爾的一些工作日誌。一九八八年到一九九一年間的英國駐蘇聯及俄羅斯聯邦大使羅德里克・布萊斯威特爵士（Sir Rodric Braithwaite）提供我他在那段時期的日記，在此十分感謝。也要感謝羅德里克・林恩爵士（Sir Roderic Lyne）對當時事件的回憶。他在改革年代在英國大使館服務，後來成為英國駐俄大使。

胡佛研究所檔案館的工作人員大方提供我協助。對於本書，我特別受益於羅拉・索羅卡（Lora Soroka）、卡羅・李登漢（Carol Leadenham）、大衛・傑柯布斯（David Jacobs）、琳達・伯納（Linda Bernard）的建議。和胡佛研究所檔案館和圖書館的人員一起工作是一大樂事。雷根總統圖書館的雷・威爾森（Ray Wilson）為其館藏提供我絕佳指引。國家安全檔案館的湯姆・布萊登（Tom Blanton）和斯維拉娜・薩夫蘭斯卡雅（Svetlana Savranskaya）指點我其館藏中最重要的文件，聖安東尼學院的理查・拉米吉（Richard Ramage）也幫我尋找俄文圖書館的藏書和文章。

感謝舒茲先生和我長談他在國務卿任內的種種。我也要感謝查爾斯・希爾和我的數次談話，他在舒茲任內那幾年擔任執行助卿。由於我認為舒茲和謝瓦納茲是締造和平的關鍵人物，他的證言就顯得非常重要。我還要感謝哈理・羅溫（Harry Rowen）對一些回憶的釋疑，也要感謝傑克・馬特洛克（Jack Matlock）和理查・派普斯（Richard Pipes）回信答覆我的問題。在蘇聯這方面，我在過去數年中和戈巴契夫的特助阿納托利・切爾尼雅耶夫以及安德烈・格拉切夫（Andrei Grachev）有過愉快的討論。前外交部副部長阿納托利・阿達米申也樂於答覆我對他的日記所提出的問題，並提示我一些研究方向。英國前國防部長戴斯蒙・布朗爵士（Lord Desmond Browne）和「核威脅倡議組織」（Nuclear Threat Initiative）的史帝夫・安德里森（Steve Andreasan）讓我更清楚了解到核子武器在冷戰結束後對世界持續帶來的威脅。

我在胡佛研究所經常和羅伯・康克斯特（Robert Conquest）、彼得・羅賓森（Peter Robinson）及麥可・伯恩斯坦（Michael Bernstam）討論問題。他們三位對這個時期的事件都有寫過很重要的著作。他們讓我了解美國政治體系及其處理蘇聯問題的特殊性，我受益良多。我也要感謝和我在舊金山灣區經常討論冷戰問題的約格・巴布羅斯基（Joerg Baberowski）、提姆・卡頓・艾許（Tim Garton Ash）、保羅・格列高里（Paul Gregory）、馬克・哈里森（Mark Harrison）、喬納山・哈斯蘭（Jonathan Haslam）、湯姆・哈德瑞克森（Tom Hendriksen）、大衛・霍洛威（David Holloway）、史蒂芬・柯特金（Stephen Kotkin）、諾曼・奈馬克（Norman Naimark）、西維爾・彭斯（Silvio Pons）、尤里史雷斯金（Yuri Slezkine）及艾米爾・維納（Amir Weiner）。我也要感謝胡佛研究所所長約翰・萊先（John Raisian）多年來大力支持本研究和其他項目，以及沙拉・斯蓋非基金會（Sarah Scaife Foundation）提供的高額贊助金。

我和羅伊・蓋爾斯（Roy Giles）在聖安東尼學院俄國中心的討論大大有助於我對一九八〇年代後期西方軍事思考的理解。我也要感謝洛瑞安・克朗普（Laurien Crump）在和我當同事時提點我有關華沙公約的資料。亞奇・布朗（Archie Brown）、朱莉・牛頓（Julie Newton）、亞力克斯・普拉夫達（Alex Pravda）及亞當・羅伯爵士（Sir Adam Roberts）在文獻回顧上給了我很多幫助。理查・大維（Richard Davy）提供我關於歐洲安全史的一些觀點。而多年以來，諾曼・戴維斯（Norman Davies）對於俄國和歐洲的見解讓我們在倫敦和牛津合作愉快。

大衛・霍洛威、喬佛瑞・霍斯金（Geoffrey Hosking）、鮑伯・羅（Bobo Lo）及西爾維爾・彭斯等幾位同事讀完了我的初稿，我也採用了他們的建議，感謝他們許多寶貴意見。也要感謝安妮・戴頓（Anne Deighton）、保羅・格列高里、安德魯・賀瑞爾（Andrew Hurrell）、羅德里克・林恩爵士（Sir Roderic Lyne）、梅文・列夫勒（Melvyn Leffler）及胡果・塞維斯（Hugo Service）等幾位幫我看過幾個章節。當我從加州回來正驚喜於胡佛檔案館的館藏時，我也要感謝經紀人大衛・古德溫（David Godwin）與我的討論及鼓勵。麥克米倫出版社的喬吉納・莫莉（Georgina Morley）努力讓本書成形。而我最要感謝的是我的太太阿黛爾（Adele），她把初稿讀過兩遍並提出許多修改意見。我完全了解我的一些論點是有爭議性的，因為要嚴肅寫這個題目本就不可能不引發爭議。但研究和撰寫本書確實是一大樂趣。當然，本書若有任何錯誤、誤判和不當之處，都由我個人負責。

羅伯・塞維斯
倫敦N16
二〇一五年六月

導論

所謂冷戰是美國和蘇聯在二次世界大戰後幾十年內既未打仗又非和平的狀態。一九四五年打敗德國和日本後，美蘇兩國成為全球性的超級強國，兩國的對峙隨時都可能爆發為「熱戰」，而兩國的核武器會讓地球上任何國家都無法生存。雙方的政治人物和民眾都很快就了解到情況之危險。雖然每個人都想避免第三次世界大戰，美蘇間的鬥爭卻似乎永無休止，製造出來的核武器殺傷力也越來越強大。

從意識型態來說，一邊是代表資本主義的美國，一邊則是鼓吹共產主義的蘇聯。在摧毀第三帝國之後，蘇聯立刻向東歐輸出馬列主義的國家和社會體制，中國和其他地區也隨即發生革命，這讓史達林得以宣稱全球的權力格局已經向共產主義傾斜。美國則在各個大陸上支持任何願意抵擋共產主義擴張的政權。兩大超級強國都組有龐大的軍事同盟——美國領導的北大西洋公約組織和蘇聯領導的華沙公約組織。華府譴責克里姆林宮踐踏人權，莫斯科則批評美國政府吝於提供社會福利。雙方都不斷攻擊對方是貪婪的帝國主義者。雙方都在全世界各個角落資助政變和反政變、革命和反革命。雙方也都為了自己的利益援助和控制附庸小國。若問到這勢不兩立的兩大超強到底會鬥到什麼時候，他們都認為要鬥到把所有的邪惡都從地球上消滅為止。

但他們心裡也都非常清楚——正如史丹利．庫柏利克一九六四年的電影《奇愛博士》（*Dr. Strangelove*）所描寫的——任何微小的誤算都會使核導彈升空，讓全球陷入大災難。雖然偵搜技術不斷進步，但整個過程還是很易發生失誤。手握和戰決定權的政治領袖依靠情報機關和預警系統來查知對方是否有發動第一擊的企圖。但一個錯誤的警報就可能造成世界末日。

美國和蘇聯不斷鬥爭。一九五〇年六月，共產主義的北韓在蘇聯暗中幫助下入侵美國支持的南韓。美國及其盟邦派軍阻擋，這一仗打了三年。一九六二年十月，蘇聯領導人赫魯雪夫在古巴部署戰略彈道飛彈挑戰美國，兩大超強又處於世界大戰邊緣。直到甘迺迪總統威脅要動武來阻止其部署後，赫魯雪夫才後撤。這次飛彈危機震撼了雙方領導人，都認為要防止這種危機再度發生。在尼克森總統和布里茲涅夫（Leonid Brezhnev）總書記領導下，兩國進入被稱為「低盪」（détente）的和平敵對時期，同時又都各自擴展對第三世界國家的影響力。一九七九年十二月，卡特總統為了反擊蘇聯入侵阿富汗而停止了「低盪」政策。在雷根於一九八〇年十一月贏得總統大選後，兩大超強的對立情勢又再度升高。一九八三年末，蘇聯領導人獲得情報顯示美國計畫以北約的「優秀射手演習」（Able Archer）來掩護對蘇聯進行先制性的核子打擊，在華府保證沒有攻擊意圖後才讓緊張緩和下來。

在整個冷戰期間，尤其是在一九八〇年代初，兩國之所以沒有爆發熱戰，是因為雙方都明白對手有足以致命的反擊能力。不管在克里姆林宮或白宮，只有傻瓜才會認為自己可以從一場核戰爭中全身而退。然而也沒有人認真試圖去結束冷戰。兩國領導人最多只有嘗試降低風險，他們的政策都受制於有力的國防遊說團體。幾十年來，蘇聯的經濟政策都以「軍事—工業複合體」的利益為優先，而一九七三年油價上漲導致西方經濟衰退，也迫使美國政府把軍火工業外包民間以刺激經濟復甦。[1]於是冷戰就像是全球政治的常態，和平主義者和反核人士都像脫離現實。

當戈巴契夫在一九八五年三月當上蘇共總書記並和雷根總統結為和平盟友之後，時代的氛圍出現了轉機。雷根在一九八一年一月當上總統前不久，他驚訝地得知美國並沒有防衛核武攻擊的能力。他想停止軍備競賽，呼籲兩大超強削減核武儲備。戈巴契夫也回應要消滅所有核子武器，一九八六年四月的車諾比核災更讓他意識到民用核電廠也有高度危險性。總書記和總統的想法高度一致，雙方合作削減陸基、海基和空中的核彈數量。隨著雙方逐步和解，雷根總統及繼任的老布希總統（按：以下皆稱為布希總統）也看到蘇聯打破了自己的集權政體和共產主義意識形態，允許越來越多的公民自由和經濟改革。於是誰也沒有想到，光是從一九八七年到一九九〇年間，雙方就針對限制中程及戰略性核武、阿富汗問題、限制傳統武器和德國統一問題簽訂了多項協定。反共浪潮也在一九八九年席捲東歐各國。全球政治的面貌完全改變，布希總統安心地宣告冷戰已經結束。

這場巨變是如何和為何發生的呢？在一九八〇年代初，莫斯科和華府的關係還高度緊張，但到了一九八〇年代末，蘇聯和美國卻達成了歷史性的和解。過程如此和平確實是一個巨大的成就，因為冷戰本可輕易以災難收場。

這並不是個冷門的問題，冷戰的終結已經有大量文獻在討論。雙方領導人及官員都寫了許多回憶錄，也有大量的檔案問世，更別說還有數不清的學術文章。對這個問題也有兩種對立的解釋。對戈巴契夫的崇拜者來說，光環只屬於戈巴契夫，因為正是他讓兩大超強和解，讓和平有了機會。不論在東西方，這種看法在戈巴契夫還在位時就相當普遍。即使到現在，就連一些戈巴契夫的批評者也還是如此認為。總書記看起來是以其決心和魅力為工具，在蘇聯和全世界實現其個人政治理念。[2]但另一派則認為其實是雷根的反共政策把戈巴契夫逼上談判桌。雷根總統的策略是努力讓美軍現代化，而其「戰略防禦計畫」（Strategic Defense Intiative）是壓垮駱駝的最後一根稻草。這一派人盛讚雷根既達成了與蘇聯領導人的和解，又沒有損及國家目標。[3]

戈巴契夫和雷根確實是在特殊時刻合作的特殊政治人物。[4]但即使我們承認戈巴契夫的貢獻，我們還是要問他究竟是自願還是被迫採取改革。而雖然雷根的決定性貢獻也越來越受到承認，我們還是要評估他的裁減核武計畫的重要性。此外，雖然一般都認為布希總統一開始對付戈巴契夫的手法不及雷根靈活，但公平地說，布希是在東歐巨變的時刻才當上美國總統的。[5]如此一來，我們就該追問這些領導人是如何互動以及他們為何改變對彼此的看法。這就需要對兩大超強同等關注，不能偏廢。總書記和總統在做出重大外交決策時都要慮及對方會如何回應，所以本書所探討的事件都要真正做到對兩邊都做分析。

美國和蘇聯領導人在打交道時都得戰戰兢兢評估現實，同時也要大膽隨機應變，而蘇聯和東歐共產秩序的崩解也讓他們非根據現實做調整不可。[6]白宮和克里姆林宮都高度體現了適應現實的特性。雷根、戈巴契夫和布希每天都要面對呈到辦公桌上的新情勢，再快速做出決策。

理念的重要性也值得重新評估。蘇聯改革者自認是在威權社會主義和先進資本主義之間追尋一條中間道路。他們認為自己是在價值系統崩潰時積極謀國的急先鋒。美國政府官員也是以同樣的奮戰精神在鼓吹民主選擇的原則和市場經濟，保衛其所認定的西方國家利益。[7]兩邊都有十字軍，雷根和戈巴契夫都同樣高舉正義的大旗。雷根的非核化目標讓他手下大多數高級官員無法接受，但戈巴契不但贊同雷根，還要求盡快簽署協定。不論戈巴契夫是否真心贊同全面去除核子武器，但他的行為看來是如此；而當蘇聯內部的政治經濟越發困難時，他又面臨更大的現實壓力要進一步和美國和解。如何在現實壓力和信念之間做平衡是值得探究的課題。

華府和莫斯科要建立互信從來就不容易。布希總統就相當疑慮，所以他在一九八九年一月上台後第一件事就是下令徹底檢討美國外交政策。兩邊的領導人都有很多要了解對方的地方。兩大超強的媒體即使不再互相攻擊，在報導對方時也都還是抱持疑慮。據說戈巴契夫在早期都是聽取來自研究單位的高質量報告，[8]但他後來對學術單位和KGB的報告都很輕蔑。至於雷根總統和布希總統的手下官員都認為戈巴契夫是個騙子，只是想哄騙美國讓步而已。專家給他們的報告相當多，但我們得了解這兩位總統是否主要依賴自己的直覺和面對面觀察行事。雷根對戈巴契夫的信任是歷經一九八五到一九八八年間的日內瓦、雷克雅維克、華府和莫斯科高峰會而逐漸增強的。布希則是從一九八九年的馬爾他峰會以後才和戈巴契夫成為朋友。

莫斯科和華府的領導人都受限於既有的政治集團。許多人認為在一九八〇年代中以前，美國的軍事—工業複合體對世界和平根本沒興趣。蘇聯的重工業部門和軍方高層也都是頑固的軍國主義者。[9]雷根和布希都清楚美國保守派對於他們想和克里姆林宮達成協議深懷疑懼。蘇共保守派越來越不滿戈巴契夫為了搞和解對白宮過於讓步。雷根有辦法讓他的支持者放心，戈巴契夫也辦到了，至少到一九八〇年代末之前。而在兩人當中，戈巴契夫的處境是比較困難的，因為他對美國做的讓步比他所獲得的要多太多。雷根承襲了一個穩固的政治經濟體系，戈巴契夫則要拚命翻轉共產黨幾十年來的老觀念和老做法。但為什麼軍火利益集團沒有作亂呢？或者說，這些領導人是怎麼把想作亂的人安撫下來的呢？雷根以增加武器研發和生產滿足了軍火商和軍隊的利益，這可能是部分原因，但戈巴契夫的改革派則不再把預算放在國防支出。黨、KGB和國防高層終於在一九九一年八月聯合起來推翻戈巴契夫。但我們還是要問為什麼他們要等那麼久才行動？

還有一個很少被思考過的問題是，在戈巴契夫當上總書記之前，蘇共政治局到底對蘇聯面對的困境有多少了解？很多評論家早就知道蘇聯在一九八〇年代初就有嚴重的預算壓力。[10] 雖然政治局知道其東歐盟邦已對西方銀行債台高築，卻無力出手拯救，也找不出一條技術革新的明路。波蘭長期陷於政治危機，蘇聯為入侵阿富汗死傷無數。莫斯科對古巴、越南、衣索比亞及非洲南部游擊隊的金援在財政上是無底洞。資訊科技所帶來的經濟革命又讓蘇聯遠遠落後。自一九四〇年代末開始，美國及其盟邦就限制出售有可能轉為軍事用途的先進設備給蘇聯。由於許多民用工業生產設備都在禁售範圍之內，結果是讓蘇聯的生產力更加落後。一九七五年，布里茲涅夫總書記和福特總統聯同東西歐國家和加拿大領導人共同簽署了「赫爾辛基協定」（Helsinki Final Act）*，但蘇聯自此之後就因為人權議題備受國際外交壓力。

但蘇聯有困境並不表示蘇聯領導人就真的了解這些困境。幸好我們現在可以看到克里姆林宮在一九八五年以前的內部討論。戈巴契夫宣稱在他展開改革之前，政治局並沒有意識到真實情況。但他對克里姆林宮政治的說法究竟是實情抑或只是他的自我吹噓？這要看你相信哪個答案。如果他的說法是對的，那他就獨占全功。如果他的說法有誤，那他只是打開了一扇本已半開的門。這是一個很重要的研究領域。但戈巴契夫對改革的貢獻還有很多待解的問題。比方說，當戈巴契夫展開外交政策改革後，他是如何成功讓其他蘇聯領導人支持他的？

當然，戈巴契夫和雷根都面臨許多要耗費心力的挑戰。雖然他們外交政策的成果備受讚譽，但很少人了解他們是如何駕馭整個過程的。很多人低估了戈巴契夫挑上謝瓦納茲當外交部長的意義。謝瓦納茲對外交政策做了根本性的改變，他和戈巴契夫一直到一九八九年都合作無間。相較於謝瓦納茲從一開始就幾乎獲得政治局全體支持，舒茲則要對抗雷根政府內一些反對和莫斯科做任何妥協的高層官員。雷根一直要到一九八七年才徹底站在舒茲這一邊。謝瓦納茲和舒茲是讓兩位領袖能簽下限制戰略武器協議的不可或缺的人物。本書就是要檢視這四位我稱為「四巨頭」的政治家——雷根、戈巴契夫、舒茲、謝瓦納茲——對美蘇和解所起到的關鍵性作用。

終結冷戰的關鍵性力量來兩大超級強國。雙方都知道要帶著各自的盟邦一起前進。在冷戰結束後，許多西方國家領袖都聲稱自己一直和美國合作終止與蘇聯敵對。英國首相柴契爾夫人、法國總統密特朗、德國總理柯爾及義大利外交部長朱利奧．安德烈奧蒂（**Giulio Andreotti**）都聲稱自己扮演了關鍵角色（加拿大、日本和澳洲總理的回憶就比較謙遜）。但許多證據顯示，其實在一九八〇年代中期，以柴契爾夫人為首的美國的北約盟邦都私下批評雷根太過輕信克里姆林宮。[11]柯爾在一九八九年十一月發表促進德國統一的「十點計畫」，對局勢的發展產生顯著影響。但若柯爾沒有心知肚明美國會支持他，他未必敢提出其政治方案。除此之外，我們也想了解支持戈巴契夫的「和平運動」和大部分東歐國家共產黨的作用為何。

---

* 赫爾辛基協議的內容可分為四大部分。第一類涉及政治和軍事問題，領土完整與定義邊界，和平解決爭端和建立互相信任措施。第二部分專注於經濟問題，如貿易和科技合作。第三部分強調人權，包括移民自由、文化交流和出版自由。第四部分是正式實施細節與後續討論，旨在改善共產主義陣營與西方國家的關係。此協議中的人權條款為蘇聯和東歐的民主運動提供了道德與法律上的支持，其內容包括允許簽約國組建人權監督小組，成為相異政見運動和非暴力抗議團體興起的突破口，並加速柏林圍牆倒塌和共產主義國家崩潰。

戈巴契夫和華沙公約國家的關係比雷根和北約國家的關係要好。雖然東歐各國共黨領袖對戈巴契夫要改革蘇聯心存疑慮，但幾乎都支持他和美國改善關係。然而到了一九八〇年代末，他們對共產秩序的困境感到徬徨失措。[12]他們都不是自願交出權力，而是被積極分子和街頭群眾逼下台。戈巴契夫拒絕以軍事干預拯救共產主義。沒有人會否認正是因為他鼓勵人民起身捍衛權利才引發橫掃舊政權的革命。但我們還是要問為什麼一九八九年的事件會大出意料之外，也要探討這些事件對立陶宛和其他波羅的海國家的影響。[13]他的全球戰略確實引發了許多問題。雖然蘇聯領導人繼續反對美國在全球各地擴張勢力，但他們自己幾乎完全放棄了在第三世界的立足點，這個決定至關重要，也需要進一步探討。[14]世界政治以驚人的速度在變化，每一個大大小小的變化都會互相影響。而就在眾人尚未察覺之際，蘇聯就失去了超級強國的地位。

冷戰的終結絕非注定，大多數學者都認為美國和蘇聯隨時都可能回到昔日的敵對狀態。如果雷根想要，他大可以拒絕和蘇聯善意往來。作為一個美國保守派，他有很多可以批評蘇聯政策的地方。戈巴契夫也可以決定要停止或逆轉政革。許多當初支持他當總書記的人正是要他這麼做，他所任命的高官最後也在一九九一年八月的政變中企圖推翻他。共產制度確實還有餘威辦到這一點。但在改革派的支持和雷根與布希的鼓勵之下，戈巴契夫選擇了一條相反的道路。然後一步接一步，冷戰就這樣和平終結了。

美國贏得和蘇聯的競爭，蘇聯被掃進歷史的垃圾堆。但戈巴契夫及改革派也宣稱自己是勝利者，因為他們推動了超級強國和解和蘇聯的民主化。但這裡又有一個難解的謎團。美國領導人從未掩飾其對克里姆林宮施壓到底的意圖。雷根和布希都認定如果蘇聯想和美國和解，光是從阿富汗撤軍和放鬆對東歐的控制是不夠的，戈巴契夫還得改變對待蘇聯人民的方式。美國對廣播干擾問題、波羅的海國家的自由問題、政治犯的問題及醜化性宣傳的問題都做了要求。這些壓力在一九八五年之前以至整個戈巴契夫在位期間都非常強大。[15]等到蘇聯的經濟困難在一九八九年更加嚴重時，戈巴契夫就更難對華府說不。我們必須釐清他之所以讓步有多少是因為美國的壓力，又有多少是因為蘇聯經濟在當時和長期的困境。

我們要探討的這些議題圍繞著近代世界史上最重要的一段時期。我們對冷戰最後幾年的理解一開始都仰賴領導人和官員的回憶。後來從華府和莫斯科出現了大量檔案讓我們得以一窺最高層的決策過程。我們現在已經可以在檔案館看到雷根、戈巴契夫和布希在當時所說的話和寫的字。大量的檔案散布在俄國、歐洲、美國和網路上，光是這些已經非常足夠。但比較特殊的材料還有一些接近層峰的蘇聯和西方官員未公開的個人日記和文章——阿納托利・切爾尼雅耶夫、查爾斯・希爾、維塔利・卡塔耶夫、傑克・馬特洛克、泰姆拉茲・斯特帕諾夫—馬馬拉澤。他們當時的紀錄讓人鮮活地感受到他們親歷的重大事件。

本書對冷戰終結的看法還有一個特色，那就是我們對蘇聯和美國給予了同樣的關注，了解她們是如何在天翻地覆的世界變局中互動。這個大變局涵括了政治上、經濟上、個人選擇上、制度上、意識型態上、認知發展上和地緣政治上的各個面向。冷戰本來很有可能以全世界的悲劇收場，結果卻是一面倒的喜劇結尾。以下就是華府和莫斯科如何與為何能達成不可能的和平的故事。

第一部

各就各位

THE END OF THE COLD WAR 1985-1991

照片來源：維基百科

第一章
雷根的戰爭與和平

從杜魯門到卡特都認為西方只需要遏制蘇聯，沒有哪一位美國總統認真想要逆轉蘇聯在全球擴張的勢頭。雷根上任後立刻拉高與蘇聯對抗的姿態，但他真正的動機卻不是每個人都能理解的……

一九八一年一月二十日進入白宮當上總統的這個人讓全世界許多人大感緊張。隆納・威爾森・雷根（Ronald Wilson Reagan）是出了名的「扣人紅帽子的人」（red baiter）。少有人認為他有什麼才智，很多人認為他能在去年十一月打敗現任總統吉米・卡特（Jimmy Carter）只是因為大家擔憂近來的外交政策，不是因為相信雷根是個有能力的領袖。

據說前好萊塢演員雷根是在一九一一年生於名門之家，但其實他在伊利諾州的童年並不好過。他的父親是個酗酒的業務員，全靠虔誠基督會教友的母親持家。在學校時，雷根的特長是演戲、運動和說故事，假日時當救生員打工。他進入尤瑞卡學院（Eureka College）主修經濟學和社會學，然後當上電台播音員。後來他到加州的華納公司試鏡成為電影演員。雖然他從來不是什麼世界級明星，但他與亨佛利・鮑嘉（Humphrey Bogart）、艾羅爾・弗林（Errol Flynn）都演過對手戲。一九四〇年，他和女星珍・惠曼（Jane Wyman）結婚成家。二戰時他受徵召服役，在美國空軍的「第一電影部」（First Motion Picture Unit）拍電影，然後在一九四七年成為銀幕演員工會理事長。他和珍・惠曼在一九四九年離婚，三年後又娶了女演員南西・戴維斯（Nancy Davis）。由於片約變少，他開始幫通用電力公司主持每周的晚會。他的第二次婚姻成為他人生的礎石。雷根片刻都離不開南西，經常和她討論公共事務。

他年輕的時候是支持羅斯福（F.D. Roosevelt）和民主黨的，但他的政治理念逐漸脫離了民主黨，一九六六年代表共和黨贏得加州州長選舉。他在一九六八年爭取共和黨總統提名未果，一九七六年又再度敗給了現任總統福特（Gerald Ford），但他已成為美國政治右派中一股不可忽視的力量。到了一九八〇年，他在幾無對手的情況下贏得共和黨初選，並在十一月大選中橫掃現任總統卡特。

自二次大戰以來，從杜魯門總統到卡特總統都認為西方只需要遏制蘇聯，沒有哪一位美國總統認真想要逆轉蘇聯在全球擴張的勢頭。但隆納・威爾森・雷根決心要做改變。他認為美國自從在越南挫敗後就喪失了信念。他要擴大美國的軍事預算，用軍備競賽拖垮蘇聯的財政。他要在世界各地向克里姆林宮挑戰。他抓住任何能批評共產主義的機會，蘇聯在一九七九年十二月入侵阿富汗更讓他在每一次演說中用來證明蘇聯是一個擴張主義的強權。他要美國起身捍衛其價值和利益。作為美國總統，他要拉著北約和其他盟邦和他一起走。他的價值觀屬於美國保守派。作為基督徒，他的演說經常提到上帝。他把宗教信仰和他對美國、個人自由和市場經濟的信念結合在一起。

在蘇聯官員看來，他是令人討厭作嘔的傢伙。他是出名的「冷戰戰士」（cold warrior）。蘇共機關報《真理報》（*Pravda*）一貫批評他是戰爭販子。但蘇聯對卡特的批評也好不到哪去。由於卡特對蘇聯入侵阿富一事的激烈反應，蘇聯宣稱不管卡特和雷根誰當選總統都沒有差別。蘇聯媒體把兩個人都稱為「反蘇分子」。

從一九六二年就是蘇聯駐華府大使的阿納托利・杜布里寧（Anatoly Dobrynin）向克里姆林宮領導人回報，他已經警告雷根政府對世界和平造成的危險。他大量回報有關格斯・霍爾（Gus Hall）*和美國共產黨的宣傳。[1]他吹噓大使館辦的慶祝列寧一百一十歲　辰有多盛大。但實際上，杜布里寧很清楚霍爾在美國政治中只是個小角色，而大多數美國人對列寧毫無興趣。他只是在回報國內希望他回報的東西。政治局所收到的報告完全不切實際。政治局成員之一有葛羅米柯（Andrei Gromyko），他在一九四三年到一九四八年間擔任蘇聯駐華府和紐約大使。他本可以用他的經驗讓蘇聯領導層不要那麼無知，但他根本無意這麼做。他的世界觀也是從同一個意識型態模子出來的。莫斯科高層都理所當然認定雷根會採取「反動」和「帝國主義」的路線。蘇聯發言人批評白宮的主人無能和魯莽。由於民主黨人和某些共和黨人也持這種看法，這就讓蘇聯更相信是如此。

雷根不想和任何蘇聯總書記會面，除非能保證峰會結果能達成他想要的目標。當布里茲涅夫在一九八二年十一月去世時，雷根有到蘇聯駐華府大使館致哀，但他拒絕去參加喪禮。雷根的國務卿舒茲認為這是個錯誤，但總統堅持不去。[2]

只有親信才知道他有多認真想把核戰威脅永遠掃除。[3]他在一九七九年卡特為他做總統上任前的簡報時就明確提出這一點。每當他談到冷戰，雷根都對軍備限制（arms limitation）不感興趣，他要的是軍備裁減（arms reduction）。[4]他是真的想要銷毀所有核子武器。他在日後寫道他

* 格斯・霍爾（Gus Hall）是美國共產黨的前總書記，曾四度成為總統候選人。

這個職位有多麼可怕的力量：

> 作為總統，我身上不帶皮夾、不帶錢、不帶駕照、不帶鑰匙。我的口袋裡只有一組足以摧毀幾乎全世界的密碼。
>
> 簡報人員告訴我在我必須發射美國的核子武器時應該怎麼做，簡報幾天後就是就職日，從那天起我就肩負這一生最重要的責任，要對所有人的性命負責。[5]

他想要美國強大。但雖然他決心要擴大美國軍力，他也想避免世界末日。

在他競選總統時，他參訪了科羅拉多州的夏延山核戰碉堡*。他就像大多數美國人一樣，以為美國有一套足以抵禦蘇聯導彈攻擊的系統。但他的技術顧問——理查・艾倫（Richard Allen）、佛瑞德・伊克萊（Fred Iklé）、威廉・范克立夫（William Van Cleave）——都知道從來沒有。雷根本來不相信他們的說法，直到他自己做完研究。[6]他驚駭地發現美國根本無法防禦核武的「第一擊」。美國所能做的就是報復，也就是把莫斯科炸成碎片。這就是「互相保證毀滅」（mutually assured destruction）的邏輯。但問題是這樣就會有幾億甚至幾十億人死於爆炸、大火、輻射線和煙霧。美國會淪為煉獄，而雷根並不認為讓俄國人遭受同樣的災難就有比較好。在一次世界大戰之初，英國外長格雷爵士（Earl Grey）曾嘆息整個歐洲陷入黑暗。雷根也看到第三次世界大戰爆發會讓全世界都陷入黑暗。他從內心深處覺得他一定得做些事——一些激烈的事——來消除這種衝突的可能。

他必須先證明自己是個有能力的領袖。他也必須證明自己沒有太老，因為他進入白宮當總統時已經高齡六十九歲。雖然他有戴助聽器，但還是很健康。[7]他熱愛原野，喜歡在加州的農莊騎馬和伐木。有一次他聽說有幕僚在白宮南草坪砍木頭，他對他的外交幕僚肯尼斯・阿德曼

（Kenneth Adelman）說：「我真希望我能做他們在做的事，而不是一天到晚開這些白痴會議。」阿德曼說，「雖然有很多伐木工人想變成總統，雷根卻是唯一想變成伐木工人的總統。」[8]他的演員生涯讓他擁有高知名度，但也產生一種他不夠嚴肅、不足以堪大任的偏見。他本人並不喜歡看起來知識水準很高，甚至看來根本沒知識最好。他有一種草根魅力，喜歡像個平常人。如果和人意見不合，他會講個愛爾蘭式的笑話緩和爭執。†他講話簡單，避免長篇大論。

但雷根身邊的人都知道真實的他和表面完全不同。芝加哥經濟學派之父密爾頓·傅利曼（Milton Freeman）就很喜歡和雷根聊天。[9]他的發言人麥克·迪佛（Mike Deaver）回憶說，私底下的雷根愛看「外交政策、經濟學和社會議題」等很硬的書。[10]他的顧問彼得·漢納佛（Pete Hannaford）毫不懷疑雷根在當總統之前非常用功，因為他看過雷根大量閱讀《國家評論》（*National Review*）、《美國觀眾》（*American Spector*）、《人事》（*Human Events*）等專業期刊。他當總統之後仍然讀書，並愛上湯姆·克蘭西的冷戰小說，像《獵殺紅色十月》他就熬夜看完。有一位英國牧師寄給他蘇聯異議詩人伊里那·拉圖辛斯卡雅（Irina Ratushinskaya）的詩集，他一讀就愛上了。他也讀了投奔自由的蘇聯大使阿卡迪·謝夫欽科（Arkady Shevchenko）的回憶錄。[11]但雷根還是故意表現得像個率真的普通老百姓。有些幕僚覺得他喜歡拿複雜的問題和專家討論，這比他自己做研究更快。[12]尼克森在一九七四年因為對潛入民主黨總部一案說謊而下台後，雷根還是相當尊敬他。這兩人都是美國政治光譜中的右派，每當雷根有新的想法，都會和尼克森討論

* 夏延山核戰碉堡，是位於美國科羅拉多州的軍事設施及防核碉堡，由北美防空司令部使用，主要功能為確保在高強度核戰下還能保存六千名重要官員生存在其中數個月，指揮反擊戰爭。

† 雷根的曾祖父是愛爾蘭的天主教徒。

後才告訴幕僚。[13]

美國駐莫斯科大使亞瑟・哈特曼（Arthur Hartman）向雷根報告說蘇聯經濟很慘，俄國人民開始懷疑共產政權和共產黨的理想。這證實了雷根的直覺。[14]雷根也和英國反共記者布萊恩・克羅茲爾（Brian Crozier）書信往來。[15]有傳言說雷根不太理會蘇聯研究學者的建議，而他的想法確實和美國政治學界背道而馳。《華盛頓郵報》的社論用這一點來證明他的頭腦不清楚。但歷史學家羅伯特・康奎斯特（Robert Conquest）不同意這一點，他引述了葛羅米柯的「世界革命進程」理論嘲笑那些以為蘇聯有多元政治體系的西方「專家」們。[16]理查・艾倫把康奎斯特來信的副本拿給《華盛頓郵報》。[17]康奎斯特從卡特時代就認識雷根，他對雷根熱心求知蘇聯問題印象深刻。[18]雷根是真的想了解這個大西洋對岸的超級強國。雖然他有固定的偏見，但他永遠想了解更多。

他對寫文章也很有自信。雖然他承認他的顧問彼得・漢納佛比較會寫報紙文章，但他覺得自己「寫演講稿更棒」。[19]他會很快寫好草稿，再花幾小時精心修改，然後在麥克風前發揮當演員的才能。[20]以他在好萊塢的經驗，他對如何表達駕輕就熟。[21]他很會分配工作時間，但他的午睡習慣引來許多喜劇演員嘲諷他懶惰。他的髮色也惹來批評，因為以他七十歲的高齡，他既沒有禿頭也沒有灰白，有人就猜測他有染髮。他的發言人麥克・迪佛表示他的髮色烏黑是因為擦了「百利髮乳」（Brylcreem）。[22]

即使是在雷根政府的高層，也有不少人低估他的終極目標。國家安全顧問理查・艾倫要糾正這種狀況，告訴大家總統是認真要讓核子戰爭打不起來。[23]雷根從一九七三年就開始談論「防衛觀念」。他痛恨「互相保證毀滅」，要找出保護美國免於核戰浩劫的方法。了解他想法的人有理論物理學家愛德華·泰勒（Edward Teller）和尼克森時代的管理及預算局長卡斯帕·溫伯格（Casper Weinberger）。雷根進入白宮後還是會找他們討論，此外還有法律學者艾德·梅西（Ed Meese，後來擔任雷根的司法部長）、經濟顧問馬丁·安德森（Martin Anderson）及理查·艾倫。[24]梅西召開過幾次會議探討這個問題，雷根也在一九八二年下令國安會幕僚去研究不同於傳統的國防戰略。泰勒也很熱心，雷根在日記中寫道：「他提出一個新奇的想法，核子武器可以和雷射搭配運用，用雷射在地球高空上攔截和摧毀敵方導彈。」[25]參謀總長聯席會議也很快表示支持。[26]

但雷根依然讓他身邊的人摸不透，雖然無人能懷疑他的政治保守派立場。他習慣和人保持心理上的距離，與人來往永遠有所保留。保守派思想家小威廉·巴克利（William F. Buckley Jr）雖然和他很熟，但依然覺得「這段友誼有百分之九十是出於意識型態」。[27]

如果連官員都難以了解雷根，一般人就更搞不懂他了。他自認自己的政治立場很明確，告訴舒茲說：「我是強硬派，絕不會討好蘇聯。但如果他們用行動證明想和自由世界好好相處，我也會試著給他們一條路走。」[28]問題是他把反共的調子拉得太高。他不斷強調蘇聯的軍力已經超過美國。他認為布里茲涅夫之所以宣稱蘇聯軍力只和美國「平手」，只是為了掩飾蘇聯大規模強化的攻擊能力。雷根一談到蘇聯就火上心頭。他從不放過任何機會強調他對列寧主義教條的厭惡。他堅決擴大美國在核武研發和生產的預算，請求國會支持他讓美軍取得決定性的優勢。他任命對「蘇聯威脅」採取「鷹派」立場的人進入政府。大多數人看到和聽到的都是雷根這一面，不知道他真正想要的是阻止第三次世界大戰爆發。

雷根一上台就批准大幅增加軍事支出正符合這種印象。他相信美國已在軍備競賽中落後，決定擴大核子武器庫。他挹注經費在新武器的研發，提倡「戰略現代化」。他要讓美國在致命打擊能力上超越蘇聯。在一九七三年沙烏地石油禁運造成經濟衰退之後，福特和卡特政府都投注預算在陸海空新武器的研發，這麼做主要是為了讓產業復甦。雷根在競選期間已經獲得軍火製造商的支持，他們希望能拿到更多武器生產研發的合約。但雷根這麼做並不用誰來遊說。[29]

雷根的總統任期差點突然中止。上任兩個月後，他於一九八一年三月在華府希爾頓飯店外被約翰・辛克利（John Hinckley）開槍射傷。他在送往醫院途中一度瀕臨死亡，但他的處變不驚讓大家感到驚訝——在他被推進手術房時還打電話給南西說：「親愛的，我忘記把頭低下來了。」[30]雖然他是以大幅度優勢贏得選舉，民調顯示民眾對他還是有相當大的疑慮。刺殺事件和他的勇敢表現讓他的民調上揚。回到白宮後他開始反省，下定決心要降低世界大戰的危險。他絕不放棄軍事現代化的計畫，但他開始嘗試和蘇聯降低緊張。他之所以產生這個想法，是因為他在還沒看到政治局是否願意認真對話之前就差點沒命。於是他明確發出要和解的訊號。他沒有明確的計畫，只是想試試看。

他在病床上寫信給布里茲涅夫。雷根提議要共同締造世界和平。這封信在莫斯科官員間傳閱，所有人都感受到信中的強烈情感。但這是當真的嗎？政治局最後認定這不過是華府新一波的宣傳攻勢。有一位幕僚試著勸說政治候補委員米哈伊爾・索洛緬采夫（Mikhail Solomentsev），但他厲聲說：「這完全是胡說八道，不過是在騙取人心而已。你看不出來他只是在搞煽惑，想騙我們上鉤嗎？」[31]雷根懇求把蘇聯異議分子安維托利・夏蘭斯基（Anatoli Shcharanski）從勞改營釋放，承諾絕不把此事公開，並表示這有助於美蘇重啟裁軍談判。[32]第二天他就取消了卡特政府對糧食輸出的禁令。此舉是在實現他在一九八〇年總統大選時對美國中西部農民的承諾。他認為禁止小麥輸出根本無法改變克里姆林宮的行為，他還表示他做這個決定和蘇聯放鬆對波蘭的控制有關。但他也警告莫斯科領導人「只要敢在任何地方發動侵略，一定會強烈反擊」。如果波蘭被侵略，後果會很嚴重。[33]

一九八一年十一月十八號，雷根宣布將撤除整個歐洲大陸的中程核子飛彈，藉此表明誠意。這項政策被稱為「歸零方案」（zero option）。雷根提出將銷毀美國的潘興二號飛彈和陸基巡弋飛彈，以此換取蘇聯銷毀其中程飛彈。[34]兩大超強過去主要仰賴洲際或戰略性核武。但蘇聯決定在東歐部署SS－20核子飛彈後，美國也相對部署了新的火箭。結果是讓其中一方突然發動攻擊時，另一方的反應時間大幅縮短。本就危如累卵的歐洲安全更加岌岌可危。蘇聯的飛彈在發射後幾分鐘內就可以打到任何一個歐洲國家的首都，美國飛彈也可以打到莫斯科。

他不太相信布里茲涅夫政府會積極回應。他的提案中沒有包括英國和法國的核武，政治局不太可能同意這種讓蘇聯易受西歐國家攻擊的方案。克里姆林宮沒有一個領導人支持任何項目的裁軍。[35]希特勒當年趁史達林不備入侵蘇聯讓蘇聯政治人物普遍患有一種「一九四一年症後群」。史達林之後的幾代領導人都誠惶誠恐，決心不再讓蘇聯遭受軍事突襲。堅強的防衛是優先目標，這已經深植人心。政治局和總參謀部都認為每一種武器都要最新、最多才能保障蘇聯的安全。確實，克里姆林宮沒有人相信雷根，每個人都認為「歸零方案」不過是用來混淆世界輿論的宣傳手法。

一九八一年十二月十三日，波蘭總理賈魯塞斯基（Wojciech Jaruzelski）宣布戒嚴，莫斯科和華府的關係隨即降到冰點。波蘭的共黨統治從一九八〇年開始受到非法的「團結工聯」（Solidarity）挑戰，其領導人是水電工人華勒沙（Lech Walesa）。罷工和示威首先起於北方港口格但斯克的列寧造船廠。這場工人階級的運動立刻受到國際關注，反共的知識分子也加入合作。在那幾個月中，布里茲涅夫確實有可能派蘇聯軍隊去占領，賈魯塞斯基的行動讓他不必再派兵。而這也摧毀了任何美蘇和解的可能性。雷根緊急召開國家安全會議。傳來的都是壞消息，正如他在日記中急迫地寫道：「我們的情報顯示這完全是蘇聯在幕後操控和下令。若然如此，而我也相信如此，那情況就真的很嚴重。我只能確定一件事──他們休想拿到那一億美元的玉米。」中情局並不知道布里茲涅夫及其政治局具體施了什麼影響，但整個雷根政府已決心要讓蘇聯對整件事付出重大代價。雷根和教宗若望保祿二世及梵蒂岡國務卿卡薩羅里大主教交換意見，他的結論是賈魯塞斯基的行動一定事前策畫了好幾個月。[36]

雷根的俄國戰略在他於一九八三年一月簽署的「國家安全指令七十五號指令」（National Security Decision Directive No.75）中有比較清楚的表達。幾十年的外交政策將成為歷史，雷根要正面迎擊蘇聯。他要「遏制並逐漸扭轉蘇聯的擴張主義」。同時他還要「在有限可能的範圍內促使蘇聯朝多元的政經體制轉型」。雖然他想和莫斯科談判，但必須建立在「嚴格的互惠和共同利益」之上。他要讓莫斯科明白「不可接受的行為必將得不償失」。[37]美國要致力於軍事現代化，國防預算要長期擴張。美國政府要盡量拖延蘇聯的經濟困難。雖然華府取消了小麥出口禁令，但工業設備的出口禁令繼續延長。雷根禁止任何可能轉為軍事用途的科技輸出。[38]

美國必須採取主動：「蘇聯帝國內部有一些美國應該利用的重要弱點。」這份指令把東歐、阿富汗和古巴都算在「帝國」之內。任何東歐國家如果拒絕被蘇聯控制其外交政策或進行內部自由化，美國就要給以特殊優遇。在阿富汗，美國要讓蘇聯的損失極大化，逼蘇聯撤軍。美國也要把古巴干涉勢力從拉丁美洲、加勒比海和非洲南部趕出去。[39]共產中國和南斯拉夫都反對蘇聯擴張主義，所以美國應該繼續出售軍事設備給中國，增加給南斯拉夫的貸款。[40]由於「與蘇聯雙邊關係的快速突破」是不太可能的，所以政府的態度不必過於積極，重點是讓「美國人民了解和支持美國的政策」。西方國家需要就如何採取一致行動達成共識。雷根希望「美蘇關係有一個穩定而具建設性的長期基礎」，而不是「無止境、無意義的和莫斯科對抗」。[41]

雷根對各種選項保持開放。如果蘇聯的國際行為惡化，也許侵略波蘭，那麼「我們就要考慮極端措施」。[42]但這說不上是拆解蘇聯共產體制的大戰略。[43]他只是訂下一個互相矛盾的綱領。他既想挑戰蘇聯的全球霸權和狂妄自大，也想追求世界和平。他忽視可能的困難，要在自己的總統任期發揮決定性的影響。

第二章

核戰末日

蘇聯科學家與領導人都知道，冷戰一開打就是世界末日。但核戰計畫仍箭在弦上……

蘇聯的軍事準則認為蘇聯可以贏得和美國的核子戰爭。這完全不是秘密。參謀總長尼可萊．歐加可夫（Nikolai Ogarkov）在他一本小冊子中寫道：

> 蘇維埃軍事戰略的假定是，如果蘇聯被捲入核子戰爭，蘇聯人民和軍隊將具有一個決定性的優勢，那就是其戰爭目標的正義性及社會和國家體制的優越性。這就為他們創造了獲得勝利的可能。[1]

作為華沙公約國家的領袖，蘇聯致力於共產主義，宣稱共產主義的擴散是不可避免的。她援助所有承認蘇聯是「世界共產運動」領頭羊的盟國，以及從事「反帝國主義鬥爭」的力量和政黨。她認為美國不管在動機上和行為上都是軍國主義和帝國主義國家。她主張和平，宣稱唯有擴張蘇聯在全球的軍事力量和政治力量才能降低世界大戰爆發的可能。歐加可夫強調，如果真的爆發大戰，蘇聯有能力打勝仗。

雖然歐加可夫在公開場合主張可以打勝戰爭和準備打「有限」核子戰爭，他在私底下卻認為這完全不切實際。他認為蘇聯只能準備和美國打一場全面戰爭。但他的副手謝爾蓋・阿赫羅梅耶夫（Sergey Akhromeyev）不同意，認為可以不打全面戰爭——他研究了莫斯科該如何在緊急狀況下動用SS－20導彈。曾任史達林軍備部政委的政治局成員兼國防部長德米特里・烏斯季諾夫（Dmitri Ustinov）對於不同意這種看法的人都很不耐。他喜歡和阿赫羅梅耶夫而不喜歡和歐加可夫討論戰略問題。[2]雖然阿赫羅梅耶夫都會讓歐加可夫知道有這些討論，但歐加可夫和烏斯季諾夫的關係還是很緊張。[3]

歐加可夫和阿赫羅梅耶夫都同意任何形式的核子戰爭都將是災難。古巴領袖卡斯楚在整個一九七〇年代都敦促蘇聯對美國要更強硬。他呼籲蘇聯要準備對美國直接先發動攻擊。直到蘇聯總參謀部反駁卡斯楚，提醒他核輻射會對古巴這個小島帶來生態浩劫，卡斯楚才不甘願的閉上嘴。[4]歐加可夫和烏斯季諾夫的關係持續惡化。一九八四年九月，烏斯季諾夫讓政治局逼歐加可夫退休，阿赫羅梅耶夫升為總參謀長。阿赫羅梅耶夫立刻做了一個重大決定。蘇聯軍事專家設計了一套名為「死手」（Dead Hand）的系統，如果美國發動戰爭並殺死蘇聯政治和軍事領導人，這套系統就會自動發射蘇聯的洲際飛彈。這套系統可以感測光線、地表震動和輻射線。但蘇共中央防衛部長奧列格・巴克蘭諾夫（Oleg Baklanov）批准這項計畫後，阿赫羅梅耶夫卻介入否決。他認為不讓人類來判斷指揮實在太可怕了，一旦電子設備有閃失，整個國家和全世界就要陷入大戰。於是「死手」的發射機制「從未設置完成」。[5]

在一九八〇年代初，北約的軍事計畫是假定華沙公約國家可以在歐洲「至少部署九十個師」，包括以T－64和T－62為主的一萬三千台坦克。[6]蘇聯及其盟國在數量上占盡優勢，盟軍最高司令貝爾納・羅傑斯（Bernard Rogers）認為北約部隊只能以傳統武器守住一段很短的時間。[7]

北約部隊面對華沙公約國家時只有三十天的彈藥存量，要補給就得從美國十幾個大型彈藥工廠運送過來，而羅傑斯知道生產和運送這些彈藥都要花時間。[8] 大西洋兩邊的指揮官都看得出現有計畫的不合理。假如歐洲國家已受戰火摧毀，那要如何跨境運輸？屆時還會有難民四散。冬天會遇到大雪，秋天和春天會有泥濘。快速運輸極不可能。[9] 而在任何可能的緊急狀況下，北約還要花時間取得成員國同意才能開戰，這讓事情雪上加霜。

要注意的是，東歐國家的武器在質量上遠遜於西方，數量不是一切。西德國防部曾就此問題做了一份機密報告，該份報告在一九八三被公開。[10] 這份報告詳述了對方的武器設計和能力、計算其軍隊數量、追蹤其部隊移動。最高司令部希望避免被偷襲，但還是擔心蘇聯總書記會獨斷地（或被說服）發動奇襲。雖然西德這份報告揭示了華沙公約國家的許多情況，但也低估了蘇聯軍隊在戰備上的弱點。在蘇聯這邊，總參謀部痛苦的認識到大部分駐軍部隊根本欠缺必要的裝備。雖然蘇聯對軍隊投入了大筆經費，但從來不足以滿足現代傳統戰爭的需求。蘇聯指揮官也透露他們沒有足夠受過訓練的士兵。[11]

在這種情況下，雙方幾乎肯定會很快動用核子武器。對北約和對華沙公約國家都是如此。西德的李奧波德·查魯巴（Leopold Chalupa）將軍坦率地說：西方國家的傳統武器數量較少，也沒有化武，所以一定要部署由美國控制的導彈。[12] 雙方在一九七〇年代達到危險的軍力平衡，都在歐洲部署了中程飛彈。蘇聯首先部署了SS－20飛彈。雖然是部署在蘇聯境內，但在幾分鐘內就可以打到西歐。美國隨即說服其盟國同意部署潘興二號飛彈作為嚇阻。英國和西德准許其部署在國內的美軍基地。中情局的威廉·奧德姆（William Odom）告訴國家安全顧問布里辛斯基說，其實部署在葡萄牙或英國北邊的昔得蘭群島更合理。[13] 莫斯科和華府的決策都有些宿命論的意味。政治人物似乎認為武器一旦製造出來就一定要部署，不管對方會有什麼反應。[14]

蘇聯政治領袖也害怕自己製造的武器。一九七二年，布里茲涅夫和總理柯錫金參加蘇聯軍事演習，得知美國一旦先對蘇聯發動核子攻擊會有什麼後果。總參謀部的想定是蘇聯軍隊將只存活千分之一，而蘇聯人民將死亡八千萬人，工業能力將剩下百分之十五。蘇聯在歐洲部分的領土將被高劑量的輻射感染。但蘇聯用洲際飛彈還擊後將造成美國更嚴重的破壞。飛彈發射裝置交到了布里茲涅夫手上。雖然他知道他要發射的只是假彈頭，他竟然還是不敢按下按鈕。他不斷向安德烈．格列奇科（Andrei Grechko）元帥確定整個程序是安全的：「安德烈．安東諾維奇．格列奇科，你確定這只是演習嗎？」[15]

布里茲涅夫的反應讓總參謀部擔憂，只好在向政治局領導人匯報時盡量讓他們安心。[16] 政治人物不想面對現實，不想聽到太過不安的事情。

根據艾德里安．丹尼列維奇（Andrian Danilevich）中將的說法，從布里茲涅夫到戈巴契夫時代的政治局都放任總參謀部去規劃方案：「他們從沒過問我們到底在幹什麼。」結果是政治人物都不知道在緊急狀況時到底有什麼方案。[17] 連國防部長烏斯季諾夫也只模糊的知道毀滅的程度。[18] 原因之一是蘇聯領導人不想讓人民知道戰爭的恐怖後果。蘇共高層嚴格控制對此議題的公開討論，只籠統的談到「文明的毀滅」，不會談及會死多少人或哪些城市會被當成目標。沒有任何書籍或文章去討論核戰之後一般人民的醫療、食物供給、農業或運輸等問題，但卻有照顧菁英階層的機密計畫。根據中情局的報告，在一九八〇年代中期，蘇聯規劃了一千五百個避難所給中央和地方的領導人。最高領導層的地下避難所位於沙拉波沃（Sharapovo）和切柯夫（Chekhov）。[19]

蘇聯總參謀部和最高指揮層曾把情報總局「格魯烏」（ＧＲＵ）的一份報告列為機密。這份報告指出核戰對環境的污染將造成全球性的災難。不管如何重創美國和西方國家，華沙公約國家都會遭受毀滅性的打擊。這個消息太令人不安，所以不能讓大多數的將軍知道。維持他們的信心最重要。華沙公約總司令庫利科夫元帥威脅首席研究員維塔利・齊基奇柯（Vitali Tsygichko）要逼他退休，除非他同意把研究結論寫得沒那麼嚴重。齊基奇柯堅不退讓，但他沒有辦法公開他的報告。他認為最高指揮層不敢修改傳統教條，也不敢縮減軍事預算。他們採取嚴格的保守主義。在規劃軍事演習時，他們堅持假定華沙公約的軍隊可以巧妙的避開氣球狀的核輻射區。蘇聯指揮官就是按照這種不切實際的幻想在訓練部隊，由上到下準備「在核彈爆炸聲中發動攻擊」。[20]

華沙公約對北約的作戰計畫只有列出初期階段。根據賈魯塞斯基的說法，重點是在防衛東德。一旦北約發動攻擊，只能容許其傳統武力向東推進四十英里，這需要三到四天的時間，然後波蘭軍隊會加入蘇軍遏制對方的攻勢。不能排除北約同時往南推進的可能，例如從希臘發動攻勢或穿過高加索地區。華沙公約將發動反擊推進到萊茵河。這大概需要十到十五天才能粉碎對方的抵抗，蘇軍及其盟國的坦克將擊退並打敗入侵者。賈魯塞斯基認為這樣一場戰爭將不可避免地動用非傳統武力。他對蘇軍司令部的說法一直存疑：「當我們一去想這件事，即便在當時，我們就知道這完全不切實際！北約一定會動用核子武器，然後我們就會動用我們的。可以預期在這個狹小區域內會發生幾百次核爆。這太荒謬了！」[21]

波蘭將軍塔迪烏斯・皮歐若（Tadeusz Pióro）也同意這個看法。他說華沙公約的軍事應變計畫只是「科幻小說」。[22]任何頭腦清楚的指揮官都看得出這些計畫中內含的災難。賈魯塞斯基和蘇聯合作時盡量不去想這些問題，塔迪烏斯・塔撒普斯基（Tadeusz Tuczapski）將軍則認為一定要找到其他方案才能保存波蘭這個國家。他深知只要幾顆核子彈就能殺光波蘭人民。

有一次在總參謀部的訓練簡報中，我氣到不能控制，因為還剩那麼多錢被繳回國庫。我站起來對賈魯塞斯基說：「將軍，應該要多給民防部一些錢來造一個優良堅固的避難所。避難所要容納一百個波蘭男人——其中有些很會打炮——和兩百個波蘭女人，這樣才能重建波蘭這個民族。撥些錢來做這件事吧。」當然，賈魯塞斯基發火的說：「你在胡說什麼？」我們要正視現實。我們知道會發生什麼，威脅是什麼。我們知道核子戰爭對波蘭意味著什麼。我們在戰爭之後都將不存在，而美國人和俄國人才不在乎。我不知道，也許我們可以做些什麼準備。真的，如果有一個好的避難所，我們可以重新繁衍波蘭民族。[23]

賈魯塞斯基對塔撒普斯基發火的原因不明。也許他不喜歡他的調調，也許他認為塔撒普斯基太過輕浮。

賈魯塞斯基認為波蘭領袖不得不和大俄羅斯妥協，這是由地理位置和軍力所決定的。和莫斯科翻臉等於是民族自殺。在當上波共總書記後，他坦白跟密特朗說：「我並不是讓我的人民被蘇聯人踩在腳底下生活，而是從目前的情勢中盡量得到一些好處。你們西方人願意為波蘭打仗嗎？不會。所以，我除了這條路別無選擇。」[24]

對於同樣的問題，李斯澤德·庫克林斯基（Ryszard Kuklinski）中校則給了不同的答案。作為一個波蘭愛國者，庫克林斯基在看到華沙公約對美蘇爆發軍事衝突的作戰計畫後就轉而為中情局提供情報。他這麼做是出於感情，但邏輯很清楚。他知道只要一開戰，波蘭一定會遭受美國核彈攻擊，這讓他一想到就害怕。作為高級指揮官，他熟知華沙公約的戰略想定。他知道波蘭對是否開戰毫無說話餘地，這一點讓他相當痛恨。重大決定完全操於蘇聯之手。庫克林斯基冷靜地結論道，他能幫助自己國家的最好方式就是讓美國知道他所知道的蘇聯進攻計畫。他認為如果讓美國領導人能預測蘇聯的行動，美國就會採取預防措施來避免戰爭爆發，而波蘭就可以躲過核子浩劫。

蘇聯指揮部對於其部隊在核輻射區中推進有什麼實際效用意見不一。根據維塔利．齊基奇柯的說法，只有少數頭腦過熱的人認為這是符合實際的。[25]然而，華沙公約的基本假定是其地面部隊一天最多只能推進六十公里。所以前三十天要有一個計畫，後三十天要有另一個計畫。[26]

對於預想中的戰爭，華沙公約和北約都要去想像無法想像的狀況。西德指揮官從英軍駐萊茵區總司令兼北約東北陸軍團司令尼格爾．巴納爾（Nigel Bagnall）將軍那裡得知，北約有一個計畫是要預先摧毀掉西德邊境一個作為通訊中心的小鎮。北約中歐區司令查魯巴質問巴納爾說，如果這場仗是在英國紐卡索和卡萊爾之間開打的話，他心裡又作何感想？[27]西德當然不想讓任何一部分國土被毀滅，這是可以理解的。所以北約還有一個「前進防衛計畫」，也就是把北約部隊的補給庫設在西德距華沙公約國家不遠的邊界區，以此表明北約不會犧牲西德。[28]美國和西歐國家（除了法國）都嚴格遵守北約的立場，但國家之間不免有意見相左。荷蘭人幻想戰爭能夠一個禮拜只打五天，大部分士兵可以在週末放假回家。其他北約國家則希望華沙公約別那麼遵循日曆。[29]

在美國政府中，國防副部長佛瑞德．伊克萊不是唯一擔心北約國家間會有利益衝突的人。他設想在某種情況下，美國認為必須對蘇聯先發制人，但西歐盟國反對。英國、法國和西德一定會擔心蘇聯的報復會讓她們的國家完全毀滅。這種心態就會讓西歐國家容易被「核子勒索」。[30]

一九八二年，瑞典科學院的Ambio期刊刊出一篇討論核彈爆炸後果的文章，文章刊出後隨即引發了第三次世界大戰會如何影響全球環境的辯論。作者是馬克斯普朗克研究所的保羅．克魯岑（Paul J. Crutzen）和科羅拉多大學的約翰．伯克斯（John W. Birks）。他們假設有一萬四千七百顆彈頭爆炸，爆炸力為五十七億噸火藥，並假設大多數人口超過十萬人的城鎮都被擊中。根據他們的計算，將有七億五千萬人在爆炸時立刻死亡。[31]但他們的主要貢獻是探討爆炸產生的煙霧、灰塵和煤灰所造成的全球大災難。陽光會急遽減少，所有動植物都受威脅。[32]這個假說立刻受到美國科學家的關注。不少人同意他們的論點，並在一九八三年十月三十一日於華府召開了專題研討會。卡爾．沙根（Carl Sagan）在一九八三至一九八四冬季號的《外交事物》（*Foreign Affairs*）發表〈核子戰爭及氣候災難〉（Nuclear War and Climatic Catastrophe）一文。他認為任何形式的核子戰爭都會造成全球性的環境災難。就算爆炸數量不多也一樣。沙根質疑，如果雷根真心想要世界和平，那為什麼給國防部的預算居然是軍備控制和裁軍總署的一萬倍？[33]

愛德華．泰勒嘲諷沙根是個「宣傳家」，根本不懂自己在講什麼，沙根寫信回應說泰勒自己也寫過「核子冬天」（nuclear winter）*是動用核子彈的唯一可能結果，並抗議泰勒想把爭論變成私人恩怨。[34]

對蘇聯領導人和宣傳家來說，沙根的文章是天賜恩物。一九八〇年三月時有六百五十四名美國科學家以「危險——核子戰爭」為名連署向卡特和布里茲涅夫請願，呼籲禁止所有核子武器。布里茲涅夫注意到這件事，以政治局名義對此事表示欣慰。他盛讚連署人的「人道及高貴的行動」，《真理報》也說西方媒體都對此事做了正面積極的報導。[35]沙根的文章為蘇聯的立場提供了學術上的基礎。他本身和莫斯科科學家如葉夫根尼．韋利霍夫（Yevgeni Velikhov）私交甚篤，還

＊「核子冬天」理論認為使用大量的核武器，會讓大量的煙和煤煙進入地球的大氣層，這將導致非常寒冷的天氣，且持續很久的時間。核子冬天是基於數據化模型的假設，並沒有決定性的論證。有些科學家認為原版的核子冬天理論的模型有誤，氣溫會在三到四個月內恢復正常。

感謝韋利霍夫及其同事對他的假說做了獨立的驗證。但沙根既天真又太過熱心，他對蘇聯並不了解，誤以為韋利霍夫真的有自己做過驗證。蘇聯衛生部長葉夫根尼·查佐夫（Yevgeni Chazov）的小冊子《核戰的醫學及生物後果》（*Nuclear War: The Medical and Biological Consequence*）和韋利霍夫的作品一樣都只是宣傳品。查佐夫完全照抄西方的資料，幾乎沒有提供任何蘇聯方面的數據。[36]

雖然韋利霍夫一直主張核能的民生用途，但私底下卻相當保留，他後來還向外交部副部長阿納托利·阿達米申表示，如果核能再晚一百年才發現的話，這個世界會比較安全。沒有國家有準備好面對核能，尤其是蘇聯。韋利霍夫還記得當蘇聯首座核電廠蓋在奧布寧斯克（Obninsk）時，附近的集體農莊還在用木犁耕地。他也感嘆蘇聯電腦產業的落後。[37]這些想法是不准媒體報導的。蘇共領導人堅稱全世界都認為蘇聯的外交和安全政策是追求和平的，也宣稱自己的民用核電廠的安全標準堪稱模範。但事實遠非如此。在一九七九年，當時的蘇聯KGB主席安德洛波夫（Yuri Andropov）就曾報告過在烏克蘭中部的車諾比核電廠的建造過程中有一些安全措施沒有做好。[38]能源部也承認確實有缺點，但能源部還是向政治局保證現場監測的結果是安全的。[39]當然，韋利霍夫擔心的不只是工業用核能，還有軍事用途。他擔心國家領導人無法好好管理手上巨大的核子能量。許多人也持相同的看法，但都不能公開發表。

一九八一年，教宗給了雷根一份報告指出，一旦爆發核戰，治療傷患的醫療設施完全不足。[40]雷根看完後深有所感，梵蒂岡的說法和他盡全力避免核戰的想法完全相合。在和梵蒂岡國務卿卡薩羅里大主教會談時，雷根強調他對核戰深惡痛絕。[41]問題是他無法讓大多數人相信他的誠意。他在全世界依然被許多人看成是戰爭販子。

第三章
雷根分子

以國務卿舒茲與國防部長溫伯格為首，雷根政府裡面有一大票官僚都反對「低盪」，主張對蘇聯採取強硬立場，但他們各自支持不同的具體政策……

雷根政府所用的每一個人都不想對蘇聯讓步。他們拋棄「遏制」（containment）的概念。他們都和總統一樣鄙視「低盪」政策，都決心在軍事競賽中壓倒對手。他們有時被稱為「雷根分子」。他們要讓美國對世界展現新面貌，要在任何方面挑戰蘇聯的領先地位。所有「雷根分子」都相信除非美國達到軍力優勢，否則莫斯科根本不會和華府妥協。這是白宮的根本信念，雷根總統及其官員也不斷宣傳這一點。所以當雷根宣布他想防止世界大戰和銷毀所有核子武器時，克里姆林宮根本不相信。真實的情況是，雷根所任命的官員都相信正是因為核子彈的恐怖威力，才促成了一九四五年以來的和平。如果核子武器被禁止，立刻會引起全球不安導致世界大戰。美國的軍備控制官員尤其對雷根要銷毀所有核子武器的目標興趣缺缺。直到雷根當選第二任總統後，國務卿舒茲才聽到他們開始討論這個問題。[1]

蘇聯領導層對雷根的判斷是根據他的言行以及他所任命的官員。雷根競選總統時曾堅持絕對不能相信蘇聯任何花言巧語。難怪政治局不相信他是和平締造者。

一九七六年，在面對民主黨的吉米·卡特挑戰之前，福特總統下令重新檢討美國的對蘇政策。他和當時的中情局局長喬治・布希採用非傳統的做法，委任了A組和B組兩個團隊分別提出對立的報告。A組由中情局專家一干人等組成；B組由哈佛大學俄國史教授理查・派普斯（Richard Pipes）領導，質疑中情局認為蘇聯經濟衰退會讓莫斯科難以追上美國軍力的看法。[2]派普斯認為這個問題就算去問克里姆林宮領導人也沒用。在他看來，任何關於限制戰略性武器的條約只是讓布里茲涅夫和政治局把最後危機往後拖而已。美國的政策必須針對「蘇聯政權的性質」。在蘇聯領導人啟動內部權力體制的根本改革之前，美國和蘇聯在國際關係上不會有任何成果。派普斯警告，蘇聯領導人可能會認為與其任由共產制度崩解，不如和美國一戰。所以改革絕不是必然會發生的。B組的論點讓雷根很欣賞，他上任後就任命派普斯主管國家安全會議的蘇聯與東歐事務司。派普斯只答應在總統任期的前半段到政府幫忙，因為他不願放棄哈佛大學的終教職務。[3]國家安全顧問理查・艾倫很欣賞他「鬥性堅強」，對他很歡迎。[4]

在進入白宮時，雷根有一大堆支持團體都反對在裁軍問題上對蘇聯讓步。其中最有組織力的團體是「當前危機委員會」（the Committee on the Present Danger），其主要領導人有HP公司的大衛・帕克（David Packard）以及美國勞工協會和產業組織協會的蘭恩・柯克蘭（Lane Kirkland）。還有雷根的外交政策顧問理查・艾倫。他們再三強調美國和蘇聯的軍力對比已經失衡。他們宣稱美國被克里姆林宮所騙。除了「當前危機委員會」之外，類似的組織還有「麥迪遜團體」（Madison Group）和「傳統基金會」（Heritage Foundation）。雷根從這些組織中任用了許多官員。他任命的都是對共產主義的強硬派。曾有一次，美國在日內瓦裁軍會談的首席談判官員保羅・尼茲（Paul Nitze，他曾於詹森政府中擔任副國防部長）表示美國應該與蘇聯「好好共處」

（live and let live），這句話讓《華爾街日報》的保守派評論員爾文・克里斯多（Irving Kristol）很不爽，立刻撰文質疑政府內部是怎麼回事。[5]

雷根任命的官員中最出名的是亞歷山大・海格（Alexander Haig）。雖然雷根也考慮過卡斯帕・溫伯格、威廉・凱西和喬治・舒茲，但最終挑了海格當國務卿。海格是尼克森任內的白宮幕僚長，當過北約盟軍最高司令。[6]和其他幾位高層官員不同，他對於和蘇聯打交道非常謹慎。他才智出眾，對許多國內外問題都有洞見。他身材挺拔，一副軍人儀表，在任何職位上都像個司令官。

但雷根很快就感受到海格的桀驁不馴。他欣賞海格分析複雜國際情勢的能力，海格私底下也贊同要和蘇聯緩和關係，但他在言語上從未表露。他堅定對抗蘇聯，讓莫斯科曉得蘇聯在安哥拉、衣索比亞、柬埔寨、阿富汗、古巴和利比亞的活動讓華府無法與其改善關係。[7]但他傲慢的壞脾氣讓他難以領導國務院。雷根想不通為什麼海格幾乎和政府中所有人都處不好。他經常發表的長篇大論讓雷根覺得他有「偏執狂」。[8]海格暗中想控制所有對外政策。他低估了雷根。雷根外表風度翩翩，內在卻堅如精鋼。當海格反對雷根的想法時，雷根會堅定的告訴他：「嗯，我們就是要這麼做定了」。雷根會對海格下令：「反正你就給我去想辦法」。[9]

在雷根因為槍傷躺在醫院期間，海格的行為離譜到了極點。一得知槍擊案發生，海格就自大的宣稱現在由他作主。他要讓美國民眾知道一切都有強人在掌控。他在全國電視新聞中宣稱：「現在是我在掌控」。政府其他人都認為這太瘋狂、太權力薰心了。雷根傷癒後也得出同樣的結論。有些官員建議雷根要在海格惹出更多麻煩之前把他辭掉。這是雷根向來不願做的事。他不喜歡和人衝突，但他開始對海格冷淡，這讓國務卿感到顏面無光。海格在一九八二年七月五日辭職。雷根挖苦的說：「其實我們唯一爭執之處就是到底是我在決定政策，還是國務卿在決定政策」。[10]

在挑錯海格之後，雷根對於繼任人選相當謹慎。他最後挑選了曾在尼克森時代擔任財政部長的喬治・舒茲。舒茲接受了任命，但他的朋友亨利・季辛吉則嘲弄的說：「喬治對外交政策毫無所知，更糟的是他連感覺都沒有。」[11]舒茲和海格不同的是他眼中只有總統一個人。新任國務卿外表看來粗魯直接，但其實是個很有思想的知識分子。他在芝加哥大學研究所教經濟學，專研企業和政府。舒茲喜歡這樣自我測試他推行的政策：「我可以像在芝加哥大學的討論會中那樣為它辯護嗎？」[12]他是出色的公職人員，比那些跟著雷根來到華府的加州人更了解權力運作。舒茲在二戰時作為海軍陸戰隊上過戰場，個性強悍又堅決。出任國務卿之際正是他在經歷各樣職務後最為成熟老練之時。他還有一項季辛吉和海格都沒有的優點，那就是他覺得不當國務卿也沒什麼大不了。他堅持自己的價值，也知道自己的價值是什麼。而總統的大部分目標也和他一致。

他是雷根政府中唯一一個有和蘇聯領導人談判經驗的人。他在一九七三年曾以尼克森政府財政部長的身分到莫斯科討論財金議題。[13]他很有自信可以利用各種機會去追求雷根要的目標。他對世界政治經濟的視野相當寬廣，又有密爾頓・傅利曼這個朋友當他的顧問。[14]傅利曼不太談冷戰的問題，但從經濟學的角度，他認為放縱蘇聯是完全不合理的。他跟舒茲說，世界主要銀行（尤其是西德的大銀行）融資給毫無效率的蘇聯經濟只會消耗全球的「資本庫」（capital pool）。全球的資本總量有限，卻浪費在蘇聯身上。[15]舒茲也同樣擔心全球經濟和景氣問題。[16]

舒茲知道必須在雷根政府內部建立對外交政策的共識。海格任內的國務院有如瀰漫瓦斯的房間，沒人知道什麼時候會發生爆炸。牢記住這一點，新任國務卿組織了一個每周六小組會議討論當前的議題，有時會邀請副總統布希、艾德·梅西和其他國安會、國防部與中情局的領導官員參與。[17]他每周會和國防部長溫伯格共進一次早餐。[18]他和布希相處也沒有問題。雷根在一九八〇年挑選布希當副手是因為布希在共和黨內是中間派。布希很能接受和蘇聯對話的想法，但雷根政府內有一些人不是，而舒茲知道必須克服這些人。他也知道溫伯格很堅持己見。他們兩人曾在舊金山的貝泰工程公司（Bechtel Corporation）當過同事，但相處得並不好。舒茲覺得溫伯格在公務上簡直毫無彈性，溫伯格則覺得舒茲對好訟的客戶太容易妥協。[19]

雷根很信任他的國防部長，雖然溫伯格對於銷毀核子武器毫無興趣。[20]他們兩人打從雷根出現在加州政壇就是好友，溫伯格知道如何打動雷根，也懂得不要打擾到雷根的私人時間。溫伯格要讓蘇聯領導人知道現在是一個真正的戰士在掌控國防部。他在二戰時上過戰場，但他在尼克森和福特總統時代擔任的是管理預算局局長和衛生教育福利部部長等文職職務。他身材矮小，衣容整潔。他彬彬有禮但脾氣不好，也沒什麼幽默感。[21]對於意見不同者他不太懂怎麼去贏得支持。他可以在晚間新聞訪問中回答自如，但在記者會上被問到尖銳問題時則顯得手足無措。[22]專業媒體人都不太喜歡他這個像戰爭販子的人。為了改變形象，他接受《紐約時報》專訪，說：「如果能避免的話，我們並不想打任何戰爭。我們想的是如何嚇阻戰爭……我們說過很多次，我們並不認為核子戰爭會有贏家。」[23]

溫伯格的目標是讓美國軍力達到無人能敵的優勢地位，他認為這可能要花上十年的時間。美國軍力必須現代化。溫伯格誇張的說：「當我離開加州時……我預期我會在華府發現一些問題。但老實說，我發現狀況糟到不能再糟。國防部就像一家很久沒人管理的公司」。[24]他主張削減美軍的預算浪費，演習也要節省支出，但他同時強調美國一定要追上蘇聯的進攻能力。[25]他大力增加國防部的年度預算，增加幅度連參議院軍事委員會的共和黨議員都有意見。到了一九八五年，維吉尼亞州的參議員約翰・華納（John W. Warner）成為溫伯格最大的反對者。[26] 在整個雷根第一任期，越來越多人擔心這些預算就像把錢倒進水溝。[27]

國防部助理部長是理查・培里（Richard Perle）。季辛吉後來罵培里是「專門幹壞事的混蛋」。[28] 蘇聯外交官泰姆拉茲・斯特帕諾夫―馬馬拉澤說他長得像個「提弗里斯的亞美尼亞人」。理查・培里是半個喬治亞人，對他來說這句話可不是什麼好話。提弗里斯是喬治亞首都提比利斯（Tblisi）在革命之前的名稱，而當時的提比利斯在經濟上主要被亞美尼亞的商人階級控制。喬治亞人和亞美尼亞人的關係很壞，喬治亞共黨領袖甚至在一九二〇年代發動過一場種族清洗。[29] 培里有一種詭異的鎮定，從來不和人力爭過什麼。[30] 但他反蘇的激烈程度讓他在美國自由派圈子中得到一個「黑暗王子」的封號。他對這個封號並不在意，甚至暗自得意。

溫伯格和培里對那些想和蘇共政治局緩和關係的人都很不耐。前任國防部長羅伯・麥納馬拉（Robert McNamara）提出要有新的戰爭準則，溫伯格對此相當火大。麥納馬拉及其友人主張美國應該聲明放棄對蘇聯採用「第一擊」核子攻擊，甚至也應該放棄所謂「倉促的第二擊」。溫伯格不認為這種政策能強化國家安全，他的理由是，假如蘇聯認為惹麻煩卻不會招致美國快速全面反擊的話，蘇聯就不會改善其行為。他同意雷根的看法，認為北約國家那些凍結核武運動都是想弱化美國的陰謀詭計。溫伯格也認為美國那些裁軍專家都是在沒事找事。他認為這些人都是為了自己的利益想拖延談判，因為如果美國和蘇聯真的簽了條約，這些人就失業了。他們可能也沒意識到自己的偏向。[31] 溫伯格要讓蘇聯領導人知道，如果要挑起戰爭，那麼美國必將打到敵人潰不成軍為止。他表示他的國防部有打長期戰爭的計畫。[32]

每當有人談到要出售先進科技給蘇聯，溫伯格就會劍拔弩張。在一次國家安全會議中，他毫不理會北約國家的不滿：

我們必須考慮到盟國的立場，但我們也必須考慮我們到底是不是要幫助蘇聯，我們不能接受如果我們不賣的話其他國家也會賣的說法。也許真會如此，但我們的政策一定要嚴格。幾乎任何東西都會幫到他們的軍力和經濟。我們知道他們只有統治世界才會滿意，我們不能為了讓他們滿意就討好他們。[33]

商務部長馬爾科姆．鮑德里奇（Malcolm Baldrige）認為凡是在美國商店可以買到的東西都可以賣給蘇聯，中情局局長威廉．凱西跳出來站在溫伯格這一邊：「把蘇聯需要的東西出口給他們是錯誤的。」他提醒在座各位，美國在二次大戰爆發前不久就出口廢鐵給日本。[34]

凱西和溫伯格一致認為和蘇聯談判不會有任何結果。他相信一定要直接對克里姆林宮施壓。他在雷根一上任就被任命為中情局局長，是個情報界老將。他在二戰時追隨「瘋比爾」威廉．多諾萬（William Donovan）在戰略情報局（Office of Strategic Services）工作，領導其歐洲情報分部。二戰結束後他又成為狂熱的冷戰鬥士。他相信克里姆林宮是全世界最邪惡的地方。他的天主教信仰讓他決心抵抗無神論共產主義的擴張。他是法學院畢業生，在大企業工作時也活躍於共和黨內。尼克森總統在一九七一年任命他為證券交易委員會主席。凱西一直期待有一位能對抗蘇聯的總統，質疑「低盪」政策。他相信他終於在雷根身上找到他想要的，在一九八〇年總統選戰中擔任雷根的競選總幹事。他認為蘇聯領導人是全球革命陰謀的中心，大部分對美國及其盟國的恐怖主義攻擊都是蘇聯在主導。他要把中情局變成有能力對抗蘇聯陰謀的組織。[35]他向雷根報告說他要努力「重建秘密情報工作」，把他信任的人帶進中情局。[36]

但不是所有北約國家的領導人都贊成溫伯格和凱西對於與蘇聯貿易的看法。他們反對建造中的從西伯利亞通到西德的石油和天然氣管線。海格認為北約的西歐盟國不會放棄和蘇聯貿易，但溫伯格和凱西根本不理會。海格的論點是：

當我們取消糧食出口限制時，我們自己就開放了四分之三和蘇聯的貿易額。當我們自己都放鬆管制時，還要對他們施壓是很矛盾的。[37]

溫伯格毫不退讓：

我們絕對要把這條管線切斷。所謂的領導，不是你去跟著這些盟國的意見走，然後最後承認自己失敗。而是決定好要做什麼，然後堅持下去。必須讓歐洲人明白這一點。你決定好要做什麼，毅然決然拚下去。[38]

這場一九八一年七月九日的會議並沒有做成決議。[39]凱西認為雷根在取消糧食出口限制時誤算了一點：

美國、加拿大、澳洲和阿根廷控制了全球百分之七十八的小麥、百分之八十七的玉米、百分之九十的大豆。相較之下，石油輸出國家組織只控制了全球百分之七十一的石油。以當前的價格來說，美國只要花兩百億美元——不到國防預算十分之一——就可以買下全球市場中所有的糧食。這些錢我們只要花一部分來補貼美國和阿根廷農民，他們就可以不賣給蘇聯。這是很有效的工具，但這種極端做法無法輕易施行。除非有明確而重要的目標，否則全球輿論不會支持。[40]

雖然雷根沒有接受這個主意，但他很歡迎有凱西這個「有團隊精神的人」參與國家安全會議。但凱西是一個只要認為方向走錯就不惜把整條船弄翻的人，雷根用這個詞來形容他是頗不相稱的。[41]

軍備控制和裁軍局局長尤金．羅斯托（Eugene Rostow）對於和蘇聯領導人談判也頗為悲觀。羅斯托是耶魯大學法學教授，在民主黨政府久任公職，口才極佳。他告訴阿納托利．杜布里寧大使說，除非蘇聯同意讓美國查驗，否則美國絕不會簽下條約。他強調美國對於蘇聯違反國際義務的行為有很多情報，包括發展生物武器在內。[42]代表參謀首長聯席會到日內瓦參加羅斯托率領的裁軍談判的是艾德．羅尼（Ed Rowny）中將。他曾因不贊成第二階段限制戰略武器談判而從卡特政府辭職。[43]

據溫伯格的說法，真正的「雷根分子」在白宮裡並不多。除了他自己以外，他認為還包括艾德．梅西、駐聯合國大使珍妮．柯克派屈克（Jeane Kirkpatrick）、威廉．凱西、國家安全顧問威廉．克拉克（William Clark）、前一任的國家安全顧問理查．艾倫和喬治．舒茲。他把主要對手舒茲列名其中頗令人意外。溫伯格表示舒茲一開始是接受國務院「傳統智慧」的。但溫伯格認為舒茲逐漸接受了雷根在外交政策的觀點。到了晚年，溫伯格願意承認他們倆在公務上有百分之六十到七十的看法是相同的。他也承認國務院的專業官僚對任何人都會造成妨礙。他也同意舒茲其實對「戰略防禦計畫」一直有給予支持。[44]美國政府內部確實有很深的政策分歧，但在對抗和挑戰蘇聯這件事上則是一致的。「雷根分子」一進政府就主張不能只追求「低盪」。卡特政府也是往這個方向走，而雷根政府的官員決心要更進一步。他們要對抗和挑戰蘇聯領導人。

第四章

「星戰計畫」與「優秀射手演習」

美蘇之間的軍事對峙、貿易封鎖、間諜滲透由來已久。然而1983年的一系列衝突，包含雷根發表「邪惡帝國」演說、宣布「星戰防禦計畫」、蘇聯擊落南韓民航機，將美蘇帶到了戰爭邊緣……

雷根和他的官員對於如何推翻莫斯科的共產體制或讓蘇聯解體並沒有明確的方案。[1]他們知道蘇聯領導人在世界上依然強大。珍妮・柯克派屈克回憶說，雷根希望「讓他們花錢花到死」。[2]這確實是他的主要目標之一，中情局的報告也說他確實達到了目的。這些報告經常指出克里姆林宮因為在國外負擔太重而導致預算壓力。克里姆林宮已經背負了古巴、越南和非洲小國，又新增加了阿富汗和波蘭。[3]

就任總統兩年後，雷根發表了兩項全球關注的演說。一九八三年三月八日，他在奧蘭多的全國福音派協會把蘇聯稱為「邪惡帝國」，把極權主義稱為「全世界邪惡的中心」。[4]他解釋說：

> 在我就任總統後首次記者會中，在面對一個直接的提問時，我曾指出，作為忠實的馬克思—列寧主義者，蘇維埃領導人坦白公開地宣稱他們所唯一承認的道德觀就是推進世界革命。我必須指出我只是引述他們精神導師列寧的話，他在一九二〇年說過他們絕不服從任何來自超自然理念——也就是宗教——的道德觀，也不承認階級鬥爭以外

> 的道德觀。道德完全從屬於階級戰爭的利益。凡是對於打倒舊的、剝削的社會秩序和聯合無產階級有必要的，就是道德的。
>
> 我認為，許多有影響力的人否認這個蘇維埃教條的基本事實，恰好就是對極權主義的本質視而不見。我們在一九三〇年代見到過這個現象。今天也見到這個現象。[5]

但他還是再次呼籲要削減戰略核子飛彈百分之五十和銷毀所有中程核武。[6]

全球媒體忽略了這個演講中富有思想性和神學性的成分，而著重在雷根反共的好戰意味，雷根的反對者也覺得他們最害怕的事終於被證實。雷根在進入白宮前就大肆批評蘇聯，他的奧蘭多演說只是延續他多年來的言論。

一九八三年三月二十三日，在經過兩個星期的辯論之後，雷根以電視演說提出他在太空中部署反彈道飛彈防禦系統的新計畫，也就是讓美國能打下敵方飛彈的「戰略防禦系統」。溫伯格在演講發表數天前才通告北約各國國防部長。[7]而雷根則幾乎沒有在政府內部預做討論。副國家安全顧問羅伯・麥克法蘭（Robert McFarlane）聽說總統有這種想法後，警告他的老闆威廉・克拉克說：「你一定要阻止他。他還不能發表這個演說。這根本就還沒開始研究。」[8]舒茲聽取了主持這項計畫的亞伯拉罕森（James Abrahamson）將軍的簡報，覺得疑慮重重。國務卿結論道：「我不是被唬弄了，就是這項計畫根本是空的。」[9]雷根和「整個美國國防菁英階層」都槓上了。[10]但他堅持己見，而這個想法一直是他對外政策的核心。他堅稱他要讓美國固若金湯、無懼敵人來犯完全是為了和平。「戰略防禦計畫」只是要讓美國在蘇聯發射飛彈時，有辦法在其造成任何傷害時從外太空加以摧毀。

雖然雷根強調只有防衛意圖，但他無法消弭這會讓美國擁有科技優勢的疑慮，且被視為又開啟了另一波軍備競賽。外太空武器系統讓人聯想到喬治．盧卡斯（George Lukas）從一九七七年開拍的電影《星際大戰》。盧卡斯的電影是關於遙遠太空中的正義與邪惡之爭，還有光劍與雷射砲。雷根的「戰略防禦計畫」（Strategic Defense Initiative）很快就成為一般人口中的「星戰防衛計畫」（Star Wars Defense）。

在驚訝過後，雷根政府的主要官員看到「戰略防禦計畫」有其優點。安德洛波夫及蘇共政治局立刻譴責美國搞軍國主義，大力反對這個會讓軍備競賽進入新階段的研究計畫。他們明顯被雷根的演說激怒了，而「雷根分子」絕不會因為他們不爽而有絲毫動搖。溫伯格向他手下官員透露，他喜歡「戰略防禦計畫」只是因為這不但能把美國打造成「核子避難所」，還能增加蘇聯的經濟負擔。他還呼籲要同時進行加強美國戰略攻擊能力的研究。[11] 愛德華．泰勒是促成雷根宣布這項研究計畫的主要科學家之一。他很會激發總統的想像力。他鍥而不捨，在一九八三年七月二十三日寫信給雷根說一定要盡速採取行動，因為蘇聯有可能已經在這個領域取得領先。[12] 雷根並不需要人勸說。他希望「戰略防禦系統」能讓美國抵擋核彈攻擊。若能因此增加克里姆林宮的負擔則是額外加分。

此時，蘇聯正在協助阿富汗共黨政府打內戰，美國政府則對反共叛軍提供軍事援助。這些「聖戰士」（mujahidin）大多是極端傳統派的非正規軍，為了伊斯蘭信仰、國家主權和趕走外國異教徒而戰。美國刻意忽視這些基本教義派聖戰主義者就長期而言會對國際社會造成威脅。他們只想援助蘇聯的敵人。聖戰主義者是為了把國家從蘇聯支持的共黨獨裁統治解放出來。他們不缺決心，只缺武器。雷根想支援他們，遂小心籌畫機密行動。早在一九八一年就有一項計畫是利用在加拿大註冊的民間運輸公司經由阿曼運送武器到巴基斯坦。在巴基斯坦總統齊亞．哈克（Zia-ul-Haq）的允許下，有二十架賽斯納（Cessna）小飛機固定飛往阿富汗。這樣聖戰士就不會因為缺乏武器而被擊潰。[13]溫伯格還親自到伊斯蘭馬巴德了解戰況。一九八三年十月，他和巴基斯坦西北邊境省長法茲勒．哈克（Fazle-Haq）會面，討論大批阿富汗難民湧入的問題。[14]

對外，蘇聯領導人對阿富汗問題表現得很篤定。但即使在葛羅米柯強力控制下的蘇聯外交部內部，還是有人持反對意見。外交官阿納托利．柯瓦廖夫（Anatoli Kovalev）拒絕接任近東及中東司司長，因為他不想接下阿富汗這個爛攤子。雖然葛羅米柯說這是因為美國想在阿富汗設立基地，柯瓦廖夫還是不為所動。[15]柯瓦廖夫能保住職務，但其他官員要說真話可沒那容易。軍事情報單位「格魯烏」（GRU）有一份報告指出未來的難題：蘇聯很可能遭遇英國在十九世紀時的失敗。「格魯烏」的局長因為這份報告受到政治局譴責，對他的手下說：「你們這些傢伙讓我倒大楣了！」[16]事實上，葛羅米柯自己很快就後悔入侵阿富汗。一九八二年，東方研究所所長葉夫根尼．普利馬可夫（Yevgeni Primakov）到莫斯科外交部做了一次簡報，指出想對阿富汗帶來「革命性轉變」是不可能成功的。讓所有人驚訝的是，葛羅米柯居然同意普利馬可夫的批評。[17]

一九八三年八月十八日，安德洛波夫在莫斯科接待來訪的美國參議員時表示，如果美國進行「戰略防禦計畫」的話，蘇聯也要繼續實驗暫停中的反衛星武器。[18]這等於是在攤牌。他知道蘇聯專家都質疑美國成功的科學機率不高，而所有人都清楚蘇聯要投入「天文數字」的預算才能進行同樣的計畫。[19]

雷根解除了卡特政府的禁令，盡量運用中國這張牌。一九八一年七月，五角大廈宣布美國願意考慮出售中國所要的先進武器，但是要個案分別處理。[20]美國企業急於到中國設立合資公司，顧不上技術轉移的風險。美國政府也表示願意和中國合作開發民用核能電廠。背後的計算是中國崛起可以幫助美國騷擾蘇聯。國務院樂見中國在全世界擴展勢力，並認為如果中國介入非洲，蘇聯就不會那麼惡搞。[21]雖然也有人提起中國踐踏人權的問題，但很少得到關注。美國把中國視為在東南亞抵擋蘇聯勢力的圍牆，也樂見中國能在兩國漫長邊境線上拖住蘇聯幾十個陸軍師。[22]美國政府不太擔心出售先進軍事科技給中國，因為美國官員相信中國人絕不會把機密轉交給敵人——蘇聯和華沙公約國家。一九八三年六月，雷根正式承認中華人民共和國是「友好的不結盟國家」，要進一步放寬貿易來往的限制。[23]

與此同時，雷根和他的官員禁止出售任何有潛在軍事用途的設備給蘇聯。自一九四九以來，美國及其盟國就透過「出口管制統籌委員會」（Coordinating Committee for Export Controls，簡稱CoCom）來執行貿易禁令，長期監管含有先進技術的商品。福特總統在一九七五年簽署了「傑克森—范尼克修正案」（Jackson-Vanik amendment），擴大了美國自己的禁令範圍。參議員亨利・傑克森（Henry Jackson）和眾議員查爾斯・范尼克（Charles Vanik）想懲罰那些不准其公民自由移民的國家。由於蘇聯不准其猶太裔公民移民出國，蘇聯就成了主要目標。美國企業一般都會遵守「出口管制統籌委員會」所列的清單，但在一九八〇年，日本東芝公司暗中同意把螺旋槳出售給蘇聯，讓蘇聯潛艇可以在水下幾乎無聲推進。美國政治人物威脅要全面禁止東芝公司在美國做生意。[24]這件事糾纏了數年。美國無法強迫外國企業撕毀正式簽署的合約，但美國的盟國都學到了教訓，知道雷根的白宮對於違反禁令的行為絕不會鬆手。

然而，對於用貿易工具來抑制克里姆林宮這件事，美國自己也並不一致。糧食出口禁令在一九八一年四月一日取消減輕了蘇聯的經濟問題。而就在禁令取消前幾個禮拜，為了應付又一次的農產歉收，蘇共中央才下令放寬集體農場上私人承包土地面積的限制，允許私人買賣牲口，國有銀行也提供適當的貸款。卡特的農產品出口禁令的確發生了作用。而當雷根一取消禁令，蘇共就立刻撤回了原來的命令。[25]

一九八二年十一月，在總書記布里茲涅夫國喪期間，一個由兩百五十家企業執行長組成的美國代表團訪問莫斯科。兩國商業往來隨即升溫，一九八四年五月又有四十位蘇聯經貿官員回訪紐約。在那幾年中，美國的全球貿易收支赤字問題受到關注。一九八三年，貿易赤字達到六百九十四億美元的歷史新高，預期在第二年還會再倍增。有好幾家公司希望政府能幫他們取消對共產國家的貿易限制。美國和蘇聯的貿易總額從一九七九年的四十五億美元掉到了一九八三年的二十三億美元。美國的遊說團體指出，西歐國家早就在利用莫斯科提供的貿易機會。[26]一九八三年七月二十八日，美國准許蘇聯向美國採購比前一年度多出百分之五十的穀物，這個採購量可以持續五年。國務卿舒茲和商務部長鮑德里奇認為這是進一步取消出售天然氣和石油技術禁令的前奏。[27]

舒茲和鮑德里奇都遵循共和黨傳統，偏好自由貿易而不管意識型態差異，即使對方是極權主義政府亦然。溫伯格則堅決反對這種態度，想用除了戰爭以外的各種方法對克里姆林宮施壓。如果蘇聯外貿部希望購買先進技術，那美國的利益就是不賣。石油和天然氣是蘇聯經濟最關鍵的出口商品，沒有它們，蘇聯的預算會崩潰。[28]

雷根在一九八三年十二月否決了溫伯格的建議。[29]離岸鑽油設備從「出口管制統籌委員會」的禁運清單中移除。國務院是不想再重蹈美國制裁幫蘇聯建造西伯利亞輸油管線的公司而和北約國家關係緊張，[30]商務部則認為就算美國不賣這些設備，其他國家也會賣，那美國經濟就虧大了。與此同時，舒茲也在努力和蘇聯建立比較和緩的關係。以科羅拉多州的威廉・阿姆斯壯

（William L. Armstrong）為首的一群美國參議員對事情的發展感到不滿。他們反對進口更多可能是在蘇聯古拉格集中營生產的商品，公布了三十幾項屬於強迫勞動的產品清單。財政長部長唐諾・里根（Donald T. Regan）*表示他對於實行禁令採取開放態度，舒茲和鮑德里奇則警告這會破壞和莫斯科的關係。他們指出蘇聯可能會以拒絕採購美國農產品為報復。[31]每個人都清楚總統要在中西部的農業州的選票。

蘇聯正建造從西伯利亞到歐洲的龐大輸油管線，此事震動了華府。密特朗把法國情報單位關於蘇聯產業間諜行為的報告給了華府。美國技術正一點一滴被偷走。KGB對美國各項研究計畫滲透極深，又非法向加拿大購買電腦設備，國家安全會議決定讓蘇聯領導人付出沉重代價。他們不是去把間諜抓出來，而是把假技術故意讓間諜偷走。西伯利亞管線是主要目標。這些設備在西伯利亞一裝好，渦輪、幫浦和閥門就會過壓把油管弄爆。有一次爆炸強到讓北美航太防衛司令部以為是安德洛波夫從秘密地點發射了核子飛彈。只有雷根和少數官員知道原因。[32]災害造成後，中情局和聯邦調查局立刻逮捕幾十名竊取技術機密的蘇聯特工。[33]

雷根是共產主義最堅定的敵人，這種高昂鬥志有時會戰勝他的理智。一九八三年十一月八日曾經發生一件讓許多人震驚的事。雷根當時正要做每周例行電台演說。他在測試麥克風時開玩笑說：「美國同胞們，我很樂意告訴大家我今天剛簽署了一項將讓蘇聯永遠無法翻身的法案。我們再過五分鐘就要轟炸蘇聯。」這段話被錄了下來，傳到媒體後立刻掀起軒然大波。對雷根的批評

* 唐諾・湯瑪斯・里根於一九八一到一九八五年擔任美國財政部長，一九八五到一九八七年擔任白宮幕僚長。他和雷根總統的名字很接近，但並無親屬關係。

者來說，這表示雷根終於脫口說出他真正的目標。蘇聯政治局大怒，《塔斯社》憤怒地發出即時新聞。美國國務院官員拚命安撫國內外對總統大嘴巴的憂慮。

在一九八三整年中，蘇聯和美國在外交和媒體上不斷唇槍舌戰。最嚴重的一次是南韓客機在東西伯利亞上空被擊落的事件。這架飛機誤入蘇聯領空，被地區防衛指揮官當成敵人的偵察行動打下來。這架KAL007班機上的兩百六十九名乘客和機組員全部罹難。蘇聯發言人堅持這是間諜行為，西伯利亞軍方的行動是正當的。幾天之後，全球都為之震動。雷根和舒茲譴責這是國家批准的野蠻行為。蘇聯逐漸轉變立場，承認這是一個失誤。但這不是道歉，而比較像在表示政治上的尷尬。假如當時安德洛波夫身體健康有在辦公的話，事情可能會不同。他對擊落KAL007班機的蘇聯指揮官極為憤怒，解除了他的職務來修補對美關係。[34]告知安德洛波夫蘇聯軍方在撒謊的人是外交部第一副部長喬治．科尼恩柯（Georgi Kornienko）。科尼恩柯當時打電話給人在醫院的安德洛波夫，但老邁的安德洛波夫一時無法回應。雖然科尼恩柯又被請到政治局會議去報告他的看法，但烏斯季諾夫和葛羅米柯的意見占上風。[35]

一九八三年十一月二十三日，潘興二號飛彈運抵西德，巡弋飛彈也到了英國。蘇聯想阻止這些飛彈部署的嘗試顯然失敗，而如果要因此增加軍事預算，對政治局來說又是一場惡夢。《真理報》譴責白宮想對社會主義發動十字軍。[36]蘇聯的SS－20飛彈沒辦法打到美國本土，但所有歐洲國家都在其射程範圍內。政治局想不到美國的回應會如此堅決：蘇聯軍方一部署中程核子飛彈，美國就在西歐盟國的美軍基地部署巡弋飛彈。西歐國家領袖最擔心的是美國可能會背棄對北約的承諾。他們害怕一旦波昂、羅馬或倫敦被SS－20飛彈攻擊，美國人可能不願從美國發射戰略飛彈攻擊蘇聯。為了這一點，這些國家接受美國部署巡弋飛彈和潘興二號飛彈。他們想把美國綁在同盟之中。而柯瓦廖夫則告訴葛羅米柯說，部署SS－20飛彈沒為蘇聯帶來好處，反而是更不安全。[37]

兩大超強的關係降到了冰點。安德洛波夫對雷根的意圖感到很不安：他認為雷根有可能瘋狂到對蘇聯發動核子閃擊戰。一九八三年十一月，北約司令部有一場「優秀射手演習」（Able Archer 83），想定的狀況是美國及其盟友與華沙公約對抗「升高」。這個演習是要實驗最新的無聲通訊技術，也要測試西方國家最終要如何對蘇聯發動攻擊。莫斯科得到報告後，政治局高度擔心這場演習可能是真正要開戰的煙幕彈。美國在這一年來一系列的聲明和行為都印證了政治局的恐懼。

安德洛波夫命令接任他當ＫＧＢ主席的維克托．切布里科夫（Viktor Chebrikov）用一切手段去確定美國人的意圖。所有在美國和西歐的蘇聯情報人員都受命要優先進行「萊恩行動」（Operation Ryan）。每個首都的蘇聯大使都接到當地ＫＧＢ情報首長的通知。安德洛波夫不想讓一九四一年六月蘇聯被突襲的事重演。[38]總參謀部的資深官員回憶說，這段時間是一九六二年古巴飛彈危機以來最令人擔心的時候。[39]但也不是所有人都認為世界大戰就要爆發。艾德里安．丹尼列維奇中將後來解釋說，其實都是「ＫＧＢ渲染了緊張程度，因為他們不懂軍事，誇大了他們所不懂的東西」。[40]但除了總參謀部之外，蘇共中央防衛部也認真認為有開戰的可能，部內官員甚至重新分配工作，整夜輪班監控。[41]整個蘇聯都處於高度預警狀態。任何一點意外都可能讓安德洛波夫在美國攻擊之前先發制人。這一次和古巴飛彈危機的不同之處在於，莫斯科和華府在一九八三年幾乎完全沒有溝通管道，所以更加危險。

在事態稍微平靜下來之前，兩國首都緊急互傳了訊息。在這一年稍早之前，焦急與蘇聯關係毫無進展的雷根為了防止事態變得無法控制，邀請蘇聯大使杜布里寧到白宮會談。舒茲安排讓杜布里寧偷偷從白宮後門進去。事情策畫得很機密，因為雷根想維持和蘇聯領導人對抗的形象。他和杜布里寧談了幾個小時。這是一場很正面的會談，雷根說：「我告訴他我要讓喬治（舒茲）來擔任和安德洛波夫直接溝通的管道，中間不要有任何官僚系統。喬治告訴我當他們離開後，大使說這是歷史性的一刻」。[42]雖然杜布里寧懷疑雷根的真正意圖，但還是希望這是兩國關係解凍的第一步。[43]但雷根不久後就發表了關於「邪惡帝國」和「戰略防禦計畫」的演說，批准了「優秀射手演習」，而蘇聯軍方又擊落了南韓客機。雙方緊張程度比總統和大使會面之前更高。

雙方都看出情況極度危險。安德洛波夫連續幾周焦慮不安，雷根則被自己的行為居然可能引發核戰給嚇到了。他們都明白唯有相互保證才符合共同利益，但他們還找不到方法。

第五章
蘇聯的經濟沉痾

蘇聯的經濟情況越來越糟，由於集體農場的歉收，甚至要靠跟美國買糧食才能餵飽人民。而年邁的黨內高層，暮氣沉沉難有作為。黨內已經出現改革的呼聲，但總書記安德洛波夫仍不願放棄共產黨的意識形態……

作為蘇共總書記，安德洛波夫的權力至高無上。但這有一個弔詭之處。雖然總書記是最高職位，但總書記也受限於整個蘇聯的體制和架構。蘇聯是一黨專政國家，共產黨就是政府。從一九一七年十月革命以來，蘇聯的意識形態就是奠基在列寧的理念之上，也就是馬克思列寧主義。憲政架構幾十年來不變。蘇聯的經濟是國家所有制，以重工業為優先，而軍事工業又是重中之重。公安警察和軍隊這些最大的部門受地區黨委會層層節制指揮。約瑟夫・史達林在一九三〇年代以殘暴的黨和警察統治鞏固了這個體制。赫魯雪夫在一九五〇年代中進行了一些改革和鬆綁，但他的政策激怒了黨內菁英，一九六四年被布里茲涅夫取代。隨之而來的是一段長時間的政治和經濟鞏固時期。由於菁英要保衛自己的利益，這個權力系統有一種強大的惰性。安德洛波夫知道蘇聯體制在滿足社會需求以及和美國競爭上有很大的缺陷，但他不敢去改變。

他深知必須拉著整個黨的領導層和他一起前進。蘇共每五年就要召開黨代表大會選出中央委員，這些人都是黨政軍和KGB的領導官員。中央委員會一般每兩年召開一次全體會議，平常時間就由人數較少的政治局代為行使權力。總書記不能忽視政治局的集體意見。

政治局每週四上午十一點固定在大克里姆林宮的胡桃室開會。在會議正式進行前，十幾位成員會坐在巨大的圓桌前先交換意見。政治局的排名定位有嚴格順序，總書記之後是政治局正式成員，再來是候補成員，再來是中央委員會的書記。總書記坐在胡桃室的主席位置，邀請來的講者在總書記右手邊的講台做報告。[1]如果要表決，只有政治局正式成員才有投票權。一般來說，有技巧的總書記會避免動用表決，以平衡正反雙方意見的方式來達成共識。[2]政治局每個成員都是統治全國的各部門頭頭。最主要的部門有黨、KGB、軍方和工業部門。而黨又統治一切。雖然蘇聯憲法沒有哪一條規定一黨專政，但自從十月革命以來就是如此。黨是這個國家無所不在的最高領導。

政治局成員或中央委員會書記擁有不為公眾所知的特權。他們因公出國一定是搭特別專機。[3]他們幾乎都是男性，配有別墅、僕人、司機、ZiL車廠的豪華轎車、行動電話和至少四名保鏢。別墅裡通常有桑拿浴室、網球場、電影院、溫室和果園。[4]以蘇聯標準來說相當豪華的克里米亞的佛羅斯（Foros）的「曙光」別墅專門給總書記使用。這棟別墅是為了諸位總書記都年紀太大身體不便時所建造的，有電梯一直通到海灘。據說這座別墅的造價高達一億八千九百萬盧布。[5]高官特權的擴大少有約制。例如，高官按規定是不能建造私人房舍的，但總有辦法走後門。[6]

布里茲涅夫自一九六四年以來即擔任總書記。他在一九七〇年代末期因為健康問題而心智衰弱，每年有好幾個月待在莫斯科郊外札非多佛的別墅。[7]別墅區崗哨連綿，夏日青蔥，冬日白雪，生病的老人在這裡住得平靜而安詳。他曾經在這裡打獵，後來把它整修成養病的處所。

他身邊圍繞著一群政治局成員，這些人會先對主要政策達成共識後再呈交給他。其中一人是康斯坦丁．契爾年科（Konstantin Chernenko），他由布里茲涅夫的幕僚被提拔進政治局。其他政治局成員還有KGB主席安德洛波夫、國防部長烏斯季諾夫、外交部長葛羅米柯。安德洛波夫為了順利接班，經布里茲涅夫允許在一九八二年離開KGB轉任中央委員會書記。他和烏斯季諾夫私交極好，兩人組成軍方和安全部門的合作聯盟。安德洛波夫和葛羅米柯的關係也很好。[8]兩人會先就許多問題取得共識後再告訴其他政治局成員。雖然葛羅米柯喜歡壟斷外交政策，但他也會小心不激起其他政治局成員的反對。烏斯季諾夫素有工作狂的稱號。他在格列奇科元帥於一九七六年死後同時身兼國防部長和中央委員會書記。[9]

在蘇聯政治體系中，國際關係是一個特殊領域。其他領域的政策都受黨中央書記處強力領導和控制，但書記處轄下的國際部卻不能指揮外交部。葛羅米柯只對總書記和政治局負責。[10]他的外交部位於斯摩倫斯克廣場，到克里姆林宮只有幾分鐘車程。外交部長辦公室在七〇六號的六樓。[11]

一九八二年十一月二十二日，安德洛波夫對中央委員會就蘇聯的經濟困境做了嚴峻到不能公開的報告：

> 同志們，我們討論的是一個長久以來已成為固定慣習的問題：向國外進口糧食和其他產品。
>
> 我們這麼做是從幾年前一次大歉收後的嚴峻時期開始的。我們當時別無選擇。而首先反對也一直反對這麼做的是我們親愛的列昂尼德．伊里奇（即布里茲涅夫）：「像我們這種產

糧大國怎麼會突然跑去跟美國買糧食！」。但後來我們把這種購買變成習慣。它已成為一個自動程序：我們每年都進口糧食；我們從一些國家買牛油、從一些國家買肉、從一些國家買牛奶。[12]

安德洛波夫批評這種政策：

當然，你們都知道他們給我們這些東西不是因為我們的眼睛很漂亮。這是要錢的。我不想嚇各位，但我要說，這些年來我們已經浪費了幾百億盧布在這些昂貴的東西上面。[13]

他沒有提出替代方案，但明確說一定得做改變。

他責成蘇共農業部來監督改進工作。農業部一向呼籲要增加巨額投資在糧食和乳製品生產上面。一九八一年的國家預算中就有「人類史上最高額的食物和農產品補貼」，按官方匯率計算高達三百三十億美元。[14]

安德洛波夫呼籲要反對浪費，要拯救破敗的蘇聯農村：

我們要怎麼看待這種事情？據說我們有很多黃金，但不能餵飽人民，所以我們得用黃金買糧食來餵飽人民。但這是錯誤的。我們並沒有很多黃金。凡是清楚國際情勢的人都知道黃金價格正在大幅下跌，美國正在搞貨幣戰爭對付所有國家，最主要是對付蘇聯和其他社會主義國家。[15]

他指責華府把金融當成武器。他認為美國已刻意搞垮了波蘭，接下來要對付匈牙利。而美國的成功又鼓舞美國人繼續用同樣的策略來對付蘇聯：「雷根已經傲慢到說：『是的，我們要賣糧食給蘇聯，但我們這麼做是為了耗光他們。這有錯嗎？這沒有錯。』」[16]安德洛波夫無法再忍受：「我們這種大國必須和美國鬥爭，包括在必要程度上的貨幣鬥爭。」[17]他依然沒有提出解方，只說不能再這樣下去。

相較之下，安德洛波夫對國際關係倒是樂觀許多，堅持「低盪」並沒有終結，只是暫時中止。在另一段未公開的講話中，他提到英國首相柴契爾夫人呼籲冷戰雙方裁減核子武器。他表示蘇聯當然不會要求西方單方面裁減。[18]他說得好像前任總書記也都贊同他的報告。但這其實是障眼法。他真正想要的是揮別過去。

在對外交部官員闡釋政策時，葛羅米柯說華府對軍備競賽有崇尚之風。他呼籲官員們要堅信蘇聯在動機和行為上的正義性。他不斷重複著教義，比任何樞機主教教導他的主教們都要熱情。他只略微談到中國，因為他相信中國只想和美國站在一起，沒有興趣和蘇聯搞「關係正常化」，所以莫斯科和北京沒有改善關係的可能。[19]兩天後，葛羅米柯又在外交部的黨內幹部會議中重申他的論調。第一歐洲部部長阿納托利．阿達米申對外交部長的分析大為反感。最令人沮喪的是，葛羅米柯似乎真的相信自己說的話。阿達米申知道外交部長和政治局其他「老人」一樣，都會說一些話來安慰自己和他人。這些話有虛偽也有自欺欺人，不能作為合理的外交政策基礎。[20]葛羅米柯對蘇共中央委員會聲稱，蘇聯軍隊在阿富汗「有穩定局勢的作用」。他報告說雖然還是有外國軍隊入侵的可能性，但阿富汗軍隊已掌控局勢，不過葛羅米柯並沒有指明這些外國軍隊來自何方。他嘲笑西方「歐斯底里式的反對」蘇聯的軍事行動，而這正證明了蘇聯的戰略是有效的。[21]

早在一九八〇年二月，政治局就在暗中討論怎麼從阿富汗脫身。[22]但這種討論只是斷斷續續的，因為蘇聯領導人一般都把保護蘇聯從一九四五年以來得到的戰利品視為義務和權利。凡是他們手上有的東西，就想保有下去。他們不想「失去」阿富汗、東歐或甚至越南。[23]一九八三年六月，葛羅米柯再次在中央委員會全會中表示蘇聯軍隊一切進展順利。在精心安排之下，摩達維亞共黨第一書記伊凡・鮑久爾（Ivan Bodyul）接著上台強調古巴人民是多麼崇敬蘇聯及其政治經濟制度。[24]亞歷山大・柴可夫斯基（Aleksandr Chakovsky）*也向中央委員會報告說保加利亞作家大會顯示東歐局勢一切大好。他說出席大會的美國作家埃斯基・考德威爾（Erskine Caldwell）和約翰・齊弗（John Cheever）都對美國的好戰主義感到憤怒。他引述英國小說家斯諾（C.P.Snow）的說法：「我們絕不能允許原子彈落入罪犯和瘋子的手中。」[25]

蘇聯領導人明白經濟現實和官方說法完全不是一回事。一九八三年一月十八日，尼古拉・雷日科夫（Nikolai Ryzhkov）†在安德洛波夫主持的中央委員會書記處會議中說：

> 我們剛收到中央統計局對一九八二年度的統計數字。這些數字該怎麼說呢？表面上當然有達到計畫目標，但這不是真的，因為這只是達到了修正過的計畫，並沒有達到原來的國家經濟計畫。我們自己製造了假資料，所以我們才落到如此地步。[26]

他所說的東西其實在領導層中眾所皆知，但他拿出來討論卻是非比尋常。如果沒有得到安德洛波夫的鼓勵，他不可能這麼做。安德洛波夫一當上總書記就把雷日科夫從國家計畫委員會拔擢到中央書記處。雷日科夫和弗拉基米爾・多爾吉赫（Vladimir Dolgikh）及戈巴契夫加入了安德洛波成立的秘密研究小組，任務是要找出蘇聯經濟問題的根本原因——多爾吉赫和戈巴契夫也都是中央委員會的書記。[27]

很多蘇聯官員都認為蘇聯軍事支出負擔太重，但少有人注意到軍火工業對經濟也可以有特殊貢獻。在美國，軍事科技的發展經常會促成大眾商品的創新，WD40潤滑劑、鐵弗龍不沾鍋塗料、防刮鏡片和耐用型電腦鍵盤都是例子。但這種例子在蘇聯卻少之又少，生產軍備的支出很少帶來物質和文化上的間接利益。「軍事—工業複合體」是獨立王國。外交官阿納托利．阿達米申很了解這對經濟的長期傷害有多大。[28]蘇聯大規模過度生產飛彈。飛彈儲備量大增，只是因為設想在第三次世界大戰爆發後可能需要發動多次核彈攻擊。蘇共防衛部也有官員（他們都是愛國分子）看得出這在軍事上和經濟上都毫無道理，[29]但沒有政治人物敢挑戰總參謀部定下的方針。

阿達米申在一九八三年參加了安德洛波夫領導的政策規劃小組，得知了一些驚人的事實。經濟情勢越來越糟。預測在一九九〇代時，工業產出的增長速度每年將不到百分之一。生產基地被鄙視。國家預算都浪費在國防、農業、住房和對外援助。現行體制不容許任何創新空間，平均家戶所得下降被通貨膨脹所掩蓋。阿達米申震驚不已：「未來都被吃掉了！」[30]

蘇聯與西方在科技上的差距早在一九七九年八月四日一次中央書記處會議中就有過坦率的討論。副部長伊凡．弗羅洛夫（Ivan Frolov）報告說蘇聯在以科技取代人力上要比資本主義國家落後百分之六十。各部門和國家計畫委員會說的也差不多。安德烈．基里連科（Andrei Kirilenko）

---

* 亞歷山大．柴可夫斯基是蘇共黨員及小說家，曾任蘇聯作家協會主席。

† 尼古拉．雷日科夫曾任蘇聯人民委員會副主席、蘇聯最後一任部長會議主席。

駁斥他們，但各部部長也反唇相譏說，以他們手上的資源實在沒辦法再做得更好了，除非能告訴他們該怎麼做。基里連科顯然也不知道答案，他只是習慣性的擺架子說大話而已。這些部長都表明不想再被當成學童對待。[31]蘇聯已陷入一灘死水。領導人都知道沒可能再和美國經濟競爭。黨的統治和國家工業生產的協調機制已經過時，但沒有人想得出要怎麼從根本改變。批評問題的人多，思考解決問題的人少。政治局都是一些早已習慣這套自史達林死後就沒有變過的組織和意識型態體制的人。

蘇聯緩和問題的辦法就是出售更多的石油與天然氣。然而，石油產業的技術越來越老舊，導致達不到生產目標。雖然國家計畫委員會預計要在一九八四年達到六億五千萬噸的產量，但石油部門回報，實際可達到的目標只有六億兩千五百萬噸。這意味著硬貨幣的利潤都要消失。[32]

蘇聯顯然要靠出口貴金屬，但礦產來源已經不足。一九八〇年，美國總統卡特在蘇聯入侵阿富汗以後採取了貿易禁令，讓蘇聯更加困難。伏特加酒廠被下令減產，省下穀物另作他用。化工產業也因為美蘇貿易大減而損失慘重。[33]黨中央書記處收到一個接一個壞消息，最嚴重的是有超過三分之二的集體農場都歉收。國家計畫委員會已經沒有資金再增加補助。這些農場也知道銀行沒辦法再提供貸款。整個經濟陷入僵局。[34]黃金和鑽石在世界市場的價格下跌更是雪上加霜。雷根限縮西方國家給蘇聯的信貸開始發生作用，政治局一愁莫展。蘇聯的情況已糟到不但危及作為超級強權的能力，也無法安撫人民的不滿。[35]

戈巴契夫敦促安德洛波夫要根本改革。他們都知道年度預算只是系統性的粉飾太平。零售物價之所以能保持平穩，完全是靠著從國庫搬錢來補貼。而蘇聯人民手上卻有大量存款，因為根本沒什麼商品可買。雖然安德洛波夫並沒有讓戈巴契夫和雷日科夫了解預算全貌，但他們知道非找到新辦法不可。他們也知道光是提高食物和衣服的物價是不夠的。政治局數次討論到這個問題，成員們都清楚社會上的不滿，都擔心民眾不歡迎物價改革。與此同時，他們也想累積資源搞工業現代化。安德洛波夫否決了戈巴契夫的建議。他選擇在黨和ＫＧＢ監督之下展開「紀律作戰」。[36]工人被催促要按照良心完成任務，官員被威脅要為腐敗和懶散受懲罰。蘇聯越來越成為一個警察國家。

儘管承認越來越困難，安德洛波夫依然決心證明蘇聯可以和美國相抗。他成立了一個由德米特里·烏斯季諾夫領導的小組，專門針對「戰略防禦系統」。部長會議副主席尤里·馬斯柳科夫（Yuri Maslyukov）和總參謀長謝爾蓋·阿赫羅梅耶夫（Sergei Akhromeyev）都被指定參加這個小組，主要的科研機構和ＫＧＢ也被下令要提供支援。這個小組的領導者是政治局委員烏斯季諾夫，但實際協調規畫者是知名的物理學家葉夫根尼·韋利霍夫。[37]在接下來幾年中，韋利霍夫是蘇聯批評「戰略防禦系統」的主要代表人物。[38]

這個「韋利霍夫小組」面對相當激進的氣氛。蘇聯科學界和工程界正急於爭取預算要打造可和美國相抗衡的系統。蘇共國防部抱怨說這簡直是把馬車套在馬的前面。如果韋利霍夫及其同僚實際一點的話，他們應該先檢視美國這個計畫到底有沒有可能成功，或者只是雷根總統的個人狂想。美國科學界已有越來越多單位——例如史丹佛大學、康乃爾大學和美國科學院——認為這個計畫從一開始就不可能達成目標。但韋利霍夫小組認定其使命就是完成安德洛波夫交代的任務。[39]如果美國要建一個新的武器系統，那蘇聯也要建一個。絕不能讓「主要敵人」在國防上領先蘇聯。[40]

預算赤字暴增的問題如同壓力鍋，政治局並沒有忽視這一點。安德洛波夫同意要對瓦斯、電力和電話費漲價，[41]但他拒絕停止蘇聯對東歐國家的間接補助。有人提議要中斷對保加利亞的金援，安德洛波夫堅決反對這種破壞「世界共產運動」情誼的行為。他也不同意保加利亞的農產品對蘇聯沒多大用處這種論調。他擔心蘇聯一旦中斷援助，中國就會趁虛而入。[42]這種事情在一九六〇年代就在阿爾巴尼亞發生過，鄧小平一定還會再幹一次。雖然安德洛波夫要為東歐維持生機，但他拒絕再寵壞羅馬尼亞。羅馬尼亞總統西奧塞古在一次和蘇聯的政治協商會議中拒絕簽署聯合公報草案。羅馬尼亞官員向蘇聯表示說，蘇聯必須再給四千萬桶原油西奧塞古才會讓步。安德洛波夫對此大怒，完全拒絕西奧塞古的要求。結果是西奧塞古退讓，簽下了公報。[43]

政治局開會的氣氛也變了。公開討論成為常態，激烈的言詞經常出現。但安德洛波夫依然是無可挑戰的領袖，只有他才能下總結，讓大家通過決議。[44]舊的儀式並沒有完全消失。當政治局委員在黨的中央全委會上台時，每個人都要像學生一樣鼓掌歡迎。[45]但在政治局和書記處內部確實出現一股新的現實感。安德洛波夫喜歡在做決策之前多聽一些不同意見，就算是令人不悅的想法也可以。[46]他在政治局的徒弟戈巴契夫告訴他國家預算嚴重失衡，建議要趕快提高食物和衣服的價格。安德洛波夫拒絕，因為他知道這會惹怒早就對市面上商品不滿的蘇聯人民。他能接受的改革是有限度的。本質上他是傾向如何能讓現有體制運作得更好，強調在辦公室、工廠和農場都要有紀律。

政治局正在老化。安德洛波夫和好幾個委員都有健康問題。一九八三年三月二十四日，政治局決定調整政治局和書記處成員及部長會議副主席的工作常規。正常工作日是從早上九點工作到下午五點。中午一定要有午休時間。超過工作時間的活動，包括官方接待，都必須盡量縮短。超過六十五歲的領導人還要額外減量工作：不得在早上十點以前開始工作，每年要休假兩個半月，並建議每星期在家工作一天。[47]資深政治局委員阿維德·佩爾謝（Arvid Pelshe）表示，最需要照護的人就是總書記自己。[48]安德洛波夫需要定期洗腎，經常不得不放下公事被迫休養。他在登上大位之前就是個多病之人。

他在位時的機密紀錄顯示這位蘇聯領袖經常在討論蘇聯面對的各種內外問題。焦慮感不限於那些直到一九八五年才敢表露想法的改革派。從安德洛波夫以下的整個政治局都陷入危機的深刻矛盾之中。

但知道問題是一回事，知道必須從根本上改革又是一回事。一如既往，蘇聯領導人在本能上只會找尋能緩和病症的藥方。他們把馬克思列寧主義、十月革命和一黨制警察國家當成穩定的基石。但馬克思列寧主義也遇到了困境。它競爭不過伊斯蘭和基督教。土庫曼中央委員會第一書記加普洛夫（M. Gapurov）就報告說，在該蘇聯共和國的民間婚禮都是由伊斯蘭的宗教領袖毛拉（mullah）主持宗教儀式，割禮也非常普遍。KGB副主席波布柯夫（Filipp.D.Bobkov）也報告了土庫曼社會中愈益嚴重的反俄和反共情緒，還提到有百分之八十五的處於工作年齡的婦女就像祖先一樣「待在家裡」。戈巴契夫和其他書記們都很訝異在十月革命將近七十年後居然還有這種情況。[49]但即使在俄羅斯本土，要灌輸馬克思列寧主義也同樣困難。各地方黨委的宣傳部門都報告說社會上有各種冷漠、嘲諷甚至公然敵對的態度。官方說法和現實有很大的差距，政治局也意識到民眾對共產黨統治的認同危機。[50]

儘管蘇聯的意識形態和社會已如洩氣的輪胎，安德洛波夫還是死抱傳統不放。他在一九六〇年代末期就曾拒絕其幕僚謝赫納札羅夫（Georgi Shakhnazarov）的建議。謝赫納札羅夫主張要對政治和經濟做根本改革，並認為想全面在軍事上和美國「平手」是不切實際的。安德洛波夫不想

在布里　涅夫死後改採溫和的外交政策，他也讚賞史達林搞的農業集體化、快速工業化和贏得二次世界大戰。他的目標是在不損及基礎的前提下修補蘇聯的秩序。他要處理蘇聯經濟、東歐和美國，[51]但他對繼承自布里　涅夫的權力體系死忠不渝。直到他的健康急遽惡化時，他對於他和其他政治局成員都察覺到的問題依舊沒有答案。

第六章

冰山的裂縫——東歐

波蘭等東歐國家仰賴蘇聯的財政補助，當後者無力支援，他們遂轉向西方的銀行貸款。蘇聯則抱怨東歐國家無法生產令人滿意的商品。無論如何，沒有一個共產國家可以達到先進資本主義國家人民的生活水準。

在加劇與美國全球敵對之際，東歐對於政治局和蘇聯在本區各國的代理統治者來說也變得越來越麻煩。有一個玩笑說雖然波蘭局勢已經無望，卻毫不嚴重。這個笑話的意思是，縱然共產主義在波蘭已經沒救了，但共產黨卻絕不可能倒台。波蘭人民共和國似乎永遠會被關在蘇聯於一九四五年打造的牢籠，其他東歐國家的命運也是如此。

幾千萬波蘭人民都厭惡蘇聯壓迫者。即使在統治階層內也有許多人有這種情緒。波蘭的生活水平要比東邊超強鄰國來得高，但透過大批海外波蘭同胞，波蘭人知道他們的狀況和先進資本主義國家比起來是很糟糕的。他們痛恨被外國宰制並受制於其意識形態。他們渴望真正的獨立和文化與宗教自由，而他們在歷史上也曾多次起義反抗外國統治。從一九五〇年代中開始，他們的不滿有某種程度的抒解。天主教會被允許運作，教宗若望保祿二世——他在一九七九年被選為教宗前曾任波蘭科拉克地區的大主教——也在不得觸及政治現狀的前提下被允許回到波蘭訪問。波共領袖愛德華·吉瑞克（Eduard Gierek）向歐銀行貸款進行他雄心勃勃的工業發展計畫，這讓波蘭有餘裕來補貼工資和農產品。但到了一九八一年，根據美國參議院外交關係委員會的統計，波蘭的硬通貨負債高達兩百七十億美元，其中半數是向私有銀行借款，半數是政府信用貸款。這些債權銀行向華沙公約國家發出還款通牒，不再展延。[1]

雷根延續前任總統的政策，嘗試改善和東歐國家的關係。一九八一年十月六日，國務助卿勞倫斯・伊格爾伯格（Lawrence Eagleburger）表示美國施以援手的前提是這些國家必須要遵守「赫爾辛基協定」，幫忙緩和東西歐國家的關係。[2]美國參議院外交委員會支持這個政策。[3]波蘭政府的情況並不是最糟的，而且波共的人權紀錄也確實比較好，但美國和西歐可不願把錢倒進水溝再次拯救波蘭經濟，許多美國政治人物也不覺得哪一個共產國家有比較好。[4]就算美國願意增加援助波蘭，但波蘭經濟要好轉也要好幾年，而西方債權人的財務壓力也很大。但若西方不出手援助，蘇聯就可以告訴波蘭人說資本主義國家總是口惠而實不至。另一方面，也有人擔心如果西方國家去解救波蘭的經濟危機，這等於是犧牲波蘭人民而去幫助一個欺壓老百姓的共產政權。[5]

布里茲涅夫在克里米亞和東歐共黨領袖舉行了一次沒有結果的會談。捷克斯洛伐克的古斯塔夫・胡薩克（Gustav Husak）力主要對波蘭軍事干預，布里茲涅夫不置可否。羅馬尼亞的西奧塞古要求蘇聯要做些什麼，不能只是嘴巴說說，布里茲涅夫則反唇相譏：「你為什麼只會說要做、要做？我們每天都在為波蘭頭痛，而你就只會說要做些什麼！」保加利亞領導人托多爾・日夫科夫（Todor Zhivkov）站在布里茲涅夫這邊說，西奧塞古只會夸夸其談。[6]

從共產黨看來，波蘭情況真是糟糕透頂。但該怎麼辦呢？蘇聯領導人希望由波蘭人去鎮壓波蘭人。布里茲涅夫的健康很糟，無法成天監控華沙國家的狀況。就在一年之前，他的手下——中央國際部部長蘇斯洛夫（Mikhail Suslov）、葛羅米柯、安德洛波夫、烏斯季諾夫和契爾年科——才恐嚇過波蘭人，下令三個坦克師和一個機動步槍師準備好要入侵波蘭。波羅的海、白俄羅斯和喀爾巴阡軍區都長期戒備。如果波蘭軍隊有任何不忠的跡象，就必須展開大規模動員。[7]政治局想讓波蘭人提心吊膽，好讓賈魯塞斯基可以進行安撫。一九八一年九月九日，政治局批准了國防部長烏斯季諾夫和索科洛夫（Sergei Sokolov）元帥的提議，要把華沙公約下一次的軍事委員會刻意在波蘭召開。[8]這等於明確警告說一九六八年入侵捷克斯洛伐克的事件可能重演。

一九八一年十一月十六日，蘇斯洛夫在蘇共中央委員會全體會議中總結了蘇聯領導人的立場。他譴責吉瑞克的「唯意志論經濟政策」，企圖利用西方借款來進行「大躍進」。波蘭的債務高達兩百七十億美元，但波蘭還是得向西方國家乞求用剩的零件。波蘭已陷入全球資本主義的魔爪。波蘭政府既天真又不負責任。[9]

根據蘇斯洛夫的看法，「資產階級意識形態」已透過一千兩百萬的波蘭外國移民滲進了這個國家。他無法原諒波共領導人，因為波共有三百萬名黨員，卻完全沒有篩選機制。他批評吉瑞克居然允許小農階級入黨。蘇斯洛夫已經不把波蘭統一工人黨看成是值得尊敬的共產黨。吉瑞克也不能辯稱沒有人警告過他：布里茲涅夫親自多次向他表達過疑慮。[10]蘇斯洛夫還說西方的「顛覆中心」正在利用情勢，用滲透進來的特工在散布思想。[11]政治局要賈魯塞斯基接替吉瑞克。但賈魯塞斯基不肯，指定由史坦尼斯瓦夫．卡尼亞（Stanislaw Kania）接手。賈魯塞斯基不肯對罷工妥協，卡尼亞卻和工人達成協議，這讓蘇斯洛夫對未來感到悲觀。[12]政治局派特使去逼卡尼亞服從蘇聯的要求。卡尼亞不肯，拒絕強硬對待團結工聯。十月十八日，波蘭統一工人黨中央委員會在軍方和安全部隊領導人的支持下，逼卡尼亞下台換上賈魯塞斯基。蘇斯洛夫認為這是「正面的現象」。[13]

他報告說布里茲涅夫在第二天向賈魯塞斯基道賀，以同志的身分向他建議：

我認為你現在最重要的事是從忠誠、堅定的共產黨員中挑選一些靠得住的助手，把他們聚攏在一起，把黨帶動起來，以鬥爭的精神把黨激勵起來。這才是真正成功的關鍵。[14]

布里茲涅夫也沒忘記提到冷戰：

帝國主義的侵略勢力，尤其是在雷根政府之內，將樂於在（波蘭危機）中一試身手。他們會刺激波蘭反革命分子採取極端行動，他們也會公開挑釁社會主義國家，希望看到我們失去膽量。他們正在挑釁我們直接介入波蘭，然後又找理由指責蘇聯和社會主義國家想干預波蘭。[15]

波蘭危機必須用政治方法解決。如果蘇聯紅軍開進波蘭，西方就會在古巴、越南或非洲生事，甚至會對東歐展開經濟封鎖。蘇聯必須抵抗誘惑。[16]中央委員會批准了蘇斯洛夫的報告。[17]波蘭中央銀行的外債永遠無法償還或重新協商。波共領袖向蘇聯緊急求援，但蘇聯自己的財政狀況越來越糟，能實質援助的有限，莫斯科的經濟計畫專家對東歐國家——不只是波蘭——都很不滿，因為她們都無法照合約提供足量的工業製品來交換蘇聯的原油。[18]

在一九八一年十二月十日的政治局會議中，安德洛波夫報告說KGB沒有把握賈魯塞斯基有足夠的意志對付團結工聯。他承認要提供經濟援助越來越困難，但依然反對軍事干預。賈魯塞斯基說華沙公約總司令庫里可夫元帥答應過會提供軍事援助。政治局沒有人知道庫里可夫是否真的有答應過，但所有成員都一致反對這種意見。[19]政治局成立了一個波蘭小組負責監控事態發展。首任組長是蘇斯洛夫，他憑著本能踩下煞車：「就算團結工聯上了台，我們還是要和平處理事情。」[20]蘇共中央國際部的鮑里斯・波諾馬廖夫（Boris Ponomarev）質疑波蘭共產黨的領導者到底還忠不忠於共產主義。他質問為什麼在共產統治數十年後，波蘭人還是沒有完成農業集體化。蘇斯洛夫回他說賈魯塞斯基現在有更急迫的事要做，團結工聯正在威脅共產黨統治。[21]

一九八一年十二月十三日，賈魯塞斯基實施戒嚴，團結工聯的領導人被關進大牢，出版品也被沒收。他從未對此表示後悔，他的理由是如果他沒這麼做，蘇聯就會入侵。他宣稱他和布里茲涅夫在一九八一年三月一日會談時，布里茲涅夫就是這麼說的。[22]

戒嚴沒有讓波蘭的情況安定下來，只是延緩了政治爆發的時機。西方國家對於該怎麼應對也有兩難。前美國駐華沙大使理查・戴維斯（Richard T. Davies）敦促雷根要讓美國「負起領導自由世界的責任」。[23]戴維斯也致函海格，建議給波蘭的貸款要以波蘭進行改革為條件。[24]雷根無須他人催促。他在國家安全會議中激動的說：「我認為這是我們一生中最後一次機會看到蘇聯帝國改變在東歐的殖民政策。」他傾向對蘇聯實施貿易甚至通訊封鎖，直到波蘭政府解除戒嚴、釋放政治犯並和華勒沙及團結工聯展開對話為止。他想逼所有北約國家採取同樣強硬的立場，否則就是和華府唱反調。[25]他在撰寫聖誕節講稿時依然心繫波蘭：「我們不能坐視這場反共革命失敗。」[26]柴契爾夫人表示支持，但其他北約國家領袖則相對低調。[27]

就連梵蒂岡都很謹慎。卡薩羅里大主教在一九八一年十二月對雷根說：「東歐巨變的時機還不成熟。」雷根向他說明其基本戰略是要跳脫「互相保證毀滅」的框架，並走向雙方大幅裁軍。[28]卡薩羅里在那一年數度為了波蘭問題和克里姆林宮交涉。[29]教宗和總書記都不想看到華沙出現暴力。若望保祿二世在一九八三年八月二度訪問波蘭。他在科拉克大主教任內與共產黨周旋多年，深諳對付共產黨之道。他經常就精神價值發表談話，讓波蘭人民相信事情終究會好轉。他在一九八四年十二月在梵蒂岡接見美國副總統布希時，呼籲美國要想辦法讓賈魯塞斯基放鬆高壓政策。他知道波共內部的紀律讓第一書記（指賈魯塞斯基）沒有迴旋空間，只有審慎施壓才能發揮作用。教宗也建議西方要取消經濟制裁。[30]

而在莫斯科，葛羅米柯對賈魯塞斯基倒是很滿意。一九八一年十二月二十三日，他對外交部官員說局勢出乎意料的好轉。他對波蘭軍方和安全部隊也很滿意。他承認即使在蘇聯協助下也要許多年才能解決問題，但他相信蘇聯人民會了解這是值得付出的代價。葛羅米柯對波蘭的看法就和阿富汗一樣。他相信反革命勢力已在華沙重挫，團結工聯已被擊潰。但他又有點自相矛盾的說，如果賈魯塞斯基搞戒嚴失敗，社會主義將在波蘭消亡，他也認為「正常化」過程還要搞上很多年。他堅稱是波蘭人自己處理了問題，克里姆林宮沒有下令。[31]但他的說法並沒有增強政治局的信心。波蘭向來是蘇聯作為歐洲強權的試金石，從十八世紀末俄羅斯帝國參與瓜分波蘭以來便是如此，俄國人也一向自認是了解和掌控波蘭的專家。外交部一些官員預見到未來的麻煩，對葛羅米柯的陳腔濫調很是不滿。[32]

美國政府在東歐問題上也有兩難，國防部槓上了國務院。在一九八二年一月五日的國家安全會議中，溫伯格力主要對蘇聯經濟制裁。他想阻止國際收割機公司出售農業機具給蘇聯，要求取消出口許可。他承認這些機具無法轉為武器，但他認為「這會讓他們收割更有效率，會改善他們的經濟狀況」。雷根不想傷害一家已經經營困難的美國公司，他也擔心溫伯格要的經濟制裁會讓其他西方國家有機可乘。溫伯格還主張要收回給波蘭的貸款。他表示應該讓莫斯科和華沙的領導人領教到財政困難。國務卿海格反對說：「我們要小心。像羅馬尼亞這種國家倒掉並不符合美國的利益。」這沒有說服溫伯格，他爭辯說：「蘇聯沒辦法接管所有東歐的破爛經濟體。」雷根拒絕站在溫伯格這邊。他的兩難是如何既能壓制蘇聯行動又不損及美國經濟利益和世界和平。[33]

布里　涅夫在一九八二年八月與賈魯塞斯基會面，強調要加強對付波蘭的「反社會主義和反革命分子」，也承諾蘇聯會給予經濟援助。[34]蘇聯為了繼續控制波蘭花了很多錢。根據國家計畫委員會在一九八二年的說法，莫斯科給了波蘭六點九億美元的貸款以償還西方銀行和購買穀物、糖和其他食物。蘇聯也延長了波蘭積欠莫斯科的十八億美元貸款。蘇聯還讓匈牙利、保加利亞、東德和捷克斯洛伐克同意把總價四點六五億美元的石油無償轉交給波蘭。[35]

其他東歐國家的狀況也不容莫斯科樂觀。各國共黨的總書記都是蘇聯的代理人。根據列夫・謝巴辛（**Lev Shebarshin**）*的說法，ＫＧＢ在東歐並沒有外派機構。[36]克里姆林宮是透過華沙公約的政治協商會議和這些總書記開會。會議由各國輪流主辦。各國領導人都必須對該國情況提出報告。公開討論很少，而報告通常很冗長。羅馬尼亞提出的批評有時會激起辯論，但會議一般都極為沉悶無聊。有一次，會議居然還決議要按各成員國的產酒種類來劃分座位。捷克斯洛伐克和東德坐一起，因為都產啤酒；保加利亞、匈牙利和羅馬尼亞坐一起，因為都產葡萄酒；波蘭和蘇聯坐一起，因為都產伏特加。為了讓氣氛輕鬆點，有時會把會議辦在克里米亞的度假村。而這就是重點：這些領導人在做完報告後才能輕鬆起來，私下彼此「談談心」。[37]

一九八二年九月九日，布里　涅夫向政治局報告了克里米亞會議的情況，談的都是老問題。東歐人抱怨蘇聯產品供應不足，但也承認過於仰賴蘇聯和西方貸款。布里茲涅夫則表示，唯有更

---

*　列夫・謝巴辛是ＫＧＢ高官，曾任ＫＧＢ首席主任。

大幅度的區域經濟整合才能改善問題。[38]

蘇聯召開了華沙六國中央委員會書記的會議，大家在會中都坦言來自西方的貸款是最大的難題。蘇聯領導人想維持對東歐在政治和軍事上的掌控。他們也想控制經濟，但蘇聯的財政已自身難保。他們只能警告欠錢給西方銀行的風險，自己卻無力介入。[39]沒人能想出替代方案。唯有羅馬尼亞的西奧塞古是例外，他犧牲掉人民的生活水平來償還西方貸款。在一九八三年六月的中央委員會全體會議中，安德洛波夫再度呼籲華沙公約國家要加強經濟整合，認為這對各國都有好處。[40]至於亞非拉的友好國家，他則傾向要中止援助，讓她們對自己的經濟發展負責。蘇聯已經沒有資源再在東歐和全世界這樣搞了。但為了不要讓結論太悲觀，他還是宣稱世界資本主義的普遍危機正在深化當中。[41]

在一九七九年中的東歐各共黨總書記會議中，保加利亞總理德米特里．史坦尼謝夫（Dmitri FF）不再拐彎抹角，有話直說：

> 要合作什麼呢？如果人民的食衣住行都像西德那麼好，那也用不著在意識形態上合作。你們在這裡抱怨向西方借錢舉債，但你們又能怎樣？你們根本毫無辦法。我們生產的這種垃圾（他扯著札格拉丁〔Vadim Zagladin〕＊的襯衫），比你們的質量好多了，然後被你們在莫斯科的特種商店出售賺外匯。那我們能期望什麼呢？然後人民都問我們：「為什麼幾萬個西德人、奧地利人、丹麥人來我們黃金海岸旅遊，他們的生活都比我們好呢？這些人都不是大富豪，他們只是一般工人。」[42]

他只是講出沒有人敢說的真相：在易北河以東包括東德在內的所有經濟體，沒有一個可以達到先進資本主義國家人民的生活水平。

蘇聯牢牢掌控住東歐各共黨政府。多年以來，保加利亞的農業基礎建設都是靠蘇聯援助，目的是讓保加利亞可以供給高質量蔬果給蘇聯的商店。但保加利亞非但沒能達到這個任務，提供的蔬果不是遲到就是質量很差，價錢還比世界市場都來得高。[43]蘇聯是保加利亞的乳牛，而保共總書記日夫科夫在報告保加利亞對西方嚴重欠債時，只是希望蘇聯領導人能幫他免於破產而已。[44]

波蘭是東歐共產集團的傷口，其他國家的情況也可能惡化。外交官兼黨官瓦連京．法林（Valentin Falin）在就任駐西德大使時，就懷疑東德到底還能撐多久。法林早在一九七二年就提出警告，安德洛波夫則把法林的報告向政治局隱瞞，只有告訴布里茲涅夫。法林對蘇聯外交政策的預言後來都成真。他在一九八〇年八月告訴安德洛波夫說，如果何內克（Erich Honecker）繼續當東德總書記的話，五年之內就要動用到坦克車。安德洛波夫非但沒有反對，還認為可能會更早發生。[45]法林認為蘇聯最佳策略就是同意德國統一，以此換取最大回報。[46]雖然沒人感謝法林的敢言，但他也沒被罷黜。蘇共領導人欣賞法林敢直指問題所在，但不採納他的建議。安德洛波夫選擇坐待好事發生。他對東德問題提不出解方，也不想讓何內克去職。

何內克為了掩蓋東德的經濟沉痾，秘密透過巴伐利亞保守派領袖弗朗茨．約瑟夫．施特勞斯（Franz-Josef Strauss）向西德借款。葛羅米柯提出反對，但何內克不理會。[47]在沒有蘇聯援助的情況下，他沒有其他選擇。[48]蘇聯領導人害怕東德轉而依賴西德，希望能阻止雙方的貿易和金融往

＊　札格拉丁是蘇聯重要的意識形態理論家，布里茲涅夫和戈巴契夫的親密顧問。

來愈益深化。[49]何內克的政治對手威利・史托夫（Willi Stoph）宣稱何內克受經濟部長根特・米塔格（Günter Mittag）這個「邪惡天才」影響很深，這讓蘇聯對何內克更加疑慮。[50]蘇聯不可能不先和東柏林商量就和波昂簽署協議，也絕對反對東柏林這麼做。蘇聯和兩德的三角關係糾纏不清。莫斯科希望東柏林疏遠波昂，但莫斯科自己卻不想和波昂交惡。東德共黨書記之一赫曼・艾森（Hermann Axen）不敢在他人面前提出這個問題，但他告訴蘇聯同志說他覺得這非常偽善。[51]

何內克假裝他沒有困難。除了西奧塞古之外，沒有其他華沙公約領導人像何內克這麼敢和克里姆林宮叫板。莫斯科在一九八〇年代初希望把更多石油和天然氣放在世界市場上出售，但何內克堅持蘇聯給東德的供應不能減少。蘇聯官員不肯，何內克就非要布里 涅夫寫信解釋不可。

與此同時，羅馬尼亞依然是政治局的眼中釘。羅馬尼亞批評華沙公約在一九六八年入侵捷克斯洛伐克，也反對蘇聯對東歐的宰制。因此也被美國給予「最 國待遇」。西奧塞古受邀到北約國家訪問，從西方銀行取得貸款。他以勞改營、秘密警察、混合民族主義和馬列主義的個人崇拜來維持最高壓的共黨政權，把自己描繪成羅馬尼亞獨立的守護神。[52]但布加勒斯特的言詞雖然激烈，還是和蘇聯保持了一些兄弟情誼。布里茲涅夫在一九七五年造訪羅馬尼亞，希望雙方關係能熱絡一點。蘇共國際部部長鮑里斯・波諾馬廖夫出席政治局會議，請求布里茲涅夫在正式聲明中不要太溢美西奧塞古。布里茲涅夫不聽，直叫他「別說了！別說了！在理論層面上，我們都比他落後。我們應該跟上他，他是個鐵錚錚的史達林主義者」。[53]蘇聯領導人希望西奧塞古閉上嘴巴，但只要他還留在華沙公約，還維持共產黨一黨專制，就可以不去管他。

另一方面，恩維爾・霍查（Enver Hoxha）領導的阿爾巴尼亞也在一九六八年離開華沙公約組織，在中蘇論戰中站在中國一方。蘇聯只能承認這是既成現實。史達林在一九四八年就把狄托的南斯拉夫趕出蘇聯集團，當時華沙公約還沒成立。史達林以為這會逼狄托倒台，但正好相反。狄托一方面加強共產黨一黨專政，一方面不甩史達林向西方貸款。他還進行改革，讓南斯拉夫的工人對國營企業有更大的主導權。南斯拉夫是全球不與美蘇結盟運動的創始人之一。史達林及其繼承人都無法再拉回南斯拉夫，對阿爾巴尼亞也是如此。莫斯科只能客觀看待這件事情。畢竟阿爾巴尼亞還是忠於共產主義，在地緣政治上也永遠不可能威脅到蘇聯。

在重大外交政策上，蘇聯無法把東歐國家視為理所當然，不只羅馬尼亞、南斯拉夫和阿爾巴尼亞為然。最重要的是核戰爆發後東歐國家會如何反應的問題。蘇聯領導人一定要表現出願意和美國協商的姿態，但蘇聯的「和平政策」也需要維持日常的國防。葛羅米柯發現，即便是面對捷克斯洛伐克領導人，他也需要為蘇聯的外交政策做辯護。胡薩克能自一九六九年在布拉格掌權，完全是因為蘇聯挑中了他，他也從來沒有公開在國際關係上反對過蘇聯。但克里姆林宮要的不只是「帝國外圍」代理王國的消極支持，這就需要說服胡薩克和他的人馬。例如在一九八二年三月二十三日，葛羅米柯就試圖說服捷克斯洛伐克外長博斯拉夫．希紐貝克（Bohuslav Chňoupek）蘇聯搞武器現代化是因為美國先有動作。蘇聯的政策都是在防禦和回應。[54]

匈牙利則毫不掩飾地想把外貿重心從「經濟互助委員會」（Comecon）*移走。他們向英國駐布達佩斯大使布來恩．柯立芝（Bryan Cartledge，一九八五後擔任駐蘇聯大使）探詢如何和歐洲共同市場來往，並刻意不讓蘇聯得悉。照匈牙利社會主義工人黨第一書記亞諾什．卡達爾

---

* 「經濟互助委員會」，由蘇聯組織建立的一個由社會主義國家組成的政治經濟合作組織。總部設在莫斯科。一九九一年六月二十八日，該組織在布達佩斯正式宣布解散。

（Janos Kadar）及其他領導層的看法，匈牙利的利益是匈牙利自己的事情。[55]

一九八二年九月九日，雷根簽署了一項有關東歐的「國家安全指令」（National Security Decision Directive），提出如何在這個地區鼓勵自由派和親歐派的系統性指導原則。美國政府希望能打破蘇聯和華沙公約國家的緊密關係。對於一些在內政和外交上走向改革的國家，美國官方要給予經濟和外交上的好處，並用這個準決定這些國家能不能加入國際貨幣基金。不放鬆壓迫的國家，貸款就會被取消。[56]華府意識到東歐人民對政府和蘇聯的宰制有所不滿，也曉得蘇聯已經沒有經濟實力再增加對這個地區的補助。雷根政府並沒有忽略莫斯科直接採取軍事手段的可能性，如同史達林、赫魯雪夫和布里茲涅夫曾經所為，也沒有人想為此和蘇聯開戰。但雷根決心要加強對蘇聯施壓。他知道蘇聯面臨了困境，他要讓困境加劇。

第七章
鐵幕下的蘇聯

蘇聯希望人民越少移動越好，嚴格控制邊界上人員、金融、思想與資訊的流通，也不願外國人士入境，即使只是來自東歐的建築工人也不例外……

共產主義和資本主義的鬥爭不限於經濟領域。美國和蘇聯對政治社會的組成方式和思考方式大相逕庭。雙方深刻的互不信任。雷根和他的官員絕不信任莫斯科，除非政治局能打開邱吉爾所稱的「鐵幕」。政治局的基本思維是唯有隔離才能保障國家安全，用高牆和鐵絲網把人民關在馬列主義的天堂。人民對外界知道得越少，反抗的可能性就越小。

蘇聯的出國簽證是人人渴求的特權。外國記者必須取得記者證，只要敢寫負面報導就會被禁止使用電話和電報。中央機關「國家新聞及保護秘密總局」（格拉維特，Glavlit）實行嚴格的言論審查。不論小說、詩、交響樂和繪畫都要獲得官方允許才能向公眾發表。所有報紙都屬於黨和政府，所有社論都由中央統一口徑。少數外國共產黨報紙被允許有限販售，但前提是要在政治上符合政治局的觀點。其目的從列寧時代以來都一樣。黨中央要讓所有人民都相信共產黨的理想是正義、民主和進步的。唯有共產主義才符合人道主義。蘇聯把資本主義說成是對世界和平的最大威脅。蘇聯人民被教育說美國是反動派和帝國主義者，而蘇聯和美國集團的衝突是根源於「階級鬥爭」。

自從一九五三年史達林去世後，蘇聯放鬆了對外國文學的禁令。「格拉維特」等機關向來推崇莎士比亞、拜倫和但丁等經典作家。他們聲稱唯有在蘇聯，大多數人才能接觸到這些著作。在赫魯雪夫和布里　涅夫時代又放寬了可以翻譯的作品。讀者可以買到魯德亞德·吉卜林（Rudyard Kipling）、柯南·道爾（Arthur Conan Doyle）、阿嘉莎·克莉絲蒂（Agatha Christie）的書。史坦貝克和海明威的小說也賣得很普遍。政府顯然認為蘇聯人民可以看出這些作者對社會所持的批判態度。[1]

「格拉維特」禁止任何讚揚資本主義國家的市場經濟、宗教和社會結構的作品。國安單位也有自己一套安全措施。KGB向來很警惕異議分子利用打字機和複寫紙來拷貝非法材料，所以蘇聯每一台打字機都要向政府註冊。由於每一台機器打在紙上都會有獨特的痕跡，理論上可以讓公安追查到來源。影印機的安全疑慮更大。[2]即使是最高層的政府單位也只能擁有一台影印機，並禁止任何人作私人用途。在先進資本主義國家日益成為辦公室基本配備的個人電腦，在蘇聯則幾乎沒人聽過。圖書館會把西方刊物和雜誌收在特別的閱覽室，只有最受信任的人才能看得到。在列寧格勒科學院的圖書館裡，資深物理學家可以每個月看到倫敦出版的《自然》雜誌，但圖書館人員會把雜誌裡的廣告頁割掉以免散播意識形態污染。結果是研究者無法看到廣告頁背面的科學內容。[3]

據報導，蘇聯每天有七萬場關於如何抵抗「外國影響」的演講。[4]學校、圖書館和媒體都在宣揚馬列主義。政治局也知道隨著蘇聯人民學會忽略浮誇不實的宣傳，馬列教條的影響力越來越低。在一九三〇年代，政府會誇稱馬列主義位居人類各種知識領域的頂點，後來則逐漸縮小到一些核心理念。列寧被神化成不會犯錯的聖人，他的屍身經防腐處理後放在紅場克里姆林宮圍牆下的紀念館。一九一七年的十月革命被當成人類發展的高峰，共產主義則會擴展到全人類。蘇聯被謳歌為在二戰中把全世界從第三帝國拯救出來的救星，也是全球防堵美國反動派和帝國主義勢力的圍牆。官方已不再宣傳蘇聯物質條件勝過西方先進國家，但依然保持驕傲和樂觀。布里茲涅夫、安德洛波夫、契爾年科所領導的政治局堅稱蘇聯人的「生活方式」比世界各國都要優越。國家提供的就業、住房、教育和健保讓所有人都能享有，而不是少數有錢人。集體主義原則的價值至高無上。[5]

二戰後成立的每一個共產國家都奉行這套思想。首先是在東歐，然後是中國、北韓、北越和古巴。

幾乎每一個蘇聯大城市都有負責干擾西方廣播的設施。《美國之音》、《ＢＢＣ》、《自由歐洲》、《德國世界》等電台的俄語節目是重點打擊對象。在烏克蘭，當局特別疑慮涉及宗教的廣播節目，開展了反烏克蘭基督教傳統的宣傳運動。《梵蒂岡電台》對天主教人口居多的立陶宛政府也很惱人。莫斯科會下達哪些該禁和何時該禁的指示。但干擾工作從來無法做到完全精確，工作人員有時還會有意無意干擾到《莫斯科電台》的節目。再有一個問題是，蘇聯的收音機都有接收短波的功能，只要有心就能收到外國「資本主義」的頻道。在鄉下要比城市更容易收到。但蘇聯的法律又規定人民有收聽廣播節目的自由。自從史達林在一九五三年死後，已經沒有人再因為收聽廣播被逮捕。人民還可以寫信給外國的廣播電台，只要信中沒有「刻意誣蔑蘇聯政治和社會制度」的內容。[6]

蘇聯政府系統性的阻止訊息和包裹進出蘇聯。想打越洋電話必須在一天前登記，並在特定的電話亭打電話，讓ＫＧＢ可以聽到電話內容。國際郵件和電報也受到同樣的關切。哪些東西可以寄到蘇聯有嚴格的限制。美國郵局必須告訴顧客哪些包裹是無法寄到蘇聯的。照片、電影膠卷、錄影帶和相機不行，有宗教意涵的圖片不行，時裝目錄不行，藥品、食物甚至內衣也不行。[7]

東歐雖然是蘇聯的盟國，但也不能自由進出，人員、貨物、金融、觀念都受到嚴格管制。蘇聯和波蘭、捷克斯洛伐克、匈牙利和保加利亞的邊界防衛森嚴。要進入蘇聯，一定要由當地共黨政府提出切結證明。蘇聯旗下的共和國也不能獨立發簽證。例如在一九八三年一月，有三名捷克斯洛伐克無線電專家要到立陶宛工作，只有KGB總部盧比揚卡大樓才能批准放行。[8]從工程專家、學者到一般勞工都要經過同樣的批准程序，而這個程序可說沒完沒了。一九八三年三月，愛沙尼亞蘇維埃社會主義共和國要讓一團二十人的捷克斯洛伐克建築工人入境，KGB高層就要求愛沙尼亞、拉脫維亞、立陶宛、白俄羅斯和愛沙尼亞邊境佩柯夫的所有KGB分站都要提出報告。缺乏警覺心是對「祖國」蘇聯的重大背叛。就算是對共產集團友邦來的勞工，國安單位也要確保蘇聯不受到傷害。[9]

全面性的監控和逮捕還不夠，KGB還經常建議政治局要採取額外措施來防患未然。[10]蘇聯不斷在追捕那些以匿名文宣攻擊體制的人。例如在一九七九年就抓了兩千零二十人，KGB表示這比前一年度多出三百六十人，所以要加強追查力度。[11]到了一九八三年，人數降為一千三百二十五人，KGB對自己的效率相當得意。[12]外國情報單位的活動也是重點追查對象。美國CIA被認為是最大的威脅，中國和西德次之。[13]在立陶宛，梵蒂岡的勢力被特別重視。KGB認為，教宗若望保祿二世和羅馬教廷正在以各種合法或非法的手段滲透和顛覆蘇聯。[14]在一九八〇年代初，天主教神父和民族主義者對立陶宛年輕人的影響越來越大。非法刊物越來越多。這些活動背後都有深刻的立陶宛反蘇情緒，也有雷根政府在策動。[15]

一九八〇年七月二十五日，政治局決議把「國際特赦組織」視為顛覆團體，顯示出蘇聯對西方勢力介入有多麼憂慮。[16]幾乎所有海外組織都會危及到蘇聯的利益。政府的焦慮幾乎到了偏執狂的程度。

KGB認定美國這個「主要敵人」正在招募「國家敵人」滲透立陶宛，也就是那些潛逃出境然後被CIA或其他西方間諜組織吸收的人。所以蘇聯特別重視與波蘭邊境的安全。任何沒有正式文件試圖離境的人都是「背叛祖國」。[17]一九八一年，立陶宛KGB加強了對出國的限制。任何能接觸到「國家機密」的人要申請出國，相關單位就要另以他人取代。[18]某些蘇聯公民團體被認為是外國顛覆的主要對象。在立陶宛，猶太人受到特別猜疑，即使經過二戰大屠殺之後立陶宛在一九七〇年只剩下兩萬四千名猶太人。後來因為大量移民，到一九八一年又減少到一萬四千人。但KGB依然高度警惕猶太人會串聯惹事。KGB也認為以色列情報單位莫薩德（Mossad）在立陶宛首都維爾紐斯和其他城市都有活動。[19]

政府對於有多少外國人能合法進入蘇聯也有人數限制。立陶宛是一個明顯的例子。一九八四年只有五萬八千五百六十六名非蘇聯人進入立陶宛。其中只有四分之一多一點來自資本主義國家，生意人更少，只占其中兩百八十六人。來自資本主義國家者以美國人最多，其次是西德人和法國人。[20]

外國觀光客可以為蘇聯帶來可觀的收入，但也明顯會危及到蘇聯的秩序：西方情報單位一定會派間諜混在觀光客中搞滲透。於是就出現一種政策分裂的現象。蘇聯觀光局在各國首都設有辦公室，推銷到蘇聯旅遊的價格和行程。莫斯科和列寧格勒是重點推銷的景點。到波羅的海的里加

（拉脫維亞首都）、塔林（愛沙尼亞首都）等港口的遊輪行程被大作廣告，基輔、維爾紐斯或南高加索的城市也廣受宣傳。但另一方面，觀光客卻被當成羊群一樣小心看管。導遊不斷歌頌蘇聯的偉大成就。每天行程排得滿滿，讓遊客根本沒有自由活動的時間。

但立陶宛的KGB官員認為這樣還不夠，好像只要外國人一進來，蘇聯的神聖土地就會被玷污。[21]雖然維爾紐斯是歐洲城市建築和文化的瑰寶，在一九八三年卻只從資本主義國家招進七千三百三十五名觀光客。KGB宣稱在觀光客中發現不少麻煩人物：有八十名蘇聯移民組織的成員、二十名猶太復國組織的代表、十名基督教「狂熱分子」、二十名神父和十一名修女。[22]觀光客人數在一九八四年增加到一萬五千四百四十九人，但對於一個國土是比利時兩倍大的國家來說仍然少得可憐。[23]但警察就是喜歡如此：觀光客越少，麻煩就越少。即使是從其他共產國家來的人也讓KGB擔心，KGB報告說對波蘭人「非法越境」立陶宛的防範措施還做得遠遠不夠。[24]華沙在一九八三年夏天解除戒嚴後，情況更加嚴峻，有越來越多人從波蘭越境，形成一條可能顛覆蘇聯的人力「運河」。[25]在安德洛波夫當KGB主席的最後幾年，他報告說有七十名波蘭團結工聯人士試圖在蘇聯挑起罷工而被遣返；有三十個反蘇團體在烏克蘭、波羅的海三小國和亞美尼亞被解散；愛沙尼亞也鎮壓了外國勢力挑起的罷工事件。[26]

KGB希望蘇聯人民在蘇聯境內越少移動越好。有一項沿著蘇聯各共和國邊境舉辦的汽車拉力賽讓KGB很緊張。所有反間諜單位都高度警惕。[27]但他們都說不出到底在緊張什麼。

至於談到蘇聯人民出國，即使是和西方做科學交流也被認為是危險之舉。雖然蘇聯會因此得到科技上的好處，但讓外國人進來或讓蘇聯人長時間出國都令人不安。[28]中央書記處為所有要出國的人頒布了一份「基本行為規範」，從政治人物、外交官到一般旅客都適用。被批准出國是一種只有受到當局完全信任的人才有的特權。當局永遠擔心出國的人會叛逃，或者被西方情報單位吸收。即使到東歐度假也要小心謹慎。政治局希望人民永遠都在蘇聯境內的旅館和營地度假就好。出國到「資本主義和開發中國家」更加危險。KGB規定每個出國者都要由指定的人帶隊團進團出，團員中更要有一兩個KGB官員匿名隨行。每個團員出國前都要去上嚴格的規矩課程，就像駐外大使一樣。[29]

「基本行為規範」囑咐所有人都要對政治局的對內對外政策表示支持，也要嚴格警惕外國情報單位的陰謀詭計。出國者必須嚴守公務行程，以免讓人有機可乘。私人文件不能帶出蘇聯。一抵達外國目的地就要向最近的蘇聯大使館或領事館報到。還要抗拒會令人腐敗的誘惑。禁止私下接受有報酬的工作，也禁止收受貴重禮品。沒有領隊事先同意，任何人不得脫離團隊行程。在任何情況下都不能欠人錢。甚至還警告不得和異性在夜車車廂中共處一室（由於蘇聯禁止同性戀，所以並不會警告不得和同性共處一室）。每個人都要穿戴整齊，旅館房間也要整潔乾淨。一旦回國後，在兩週內就要向有關當局提交出國報告。

如果美國要和蘇聯改善關係，這種隔離就必須打破。然而共黨領袖就是要靠隔離才能強化對社會控制，抵禦外國入侵。蘇聯已成為軍事化的警察國家。幾十年來的傳統造成一種懷疑外國一切的心態。克里姆林宮的守舊派無法想像不同的生活方式，就連溫和改革派亦然。但美國政府就是要以此為改善關係的前提。

第八章

北大西洋公約組織及盟國

戴高樂一向我行我素，反對美國的領頭。西德一方面感謝北約的保護，一方面與蘇聯、東歐改善關係，還仰賴蘇聯的天然氣。只有柴契爾是雷根堅定的盟友……

蘇聯不是唯一和盟邦有問題的超級強國。美國在北大西洋公約組織也是如此。北大西洋公約組織成立於一九四九年，用來保護西歐和加拿大。美國也給予日本、南韓、澳大利亞和紐西蘭軍事保護。所有這些國家都實行市場經濟，大部分也都是民主政體，所以內部關係會不斷變動，和共產國家間僵固的權力體系完全不同。即使以美國世界經濟強權的地位，也提供這些盟邦不可或缺的軍事保護，但華府還是要有強大的手腕才能讓這些盟邦認同其外交和國安政策。西歐國家內部都有共產黨、和平運動、民族主義和質疑美國的聲浪，這些全都很棘手。英國外交部在一九八〇年代初的一份備忘錄中就直言：「為了和美國保持團結，所有人都知道這是最重大的利益，歐洲人採取了連自己都不相信的政策。再多的『協商』都是沒有用的。」[1]

一九七九年十二月十二日，在蘇聯軍隊於耶誕節進入喀布爾之前，北約理事會決議要反制蘇聯在東歐部署SS-20飛彈。一如往常，北約的計畫是由華府制定的。卡特總統提出要運送一百零八枚潘興二號飛彈和四百六十四枚戰斧陸基巡弋飛彈到西歐成員國家。潘興二號飛彈能在發射後十分鐘內打到莫斯科，戰斧飛彈則能在一千五百英哩之外精確打擊任何目標。[2]政治局對此深感威脅，雖然這是他們先貿然部署SS－20飛彈才搞出問題來。軍事競賽在加速，而蘇聯的經濟負擔將非常沉重。兩大軍事集團在中歐緩和緊張所帶來的好處沒了，西德日益增加的財政援助也將付諸東流。蘇維埃領導人誤判了卡特總統。他絕不是無膽對抗之徒，決心要讓蘇聯為軍事挑釁付出代價。克林姆林宮隨後派出空軍和陸軍進入阿富汗，這讓卡特更加堅決。

歐洲各國共產黨低估了卡特，而隨著雷根再度確認要部署潘興二號飛彈和戰斧飛彈，共產黨加強了反對美國在歐陸軍事基地的宣傳力道。其他左派政黨也同樣反對北約的政策，而這些政黨獲得的選票不少，讓雷根不易對付。西歐國家的政府既需要美國的核子「保護傘」，還要規定美國總統撐傘的姿勢。

一九七九年在英國政壇取得大勝的柴契爾夫人是雷根在歐洲少數好友之一。雷根進入白宮時，西德總理是社會黨的赫爾穆．施密特（Helmut Schmidt）。一九八一年，法國總統換成了社會黨的密特朗。義大利從二戰以來就由基督教民主黨主政，但貝蒂諾．克拉克西（Bettino Craxi）領導的社會黨在一九八三年八月取而代之。雷根和克拉克西見面後驚訝的說：「他是一個完全不同的義大利官員。他雖是社會主義者，但絕對反共」。[3]從雷根的角度來說，柯爾的基督教民主聯盟與自由派的自由民主黨在一九八二年十月贏得西德大選是好事一樁。雖然施密特在當總理時相當支持北約（雷根說：「我們對於未來如何對付蘇聯看法一致」），[4]但柯爾是保守派，在許多議題上和雷根看法相同。雷根和柯爾在一九八一年十月會面後立刻惺惺相惜：「（柯爾）說在波昂街頭反美的二十五萬群眾都是蘇聯從歐洲各地動員過來的。」[5]柯爾一當上總理，雷根就高興的談到他們在華府那次會面：「我們真的一拍即合，我相信我們會很處得來。」[6]

但即使是柴契爾夫人和柯爾也都對美國的政策有所保留。美蘇兩國一開始都急於建置能隔著大西洋互相攻擊的戰略武器。但當美蘇開始在距離鐵幕幾百英里之處部署新式中程彈道飛彈後，就有人開始討論是否有可能把核子戰爭侷限在歐洲大陸。西歐領袖擔心這會弱化美國對蘇聯一旦發動攻擊就展開全面報復的保證，而雷根熱衷「戰略防禦系統」更讓疑慮加深。

法國是西歐這群不安分國家的領頭羊。從一九五九年戴高樂當上總統的十年之間，麻煩就不斷。一九六六年，他甚至讓法國退出北約的軍事一體化指揮架構，還把北約總部從楓丹白露趕了出去。他的決心讓法國重獲行動自由。戴高樂認為他的軍隊有自己的核子武器，已足以嚇阻蘇聯。從軍事自利的角度，他看不出為什麼在東德攻擊西德時法國要保護西德。他不喜歡讓法國屈從於任何國家，而他的所有繼任者都沿襲了這種態度，不分政黨和意識形態。他們對其他西歐國家採取一種混合政策。他們在公開上強調法國的主權，但同時又保有北約政治成員的身分，也會參與開會。他們不顧美國的看法，對蘇聯大送秋波。戴高樂眼中的歐洲是「從大西洋到烏拉山的歐洲」，渴望和蘇聯改善關係。但他和他的繼任者都不希望因此而斷了和華府的關係。從根本而言，在東西方高度緊張的時期，戴高樂主義不過是虛有其表。

西德的東部邊境緊挨著數個共產國家，所以從來不敢用法國人的態度和美國大小聲。戰後的北約在西德有許多基地，大多數西德人都清楚如果沒有這些基地，波昂根本無法抵擋蘇聯進攻。SS-20飛彈是威脅沒錯，但蘇聯集團部署在東歐的龐大軍力更可怕。華沙公約組織的軍力部署都採進攻態勢，讓北約每個西歐成員國都戒慎恐懼，但蘇聯一貫宣稱根本不必緊張（直到一九八八年，沒有任何蘇聯官員承認西方抱怨有理）。[7]西德人很清楚一旦戰爭爆發，第一場仗一定是在西德打。不管他們對於被美國、英國和法國占領有多不爽，他們還是很感謝這三國在西德建立起自己的傳統武力之前提供了安全保障。北約成員的身分讓西德人可以安心做生意。西德的「經濟奇蹟」從一九五〇年代開始持續了幾十年，其工業實力在歐洲共同體內無人能及。

波昂政府試圖緩和美蘇關係，認為中程武器根本是不必要之惡，只要任何一方有善意就可以拿掉。一九八一年五月，布里茲涅夫和施密特在波昂會面，西德大膽提議要移除中程核子飛彈。如果蘇聯能拿掉SS－20飛彈，美國也會拿掉潘興二號飛彈。由於出乎意料，布里茲涅夫嘀咕著不知回應，直到葛羅米柯插話說蘇聯絕不會停止部署。但施密特不肯放棄，葛羅米柯只好提議可以到機場再進一步討論，但葛羅米柯自己沒出現，只派了副部長科尼恩柯到場。蘇聯這次沒有接受施密特的提議是一個絕大錯誤，結果是讓美國政府中像溫伯格和凱西這些人講話更大聲，他們向來認為和蘇聯領導人不可能達成任何協議。[8]

但施密特還是想和蘇聯與東歐改善關係。在他的批准之下，法蘭克福和慕尼黑的銀行提供貸款給波蘭、匈牙利、羅馬尼亞和東德，讓這些國家在經濟上能夠存活。他還同意建造管線讓蘇聯的天然氣輸送到西德。一九七三年的石油危機讓西德政府有理由尋找中東以外的供應來源。此外，在「低盪」時期，西方國家也提供一些合作項目讓蘇聯經濟得以復甦。但阿富汗和波蘭危機把氣氛搞壞了。美國擴大了對蘇聯和波蘭的貿易禁運，禁止出售石油和天然氣設備，一九八二年六月更把對美國企業的禁令擴大適用到外國企業。這打亂了施密特和布里茲涅夫所簽下的建造管線把天然氣輸送到西德的協議。就連柴契爾夫人也對美國的行為很不滿。有一家蘇格蘭公司抱怨白宮干預其簽署契約的自由，首相夫人公開表示：「我覺得我被好朋友傷害了。」[9]

西德從蘇聯進口的天然氣越來越多，美國和其他北約國家擔心這會軟化西德履行條約義務的決心。波昂不肯停止幫蘇聯石化工業搞現代化，這也讓華府擔憂。此外，施密特和繼任的柯爾都提供何內克財政援助，以換取何內克在東德人出境問題上讓步。柯爾還付錢給羅馬尼亞政府，讓德裔的羅馬尼亞人能夠移民出國。西德和東歐的牽扯越來越多。其他北約國家擔心西德在東歐發生政治危機時不會支持美國的政策。柯爾對此心知肚明，所以他對部署潘興二號飛彈和巡弋飛彈表現得比施密特更積極。他當然不想變成蘇聯的棋子，但他也不是美國的傀儡，而他對「戰略防禦系統」的質疑讓美國人在和他打交道時必須更加謹慎。

義大利也是個讓美國不太放心的盟友。義大利共產黨在全國大選中向來表現不錯，也在北方好幾個大城市執政。義大利歷任內閣多屬基督教民主黨，但對付共產黨向來不夠堅決。基民黨中有一個由阿爾多．莫羅（Aldo Moro）所領導的派系主張要和共產黨達成某種政治協議。一九七八年，莫羅被指控義大利共產黨背叛馬克思主義的極左派恐怖組織「紅色旅」（Red Brigades）所綁架和殺害。莫羅的死打消了基民黨和共產黨在選舉上合作的可能性，但美國政府還是擔心義大利這個盟邦靠不住。義大利的飛雅特公司在俄羅斯窩瓦河邊的陶里亞蒂市（Togliatti）蓋了一座汽車工廠，而這座城市的名字正是用來紀念已故的義大利共黨領袖帕爾米羅．陶里亞蒂（Palmiro Togliatti）。和西德一樣，義大利相當依賴蘇聯的天然氣。前首相朱利奧．安德烈奧蒂自一九八三年出任外交部長後就積極想和葛羅米柯搞好關係。所以令人毫不意外的，比起義大利政治人物，雷根更喜歡教宗若望保祿二世。在這位波蘭籍教宗的領導下，梵蒂岡堅決反對蘇聯、無神論和蘇聯對東歐的宰制。

雖然教宗在對抗共產主義的許多重大問題上和雷根很接近，但和他最接近的還是柴契爾夫人。他們兩人在一九七五年於英國下議院初次會面時就已成為知交。[10] 兩人當時都尚未掌權，但他們保持來往，樂見對方爬上國家領袖之位。柴契爾討厭法國密特朗和西德施密特這些西歐社會主義者，工黨內部有一派主張單方面裁軍也令她毛骨悚然。她很高興雷根選上總統，認為這代表美國終於從越戰的羞辱中恢復了自信。西歐國家有些人不認為要強硬和蘇聯打交道，柴契爾夫人對這些人一概不假辭色。她把蘇聯《真理報》稱她為「鐵娘子」視為光榮，因為這代表她真的讓克里姆林宮很不爽。

但柴契爾夫人對雷根的忠誠也曾受到考驗。一九八二年，阿根廷軍政府占領了福克蘭群島，而在英國皇家海軍開往南大西洋之前，美國對於即將開戰到底採取什麼立場依然撲朔迷離。國防部長溫伯格力主要協助英國，國務卿海格則否。溫伯格的意見占了上風，柴契爾對此永遠感念。皇家海軍也因此能收到美國提供的情報資料，得以戰勝阿根廷。一九八三年十月又發生一件更尷尬的事。雷根下令入侵格瑞那達這個加勒比海島國以推翻其新成立的共黨政府，但格瑞那達是大英國協成員，柴契爾夫人認為雷根至少應該先告訴她一聲，在電話裡向雷根大發雷霆。柴契爾夫人也質疑「戰略防禦系統」，她警告雷根不要冒險觸發新一輪的軍備競賽。她認為蘇聯將以製造新一代核子武器作為回應。此外，雷根的計畫也許有百分之九十五的成功率，但只要有幾枚飛彈突破防線就能殺死六千萬人。柴契爾夫人屬於二戰後的傳統派，認為只要能相互嚇阻，核子武器就能穩住均勢，所以歐洲才能維持四十年的和平。但雷根不這麼認為。他堅持己見說：「我的最終目標就是要消滅核子武器」。[11]

但雷根還是感謝她在世界政治幾乎所有議題上的強力支持。他在日記中寫道：「瑪格麗特．柴契爾是擎天一柱，是美國堅強的朋友。」[12]隨著柴契爾夫人自信漸增，她和雷根會談時都不再帶外交部長陪同。[13]美國在新外交政策出台前都會和她諮商——但占領格瑞那達是例外。潘興二號飛彈和巡弋飛彈逐漸在歐洲部署完成。英格蘭是部署在靠近紐伯里的格林漢康蒙基地

（Greenham Common），西德則部署在靠近法蘭克福的穆特蘭根（Mutlangen）。布里茲涅夫和安德洛波夫發出挑戰，而美國及其盟邦願意接招。

北約內部不和，但對外要假裝團結。北約有一套秘密諮商程序，由美國政府先和英國、西德和法國商量後，再和其他成員國討論。對華府來說，這幾個國家在歐洲事務上的分量最重。雖然戴高樂退出了北約的軍事一體化指揮架構，華府在協商重大問題時還是不會跳過法國。這套稱為「四方會談」（Quad）的程序是刻意要排除義大利和其他成員國。它是在蘇聯入侵阿富汗幾週後誕生的，一開始的重點是如何協調盟邦一致行動，包括日本和「大洋洲」。後來又把加拿大納入。其最高目的則是要遏制蘇聯在全球的影響力，反制其野心和企圖。布里茲涅夫在非洲南撒哈拉地區的活動雖然令人遺憾，但西方還是接受其為冷戰的必然現象。但蘇聯在阿富汗擴張勢力範圍則令人無法忍受。從一九七九年開始，美國及其在全球的盟友就試圖把莫斯科新拿到的地盤給「推回去」（roll back）。

英國政策的前提是「蘇聯衛星國家的不穩定」是件好事。[14] 但這一點從來不能明說，而且也要擔心波蘭或其他東歐欠債國家破產的話會造成經濟損失。激進的反共革命至少在短期間會有不利的影響。但如果倫敦有這種憂慮，波昂就更擔心了，因為東歐動盪對西德金融的影響要大得多。而且沒有人能預料蘇聯對這些直接挑戰「帝國外圍」共產政權的行為會如何反應。美國和西歐都謹慎地在觀察波蘭局勢在一九八〇至一九八一年間的發展。沒人知道莫斯科會不會把軍隊開進華沙。北約對此沒有任何應變計畫，也沒有任何西歐國家想為此開戰。事實上，冷戰對兩邊陣營都是一場消耗戰，雖然西歐領袖都希望看東歐集團解體，但他們只能小心行事，而且在某些基本面向上，甚至還會去支撐他們所痛恨和害怕的共產政權。

和西歐國家比起來，加拿大比較不會給美國找麻煩。皮耶・杜魯道（Pierre Trudeau）當總理時經常批評雷根，質疑他的能力，但對美國的政策倒是很少反對。加拿大就像其他盟國一樣，知道自己受益於美國的核武保護傘。作為G7成員國，加拿大富有天然資源，出口給美國製造商獲利豐厚。華府對加拿大主要的不滿是加拿大不願為了加強美國的經濟封鎖政策而斷絕和古巴貿易往來。加拿大公司和古巴合作開採島上的鎳礦，再大量賣給美國用來製造硬幣，這中間頗有些偽善的成分。

日本就讓美國政府覺得麻煩得多。日本經濟自一九七〇年代起飛，在工業技術上取得驚人的成功。日本在汽車、照相機、電視、收音機等產業在全球攻城略地，機械製造能力直追美國。日本公司開始生產美國海軍艦艇需要的軍事零件，這可不是那些希望北約能壟斷科技優勢的國防菁英圈所樂見的。此外，一九八〇年代的東芝醜聞案似乎也證明了同盟已不再緊密。*日本受益於美國的核子「保護傘」才能免受蘇聯威脅，但日本戰後又有日益增長的民族主義情緒反對美國駐軍。然而，南韓客機在西伯利亞上空被擊落的事件又讓日本人體認到與美國結盟的好處。而美國產業也因為「矽谷」的資訊科技革命而重獲新生。

美國的結盟體系，包括北約在內，需要持續應付不斷出現的軍事、政治和經濟問題。即使最遙遠的國家也可能擾動局勢。大洋洲一向風平浪靜，但在一九八四年，紐西蘭的工黨新總理大衛・郎格（David Lange）宣布禁止核動力或擁核船艦駛入紐西蘭水域。這挑戰到美國在全球範

---

* 一九八七年，東芝旗下的東芝機械被指控違法販售能用於製造螺旋槳的精密多軸加工機、數值控制器及軟體等予蘇聯軍方，供應其製作非常安靜的潛水艇。最後東芝的兩名資深經理人被起訴逮捕，而東芝也遭受兩國的罰款制裁。

圍對抗蘇聯和共產主義的領導地位。郎格的行為在西歐、北美和亞洲都史無前例。如果位在西南太平洋的紐西蘭是個更強大的國家，華府的反應可能會更激烈，但畢竟威靈頓離蘇聯的勢力範圍有半個地球之遙。無論如何，紐西蘭的例子證明了所謂團結對抗蘇聯的「西方」其實是相當鬆散彈性的。

第九章
世界共產主義與和平運動

雖然歐洲與中國的共產黨與蘇共有諸多不合，蘇聯仍極力拉攏他們以對抗美國與北約，並暗中資助西方社會內部可以合作的左翼勢力……

蘇聯要利用全世界的共產黨來達到其全球目標。但自從一九六〇年中蘇分裂，中國自己想吸引一些心懷不滿的馬列主義政黨和團體後，蘇聯就遇上一些困難。然而北京實際上只能吸引到阿爾巴尼亞這一個共產國家。中國沒有蘇聯的經濟資源和全球軍事實力，只構成騷擾而不成重大威脅。但中國不出席在莫斯科舉辦的世界共產黨大會，顯示蘇聯已不是「世界共產主義運動」無可挑戰的領導者。葛羅米柯譴責中國根本不想和蘇聯「關係正常化」，反而和美國站在一起。莫斯科和北京的關係看來改善無望。[1]一九八二年三月，布里茲涅夫在塔什干（Tashkent）發表一場措辭強烈的演說，但他至少還承認中國是社會主義國家，也承認中國對台灣的主權。中國人對這一點很滿意。他們判斷蘇聯領導人想緩和與中國的關係，因為莫斯科在阿富汗打得很不順。鄧小平沒有回應，他認為時間對他有利。[2]

鄧小平對雷根在一九八〇年總統選舉時支持台灣非常不滿，雷根派出副總統搭檔布希去安撫北京。但鄧小平毫不領情，每當布希提到雷根的名字，鄧小平就往痰盂吐痰（鄧小平顯然覺得把布希轉交給他的雷根親筆信弄皺還不夠表明態度）。[3]鄧小平雖然矮小，卻成功讓他和他的國家被視為巨人。[4]雷根逐漸追隨尼克森自一九七二年訪問北京後的對中政策。美國的目標是加強中國的力量，讓中國成為在亞洲與蘇聯抗衡的砝碼。一九八四年四月二十一日，雷根批准一份「國家安全指令」，把中華人民共和國當成友好的不結盟國家，既要確保中國與蘇聯持續敵對，也要盡力讓「極權制度自由化」並釋放市場的力量。對中軍售要持續，也要進一步放寬出售先進科技的限制。[5]雷根政府認為鄧小平正把中國往好的方向改革，應該得到美國的幫助和鼓勵。

一九八四年四月二十六號，雷根正式訪問中國。在和總理趙紫陽會面時，他強調美國並不想要正式的結盟，樂見中國繼續在世界政治中維持不結盟的地位。[6]鄧小平批評美國在開發中國家的政策以及裁減核子武器毫無進展，而雷根則盡可能回答。兩人避免爭執台灣問題：他們知道這只會破壞氣氛。[7]會面成果對雙方都是正面的，在雷根離華之前，雙方還簽署了一份美國協助中國發展核能的協定。[8]

這又讓克里姆林宮更加神經繃緊，他們原來就已被「優秀射手演習」事件搞得緊張兮兮。美國是刻意在加強蘇聯亞洲敵國的經濟和軍事實力。在蘇聯入侵阿富汗之前的「低盪」時期，美國總統就已明確告訴莫斯科他們要和北京維持一定程度的交往。到了雷根時代，美中關係更加強化。政治局很清楚狀況，也很擔心雷根政府到底會把中國牌打到什麼地步。蘇聯激烈批評中國領導人，對南斯拉夫和阿爾巴尼亞倒是下手輕一點。蘇聯在一九一九年三月成立「共產國際」（Communist International）。雖然蘇聯已經無法像列寧和史達林時代那樣指揮外國共產黨，但外國共黨領袖依然認為蘇聯是「世界共產主義運動」的領導者。他們依然深信列寧的教條，相信十月革命是二十世紀所有進步、人道和美好的礎石。

負責世界共產主義運動的是鮑里斯・波諾馬廖夫。他從一九五五年起就領導蘇共中央國際部。幾十年來，蘇共領導層都信任他的直覺和判斷。但波諾馬廖夫從來沒有被選入政治局，很多人懷疑他是被葛羅米柯為了維持自己在國際關係上的絕對影響力而刻意阻擋。但波諾馬廖夫還是很重要的共黨官員，全世界的共產黨和極左派革命團體都是他的負責範圍，而和共黨統治國家的關係則由「社會主義國家共產主義與工人政黨聯絡部」部長康斯坦丁・魯薩科夫（Konstantin Rusakov）負責。[9]魯薩科夫的權力也很大，但由於東歐對蘇聯至關重要，每當有危機在發生或醞釀時就會由政治局直接介入。克里姆林宮已不再積極推動共產主義革命。他們樂見有革命發生，但他們主要是利用這些共產黨來擴張蘇聯勢力。

維持共產黨合作的傳統方法是透過財政補助。即使是質疑蘇聯基本性質的義大利共產黨都向莫斯科拿錢。這完全是秘密的，因為任何國家的共產黨領導人都不想讓國人知道他的政黨其實是靠蘇聯維生，曝光的後果非常嚴重。一九七九年十月，吉安尼・塞維蒂（Gianni Cervetti）代表義大利共產黨造訪莫斯科。[10]他曾在蘇聯待過一段時間，俄語很流利。他抱怨蘇聯的補助已經停了兩年了。[11]

波諾馬廖夫掌管著「共產黨與左派運動援助基金」。這個基金大部分由蘇聯出錢，但蘇聯也經常要東歐共黨「朋友們」義務捐獻。這除了是要減輕蘇聯的財務負擔之外，也是想把這些國家和克里姆林綁在一起。[12]波諾馬廖夫的決定要經政治局批准。[13]他在海外並不受愛戴或尊重，例如英國共產黨就認為他太愛提一些不切實際的建議。[14]雖然蘇聯從未披露到底是怎麼分配補助的，但一九八〇年的年度報告則顯示，克里姆林宮考量的是其當前的外交和安全政策，而不是促進共產革命。克里姆林宮的優先目標是在各個大陸取得影響力和地位，要和美國競爭。政治局要維持全球「反帝國主義鬥爭」先鋒的形象。[15]

波諾馬廖夫補助最多的是給美國共產黨的格斯・霍爾兩百五十萬美元。美國共產黨的參選者，包括霍爾在內，自一九四五年以來在歷屆總統選舉和各州選舉盡皆敗北。[16]但波諾馬廖夫並不在意這一點。蘇聯需要宣傳代理人，而莫斯科認為霍爾是最佳人選。（霍爾是個沉悶、講話喋喋不休又毫無重點的演講者，但蘇共中央國際部不管這些）。霍爾贊同蘇聯在一九五六年入侵匈牙利和一九六八年入侵捷克斯洛伐克，熱情地宣揚蘇聯人民生活的美好。他頌揚布里茲涅夫，貶抑自他當選美共總書記以來的歷屆美國總統。他完全符合克里姆林宮的標準，甚至還支持蘇軍在阿富汗作戰。他和他的黨都很廉價。他們在一九八二年要求減免債務，蘇共書記處也批准同意。[17]

補助第二多的是給法國共產黨兩百萬美元。法共領袖喬治・馬歇（Georges Marchais）是在西歐宣傳蘇聯「愛好和平」的最佳代言人。法共沒有贏得過全國性選舉，但表現一向不錯，經常有足夠比例的選票來影響聯合政府的組成。法國是美國最難掌控的西方大國，不但退出北約的軍事指揮體系，幾位總統也都批評美國的外交政策。克里姆林宮完全有理由去支持法共，但這也加劇了莫斯科和巴黎的緊張。[18]蘇聯領導人認為這些法國同志沒有補助就活不下去。[19]而他們對芬蘭共產黨也很大方，補助了一百三十五萬美元。[20]由於有共同邊界，芬蘭在地緣政治上對蘇聯相當重要。排在後面的還有葡萄牙共產黨（八十萬美元）、希臘共產黨（七十萬美元）、智利共產黨（五十萬美元）。南非共產黨只拿到十萬美元。[21]蘇聯領導人對喬・斯洛佛（Joe Slovo）*及其共黨同志的印象並不好，所以主要是補助「非洲民族議會」。[22]

克里姆林宮對歐洲各國共產黨的評價甚低。雖然喬治・馬歇對莫斯科忠心耿耿，但蘇聯古拉格集中營所引起的關注讓他無法全然支持蘇聯。到了一九七〇年末，他開始批評蘇聯不民主。法共的出版社出版了很多批評蘇聯內外政策的作品，這讓蘇共的中央書記處相當惱怒。[23]

西歐共產黨對莫斯科的挑戰被稱為「歐共主義」（Eurocommunism），其中又以恩里科・貝林格（Enrico Berlinguer）和義大利共產黨為核心。貝林格在一九七二年成為義共領導人，他採取了「歷史性妥協」的策略，向基督教民主黨示好。他批評蘇聯的人權紀錄，哀嘆蘇聯沒有民主自由。他也譴責蘇聯入侵捷克斯洛伐克和阿富汗，允許義大利共產黨人質疑蘇聯教科書的官方版歷史。蘇聯領導人更痛恨他支持波蘭團結工聯。[24]他們非常討厭這些歐洲共產黨人。蘇聯外交部長葛羅米柯的兒子安納托利・葛羅米柯（Anatoli Gromyko）宣稱貝林格的觀念緣自其「貴族家世」，還表示知名的義大利共產黨人喬治・納波里塔諾（Giorgio Napolitano）是ＣＩＡ特務。雖然沒有證據顯示所有蘇聯領導人都這麼認為，但安納托利講話的態度顯示他講的東西很稀鬆平常。[25]波諾馬廖夫也這樣講義大利共產黨：「我真的不相信，如果戰爭爆發，他們會採取中立來對付我們。」[26]

儘管如此，歐洲共產黨對莫斯科還是有些用處的，因為他們堅持反對歐洲部署核武。蘇聯領導人持續和他們對話，儘管雙方都心有不滿。與此同時，蘇聯與十四個國家的「軍事—科技合作」日形重要，這些國家包括印度、敘利亞、阿富汗、北葉門、南葉門、伊拉克、阿爾及利亞、利比亞、安哥拉、衣索比亞、莫三比克、奈及利亞、幾內亞和幾內亞比索。尼加拉瓜是最近加入的第十五國。莫斯科派出軍隊和顧問到這些國家。政治局的首要目標是在全球取得地位和影

＊ 喬・斯洛佛長期領導南非共產黨，反對種族隔離制度，一九六三到一九九〇年流亡海外。一九九四年成為曼德拉政府的住宅大臣，於一九九五年過世。

響力。給這些國家援助幾乎不考慮預算問題。蘇聯歷年來只回收了百分之七十的援助款。有好幾個國家根本免費，有些國家則是以當地土產意思意思償還一下。蘇聯對阿富汗、安哥拉、衣索比亞、莫三比克和尼加拉瓜都是這樣放縱。[27]而蘇聯領導人在背後都稱這些國家是「客戶」。[28]

雖然軍方在蘇聯有很大的影響力，但各部門也不一定立場相同。一九八二年，國防部長烏斯季諾夫支持卡斯楚去援助安哥拉總統多斯桑托斯（José Eduardo dos Santos）對抗南非，但總參謀部卻不贊成蘇聯又一次對外軍事援助。總參謀部領導人反對蘇聯在一九七〇年代近乎無限制的對外延伸，公開表示既然安哥拉人都是由蘇聯人訓練出來的，那就要有能力自己打仗。在謝爾蓋・索科洛夫升任國防部長後，接任阿富汗蘇軍司令的瓦連尼科夫（Valentin Varennikov）就堅持這個立場，逼得多斯桑托斯要直接向政治局求援。烏斯季諾夫和總參謀長歐加可夫（Nikolai Orgakov）和瓦連尼科夫不和，這兩人都不想再增加蘇聯對非洲南部的軍事援助。[29]但烏斯季諾夫是政治局成員，有權力的人是他。他是布里茲涅夫的核心，負責以軍援和貸款來擴張蘇聯全球勢力。他可以決定一個司令官的前途，歐加可夫要挑戰烏斯季諾夫是冒著風險的。

與此同時，美國要在西歐部署潘興二號飛彈激怒了克里姆林宮的所有領導人，他們需要助力來阻止其發生。歐洲共產黨——即使是麻煩的義共——可以提供幫助。但在最重要的美國、西德和英國，共產黨對全國政治的影響力微不足道。於是政治局就援助任何支持「和平」和反對美國政策的團體。

瑞典總理奧洛夫・帕爾梅（Olof Palme）曾提議在東西德間建立非軍事走廊。美國人對此毫無興趣，一些蘇聯軍政要員卻興致勃勃。中央書記處防衛部副部長維塔利・卡塔耶夫建議這條走廊應該要有一百五十公里寬，核子武器、坦克和重火砲都要撤出。在進一步行動前，他先取得戈巴契夫的同意。阿赫羅梅耶夫慣怒的質問卡塔耶夫說：「你知道我們要撤走多少輛坦克嗎？」卡塔耶夫說他知道。阿赫羅梅耶夫問有多少？卡塔耶夫說有兩千輛。[30]國防部與總參謀部只在一件事情上是一致的，那就是蘇聯要保住在東歐的所有飛彈。意見不同者不是保持沉默就是被忽略。而具體方法就是給美國製造困難，讓美國無法完成部署。蘇聯領導人想要恢復他們部署SS－20飛彈以來的軍力優勢。

於是西方的「和平運動」就對莫斯科很重要。FBI向美國國會報告了蘇聯的策略——KGB和蘇共中央國際部並非想掌控這些西方團體，而是暗中把這些團體推向對蘇聯的外交和安全政策有利的方向。美國共產黨也一如往常地在其中扮演了角色。莫斯科提供了豐沛的資金。克里姆林宮以「世界和平會議」（World Peace Council）為工具，這個團體的領導職位塞滿了美國共產黨員。其他用來加強政治局想要的形象的團體還有「美蘇關係全國會議」（National Council of American-Soviet Friendship）、「美蘇公民對話」（US-USSR Citizens'Dialogue）。[31]克里姆林宮對英國的「核子裁軍運動」（Campaign for Nuclear Disarmament，簡稱CND）一直很有興趣並暗中提供金錢援助，秘密到連CND的領導人都不知道這些錢是從哪裡來的。這些錢給得很慷慨，因為這些團體能贏得輿論，阻礙北約部署潘興二號飛彈。

英國工黨也是一個能在西歐取得政治影響力的管道。一九八一年十月十日，麥可．富特（Michael Foot）*和丹尼斯．希利（Denis Healey）†在莫斯科會見布里茲涅夫。富特戰戰兢兢，

* 麥可．富特是英國左翼政治家及作家，一九八〇至一九八三年出任英國工黨黨魁。
† 丹尼斯．希利是英國工黨政治家，一九八〇年至一九八三年任工黨副黨魁。

希利就比較放肆，敢在布里茲涅夫講到一半時插話。[32]蘇聯官員曾經討論到底要稱富特為「先生」還是「同志」。是富特自己解決了這個問題，他握著布里茲涅夫的手稱他為「同志」。富特或希利都沒有提到阿富汗。[33]三年後，國會議員斯圖亞特・霍蘭德（Stuart Holland）代表工黨黨魁尼爾・金諾克（Neil Kinnock）造訪莫斯科。金諾克想在自己正式訪問蘇聯之前先知道蘇聯對核子裁軍的立場。克里姆林宮對金諾克有高度興趣，因為他可能成為英國首相，還可能宣布英國為「無核地區」。[34]等到金諾克自己造訪時，政治局推出一項重大政策：蘇聯願意裁減與英國相等數量核子彈頭，並不再把飛彈對準英國的核子武器。蘇聯也假惺惺同意要維護蘇聯的人權。[35]

蘇聯領導人也試圖破壞西方國家的政局穩定。做這種事要小心謹慎，不能刺激美國及其盟邦，但英國在一九八四年的礦工大罷工實在是天賜良機。克里姆林宮透過蘇聯的工會分子，把資金經由瑞士銀行輸送給英國的全國礦工工會。工會主席亞瑟・斯卡吉爾（Arthur Scargill）擔心會被柴契爾政府發現。他的政治顧問是尼爾・海特（Nell Hyett），在一次與蘇聯駐倫敦大使館官員的密會中，斯卡吉爾提出要把錢匯到海特在芝加哥第一國家銀行都伯林分行的帳戶。斯卡吉爾抱怨英國仍從國外進口煤礦，蘇聯參贊巴辛（Parsin）和第一秘書馬祖爾（Mazur）保證蘇聯已不再出口煤或其他燃料給英國。斯卡吉爾批評英國工運界許多人士。在他眼中，英國工黨領袖尼爾・金諾克和羅伊・哈特斯利（Roy Hattersley）都是保守黨的走狗。他比較喜歡英國共產黨和工黨一些左派強硬分子。[36]

克里姆林宮領導人並不怎麼擔心這種政策會傷害英蘇關係。他們覺得反正不會有損失。「低盪」已經終止，雷根領導的美國又極度好戰。只要共產黨、社會主義左派或和平運動能打擊北約的信心，莫斯科就能得利。蘇聯領導人沒想到西方政府能夠擋得住內部反對派。北約沒有因為罷工或街頭抗議而崩解，也沒有取消在歐洲部署新核武。克里姆林宮最後一場豪賭失敗了。西方的決心通過了考驗。但政治局成員對於超強地位念念不忘，根本不可能向美國讓步。政治局依舊無法回答的問題是：蘇聯經濟能不能經受得起這種全球野心。他們已在東歐、阿富汗、越南、古巴和非洲南撒哈拉地區過度擴張。而蘇聯人民的不滿也越來越明顯。

但蘇聯領導人還是決心與美國對抗和競爭。他們已陷入集體盲目的狀態。

第十章

排隊接班

安德洛波夫過世，老邁的契爾年科上任。儘管契爾年科指派戈巴契夫接班，在通往權力高峰的路上，他仍面臨強敵的挑戰……

雷根發現他對安德洛波夫領導班子所施加的壓力只是讓他們更強硬。但他還是堅決施壓。一九八四年一月，他簽署了一份關於如何和蘇聯對話的指令。這項指令分為四個部分。如果蘇聯想達成「軍備控制」協議，雷根政府就要堅持蘇聯必須完全改變在人權、區域衝突和雙邊交流的態度。他不想回到尼克森、福特和卡特在「低盪」時期的做法，當時只要克里姆林宮在某些方面妥協，美國就在其他方面放鬆。這種做法叫做「連結」（linkage），而雷根一點也不喜歡。他要執行一套自二戰以來最具野心的對蘇政策。同時他也提供蘇聯願意「結束冷戰的誘因」。他立場堅定，但懷抱希望：「如果蘇聯政府想要和平，那就會有和平」。[1]

當雷根在一九八四年三月二十七日召開國家安全規畫小組會議時，舒茲和溫伯格意見相左。舒茲擔心華府和莫斯科缺乏溝通相當危險，主張應該重啟在日內瓦的裁軍談判。但溫伯格討厭任何讓步：

我們該重視的是協議的內容，而不是為了協議而協議。蘇聯根本不想讓總統取得勝利，只會給總統一份他無法居功的協議。他們對什麼感興趣呢？只有一份根本沒有裁軍內容的《第二階段限制戰略武器條約》（SALT II）。為了協議，他們會要求我們做出重大讓步。[2]

舒茲反駁說拒絕談判完全沒有道理：唯一的結果就是讓蘇聯以此大做宣傳。威廉・凱西和艾德・羅尼通常會反對向莫斯科示好，但這一次他們沒有表示意見。他們知道雷根的心意是要重啟日內瓦談判。溫伯格勢力單薄，雷根宣布他要讓舒茲來擔當這個任務。[3]

美國政府這場討論正值克里姆林宮內的不確定時期。總書記安德洛波夫上台時就已老邁不堪，一九八四年二月九日，他在完全摘除胰臟後過世。第二天，政治局通過葛羅米柯提案，由契爾年科擔任新的總書記。烏斯季諾夫表示支持。戈巴契夫原來希望獲得烏斯季諾夫的支持，但他拒絕。[4]他和政治局內的掌權派系交好，不想得罪人。蘇聯領導層都知道契爾年科身體很差，對於蘇聯的問題也沒什麼見解。多年以來他都只扮演布里茲涅夫個人幕僚的角色。而事實上，正是這個弱點讓他獲得政治局多數人支持。這些政治局老將在布里茲涅夫晚年都各行其事，他們想維持這個局面。他們也想終止安德洛波夫製造的混亂。契爾年科正符合這些條件。

但契爾年科卻有一招令人意外。根據傳統，他右手邊的座位要留給他意定的副手來坐。讓老同志意外的是，他選擇了戈巴契夫。作為安德洛波夫的弟子，戈巴契夫本來就有風聲會當上總書記。安德洛波夫暗示過這個位子未來就是他的，安德洛波夫的妻子塔蒂雅娜（Tatyana）也向戈巴契夫的妻子透露過這是領袖的遺願。[5]安德洛波夫曾在病床上指示要將中央書記處交給戈巴契夫掌管，但政治局老將們聯合起來反對。安德洛波夫的秘密指示被偷偷銷毀了。[6]

推舉契爾年科就是為了擋住戈巴契夫。現在，契爾年科居然指定他來領導書記處和政治局的波蘭小組。戈巴契夫還將繼續擔任蘇聯農業最高負責人。此人向來精力旺盛。一旦病重的契爾年科無法工作時，一定就是戈巴契夫來掌權。部長會議主席提克霍諾夫（Tikhonov）就說出反對者的疑慮：「戈巴契夫在政治局已經主管農業問題了，這會妨礙到書記處的工作，也會影響到農業工作。」但這並不是他反對戈巴契夫的全部理由——戈巴契夫的旺盛精力和想像力才真正令人擔心。烏斯季諾夫為戈巴契夫說話，莫斯科市第一書記格里申（Grishin）則提案暫緩戈巴契夫的任命。讓所有人吃驚的是，契爾年科發話結束討論，打破了僵局。他已經做好決定，政治局其他人只能接受。[7]

一九八四年二月十四日，中央委員會在克里姆林宮斯維德洛夫廳召開全體會議，聽取政治局的決定。每個人都在看左邊台上是誰第一個走出來，因為這個人就是內定的總書記。當契爾年科帶領其他政治局成員出現時，幾乎可以立刻感受到集體不滿的情緒。沒有人起身鼓掌。[8]這幾乎是最大的不敬。除了沒有對契爾年科發出噓聲，中央委員會全體已經表明對這項人事的不滿。但他們只能靜靜坐等投票給他。契爾年科聲音發顫，低頭唸著他給安德洛波夫的追悼文。然後提克霍諾夫宣布契爾年科為總書記的「候選人」。場中沉默了幾秒鐘，然後大家以敷衍的掌聲一致通過契爾年科為總書記。[9]戈巴契夫在全會結束時致詞對於領導班子的延續感到欣慰。[10]但多數聽眾都期待要有某種不延續，許多人希望政治局選的是他。

契爾年科無力主導會議。他讓人在政治局開會時愛講多久就講多久，自己很少講話。等到他覺得已經討論夠了，才會咕噥的說：「我們是不是談到這裡為止？」[11]波諾馬廖夫跟國際部的官員說，契爾年科的領導方式就是是每星期休三天，剩下四天只工作幾小時。[12]契爾年科一當選，政治局就把他當成病患處理。每個人都卸下了安德洛波夫時代的壓力。反貪腐和反無能的運動都停擺。戈巴契夫後來厭惡的回憶起一九八四這一年，說到政治局成員如何為了尼克森送給布里茲涅夫的一輛林肯轎車爭得你死我活：「他們幾乎要互相殘殺。」[13]政府的急迫感沒有了。領導層把早該啟動的改革拋到腦後。

戈巴契夫只能盡力對抗這股風氣。他對政治局以下的官員要求甚嚴。一九八四年八月，他和各省書記開會討論當前俄國農業收成的問題時，痛批有些人報告不精確和閃避問題。他對講廢話的人嚴厲批評：「坐下，你根本沒有想好要講什麼。」[14]他的自信心也很強，甚至告訴中央書記處不要在報紙、廣播和電視上搞契爾年科的個人崇拜。雖然他事先徵詢過契爾年科，但這麼做還是會讓人覺得他自己想當總書記。[15]而黨內高層的氣氛則變得比較輕鬆了。當新黨綱草案小組開會討論時，成員們還會開布里茲涅夫和契爾年科及葛羅米柯的玩笑。[16]在一九八四年十月的中央委員會中，戈巴契夫播放了一段列寧講話的錄音檔。音效工程師把聲音品質恢復得非常好，結果是強化了智者列寧和老邁的契爾年科的對比。[17]

一些將領認為結束戰爭的唯一途徑是用政治解決，這樣蘇聯才能撤軍。戈巴契夫在政治局的阿富汗小組中表示支持。這讓軍方高層覺得在政治領導層中至少還有一個人願意結束亂局。瓦連尼科夫讚賞戈巴契夫在小組中的發言：「喔，他真是個好漢！」[18]

葛羅米柯是戈巴契夫晉升的唯一障礙。在安德洛波夫死後，克里姆林宮好像就是他和烏斯季諾夫兩個人的。如果戈巴契夫要在國際事務上有所表現，他就要面對這個有史以來最有權力的外交部長。葛羅米柯是政治登山家，卻不是政治探險家：他對探索雷根思想的底蘊毫無興趣，只會用馬列主義的教條來思考，任何不合他口味的想法都會被過濾掉。[19]沒有任何一個外交部官員敢和他意見相左。[20]但大家也都知道他的立場何在。他會吸收有才能的人為他工作，也知道其中有幾個人對官方政策有意見。[21]烏斯季諾夫在軍事工業部門也同樣舉足輕重。雖然他對農業補助沒什麼好感，但他和戈巴契夫倒是頗為交好。不同於葛羅米柯，當政治局其他人想削弱戈巴契夫權力時，烏斯季諾夫會為他講話。[22]戈巴契夫自己的政治實力並不弱，但若想繼承契爾年科，就不能忽視烏斯季諾夫和葛羅米柯的關鍵力量。

烏斯季諾夫一直不喜歡總參謀長歐加可夫。歐加可夫很有主見，也經常對蘇聯的軍事戰略提出奇怪的質疑。蘇聯官方教條認為即使有一方首先動用核子飛彈，還是可以避免全面戰爭，但歐加可夫不相信。他在蘇聯軍方報紙《紅星報》（*Krasnaya Zvezda*）公然寫道：

> 大西洋兩岸的戰略家認為有可能打一場「有限戰爭」，現在看來毫無基礎。這是烏托邦的幻想。一旦動用到核子武器，必然會導致雙方核武傾巢而出。這就是可怕的戰爭邏輯。[23]

歐加可夫想把傳統武力完全重組，把官兵數量裁掉一半。他希望能用省下的資源提升蘇軍的專業技能。[24]烏斯季諾夫對他很火大。身為政治局成員和國防部長，他決心要換一個聽話的總參謀長。他在一九八四年九月趕走了歐加可夫。歐加可夫當時人在克里米亞，烏斯季諾夫粗魯地用電話告知他下台。[25]

阿赫羅梅耶夫由副手升任總參謀長。阿赫羅梅耶夫在二戰時服役於列寧格勒戰場。他在軍中非常久，喜歡稱自己是「最後一個莫希干人」。英國大使布萊斯威特覺得他「令人印象深刻——聰明、目光熠熠、長型臉、方頭大耳、頭髮稀疏」。[26]烏斯季諾夫希望能透過他改善和軍方高層的關係，重申政治領導的權威。

但這無助於解決更重大的問題。政治局所有人都知道蘇聯已是一團亂。政治局可以控制國內的公眾討論，讓外界對危機所知甚少。但政治局成員對許多病症都很清楚。他們會私下討論問題，但沒有解方。他們的診斷是滿準確的，但他們無法處理蘇聯龐大的病根。

他們知道先進資本主義國家在生產力上遙遙領先，也知道這些國家各產業的發達程度。新黨綱的撰寫者認為必須承認西方的生活水平比較高。[27]西方的技術優勢是無可置疑的——光是蘇聯木材工業的生產力就比美國低了四倍。[28]他們只能奮力一搏，例如「經濟互助委員會」在一九八四年六月所提出的「關於科技發展的綜合計畫」。蘇聯和東歐希望藉此在科學發展上追上美國。[29]法國人也有類似的「尤瑞卡計畫」（Eureka）來抗衡美國的「戰略防禦系統」。[30]蘇聯得調整意識形態才能承認蘇聯在可見的未來都無法在物質生產上追上西方。馬列主義向來是全面樂觀的，但現在只能宣稱蘇聯的優越性在於其「生活方式」。美國重視個人權利，蘇聯則重視集體主義，其傲人之處在於保障就業、免費教育和健保、便宜的住房和公共設施。[31]

即便如此，他們還是得承認蘇聯農業的狀況糟糕透頂。一九八四年十月，契爾年科對中央委員會報告說美國將以蘇聯對糧食進口的依賴來施加政治壓力。[32]在當年度，蘇聯要進口四千五百萬噸的穀物和穀物製品，還有五十萬噸的肉。[33]提克霍諾夫的講話讓氣氛更低迷。最近的收成遠遠不如預期，廣大區域受到乾旱影響。花費巨大的灌溉系統無法應付問題。在過去二十年內已有一千一百萬公畝的農地變成荒地。預算必須重編。提克霍諾夫希望每個集體農場能自行出資百分之七十的整地費用。他還說這顯示巨大的北水南運計畫是很有遠見的。[34]由於這個計畫在生態學者之間爭議太大，報紙並沒有刊出提克霍諾夫這段講話，契爾年科在中央委員會的其他講話亦然。

蘇共菁英們都明白經濟情況正在惡化。如果沒有出口天然氣和石油，蘇聯根本付不出錢進口糧食。[35]

波蘭也令人擔憂。賈魯塞斯基鎮壓團結工聯後經濟並沒有好轉，這對蘇共政治局和波共領導人來說都是堪慮的。一九八四年四月二十六日，葛羅米柯做了一段悲觀的分析。他說華沙的領導人阻礙對蘇貿易，想要靠西方來救經濟。信奉集體農場的葛羅米柯譴責賈魯塞斯基縱容小農場主，培養出一批富農階級，還說天主教會是共產主義的盟友而非敵人。葛羅米柯結論說，波蘭的領導人還不夠「成熟」到足以負起政治責任。[36]烏斯季諾夫說賈魯塞斯基誤導了蘇共，而且自鳴得意。他還說波蘭統一工人黨太過被動，而且「可以說，在波蘭軍中服役的人百分之百都來自團結工聯家庭」。葛羅米柯和烏斯季諾夫都不知如何解決問題，但都認為賈魯塞斯基應該負責。[37]烏斯季諾夫建議要嚴肅地和賈魯塞斯基談一談，戈巴契夫則讚賞「這一步很有遠見」。[38]

東德也讓政治局不放心。一九八四年夏天，《真理報》刊出一些文章批評何內克和柯爾眉來眼去。[39]莫斯科和東柏林的互信正在崩解。何內克被召往莫斯科。契爾年科太老無法與會，由擔任主席的戈巴契夫嚴詞批評何內克。[40]戈巴契夫代表的是整個政治局，他們擔心的不只是東德和波蘭，還有整個東歐。烏斯季諾夫跟政治局說，卡達爾、日夫科夫或甚至胡薩克等人的行為都和何內克一樣可疑。KGB主席切布里科夫贊同烏斯季諾夫。戈巴契夫也表達了憂心。[41]

政治局也日益擔憂和美國的軍備競賽。一九八四年六月二十九日，蘇聯高層提出雙邊應就防止外太空軍事化問題進行談判。莫斯科希望能簽訂使美國暫停「戰略防禦系統」的協議。[42]美國政府歡迎蘇方的提議，但堅持要更廣泛的就軍備控制的各方面進行協商。但這個態度在九月十八日的美國國家安全會議中被質疑。舒茲和溫伯格各執己見。[43]舒茲希望會談，溫伯格全力反對。

雷根沒有表態，但同意邀蘇聯外交部長葛羅米柯訪問華府。他不想在第一任結束前把和平的機會拒之門外。舒茲想在情報單位提供的訊息之外多了解一點克里姆林宮的內部政治，希望從葛羅米柯身上找到有用的線索。[44]他建議雷根要精準維持平衡。雷根譴責了蘇聯擊落南韓客機的野蠻行為，但還是願意派代表團到日內瓦和蘇聯恢復會談。[45]

葛羅米柯在一九八四年九月二十六日抵達華府，受到盛大歡迎。在午餐前的雞尾酒會中，葛羅米柯和南西．雷根套近乎。他喝蔓越莓汁，南西則喝蘇打水。他問道：「你先生是想要和平還是戰爭？」她回答要和平。他接著問：「你確定嗎？」她說我確定。然後他又問：「那麼，他為什麼不同意我們的提議？」等到賓客都在餐桌就定位，他又跑過來說：「不要忘了每晚要在總統耳邊提醒『和平』。」雷根夫人回答說：「當然，我會的，我也會在你耳邊提醒」。[46]在接下來數周，對話的障礙逐漸消解。雷根全力投入競選連任，對手是民主黨的前副總統孟岱爾（Walter Mondale）。他在十一月六日獲得大勝，在五十個州裡面贏了四十九個州。他和蘇聯領導人都感到重啟對核子武器和外太空談判的機會來了。十一月十七日，克里姆林宮正式接受邀請，舒茲和葛羅米柯定於一九八五年一月七日在日內瓦會談。雙邊外交在多年的冰凍期後開始解凍——只是剛開始。[47]

契爾年科的健康狀態阻礙了談判進展。美方覺得很難在老人掌權的情況下和蘇聯達成協議。由於契爾年科太少公開露面，西方國家開始揣測誰會接班。戈巴契夫的名字越來越常被提及，但沒有人能預料到他當上總書記後的政治轉變。認識他和他的潛力的人並不多。他在一九八三年曾率領一個農業代表團訪問加拿大，認識了加拿大總理杜魯道。杜魯道利用時間和他做了非正式會談，最早對此人有一些了解。[48]一九八四年六月，戈巴契夫率團出席恩里科．貝林格的喪禮。現場兩百萬義大利共產黨的支持者讓他很感動。他悄悄改變了莫斯科對歐共主義的輕蔑態度，告訴蘇共官員阿納托利．切爾尼雅耶夫說：「這樣一個黨不應該被忽視。」[49]墓園旁的群眾歡呼「戈巴契夫！戈巴契夫！戈巴契夫！」義大利媒體則把他當成契爾年科策立的王儲。[50]

連英國首相都開始對他感興趣。雖然柴契爾夫人以克里姆林宮討厭她為榮，但她也清楚世界政治的險惡，希望和蘇聯領導人重啟對話。[51]她經常和外交部的專家及學者召開討論會，其中包括一些重要的「蘇聯學家」。通過這些秘密討論，她開始相信蘇聯領導人是有可能啟動改革的。她甚至想在契爾年科身上試水溫。在前往莫斯科參加安德洛波夫的喪禮時，她還對新任總書記賣弄風情——據一位在場人士說，如果中間沒有隔著桌子，她可能撲進契爾年科的懷中。[52]她興高采烈，呼籲經歷過二次大戰的那一世代的領導人要避免另一場世界大戰。她希望蘇聯和西方增加經貿往來，堅持意識形態的分歧不應該妨礙簽署裁軍協議。[53]

接下來是法國總統密特朗採取主動，他在一九八四年六月訪問莫斯科。他拒絕撤回對蘇聯的批評，反而當面向蒼白重病的契爾年科說，潘興二號飛彈之所以部署到西歐完全是克里姆林宮自找的。只要SS－20飛彈還在東歐一天，對抗就會持續下去。密特朗也抗議蘇聯對異議人士安德烈．沙卡洛夫（Andrei Sakharov）[*]的處理方式。在正式宴會時，政治局成員蓋達爾．阿利耶夫（Geidar Aliev）居然大聲說：「真希望季斯卡．德斯坦（Giscard D'estaing）有當選連任就好了。」[†]戈巴契夫當時從亞塞拜然開完農業會議趕來。法方的會議紀錄中有以下一段對話。契爾年科問起亞塞拜然的農業情況，戈巴契夫不假思索的說：「每個人都說一切都很好，但其實很不好。事實上，整個蘇聯的農業都是災難。」過了片刻，契爾年科又問：「從何時開始？」戈巴契夫回說：「從一九一七年。」[54]很難想像當時正想繼承契爾年科的戈巴契夫會用這種方式嘲弄蘇聯經濟，但他確實不是逢迎拍馬之徒。無論如何，密特朗一行人回到巴黎，確定了戈巴契夫就是未來領導人，蘇共官員瓦迪姆・札格拉丁也在後來幾次接觸中表示這極有可能。[55]

一九八四年七月七日，幾位來訪的英國官員看到了日薄西山的契爾年科。肺氣腫讓他咳了整整十秒。他的談話經常停頓，身邊的人都看不下去。話題一談到外交政策，他就無助地向葛羅米柯求助。他還會為自己話說太少而致歉。他幾乎喪失了邏輯思考的能力。當他暫停時，幕僚亞歷山德洛夫（Alexandrov）就代他發言。[56]

柴契爾夫人想邀蘇聯領導人到倫敦訪問，但不想邀契爾年科（她覺得時機未到，但這個理由在醫學上卻是不成立的）。她希望邀請下一代的領導人，但沒有特別傾向哪一位。[57]英國官員詢問加拿大的意見，總理杜魯道推薦了戈巴契夫。[58]但英國不想單賭哪一個人。外交部建議一九八四年先邀戈巴契夫，接著再邀阿利耶夫和葛羅米柯。柴契爾夫人同意了。[59]戈巴契夫把握住訪問倫敦的機會。他從一九八四年四月起擔任部長會議外交常設小組主席。[60]這是一個沒有實權的榮譽職，但這表示戈巴契夫不想被認定只是個農業專家。這個新職位有助他的企圖心。他毫不猶豫地接受柴契爾夫人的邀請，在一九八四年十二月中出訪了八天。葛羅米柯嫉妒這個年輕人，叫外

---

* 沙卡洛夫是蘇聯原子物理學家，曾主導蘇聯第一枚氫彈的研發，被譽為「蘇聯氫彈之父」。五〇年代之後，他開始反對核武的擴散與測試，並反對蘇聯官方開發反彈道飛彈，指出反彈道飛彈是核戰威脅的一個主要因素。之後他就被禁止參與蘇聯的軍事研究。一九六六年，沙卡洛夫簽署反對為史達林翻案的《二十五人公開信》。他在一九七五年獲得諾貝爾和平獎，但被蘇聯禁止離境領獎。一九八〇年，他因為示威抗議蘇聯入侵阿富汗而被捕，隨後他被流放到一個保密的行政區高爾基。

† 季斯卡・德斯坦，一九七四到一九八一年間擔任法國總統，在一九八一年總統選舉敗給密特朗。

交部官員別幫忙準備。[61]但他還是派出一些人陪同。[62]戈巴契夫還帶了物理學家韋利霍夫同行。[63]

在倫敦之行中，戈巴契夫讓同行的蘇聯代表團成員都印象深刻。[64]當被問到外交政策是否可能有「新路線」時，他毫不猶豫地表示：「是的，當然。」[65]中央書記處書記葉戈爾・利加喬夫（Yegor Ligachev）和米哈伊爾・索洛緬采夫建議要發動禁酒運動，他也表示支持。[66]戈巴契夫完全不遵守對政治局尚未決議的事要保持沉默的規矩。

他和柴契爾夫人在一九八四年十二月十六日的會談好得出人意料。英國翻譯官看到他調皮的目光。[67]柴契爾夫人由外交部長傑佛瑞・侯艾（Geoffrey Howe）和幕僚查爾斯・鮑威爾（Charles Powell）陪同，戈巴契夫則帶著中央書記處的列昂尼德・札米亞京（Leonid Zamyatin，後來的駐英國大使）和前駐渥太華大使亞歷山大・雅可夫列夫（Alexander Yakovlev，後來的中央宣傳部部長）。[68]柴契爾夫人在火爐旁脫下了鞋子。戈巴契夫帶著談參，但問柴契爾說：「我們談話可以不要用這些文件嗎？」「太好了」，她回答。柴契爾夫人把筆記放進手提包裡，開始批評蘇聯限制猶太人移民。[69]戈巴契夫則質疑她了解蘇聯有多少。他不敢相信她居然認為蘇聯經濟的一切都由中央下指令。[70]柴契爾夫人抗議蘇聯工會資助英國的煤礦罷工，威脅要報復。戈巴契夫回說「這和我們毫無關係」，柴契爾則說克里姆林宮不可能不知道這些錢給了全國礦工工會。[71]談到馬列主義，她嘲笑共產主義的信條就是「兄弟，當你服從命令時，你就自由了」。[72]雖然戈巴契夫否認蘇聯有資助罷工，但他也謹慎的說：「就我所知是如此。」[73]他承諾不會再有進一步資助。（他言而有信。蘇聯工會領導人後來提出要再資助罷工一百萬盧布，政治局否決了。）[74]

他引用《紐約時報》的文章說核子戰爭會製造「核子冬天」。[75]他警告要注意華府的溫伯格和培里這些人。[76]他戲劇性的從公事包拿出極機密的總參謀部地圖，上面用箭頭畫著蘇聯飛彈對準的英國目標。柴契爾夫人不知道他是不是講真的。停頓甚久之後，戈巴契夫說：「首相夫人，一定要結束這一切，越早越好。」柴契爾夫人同意。[77]

她在當晚告訴BBC說，這位切克斯莊園（Chequers）*的客人讓她印象深刻：

> 我保持審慎樂觀。我喜歡戈巴契夫先生。我們可以一道成事。我們都相信自己的政治制度。他堅定相信他的，我堅定相信我的，我們都不會想改變對方。這點沒有疑問，但我們有兩大共同利益：我們應該竭盡所能避免戰爭爆發，所以我們要進行裁軍會談，一定要成功。第二，我們都相信裁軍的成功有賴於建立互信，要信任對方的做法。所以，我們都認為要在貿易上、在文化上、在兩邊政治人物的許多接觸上多多合作。

但戈巴契夫在面對工黨時又是另一番強硬姿態。他和尼爾・金諾克午餐，雙方互稱「同志」。等到金諾克唸出一長串蘇聯人權案例，戈巴契夫臉色變紅，咒罵連連。[78]他警告說如果英國堅持要詆毀蘇聯的人權紀錄，那就是在「找麻煩」。他還稱異議分子安那托利・夏蘭斯基是「雜碎」。[79]

但戈巴契夫興致不減。十二月十九日，他臨時停下禮車，即興逛了一趟唐寧街。[80]這不是傳統政治局成員會做的事，英國媒體報導讓全世界注意到此人的新奇之處。但他才到英格蘭沒多久就離開了。莫斯科傳來政治局成員烏斯季諾夫去世的消息，戈巴契夫縮短行程回去參加喪禮，也

---

* 切克斯莊園是英國首相專用的鄉村別墅，類似美國總統的大衛營。

要確保他不在的時候沒有什麼重大決策。

柴契爾夫人寫信給雷根談到她對戈巴契夫的印象，說他聰明、親切並「相對開明」。她說戈巴契夫表示，如果美國繼續進行「戰略防禦系統」，蘇聯一定會想辦法迎頭趕上，但他也清楚這對蘇聯預算是沉重的負擔。她重申她可以和此人打交道，而且「我真的滿喜歡他的」。[81]雖然美國官員認真研讀她的來信，但也有所保留，因為他們知道柴契爾夫人對「戰略防禦系統」是有疑慮的，而這可能影響到她對戈巴契夫的判斷。[82]但總統是雷根，而雷根信任她的直覺。一九八四年十二月二十二日，柴契爾夫人到美國大衛營和雷根會面，進一步重申她的看法。在兩人私下會談中，她重申她在戈巴契夫身上看到令人驚喜的潛力。不像葛羅米柯，戈巴契夫絕不會打斷她講話，即使他對她講的話一點也不同意——她喜歡這一點。他既有魅力又不墨守成規。

在葛羅米柯到訪後，雷根批准了在日內瓦重啟裁軍會談。溫伯格、凱西和柯克派屈克表達憂心，剛在一九八三年接任威廉・克拉克為國家安全顧問的羅伯・麥克法蘭也贊同。這些阻撓讓舒茲相當不悅，他也很不高興自己對「戰略防禦系統」幾乎一無所知。在和計畫主持人詹姆斯・亞伯拉罕森上校開會時，他表示自己所知道的還不如亞伯拉罕森透露給《紐約時報》的內容。舒茲把他趕了出去，發誓絕不再接見此人。[83]一九八四年十一月十四日，舒茲當面向雷根表達不滿。他說他是奉總統之命行事，但溫伯格、凱西和柯克派屈克把他當成敵人，私下開會時都把他排除在外。他們向記者放話抹黑舒茲，拒絕遵行他們不喜歡的決策。舒茲抱怨說這樣根本不像一個團隊，無法達成雷根想要的進展。他結論說：「那國務院就換個可以和他們相處的人吧，我沒辦法。沒有團隊什麼都做不成。」雷根聽到他想辭職很驚訝，對他提出了保證。舒茲感謝的說：「我不會逃避責任。不會背棄使命。我沒有什麼私心。」[84]

舒茲想帶一個可以信任的團隊到日內瓦，很希望保羅・尼茲同去。這讓艾德・羅尼很不高興。尼茲是老經驗的談判專家，習於折衝樽俎。舒茲向他請教如何對付葛羅米柯。[85]羅尼則自動請纓到日內瓦。[86]蘇聯代表團覺得尼茲比較好相處。尼可萊・德提諾夫中將（Nikolai Detinov）稱讚尼茲是個「有文化、有學問的人」。但德提諾夫說：「而羅尼，我們不喜歡他，沒法和他建立個人關係。」[87]舒茲寧可讓羅尼同去，也不願讓他留在華府找麻煩。舒茲也帶了培里同去。舒茲的幕僚懷疑培里會把團隊討論的內容洩露給溫伯格，舒茲自己也不爽的說：「理查・培里不是個好人」。[88]舒茲設法激勵代表團成員，強調自己和總統是在同一條船上。[89]

舒茲和葛羅米柯預定於一九八五年一月七日在瑞士會面。政治局樂見這個和美國改善緊張關係的機會。[90]葛羅米柯則希望在政治上大展拳腳。烏斯季諾夫死後，在裁軍問題上似乎只有他的意見才算數。[91]他沒有什麼新主張，只是認為兩國願意談判總比拒絕會面要好。雷根和舒茲的想法也差不多。雙方都沒有樂觀期待，舒茲對葛羅米柯也沒什麼熱情和信任可言。兩人見面時的氣氛冷到極點。葛羅米柯痛批雷根最愛的計畫：「戰略防禦計畫根本不是為了防禦。如果你們發展出可以抵抗彈道飛彈的盾牌，你們就會發動第一擊。我們蘇聯也可以這麼做。但為什麼要做這種事？為什麼不直接銷毀核子飛彈就好了？」經過兩天談判後，雙方同意在三月中再談。他們宣稱雙方都想停止在地球和太空中的軍備競賽。兩國都想銷毀全球的核子武器。雙方預定在三月中繼續討論軍備控制問題。[92]

舒茲對目前的進展很滿意，但他也知道必須顧及盟國的感受。他也沒忘記東歐國家。但舒茲意興高昂，相信美國能善用世界局勢發展的各種因素。[93]一九八五年一月三十一日，舒茲在參議院外交關係委員會中為重啟談判做辯護：「我們有理由相信，」他說，「『力量的相關係數』正轉向對我們有利。」他向大家保證雷根政府對政治局並不抱幻想。[94]雷根願意對話激怒了他很多政治支持者。一九八五年二月二十六日，新罕布夏的參議員戈登・韓福瑞（Gordon Humphrey）就在參議院軍事委員會質疑舒茲說：「你認為把美國和西方的安全寄託在一個條約上，而這個條約的共同簽署者是一個會對毫無抵抗能力的人民做出犯罪行為的國家，這樣是明智的嗎？」舒茲回道：「別瞎說了，參議員。」他說：「我們還有召集其他國家一致行動。而且我們所做的事完全有考慮到蘇聯在阿富汗的行為。不只如此，還有蘇聯在柬埔寨的行為。不只如此，還有蘇聯在尼加拉瓜的行為。不只如此，還有蘇聯對待蘇聯人民的行為。」但舒茲強調，最重要的還是要想辦法達成裁軍協議，防止第三次世界大戰。[95]

美國政府既被批評太軟弱，又被批評太強硬，溫伯格被批評的程度與舒茲不遑多讓。資深參議員質疑編給國防部的預算都被濫用。維吉尼亞的參議員約翰・華納主張國防預算每年應以增加百分之三為上限（計入通膨之後）。二月四日，溫伯格到軍事委員會作證，密西西比的民主黨參議員約翰・史丹尼斯（John C. Stennis）憤怒的說：「請告訴我們花這些錢到底得到什麼？你就不能說清楚一點嗎？」[96]溫伯格只能請求參議員要記得蘇聯正在開發新武器。[97]和舒茲不同，他不認為契爾年科之後由誰當總書記有什麼差別。他要加強施壓，不想展現善意。溫伯格和舒茲哪一個在美國政府的影響力比較大，端看誰能讓雷根聽得入耳。和蘇聯和好的時機尚未成熟。

第二部

功虧一簣

THE END OF THE COLD WAR 1985-1991

照片來源：維基百科

第十一章

戈巴契夫的第一個禮拜

在外交元老葛羅米柯的支持下，戈巴契夫順利繼位。作風開明、果決大膽的他，信心滿滿地要把世界與蘇聯的歷史帶往下一頁……

契爾年科在一九八五年三月十日去世，戈巴契夫打開蘇聯和全球政治大門的機會來了。他在第二天召集了政治局會議。衛生部長葉夫根尼・恰佐夫（Yevgeniy Chazov）報告死因為肺氣腫和急性肝炎，總理提克霍諾夫提出一份追悼文，然後戈巴契夫請同意提名他為總書記的葛羅米柯發言。[1]

戈巴契夫和葛羅米柯才剛剛結盟。戈巴契夫訪問倫敦之後，有一些駐外使節回報說這個年輕人對西方輿論造成了正面影響，但遭葛羅米柯駁斥。[2]蘇聯媒體不太報導這次出訪可能也是因為葛羅米柯。[3]但葛羅米柯畢竟是克里姆林宮的生存大師，他很快就在謀畫如何和這個極可能繼承契爾年科的人站在同一邊。他的兒子阿納托利先去接觸世界經濟暨國際關係研究所的葉夫根尼・普利馬可夫，拜託他問一下亞歷山大・雅可夫列夫（戈巴契夫在一九八三年中把他從加拿大調回來當所長），看看戈巴契夫對葛羅米柯的善意會如何回應。[4]戈巴契夫的回應很積極。他已經失去烏斯季諾夫這個支持者，但有了葛羅米柯，他一定可以當上下任總書記。一聽到契爾年科去世的消息，戈巴契夫就用機密電話打給葛羅米柯，當時葛羅米柯正坐車從謝列梅捷沃國際機場要到莫斯科。他們在政治局開會前碰頭商議。戈巴契夫對他說：「人民盼望改變」。葛羅米柯同意。盟約就此達成。[5]

政治局在契爾年科去世當晚十一點召開會議。開會時間不長，而令人驚訝的是，格里申居然提議由戈巴契夫出任治喪委員會主委。戈巴契夫意識到他的敵手格里申正在最後一次測試政治整隊。他定於第二天下午兩點再開會，這次會議就要決定誰繼任總書記。[6]戈巴契夫整夜待在辦公室，凌晨四點才回到家。他和妻子在花園散步，哀嘆國家一團亂：「我們不能再這樣下去。」當天早上充滿了謠言、恐懼和期待。中央書記處的書記們都圍著葉戈爾・利加喬夫（戈巴契夫在書記處的頭號大將）打探消息。[7]戈巴契夫還無法確定獲勝。KGB主席切布里科夫跟戈巴契夫說提克霍諾夫要他在政治局不要投票給他。有一些省級書記攔住戈巴契夫要他小心注意，他們說他們一定要讓政治局聽進他們這些中央委員的意見。[8]葛羅米柯在政治局中首先發言提議由戈巴契夫接任。他稱讚他的創意、處理群眾事務的天分和政治經驗。他讚美得天花亂墜，好像選舉已經定案似的。而向持不同意見的提克霍諾夫和格里申也表示贊同，格里申已放棄了想當總書記的野心。[9]

戈巴契夫還要由中央委員會通過才能正式成為新的蘇聯領袖。葉戈爾・利加喬夫幫他一直拉票到最後一刻。[10]中央委員會的氣氛熱烈，除非發生政治地震，否則政治局的決定是不會被推翻的。在上一次決定繼承人時，戈巴契夫輸給了契爾年科，而這一次，大多數中央委員都不想讓他再落選。戈巴契夫要大家先默哀一分鐘，扼要地報告契爾年科及其功績，然後把發言交給葛羅米柯。格里申看來侷促不安，明顯是感覺到自己的政治生涯即將告終。葛羅米柯即興發言讚美戈巴契夫，中央委員會報以熱烈的掌聲，無異議通過任命案。[11]戈巴契夫誓言將遵守一九八一年全國黨員代表大會通過的戰略路線，感謝中央委員會對他的信任，就此結束掉史上最短的一次中央全會。[12]他沉著自信，知道自己的時代來臨。他在這個沉重的時刻表現得老練成熟，人們都感受到他抓住機遇的雄心。

戈巴契夫在一九八〇年十月二十一日才當上政治局正式成員。[13]他在一九三一年生於斯塔夫羅波爾（Stavropol）集體農場的農民之家。儘管家族成員曾受史達林秘密警察的迫害，他依然忠於列寧和一九一七年的革命。他在農場和學校都很勤奮，靠獎學金進入莫斯科國立大學主修法律。畢業後，他和女同學萊莎・提塔連柯（Raisa Titarenko）結婚，回到斯塔夫羅波爾的共青團任職。他迅速在當地政治圈嶄露頭角。他很佩服赫魯雪夫在一九五六年對史達林的批判，但絕不讓任何事妨礙他的晉升之路。他在一九六六年成為市委書記，一九七〇年當上區委書記。斯塔夫羅波爾位於政治局成員夏天要去度假的必經之路，這讓他得以結識布里茲涅夫和安德洛波夫。一九七八年，他被調到莫斯科負責中央書記處的農業部，不到一年就當上政治局候補成員。他的竄升直如流星般迅速。

他的許多特質和前三任總書記恰成對比。他非常健康，和每個人都能談得來，對自己和國家的潛力深具信心。他只有五十四歲，照理說可以在位非常多年。他九點就進辦公室，通常會待上十二個小時，經常不吃午餐。回家後他會和萊莎去散個步，然後又坐下來看完文件再上床。他的精力異常旺盛。切爾尼雅耶夫認為他的精力是來自童年在農場的艱苦歲月。[14]他思考很快，極有決斷力，記憶力超群。[15]

雖然他親切友善，但他會與人保持距離。與他共事的人都覺得並不了解他這個人。他獨立自主，不需要什麼知識和道德上的引領者。[16]他唯一的知己就是萊莎。他們情比石堅，他對她百般呵護。[17]他們會討論公共事務，而他的親信都相信萊莎會對他的演說內容給予意見。[18]兩人都來自南俄。和戈巴契夫一樣，萊莎的家庭也是史達林農業集體化政策的受害者，但她也想辦法融入蘇聯體制。當德國在一九四一年入侵烏克蘭和大部分歐俄地區時，斯塔夫羅波爾也被占領。一九四三年德軍要撤退時，大規模處決了猶太人和共產黨人。戈巴契夫的母親怕他被槍決，叫他逃到隔壁村莊。[19]他成長為一名堅定的馬列主義者，和萊莎一樣自豪於其文化上的母國。放鬆的時候，他喜歡吟誦萊蒙托夫（Lermontov）的長詩〈初學者〉[20]。他的唸法有明顯斯塔夫羅波爾的口音，某些字會加重音，某些句子則有奇怪的轉折。[21]

除了葛羅米柯之外，戈巴契夫的海外經驗是政治局成員中最豐富的。他在一九七二年就隨蘇聯代表團訪問比利時。[22]他還和萊莎去過法國和義大利自由行，每個國家都待了二十一天，這對蘇聯人來說算是特權。[23]

契爾年科去世的消息公布幾分鐘後就傳到了華府。幕僚把雷根從床上叫醒。美國駐莫斯科大使館樂見事態發展。當天稍晚，雷根驅車到蘇聯駐華府大使館在弔唁簿上簽名。這是他第三次為蘇聯總書記追悼。[24]他很高興下一任克里姆林宮領導人是個身體健康的人。雷根和舒茲靜觀蘇聯外交政策轉變的跡象，並採取「沉默外交」的策略。如果要對新任總書記施加壓力，就要私下「一對一」處理，不能讓美國媒體知道風聲。[25]雷根沒有出席喪禮，他要看到蘇聯真正有所改變才願出訪莫斯科。他請布希和舒茲代表出席，並寫了一封親筆信請副總統轉交給新任蘇聯領袖。信中的語氣親切友好。他寫到雙方最近在日內瓦的會談令人振奮，並邀請戈巴契夫能盡快訪問美國。[26]雷根靜觀其變。美國媒體也和政府一樣持謹慎態度。《紐約時報》提到世代交替的意義，也提到戈巴契夫有志改革，但也提醒不要抱太大期望。[27]

舒茲和葛羅米柯的日內瓦軍事會談原訂於一九八五年三月十二日重啟。美方詢問克里姆林宮是不是要如期舉行，戈巴契夫給了肯定的回答。美國代表團抵達日內瓦，準備集中討論戰略性核子武器。蘇聯方面則希望討論更廣泛的議題。他們堅持要把美國、英國和法國的中程飛彈都納入議程，也要抗議美國在海外的核武基地和「戰略防禦系統」。美方拒絕讓步，堅持分別討論不同種類的炸彈、飛彈和載具。

契爾年科在一九八五年三月十三日的喪禮讓各國領袖有認識新任總書記的機會。領袖們你爭我奪的要站在喪禮前排——法國總統密特朗擠開眾人站在柴契爾夫人和摩洛哥總理拉姆拉尼（Mohammed Lamrani）中間。[28]喪禮結束後，戈巴契夫在葛羅米柯陪同下與阿富汗共黨總書記暨革命委員會主席巴布拉克・卡爾邁勒（Babrak Karmal）會談。他承諾蘇聯會繼續支持，但也指出蘇軍不會永遠待在阿富汗，希望卡爾邁勒能擴大社會支持。卡爾邁勒看得出蘇聯政策正在發生重大變化。他警告戈巴契夫說，沒有蘇聯援助，他的政府就會倒台。[29]第二天，戈巴契夫和巴基斯坦總統齊亞・哈克（Ziaul-Haq）會談。齊亞・哈克抱怨說巴基斯坦要收容三百萬來自阿富汗的難民，戈巴契夫則回說阿富汗反抗軍都用巴基斯坦的基地做軍事訓練——他後來告訴政治局說他給齊亞・哈克上了一堂區域政治課。[30]捷克斯洛伐克的胡薩克比較好處理，他跟戈巴契夫說華沙公約應該再延長二十年。[31]而在來自世界各地的共產黨代表團中，戈巴契夫只接見了義大利共產黨，這是他贊同歐洲共產黨人追求民主的最初跡象。[32]

戈巴契夫讓布希和舒茲印象深刻，他們向雷根報告說戈巴契夫健康又有幹勁，講話平易近人。[33]但戈巴契夫在對蘇共中央書記處的報告中，對布希卻沒有好評。他評論說，美國沒有派出「夠認真的代表團」，布希在談到超出預定的議題時就看來「不知所措」。他原本希望雷根能親自出席，而不是送來一封含意模糊的信。[34]

西歐國家對日內瓦會議有高度期待。密特朗表示反對把軍備競賽延伸到外太空。這讓戈巴契夫很高興。柯爾就不那麼熱烈，他還是站在美國那一邊。日本首相中曾根康弘提出蘇聯從一九四五年占據北方四島的老問題。柴契爾夫人則強調她想和蘇聯重啟對話，加強北約和華沙公約的互信。她向所有人施展魅力，用「女性」的方式加強她的影響力。[35]切爾尼雅耶夫著迷地觀察柴契爾夫人，評論說：「美麗、聰慧、風格獨特、嫵媚。說她是一個像男人的女人或說她是穿著裙子的男人都是不對的。她是一個完全的女人，一個很棒的女人」。[36]他還把她的照片掛在莫斯科辦公室的牆上。[37]蘇聯官員都認為柴契爾夫人是在找機會把柯爾和密特朗都比下去。[38]戈巴契夫告訴她和其他西歐領袖說，他對軍備會議沒有進展相當失望。他強調蘇聯將「立場更一致，更有彈性」。[39]

他也分別和華沙公約各國領導人會談，闡述其東歐政策。蘇聯將不再以武力支撐他們。但事實上，自從布里茲涅夫和安德洛波夫拒絕軍事干預波蘭以來就是如此。不過戈巴契夫還講了一些新東西。他的想法是東歐各國共黨領導人應該要為自己的國家多負一些責任。蘇聯的干預將成為歷史。所謂的「布里茲涅夫主義」*已經結束。戈巴契夫自己知道並不是所有人都相信他說的話。克里姆林宮說一套做一套是常有的事，有些人希望這次也一樣。戈巴契夫決心要證明他們錯了。[40]

他要讓黨的領導層明白時代已經變了，現在由他當家作主。在向政治局報告時，他經常用第三人稱叫自己「戈巴契夫」，隱晦地強調自己的特殊地位。從當上總書記開始，他就向大家灌輸他在蘇聯歷史和世界政治上有重要使命的印象。他的領導風格明快，直接又沒有耐性，而他個性的這一面在他啟動蘇聯改革時表露無遺。戈巴契夫的精力超極旺盛。政治局不再每兩周開一次會，改為每周二開會。[41]他會讓人盡量說話，不做言論審查。會議從早上十一點開始，中間休息一下，經常開到晚上九點才結束。戈巴契夫很快就認為這實在太浪費時間，於是提議每次報告僅限十分鐘——最多只能十五分鐘。而參與討論者每次發言不得超過五分鐘。[42]

根據不同議題的重要性，他會在不同的地方開會。克里姆林宮的胡桃廳位於政治局會議室和戈巴契夫辦公室的中間。戈巴契夫會在這裡召集五、六個較有影響力的成員來討論他要提出的議題。[43]他鼓勵大家集體負責，讓政治局通過政策並貫徹執行。會議中間會有午餐，大家坐在一張長桌上一起吃飯。用餐時不准喝酒，大家一邊吃飯一邊繼續開會。效率至上。[44]中央書記處也感受到一股新風氣。戈巴契夫不喜歡誇大的文告和官僚作風。他指出，一九八五年二月的經濟成長率是零。這個紀錄糟糕透頂，必須立刻改進。[45]他也譴責政府官員根本不清楚糧食供應的狀況有多緊急，因為他們有特權在克里姆林宮附近的格拉諾夫斯基大街餐廳用餐。他威脅說要把這些餐廳關掉，把官員的「柴卡」（Chaika）汽車收回來。[46]他下令要趕快準備在索菲亞（Sofia）召開下一屆中央全會和政治協商會議。他希望各單位全都動起來。[47]

戈巴契夫希望根本性改革蘇聯體制。他心中還沒有具體方案，但眾人皆知他的不耐。他跟幕僚說，農業合作社制度要優於現有的集體農場。[48]一定要有重大變革。他討厭領導層多年來的作風：「他們是用火箭來扼殺了農村。直到最近，每當討論到要提高對農村的補助，烏斯季諾夫就會站起來說：『等我死了再說。』」[49]戈巴契夫後來說到，從一九七五年他還在斯塔夫羅波爾時，他就對蘇聯的總體情況感到憂心。[50]一九七九年，他和喬治亞第一書記愛德華·謝瓦納茲在阿布

---

* 布里茲涅夫主義是布里茲涅夫在一九六八年侵略捷克鎮壓布拉格之春運動前後，所推行的一套對東歐社會主義國家進行政治控制的理論。這套理論主張，社會主義國家的主權應受到社會主義大家庭的限制，主權是有限的。而蘇聯在這個社會主義大家庭是大國，應當承擔大國的責任。所以在必要時，蘇聯有權進行干預。

哈茲共和國的皮聰達（Pitsunda）度假，兩人交換了看法。謝瓦納茲說：「一切都爛到底了。一定要改變。」[51]戈巴契夫和其他人談話時也常冒大不韙。俄羅斯民族主義者畫家伊凡．格拉祖諾夫（Ivan Glazunov）表示，如果KGB有監聽他們的通話，一定會逮捕戈巴契夫。[52]

他緊抓外交和安全政策大權。一九八五年三月二十二日，他呼籲美俄兩國都要停止再增加戰略核子武器，也呼籲要暫停在西歐部署中程飛彈。一九八五年三月二十五日，戈巴契夫透過蘇聯大使館代辦轉交一封信給雷根。總書記表示他希望能和總統更建設性的互動。他希望雙方不要再私下說一套但公開又講另一套。莫斯科和華府必須培養互信。戈巴契夫寫道，現在迫切需要有快速進展。他歡迎雷根所說的要面對面會談。[53]舒茲和蘇聯大使杜布里寧會面後也大感振奮，他對總統說他很喜歡這種「不爭論的語調」。[54]戈巴契夫下定決心往前走。一九八五年四月七日，他宣布蘇聯將停止在歐洲部署SS－20飛彈。蘇聯終於將不再增加攻擊性武器。十天後，莫斯科媒體發布一項全球禁止核子試爆的提案，並主張要從八月六日起生效，因為那天是終止二戰的廣島核爆四十週年紀年日。[55]

四月十日，戈巴契夫接見了美國眾議院議長提普．歐尼爾（Tip O'Neill）一行人，歐尼爾轉交了雷根的一封信。戈巴契夫和歐尼爾談了將近四個小時。他對於美國政府懷疑他真心想追求和平感到很火大。他認為「戰略防禦系統」根本就是攻擊性的。歐尼爾在匯報中這樣說：「他看來是能當個很棒的訴訟律師那種人，如果他住在紐約，他會是很出色的律師。他無疑是個語言大師和政治外交大師。他很強硬嗎？他很難對付嗎？是的，他很強硬，他很難對付。」[56]

在一九八五年四月二十三日的中央全會上，戈巴契夫綜合了馬列主義的術語和民粹主義的訴求說道：「沒有任何一個活著的人會希望戰爭……我們相信世界大戰是可以避免的。但經驗告訴我們，為了維護和平和獲得普遍安全的鬥爭並不是件容易的事，這需要不斷的努力。」[57]他責怪美國刻意要和蘇聯對抗。他批判美國企圖像對付格瑞那達那樣以軍事手段威脅「尼加拉瓜的英勇人民」。[58]他抨擊美國企圖顛覆「社會主義國家」。[59]但他也採取一些試圖交好的語言。他沒有點名批評雷根。他讚揚在「低盪」時期所簽的「赫爾辛基協定」等條約，他也呼籲要加強和西方的經濟與科技合作。[60]他對日內瓦會談因為美國拒絕在「戰略防禦系統」上讓步而停頓表示遺憾，他認為這是因為美國政府中有「某個圈子」想要統治世界。[61]他指出，他最近提議要暫停核子試爆就是蘇聯領導層追求和平的明證。如果美國真想降低軍事衝突的可能性，就應該看到蘇聯領導層是真心想要對話。[62]他希望美國的立場可以因為他的善意而有所「修正」。[63]

愛德華·謝瓦納茲到場發言稱頌戈巴契夫。謝瓦納茲指出西方掀起了一陣戈巴契夫熱，因為西方最害怕的就是「社會主義和強人領導的結合」。[64]軍方高層也樂見由戈巴契夫當家。國防部長謝爾蓋·索科洛夫向總參謀長謝爾蓋·阿赫羅梅耶夫說：「看來我們終於有個領袖了。」[65]外交部官員那納托利·阿達米申稱其為「上帝派來的領袖」。[66]但不是每個人都對他有好評。蘇共中央國際部部長鮑里斯·波諾馬廖夫就認為他不過是暴得大位，充其量只是個有能力的農業部長而已。[67]戈巴契夫要證明這些人是錯的。他對其總書記任期還沒有一個完整的方向和目標。他是那種摸著石頭過河的人。但光是能把蘇聯從一九七〇年代的「停滯」拉出來就夠了。他很確定只要向前邁進，就能找出對的政策。這種態度讓他決斷明快、富有創意，但也讓他容易在後果未明的情況下就大膽嘗試。但這都是以後的事。在當上總書記第一個禮拜，戈巴契夫充滿雄心壯志，而蘇聯和世界上大多數人都喜歡他要走的方向。

第十二章

莫斯科改革團隊

葛羅米柯榮升為最高蘇維埃主席是明升暗降的一步棋，之後，戈巴契夫對整個國家機器有更牢固的掌握。他讓同輩的謝瓦納茲掌理外交，札伊可夫主管軍工體系並領導「裁軍小組」，摩拳擦掌地開始推動改革與和談。

在改革的爬坡之路，每往上一步都要大費力氣，戈巴契夫知道必須要有可靠的團隊才能陪他一起攻頂。在外交政策這一塊，和他最緊密無間的是被任命為外交部長的愛德華．謝瓦納茲。他還從中央書記處挑了阿納托利．切爾尼雅耶夫及喬治．謝赫納札羅夫為助手，處理外交和安全政策的各項議題。戈巴契夫多年來都向亞歷山大．雅可夫列夫請教意見，希望能讓雅可夫列夫進入政治局——雅可夫列夫的北美事務經驗無人能及。戈巴契夫也找了列寧格勒市委第一書記列夫．札伊可夫（Lev Zaikov）當夥伴，領導被稱為「重建」（perestroika）的政治與經濟改革。戈巴契夫知道他們兩人的看法並不完全一致，但他要靠札伊可夫的經驗來控制軍事—工業複合體。無論如何，他在一開始還是得仰賴一些對他的改革有疑慮的人：KGB主席維克托．切布里科夫、總參謀長謝爾蓋．阿赫羅梅耶夫、國防部長謝爾蓋．索科洛夫。每個人都領導著一個權力極大的部門。戈巴契夫知道要花時間才能讓他們遵行他的目標，但他也認為切布里科夫、阿赫羅梅耶夫和索科洛夫至少在某些方面和他的想法一致。他可以敦促、說服和鼓勵他們，若無法聯合這些大咖，他什麼都做不了。

他也決意要改革內政，但他在這方面挑人就謹慎許多。一九八五年四月的中央全會上，他拔擢了葉戈爾．利加喬夫、尼古拉．雷日科夫、維克托．切布里科夫進入政治局。利加喬夫成為他在中央書記處的第二把手；主管經濟的雷日科夫在一九八五年九月被任命為部長會議主席（這個職位在一九九一年被改為蘇聯總理）；切布里科夫續任KGB主席。這三人都有幫他當上總書記，這也是他拔擢這三人的原因：政治人情總得還。但他很快就發現這三人都不贊成他激進改革的理念。

利加喬夫雖然贊成改革，但他希望能限制在安德洛波夫所設的範圍之內。作為西伯利亞區黨委書記，他的正直和勤奮頗有名聲，而他也相當自負，曾經拒絕布里茲涅夫派他到「歐洲大國」當大使。[1]沒有多久，利加喬夫就開始阻擋政治革新。雷日科夫對經濟改革也有同樣疑慮。作為烏拉爾重工業區的工程師，他信仰財產國有和中央計畫，雖然他也不滿安德洛波夫在零售價格改革上太過膽小。[2]維克托．切布里科夫原來是黨委書記，後來轉調KGB當安德洛波夫的副手繼而扶正。他以警政專業著稱，認為高層「平反」了過多史達林在一九三〇和一九四〇年代懲處過的人。[3]雖然他也願意對國安問題採取一些新思維，但他的眼光被KGB傳統影響太深。戈巴契夫對這三個人都不滿意，但當絕對死硬的共黨保守派批評他操之過急時，這些人卻可以對他提供保護。

然而在國際政治領域，戈巴契夫在當上總書記幾周後就開始全速前進，斷絕了和葛羅米柯的結盟關係。他的第一步是取消數個由葛羅米柯領導的政治局小組。[4]這位老人的權力即將告終，而「舊廣場」*也傳出謠言說戈巴契夫要把他調職。戈巴契夫正是這麼打算。一九八五年六月二十九

* 「舊廣場」的正式名稱是Staraya Square，是蘇共中央委員會的所在地，故成為蘇聯最高權力所在的代名詞。

日，他要求政治局通過由葛羅米柯接任最高蘇維埃主席。* 葛羅米柯沒有反抗。他似乎喜歡這個明升暗降的職位，也許他也認清他已沒有能力再當外交部長。老資格的政治局成員都注意到他已精力衰竭。雖然他還是出席各種會議，但說話已經不清楚了。[5] 成為國家元首對他有很大的吸引力，而戈巴契夫還奉承這位老將說：「我們再也找不到第二個葛羅米柯」，就此完成權力轉移。[6]

但戈巴契夫要謝瓦納茲出任外交部長卻在一開始被拒絕。謝瓦納茲對這個任命案感到震驚，一來是他覺得自己缺乏經驗，二來是他認為俄羅斯人不會讓一個喬治亞人來決定整個蘇聯的對外政策。[7] 而且他除了俄文之外不會任何外語。[8] 但戈巴契夫不容他拒絕，謝瓦納茲只有讓步，戈巴契夫在政治局通過了他的任命。戈巴契夫自己承認他刻意不用一些優秀的外交官，例如喬治・科尼恩柯（Georgi Kornienko）、斯捷潘・契爾沃年科（Stepan Chervonenko）、阿納托利・杜布里寧等人。[9] 葛羅米柯對此很不滿，建議由另一名外交官尤里・沃倫特索夫（Yuli Vorontsov）擔任外交部長，並表示他對他所帶出來的「整個外交團隊」相當自豪，但戈巴契夫充耳不聞。[10] 在一九八五年七月一日的中央全會中，謝瓦納茲被提名為外交部長並當選政治局正式成員。

戈巴契夫知道自己挑了一個具有同樣改革熱情的人。謝瓦納茲多年來就很不滿蘇共黨內的保守主義，希望能為蘇聯改革出一份力。謝瓦納茲時年五十七歲，和戈巴契夫是同一代人，兩人在共青團時期就是朋友。[11] 謝瓦納茲在一九七二年當上喬治亞黨委第一書記後，兩人仍然保持往來。在戈巴契夫到莫斯科領導中央委員會的農業部之後，兩人經常討論如何改善經濟。謝瓦納茲還安排戈巴契夫去參訪一些集體農場，謝瓦納茲在這些農場採用了按照收成數量給予農民獎勵的工資制度。[12] 他的創新發明深受安德洛波夫賞識。[13] 蘇聯在一九七九年十二月入侵阿富汗時，謝瓦納茲和戈巴契夫正一起在喬治亞度假，從報上看到新聞。[14] 在謝瓦納茲看來，布里茲涅夫是個自己拿不定主意只能讓他人作主的人，正如沙皇尼古拉二世聽從格里戈里·拉斯普丁（Grigori Rasputin）。†[15]謝瓦納茲和戈巴契夫都認為應該趕快讓蘇聯撤軍。兩人都認為這場戰爭從一開始就是個可怕的錯誤。[16]

謝瓦納茲熱愛蘇聯這個多民族的國家，雖然民族問題對他和妻子的家庭都曾帶來痛苦。謝瓦納茲的父親曾在一九三七年被捕，後來獲釋。[17]他的妻子南莉（Nanuli）本來拒絕他的求婚，因為她的父親被以人民公敵的罪名處決，害怕這會影響到謝瓦納茲的前途。[18]但她最後還是同意了，現在在莫斯科當個繁忙的主婦，女兒則外出工作。[19]

謝瓦納茲給人的印象是親切又聰明，完全不同於傳統的蘇聯外交部長。（但人們只能記得不苟言笑和會使每場外交會談冷到極點的葛羅米柯。）他的銀白色捲髮散發出一種貴族氣息。他和戈巴契夫一樣對文學很有興趣。他還喜歡足球，是提比里西·迪納摩足球隊（Tiblisi Dinamo）的球迷。以一個喬治亞人來說，他罕見的不抽菸。[20]他在七歲時就寫過一首給史達林的讚美詩，登在兒童刊物上。[21]他長大後心懷大志，但也有冷酷的一面：他從一九六七年當過五年的喬治亞內政部長，手段相當無情。他也以超會拍總書記馬屁在喬治亞著稱。在一九七六年的黨代表大會上，他曾說雖然科學家都說太陽是從東邊升起，但對喬治亞人來說，太陽是從北方的莫斯科升起的。在一九八〇年的中央全會上，他說有一些巴西人告訴他說全世界沒有人比布里茲涅夫更有權威。[22]只有政治經驗老到的人才了解他說這些話是為了讓莫斯科不會找喬治亞的碴。[23]

---

* 最高蘇維埃主席就是蘇聯的國家元首，對外代表蘇聯，但實際權力則在總書記手中。

† 格里戈里·拉斯普丁（Grigori Rasputin）是「妖僧」之流的人物，因深得沙皇尼古拉二世及其皇后的信任，在宮廷中擺弄權勢，後被反對者暗殺。

謝瓦納茲明白外交政策的新方向取決於戈巴契夫是否大權在握。[24]他也知道自己的晉升完全是靠總書記。他有點戲謔的說自己是他的「封建臣子」。[25]他認為新的「個人崇拜」對改革是有利的，所以他大力吹捧戈巴契夫。有一次戈巴契夫生日，他獻上一首很噁心的頌詞，連戈巴契夫都聽不下去。[26]但他還是大大頌揚戈巴契夫對黨代表大會的報告草案：「自列寧之後，我不知道哪裡還有這樣的文件。我們看到了馬列主義思想的新高度。」[27]

一九八五年七月五日，亞歷山大．雅可夫列夫離開了世界經濟暨國際關係研究所轉任中央宣傳部部長，他不容許任何人搞個人崇拜。[28]他和戈巴契夫都相信「重建」就是要改變整個蘇聯的政治風氣。個人崇拜已經過時了。雅可夫列夫自從一九八三年五月與戈巴契夫在加拿大相識發現彼此臭味相投以來，就成為戈巴契夫的羽翼。他在渥太華當大使當了十年之久，在此之前他因為寫了一篇批評俄羅斯民族主義的文章而被中央書記處懲處，而且是由布里茲涅夫親自下令。他自行請調去當大使。[29]這在當時看來是個不錯的選擇，但他很快就覺得這很像被流放。[30]他從來不屬於安德洛波夫門下。安德洛波夫在當KGB主席時還批評過雅可夫列夫干預到蘇聯在加拿大的情報活動。[31]雅可夫列夫認真思考了如何讓蘇聯和世界經濟接軌。他曾和加拿大麥當勞總裁討論到莫斯科去開分店，還說服蘇聯領導層認真考慮過這個問題一陣子。[32]

在戈巴契夫同意之下，雅可夫列夫開始給他寫建議報告。[33]兩人關係日益緊密。但戈巴契夫能忍住不耐，雅可夫列夫卻不喜歡幫他草擬以契爾年科為名提出的新黨綱，更討厭契爾年科的幕僚亞歷山大—艾真托夫（Alexander Alexandrov-Agentov）把他的建議幾乎全部推翻。[34]然後他又陷入一連串爭議。在一次出訪西德時，他宣稱德國統一是德國人自己的事。何內克向莫斯科抗議他說德國人有兩種，但這兩種人不是同一國家。雅可夫列夫被叫到中央委員會辦公室，叫他要謹言慎行。[35]

雅可夫列夫戴著厚重的眼鏡，身材矮胖又禿頭。英國大使羅德里克·布萊斯威特生動的把他比作「壞脾氣的青蛙」。[36]他就算在心情好的時候，看來也是一副悶悶不樂。他在二次大戰服役時腿部受過傷，上下樓梯不方便，只能扶著欄杆拖著跛腳往上爬：獨特的個性讓他與眾不同。[37]他的海外經驗在蘇聯政治人物中無人能出其右。他在一九五〇年代就到美國做學術交流，在哥倫比亞大學待了一年，並出版了他對美國資本主義的研究。他在紐約期間所受到的智識上的影響是持續而深刻的。他開始喜歡康德這個哲學家甚於馬克思這個革命家。[38]他絕對是文化基礎深厚之人。他比戈巴契夫缺乏耐性，所以樂於在戈巴契夫羽翼下工作。戈巴契夫把他從加拿大「流放」中拯救出來，而雅可夫列夫也需要他的庇護才能實現他認為早就該做的改革。在戈巴契夫看來，雅可夫列夫是少數能處理重大政治工作的公共知識分子。兩人有共同的使命。

戈巴契夫掌權後，雅可夫列夫的幕後影響力也跟著提高。他暫時避免和反改革派發生衝突，了解他的人都知道這是他狡猾之處。[39]他其實是個激進改革派。一九八五年四月，當戈巴契夫一夥人正在準備當月即將召開的中央全會時，雅可夫列夫突然驚人地提出要引進多黨制度、擴大私有財產和放鬆對東歐的控制。[40]一九八五年十二月，他又在另一份備忘錄中提出要建立「民主社會」和「市場經濟」。他把史達林時代的蘇聯比成法老統治下的埃及。[41]

戈巴契夫開始對高層人事進行換血。葛羅米柯作為蘇聯主席留在政治局。他也許還想興風作浪，雖然他還會在領導圈子內對外交政策發言，卻已經沒有一幫訓練有素的手下在幫襯了。[42]多年以來，他是莫斯科對美政策的主導者，現在只是參與討論者之一。他不是唯一被戈巴契夫晾在一邊或貶抑的人——格里戈里·羅曼諾夫（Grigori Romanov）也很快以健康因素為由退出政治局。*羅曼諾夫所領導的蘇共中央防衛部群起反對他。他們向戈巴契夫抱怨羅曼諾夫妨礙工作又缺乏效率，而戈巴契夫本來就想除掉這個政治對手。[43]戈巴契夫派列寧格勒市委第一書記列夫・札伊可夫來領導軍事工業部門。提克霍諾夫質疑札伊可夫是否適合這個職務，戈巴契夫乾脆終止討論。[44]提克霍諾夫也質疑把斯維爾德洛夫斯克第一書記鮑利斯・葉爾欽（Boris Yeltsin）調到莫斯科擔任中央委員會建設部部長，說：「他怎麼執行這個新職務？」但戈巴契夫充耳不聞：他心意已決。[45]

札伊可夫是嚴格的行政管理者。在布里茲涅夫在位最後一年，他曾大膽建議要把工業部門的官員裁掉一半，避免付出過多薪資。[46]他在戈巴契夫時代也經常提出要把各部會人員減半。[47]他很清楚蘇聯的核子武器實在過多，拖垮了其他經濟部門。[48]他一上任就向蘇共中央防衛部的專家請教，結論是在歐洲部署短程和中程飛彈對蘇聯比對美國更危險。他知道總參謀部難以接受政策改變，但他決心要做到。[49]雖然他個性嚴厲，卻又出名的溫文爾雅。[50]他很會在發生爭執時緩和氣氛。政治圈中沒有人說過他的壞話。一九八五年五月十九日，戈巴契夫弄出一個政治軍事的新決策架構，派札伊可夫來領導政治局的「裁軍小組」——小組中有所謂「五巨頭」，涵蓋了國防、外交、國安、情報等各部門的領導人†。外界一般稱之為「札伊可夫小組」。小組開會地點就在札伊可夫的辦公室，謝瓦納茲、切布里科夫、索科洛夫和雅可夫列夫從一開始就是成員。[51]

「五巨頭」要提出明確的建議，而不是技術上的枝枝節節。細節問題就交給較低階的官員來討論。有時候參與討論的專家會高達五十人。他們通常在總參謀部大樓開會。從一九八七年五月開始，他們被稱為「跨部門工作小組」（或稱為「五小巨頭」）。討論的氣氛是輕鬆的，就算在場的總參謀長阿赫羅梅耶夫看來臉色不善，與會者也不用顧忌長官的想法暢所欲言（卡塔耶夫在蘇共中央防衛部的上司奧列格・貝爾雅柯夫〔Oleg Belyakov〕就很不爽無法控制卡塔耶夫〕。他們的目標是要從專家中凝聚共識，然後提出建議。黨、軍、工業部門和KGB通力合作，例如蘇共中央防衛部每天都要收到多達十件以上用密碼加密的情報。這個系統運作得很順暢，工作小組每年提出超過八十件的政令草案供「五巨頭」做決策。而札伊可夫幾乎皆能把這些草案在「五巨頭」之間獲得共識，再送交政治局通過。[53]

這正是戈巴契夫需要札伊可夫之處。不同於布里茲涅夫，他沒有要假裝自己是軍事專家，對新武器或裝備也沒興趣。他希望這個國家能讓真正的專家——不只是軍方——提出建言。[54]戈巴契夫從來沒要求這些草案重寫過，也從來沒有把自己的偏好凌駕於「五巨頭」和工作小組之上。他只有偶爾會為了釐清一些細節向蘇共中央防衛部提出問題。[55]凡是他所授權的系統向他提出的建議案他都接受，不論大小。[56]

但他這種被動接受的態度只是一種障眼法。實際上，札伊可夫和「五巨頭」在大事情上每天都是按戈巴契夫指示行事，而這是反改革派後來才搞懂的。[57]戈巴契夫不參與這個小組是為了假裝中立，也可以省下時間精力。當總參謀部表達不滿，札伊可夫把話對阿赫羅梅耶夫說得很清楚：「你知道嗎，謝爾蓋・費多洛維奇，你和喬治・馬可維奇〔科尼恩柯〕兩人決定國家裁軍政策的時代已經過去了。現在是國家領導人在做決定。請你好好想一想。」[58]蘇共中央防衛部的卡

＊　格里戈里・羅曼諾夫比戈巴契夫稍微年輕，幾乎同時進入政治局。在契爾年科時期，西方普遍認為接任者必為戈巴契夫和羅曼諾夫兩人其中之一。

†　這裡所謂「五巨頭」是莫斯科市委第一書記札伊可夫、外交部長謝瓦納茲、KGB主席切布里科夫、國防部長索科洛夫、中央宣傳部長雅可夫列夫。

塔耶夫很欽佩札伊可夫堅持在國安議題上，外交部應該和國防部一樣有發言權。[59]當札伊可夫沒辦法讓改革派的意見過關時，謝瓦納茲就會跳出來說：「好吧，先暫停討論，我會和米哈伊爾·謝爾蓋維奇〔戈巴契夫〕討論看看。」大家很快就看出，謝瓦納茲認為只要他的意見受到阻礙，他就可以去找戈巴契夫，強迫「五巨頭」接受。[60]

戈巴契夫和他身邊的改革派知道他們的運動才剛剛起步。雖然他們得到切布里科夫和ＫＧＢ的合作，但軍方高層一定會出手阻撓，儘管札伊可夫在「五巨頭」搞得很成功。阿赫羅梅耶夫和索科洛夫經常只支持自己提出的軍隊改革方案。在黨、政府和外交部吹起的改革風暴，到了軍隊內部不過是些許微風而已。[61]

戈巴契夫把轉變蘇聯外交和安全政策的工作交給謝瓦納茲，自己專注在內部政治和經濟的改革，而雅可夫列夫則負責改革媒體。三人工作得如火如荼，謝瓦納茲甚至開始失眠。[62]他知道自己對國際關係的理解有限。[63]他跟幕僚泰姆拉茲·斯特帕諾夫—馬馬拉澤說：「我真的遇到困難。在我以前的工作中，我知道我可以說什麼、想要說什麼和必須說什麼。但現在我用字遣詞都不會了。」[64]起初他要靠科尼恩柯給他關於裁軍談判的建議。[65]他稱頌他的前任說：「和葛羅米柯這條國際外交政策的戰艦比起來我算什麼？我不過是條小船，只是有個馬達罷了。」[66]官員們都訕笑必須對他從頭教起。[67]蘇共中央國際部的波諾馬廖夫就尖刻的說：「他對國際關係完全一無所知」[68]戈巴契夫逼退了波諾馬廖夫，把杜布里寧大使從華府調回來接他的位子。但許多職位還是由黨內保守派占據。謝瓦納茲知道外交部好幾個官員有一個反改革的訊息網絡。[69]但他無所畏懼。他告訴幕僚說：「我們要用民主化這個閥門來發動健康的社會力量。」他不認為這會對社會產生爆作性的後果。[70]

謝瓦納茲直到一九八五年八月才融入外交部。[71]客觀一點的人都承認他的確很快就進入情況。他沒有學習的對象，因為外交部本就是葛羅米柯按自己的個性所打造的，外交部人員的訓練都很保守。[72]謝瓦納茲對許多駐外大使的評價很低，認為這些人對其駐在國都很無知。[73]

謝瓦納茲知道他要在外交部很長一段時間才能有所建樹。[74]他相信黨要領導一切；[75]他急著採取行動，說：「我們現在要拯救社會主義。」（他不敢公開這樣說，只敢私下告訴幕僚馬馬拉澤。）他認為現在的領導班子必須為過去的錯誤償債，還要採取新的信條：「和平高於階級利益。」[76]他鼓勵手下官員提出任何問題，都要去思考怎麼樣才能把蘇聯拉出「泥沼」。[77]他要剷除光說不練、攀緣附勢和貪污腐敗。他覺得蘇聯外交官沒幾個有辦法動筆或公開演說。有新思維的人也太少。他鼓勵民主辯論，痛斥外交部竟然無法正確判斷世界局勢。他表示他想從外界召募人才來解決這個狀況。[78]在一九八五年十二月一日召開的外交部黨員大會中，他下了一道驚人的指令：不要再以為偷竊或撒謊無關緊要，也不要再引用列寧的話。甚至連戈巴契夫都不要再稱頌。葛羅米柯則被當成歷史的「里程碑」，是當前的蘇聯領導人要解決的一個問題。[79]

在雅可夫列夫的慫恿之下，戈巴契夫和謝瓦納茲準備展開鬥爭。他們的成年歲月都活在毫無想像力的老人政治之下。他們決心翻轉蘇聯。對他們有利的是，其他政治局成員也都認識到蘇聯必須改變才能面對挑戰。不是每個人都喜歡戈巴契夫，但一旦他當上總書記，他就掌握機會清除對手。他有辦法讓那些並不全然贊成他改革理念的人也跟著他走。他身邊有一群激進改革派。改變莫斯科內政外交的道路已經鋪平在眼前。

第十三章

裁掉一半中程飛彈

美國中情局與國防部對新任的蘇共總書記心存戒備，認為他表裡不一，另有所圖。戈巴契夫卻決定馬力全開，單方面宣布停止地下核子試爆，並提議裁掉一半的中程彈道飛彈。

雷根直覺到有不同尋常的事情正在發生。布希和舒茲在契爾年科喪禮上與新任總書記會面後也有同樣的感覺，舒茲還急著想藉直接對話探詢戈巴契夫的真正意圖。[1] 從莫斯科傳來許多令人意外的訊息，其中之一是關於阿富汗戰爭。印度總理拉吉夫・甘地（Rajiv Gandhi）* 在一九八五年六月親耳聽到蘇聯領導人說他們正在想辦法撤軍。甘地把這個訊息傳給了美方。大變化即將發生。[2]

但美國政府還是要確定這不是虛晃一招。一九八五年四月三十日，雷根總統寫信給戈巴契夫抗議美國軍事情報官尼克森少校（Nicholson）的事件，他在柏林北部進行完全合法任務時被槍殺。他還嘆息蘇聯軍隊入侵阿富汗，強調美方要觀其行而不是聽其言。他對重啟日內瓦會談表達欣慰，也反駁蘇聯質疑他的「戰略防禦系統」。戈巴契夫在當月稍早與美國眾議院議長提普・歐尼爾會談時提到美國這個計畫完全是攻擊性的。雷根指出，蘇聯科學家也在進行和「戰略防禦系統」相同的研究。他保證美國科學家還要研究好多年才會有成果，他也承諾在真正下令部署前一定會先和各國政府諮商。他還提到莫斯科違反了《反彈道飛彈條約》（Anti-Ballistic Missile Treaty），† 希望雙方能大幅減少核武存量，也希望雙方能培養更良好的氣氛。[3]

雙方你來我往。戈巴契夫回信說，美國政界凡是有責任感的人都知道「戰略防禦系統」包藏著侵略性意圖（他不知道這對雷根總統來說可不是什麼好聽話）。他還說如果美國停止支援聖戰士，阿富汗才可望和平。[4]他還向雷根保證說，蘇聯無論如何都會維持「戰略對等」。[5]

舒茲猜測這封回信中強硬的部分不是出自戈巴契夫之手，一九八三年進入國安會當俄語專家和歐洲與俄國事務部主任的傑克·馬特洛克（Jack Matlock）也這麼認為。[6]但凱西還是不相信克里姆林宮真的有所改變，CIA判斷戈巴契夫只會在裁軍談判中耍政治花招。[7]蘇聯會繼續以更精密的武器系統來強化攻擊能力，政治局不可能因為經濟困難就改變方向。即使蘇聯領導人並不想和美國發生軍事衝突，但在某些情況下還是會發動進攻。第三次世界大戰絕對有可能爆發。[8]凱西及其手下官員不斷強調這位新任總書記是個傳統派，他會繼續對抗美國、威脅東歐和駐軍阿富汗。[9]CIA認為蘇聯的外交政策只會做些微調整。戈巴契夫努力改變工作作風可能會短暫刺激蘇聯經濟，他也可能以裁軍協議來減緩蘇聯的財政壓力。但總體情況還是不變。[10]

＊　拉吉夫·甘地是印度首任總理尼赫魯的外孫，其母「印度鐵娘子」英迪拉·甘地也擔任過兩任總理。但他們與聖雄甘地沒有血緣關係。

†　《反彈道飛彈條約》是由蘇聯與美國在一九七二年簽署限制反彈道飛彈部署數量的條約。這項條約附屬在第一階段限制戰略武器談判（Strategic Arms Limitation Talks，簡稱SALT）協議之下。其主要規定是，蘇聯與美國可以各自選擇兩處分散的地點，各部署一百枚反彈道飛彈防禦重要目標。簽署雙方必須提供對方國家自由檢查相關設施與部署的權力。

國防部長溫伯格和助理部長理查・培里都同意凱西的看法，認為美國沒有理由改變立場。羅尼期望戈巴契夫真的能有驚人之舉，但也認為可能性不大。根據他的初步觀察，這位新任蘇聯領袖還是會蕭規曹隨。[11]重要的保守派期刊也持這個看法。《國家評論》（*National Review*）總編和雷根的好友小威廉・巴克利（William F. Buckley Jr.）就認為，戈巴契夫的「幽默、眼界廣、教育程度高、口才便給和聰明」，只會讓他成為「一個更危險的人物」。[12]

商務部長馬爾科姆・鮑德里奇提出要恢復和莫斯科貿易談判，但培里反對。鮑德里奇原訂要和蘇聯外貿部長尼古拉・帕托利切夫（Nikolai Patolichev）在一九八五年五月二十日展開貿易談判，但培里拒不讓步。他組成一個小組研究讓蘇聯經濟從西方新技術獲益的後果，而結論正好被他用來反對鮑德里奇。研究報告指出，蘇聯想購買自動化生產和控制系統、電腦、微電子技術、光纖、電子通訊和其他明顯具軍事用途的產品。假如這些科技被移轉到蘇聯，莫斯科可以節省一百三十三億美元自行研發的費用，並省下三到五年的研發時間。光是在一九八六到一九九一年這段時間，蘇聯就可以從滾珠軸承這個項目省下一億三千六百萬美元。這份報告明確結論說，美國經濟等於白花了一百五十億美元讓蘇聯軍事工業部門獲益。[13]

溫伯格和培里認為美國一方面花預算搞戰略武器現代化，一方面卻又幫忙敵人現代化是毫無道理的。但他們終究無法阻止鮑德里奇，因為舒茲領導的國務院當時正大力經援莫斯科。[14]但培里還是反對所謂有達成裁軍協議總比沒有協議要好的說法。他指出，蘇聯對過往的協議毫不尊重。他提醒大家要小心蘇聯違反協議的行為——這顯然是在暗指總統和國務卿。[15]他批評英國外交部長傑佛瑞・侯艾最近對「戰略防禦系統」的質疑。[16]他也抱怨美國政府疏於防範讓敏感科技落到蘇聯手中。他認為「出口管制統籌委員會」的效力薄弱，必須加強管制，還要減少可以合法輸出的產品種類。[17]就連舒茲也對貿易政策有所不滿。他雖然想緩和對蘇關係，但也反對雷根批准出售有政府補貼的小麥給莫斯科。他認為蘇聯領導人「一定在暗笑」居然可以比美國家庭主婦買到更便宜的麵包。[18]

美國的冷淡讓戈巴契夫很不滿。義大利總理貝蒂諾・克拉克西（Bettino Craxi）和外交部長朱利奧・安德利奧蒂在一九八五年五月底訪問莫斯科，戈巴契夫重申他要消弭這種互相懷疑的氣氛。克拉克西勸他在日內瓦會談上要有更多彈性，戈巴契夫很乾脆的回答說：「如果美國不放棄『戰略防禦系統』，羅馬教宗就可以為這場談判主持喪禮了。」[19]

政治局強烈覺得雷根提議要消滅所有中程飛彈是虛情假意。[20]札伊可夫不同意這個看法。他對日內瓦會談陷入僵局感到不安。他不肯聽蘇共中央防衛部解釋為什麼障礙難以排除，說道：「停停停！這是非常嚴重的問題。我們不能再拖下去了。」[21]他向領導部長會議軍政問題小組的尤里・馬斯柳科夫（Yuri Maslyukov）說明了他的憂慮。札伊可夫認為蘇聯製造了太多對國家安全根本不必要的武器，傷害了經濟。他說，潘興二號飛彈基地現在遍布西歐，只要十二分鐘就能打到莫斯科，而這都是政治局的錯。[22]如果蘇聯領導人希望這些飛彈從西歐撤除，那就得同意從東歐撤除SS－20飛彈。[23]馬斯柳科夫表示贊同，他請札伊可夫要取得利加喬夫的支持。利加喬夫贊成札伊可夫的論點，兩人一起打電話給正在克里米亞度假的戈巴契夫。戈巴契夫也很同意，但他知道總參謀部和國防部一定會反對。他沒有退縮，下令說：「去幹吧！我支持你們。」[24]

札伊可夫要組一個可靠的小組幫忙撰寫說帖。他找了蘇共中央防衛部副部長卡塔耶夫來領軍。卡塔耶夫同意了，又找了外交部的維克多・卡波夫（Viktor Karpov）來幫忙。卡波夫非常高興：「太好了！他們終於懂了！但所有中程飛彈都要撤除，這表示我們得接受雷根的『歸零方案』。」這個小組一開始只想處理歐洲的部分，先不觸及部署在亞洲的武器。他們希望華府會感謝蘇聯的大方提議，但他們主要還是擔心蘇聯的軍事工業部門會作梗。[25]

軍方高層的反應一如所料。卡塔耶夫和卡波夫向第一副總參謀長瓦連尼科夫說明他們的看法，雙方發生了激烈的爭辯。[26]有人提到了一九四一年六月的「巴巴羅沙行動」（Operation Barbarossa），[*]還有人講到叛國和「第五縱隊」。但卡塔耶夫注意到瓦連尼科夫不像其他人反應那麼激烈。KGB官員也不大出聲。等到會議結束後，卡塔耶夫向瓦連尼科夫說，發洩情緒無法解決重要的問題。兩人繼續討論到深夜。這場討論極具建設性。[27]瓦連尼科夫也認同和美國合作從歐洲撤除中程飛彈可以強化蘇聯的安全。但總參謀長阿赫羅梅耶夫和國防部長索科洛夫堅決反對。他們完全不能苟同札伊可夫小組的提議。阿赫羅梅耶夫脾氣火爆，一度在札伊可夫反駁他時把他推向牆壁。他咆哮說如果札伊可夫的提議被採納，他就要退黨明志。[28]

比利時政府試圖降低國際緊張，提出如果蘇聯願意從東歐撤出中程飛彈，比利時將敦促美國停止部署相同數量的潘興二號飛彈。比利時外交部長廷德曼斯（Tindemans）在莫斯科參加契爾年科的喪禮時不斷向葛羅米柯提出這個建議，但葛羅米柯回應冷淡。[29]該年春天，這件事就這樣擺著，直到謝瓦納茲出任外交部長幾星期之後才有轉機。

美方開始採取主動。一九八五年七月三十一日，舒茲安排和謝瓦納茲在美國駐赫爾辛基大使公館會面。舒茲也安排他的夫人奧比（O'Bie）來認識謝瓦納茲夫人南莉。他還介紹了自己的保安隊長。這位隊長是位年輕苗條的女性。謝瓦納茲說：「看來美國的命運被保護得很安全。」[30]他們開始討論政治，謝瓦納茲說如果美國真的想對中程核子武器達成協議，就應該將英國和法國的飛彈也納入，而美國也要放棄太空武器計畫。舒茲則回應說蘇聯違反了《反彈道飛彈協議》在西伯利亞中部的克拉斯諾雅爾斯克（Krasnoyarsk）興建早期預警系統。舒茲也要求和平解決阿富汗問題。他強調他希望能在日內瓦或歐洲其他任何地方達成協議。他說只要雙方有哪個談判代表敢阻礙談判進展，他們倆人就應該「修理」他。謝瓦納茲說蘇聯真心想為阿富汗戰爭尋求政治解決。他也否認雷達站是不合法的。他強調目前美蘇雙方的軍力「大致對等」，這為互相讓步提供了基礎。[31]

戈巴契夫和謝瓦納茲知道會面對內部困難。把葛羅米柯弄出外交部大有幫助，但外交部第一副部長科尼恩柯好像還活在葛羅米柯當部長的時代。每當他不喜歡領導人提出的方案，他就說「他的黨魂不允許」他贊同。[32]他敢這麼大膽是因為他和總參謀長阿赫羅梅耶夫有交情。儘管戈巴契夫已經下令外交部要聽聽荷蘭對比利時關於中程核子飛彈的建議有什麼看法，但在和荷蘭大使會談時，科尼恩柯居然還宣稱蘇聯的外交政策完全沒有改變。[33]蘇聯就此喪失了以作勢阻止在低地國家†部署彈道飛彈贏取西歐人心的機會。[34]但謝瓦納茲決定不和科尼恩柯衝突，繼續讚揚科尼恩柯的專業。他說：「在國安問題上要由軍方說了算」，科尼恩柯就把這句話當成為所欲為的空白支票。[35]戈巴契夫和謝瓦納茲都認為在和美國及其盟邦真正達成重大協議之前，科尼恩柯這種人是不能不用的。[36]

戈巴契夫輪番和領導層交換意見，說明要達成裁軍協議的理由。總參謀部很不滿，每當戈巴契夫提到這個話題，阿赫羅梅耶夫就怒火中燒。阿赫羅梅耶夫和科尼恩柯兩人經常討論如何才能

---

* 「巴巴羅沙行動」（Operation Barbarossa）是希特勒在一九四一年六月對蘇聯發動的奇襲行動，當時蘇聯措手不及，付出慘痛代價。

† 低地國家指荷蘭、比利時和盧森堡三小國。

守住傳統路線。[37]

但阿赫羅梅耶夫也知道一直增加核子武器是沒道理的，[38]他只是要由他說了算。戈巴契夫和日內瓦裁軍談判的代表團成員開會，談得並不愉快。阿赫羅梅耶夫受到科尼恩柯的指點，極力反對裁減部署在歐洲的核子飛彈。戈巴契夫覺得需要尋求政治局的支持，直接要求政治局批准裁軍政策，只有葛羅米柯表示反對。[39]一九八五年九月十八日，戈巴契夫再召集軍方和外交官員開會。這個會開了一個半小時。阿赫羅梅耶夫和尼可萊・切爾渥夫（Nikolai Chervov）中將力主要保持所有SS－20飛彈處於備戰狀態。柯瓦廖夫和阿達米申反對他們。阿達米申講話激動到讓他的上司科尼恩柯想把他記申誡。戈巴契夫主持這次辯論非常小心，讓阿達米申一度以為自己表現得太過火。但戈巴契夫還是贏了。阿達米申欣喜若狂：「他奸詐得像個惡魔，卻表現得像個憨厚的農民。天生的政治家和領袖。」[40]

一九八五年八月，戈巴契夫再度主動出擊，他宣布蘇聯將停止該年度所有地下核子試爆。他並未要求雷根照辦。蘇聯是以暫停核試來證明其和平意圖。戈巴契夫暗示說如果美國也這麼做，他就會暫停核試更長時間。[41]

莫斯科和華府頻繁交涉，終於決定在該年底召開總書記和總統的高峰會。峰會地點選在日內瓦。雷根從沒見過戈巴契夫之前的總書記，也沒出席他們的喪禮。戈巴契夫已經在全球政治中造出聲勢，雷根不能對他視而不見。全世界都在等他們會談。在這種情況下，雷根召開國家安全會議討論如何應對這個聲望高漲的蘇聯領袖。這次會議頗有共識。大家都同意要擴大「三個最重要聽眾」的支持：美國的盟邦、美國國會和美國輿論。CIA局長凱西提醒他可能碰到的陷阱。他警告說，戈巴契夫可能會要求他把「戰略防禦系統」限於在實驗室中研究，禁止測試和部署（凱西的猜測很快就證實是對的)。[42]

舒茲建議可以更光明正大一點。他對國家安全顧問麥克法蘭說，雷根總統在「覺得自信和自在時」會表現得最好，太多人在旁邊只會讓他心煩。他建議雷根不要再聽那麼多顧問的話。麥克法蘭對這種說法當然不高興，自信滿滿的唐諾．里根也不高興，他曾任美林證券執行長和財政部長，在一九八五年二月出任白宮幕僚長。[43]舒茲不肯讓步，他找尼茲幫忙撰寫日內瓦峰會的備忘錄，並於一九八五年九月十六日上呈給總統。舒茲的核心觀點是一定要認真協商。溫伯格是要利用「戰略防禦系統」來使裁軍協議破局，舒茲則是把它當成談判籌碼。溫伯格在每個場合都宣稱美國即將從研究階段進入到真正部署，有時還加碼說科學實驗已接近完成。但舒茲很清楚這還需要好幾年，而且還要國會的撥款和政治支持，他很懷疑在雷根離開白宮後這個計畫還能存續。他說服總統要細緻操作。他的想法是，雷根可以向戈巴契夫提出只要蘇聯大幅裁減攻擊性核子武器，他就會暫緩部署這個系統。[44]

舒茲不是要完全放棄部署，而是要逼克里姆林宮做出最大讓步。他認為，只有這樣才能讓這個系統得以繼續下去。[45]舒茲還聽到別的好消息。一九八五年九月二十三日，蘇聯學者喬治．阿巴托夫（Georgi Arbatov）去請教亨利．季辛吉美蘇雙方如何才能打破目前的僵局，季辛吉的個人意見和舒茲剛和雷根談妥的方針相同。阿巴托夫令人意外的說政治局「有可能」接受這個折衷方案。他請季辛吉要了解戈巴契夫做這種讓步已是極限。阿巴托夫還表示戈巴契夫也可以和雷根就阿富汗問題達成協議。季辛吉認為任何一個莫斯科學者如果沒有被授權都不可能講出這些話。他打電話給舒茲的執行幕僚查爾斯．希爾，轉告了這個令人興奮的消息。[46]舒茲很高興。他感覺到莫斯科發生了一些事。他和謝瓦納茲在該月再度在紐約會面，他從謝瓦納茲的笑容猜測蘇聯領導層將在日內瓦做出驚人之舉。[47]

不過雷根總統又一如往常的改變心意了。九月十七日，他在記者會上說就算有違反《反彈道飛彈條約》之虞，他也要進行部署。舒茲、尼茲和其他人忙著找政治人物和記者溝通他不是這個意思。[48]相對的，凱西和溫伯格對這場記者會很高興。在一九八五年九月二十日的國家安全會議中，他們極力主張不要和蘇聯妥協。麥克法蘭表示支持，他說很多觀察家都認為戈巴契夫的說法不過是「新包裝的舊文宣」。他建議總統應該把焦點從裁軍議題轉到阿富汗和蘇聯的人權紀錄。舒茲只能說如果美國堅持蘇聯領導人只是在搞宣傳戰的話，那就不會有任何結果。[49]他只能期望總統在高峰會前回心轉意。

莫斯科的報紙也贊同「核子冬天」理論，把不贊同卡爾．沙根理論的西方科學家都被冠上「蒙昧主義者」的稱號，莫斯科則把自己描繪成科學和人道的守護者。[50]蘇聯領導人繼續推動所謂的和平攻勢，讓全世界相信戰爭販子都聚集在華府。

謝瓦納茲對他在一九八五年九月的聯合國大會演說如履薄冰。他是第一次來到美國，還沒辦法說一些和葛羅米柯大不相同的話。[51]事態的發展也讓他處境困難。當年七月中，疑為雙面諜的KGB官員奧列格．戈迪夫斯基（Oleg Gordievski）在莫斯科外出跑步時突然失蹤。他的英國上級安排把他從芬蘭邊境運到英國。謝瓦納茲在紐約向英國外交部長傑佛瑞．侯艾抱怨英國居然用柯南．道爾（Conan Doyle）*小說的手法處理事情。[52]但他還是面帶微笑。他的團隊很高興他能用不同於傳統的方式思考問題。[53]大家都說他和藹可親。就連無法出席舒茲的演說，他都要親切致歉。[54]美國媒體讚賞他是新型態的蘇聯領導人。謝瓦納茲在一九八五年九月二十七日和雷根會面，準備了意外的禮物。他轉交了戈巴契夫的親筆信，信中提議要立刻裁減掉一半的中程飛彈。[55]

雷根沒有反應，麥克法蘭卻顯得手足無措。美方原本提出一開始要裁減百分之三十到百分之三十五的飛彈，現在戈巴契夫更大方。[56]雷根和謝瓦納茲談了三個小時，舒茲告訴媒體雷根很歡迎蘇聯外交部長所提出的建議。但「戰略防禦系統」是主要障礙，因為戈巴契夫在信中要求雷根停止。雷根告訴記者說：「我們決心要繼續研發。」[57]

地緣政治正在變動，美國領導人要尋求盟友的支持。一些華府官員擔心戈巴契夫可能會尋求和北京和解。鄧小平一直強調蘇聯和美國是世界和平安全的兩大阻礙。鄧小平也批評美國的「戰略防禦系統」，這讓蘇聯外交有了施力點。尼克森前總統在一九八五年秋天私人訪問中國，告誡中國領導人說這種言論讓雷根難繼續對中國科技移轉。鄧小平回答說，只要克里姆林宮繼續占領阿富汗、干涉柬埔寨和在中蘇邊界部署重兵，北京就不會理會蘇聯的示好。他嚴肅否認中國有可能把美國的科技賣給蘇聯。尼克森講到了痛處，鄧小平告訴他無論公開怎麼說，中國人還是把蘇聯視為最大敵人。鄧小平看不出戈巴契夫上台後克里姆林宮的對中政策有什麼改變。[58]

但在一個月之前，也就是十月份，鄧小平其實有透過來華訪問的西奧塞古向新任蘇聯領袖示好。他指出如果蘇聯能幫忙讓越南從柬埔寨撤軍，就有政治空間可以和戈巴契夫進行高峰會。鄧小平甚至願意訪問莫斯科。[59]

但這些講法都沒那麼快有結果。中國和日本都不用雷根太擔心，他對加拿大也很有信心。他最擔心的是西歐，法國、比利時、荷蘭和甚至英國都對美國外交和安全政策保持距離。戈巴契夫

＊　小說家柯南・道爾（Conan Doyle）是神探福爾摩斯的原創者。

一定會試圖影響這些國家。一如預料，戈巴契夫選擇法國作為新任總書記首度出訪的國家。法國在一九六六年退出北約的軍事一體化指揮架構。蘇聯的外交政策就是要擴大巴黎和華府的鴻溝。法國總統密特朗曾對「戰略防禦系統」公開表示不滿。他在契爾年科的喪禮上邀請戈巴契夫訪問法國，戈巴契夫沒幾天就同意了。[60] 美國趕緊把謝瓦納茲所提的戈巴契夫裁軍方案轉告法國，不能讓新任總書記讓法國人措手不及。密特朗向羅伯・麥克法蘭保證，他不會讓戈巴契夫把法國對「戰略防禦系統」的不滿變成「武器」。[61]

戈巴契夫從一九八五年十月二日起訪問巴黎四天。新任總書記終於對世界亮相，媒體高度感興趣。作為蘇聯政治人物，照慣例有群眾抗議蘇聯侵害人權。抗議群眾集結在投卡德侯廣場。[62] 戈巴契夫對此淡然以對，法國人喜歡他的善意姿態及和平宣示。他的外表和舉止相當「西化」，讓人意外。他的穿著很聰明。挑的西裝和帽子都受到讚美。光是看起來不陰鬱和工於心計就讓他得了高分。他滿臉笑容、口才便給，講起話來不輸給任何一個西方政治人物。不論多正式或多陌生的場合，他都能很快適應。沒什麼事嚇得了他，在上一年他就任總書記之前，就輕鬆地和柴契爾夫人在切克斯莊園度周末。他的直覺告訴他不要顯得太受寵若驚。同樣的，他在巴黎也表現得像是從娘胎就學會法國式的禮節。

他抓住世人關注他要裁減核武百分之五十的機會，呼籲完全禁止「太空攻擊」武器。他願意把關於中程飛彈的談判和這些議題分開來談。他還希望分別和英國及法國談判。他說蘇聯在歐洲地區共有兩百四十三枚SS－20飛彈，維持在去年的數量。他承諾不會再增加，呼籲美國也這麼做。華府的國家安全會議注意到戈巴契夫的談話，情報也顯示戈巴契夫講的可能是真話。[63] 戈巴契夫出手非凡，美國政府必須加以回應。密特朗對「戰略防禦系統」的批評讓戈巴契夫頗為高興。密特朗說：「對我來說，這個外太空的問題相當簡單：我不會出言譴責，但我反對。法國不會和這個東西搞在一起」。[64]戈巴契夫無法再進一步分化西方國家。密特朗是個會批評美國的朋友，但依然是朋友。如果戈巴契夫想逼雷根認真和蘇聯談判，就不能只想拉攏西方國家領袖。

但他給法國民眾的印象確實相當成功。他面對群眾和媒體確實很有天賦，他認為這也許是拉西方上談判桌的最有效方法。而戈巴契夫願意嘗試任何方法。

第十四章
在日內瓦會面

雷根不相信蘇聯的承諾，戈巴契夫也不相信「戰略防禦系統」只是防衛性的。不過，兩人仍在日內瓦高峰會的聲明中跨出了第一步，宣示減少一半的核武。

從巴黎回國後，戈巴契夫開始做莫斯科傳統盟友們的工作，為日內瓦峰會做準備。這些盟友不太可能有異議，但戈巴契夫希望他們能積極合作。他知道他的改革已在「友好的」共產國家領袖之間引起不安。他要說服他們相信，他要和雷根談的東西是符合他們利益的。

阿富汗共產黨一定最不喜歡他的想法，所以他邀請巴布拉克．卡爾邁勒在一九八五年十月十日到莫斯科會談。這次會談很不愉快。戈巴契夫指責阿富汗軍隊無所作為，而蘇軍傷亡慘重。他要求卡爾邁勒要允許私人貿易、尊重伊斯蘭教、與反對派分享權力。[1] 戈巴契夫向政治局報告說他要求卡爾邁勒從一九八六年夏季開始就要仰賴自己的軍隊。蘇聯會繼續支援軍備，但蘇聯軍隊將計畫撤離。戈巴契夫在政治局宣讀了蘇聯人民質疑為什麼俄國人還在阿富汗打仗的來信。他並沒有說當初入侵就是個大錯，但他要求要盡速撤軍，不管卡爾邁勒要怎麼面對軍事後果。政治局成員也是國防部長的索科洛夫沒有反對。葛羅米柯也不反對。大家都知道葛羅米柯就是今日阿富汗困局的始作俑者，他不反對戈巴契夫特別值得注意。政治局的新路線還在保密中，但克里姆林宮確實發生了重大轉變。[2]

戈巴契夫下一個任務是向華沙公約各國領袖報告他要如何在日內瓦會議中處理美國。一九八五年十月二十二日，他飛往索菲亞向華沙公約組織的政治協商委員會作了報告。他說想和美國達成協議銷毀所有類型的核子武器，一開始要銷毀一半。他願意把歐洲中程核武的問題和戰略及太空武器的問題分開處理。他還希望能盡快和法國及英國直接談判。他決心要用這次峰會打破現在的談判僵局。[3]

他知道這很困難：「我們不幻想會在日內瓦碰到一個新的雷根，也不幻想他會達成什麼嚴肅具體的協議。」但就算美國不配合，停止軍備競賽的宣傳戰也要繼續打下去。[4]蘇聯外交應該好好利用西歐反對「星際大戰」的運動，但也要避免被認為是意圖分化北約。還是有理由樂觀。密特朗有表示他對美國外交政策的不滿。[5]柯爾也致函莫斯科表示希望西德和東歐可以更密切交流。戈巴契夫表示歡迎柯爾的善意，但如果柯爾是認真的，西德就要拋棄對東德「收復國土」的想法，停止唯美國馬首是瞻。[6]但戈巴契夫最大的擔憂還是雷根政府無意認真談出裁軍協議。他希望在索菲亞會議後即將出訪美國的謝瓦納茲能在瑞士高峰會之前讓美方採取更積極的行動。[7]

戈巴契夫重申，「戰略防禦系統」本質上就是「好戰主義的」。他還說法國的「尤瑞卡計畫」也同樣好戰，要東歐領袖們不要相信密特朗真心想平等合作。[8]他呼籲大家對「經濟互助委員會」在一九八四年提出的「關於科技進展的綜合計畫」要有信心，還感嘆蘇聯和東歐缺乏更進一步的經濟整合。[9]東歐領袖們對克里姆林宮要求經濟整合的呼籲都聽多了。戈巴契夫的講話沒什麼作用。他一上台就曾說莫斯科不會再過度負擔東歐的經濟。他的第一步就是停止蘇聯對保加利亞蔬菜生產的補貼。保共總書記日夫科夫的回應是把出口到蘇聯的食物價格加倍。[10]戈巴契夫拒不妥協。他發動了一場節約運動，停止向保加利亞進口紅酒，嚴重打擊了保加利亞的財政。在這種情況下，戈巴契夫呼籲東歐要進一步與蘇聯經濟整合只是白費唇舌。

東歐領袖對戈巴契夫談外交政策比較有興趣。東德的何內克稱讚了中國領導人，說他們終於放棄世界大戰必然爆發的教條。何內克顯然認為自己是更有智慧的資深共產黨人。戈巴契夫欣然接受他的建議，表示自己也想和北京和解。[11]匈牙利的卡達爾警告不可操之過急，中國要回復和其他共黨國家的關係為時尚早。[12]西奧塞古一改往常，讚揚戈巴契夫要就阿富汗問題達成政治解決並撤出蘇聯軍隊。[13]賈魯塞斯基則關心自己的問題。他抱怨雷根最近邀請團結工聯領導人到白宮，只能用最新民調顯示波蘭人對美國反感增加來安慰自己。[14]戈巴契夫感謝各位領導人充沛的同志情誼。他高呼團結，對東歐的共產統治表示樂觀，並宣稱：「大家聚在一起對一對錶是很重要的，錶沒有問題。也許秒針有點不對，但時針和分針都是對的。」[15]

謝瓦納茲飛往美國，和雷根在一九八五年十月二十四日於華爾道夫飯店會面。他抱怨一些美國官員近來的談話，認為這對裁軍會談或高峰會都沒有幫助。他希望舒茲能到莫斯科澄清一下。雷根同意這個要求，但強調如果克里姆林宮對人權的態度沒有改變，可能就不會有條約。他說這不是他個人意見，而是美國國會非看到有所改進不可。[16]同一天，雷根在舒茲陪同下會見其他G7國家領袖。每一位都表示希望日內瓦高峰會能夠成功。柴契爾夫人稱他為「我們的領頭羊」。柯爾則建議他和戈巴契夫談話時不要有一群官員在旁邊。[17]

雷根致函戈巴契夫，贊同要裁掉一半戰略性核子武器，還說也應該想辦法撤除中程武器，而舒茲會訪問莫斯科為高峰會做準備。[18]但這一來又惹惱了他在美國右派政治圈的朋友。這是雷根總統第一次和蘇聯總書記會面，而以戈巴契夫在巴黎的表現看來，他確實是個手段高強的政治人物。參議員傑西・荷姆斯（Jesse Helms）擔心雷根會被他迷惑而做出不必要的妥協。十月二十九日，荷姆斯和一群參議員聯名致函雷根，要求他要對蘇聯違反條約義務提出抗議，還說國防部長溫伯格對這個議題的看法是正確的。[19]但雷根不想被干擾。他利用每周電台演說告訴美國人他會接受大幅裁減核子武器的訴求——他提醒大家他在三年前就提出類似的戰略飛彈裁減方案。他說他深感「振奮，因為經過漫長的等待，終於要進行正當的談判了」。[20]

舒茲在一九八五年十一月四日及五日帶國家安全顧問麥克法蘭到莫斯科會談。戈巴契夫做好了艱苦談判的準備。美方一定會提出區域衝突、文化和科技交流及人權等問題。[21]如果是這樣，戈巴契夫就要先發制人。他和舒茲握手之後立刻砲轟「戰略防禦系統」。他認為美國政府的思維是以胡佛研究所出版的《八〇年代的美國》為基礎。他抨評美國只是想取得軍事優勢。他告訴舒茲美國不要以為蘇聯因為經濟困難就會為了解決內部問題而屈服。他警告說，如果美方在美蘇談判中再搞尼克森時代那種「連結」策略的話，他會完全拒絕。他還說他很討厭美方老是抗議蘇聯侵害人權的問題。[22]他對舒　粗魯到令人不舒服的地步。[23]他顯然是想清楚表明他在瑞士高峰會中絕不會示弱。

舒茲受了一陣排頭，回到華府後向雷根報告戈巴契夫瘋狂批評「戰略防禦系統」。[24]舒茲說蘇聯領導人這樣表露蘇聯的不安全感是很不恰當的，他建議總統要把話說清楚，讓政治局改變思維。美國沒有侵略意圖；美國不是被軍事工業複合體控制的國家。美國領導人真心想讓超級強國的軍力平衡維持在「非常低的水平」，但美國領導人也絕不會放棄「戰略防禦系統」。美國人民會一直抗議蘇聯侵害人權，要求克里姆林宮負起國際義務。如果戈巴契夫想達成裁軍協議，就不能在全世界擺出一副好戰姿態。[25]

蘇聯領導層要避免在日內瓦讓步太多。戈巴契夫的團隊準備好謝瓦納茲所說的「主動、攻勢型的方案」。政治局和華沙公約的政治協商委員會都授權戈巴契夫見機行事。兩者都希望終止東西方的衝突。戈巴契夫很高興獲得支持，從越南、寮國、蒙古和衣索比亞來訪的共黨領袖也都加強了他的決心。拉吉夫．甘地也給他鼓勵。他在訪問巴黎時曾要求密特朗給予協助，他認為有一定程度的收穫。他在出發前往日內瓦時，有信心可以讓雷根刮目相看。[26]他的前置作業還包括在《真理報》上刊登一大篇對美國總統的訪問。《紐約時報》注意到蘇聯報紙把雷根講到阿富汗的部分刪掉了。[27]但這篇訪問有刊出才是真正的重點，而且《真理報》並沒有審查雷根所講的其他部分。蘇聯領導層不再害怕美國的政治風吹進蘇聯。

戈巴契夫帶了各類型顧問到日內瓦。有科學家葉夫根尼．韋利霍夫和羅爾德．薩格德耶夫（Roald Sagdeev），有裁軍談判專家，也有費奧多爾．布林拉茨基（Fedor Burlatski）和葉夫根尼．普利馬可夫這些學者。戈巴契夫要能夠幫上忙的人都來幫忙。[28]他的政治外交顧問團隊還有雅可夫列夫、科尼恩柯、杜布里寧、亞歷山大—艾真托夫：新舊派人物都有。[29]

他們看出美國的弱點。謝瓦納茲對幕僚說：「在國外（在美國以外），雷根常被看成是無知的老蠢蛋，他那種單純的好戰主義完全有可能把全世界炸成碎片。」[30]他對西歐輿論趨向的看法基本上是正確的。但美國內部的民調又有些不同。美國人看得出新任總書記和前任確有不同，但根據哈里斯民調（Harris poll），還是有百分之六十二的美國人認為他不能信任。雷根大可以安心前往日內瓦。[31]一九八五年十一月十四日，雷根向全國做電視演說：「這就是我為什麼要到日內瓦——為了締造持久的和平。」[32]前總統尼克森以朋友的姿態來安定雷根的心情。[33]由馬克斯．坎波曼（Max Kampelman）領軍的美國代表團雖然想達成裁軍協議，但也不想讓步太多：英國和法國的核武應該要排除在談判議題之外。美國的軍事現代化和「戰略防禦系統」要繼續，也要要求戈巴契夫撤除克拉斯諾雅爾斯克的雷達站。[34]蘇聯團自信滿滿的前來，美國代表團也不弱。

瑞士政府必須隔開揮舞著標語向蘇聯代表團抗議的群眾，而戈巴契夫善於應付各種場面。他知道西方遊說團體一定會利用他的到來造勢，所以他絕不對這些標語和辱罵聲過度反應。他要專心對付雷根，而不是當地抗議群眾。

雷根的主要問題不在日內瓦，而是在華府。國防部長溫伯格覺得這場峰會最多只是浪費時間，而且相當危險。他擔心如果讓總統放手去幹，他可能會對這個精力充沛的總書記做出不該做的讓步。溫伯格不是美國代表團的成員。他決定在雷根前往歐洲幾天前把他的想法透露給《紐約時報》，以此影響談判進程。他把自己寫給雷根反對重啟戰略裁軍談判和放棄「戰略防禦系統」的備忘錄洩露給記者。溫伯格列舉了蘇聯違反現行條約的種種行為。他說，美方在高峰會上應該堅持新一輪談判若要有任何進展，都要看莫斯科有沒有信守承諾，以及是否允許可靠的查核制度。[35]這種讓總統尷尬的行為足以讓雷根開除他，但雷根不是個紀律嚴明的人，而且他也贊同溫伯格對美國軍事現代化的堅持。

一九八五年十一月十九日，雷根在索緒爾公館（Maison de Saussure）歡迎戈巴契夫來到峰會地點，這個地方是阿迦汗（Aga Khan）*借他們使用的。這是一座十八世紀的莊園，位於日內瓦湖南端舊城區的大學旁。雷根總統在兩天前已先來勘查過了。這座莊園緊鄰湖邊，他想和戈巴契夫到湖邊散步，在湖畔小屋一對一會談。他已經讀過一大堆簡報，並在日記中寫下：「天啊，我希望我已經準備好，又沒有過分準備。」[36]他一開始就讓所有人感受到魅力。在蘇聯領導層中，

* 阿迦汗（Aga Khan）是伊斯蘭教什葉派伊斯瑪儀派的現任最高領袖。他本人是個具有英國籍的大富豪。

除了杜布里寧之外，沒有人想到雷根總統居然這麼親切。阿達米申和他握手時，立刻就覺得他是「一個可愛的老人」（這不是事後回憶，而是他在當天日記中寫下的）。[37]雷根的親切掩蓋了他的心機。他在寒冬不穿外套就站在台階上迎客，是為了強調他的健康和精力不受年紀影響。後來輪到戈巴契夫宴請雷根，換成戈巴契夫也不穿外套——他學習得很快。[38]雷根和戈巴契夫不只在年齡和穿著上較勁，還要競爭世界和平締造者的形象。

他們第一輪會談本來預定只談十五分鐘，但持續了一個小時。[39]戈巴契夫試著說服雷根，不管他在美國刊物上讀到什麼，蘇聯經濟並沒有面臨崩潰，不可能用軍備競賽來逼蘇聯投降。[40]接著輪到雷根發言，他強調他真心想要達成裁軍協議。限制核武還不夠，還要大幅度削減雙方的核武數量。他也強調他的「戰略防禦系統」完全不具攻擊性質。[41]到了下午，戈巴契夫意外提出他想對阿富汗戰爭尋求政治解決。他要求美方提供協助。他表示如果蘇聯撤軍，那麼阿富汗應該在世界政治中採取不結盟的立場。[42]雷根則對戈巴契夫不同意他說「戰略防禦系統」有能力攔截任何一枚飛彈感到不悅。戈巴契夫開始升高壓力，指責雷根用「戰略防禦系統」展開新一輪軍備競賽。[43]雷根保證這套系統絕不是設計來對蘇聯發動第一擊，建議把焦點拉回到如何削減核武達百分之五十。[44]

他們先散會，接下來到湖畔小屋再會面，兩人身邊都不帶顧問。雷根覺得射人要先射馬，首先要讓氣氛變好。在火爐旁，兩人很快就同意讓雙方團隊先去協商如何把戰略性核武減半。[45]這往前邁了一大步。雷根還說：「如果能談出一個完全不要核武的協議，那談出一個完全不需要防禦核武的協議又有何不可。」[46]戈巴契夫想從雷根那裡要到更多，重申他反對「戰略防禦系統」，還說下任美國總統可能不像雷根那麼渴望和平。於是進展又轉為僵局。[47]

第二天，雷根提議雙方各自把戰略性核武裁減到六千枚。[48]戈巴契夫同意，但他重申反對雷根的太空防禦概念。[49]雷根反駁說：「這不是攻擊性的系統。我提的是盾，不是矛」。這激怒了戈巴契夫：「那我說蘇聯絕不會發動攻擊，你又為什麼不相信？」[50]不等雷根回答，戈巴契夫又重申了他的問題。雷根開始答話時，他又二度打斷。雷根最後回答說單一蘇聯領導人的保證不足以讓美國人民信任，這就是他為什麼要建立「合理防禦」的原因。[51]戈巴契夫控制自己的情緒，先跳開「戰略防禦系統」的話題，他說他願意另外就大幅裁減中程核子飛彈簽一份協議。他承認自己講得太激動了。但過沒多久，兩人又對太空武器展開唇槍舌戰。雷根也失去耐性。他對戈巴契夫說蘇聯有多誠懇感到不耐，指出克拉斯諾雅爾斯克雷達站違反了一九七二年的《反彈道飛彈條約》。[52]戈巴契夫反擊說，雷根執意要搞「戰略防禦系統」會讓裁減半數戰略性核武失去良機。[53]

當天下午在蘇方代表團公館舉行全體會議。雷根唸了一份聲明，呼籲要裁減百分之五十的攻擊性和其他類型的核武。[54]戈巴契夫隨即表示同意，並對美蘇重啟對話表示欣慰。但他也對雙方沒有達成更大的進展表示遺憾。[55]雷根這邊主辦了告別晚宴，總統用鼓舞的語調說：「我們至少開了個頭。」這句話軟化了戈巴契夫，他感動的說：「我們現在砌下第一塊磚，有了一個新開始，新的時代來臨了。」[56]

雷根滿意地回到華府。他已預定要在一九八五年十一月二十一日在美國參眾兩院聯合會上發表演說。他說他和戈巴契夫談了十五個小時，其中有五個小時只有他們兩人加上翻譯人員。他著重強調了在爐邊談話所取得的進展：「我說應該重新來過，然後我們就重新來過。我不能說我們在意識型態或國家目標等重大議題上有什麼心靈交會，但我們都更加了解對方。這就是和平的關鍵。我調整了觀點，我覺得他也是。這是一場很有建設性的會談。」[57]他歡呼兩國即將達成協議把戰略性核武減半並完全撤除中程核子飛彈。[58]兩黨參眾議員都為他拍手喝采。報紙和電視的反應也是如此。《紐約時報》說「這兩天的工作幹得不錯」，讚揚「日內瓦精神」；保守派專欄作家威廉・薩菲爾（William Safire）恭賀寫道：「雷根先生先喝了一大口酒，然後又有智慧的把空杯子倒放過來（拒絕再喝）。」[59]雷根則為洗刷了戰爭販子的名聲感到高興。[60]

西歐輿論的反應也讓雷根很欣慰，歐洲人本來對他期望很低，現在都轉而支持。西歐各國首都對「戰略防禦系統」的批評聲浪不減。[61]但全世界對高峰會的反響對美國非常有利。[62]就連蘇聯《真理報》都刊出雷根在國會的演說，電視也報導了美俄兩大領袖在日內瓦站在一起的畫面。美國政府對此很高興：「蘇聯人民終於在自己的媒體上第一次看到一個面帶笑容、負責任的美國總統，而不是卡通化的吃人魔。」[63]當然，雷根身為一個美國政治保守派，他必須注意支持者的情緒。他私下告訴他的朋友喬治・莫菲（George Murphy）——在雷根之前擔任銀幕演員工會理事長的前歌舞演員——說：「認真說，這是很有價值的，但只有笨蛋才會相信豹子會改變斑點。他的信仰很堅定，他相信他們關於我們的宣傳。但他也很實際，知道他們的經濟完全沒希望。我認為我們要做的就是讓他知道如果能達成一些實際的協議，他們的日子會比較好過。不要想用我們的思維去改變他。」[64]

雷根察覺到全球政治正在發生裂解，他要加強和國務卿舒茲合作。他們和蘇聯達成了互相理解，舒茲已證明了自己是極佳的促成者，雷根唯一要擔心的是舒茲會太累而辭職。[65]雷根總統知道若沒有國務卿的堅持不懈，他的目標就很難達成。高峰會開得很成功。他希望未來還有多次成功的會談。

戈巴契夫的想法相同。從日內瓦回來後，戈巴契夫飛到布拉格向華沙公約的政治協商委員會做報告。[66]雖然沒有和雷根達成明確的協議，但他還是保持樂觀。他本來就不預期能在高峰會簽下條約。雖然雷根對「戰略防禦系統」拒不讓步，但這也不意外。還有更多工作要做。外交部官員阿納托利．阿達米申為戈巴契夫準備了一份聲明稿，原本是要宣布國際政治的新階段來臨，美蘇關係的冰點已成過去。但科尼恩柯刪掉了阿達米申過於熱情的文句。[67]戈巴契夫在政治協商委員會取得了勝利。各國領袖都為他的表現喝采。何內克熱情的說戈巴契夫喚起了聽眾的共鳴。胡薩克稱讚他比任何一位蘇聯領袖都能感染群眾的支持。卡達爾說戈巴契夫成功對美國外交政策的反共路線發起了挑戰。賈魯塞斯基說日內瓦的成果一定要保住。就連西奧塞古都勉強稱讚了幾句。[68]

一九八五年十一月二十五日，謝瓦納茲向外交部官員表示雷根現在知道蘇聯絕對不會投降。「正面的對話」即將展開。但謝瓦納茲也提到，卡達爾說美國的「反共路線」已被打破是不正確的。[69]接著由外交部內部大會進行公開討論。柯瓦廖夫提出，為了打破雷根的信心，蘇聯可以尋求法國、西德、義大利、荷蘭及全世界不結盟國家的支持，給華府政治壓力。[70]但這只是一廂情願。戈巴契夫的巴黎之行已經證明，就連密特朗這種最喜歡批評美國政府的西歐領袖也不願否定雷根的外交安全政策。西歐輿論支持蘇聯的改革派，但戈巴契夫未必能把它當成武器來箝制各國政府的外交政策。日內瓦峰會只是創造了友好氣氛，但並未去除雙方和解的現實障礙。事情若要有進展，還得做更多工作。

第十五章

總參謀部的提案

阿赫羅梅耶夫元帥提出一套激進的方案，要在2000年之前消滅所有的核子武器。他的本意是阻撓戈巴契夫的裁軍構想，卻沒想到戈巴契夫爽快答應了。

一九八五年十一月二十八日，雷根親筆致函戈巴契夫展望未來的進展。總統說雙方都想停止軍備競賽，都不想發展新的攻擊性核武，對此他表示歡迎。但雷根問道：「難道我們的談判代表不能更坦誠公開地處理如何銷毀雙方第一擊能力的問題嗎？」他承認蘇聯會疑慮美國的談判立場是有道理的；他也樂見戈巴契夫想從阿富汗撤軍，表示自己願意協助。[1]「在日內瓦，」他向總書記喊話，「我覺得我們兩人私下談話特別有用。我們都有顧問和幕僚，但你知道，終究來說，維護和平和增加合作的責任是在我們身上。」[2]戈巴契夫以建設性的態度回函，他認為雷根保證「戰略防禦系統」不會發展成第一擊的攻擊性武器是誠懇的。但他希望總統也能接受，他身為總書記，必須客觀評估這項研究的潛在能力。基於這個理由，他表示，他會在雙方尋求和解的過程中繼續要求放棄這項研究。[3]

總統和總書記同意互相對對方的人民做新年電視演說。這是雷根的點子，戈巴契夫開心地接受了。[4]這可是破天荒之舉。雷根相信憑他的演說功力可以贏得蘇聯民心，戈巴契夫也相信他可以贏得美國民心。兩人都自信滿滿。

一九八五年十二月五日，雷根向蘇聯外貿部長波利斯．亞里斯托夫（Boris Aristov）說蘇聯沒有盡到「長期糧食協定」的購買義務。他說，他希望擴大兩國的貿易，不能不顧到美國農民的利益。[5]商務部長鮑德里奇在幾天後造訪莫斯科，向亞里斯托夫保證說美國真心希望加強雙邊經貿往來。雖然有「戰略」重要性的物資還是有禁令，但蘇聯可以購買醫療、農業和礦業設備。[6]莫斯科對此很歡迎，但對美方在高峰會後的一些作為不是很高興。國務卿舒茲造訪歐洲各國首都，他在十二月十四日抵達西柏林後，明白表示美國「不會接受把東歐，包括東德和東柏林，併入蘇聯的勢力範圍」。[7]他強調美國的政策就是要特別關照與克里姆林宮保持距離的東歐領導人。第二天他飛到布加勒斯特，告訴西奧塞古說他的高壓政策會讓美國參議院很難批准經濟援助。[8]他在布達佩斯就比較溫和，他稱讚總書記卡達爾說：「我聽他講了很多。我覺得他是個很有智慧的人。」[9]

戈巴契夫和謝瓦納茲對舒茲的訪問沒有說什麼，因為他們要專注完成蘇聯的「重建」，緩和對美關係。[10]如果東歐自己也能開始改革，那是一件好事。莫斯科下達指令的時代已經要結束了，這個轉變是有共識的。[11]戈巴契夫在一九八六年三月任命瓦迪姆．梅德韋傑夫擔任中央委員會書記負責「社會主義國家」時，就提醒他不要介入他們的內政。梅德韋傑夫經常聯繫東歐共黨領導人和蘇聯駐地大使。他的任務是讓謝瓦納茲能專注在蘇聯其他外交政策上。[12]戈巴契夫要保持日內瓦成果的勢頭。他和謝瓦納茲都擔心雷根會拋棄日內瓦精神，重新搞對抗。他們也擔心蘇聯內部反對裁軍的勢力。為了繼續和美國在日內瓦、斯德哥爾摩和維也納談判，謝瓦納茲聯繫了所有精銳外交人員——他們都在莫斯科過寒假。他下令他們撰寫可以讓雙邊達成協議的草案。[13]

在歐洲三大城市的會談是具有連動性的，為的是透過相互理解來讓世界更安全。在日內瓦的會談引起最多關注，因為主要議題是核子裁軍。正在斯德哥爾摩進行的會談是要處理「歐洲的安全與合作」，也就是讓雙方建立互信，防止在操作過程中的誤判。維也納的會談則是要想辦法裁減北約和華沙公約的傳統武力。雙方對武器的數量和類型有冗長的討論。由於複雜性實在太高，蘇聯和美國都指派精銳的外交官參與會談。

一九八五年十二月三十日，戈巴契夫邀請其中五位外交官到他在「舊廣場」的辦公室。戈巴契夫說明了他的裁軍構想，政治局成員謝瓦納茲和札伊可夫也出席了。他表示，他之所以能做到，完全是因為贏得美國輿論而讓雷根總統感到壓力。戈巴契夫說蘇聯能因此獲得巨大好處。根據他自己的統計，蘇聯工業有百分之四十是投入到軍事部門。政治局必須把這個數字降下來，店鋪裡才會有消費者想買的商品。[14]日內瓦會談的蘇方首席代表維克多．卡波夫主張要大膽邁進。他建議一開始就要接受雷根的「歸零方案」；就算雷根拒絕這個方案，蘇聯也可以在西歐建立聲望，讓美國丟面子。戈巴契夫喜歡這個點子。[15]他也願意在沒有英國和法國共同簽署的情況下簽署裁軍協議。超級強國間達成協議才是最重要的。但斯德哥爾摩歐洲安全會談的蘇方首席代表奧列格．格里涅夫斯基（Oreg Grinevski）說服他要把這一點和裁減半數戰略性核武綁在一起談，他認為這樣才能盡快結束在瑞典的談判。[16]

一九八六年一月二日，戈巴契夫讓政治局通過了這些方案。[17]格里涅夫斯基見證了當時的氣氛：

> 和戈巴契夫會面的感覺非常強烈。和布里茲涅夫、契爾年科或安德洛波夫會面，我都感覺他們是來自不同星球的人。而這位終於像個正常人。他用誠懇贏得好感。親切、善意的外

表下，又讓人感到背後的精力和堅持。[18]

戈巴契夫並沒有對美國放軟，甚至還批評美國人無恥。他完全準備好雷根會拒絕他，然後他就可以藉由世界輿論逼雷根達成協議。他預料西德人和其他歐洲人都會買單，美國政府很難拒他於門外：「今年是和平的一年。」[19]

但戈巴契夫讓總參謀部很恐慌。[20]阿赫羅梅耶夫元帥不介意嘴巴講和平，但他驚訝的發現戈巴契夫居然是玩真的。他在外交部的同夥是科尼恩柯。身為副部長，科尼恩柯故意拖延謝瓦納茲交辦的裁軍文件。[21]戈巴契夫和謝瓦納茲都低估了科尼恩柯搞破壞的能力。他們在日內瓦機場道別時，兩人還輪流和科尼恩柯擁抱說：「真的很感謝你。」[22]

阿赫羅梅耶夫和科尼恩柯不想讓戈巴契夫為所欲為。他們一聽說高峰會後的討論內容，就陰謀要破壞政治局剛剛通過的方案。科尼恩柯讓阿赫羅梅耶夫知道事態的進展方向。倆人都曉得直接挑戰戈巴契夫和謝瓦納茲是沒用的。他們的辦法是由阿赫羅梅耶夫以總參謀部的名義提出自己的裁軍構想，真正的意圖是阻撓戈巴契夫的方案。[23]

一九八六年一月七日，阿赫羅梅耶夫的副手瓦連尼科夫秘密邀集外交部和蘇共中央防衛部的官員到他辦公室開會。[24]他事先完全沒打招呼，政治局沒人知道這件事，謝瓦納茲也是事後才聽說，KGB和國防部也都被蒙在鼓裡。瓦連尼科夫想造成震撼效果，他刻意要出人意料。[25]

瓦連尼科夫宣讀了一份阿赫羅梅耶夫草擬的裁軍方案。這個方案是要把各級核武完全裁撤。瓦連尼科夫先說明阿赫羅梅耶夫對北約和華沙公約各自武器殺傷力的計算方法，再說明這是個多層次分成三階段的裁軍方案，期程到二〇〇〇年為止。[26]但阿赫羅梅耶夫和瓦連尼科夫沒有說實話，正如艾德里安．丹尼列維奇上將後來所言：

戈巴契夫說要全面裁軍，但我們總參謀部並不認為這真的會發生。我們以為這也許是很久以後的事，但我們根本不相信。我們的前提是找到一個可以接受的水平來維持相互嚇阻。我們依然認為應該保留核子武器作為嚇阻使用，因為第三世界國家也可能擁有核武。[27]

多年後，阿赫羅梅耶夫承認他根本不相信完全裁撤核武的目標。[28]但身為總參謀長，他知道總書記要的是什麼。阿赫羅梅耶夫直接反對裁軍是沒有用的。他只能假裝支持，提出一個他明知北約無法接受的方案。他絕不想要世界大戰，只是以避免戰爭為目標來管理國際軍事敵對。他認為唯有總參謀部才知道什麼對蘇聯的安全最有利。

他刻意擬出一個長達十五年的方案。他很清楚沒人知道以後的領導人還會不會遵守這個方案。他也刻意在第一階段裁軍把英國和法國的核彈頭包括在內，因為他明知倫敦和巴黎政府絕不會放棄其核子強國的地位。[29]阿赫羅梅耶夫還刻意把裁軍限於核子武器。美方一定會知道一旦同意這個方案，蘇聯就能以傳統武力的數量優勢威脅西歐。

會議現場一片沉默，直到維也納會談的蘇方談判代表尤里．維辛斯基（Yuli Kvitsinski）發出冷笑。他把會議室中人的心聲都說了出來：阿赫羅梅耶夫在耍手段。這位外交官指出，西方領導人絕對會懷疑這種方案。瓦連尼科夫回答說總參謀部堅持這個方案絕不修改。阿赫羅梅耶夫在會議中途闖了進來，格里涅夫斯基後來說他看來「瘦長、緊張而生龍活虎」。瓦連尼科夫命令在場軍官起立致敬。阿赫羅梅耶夫表現得像是這個房間的主人。他不肯坐下，大吼說政治局在一月二日通過的方案已經沒用了。在那個當下，裁軍談判專家尼克萊．切爾渥夫將軍正代表總參謀部到黑海的皮聽達向戈巴契夫報告。阿赫羅梅耶夫聲稱他已經為這個方案準備了一年半，正好趁政治局最近在討論的機會提出來。沒有人挑戰阿赫羅梅耶夫的說法，他自信的神情好像一定可以得到總書記支持。[31]

阿赫羅梅耶夫不遵守「五巨頭」的慣例，在大家沒有討論過的情況下就把裁軍方案送交總書記或政治局。但戈巴契夫似乎不介意。正如阿赫羅梅耶夫所料，戈巴契夫立刻就批准了總參謀部的方案。戈巴契夫也沒有說明為什麼要改變談判策略。他在日內瓦曾提出要分別就每一種類型的核子武器做談判，現在卻提出一攬子全包的方案。也許他覺得這是軍方高層所能接受的最佳方案，也或許是因為他喜歡這個三階段方案的宏大目標。他可以用消滅全世界核武的口號來贏得全球矚目。

謝瓦納茲認為這個方案會激怒美方，但既然戈巴契夫已經批准，謝瓦納茲就只能在細節上想辦法。一九八六年一月十日，他在「五巨頭」會議上批評了阿赫羅梅耶夫。這是他第一次和總書記已經定案的事意見相左，不然的話就是戈巴契夫已經同意他提出不同意見。在場還有兩位政治局成員切布里科夫和札伊可夫。他們和謝瓦納茲三人嘲笑阿赫羅梅耶夫居然說他的方案可以誘騙美方去簽署裁軍條約。然後就開始激辯。而當三名政治局成員都堅持要大幅修改這個方案時，阿赫羅梅耶夫也不能不從。他們主要的修改是把完全從歐洲撤除中程飛彈放在方案的第一階段。謝瓦納茲想向美方保證蘇聯無意把最核心的問題拖到世紀末。在激烈爭辯後，阿赫羅梅耶夫知道自己必須讓步。他原來幻想總參謀部可以完全主導政策，現在學到教訓了。[32]

但他還是保住了其他主要目標，他的政治對手無法要他再進一步修改方案。外交部對總參謀部居然能跳到克里姆林宮去做決策很不爽。KGB也是，KGB領導人向來在涉及重大國安政策時都會被徵詢。[33]

阿赫羅梅耶夫為三階段裁軍方案製作了圖表，立刻把修改過的方案送往皮聽達給戈巴契夫。戈巴契夫立刻批准，下令《真理報》刊出他的宣言。[34]與此同時，戈巴契夫也在一月十一日秘密致函雷根，抗議美方把正在進行的對蘇貿易談判與人權問題聯繫起來。戈巴契夫警告華府這種態度「沒有好處」。但他也強調讓關係「正常化」的意願。[35]這封信沒有透露他即將要公布的裁軍方案。杜布里寧大使在一月十四日模糊地告知舒茲這件事，但沒有具體內容。第二天在莫斯科，戈巴契夫寫了另一封信給雷根說明他要分階段裁軍的理由。他指出他想避免發展太空武器這條「極危險的道路」，所以他呼籲要完全棄絕核子武器。戈巴契夫說，這樣就不需要任何太空武器了。[36]

他知道這封信會在他的宣言刊出後才送達白宮。他刻意這麼做，目的是出人意料和最大程度造成全球轟動。他悍然不顧與另一個超強來往的禮節。

戈巴契夫在宣言中呼籲全球在二〇〇〇年以前要消滅所有核子武器。第一階段是用五到八年時間把戰略性核武減半，雙方只剩六千顆彈頭。核子試爆要立刻禁止。所有類型的中程飛彈都要從歐洲撤出，而且不只是撤出，還要銷毀。蘇聯和美國要以身作則。兩國禁止把戰略性核武轉交給第三國，也希望英國和法國停止發展這種飛彈。第二階段則是從一九九〇年起五到七年的時間，讓其他國家也加入裁軍。蘇聯和美國將繼續裁減武器，銷毀所有戰術核武（射程達一千公里）。攻擊性的太空武器由多邊協議禁止。第三和最終階段則從一九九五年開始，任何剩餘的核子彈都要被銷毀。聲明中還期待快速銷毀化學武器，禁止以新的物理原理發展非核子武器。[37]

在《真理報》於一月十六日刊出方案那天，戈巴契夫同時宣布要延長單方面暫停核試爆的時間，呼籲美國跟隨其腳步。他宣布蘇聯將完全遵守日內瓦和斯德哥爾摩裁軍會談的結果。他宣稱他的方案絕對要優於在太空中軍備競賽。他呼籲要努力把全世界的資源放在和平用途，而不是雷根的「星際大戰」計畫。[38]

他有信心贏得全球輿論，讓美國政府難以拒絕他的方案。他比列寧之後的任何蘇聯領袖都更精於跳過政治人物直接訴諸群眾。謝瓦納茲熱情地談到美國和蘇聯未來將是「競爭者」而非敵人的外交理念。[39]蘇聯的內部改革將改變國家形象，讓白宮沒有太多選擇餘地。[40]美國無法再指責蘇聯是裁軍的最大障礙。克里姆林宮的提案很大方，回應的責任落在華府。[44]戈巴契夫和謝瓦納茲認為溫伯格很容易對付，雖然他毫不掩飾對裁軍的懷疑。[42]外交部內的激進派官員如阿納托利．阿達米申也是同樣的想法。雖然阿達米申認為一月的宣言有一點「烏托邦」，但也有「具體內容」，算是平衡的。[43]

戈巴契夫的外交閃擊戰發動了。政治局的氣氛由冷靜判斷轉為熱情。蘇聯領導層自信他們正把美國推向守勢。

第十六章
美方拒絕「一月宣言」

「一月宣言」並未得到西方的正面回應。西歐盟國擔心美國會撤銷幾十年來提供的核子保護傘，任由西歐面對蘇聯龐大的傳統陸軍。柴契爾也勸雷根堅持「戰略防禦系統」。中情局不僅激烈反對，對蘇聯經濟虛實的評估也引發了激烈爭議。

美國政府對戈巴契夫的宣言冷靜以對。他圓滑平和的措辭無法掩飾其背後意圖。階段性裁軍是按照對蘇聯有利的方向設計的。如果戈巴契夫達到目的，美國在未來數年內將處於火力劣勢的地位。

華府內部的討論充滿了疑慮。在日內瓦高峰會時，戈巴契夫提出要就各類型武器分別達成協議，但現在他提出了一攬子全包的方案，幾乎雷根所有屬下都認為總書記是對全世界玩弄詭計。大家都不認為他是真心的，唯有舒茲認為要更細緻的回應。舒茲和約翰．波因德克斯特（John Poindexter）——在麥克法蘭之後於一九八五年十二月接任國家安全顧問的謙遜的退役將軍——談話時表示，這並不是「蘇聯的宣傳老調」。而在和其幕僚希爾討論時，他認為這是個「大交易」。[1]他到白宮和總統長談，強調這是克里姆林宮首度提出分階段完全裁撤核武的方案。舒茲認為有一些大事就要發生了。他猜測戈巴契夫即將屈服，催促雷根一定要全力把握機會。[2]雷根一開始是不耐煩多於猜疑：「為什麼全世界非核化要等到本世紀末？」[3]但因為去除所有核武讓他很心動，他還是聽進了舒茲的分析。

不幸的是，戈巴契夫耍聰明太過頭了。他在宣言公布幾小時前才讓美國拿到副本是很無禮的。在戈巴契夫電視演說之後，杜布里寧大使才送來講稿。[4]舒茲在下次和杜布里寧會面時表達了不滿。[5]他怒說美國政府不會接受這種伎倆，蘇聯領袖最好趕快學到教訓。[6]美國在日內瓦裁軍會談的代表團也和舒茲一樣怒氣沖沖。團長坎波曼很生氣他的蘇方談判對手維克多・卡波夫居然在全世界新聞都報出來那天午餐會時還對此隻字未提。[7]尼茲警告對這份宣言要小心謹慎，他懷疑這未必是出自戈巴契夫之手：「我不知道這是蘇方什麼人寫的。」[8]雷根決定謹慎回應莫斯科，只以他的名義發出簡短聲明：「我歡迎蘇聯最近的回應，希望這代表將有更進一步進展。我們將和盟邦一道仔細研究戈巴契夫總書記的建議。」[9]

北約國家的電視和報紙都做了審慎的評論。《紐約時報》、《華爾街日報》、《華盛頓郵報》都對戈巴契夫的宣言做了摘要報導，但很少以社論評論。他們還是認為「戰略防禦系統」是主要障礙。[10]這三家報紙都認為如果蘇聯領袖堅持要雷根放棄他的大計畫，要有進展的機會是很小的。《時代雜誌》把連日來懷疑派的論點做了總結：「戈巴契夫的方案揉合了新與舊、不確定與具體、一般性的讓步和過往的堅持。」[11]

駐蘇聯大使哈特曼是少數認為蘇聯的擔心有理，希望能以「戰略防禦系統」的讓步換取蘇聯同意裁減核武的人。[12]這就有必要做一個總結分析。一九八六年一月二十二日，舒茲請求總統在各部門之外設立一個政策研究小組。[13]雷根不想惹惱其他官員，遂透過「國家安全會議規劃小組」的傳統程序來取得共識。CIA和國防部對戈巴契夫做了嚴厲批評。[14]溫伯格和凱西認為他還執著於戰略性核武現代化，在全世界支持共產主義和反美叛亂、恐怖主義和顛覆活動。[15]他們看不出政治局的基本戰略有任何變化。溫伯格和凱西要雷根小心謹慎。儘管他們根本不贊同雷根想把所有核子武器從地球上消滅的目標，但身為高階官員，他們不會說出口。但助理國防部長培里向來不願保持沉默。他告訴「美國高階軍備控制小組」（American Senior Arms Control Group）說，雷根想完全消滅核武會是個災難。羅尼也深感疑慮。身為資深的蘇聯評論家，他認為所謂「重建」根本一無是處。他建議，只要美國保持冷靜堅持立場，蘇聯這份宣言就會被看出真面目，會「自己站不住腳」。[16]

經常站在舒茲這邊的尼茲也提出負面分析。他批評戈巴契夫的宣言「太側重前期」，蘇聯只需要達成第一階段的要求，西方要等到後面的階段才拿到想要的，而這表示美國在好多年內都必須仰賴蘇聯的善意。此外，戈巴契夫還要求法國和英國要銷毀所有核武，而且把亞洲部分排除在外。尼茲擔心克里姆林宮會把核子飛彈部署在蘇聯的亞洲領土，這樣就能快速運過烏拉山脈，從蘇聯的歐洲領土向西歐發射。[17]

但到了一九八六年二月三日，「國家安全會議規劃小組」的氣氛卻偏向了舒茲這邊。就連溫伯格都反對把一月份的宣言說成是「公關伎倆」。他認為悍然拒絕戈巴契夫的示好只會強化他和平締造者的形象。但當談到「戰略防禦系統」時，他又一如往常反對讓步。他也反對為完全非核化設下時限。[18]舒茲則傾向採取積極回應。他認為美國應該就第一階段裁軍提出自己的版本。如果美國自己提出要大幅裁減核武，就可以避免被戈巴契夫壟斷和平大使的形象。[19]凱西插話說，要裁軍就一定要有「有效的查驗程序」。[20]溫伯格認為蘇聯領導人毫無誠意，主張說可以用這一點「逼他們現形」。舒茲逗他說他已經轉向國務院的立場，他勃然大怒。他大聲說雖然政府的內部分歧已經縮小了，但歧見依舊很深。[21]

雷根總統不想在中間當裁判，只強調他的優先目標是把蘇聯最近宣言的虛偽性給曝露出來。他重申對「戰略防禦系統」的堅持，但這一次要讓它不再成為阻礙。他的構想是，在研發完成後，美國要把成果送交聯合國，由聯合國部署來對付威脅要動用核武的國家。這個說法既突然又讓人困惑，因為他同時又強調必須對戈巴契夫施壓。他還說如果蘇聯想把中程飛彈放在其亞洲省分，他就可以放手在阿拉斯加部署相同的武器。[22]

第二天，也就是一九八六年二月四日，雷根總統簽署了「國家安全指令二一〇號」，提出他經過通盤考慮後的目標。他重申要完全棄絕核子飛彈的個人理念，但拒絕戈巴契夫的宣言，主張他在日內瓦高峰會的立場是和蘇聯談判的最佳基礎。他呼籲重新展開談判，意思是他偏向舒茲而非溫伯格和凱西的觀點。雷根希望美蘇雙方能立刻把飛彈數量減半，但一定要有公平的計算基準和可靠的查驗制度。這樣就可以進一步讓英國、法國、中國裁撤核子飛彈。雷根總統也贊同立刻銷毀所有中程核子彈頭的目標。[23]他對完全裁撤核武的熱情是真誠的，而他對戈巴契夫的敵意其實並沒有這份指令這麼強烈。他在私底下說他覺得兩人之間有一些「化學作用」，他還溫馨的記得戈巴契夫在日內瓦引用的聖經詩句。[24]

一九八六年二月十六日，雷根致函戈巴契夫提出裁減核武的方案。他承諾只要美國政府討論完畢，就會盡快回應他的一月宣言。他表示對區域衝突的持續關切，強調「蘇聯在其他國家作戰，而美國沒有」。他說如果戈巴契夫能從阿富汗撤軍，他就會「盡可能在各方面」提供協助。他還表示莫斯支持利比亞的格達費讓他懷疑蘇聯對終止恐怖主義的誠意。[25]

確實，美方有確切的情報指出蘇聯正在部署SS－25移動式洲際飛彈。CIA也經常向雷根報告蘇聯軍方正在測試一系列巡弋飛彈和戰略轟炸機。[26]莫斯科媒體也在無意間刺激了美國內部的反蘇情緒。一九八六年三月六日，蘇聯電視台有一則報導說前瑞典首相奧洛夫・帕爾梅可能是被美方所殺。*一九七八年和一九八四年義大利前首相阿爾多．莫羅及印度前首相甘地夫人被刺，也都被說成是美國的陰謀。[27]這些指控讓美蘇之間的氣氛更糟糕。雖然雷根想緩和與克里姆林宮領導人的關係，但他也要考慮蘇方正在擴張軍力的證據。戈巴契夫的示好動作的確有可能是外交戰中的緩兵之計。雷根一向說他對莫斯科的態度是觀其行而不是聽其言，何況莫斯科的言論並不都一致想和解。身為美國總統，他很清楚每一個政府內部都有派系衝突。他必須確定主張和平的人真的在政治局內占上風。

在這個背景下，舒茲和莫斯科打交道就不能顯得太軟。他告訴杜布里寧大使和總理雷日科夫說，戈巴契夫的宣言根本不具建設性。[28]戈巴契夫只想對核子武器達成協議，把傳統武器排除在外。這讓華府無法接受。蘇聯領導人也必須了解如果他們不尊重國內人權、不停止霸凌東歐、不停止在全世界支持叛亂、顛覆和恐怖主義的話，美國是不會信任他們的。如果戈巴契夫要達成裁軍協議，就必須在美國政府覺得重要的事情上改變立場。[29]

舒茲繼續敦促雷根重開對蘇會談：「雖然戈巴契夫的方案大部分都只是為了宣傳，但我們不能隨便排除戈巴契夫真的有在努力維持你和他在高峰會開啟的改善美蘇關係的動力」。他列舉一些進展的例證。戈巴契夫有採取一些尊重人權的措施；他也有接受雷根完全非核化的目標。雙方也都同意兩大超強應該先把歐洲的中程核子武器維持在相等數量。舒茲承認蘇聯領導層仍然反對美國對英國和法國核子飛彈的政策，也反對從亞洲地區撤除飛彈。但他敦促雷根應該主動邀請談判以測試戈巴契夫的誠意。[30]美國政府中其他蘇聯專家也採取這個意見。例如國家安全會議的傑克．馬特洛克就認為雖然戈巴契夫的「一月宣言」意思含糊，但還是應該加快節奏。[31]駐莫斯科的哈特曼大使也期盼重啟會談。[32]

雷根聽得很入耳，遂簽署了一道命令，要試探蘇聯領導人會不會以他的方案為基礎裁減核武。[33]他在一九八六年二月二十二日致函戈巴契夫，提出第一階段裁軍應該把戰略飛彈裁減為各自四千五百枚。他建議要在一九八九年之前裁掉所有中程飛彈。他也承諾會在現行條約義務的框架下研發「戰略防禦系統」。他呼籲要有「具體而有意義的信心建立措施」，也呼籲完全禁止化學武器。他沒有提到之後幾階段的具體內容和時間，但他希望戈巴契夫能在雙方再度會面之前有所進展。[34]

在和戈巴契夫進一步談判前，白宮和國務院要在北約獲得共識。雷根指派尼茲和羅尼為使者。尼茲忙著在西歐轉了一圈，去了倫敦、巴黎、波昂、羅馬、海牙和布魯塞爾。他回報說各盟國領袖對蘇聯的動機依然有疑慮。[35]但他們還是很高興雷根願意和戈巴契夫繼續對話，希望雷根能逼莫斯科多做讓步。他們害怕如果「一月宣言」真的實現，美國會收回戰後幾十年提供的核子保護傘，西歐就要面對蘇聯龐大的傳統武力威脅。尼茲處理北約國家，羅尼則去了美國在東方的盟邦和友好國家，到了東京、首爾、北京和坎培拉。他回報了各國對戈巴契夫的懷疑。這些國家的領袖都注意到，蘇聯的方案對於亞洲非核化並不像對歐洲那麼急切。[36]

密特朗致函戈巴契夫，警告他說如果他只侷限於核武談判，那將一無所獲。他也寫信給雷根說西方應該考量「蘇聯最新方案中的有趣之處」。[37]柴契爾夫人的態度較為負面。她寫信給雷根說，戈巴契夫依然是那種「我們所熟知的蘇聯共產黨」。她說他的「一月宣言」不過是宣傳花

* 一九八六年二月二十八日，瑞典首相奧洛夫・帕爾梅在斯德哥爾摩一家電影院觀看電影回家時遇刺身亡。迄今未能查明真相。

招，「為簡單的步驟定出虛假的時間表」。問題是他激起了「不現實的公眾期待」。她建議雷根總統要堅持「戰略防禦系統」，而且要按照其研發進度來決定要裁減多少核武。[38]尼茲覺得英國外交部長侯艾和其他大臣要比她更懷疑「一月宣言」。英國保守黨還是把戈巴契夫看成傳統的共黨官員。[39]

雖然CIA喜歡柴契爾甚於密特朗，但他們知道雷根是真的想和蘇聯達成裁軍協議。他們也知道堅稱戈巴契夫在裁軍談判中沒提出什麼新東西是站不住腳的。如果懷疑派要發揮影響力，就必須換個說法。凱西很清楚這一點。一九八六年三月，他特別點出克里姆林宮還在搞武器系統現代化。蘇聯的軍事威脅在可見的未來都會持續存在。根據凱西的說法，戈巴契夫既能幹又邪惡。他企圖藉由和平締造者的形象來騙美國減少國防支出，另一個目的是讓西方中止科技轉移的禁令。[40]凱西呼籲政府要提高警覺。他說克里姆林宮經常違反《反彈道飛彈條約》，還繼續蓋克拉斯諾雅爾斯克的雷達站。他認為這樣一來華府也不用擔心違反條約：應該教訓莫斯科，你自己違反，別人也會違反。[41]

舒茲不喜歡這種想法。他看不出撕毀條約對美國有什麼好處。雙邊要有互信，雷根才有機會和戈巴契夫達成協議。凱西拿出CIA的經濟情報做回應，強調蘇聯依然有長期在軍事上挑戰美國的能力。然後大家都提出不同的分析。美國各部門都同意蘇聯經濟確實面臨極大的困難，但對困難的程度則有不同的評估。CIA研究人員早就看出全球油價下跌的後果，但認為蘇聯依然維持「健全的財政狀況」。[42]哈特曼大使也判斷戈巴契夫初期的經濟措施取得了一定程度的成功。[43]如果這是事實，那美國就應該繼續在軍事研發上投入預算。

但CIA的分析到底有多可靠？前蘭德公司（RAND）總裁、現任國家情報委員會主席哈利・羅文（Harry Rowen）完全不認為蘇聯經濟有任何成長。他傳閱了一篇文章給舒茲、溫伯格、麥克法蘭和凱西等人看，並刊登在《國家利益》雜誌上。[44]一九八六年四月，羅文和四位看法相同的蘇聯專家透過雷根總統的幕僚查爾斯・佛提爾（Charles Fortier）向雷根和舒茲做簡報。CIA認為蘇聯的經濟產出有成長，羅文則認為這種成長充其量也是微不足道，甚至很有可能呈現年度負成長。他建議總統在未來會談時可以用高姿態面對戈巴契夫。[45]身兼政治人物與企業經濟學家的舒茲欣見這樣的分析。[46]他認為凱西和溫伯格之所以高估蘇聯的經濟表現，主要是因為他們不想和莫斯科簽訂裁軍條約。他希望情資報告不要被政治偏向扭曲。與CIA相反，他猜測蘇聯的改革派知道經濟危機迫在眉睫，其示好動作反映出他們對前景的恐慌。

雖然羅文的觀察很有道理，但其政策意涵卻不甚明確。如果蘇聯經濟真的不好，那也許真正如舒茲所建議的是和蘇聯領導人強硬談判的好時機。但溫伯格也可以用同樣的數據來主張美國不應該急著談判妥協。溫伯格和凱西沒有抓住這一點。他們只能焦急地看著報紙上大肆報導羅文的觀點。[47]

但CIA也並不是說蘇聯沒有預算問題。[48]舒茲、溫伯格和凱西也至少都同意要抓住戈巴契夫主動的機會。一九八六年三月五日，舒茲提出如何減少蘇聯介入區域衝突的幾點建議。戈巴契夫已經說過他想改變阿富汗政策，舒茲就呼籲要準備好一套蘇聯在六個月內撤軍的和平計畫。但如果戈巴契夫想進一步和美國改善關係，他就得逼越南從柬埔寨撤軍。美國願意協助柬埔寨重建經濟，也願意和越南關係正常化。至於安哥拉，舒茲強調要嚇阻蘇聯領導人升高軍事介入的程度。他還想和桑定解放陣線重啟對話以解決尼加拉瓜問題。他懷疑戈巴契夫有心處理中美洲，但如果蘇聯繼續支援桑定政府軍火，美國政府就要請國會撥款來支持反抗軍。[49]

舒茲每一次見到謝瓦納茲都會提出這些主張，確保政治局了解美國的決心。[50]他想測試戈巴契夫和平攻勢的誠意。「一月宣言」提出三階段廢除核武的方案，但戈巴契夫——或者說是阿赫羅梅耶夫——對第三階段有所保留，美方判斷其目的是要讓蘇聯汲取最大利益，延緩向美國的要求做讓步。舒茲堅持要把第三階段提前到第一階段實現。如果戈巴契夫不答應，舒茲就可以向全球輿論曝露他毫無誠意。他向助理國防部長培里說明自己的看法，希望在政府內部建立共識。培里的反應不錯，他決定和舒茲合作，探明戈巴契夫是否真的願意為了世界和平向美國妥協。[51]美國這邊的狀況已不同以往。舒茲以前都在設法把蘇聯領導人拉上談判桌，現在則要說服政府內部的懷疑派。他只希望能克服長久以來的派系紛爭。

第十七章
車諾比震撼

油價大跌害蘇聯的財政日益緊張。車諾比爆炸案也讓戈巴契夫驚駭一場核子災害將對人類留下多大的禍患。於是，儘管他對雷根的冷漠回應感到憤怒，最後仍不得不軟化他的堅持。

戈巴契夫沒料到他的「一月宣言」會在西方引起偌大疑慮。前一年的出訪讓他有了親身印象來制定外交政策，其價值遠超過幕僚和研究單位提供的建議。現在距離他出訪已有幾個月。他以為他已經給美國和全世界提出了非常好的條件。他期待很快會有建設性的回應。但如果他去任何一個北約國家造訪一下，他就會看出事態非他所料。西方各國首都的漠然以對讓他很訝異。

但公平的說，他還有其他更急迫的事要做。他必須向黨和人民說服他的行動方案，還要集中精力在即將舉行的黨代表大會上做報告。他厭倦了各顧問小組提供的乏味草稿，遂由雅可夫列夫召集一些可以提出新東西的人。[1]阿富汗問題讓大家很傷腦筋。謝瓦納茲的副部長柯瓦廖夫提出一段文字說這場戰爭是「血淋淋的傷口」，蘇聯軍隊應該撤離。戈巴契夫和謝瓦納茲很滿意。但當戈巴契夫提交政治局傳閱時，好幾位領導人表示反對。[2]戈巴契夫認為激怒他們風險太大，決定把撤軍的部分刪除。謝瓦納茲發現後很生氣戈巴契夫居然沒事先和他商量，打電話去抗議。他威脅說如果戈巴契夫不改回原來的字句，他就要自己在大會上提出這個問題。戈巴契夫妥協了。在一九八六年二月二十五日要去大會之前，戈巴契夫打電話給謝瓦納茲說：「謹遵閣下之命。」[3]

他們相信必須攜手才能完成重要工作。謝瓦納茲剛從日本回來，知道沒可能打破「出口管制統籌委員會」對科技移轉的禁令。他和戈巴契夫急著達成經濟革新。他們承諾會購買日本的產品，想藉此引誘日本人，但沒有結果。東京政府不想激怒美方，何況蘇聯拒不談判日本在一九四五年被占領的北方領土。[4]謝瓦納茲列出一系列急待解決的難題。蘇聯和其他共產國家的關係要怎麼定位？發展中國家對莫斯科來說要放在什麼位置？這些問題又將如何影響對美關係？而對於「國際關係中的民主化問題」，官方立場又為何？謝瓦納茲小時候在喬治亞種葡萄，他喜歡說他是在新瓶裝新酒。[5]

讓戈巴契夫失望的是，雷根似乎比較喜歡舊酒。戈巴契夫坦白對幕僚和顧問們說要重新思考蘇聯的軍事準則：「我敢打賭，我們這房間裡每個人都有自己對戰略均勢的定義。而我堅持我的定義。真正的戰略穩定並非一定要雙方亦步亦趨，什麼都要對等」。[6]

但戈巴契夫還是在黨代表大會取得勝利。他的施政報告講到了令人興奮的議題。他描繪了蘇聯政經變化的大勢，強調他要在「互相依存的世界」中結束軍備競賽。他表示美國的「星際大戰」將帶來浩劫，應該以他的「一月宣言」為基礎向前推進。他還向黨代表大會吐露說華府都是被「右派團體」掌握，但他通篇演說都避免批評雷根。他認為雷根在大會召開前一天的來函並未闡明美方的意圖。其中有些樂觀之處，有些地方令人失望。戈巴契夫對著滿場掌聲說，他不接受被拒絕。他呼籲全球政治要有大刀闊斧的改變，終止各地的區域衝突。他用謝瓦納茲的說法稱阿富汗戰爭是「血淋淋的傷口」，宣布要盡快撤回蘇聯軍隊。聽完他的演講，沒有人會懷疑他為蘇聯的內政外交提出了全新方向。[7]

但他不敢公開承認蘇聯經濟在最近幾個月突然大幅惡化，但這並非他的過錯。問題來自利雅德而不是莫斯科。石油輸出國家組織要靠西方政府才能控制全球油價。但柴契爾夫人於一九八五年把英國國家石油公司拆散後，整個購買體系被瓦解。為了應付油價可能大跌，沙烏地阿拉伯大幅增產，造成油價從一九八五年十一月每桶三十二美元下跌到一九八六年春天月的每桶十美元。[8]政治局很清楚蘇聯有多依賴石化產品對西歐的出口。全球油價突然崩盤讓戈巴契夫的預算規畫出現大洞。

在一九八六年三月二十日的政治局會議中，戈巴契夫對雷根忿忿不平：「我們提出了實在的東西。我們真的想裁軍。這種事不可能耍手段。沒人能夠欺騙對方。」他說，美方的反應是閃爍其詞和推諉搪塞。[9]他告訴幕僚說自己履行了對蘇聯人民和美國人民的責任，雷根卻躊躇不前。他認為密特朗和柴契爾也好不到哪去。「歐洲人」以前拜託蘇聯不要在歐洲部署中程飛彈，現在卻自己要部署更多潘興二號飛彈。美國讓情勢更加惡化。美方驅逐了蘇聯駐聯合國外交官，對尼加拉瓜發動了歇斯底里式的宣傳戰，一次又一次的威脅利比亞。他們在安哥拉繼續援助薩文比（Jonas Savimbi）*，也援助南葉門新成立的反左派政府。美國軍艦還駛入了黑海。他指控美國政府根本是想逼他對談判「關上大門」。他誓言不會讓這種挑釁得逞，他一定會堅持「一月宣言」提出的路線。[10]

根據有關蘇聯核武發展和全球金融活動的情報，美國國防部和ＣＩＡ持續懷疑蘇聯的真實

＊　薩文比領導安哥拉人民從事反對葡萄牙殖民統治的武裝鬥爭，一九七五年安哥拉獨立後，因政見不同，薩文比與安哥拉人民解放運動所建立的安哥拉政府展開內戰。二〇〇二年，薩文比在戰鬥中陣亡，安哥拉內戰結束。

意圖。[11]戈巴契夫一時不能理會華府的疑慮。但他也開始看出蘇聯領導人在「戰略防禦系統」的議題上陷入了兩難。如果一直講這個系統有多危險，那就是在雷根甚至蘇聯人民面前示弱。但如果不提這個話題，又會被認為無法跟上美國軍事現代化的速度。戈巴契夫決定採中間路線。他逐漸不再談論「戰略防禦系統」，真要談到的話也不再說成是什麼世界末日。[12]

他向政治局保證不會做不必要的讓步。他宣稱蘇聯科學家很有信心，他們告訴他說「可以建造出能摧毀戰略防禦系統的系統」。但和平總比戰爭要好。他知道和美國發生核武衝突必將完全摧毀雙方的國防，而且「我們的國家」也可能不再存在。[13]但他也不會任由雷根恐嚇他。他向幕僚透露說這些科學家說只要花上美國「戰略防禦系統」十分之一的成本就可建造一套反制系統。但是他「絕對不想再因為國防把國家搞壞」。[14]他很得意自己的新外交路線已經驅除了海外各界對蘇聯的恐懼。這在美國特別有效，美國輿論已經把他往好處想，讓政治右派邊緣化。[15]他在一九八六年四月三日的政治局會議中表達了審慎樂觀：「由於我們的政策，雷根的處境已越來越困難。美國想阻斷我們的和平攻勢，想打破它。他們所有的行動都是在挑釁。我們已看出他們要什麼：他們要我們還擊，破壞我們的威信。」[16]

他告訴政治局說：「我們住在同一個星球上。缺了美國，我們無法維持和平。」[17]他在一九八六年四月二日致函雷根，抱怨美國無所作為。他質問為何白宮對他的「一月宣言」毫無反應，否認他只是在搞宣傳戰。[18]但在公開談話中，他還是避免公開批評美國政府。在四月九日於陶里亞蒂發表的重大演說中，他的態度直率但維持尊重。他真心想按照「日內瓦精神」召開第二次高峰會，不能對雷根和舒茲無禮。[19]

他在一九八四至一九八五年的出訪經驗讓他對西歐有一些看法。他說英國依然會是「歐洲事務的關鍵大國」。他沒有解釋原因，但英國經濟已經不是歐洲龍頭，他指的應該是柴契爾夫人和白宮的特殊關係。英國共黨領袖戈登・麥克雷南（Gordon McLennan）和幾位工黨政治人物希望他能讓柴契爾和美國的關係別那麼密切，但戈巴契夫只回應說工黨可能在幾年內重返執政。[20]但與此同時，柴契爾夫人對他的態度卻不像在他成為總書記之前那麼友善。她不想和他糾纏。戈巴契夫即便對她失望也沒有說什麼，但他真的拿她沒輒。契柴爾夫人根本不想破冰，完全不理會一些人希望她能對莫斯科示好。

戈巴契夫要左右逢源。「我們必須牢記列寧的訓示，記住德俄關係友好的重要性」。在「德—德關係」上，何內克向來很難被掌控，戈巴契夫密切監視他和西德的接觸。他知道要嚴肅面對德國統一的議題。蘇聯的利益是避免再度出現「俾斯麥和希特勒」，戈巴契夫認真接受了學術界的建議。[21]他和柯爾總理建立聯絡管道，目的是防止東德被西德掌控。莫斯科向波昂示好讓美國人著急一下也沒什麼不好。東京和北京也一樣。與此同時，戈巴契夫也藉由加強和義大利的關係讓柯爾吃點醋。克里姆林宮必須靈活操作。戈巴契夫要求蘇共中央國際部加強對具體事務的建議。雖然他知道西歐國家絕不會背離美國，但他也知道自己在西歐的社會主義政黨、勞工運動和「其他進步力量」中深受歡迎。他還要加強吸引西方的商界、教會、工會和軍界。如果能讓人這些相信他的誠意，這些國家的政府就不能再推三阻四。[22]

他在思考如何對付美國，發現「一月宣言」中沒有提到傳統武力是一大錯誤：「我們也準備要解決這個問題。我們支持在各種武力上都要平衡，包括傳統武力」。[23]他預料軍方高層會提出各式各樣的反對。蘇聯在斯德哥爾摩的談判代表團就曾抱怨總參謀部的高姿態介入。[24]儘管他們有謝瓦納茲支持，但只有總書記才有足夠的權威面對阿赫羅梅耶夫。越來越多證據顯示總參謀部刻意藐視他的命令，戈巴契夫終於在一九八六年四月二十四日的政治局會議上怒責阿赫羅梅耶夫：「一旦做出政治決定，就要遵照執行。但斯德哥爾摩會談卻啥事不幹。沒有人提出主動」。他威脅說誰敢再阻撓斯德哥爾摩、維也納和日內瓦的會談，就要叫誰走路。[25]他環顧會議室，問說有誰反對他說的話。現場一片沉默。在場人人皆知阿赫羅梅耶夫被打敗了。戈巴契夫向總參謀部表明誰才是老大。[26]

他並不覺得軍方高層人事需要大幅變動。時候還未到。但謝瓦納茲在外交部就比較放得開手，他以科尼恩柯和阿赫羅梅耶夫勾結「背叛」把他開除。[27]，新任命了兩名第一副部長——阿納托利．柯瓦廖夫和尤里．沃倫特索夫。這兩人都是知名的改革派，謝瓦納茲希望他們能在他不在時管好外交部（但他後來對兩人很失望）。[28]科尼恩柯轉到蘇共中央國際部擔任剛從華府調回來的杜布里寧的副手。[29]戈巴契夫顯然想把蘇共中央國際部轉型成類似美國國家安全會議那樣的單位。[30]他在幾個最重要的改革派之間大搞平衡。杜布里寧不是那種不顧一切要根本改變外交政策的人。戈巴契夫也許是想準備一支第二梯隊，好在第一梯隊遇到困難時派上場。起用熟知美國高層政治的杜布里寧是很有道理的。[31]杜布里寧讓國際部的一些資深官員驚喜，因為他堅持要大家獨立思考，勇於提出建議不要害怕被懲處。[32]

雷根政府又給戈巴契夫出了難題。一九八六年三月底，華府驅逐幾十名以外交官名義在紐約聯合國大樓工作的蘇聯間諜。這起間諜事件長期以來被美國政府故意視而不見。莫斯科提出抗議。但蘇聯官方的憤怒其實有做作之處，領導層真正害怕的是雷根可能要放棄和解政策。

地中海局勢的發展又升高了雙方緊張。一九八六年四月五日，美國軍人常去的西柏林貝拉迪斯可舞廳（La Belle discotheque）發生炸彈爆炸，造成三人死亡，二百二十九人受傷。白宮根據

ＣＩＡ的情報，認定利比亞的格達費是幕後元凶。利比亞支持的恐怖分子幾年來一直在西歐和中東攻擊美國人。雷根已經警告過利比亞如果再搞這種事情，他會下令報復。一九八六年三月，他下令在蘇爾特灣的爭議水域進行海軍演習。格達費下令對美國飛機開火，美軍回擊，擊沉了利比亞的巡邏艦艇。在迪斯可舞廳爆炸事件後，雷根決定以Ｆ－111戰鬥轟炸機攻擊利比亞本土作回應。法國和西班牙反對美國戰機飛越其領空，柴契爾夫人同意美軍從英國機場起飛。一九八六年四月十四日對的黎波里的轟炸迅雷不及掩耳，但美國也損失了一架飛機。美國警告格達費如果再支持恐怖活動，一定會再進行報復。[33]

利比亞是蘇聯的附庸國。利比亞軍隊用的是蘇聯的裝備，受莫斯科顧問的軍事訓練。雖然轟炸的黎波里並不是直接挑戰戈巴契夫，但還是令人質疑雷根是不是他自己所宣稱的和平使者。《真理報》指控美國帝國主義的侵略行徑。但謝瓦納茲也指出，在指責美國是帝國主義時，蘇聯領導人也會被質疑偽善：「喔，還好這次不是阿富汗！」[34]戈巴契夫和謝瓦納茲迅速決定要審慎回應利比亞事件。他們還是期待能在該年度稍後舉行高峰會，所以只取消了舒茲和謝瓦納茲預定的會談。他們還通知美方說蘇聯到利比亞的班機還是會照常飛行，莫斯科希望班機不要受到騷擾。[35]但戈巴契夫並沒有公開譴責雷根。他甚至沒有致函慰問被空襲奪去一個養女的格達費。[36]

正當戈巴契夫和謝瓦納茲在謀畫下一步行動時，四月二十六日，烏克蘭的車諾比民用核電廠發生了災難。核子反應爐的爐芯融解。一開始，地方政府和中央部會都假裝沒什麼事。但災情很快就無法掩蓋，政治局開始介入。污染透過雲層穿越蘇聯邊境直達西歐，外國監測站都偵測到了。戈巴契夫對災難啟動全面調查，所有和美國對話的構想全部暫擱。謝瓦納茲的幕僚希望他能出來說明災情。瑞典媒體的訊息比《塔斯社》或《真理報》更快更準確。謝瓦納茲心情低落的說：「我真的厭倦了。我真的厭倦一直叫人不要裝聾作啞」。[37]

戈巴契夫聲稱政治局根本不知道車諾比核電廠可能會有危險，但這是錯的：KGB早在七年前就明確報告過，但政治局也被保證說問題已經解決了。[38]公平的說，戈巴契夫確實有讓蘇聯媒體比較公開誠實的報導這場災難。保密只會讓蘇聯在海外的名聲更受傷。斯堪地那維亞和其他外國監測站都偵測到高劑量的空中輻射污染。戈巴契夫公開承認低層官員和科學家既無能又謊話連篇。雷日科夫親自飛到車諾比附近地區監督核電廠除役。電視、廣播和報紙都有詳盡報導。雖然批評聲量還是被控制到最低，但這場災難算是蘇聯歷史上最被公開處理的一次。雖然共黨國家還是不准公開批評這件事，但東歐政治人物和人民對這場災難都群情激憤。戈巴契夫試著安撫民心，但他比大多數蘇聯人民都更受震撼。一個核電廠的爆炸讓他深刻體會如果動用核武將是何等災難。[39]

車諾比事件反而刺激了美國政府採取行動。舒茲告訴雷根總統說蘇聯領導人從今年開始變得「防衛心重且不願交流」。美蘇關係陷入僵局不符任何人的利益，對柴契爾夫人和柯爾等盟友的選舉也不利。[40]一九八六年五月十三日，舒茲到白宮說服雷根要改變對「戰略防禦系統」的立場。他表示，戈巴契夫的政治包袱太重，需要美國展現一點願意妥協的態度。舒茲的想法是可以繼續研發，但最後要不要部署可以再說。這樣一來，美國就可以一方面繼續做符合自身利益的事，一方面緩和蘇聯對軍事安全的疑慮。舒茲建議「拿我們內衣的衣袖給他們看，讓他們以為是外套」。唐・里根和約翰・波因德克斯特都喜歡這個點子。雷根總統也喜歡，因為保住了「戰略防禦系統」。[41]大家同意在此基礎上向前邁進。舒茲希望雷根能接見羅伯・蓋爾（Robert Gale）醫生，他治療過一些車諾比的受害者。他也建議寫一封私人信函給戈巴契夫。[42]

但舒茲的想法尚未成為美方正式決策。戈巴契夫和謝瓦納茲另想辦法要打破世界政治的僵局。在一九八六年五月二十九日的政治局會議上，戈巴契夫指責格達費的「革命原始主義」，要讓這位利比亞領袖認清現實，蘇聯絕不會為了他發動第三次世界大戰。[43]但應該做些什麼呢？蘇聯領導層的結論是，他們在政策上過分注重美國，外交部幾乎把歐洲都忽略了。他們也擔心過於忽視亞洲——和中國改善關係是很重要的。他們希望能跳出蘇聯在阿富汗的困局。[44]

一九八六年六月十日，華沙公約的政治協商會議在布達佩斯召開，莫斯科要向盟國做報告。戈巴契夫精神抖擻地說他不再追求每個軍事項目都要和美國達成戰略對等。他表示，蘇聯只要足夠就好。他說西方政治人物告訴他美國正打算以軍備競賽拖垮共黨國家的經濟。戈巴契夫要阻止美方發展攻擊性的太空武器。他接受法國和英國的意見，認為雙方應大幅裁減部署在歐洲的傳統武力。他呼籲大家要冷靜分析局勢，認清楚不可能分化北約：「我們無法孤立美國；我們無法分化北約；我們無法讓他們站到我們這邊。」他對中國倒是比較樂觀，宣布要對中國領導人表示善意，儘管中國長期反對蘇聯的外交政策。[45]總體來說這是一次很重要的講話。他改變了「一月宣言」的路線。他承認雷根不會讓步，北約的團結很堅固。他已經嘗試過阿赫羅梅耶夫的方案，但毫無所獲。他現在要調整他的核武方案，還要對傳統武力提出新方案。

對戈巴契夫更棘手的是車諾比事件。他公布了直達波蘭東部濕地的同心圓範圍內的輻射量數據，也公布了處理這起事件所需的預算細節。他講話時態度冷靜、突顯事實、表達遺憾。蘇聯領袖對政治協商委員會講話時從來沒有這麼謙卑過。[46]

西奧塞古提出羅馬尼亞境內的輻射量數據，呼籲華沙公約國家要合作處理這場災難。[47]至於戈巴契夫要和美國對話的構想，他說蘇聯的外交政策是蘇聯自己的事（這也是在警告他國不要干涉羅馬尼亞）。[48]何內克讚許戈巴契夫的和平倡議，他說蘇聯和東德可以藉由和西德合作達成進展（他是在暗示莫斯科要相信他和波昂往來）。[49]當會議談到共黨國家間的貿易問題時開始出現緊張。戈巴契夫抱怨匈牙利居然和資本主義國家的企業做生意，卻不和蘇聯做生意。[50]捷克的胡薩克抱怨「經濟互助委員會」的「關於科技發展的綜合計畫」毫無成果。[51]保加利亞的日夫科夫把議題拉回到車諾比事件，詢問說是否有必要重新設計東歐的核子反應爐。戈巴契夫回答說美國人在一九七九年三哩島事件後也沒有改變技術。[52]東歐各國領袖都對戈巴契夫願意公開討論問題的態度感到信服，也都支持他和美國達成裁軍協議的新方案。[53]

五天後，戈巴契夫回到莫斯科向中央委員會吹噓他所得到的支持。他不提對美談判的新立場，只批評「戰略防禦系統」，吹噓說自己的「一月宣言」是全世界良善力量的「力場」。[54]他令人不甚信服的宣稱東歐各國領袖也提出和他相同的裁減核武方案。[55]他顯然不想讓太多人知道他在布達佩斯提出的新方案，但在政治局裡就說得比較坦白。他一面期待和美國改善關係，一面承認「社會主義的世界體系」確實在科技上落於人後。當西歐的「歐洲經濟共同體」（European Economic Community）正在進行全面的經濟整合時，東歐的「經濟互助委員會」卻缺乏「向心力」。波蘭等國家對西方貸款的依賴正造成嚴重後果。羅馬尼亞、東德和匈牙利都在追求自己的「國家野心」，不顧共同的外交政策。他還說所有政治局成員在和東歐國家領袖打交道時，都感到他們越來越不「誠懇、坦白、互信」。戈巴契夫認為解決之道不是靠命令，而是靠說服和以身作則。[56]他在政治局關門會議強烈批判了「對待捷克斯洛伐克（一九六八年）和匈牙利（一九五六年）的方式」。[57]

正當戈巴契夫的談判立場在轉向時，美國政府也在考慮各種方案。在一九八六年六月六日國家安全會議規劃小組中，舒茲表示克里姆林宮正站在交叉口上：要不是忽視雷根總統的善意，把賭注下在美國國會刪減國防預算上，就是接受「隆納．雷根是讓美國人民接受協議的最佳希望」。舒茲希望能扭轉國會最近刪掉的軍事預算來逼戈巴契夫投降。他敦促要把重點放在達成一個「好的裁軍協議」上。雷根贊同他的看法。他同情戈巴契夫不顧政治反彈勇於改革。他認為美方的提案不能讓總書記「看起來什麼都放棄了」。雷根總統也重申他對「戰略防禦系統」的堅持，他說如果現行的技術研究成功的話，他就要下令實彈測試。他要讓蘇聯領導人相信美國的反飛彈系統只是在「防範瘋子」，不會威脅到任何人。[58]

一九八六年六月十一日，雷根在和舒茲談完話後，同意傳遞訊息去鼓勵戈巴契夫。舒茲向五月才新剛上任的駐美大使杜比寧（Yuri Dubinin）保證說美國認真看待蘇聯對於裁軍的說法，也承認蘇聯在尊重人權上確實有進步。他表示，雷根歡迎在最近的未來能舉行另一次高峰會。[59]

溫伯格不喜歡事態的發展方向。六月十二日，他在國家安全會議規劃小組中對舒茲提出反擊。他認為戈巴契夫之所以想簽裁軍條約完全是因為蘇聯的國防預算已經撐不住了。溫伯格認為蘇聯領導層完全不可信任。他還認為太空防禦系統是美國安全所必須。凱西贊同溫伯格，他說美國應該要求修改《反彈道飛彈條約》。舒茲接受挑戰。他主張一面繼續搞「戰略防禦系統」，堅持「歸零方案」，一面和莫斯科重啟談判。雷根站在他這邊。雷根重申他要在所有核子武器都銷毀後把太空防衛的技術和全世界分享。[60]他提醒大家戈巴契夫也有「鷹派」要面對；他也認為蘇聯領導人是真的擔心「我們在追求第一擊的優勢」。但他認為車諾比事件已經讓總書記體認到核子戰爭有多危險。他之前還懷疑戈巴契夫對裁軍的誠意，現在他比較有信心了：「做大事的時機已經到來。」[61]

關於車諾比事件對戈巴契夫思維的影響，雷根說對了。一年後，戈巴契夫向布希談到東西方所面臨的危險：

如果有核子反應爐在法國或這些國家被摧毀，這就等同於一場核子戰爭。為了清除車諾比的後續影響，我們花了四十億盧布。而這還不是最困難的狀況。所以認為核子戰爭開打後還能做些什麼的想法不過是幻想。如果我們的外交部無法在裁軍談判中弄出成果，他們應該被開除。[62]

就連蘇聯軍方報紙《紅星報》都刊出類似的文章。[63]戈巴契夫希望任何一位美國領導人，不論過去和現在，都能有這個新的體認。

一九八六年六月十九日，雷根在格拉斯伯高中演說時指出，蘇聯領導人終於提出一個值得美國關注的方案。[64]國務院和國家安全會議都表示贊同，發電報告知全世界的美國大使館。[65]舒茲致函給雷根，恭喜他成功迫使克里姆林宮從原來的談判立場讓步。戈巴契夫不再推銷他的「一月宣言」。他現在願意分別就戰略和中程核武做談判。他也接受雙邊互相查驗的機制。兩大強國重啟高層會談的時機到了。[66]雷根在格拉斯伯高中演講的同一天，戈巴契夫正在寫信給雷根，呼籲他回到日內瓦會談所設定的步伐。一九八六年六月二十三日，杜比寧大使在橢圓形辦公室遞交了這封信，他強調戈巴契夫願意考慮對一些雙方沒有交集的問題——包括中程核子飛彈議題——做「部分解決」。[67]

自從日內瓦高峰會以來，莫斯科和華府那些致力想達成新協議的人首度看到了前景。幾個月來的外交僵局終於要結束了。

第十八章

戰略防禦系統的虛實

美國政府內部有許多人對「戰略防禦系統」是否可靠感到懷疑，連國防部長溫伯格都私下承認它有技術上的困難。然而，蘇聯卻不敢輕忽大意。

莫斯科和華府都不公開提起戈巴契夫在那個夏天所做的最大讓步。「戰略防禦系統」依然是戈巴契夫和美國改善關係的最大障礙，但他只能接受雷根絕不會放棄的事實。儘管痛苦，但他為了打破僵局不得不讓步。一九八六年五月二十九日，他下了一道重大指令給在日內瓦談判的蘇聯代表團。他本來堅持一定要美國完全放棄「戰略防禦系統」。現在他願意讓美國繼續在實驗室中研發，只要不做實地測試和部署。舒茲和尼茲都看出這是蘇聯立場的重大轉變：美國的大好機會來了。[1]

美國政府知道，克里姆林宮很清楚自己在財政上無法再經得起新一輪的軍備競賽。CIA認為蘇聯還是有經濟能力搞軍事現代化，但預算缺口已逼使政治局不得不認真談判。[2]不論雷根的「戰略防禦系統」好壞，它確實對政治局產生了作用。這是美國官員一般的看法。國務院的情報研究局向來認為除非能逼使美國放棄這項計畫，否則蘇聯預算無法平衡。[3]法蘭克・卡盧奇（Frank Calucci）在一九八六年底繼波因德克斯特出任國家安全顧問，他認為「這是戈巴契夫的夢魘」。[4]舒茲根本不相信亞伯拉罕森中將對這項計畫的吹噓，但他後來也表示：「嗯，從談判的角度來看，它倒是非常棒的。」所有美國政治人物和談判人員都覺得「戰略防禦系統」動搖了克里姆林宮的自信心。[5]就連把白宮這項戰略主張譏為「電影劇本」的季辛吉都表示，「所有和我談話的蘇聯人都對『戰略防禦系統』忐忑不安。」[6]

對於克里林姆林宮到底該不該害怕，華府內部是有爭辯的。雷根強調這項研究完全是以防衛為目的。但是波因德克斯特理解戈巴契夫擔心美國可能是在發展能打擊地面目標的太空武器。他也知道一旦戈巴契夫出聲反對這項計畫，要他退讓在政治上是很難堪的。[7]CIA的羅伯・蓋茲也默認這一點。他知道正在進行的幾項研究在未來是可能有攻擊性用途的。[8]但他和其他官員一樣，在公開談話時都表示這個計劃沒什麼讓另一個超強好害怕的。

但現在是戈巴契夫在當總書記，白宮不講清楚「戰略防禦系統」背後意圖會被蘇聯拿來作宣傳文章。尼茲就請求雷根要把這點講清楚，還要求政府必須承諾不會違反《反彈道飛彈條約》。他請求雷根放棄追求軍力優勢，建立可靠的戰略平衡。他認為在雙方同意「共同合作追求防衛性的平衡」之前，還是有必要以攻擊性的核子武器互相嚇阻。[9]溫伯格的看法則在光譜的另一端。在他看來，美國的利益就是要保持戰略模糊，越讓蘇聯捉摸不清越好。而為了保有「戰略防禦系統」的巨大潛力，溫伯格根本不管有沒有違反《反彈道飛彈條約》。但他在私底下也承認這個計畫尚無重大技術進展。他表示，這套新的太空系統等於是要「用子彈打到子彈」。但他在公開場合絕對不提這項任務的艱鉅之處。[10]

舒茲經常和物理學家愛德華・泰勒通信，他嚴重懷疑亞伯拉罕森中將對這項計畫的說法。[11]許多科學家都在密切關注進展，例如「科學研究實驗室」（the Science Research Laboratory）主任湯瑪斯・強生（Thomas H. Johnson）。強生告訴在國安會負責蘇聯事務的傑克・馬特洛克說，總統的目標能否達成還遠在未定之天。[12]他特別強調亞伯拉罕森有所誇大不實。[13]強生擔心這項計畫的主持人正在誤導政治人物，他還強調在未來十年內沒有任何一個部分有辦法加以部署。[14]後來也證實亞伯拉罕森規劃了一些「測試」，目的是在誘騙蘇聯分析家相信這項計畫已接近完成。[15]

但政府內部這些懷疑派也不想大肆喧嚷。亞伯拉罕森誇大其詞無妨，只要他的計畫能讓蘇聯領導人心神不寧就好了。自舒茲以下，大家都認為這可以增加美國和蘇聯談判的籌碼。

但北約盟國還是很不安。一九八五年四月三日，北約秘書長加林頓爵士（Lord Carrington）與造訪波昂的雷根會談。他深入談到一旦美國撤出在歐洲大陸的核子武器，西歐就要面對蘇聯大軍入侵。[16]加拿大總理布萊恩・穆爾羅尼（Brian Mulroney）不但公開批評「戰略防禦系統」，還當面向謝瓦納茲重申。[17]國務院的回應是向這些國家施壓。舒茲對柯爾說，除非他公開支持「戰略防禦系統」，否則雷根將拒絕出席一九八五年五月在彼特堡（Bitburg）舉辦的二戰周年紀念。「沒有戰略防禦系統，就沒有彼特堡。」這一招發揮效果，逼柯爾發布聲明說：「我們同意這是審慎而必要的措施。」[18]但其他政府對「戰略防禦系統」的敵意還是不減。密特朗在一九八八年底訪問莫斯科，重申他支持蘇聯對「戰略防禦系統」的立場。[19]而契柴爾夫人之所以不再對外批評，是因為美國向她保證英國公司可以接到這個計畫的相關訂單。但蘇聯外交部知道英國對這些訂單並不滿意。[20]

西方國家領袖幾乎都不認為研究團隊能達到雷根總統想要的成果。蘇聯官員也都這麼認為。科學家葉夫根尼・韋利霍夫與同事羅爾德・薩格德耶夫、安德烈・科科申（Andrey Kokoshin）共同寫了一本書叫《太空中的武器》（*Weapon in Space*），指出了理論上和實踐上的巨大困難。[21]韋利霍夫是全球知名的蘇聯科學家，他真心認為蘇聯若想模仿「戰略防禦系統」是愚不可及。[22]他的觀點被蘇聯公開認可。但西方媒體忽視了這本書。因為它是由蘇聯官方出版的，就被視為只是宣傳品。

政治局並不只是仰賴科學家的判斷。蘇共中央防衛部的維塔利・卡塔耶夫也審視了這項計畫，他靠的是KGB和GRU對亞伯拉罕森研究單位出版物的研究報告。[23]卡塔耶夫斷言美國最早在二〇〇〇年以前都不可能實際展開部署。他也認為美國經濟根本無法承擔這項計畫的支出。[24]他質疑美國有能力讓六百個「東西」在太空中長期穩定運作。[25]這套系統必須完美無缺才能讓美國擋得住攻擊，而卡塔耶夫認為這根本不切實際，他認為「戰略防禦系統」的「意識型態家們」完全了解這一點。[26]根據來自美國官方的資料，他估計就算「戰略防禦系統」的成功率能達到百分之九十九，蘇聯的核彈攻擊還是能殺掉兩千萬美國人。如果成功率只達到百分之九十，死亡人數將達到七千五百萬到九千萬人。[27]

蘇聯領導人相信美國人是想把蘇聯拉進新一輪的軍備競賽，讓蘇聯預算垮掉。謝瓦納茲就是這樣告訴外交部，而大部分人都贊同。[28]KGB主席克留奇科夫（Vladimir Kryuchkov）後來表示「專家們」都一致認為「戰略防禦系統」是「最大的騙局」。[29]蘇共中央防衛部長奧列格・巴克蘭諾夫認為這是超級「虛張聲勢」，根本不會成功。[30]

戈巴契夫要兩面作戰。他一方面聽說「戰略防禦系統」只是個騙局，另一方面又得到情報說美方的研究最後會用作邪惡的用途。蘇聯政治人物和他們的科學顧問的確無法確定這些科技不會用來攻擊蘇聯。而不管雷根自己說研究目的是什麼，都不能保證他的繼任者不會拿來作戰爭用途。戈巴契夫也要考慮到這些美國團隊所做的研究可能和雷根公開向世界說明的完全不同。美國國防部和其他單位可能在欺騙總統。戈巴契夫認為雷根並不完全了解這些研究者在做什麼，而韋利霍夫也懷疑美方真正在研究的是可以打擊到蘇聯境內目標的武器。所謂「騙局」也許是他們正在研發新一代的攻擊系統。[31]

戈巴契夫和他的同僚無法做斷言，蘇聯情報機關也沒辦法提供政治領導人一個確定答案。KGB和GRU編纂了大量關於「戰略防禦系統」的報告，沒有任何軍事議題受到這麼高的關注。但這些報告分析都很弱。[32]謝瓦納茲說出了政治局的心聲：「大家真的完全不知道戰略防禦系統到底是什麼東西。」[33]

戈巴契夫決定謹慎為上。如果美方是在打造新一代反飛彈系統，蘇聯也可以發展反制之道。戈巴契夫一方面譴責雷根的「戰略防禦系統」有好戰的目的，一方面秘密撥款研發反制系統。韋利霍夫雖然出書否定美國的計畫不可行，但他和其他蘇聯科學家卻正在努力追上美國。戈巴契夫批准了一項叫做「不對稱反擊」的計畫。其中有一條是要把蘇聯的軍事電腦從每秒運算一億兩千五百萬次提高到每秒運算十億次。這是蘇聯史上規模最大的國防計畫之一。國家預算重編以涵蓋一一七項新的基礎研究項目，還有八十六個科研調查項目，一百六十五個實驗性建設項目。這項計畫將自一九八六年起十年內投入四百到五百億盧布。另一說是在一九八六到一九九〇年的五年計畫內投入四百億盧布。[34]

以上都是高度保密，因為戈巴契夫正在激烈進行對美國的宣傳戰。蘇聯出版社出版了一系列聲討雷根及其計畫的著作。「星戰計畫」成為蘇聯媒體的主調。這些出版品還翻成外文在海外散播。但西方讀者的閱讀率很低，這就需要其他方法。戈巴契夫鼓勵和反對美國這項計畫的知名外國科學家接觸。蘇聯駐西德大使館就在一九八六年六月與馬克斯─普朗克物理和天體物理學研究所聯繫，因為它的執行所長漢斯─彼得．杜爾（Hans-Peter Durr）公開反對把太空軍事化。韋利霍夫及其「蘇聯科學家保衛和平反對核戰爭委員會」也獲准進一步和外國科學家接觸，把物理學家薩格德耶夫送到西德去做工作。

雖然這些公關活動對莫斯科有幫助，但政治局知道這還是阻止不了美國政府要把計畫完成的決心。正是因為認清這一點，戈巴契夫才痛下決心對白宮讓步，只要雷根肯同意限於在實驗室研究，不會實際測試和部署。他的算盤是出於軍事和經濟上的雙重考慮。他要確保美國不會製造出比蘇聯正在研發的更優越的武器。他還要營造一個可以少浪費一些軍事資源的國際環境。

第十九章
漫長的夏天

雷根把各人的政治信譽壓在「戰略防禦系統」上，堅持美國有權繼續開發、測試與部署，但蘇聯方面則認為美國根本缺乏談判的誠意。雙方在「戰略防禦系統」的歧見，阻礙了進一步和解的可能。

美國對戈巴契夫的重大讓步沒什麼表示，這讓他大為不悅。在一九八六年那個漫長的炎夏，他的心情相當不好。雷根對車諾比事件的慰問信沒有提到裁軍談判。戈巴契夫一直心繫烏克蘭這場災難，對於任何慰問都心存感激，但他很不滿雷根對裁軍協議遲遲沒有動作。

舒茲在一九八六年六月對溫伯格和凱西的勝利只是暫時的，因為雷根幾乎立刻就改變了心意。他雖然想和戈巴契夫再次舉行高峰會，但也擔心會失去他所重視的「戰略防禦系統」。[1]雷根從來不願讓溫伯格這個朋友太失望，而溫伯格也知道怎麼利用雷根這種心態。[2]舒茲就像薛西佛斯一樣必須不斷把石頭在同一個山丘往上推。兩人的論點都是老調重談：舒茲認為現在是和戈巴契夫談判的好時機；溫伯格則相信戈巴契夫會把美國的善意當成軟弱。數星期的爭論延遲了白宮對戈巴契夫的回應。這讓舒茲很惱火，他認為戈巴契夫最新提出來的方案是「重大邁進」。他認為溫伯格這種人只能接受「蘇聯對我們完全投降」。在舒茲看來，任由溫伯格主導外交政策只會刺激蘇聯進行「大規模的進攻型擴軍」，也會讓美國國會和美國民意不再支持「戰略防禦系統」。[3]

在一九八六年七月一日的國家安全會議中，雷根重申一定要保住「戰略防禦系統」。在場所有人都同意。溫伯格對國會最近想限制太空研究表示擔憂。波因德克斯特也憂心蘇聯最近想要重新界定《反彈道飛彈條約》的限制範圍。[4]戰略防禦系統主任亞伯拉罕森中將則警告說，一九八五年的預算被刪除已逼得他要縮減一些關鍵性的雷射研究經費。[5]溫伯格預測說，如果國會進一步刪減預算，那就會「搞死這個計畫，讓蘇聯人得逞」。艾德・梅西則建議要發動一場公關戰，說服國會「戰略防禦系統」會帶來「許多商用副產品」。[6]有這麼多人支持，雷根可以堅持他的基本目標。他想一面搞「戰略防禦系統」以及美軍報復能力現代化，一面想辦法裁軍。[7]舒茲這次異常沉默，也許是因為在場意見對他不利。結果是根本沒人談到戈巴契夫最近關於要把太空計畫限於在實驗室研究的提議。

戈巴契夫透過《紐約時報》的報導了解到美國政府內部的意見對立。在他看來，溫伯格等一干官員只想延長超級強國間的對峙，根本不想邁向和平。戈巴契夫很著惱他的讓步沒有得到回應，遂透過哈特曼大使向雷根總統傳了一個頗為唐突的訊息，質疑雷根到底有沒有心去「約束部屬」。[8]

他想利用世界輿論對華府施壓。既然雷根派戰機轟炸利比亞，戈巴契夫就說他不會用軍事行動來推動外交政策：「我可不會轟炸巴基斯坦。」亞洲因素也應優先重視。他認為對中國示好也許值得一試。瓦迪姆・梅德韋傑夫建議要建立互信，雙方應該從撤除中蘇邊境的中程核子飛彈開始。戈巴契夫認為這個建議可以補充「一月宣言」的不足。他下令要擬出一個分階段從亞洲領土撤除所有核子武器的計畫，又說印度洋也應該被宣布為非軍事區。雖然這肯定會讓美國不悅，但戈巴契夫希望藉此向雷根表明蘇聯旨在亞洲的和平，不會參與「區域衝突」和「軍事結盟」。[9]

但或許正是考慮到這一點，戈巴契夫最終並沒有接觸北京，但也許是因為他覺得自己在這個問題上還不能壓倒阿赫羅梅耶夫。

他對政治局說除非裁軍談判有所進展，否則蘇聯無法完成內部改革。他承認他沒有什麼經濟上的戰略：「我們眼前只有問題，沒有答案。」他說蘇聯並不是高度發展的經濟體，頂多是個「虛弱發展」的局面。[10]他對中央委員會書記處和各部門主管強調蘇聯和西方國家在生產力上有巨大差距。他看到報告說日本紡織業六百名工人的產出就相當於蘇聯九十萬名工人。政治局需要列寧和彼得大帝那種決斷力：要把沒有效率的管理人員統統開除。他說史達林特別拔擢年輕人到高位是正確的：「人的潛力無窮。我們要把垃圾掃除掉。」[11]談到政府公開透明的政策時，他說：「人民支持這一點，這可以幫我們壓倒反對派。我們在公開透明這個問題上絕不能妥協，要做給全世界看。你們看，我們現在正是在討論問題。我們正在壓倒反蘇情緒。這是我們的強項，不是弱項。」[12]

他再三向政治局強調經濟狀況很差，而且越來越糟糕。雷日科夫也向政治局提出令人沮喪的數據。蘇聯五分之一的糧食消費要靠進口，每年要花兩百六十億盧布。[13]戈巴契夫考慮過要停止向美國進口穀物。[14]全球石油價格在一九八五年秋到一九八六年夏大崩盤。經濟危機正在醞釀當中。蘇聯外債從七十億美元升高到一百一十億美元。而自從發動禁酒運動後，伏特加銷量大跌，收益也大減。[15]雷日科夫表示不得不縮減對科技現代化的投資。戈巴契夫悲觀的總結道：「我們已淪落到奴隸勞動的狀況——只能找原料來供應其他國家。就連保加利亞都提出要用他們的機器換我們的原料。」[16]這些討論和政治局在一九八五年之前聽到的東西沒什麼不同，只是在細節上更生動。雷日科夫和戈巴契夫覺得沒必要再委婉其詞。

一切都要看美國如何回應他的外交政策。一九八六年七月四日，密特朗在華府和雷根會面時敦促他要展開美蘇新一輪直接會談。密特朗對完全放棄核武表示疑慮，也重申對「戰略防禦系統」的質疑。他警告雷根不得把法國的核武拿來和戈巴契夫談判。這是法國的標準立場，雷根冷靜的聆聽。但他確實想和莫斯科重啟談判，至少在這一點和密特朗看法一致。[17]

一九八六年七月七日，戈巴契夫在莫斯科接待密特朗，得知法國也反對他的最新提案。密特朗強調雖然雷根堅持「戰略防禦系統」，但他是真心想追求世界和平。在密特朗看來，問題在於蘇聯和美國都提出對方無法接受的要求：「總之，美國人要談判但不要放棄戰略防禦系統，你們要他們放棄戰略防禦系統否則不談判。這樣一來絕不會有任何進展。」[18]他警告戈巴契夫說，真想要協議就得改變思維。「一月宣言」不能作為適當的談判基礎。如果不對傳統武力達成共識，就不可能有核武裁軍協議。戈巴契夫也要了解西方對SS－25飛彈、克拉斯諾雅爾斯克雷達站以及未來查驗機制的疑慮。[19]密特朗是在提醒戈巴契夫與雷根會談之前必須解決哪些問題。戈巴契夫回應說他正在等雷根回覆他最近的去函，他強調蘇聯領導層願意和美國簽署裁軍協議，只要美國把「戰略防禦系統」限制在實驗室中研究。[20]

雷根在一九八六年七月二十一日才擬好對戈巴契夫上個月來函的回信，並請各官員提意見。他也請官員先就回信內容徵詢美國國會及北約盟國。[21]他在一九八六年七月二十五日正式在回信上簽名。他在信中依舊重申「戰略防禦系統」背後並沒有攻擊意圖。他主張美國有權繼續再研發和測試五年，他也重申在證明其可行性後一定會分享這項技術。他呼籲要有計畫的裁減各種類型的攻擊性核子武器。他希望能把戰略性核武減半。[22]

蘇聯領導人開始重新審視雷根的外交政策。一九八六年七月底，他們召集了各相關單位組成工作小組，成員包括謝瓦納茲（外交部長）、切布里科夫（KGB主席）、索科洛夫（國防部長）、杜布里寧（蘇共中央國際部部長）、瓦迪姆·梅德韋傑夫（蘇共中央意識形態部部長）、雅可夫列夫（蘇共中央宣傳部部長）。他們提出了相當尖銳的分析。雷根想用區域衝突和軍備競賽「拖垮」蘇聯。他顯然想破壞政治局的社會經濟改革道路。[23]他把所有非社會主義國家和地區都視為美國「重大利益」的範圍，並採用了各種手段。他在阿富汗、尼加拉瓜、安哥拉和柬埔寨援助反革命叛亂，並針對格瑞那達、黎巴嫩和利比亞部署軍隊。他以經濟為籌碼迫使北約和其他國家聽命。但他面對世界局勢的變化也很有彈性。當薩爾瓦多、海地和菲律賓出現人民起義時，美國也會支持讓右翼獨裁政府倒台。工作小組認為，這些手段結合起來，證明雷根政府是在採行一套「新全球主義」（neoglobalism）。[24]

工作小組的建議是蘇聯和其他社會主義國家應該持續追求社會和經濟發展，把軍力維持在「必要的水平」。這種說法沒什麼爭議。怪的是備忘錄草案中居然沒有提到蘇聯在全世界以軍事或金援介入的「熱點」。故意不提是有原因的。工作小組想強調的是要慎重考慮「我們的資源和潛力」，減少對「開發中國家」的援助。[25]由於中國也對美國的「新全球主義」感到不安，小組建議莫斯科應該和北京改善關係。可以用學術交流當作第一步。備忘錄接著說，政治局應該善用「我們和西方以及美國政治圈內一些人的關係，這些人擔憂國際情勢因為雷根政府的冒險行為而急速惡化」。所有左派政黨都應該加以合作。還要系統性的利用媒體提出有理有據的論述。[26]

政治局批准了這份備忘錄。[27]這是激進改革派的一次勝利，謝瓦納茲獲得授權，想辦法讓美國和蘇聯都停止介入非洲撤哈拉以南地區的戰爭。他已經在想辦法逼「非洲民族議會」放棄武裝鬥爭。雅可夫列夫也請戈巴契夫要重申單方面暫停核子試爆來訴諸美國的反戰民意，讓美國政府中的鷹派為難。[29]戈巴契夫不需要人來說服這一點，而且他還有利加喬夫的積極支持。利加喬夫下令媒體展開猛烈的攻勢，要讓雷根難以再批准在春天於內華達州沙漠舉行過的測試。蘇聯把握機會把自己塑造成世界和平的促進者。[30]

數個月以來，戈巴契夫一直在思考怎麼把亞洲成為他外交政策的中心。[31]七月二十八日，他利用到遠東海參崴的行程宣布蘇聯想和東亞國家改善關係。他強調要追求和平，讚賞亞洲地區的不結盟運動。他說美國和蘇聯應該給亞洲與歐洲同等的重視。雖然他沒有稱讚美國一句，他在演講中卻也不加批評。他強調想和中國建立合作關係，認為在經濟往來和太空探索領域都有合作空間。為了保證他的善意，他強調莫斯科將只在亞洲領土部署最低限度的軍力，還承諾不會增加中程核子飛彈的數量。他呼籲整個印度洋應該走向非軍事化。他還宣布蘇聯領導層已經準備從阿富汗「把蘇聯軍隊帶回家」，條件是那些援助阿富汗反政府叛軍的國家也要停止介入。戈巴契夫再次突然採取主動。他在這場太平洋之濱的演說中表露了他對世界政治變化之慢的不耐。[32]

國務院也在抱怨進展太慢。舒茲每次和雷根談到他和溫伯格意見相左，雷根都站在他這邊。但雷根從來沒有照做。八月五日，終於受夠了的舒茲悍然提出辭呈。雷根那天正好排定做身體檢查，他的幕僚長唐諾・里根打電話給家在史丹佛校園的舒茲，拜託他留下來。舒茲回道：「這個工作環境令人心灰意冷。我根本組不成一個國安團隊。這種情況真是病態，我背腹受敵，孤立無援，完全無法作主。也許別人會做得比較好。」但唐諾・里根告訴舒茲國際政治的「大博弈」就要上場了。白宮需要一個「沒有不按規矩、沒有搞破壞、沒有暗箭傷人」的團結的內閣。唐諾・里根還說總統會對某些人「敲腦袋」。這些舒茲都聽多了。他之所以決定辭職，正是因為他覺得雷根遇事不夠堅決。但他還是回心轉意，同意幾天後再談。他回到華府收回了辭呈，準備投入下一階段的鬥爭。[33]

一九八六年八月十六日，雷根對即將召開的日內瓦會談代表團簽署了一份訓令。談判代表必須強調美國有權繼續研究、建造和測試「戰略防禦系統」。雷根希望從一九九一年開始部署，他還重申會和蘇聯分享技術。[34]但在另一份指令中，他強調他的「大戰略」是避免核子戰爭，防堵蘇聯的全球擴張。嚇阻依然是政策核心。美國的利益是破壞中國和蘇聯交好。一方面要致力於戰略性核武的現代化，一方面繼續研發「戰略防禦系統」。[35]

與此同時，戈巴契夫正在設法讓總參謀部做出新的讓步。首席談判代表格里涅夫斯基指出美國很重視在歐洲地區大部隊調動的互相照會和查驗機制，戈巴契夫批准了這個意見。他告訴札伊可夫和阿赫羅梅耶夫要提出適用的準則。但阿赫羅梅耶夫默默抵制。在一九八六年六月二十一日召開的札伊可夫小組會議中，氣氛相當火爆。政治局成員及外交部長謝瓦納茲激烈爭辯說美國這項要求無傷大雅。阿赫羅梅耶夫終於放棄抵抗。[36]但總參謀部和KGB還是很害怕讓美國檢查人員跑進蘇聯的軍事基地到處打探。[37]他們指控格里涅夫斯基越權行事。國防部長索科洛夫要求黨的紀律委員會要做調查。格里涅夫斯基向謝瓦納茲承認在某些技術問題上他確實逾越了指令。謝瓦納茲一向鼓勵外交部同仁要勇於調整外交政策，不想讓同仁因為遵從他的領導而倒楣。他去找戈巴契夫，重申一定要有互相照會和查驗機制。戈巴契夫駁回了對格里涅夫斯基的指控。[38]

阿赫羅梅耶夫告訴格里涅夫斯基說，許多在窩瓦河以東的蘇聯師團人力和裝備都嚴重不足：「我們不能讓外國人看到這種丟臉的事。」但格里涅夫斯基回答說，作為一名愛國者，他反而希望透過檢查來減少師團的數量，讓剩下的師團有好的裝備。[39]

政治局在一九八六年八月七日聽取了雙方對立的意見。格里涅夫斯基表示蘇聯也可以透過查驗來取得美國軍隊的重要情報，阿赫羅梅耶夫聽完後怒火中燒，指控格里涅夫斯基叛國。[40]戈巴契夫已經不想再聽了：「這到底是在幹嘛？你是總參謀長。你就自己先去把軍隊搞好，這樣就不用請美國人來幫我們把軍隊搞好。」[41]他提醒阿赫羅梅耶夫，做最後決定的是政治領導人而不是軍方將領，叫他要嚴守本分。政治局一致同意，不用再辯下去了。離開會議後，阿赫羅梅耶夫對格里涅夫斯基吼道：「軍方絕對絕對絕對不會讓你稱心如意。」[42]當天晚上，格里涅夫斯基跑去說服謝瓦納茲不如讓阿梅羅耶夫也到斯德哥爾摩去，讓他去表示贊成設立查驗制度。美國人一定會很驚訝連蘇聯元帥都支持。政治局批准了這個建議。[43]阿赫羅梅耶夫滿肚子火到了瑞典，但他還是盡責的完成任務，美國代表團熱烈地向華府回報了他的發言。[44]

阿赫羅梅耶夫之所以還聽戈巴契夫的，是因為政治局堅持除非美國同意蘇聯對「戰略防禦系統」提出的條件，否則不會有核武裁軍協議。[45]雖然阿赫羅梅耶夫是「一月宣言」最初版本的撰稿人，但他一直不認為真的會簽裁軍條約。他的算盤也許是美國根本不會接受戈巴契夫的妥協方案。他想等著看雷根如何回應。

一九八六年九月二日，蘇聯當局逮捕了俄裔美籍的駐莫斯科記者尼可拉斯・丹尼洛夫（Nicholas Daniloff），華府和莫斯科的關係再度生變。蘇聯指控他是CIA間諜。美國政府否認，警告說除非釋放丹尼洛夫，否則就要取消雷根和戈巴契夫的高峰會。雙方的指控你來我往。雖然嚴格說來丹尼洛夫真的不是間諜，但他確實有透過一名蘇聯公民把敏感訊息轉交給美國大使館。他沒想到CIA也涉入其中。CIA莫斯科站長史特朗堡（Paul Strombaugh）不小心在電話中提到丹尼洛夫的名字，KGB依此斷定丹尼洛夫是情報人員。戈巴契夫致函雷根說不應該讓這種事妨礙到裁軍談判。CIA的愚蠢行為讓雷根和舒茲大為不滿，但雷根還是要救回這名無辜的美國人。雙方在九月十二日達成換俘協議，丹尼洛夫被送往美國駐莫斯科大使館，而蘇聯間諜根納迪・札卡洛夫（Gennadi Zakharov）則從監獄被送給蘇聯駐紐約的外交官。

謝瓦納茲在九月十八日飛往紐約在聯合國大會發表演說。接下來兩天，他在華府和舒茲進行會談，遞交了戈巴契夫給雷根的信函。戈巴契夫強調要強化《反彈道飛彈條約》，限制「戰略防禦系統」只能在實驗室中研究。他還強調他已經很有彈性的把英國和法國的核子飛彈排除在外。他希望能在年底正式高峰會之前先和雷根會面，地點可以在倫敦或雷克雅維克。[46]

舒茲向謝瓦納茲保證雷根能理解蘇聯對「戰略防禦系統」的擔憂。他說美國人對車諾比事件非常震驚，還說大家都了解任何核子戰爭都將是災難。舒茲開玩笑說如果他能說服培里，那大家的意見就都一致了——他還說如果培里搞出任何麻煩，他會打破他的頭。[47]後來培里也出席會談，謝瓦納茲笑說重砲到場了。這話說得沒錯。培里劈頭就質問為什麼克里姆林宮要違反《反彈道飛彈條約》在克拉斯諾雅爾斯克建造早期預警雷達站。謝瓦納茲回答說，除非美國人願意談自己在格陵蘭的雷達站，蘇聯才會談這個話題。[48]他還請培里重新考慮與古巴卡斯楚的敵對（但培里難得的選擇不回答）。[49]他們也談到一些區域爭端。舒茲和謝瓦納茲對兩伊戰爭立場一致，但對於聯合宣言的內容還是沒有共識。其他區域則引發了爭辯。謝瓦納茲身邊的人很不爽美國總以為只要古巴軍隊撤出安哥拉，非洲南部就太平無事。唯一讓謝瓦納茲寬慰的是舒茲沒有提到阿富汗問題。[50]雷根也沒有提到，但他還是強調他堅持「戰略防禦系統」。但是雷根同意了戈巴契夫在高峰會前碰面的建議，這是一道曙光。

但會面地點也經過一番角力。舒茲認為雷根會傾向倫敦，這樣可以順便和柴契爾夫人碰面。他自己則建議雷克雅維克。[51]戈巴契夫也贊成。雷克雅維克是中立國家（冰島）的首都，美國東岸和蘇聯中心地帶大致等距。地理上的隔絕可以讓兩大領袖不要被分心。

戈巴契夫對結果不抱幻想。他在一九八六年九月二十六日告訴謝瓦納茲和其他領導人說，有很多美國重要人士希望升高國際緊張，阻擋蘇聯的勢頭：「所以，各位同志，我們孤立無援。」[52]他決心要在雷克雅維克大膽出擊，要他的規劃小組——切布里科夫、札伊可夫、柯瓦廖夫、阿赫羅梅耶夫和切爾尼雅耶夫——擬好讓雷根無法當面拒絕的方案。[53]一九八六年十月三日，戈巴契夫在克里米亞度假時和切爾尼雅耶夫談到會面前還應該做些什麼事。切爾尼雅耶夫主張要大膽和直接。他建議戈巴契夫要提出立刻裁減核武來逼迫雷根。他認為戈巴契夫應該贊同雷根的中程核武「歸零方案」，提出在第一階段就要裁撤百分之五十的戰略性核武。切爾尼雅耶夫認為只要戈巴契夫能說服雷根放棄測試，「戰略防禦系統」就不會成為威脅。[54]

一九八六年十月四日，戈巴契夫向規劃小組談到了內政和外交政策的密切關聯：「我們的目標是阻止下一階段的軍備競賽。如果做不到，我們的危險就會越來越大。如果我們對一些具體甚至重要的問題不肯妥協，我們將失去更重要的東西。我們會被拖進無法負擔的軍備競賽，而我們的能力已到了極限」。[55]他想搞清楚「戰略防禦系統」到底有多少是在虛張聲勢，他也要警告美國蘇聯也可以發展出有效反制。他將提出把戰略性核武減半，這會讓只想裁減百分之三十的美國人難堪。[56]他將要求所有中程飛彈都從歐洲撤出，因為潘興二號飛彈就像一把槍指著蘇聯的頭。他暫時不會去談法國和英國的核子武器以及蘇聯在亞洲領土的飛彈。[57]他要求對區域衝突、化學武器和人權議題提出新的草案。[58]在人權議題上，他要針對性的提出美國人自己違反人權的事例。他還要改變蘇聯的形象。他想放寬蘇聯對出國簽證的限制，讓蘇聯移民能自由回到祖國。[59]他希望規劃小組能提供適合給總書記而不是只給裁軍談判專家看的材料。[60]

他下令蘇聯媒體不要把期望設得太高。[61]加拿大前總理皮耶・杜魯道提醒他不要忘了雷根身上也有包袱。「某些力量」把他送入白宮，他不能不理這些人。[62]美國蘇聯專家和波蘭叛逃人士塞維林・比爾勒（Seweryn Bialer）告訴雅可夫列夫說，戈巴契夫想騙雷根放棄「戰略防禦系統」只會是浪費時間（但戈巴契夫當然也很清楚）。[63]加拿大總理布萊恩・穆爾羅尼向戈巴契夫保證雷根是真心要追求和平，是可以信賴的人。奇怪的是，他又說自己在和美國人來往時經常覺得自己像個心理分析師！穆爾羅尼警告說，蘇聯的人權紀錄依然是兩大超強修好的最大障礙。他說，雷根是真的認為美國軍力在一九八一年之前是在衰落中。謝瓦納茲保證戈巴契夫會抱著靈活彈性的精神前往雷克雅維克，也會備好一些「妥協選項」。[64]

在一九八六年十月六日的政治局會議中，頭號議題是有一艘蘇聯核子潛艇在北大西洋中部薩加索海域失蹤。大家擔心美國人也許會找到這艘船，取得其機密科技。葛羅米柯提出要先宣布沒有造成環境污染。但在車諾比事件後，戈巴契夫不想再聽這種建議。他只願意宣布「專家正在調查後續影響」。[65]

政治局的規劃小組（成員有伊可夫、切布里科夫、索科洛夫、杜布里寧、雅可夫列夫、柯瓦廖夫）提出戈巴契夫要求的指導方針。他們強調美國民意都希望和蘇聯達成協議，建議戈巴契夫要把裁軍的各個面向都連繫起來。[66]戈巴契夫要求政治局成員盡可能在下次開會之前提出意見。[67]一九八六年十月八日再度開會時，他承認談判很有可能觸礁。但他還是保持樂觀。他認為雷根知道美國「鷹派」的意見對他在全世界輿論面前沒有好處。葛羅米柯表示在歐洲部署SS－20飛彈是「粗暴的錯誤」。這對這位前外交部長來說可是破天荒的自我懺悔。對於談判策略，利加喬夫贊同戈巴契夫把蘇聯所有要求包裹式的提出來。但他也認為如果雷根太難纏的話，戈巴契夫在雷克雅維克也需要一些彈性。他建議應該允許總書記同意雙方部分削減核武，以維持進一步前進的動能。[68]

謝瓦納茲則預測美國會堅持不做包裹式處理。他最近和美方接觸得比戈巴契夫要多，知道雷根已把「個人聲望」押在「戰略防禦系統」上。[69]他想說服戈巴契夫不要非堅持美國一定要放棄「戰略防禦系統」才能達成核武裁軍協議。但總書記並不這麼想，力主要一攬子談判。他要憑一己之力說服雷根把「戰略防禦系統」限制在「實驗室」中。雷根很希望雙方能立刻削減核子武器，他想藉此把雷根拉到自己的裁軍方案中。

隆納・雷根
(Ronald Wilson Reagan, 1911-2004)

雷根於1981至1989年擔任美國總統，他刻意改變美蘇的低盪狀態，主張對蘇聯強硬。他聲稱蘇聯是「邪惡帝國」，並大幅增加軍事預算，研發在太空攔截蘇聯飛彈的「戰略防禦系統」，以打破相互保證毀滅的僵局。除此之外，雷根政府支持全球反蘇組織，例如資助阿富汗聖戰士，同時也繼續幫助中國，以從遠東牽制蘇聯。在1985年後，雷根開始與戈巴契夫合作以終結冷戰，並於1987年簽署《中程核子飛彈條約》。不過，雷根始終不願意放棄「戰略防禦系統」，因此裁軍談判進展並不順利。

雷根施政穩健積極，他的幽默、口才、個人魅力不僅折服了美國人，甚至擄獲了戈巴契夫與謝瓦納茲。雷根被認為是拖垮蘇聯的功臣，是終結冷戰的關鍵推手。

喬治・舒茲
(George Pratt Shultz, 1920-)

舒茲曾任教於麻省理工學院經濟系，後任尼克森政府的財政部長，1982年開始擔任雷根的國務卿，直到雷根任期結束。舒茲在國務卿任內，採取理性而務實的外交路線，認為與蘇聯強硬敵對並不能達到美國的戰略目標，反之應該與莫斯科有順暢的溝通管道，才能有效地裁減蘇聯武裝、遏制其勢力。

舒茲必須跟國防部長溫伯格等保守鷹派對抗，使用態度親善但要求苛刻的談判手段，成功使蘇聯妥協。舒茲彈性靈活的外交手腕，確保了美國在美蘇交流時的主動性。

哈伊爾・戈巴契夫
(Mikhail Sergeyevich Gorbachev, 1931-)

戈巴契夫早年為蘇聯農業經濟專家，後進入蘇共中央政治局，於1985年接任總書記，成為史上最年輕的蘇聯最高領導人。面對內外交困、經濟惡化的蘇聯，戈巴契夫採用激進大膽的政策，企圖改革內部並與西方陣營和解，以減緩蘇聯的壓力。意識型態方面，戈巴契夫主張「新思維」(new thinking)、「重建」(perestroika)、「開放」(glasnost)，反省共產主義，嘗試民主與民族自治；外交方面，戈巴契夫企圖靠近美國、拉攏西歐、破冰中國，並放鬆對東歐的控制；軍事方面，則倡導世界和平，力求與美國簽訂限制武器條約，並從阿富汗撤出軍隊。

戈巴契夫的改革最終導致蘇聯保守派的反撲與民族主義勢力的攻擊。前者在1991年八月政變中意圖推翻戈巴契夫，後者則以葉爾辛為代表，意在削弱蘇聯對地方的控制，試圖分裂出民族國家。1991年12月，戈巴契夫辭職，蘇聯解散，冷戰結束。

愛德華・謝瓦納茲
(Eduard Ambrosiyevich Shevardnadze, 1928-2014)

謝瓦納茲是喬治亞人，曾任喬治亞共產黨第一書記。藉由戈巴契夫的提拔，謝瓦納茲於1985年成為外交部長。他與戈巴契夫為堅定的盟友，皆主張大力改革蘇聯體制。

作為戈巴契夫的外交部長，謝瓦納茲作風自由、大膽、主動、幽默，改變蘇聯在世界外交上的僵硬形象。在許多冗長的高峰會上，他代表蘇聯與美國談判，在釋放裁軍的友好信息之際，也強調蘇聯的獨立性與軍事實力，堅持蘇聯的利益向美國力爭。

1990年12月，謝瓦納茲與戈巴契夫發生衝突，他指責戈巴契夫「獨裁」，並且立即辭職，雖然1991年底又回任外交部長，然而蘇聯已在崩潰前夕。蘇聯解體後，謝瓦納茲1995年獲選喬治亞總統，在2003年底的「玫瑰革命」中辭職，隨後退出政治界，於2014年逝世。

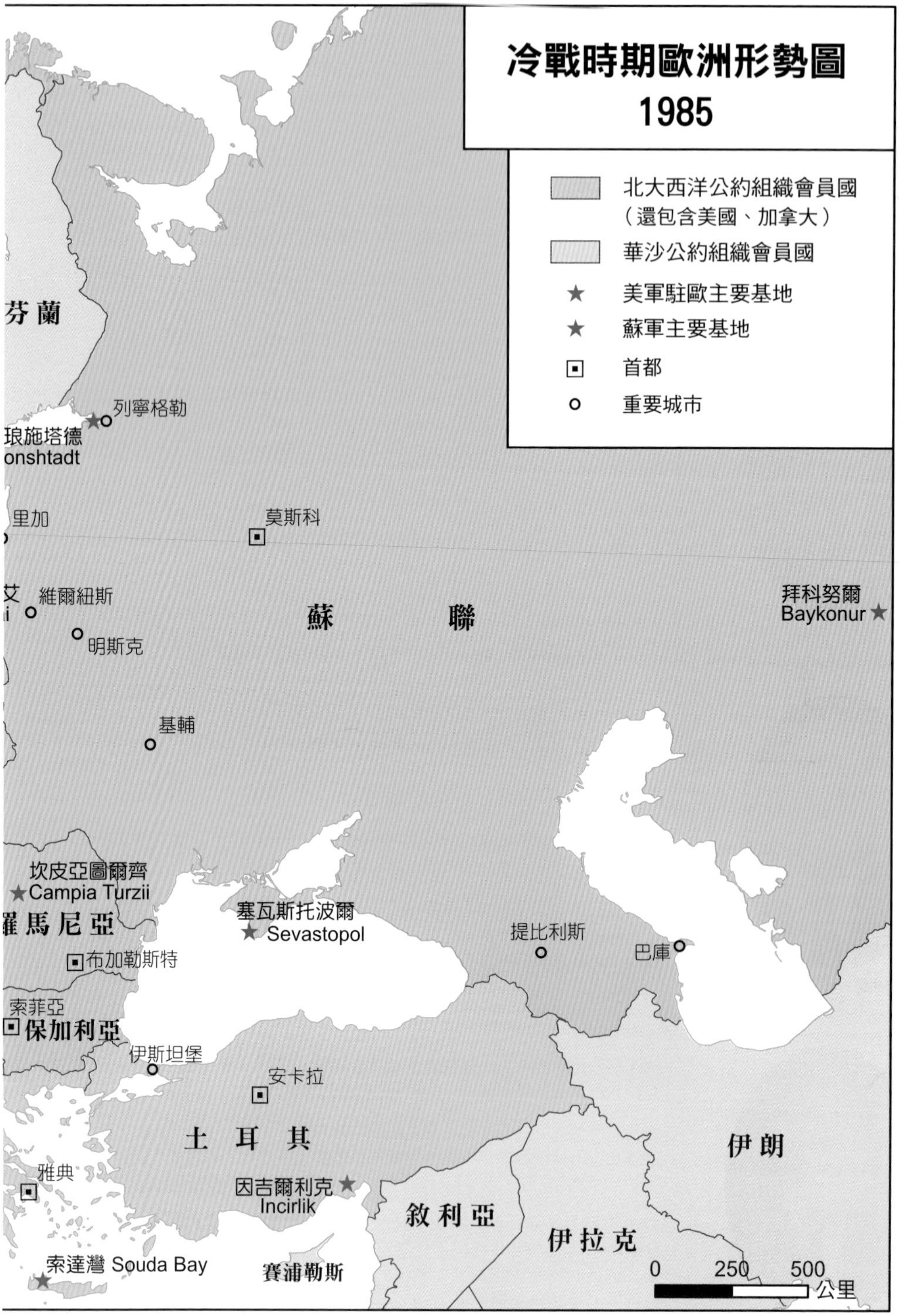

冷戰時期歐洲形勢圖
1985
北大西洋公約組織會員國
（還包含美國、加拿大）
華沙公約組織會員國
美軍駐歐主要基地
蘇軍主要基地
首都
重要城市
芬蘭
列寧格勒
琅施塔德
onshtadt
里加
莫斯科
艾
維爾紐斯
明斯克
蘇　聯
拜科努爾
Baykonur
基輔
坎皮亞圖爾齊
Campia Turzii
羅馬尼亞
塞瓦斯托波爾
Sevastopol
布加勒斯特
提比利斯
巴庫
索菲亞
保加利亞
伊斯坦堡
安卡拉
土耳其
伊朗
雅典
因吉爾利克
Incirlik
敘利亞
伊拉克
索達灣 Souda Bay
賽浦勒斯
0
250
500
公里

冰島
雷克雅維克
東德：
1. 斯特勞斯堡 Strausberg
2. 羅斯托克 Rostock
3. 萊比錫 Leipzig
4. 德勒斯登 Dresden
西德：
5. 施龐達萊姆 Spangdahlem
6. 鮑姆霍爾德爾 Baumholder
7. 拉姆施泰因 Ramstein
8. 達格 Dagger
9. 繆因恩 Mohringen
10. 加米施 Garmisch
11. 安斯巴赫 Ansbach
挪威
瑞典
奧斯陸
丹麥
愛爾蘭
英國
萊肯希思 Lakenheath
米爾登霍爾 Mildenhall
倫敦
荷蘭
比利時
波昂
西德
東德
東柏林
華沙
克爾茲瓦 Krzywa
波蘭
布拉格
米洛維采 Milovice
捷克斯洛伐克
巴黎
盧森堡
法國
瑞士
奧地利
布達佩斯
匈牙利
阿維亞諾 Aviano
森特基拉紹鮑德堯 Szentkirályszabadja
南斯拉夫
義大利
羅馬
葡萄牙
里斯本
馬德里
西班牙
羅塔 Rota
阿爾巴尼亞
希臘
摩洛哥
阿爾及利亞
突尼西亞
馬爾他
希奧利艾 Šiaulia
參考資料：The Times, *Atlas of the 20th Century*，1996 年版。

冷戰結束歐洲形勢圖
1991
北大西洋公約組織會員國
（還包含美國、加拿大）
華沙公約組織解散時範圍
（1991年7月）
1989-1991年間變化
1991年以後國境變化
（楷體為新興國家，隸書體消失國家）
首都
重要城市
芬蘭
聖彼得堡
俄羅斯
沙尼亞
莫斯科
維亞
宛
維爾紐斯
明斯克
哈薩克
前蘇聯
白俄羅斯
3 1991年12月蘇聯解體
基輔
烏茲別克
烏克蘭
斯洛伐克分裂
摩爾多瓦
土庫曼
羅馬尼亞
2014年俄羅斯兼併克里米亞
提比利斯
喬治亞
布加勒斯特
亞塞拜然
亞美尼亞
索菲亞
保加利亞
伊斯坦堡
安卡拉
土耳其
伊朗
雅典
敘利亞
伊拉克
賽浦勒斯
0 250 500
公里

參考資料：The Times, *Atlas of the 20th Century*，1996年版。

美國與北大西洋公約組織重要領導人與官員任期時間表

1981 1982 1983 1984 1985 1986 1987 1988 1989 1990 1991 1992 1993

職位	姓名	任期
美國		
總統	隆納·雷根	1981-1989
	喬治·布希	1989-1993
副總統	喬治·布希	1981-1989
	丹·奎爾	1989-1993
國務卿	亞歷山大·海格	1981-1982
	喬治·舒茲	1982-1989
	詹姆斯·貝克	1989-1992
	勞倫斯·伊格爾伯格	1992-1993
國家安全顧問	理查·艾倫	1981-1982
	威廉·克拉克	1982-1983
	羅伯·麥克法蘭	1983-1985
	波因德克斯特	1985-1986
	法蘭克·卡路奇	1986-1987
	柯林·鮑威爾	1987-1989
	布蘭特·史考克羅夫	1989-1993
國防部長	卡斯帕·溫伯格	1981-1987
	法蘭克·卡路奇	1987-1989
	迪克·錢尼	1989-1993
參謀首長聯席會主席	戴維·瓊斯	1978-1982
	約翰·維西	1982-1985
	威廉·克羅伊	1985-1989
	柯林·鮑威爾	1989-1993
白宮幕僚長	詹姆斯·貝克	1981-1985
	唐諾·里根	1985-1987
	霍華·貝克	1987-1988
	肯尼斯·杜波斯坦	1988-1989
	約翰·蘇努努	1989-1991
	斯金納	1991-1992
	詹姆斯·貝克	1992-1993
中情局局長	威廉·凱西	1981-1986
	羅伯·蓋茲	1986-1987
	威廉·韋伯斯特	1987-1991
	羅伯·蓋茲	1991-1993
駐蘇聯大使	亞瑟·哈特曼	1981-1987
	傑克·馬特洛克	1987-1991
	羅伯·史特勞斯	1991-1992
	皮克林	1993-1996
英國首相	柴契爾夫人	1979-1990
	梅傑	1990-1997
法國總統	密特朗	1981-1995
西德總理	司密特	1974-1982
	柯爾	1982-1998

蘇聯與華沙公約組織重要領導人與官員任期時間表

蘇聯／俄羅斯

職位	人物	任期
蘇共總書記	布里茲涅夫	1964-1982
	安德洛波夫	1982-1984
	契爾年科	1984-1985
	戈巴契夫	1985-1991
外交部長	葛羅米柯	1957-1985
	謝瓦納茲	1985-1990
	別斯梅爾特內赫 & 潘金	1990-1991
國防部長	烏斯季諾夫	1974-1983
	索科洛夫	1984-1987
	雅佐夫	1987-1991
	沙波什尼科夫	1991-1992
總參謀長	歐加可夫	1977-1984
	阿赫羅梅耶夫	1984-1988
	莫伊謝耶夫	1988-1991
KGB主席	安德洛波夫	1967-1982
	切布里科夫	1982-1988
	克留奇科夫	1988-1991
駐美國大使	杜布里寧	1962-1986
	杜比寧	1986-1990
	別斯梅爾特內赫	1990-1991
東德總書記	何內克	1971-1989
	克倫茲	1989・10-12
波蘭第一書記	賈魯塞斯基	1981-1989
	賈魯塞斯基（波蘭總統）	1989-1990
	華勒沙（波蘭總統）	1990-1995
羅馬尼亞總書記	西奧塞古	1969-1989
捷克斯洛伐克總書記	胡薩克	1969-1987
	耶克斯	1987-1989
	烏爾班內克	1989・11-12
匈牙利第一書記	卡達爾	1956-1988
	格羅斯	1988-1989
保加利亞第一書記	日夫科夫	1954-1989
	姆拉德諾夫	1989-1990

卡斯帕・溫伯格
（Casper Weinberger）

雷根政府國防部長，保守鷹派，一直主張強化美國國防與對蘇聯的貿易、科技封鎖，對蘇聯的和解採質疑立場。當雷根確定採取舒茲路線之後，他逕行辭職。

謝爾蓋・阿赫羅梅耶夫
（Sergey Akhromeyev）

蘇聯總參謀長，曾策劃入侵阿富汗，代表蘇聯軍方高層保守派的聲音，但也願意與戈巴契夫溝通妥協。他在八月政變後自殺。

柴契爾
（Margaret Thatcher）

英國首相，起先質疑美蘇和解，堅持英國應該要有自己核武，但同時與雷根保持良好的互動，是雷根在歐洲最堅定的盟友。

密特朗
（François Mitterrand）

法國總統，延續了戴高樂以來法國在外交上獨立自主的路線，退出北約軍事一體化指揮架構，但同時也清楚西歐需要美國提供的保護。

柯爾（Helmut Kohl）

西德總理，對實踐德國的統一功不可沒。但他片面宣布推動統一的「十點計畫」，導致英、法領導人的震怒，也對蘇聯造成沉重的壓力

何內克（Erich Honecker）

東德統一社會黨總書記，他在任內對於東德的經濟困境束手無策，只好私下向西德借款。他批評戈巴契夫的改革偏離了共黨的正統路線，而戈巴契夫視他為騙子。德國統一後，他因為冷戰時期的暴行而受審。

賈魯塞斯基
（Wojciech Jaruzelski）

波蘭統一工人黨第一書記，擔任國防部長時他協助蘇聯鎮壓「布拉格之春」。1989年的波蘭大選讓他成為幾十年來共產集團中第一位在選舉中失敗的領袖，但他在波蘭民主化的過程中相對和平地將權力交給華勒沙，並獲得相當的肯定。

西奧塞古
（Nicolae Ceaușescu）

羅馬尼亞共產黨總書記，個性剛愎自用，極力反對戈巴契夫在內部的政治改革以及與美國的和談。他對羅馬尼亞採高壓統治，嚴厲程度是共產集團之首。1989年革命之後，他與妻子遭到槍決。

以上照片皆來自維基百科

第二十章

雷克雅維克高峰會

在高峰會上，戈巴契夫率先提出慷慨的條件，另美方談判人員暗自竊喜。但是，深層的不信任仍阻礙雙方作出更大的承諾或妥協。雷根不懂為什麼蘇聯反對部署這種純粹防衛性質的系統。戈巴契夫則質問如果世界上已經沒有攻擊性核武，為什為美方還需要它。

隨著雷克雅維克高峰會逼近，華府加緊腳步準備。蘇珊・瑪西（Suzanne Massie）*問雷根他想從俄國人那裡得到什麼，他毫不猶豫回答說：「我要把核子武器統統銷毀，一個不剩！」[1]一九八六年十月二日，雷根指派唐諾・里根和波因德克斯特主持規劃小組最後一次會議。他要他們定出如何說服戈巴契夫的策略。[2]舒茲在紐約忙聯合國的事，只能寫信建議他和戈巴契夫會談時不要帶太多人。他主張在冰島會談時就只要波因德克斯特、唐諾・里根和舒茲自己等三人陪同。他敦促雷根要採取主動，並預測這場會議有可能解決掉當前中程核武的問題，還可能擴及戰略性武器。他提醒雷根，戈巴契夫也許會批評他在五月二十七日說美國可能不會再遵守到期後的《第二階段限制戰略武器條約》。但他強調還是有理由保持樂觀。雷根自從上任以來就對蘇聯的要求不假辭色。現在是收獲成果的時候了。[3]

雷根的老朋友巴尼・歐德菲爾德（Barney Oldfield）

* 蘇珊・瑪西是美國知名作家，雷根相當欣賞她關於俄國的著作，也透過她的著作了解俄國文化和歷史。

來祝他旅途愉快。歐德菲爾德說他上次到雷克雅維克已是一九五三年的事，是去處理讓當地電台無法對美軍基地播放賓．寇斯比（Bing Crosby）〈白色聖誕節〉的版稅爭議。雷根也回了一個反共笑話，還推薦他剛剛讀完的湯姆．克蘭西的小說《紅色風暴》（*Red Storm Rising*）。*[4]雷根的朋友電影演員卻爾登希斯頓（Charlton Heston）†傳訊息提醒他說：「你到冰島時可別眨眼睛。」[5]儘管他的語氣親切恭敬，實際上是表達了雷根那些保守派追隨者對於他可能在冰島過分讓步的疑慮。這意思雷根聽得懂，他找來新聞發言人林．諾夫齊格（Lyn Nofziger）在總統起居室一對一談話。正常程序是要有他人在場以防偏離官方路線，但雷根是想和他信賴的人來一場坦誠、私底下的聊天。諾夫齊格詳述有許多「雷根分子」擔心他可能抵抗不了戈巴契夫——戈巴契夫「可能得逞」。雷根告訴諾夫齊格沒有擔心的必要。他在「銀幕演員工會」時代就學會如何和共產黨打交道。他有信心對付戈巴契夫。[6]

但許多當初助他勝選的政治人物和支持者還是很擔心。愛德華．泰勒和眾議員吉姆．寇特（Jim Courter）敦促他要增加「戰略防禦系統」的預算，他們害怕蘇聯自己就有辦法發展這種系統。[7]立陶宛移民團體呼籲雷根必須要求戈巴契夫放棄史達林在一九四〇年代兼併他們的國家。[8]雷根對這些聲音不太在意，直到《新聞週刊》的保守派專欄作家喬治．威爾（George Will）譏諷他「莽撞地衝向高峰會」，總統決定邀他到白宮聊天。雷根當他的面說多年來沒有哪個總統敢像他那樣面對蘇聯領導人。他的沉穩讓威爾放下心來，媒體上的雜音漸息。[9]雷根也努力平息許多國會議員的疑慮。按照高峰會前夕的傳統，他向眾議院議長提普．歐尼爾和參議員羅伯．杜爾（Robert Dole）領導的小組做了簡報。他想讓國會兩黨都相信總統的立場既堅定又開放。雷根強調他對美國利益何在有一貫的見解。他承諾絕不會在冰島做出什麼驚人之舉。[10]

當然，美國政府中沒有人能預料蘇聯領導人會做些什麼。克里姆林宮在雷克雅維克會談前保密到家。戈巴契夫小心翼翼，收起他平日的浮誇。他在打什麼算盤？華府擔心他會在雷克雅維克發動奇襲。戈巴契夫的顧問之一喬治・阿巴托夫在一九八六年九月底到訪紐約，他告訴季辛吉謝瓦納茲馬上要來美國提出戈巴契夫關於解決「戰略防禦系統」的新方案。季辛吉立刻電告國務院這個訊息。[11]謝瓦納茲也告訴加拿大方面戈巴契夫會帶幾個「妥協選項」到冰島。[12]這讓美方更相信戈巴契夫正在醞釀什麼陰謀詭計，雷根一行人一定要提高警覺。波因德克斯特認為戈巴契夫是想「打破西方國家對蘇聯採取強硬政策的共識」。戈巴契夫已經提出不會和美國談判英國和法國的核子武器。也許他會進一步改變對「戰略防禦系統」的立場。雷根的官員在討論可能狀況時意見分歧。[13]戈巴契夫在冰島會談前就已取得心理優勢，美方擔心他會占雷根上風。

美方的不安是可以理解的。高峰會的慣例是互相知會對方自己要談什麼，但戈巴契夫不管這些。他認為他能用自己的理念和人格來影響雷根，而這正是美國右派所害怕的。他曉得雷根在私底下不太會用公開講話時那種反共論調。[14]而雷根自己則擔心會被保守派友人和支持者批評。他禁止官員未經他同意向媒體發言，不想再看到溫伯格在日內瓦會議前那種作為。十月七日，雷根召開國家安全會議規劃小組的行前準備會，溫伯格和凱西都出席了。[15]但兩人都不會去冰島。雷根只帶舒茲和一小組他的人馬過去。他也刻意要保持公事公辦的基調，盡量不要有社交活動。雷根也把對會談的期待壓到最低。他雖然希望有一場建設性的對話，但並不期望在冰島就簽下協議。[16]

---

* 《紅色風暴》描寫蘇聯因為國內的油田受到破壞而引發能源危機，於是決定侵略中東，並為了牽制北約而先攻擊冰島及西德。

† 曾主演《十誡》與《賓漢》，並因後者榮獲一九五九年的奧斯卡最佳男主角獎。晚年擔任美國來福槍協會主席。

十月九日，蘇聯和美國代表團飛抵克夫拉維克（Keflavik）機場。冰島海軍不讓綠色和平組織的「天狼星號」（*Sirius*）進入雷克雅維克灣。在切布里科夫的建議下，戈巴契夫一行住在兩艘蘇聯艦艇和一艘郵輪「喬治奧茨號」（*Georgi Ots*）上，以防被人竊聽。[17]雷根住在美國大使館，官員則住在霍爾特酒店（Holt Hotel），並在旁邊的學校設立臨時辦公室。第二天一早，雷根和他的高級官員開會。[18]他和舒茲在「泡泡」裡長談許久。「泡泡」是一個由厚達五吋半透明塑膠製成的反監聽設備，裡面可以坐六個人。雷根俏皮地說：「我的天，如果裡面放個水泥像再灌滿水，就可以養金魚了。」「泡泡」裡面空間很小，官員們只能緊挨著坐。[19]舒茲詳述已經定案的談判立場，依然是遵照雷根在日內瓦會議所提的方案。[20]舒茲能在離美國這麼遠的地方和雷根如此接近，招來政府其他部門嫉妒。舒茲也料到會有人要手段。果然沒錯，CIA向總統報告說有蘇聯將領在謀畫刺殺戈巴契夫。這讓美國代表團有些不安。而這是故意的。[21]

代表團在第二天花一整天準備兩大領袖的會談。喬治奧茨號和霍爾特酒店堆滿了大量簡報。[22]戈巴契夫和雷根對談判策略做了最後調整。雷根和舒茲、波因德克斯特和唐諾．里根共進晚餐。大使館和船上都充滿興奮之情。雖然這次會議並不是正式的「高峰會」，但總統和總書記都感到外界期待的壓力。兩人本來都要妻子陪同出席，但只有萊莎與會。她一早起來去參觀了冰島的地熱噴泉。[23]南西．雷根遺憾她無法出席，責怪萊莎「有點高人一等」。[24]

按照協議，雷根在一九八六年十月十一日於霍夫地酒店（Höfdi House）一樓大廳主辦了第一場會談，在十點四十分歡迎戈巴契夫到來。兩人先私下談了一個小時，同意未來任何條約都要放進查驗機制。這是好的開始。然後舒茲和謝瓦納茲加入會談。雙方在此時提出各自的具體方案。戈巴契夫先提出政治局最近批准的方案。他要求先把各自的戰略性核武減半，立刻從歐洲撤除所有中程飛彈。他沒有把法國和英國的核武也包括在內，並希望雷根收回對蘇聯亞洲領土也要撤除所有飛彈的要求。他也希望能開始討論射程少於一千公里的飛彈。他呼籲雙方都能繼續遵守《反彈道飛彈條約》。他也當面對雷根說，他同意美國繼續研究和測試太空反飛彈防禦系統，但是要限制在實驗室內進行。[25]

舒茲立刻就看出戈巴契夫提出了「非同小可的提案」。[26]但正如撲克牌玩家，舒茲藏住了喜悅之情，讓總統來出牌。雷根也對戈巴契夫的提案大感滿意，但作為一名工會談判的老手，他保持鎮靜和神秘莫測：他不放鬆對蘇聯代表團施壓。

雷根提出了幾件事情。他指出蘇聯可以偷偷把部署在亞洲領土的中程核子飛彈往西移動對準西歐。他也呼籲要對《反彈道飛彈條約》做最寬泛的解釋。他重申他會在「戰略防禦系統」完成後分享技術的莊嚴承諾，並認為這是對世界和平的重大貢獻：「主要理由是我們無法保證未來不會有人——例如像希特勒這樣的瘋子——會製造核子武器」。[27]戈巴契夫說他希望以上說的這些只是開場，希望有更具建設性的對話。雷根向戈巴契夫保證他真的只想在消滅所有彈道核子飛彈之後再部署「戰略防禦系統」。他說，這樣一來，蘇聯就不用害怕受到第一波攻擊。[28]雖然雷根認為這是友善之舉，但戈巴契夫對「戰略防禦系統」依然不為所動，不理解為什麼雷根不能感受他的憂慮。隨著爭論繼續下去，蘇方也不再提起可以讓步在實驗室中研發。

雙方代表團隊休會去用午餐，美方回到霍夫地酒店的「泡泡」中討論上午的會談。舒茲和其他美國官員都感到振奮。尼茲說這是蘇聯二十五年來的最佳提案。就連培里都承認戈巴契夫對歐洲的飛彈提出了重大建議，但美國還是擔心蘇聯會突然把部署在亞洲基地的飛彈移到其歐洲領土。[29]

到了下午，戈巴契夫問雷根是否接受把戰略性核武減半。雷根說他接受，但條件是雙方軍力必須維持對等，光是減半會使蘇聯留下比美國更多的彈頭。他再次提出要完全撤除歐洲和亞洲的中程飛彈。戈巴契夫問他能不能把「歸零方案」限於歐洲，讓蘇聯不用擔心部署在亞洲領土的飛彈。[30]他也希望雷根能理解他肯讓步在實驗室中研發「戰略防禦系統」已經很有彈性。[31]他雖然知道美國有財政優勢，但他預測蘇聯科學家也能發展出反制之道。他根本信不過雷根說要分享研究成果。如果美國連乳製品的技術都禁止輸出給莫斯科，蘇聯領袖憑什麼相信美國會輸出反飛彈系統的技術？他表示雷根根本沒搞清楚他整個「戰略防禦系統」到底有哪些東西。同樣的議題讓雙方繼續僵持不下。[32]

舒茲則看到樂觀的一面。當晚坐騎車回霍爾特酒店時，他對幕僚希爾說：「查理，這真是令人振奮的一天！這麼多東西被提出來。」[33]尼茲和阿赫羅梅耶夫的裁軍工作小組還在試圖縮小雙方在第二天會談中的差距。霍夫地酒店的討論持續進行到凌晨。雙方代表團都在二樓，就在雷根和戈巴契夫會談地點的樓上。美國代表團在樓梯上去左邊的房間，蘇聯代表團則在右邊（冰島人很有政治幽默感）。[34]美國代表團的「泡泡」是最新科技，其他設備就還好。理查・培里把門板拆下來放在浴缸上當成臨時辦公桌。他們不想把電動打字機插到主電源，害怕KGB會偵測到他們在打些什麼。美方在霍夫地酒店只有一位專職秘書，他們很快就用完了複寫紙，得向蘇聯代表團借用。舒茲聽到柯赫羅梅耶夫開玩笑說：「喔，蘇聯科技又救了你們一次」。[35]

阿赫羅梅耶夫很少讓同事插嘴說話。[36]他不眠不休地工作，當大家情緒毛躁的時候，也是他來發揮安定團隊的作用。[37]培里注意到他這一點。尼茲在美國代表團中就沒有這麼大的權威，羅尼甚至還強迫尼茲寫出一份完全不考慮戈巴契夫在夏天的讓步的草案。雙方進行到凌晨兩點時先暫停，美國代表團到霍爾特酒店徵詢舒茲的意見。舒茲聽到尼茲說「我被自己的代表團反對」，這讓他很不悅。舒茲決定不把雷根從睡夢中叫醒，他叫尼茲再回去討論，雙方在凌晨三點鐘再度開始討價還價。[38]尼茲和阿赫羅梅耶夫終於對如何估算雙方戰略性核子武器的規模取得共識。這是極端複雜的工作，牽涉到太多不同類型和不同能力的武器。但原有的歧見依然存在。阿赫羅梅耶夫反對「戰略防禦系統」，尼茲則反對蘇聯部署在亞洲領土的核子飛彈。雙方歷經十小時的辯論依然無解。[39]

當戈巴契夫早上起床時，很明顯只有他和雷根能打破僵局。他在開場時說，聖經說上帝創造世界也要七天的時間，我們的會談今天才進入第二天，還有很多工作要做。雷根則回說既然今天是星期天，那他們兩人應該休息一下。[40]戈巴契夫對工作小組陷入僵局表示遺憾，他向雷根保證說，如果雷根以為蘇聯比美國更需要裁軍，那是大錯特錯。蘇聯領導人絕不會投降，而以後也可能不會再有雷克雅維克會談這種良機。[41]和謝瓦納茲快速交換意見後，戈巴契夫宣布蘇聯願意只在亞洲領土維持一百顆彈頭，請雷根也要回報蘇聯的讓步，美國應表明會繼續遵守《反彈道飛彈條約》十年。*他表示自己已經表達善意，接受讓「戰略防禦系統」在實驗室中研究。[42]雷根則回應說「戰略防禦系統」的根本目的就是要讓核戰爭打不起來，這樣也就不需要什麼《反彈道飛彈條約》。雙方都不肯讓步。[43]

總統告訴總書記說美國和蘇聯可以成為「友好的競爭者」，即使「雙方互不信任」。[44]他樂見

* 《反彈道飛彈條約》並沒有到期時間，但「每方都有權退出本條約，如果它認定同本條約的主題有關的非常事件已經危及本國的最高利益的話」。美國在二〇〇二年於小布希總統任內為了發展飛彈防禦系統而正式宣布退出本條約。

戈巴契夫不同於其前任，不把建立世界共產主義掛在嘴上。但這些說法安慰不了戈巴契夫，他回說他有看到媒體報導雷根說蘇聯是「邪惡帝國」。眼見氣氛漸糟，舒茲把話題轉到要就戰略性和中程武器發表共同聲明。戈巴契夫和雷根至少都同意這一點。[45]

兩位領袖都深感失望。戈巴契夫感嘆他們錯失了歷史良機，雷根則把話題轉到人權和經濟。他問說為什麼蘇聯無法按照「長期糧食協定」規定的數量向美國購買小麥。戈巴契夫坦白回答說是因為世界油價崩跌讓莫斯科無力購買。[46]

總統和總書記在下午舉行最後一次會談。舒茲和謝瓦納茲做最後努力對「戰略防禦系統」達成共識。雖然雙方差距已經縮小，但還是無法跨越。現在只有看雷根或戈巴契夫能否改變立場。戈巴契夫想再試一次。他宣讀一份提案要在未來五年內把所有研究、發展和測試都限制在《反彈道飛彈條約》的架構內，而在這段期間蘇聯和美國要把戰略性攻擊核子武器減半。他呼籲十年後這些飛彈就要全部銷毀。雷根則回答說他希望屆時美國就要部署「戰略防禦系統」。戈巴契夫再也不肯讓步。雙方就僵在這裡。[47]

雷根不懂為什麼蘇聯反對部署這種完全屬於防衛性質的系統；戈巴契夫則質問如果世界上已經沒有攻擊性核武，為什為美方還需要這種系統。雙方差點就達成可以消除從一九四〇年代末就危及全球的大威脅的協議。

話題又回到「戰略防禦系統」。戈巴契夫請雷根要認清，未來的美國總統可能會改變雷根的政策，所以蘇聯必須防患未然。雷根則回答說他也要防範「出現某些人想重新發展核子飛彈」。[48]他也質疑為什麼蘇聯當局不肯拆除克拉斯諾雅爾斯克的早期預警站。他指出美國軍隊「完全沒有任何抵擋核子攻擊的系統」。他強調，十年後他已經非常老了。他希望到時候能和戈巴契夫帶著兩國僅剩的最後一枚飛彈回到冰島，「為全世界開一個盛大的慶祝會」。他開玩笑說如果每天都要擔心被蘇聯飛彈攻擊，他可能活不到一百歲。[49]然後雙方代表團休息十分鐘做最後的內部討論。回到桌上後，雷根說「一群麻煩的美國人得和睦相處」。[50]兩位領袖開始往好的方向去看。他們對於戰略性和中程飛彈的看法已經很接近，都相信在日內瓦的談判代表團可以把細節談好。他們在霍夫地酒店確實達成了不少事。[51]

戈巴契夫最後一次請求雷根對「戰略防禦系統」讓步。雷根說他不能對美國人民失信，否認美國是想在太空中部署武器。他也申明有必要在實驗室之外測試這項技術。戈巴契夫反駁說「戰略防禦系統」顯然會包括太空武器。戈巴契夫問雷根說他是否心意已決，雷根回答說是，並懇切地希望戈巴契夫要了解美國的政治制度。他說，如果蘇聯人民敢批評戈巴契夫，就會進大牢。戈巴契夫則回說雷根應該看看蘇聯報紙上現在都寫些什麼。雷根表示戈巴契夫太過誇大，並說美國人的政治權利，包括記者的權利，讓他「頭痛不已」。無論如何，「戰略防禦系統」對雷根太重要了。戈巴契夫則說雷根只差一點就要成為一個不需要擔心被右派批評的偉大總統，因為美國和蘇聯人民都會一致讚揚他。謝瓦納茲插話說後代子孫不會忘記雷克雅維克的失敗。但雷根還是拒絕讓步。他傳了張字條給舒茲，上面寫著：「喬治，我是對的嗎？」舒茲則回字條說：「對的」，還把字劃了重點。[52]

他們在道別時頗為針鋒相對。根據蘇方的紀錄，雷根說：「我們必須這樣道別真是太糟了。我們差一點就要達成協議。但我認為你反正根本不想達成協議。我真的很遺憾。」同樣心情不好的戈巴契夫則說：「事情搞成這樣我也非常遺憾。我想達成協議，也盡了全力」。雷根最後說：「我不知道這次的機會何時再來，也不知道能否盡快再見。」戈巴契夫則說：「我也不知道。」[53]

美方的紀錄沒這麼詳細，只說雷根在戈巴契夫請他代為向雷根夫人問好之前就起身要走。[54]兩人在屋外的台階上再度交談。雷根說：「我還是覺得我們能達成協議。」但戈巴契夫不為所動：「我不覺得你想達成協議。我也不知道我還能做什麼。」雷根迅速回說：「你可以答應就好。」戈巴契夫最後說：「我們不會再見面了。」[55]

雷根直接去搭空軍一號，沒有對媒體談論自己在這次會談的表現。這可是史無前例的。雷根被譽為「偉大的溝通者」，很會利用機會和美國民眾對話。他在日記中對自己說：「嗯，球在他手上，我相信當他看到全世界的反應後，他會轉向的。」[56]他是真的很失望，也精疲力盡。戈巴契夫也一樣，但他收拾心情，在一個半小時後召開了記者會。他說明了自己原來的期望和會談過程，不斷強調蘇聯領導層為了追求和平盡了多大的努力。他雖然沒有直接批評，但還是強調雷根錯失了實現他「歸零方案」的機會。[57]舒茲知道這會傷到美國在全世界的形象，所以他也向記者宣稱雷克雅維克會談對美國及其盟邦和全世界來講是成功的。他在當天稍晚的媒體簡報中盛讚總統的「美妙」表現，大讚他捍衛了「戰略防禦系統」。他也避免去批評戈巴契夫：「我不會說他們不是抱著誠意來到這裡。」他也不排除美蘇領袖最終會簽署協議的可能性。[58]

間奏曲

THE END OF THE

COLD WAR

1985-1991

第二十一章
暗潮洶湧的一個月

戈、雷高峰會談判不成，西方許多人士反倒彈冠相慶。美國保守派人士慶幸雷根堅持對抗、沒有被戈巴契夫蠱禍。柴契爾等西歐領袖擔心的則是一旦裁減核武，歐洲沒有足夠的傳統武力對抗蘇聯，且美國可能走向孤立主義。在蘇聯，謝瓦納茲也質疑戈巴契夫的談判策略……

雷克雅維克會談原本只是「高峰會前」的會談，但大家都因其重要性而稱之為「高峰會」。戈巴契夫第一次系統性地說明了蘇聯對核武談判的立場。他和雷根談到雙方分歧的諸多事項，差一點就達成全面性的協議。但戈巴契夫玩得太硬，被雷根抓到是在虛張聲勢。雙方都深感失望。

在搭乘俄航班機回莫斯科途中，戈巴契夫思索著雷根的行為。他認為是美國保守派團體的雜音讓雷根無法「自由做決定」。西方某些圈子的人有一些根本性的誤解：「第一，認為俄國害怕戰略防禦系統，所以非讓步不可。第二，認為裁軍對我們比對美國有利。」然而高峰會還是有無法否認的進展。美蘇雙方在原則上都同意大幅裁減長程和中程核子武器。進一步發展是有可能的，戈巴契夫認為這證明他堅持一攬子解決的方案是正確的。他在《反彈道飛彈條約》和「戰略防禦系統」對雷根步步進逼。他迫使美方透露了他們的思維。他認為他已向歐洲和全世界證明核子裁軍條約的主要障礙是美國而不是蘇聯。[1]

雷根精疲力盡的回到美國，但也同樣相信自己是正確的。第二天他在電視黃金時段發表演說，指出戈巴契夫為了「戰略防禦系統」破壞了高峰會。但他依然說：「我還是樂觀認為能找出解決之道。大門已開，消除核武威脅的機會已在眼前。」[2]他說，克里姆林宮必須先邁出第一步。白宮會堅持自己的外交政策：「寧可沒有協議，也不要帶回美國一個壞的協議。」[3]

許多政治右派則為他喝倒采。其中一位是新保守主義評論家諾曼·波德里茲（Norman Podhoretz），他對雷根堅不向戈巴契夫妥協感到寬慰：「嗯，多虧上帝照看美國；但真相是，雷根在一開始真的太執迷於裁軍談判……裁撤核子武器只會不成比例地讓蘇聯得利。核子武器是他們的負擔，占了他們經濟很大一部分。」[4]喬治·威爾感謝雷根在冰島拒絕了這筆交易。他在《新聞週刊》的專欄中重彈美國保守派的老調：「安全的最佳方程式就是讓火藥保持乾燥，而且要有很多火藥。」[5]小威廉·巴克利寫了私信說「只是想告訴你，看在上帝的分上，你遵循了你心中的信仰」。他還在《國家利益》雜誌寫了一篇讚美詞。[6]在政府內部，多數人出於對總統的忠誠保持沉默。但許多人和波德里茲及威爾的看法相同。而理查·培里到法國愛麗舍宮就毫不掩飾，他顯然認為雷根要全面消滅核子飛彈是一場災難。他很高興總統提出的條件讓戈巴契夫無法接受，所以才把災難避免掉。[7]

契柴爾夫人可沒有這麼容易放心。她在一九八六年十月十三日和雷根通話時，聽到美方居然要討論完全消滅核子飛彈，對此「暴跳如雷」。她指出這將讓西歐任蘇聯魚肉，因為蘇聯在傳統武力和化學武器有龐大的優勢。柴契爾夫人堅持英國要維持獨立的核子武力，讓蘇聯領導人永遠不要忘記「有些英國飛彈可能會打過來」。唯一讓她感到寬慰的是雷根沒有對「戰略防禦系統」讓步。柴契爾夫人認為這避免了北約內部的分裂。她要雷根別把盟邦視為理所當然。冰島這場會談已經動搖到她對他的信任。[8]

柴契爾夫人邀密特朗到倫敦，藉機對雷克雅維克會談大肆抨擊。雷根的行為讓她瞪目結舌：「我完全不敢置信——他完全昧於現實！一定會出現新武器能打穿所謂的戰略防禦系統！」她指責他到冰島去之前根本沒有準備。她怕戈巴契夫會成功分化美國和北約。雷根會為了救巴黎而冒險讓芝加哥被摧毀嗎？密特朗也和她有同感。他對民調顯示雷根在冰島立場堅定嗤之以鼻，認為真相完全相反。他說如果雷克雅維克的共識真的落實，他就要批准生產化學武器，盡一切力量維護法國的安全。這些話讓柴契爾夫人大喜（能和法國人合作是頗為罕見的）。為了讓柴契爾夫人安心，密特朗還說這場高峰會不會有任何結果：「不要擔心。俄國人不會放過戰略防禦系統的問題。不會有任何協議。」柴契爾夫人被安撫下來，隨即又爆怒說：「在雷克雅維克發生的一切都是災難。」[9]

美方邀請她到大衛營和雷根會談。她本來想在高峰會之前先造訪，但雷克雅維克打亂了她的計畫。[10]雖然她在電話中對雷根講了那些話，雷根還是很想見她。他對她的火爆脾氣從來不介意。事實上他還滿喜歡的，並特意安排了沒有其他部屬在場的一對一會談。[11]她和幕僚都希望利用總統和首相間的深厚情誼讓雷根了解他在冰島談判立場的危險之處。柴契爾夫人準備好有話直說。如果大規裁減核武真的落實，歐洲將陷入不安，因為莫斯科在傳統武力和化學武器方面有數量優勢。而所有人都清楚，北約國家絕不可能出錢把軍力加強到能和蘇聯的優勢抗衡。[12]她和雷根發表了一份同共同聲明，重申以核子嚇阻為原則的防衛政策，指出雙方在傳統武力和化學武器上的不對等。雷根也暗中保證美國會繼續提供英國三叉戟核子飛彈。[13]

她帶著較為平和的心情回到歐洲，在愛麗舍宮向密特朗回報。她現在願意接受在冰島沒發生什麼大災難。而救了大家的是「俄國人」對「戰略防禦系統」死不讓步。她認為他們很笨，因為在她看來，雷根這項計畫的成功率絕不會超過百分之二十。戈巴契夫兩手空空地回家，她慶幸有這個結果。[14]密特朗和她一樣堅持以核子武器來嚇阻蘇聯的軍事進攻。他告訴幕僚說我們在雷克雅維克「逃過一劫」。[15]波昂也悄悄擔心著倫敦和巴黎所憂慮之事。西歐領袖害怕如果美國人轉而仰賴自己的「戰略防禦系統」，他們就會走向孤立政策（即便不是刻意為之）。舒茲在高峰會第二天到布魯塞爾對北約盟邦做報告時，也聽到這種說法，他只能盡量讓大家放心。他在飛回華府途中發了封電報給雷根，只講大家都說雷克雅維克的好話。[16]

舒茲希望雷根不要對冰島會談的成果太過輕描淡寫，應該表現出高興的樣子。與蘇聯就各類型核子武器達成裁軍共識是空前成就。舒茲在飛機上又發出一封電報說：「他相信，尤其是今天在布魯塞爾和盟邦討論之後，你確實獲得了驚人的成功。」[17]他認為雷根已經逼戈巴契夫露出底牌做出重大讓步，只是蘇聯領導人現在還做不到而已。[18]但雷根不想花精力在這上頭，於是舒茲得親自捍衛政府的立場。[19]他頻繁地上電視受訪，在全國媒體俱樂部午餐會上發表演說。[20]他不斷強調雷根在高峰會達成的進展。在接下來幾個星期中，他跑遍了全美。一九八六年十月三十一日他在舊金山和洛杉磯連續發表演說。[21]他的論點是，蘇聯之所以願意談判，完全是因為美國增強軍力和投入「戰略防禦系統」。[22]

電視主播和報紙專欄作家依舊存疑，懷疑舒茲有所隱瞞。《華爾街日報》拒絕表示支持。《紐約時報》社論主筆也沒有好話。非屬保守派的評論家少有人稱讚冰島的勝利，而大多數保守派只是樂見雷根拒絕戈巴契夫的要求，而不是因為有什麼正面成果。[23]

戈巴契夫對雷根的評價不高。他在第一次向政治局報告時譴責了雷根白白拋棄完全非核化的機會。雷根在他眼中是「階級敵人」，完全展現出其「極端的蒙昧主義、原始人的人格和智識上的無能」。戈巴契夫認為美國政府盡是「毫無是非道德之徒」。他很痛恨他們以為他是因為蘇聯經濟困難才力推協議。他要給他們一個教訓：「他們不知道我們會怎麼回敬戰略防禦系統」。但他說他在冰島之後「更加樂觀」。他還是堅持原來的策略，要美國接受一攬子的「包裹」式協議。他在全球媒體面前掌握了主動權，自信可以得到更多西歐國家、反戰運動和中立國家的支持。[24]

政治局很滿意。但札伊可夫提醒戈巴契夫要宣示領導層依然全力支持國防工業。戈巴契夫欣然接受札伊可夫的意見。利加喬夫稱讚了戈巴契夫越過西方政治領袖直接訴諸民眾。就連葛羅米柯和切布里科夫都贊同政治局通過戈巴契夫的報告。[25]

謝瓦納茲到布加勒斯特向華沙公約國家的外長們做報告。他沒有透露自己對戈巴契夫談判策略的不滿，[26]但私下向幕僚怪罪阿赫羅梅耶夫。他告訴他們說，總參謀長「背叛」了蘇聯領導人，私下和培里合作阻礙達成「妥協」。[27]但他其實很清楚，問題的真正來源是戈巴契夫堅持要談出一個包裹式協議。他很不高興裁軍議題變成「戰略防禦系統」的人質。但戈巴契夫畢竟是總書記，謝瓦納茲知道自己只能在他劃定的範圍內行事。[28]但阿赫羅梅耶夫為什麼有這麼大的影響力呢？對外交部了解甚深的阿達米申認為，這是因為戈巴契夫不想太過強迫軍事將領。他覺得需要他們支持。雖然阿達米申了解困難所在，但他還是認為總書記搞砸了良機：「他有一個缺點是很容易迷失。他在雷克雅維克就迷失了。他想追天上的大鳥，卻忘了手中的小鳥。」[29]

戈巴契夫和謝瓦納茲都認為在雷克雅維克之後不能停下腳步。一九八六年十月十四日，杜比寧大使與舒茲會談。他代戈巴契夫和謝瓦納茲問候舒茲。戈巴契夫要讓舒茲知道他很高興冰島的「良好氣氛」和「實質進展」。杜比寧的任務是想了解雷根為什麼不接受只能在實驗室中研發。

杜比寧解釋說，戈巴契夫認為這是個讓步，讓美國可以做任何想做的研究。這樣一來，蘇聯和美國就有好幾年的時間來達成雙方皆可接受的協議。戈巴契夫也願意擴大對實驗室的定義，容許射程測試，但前提是美方不得在太空中進行測試。他想讓舒茲知道他所展現的彈性理應讓雙方在冰島達成協議。他希望雷根及其手下官員可以了解他的誠意。杜比寧希望重啟談判，詢問說謝瓦納茲何時可以和舒茲再次碰面。[30]

戈巴契夫本來預期白宮難以拒絕他的善意。雷根及其手下官員對於蘇聯容許在實驗室中研究太空防衛系統居然毫無反應，這讓戈巴契夫很不高興。[31]他想利用西歐來對雷根施壓。為此目的，他計劃要出訪倫敦和巴黎。謝瓦納茲也應該到歐洲訪問。要盡可能降低「戰略防禦系統」對蘇聯構成威脅。[32]但戈巴契夫的工作行程太滿，那年冬天無法離開莫斯科。於是由謝瓦納茲出訪維也納和北約領導人會談。一九八六年十一月四日，他籲請英國外相侯艾要了解戈巴契夫對「戰略防禦系統」做了多大讓步。[33]謝瓦納茲忠實地執行了官方政策。[34]但在私底下，他則請戈巴契夫要改變策略。一定要嘗試別的方法，越快越好。

但戈巴契夫要考慮到如何別讓總參謀部反彈。他知道阿赫羅梅耶夫在雷克雅維克之後也飽受批評。雖然政治局覺得他堅定捍衛軍方利益，但其他將領則認為他做了太多妥協。他是在兩害相權取其輕。他在總參學院演講時提出的蘇聯新軍事路線引爆爭議。他主張兩大超強應該轉向防衛性的戰略規劃。重點要放在防止爆發任何戰爭。阿赫羅梅耶夫震撼了總參學院，提出要放棄對美國的攻擊採取立即全面性報復的傳統觀點，改採可以持續數個星期的防禦性抵抗。只有在此舉失敗之後，他才會批准對美國城市進行核子攻擊。[35]阿赫羅梅耶夫等於是把蘇聯的軍事路線完全顛倒過來。演說時全場一片靜默。演說結束後，他被批判了整整兩個小時。軍官們一面倒的敵視他。阿赫羅梅耶夫知道如果他還想幹好總參謀長，就必須把總參學院的人納進他的起草小組。[36]他從來不是堅定的改革派。但他也清楚時代變了，政治領導人不會再像一九八五年之前那樣放任軍方。他認為只有和戈巴契夫討價還價才能多拿到一點東西，而不是和戈巴契夫為敵。

這表示政治局和總參謀部會持續緊張下去。雙方都知道對方在玩什麼把戲。而當政治局成員詳讀關於雷克雅維克的報告之後，政治局內部也出現緊張。一九八六年十月三十日，歷經無數次高峰會的葛羅米柯在離開外交部後首次發言批評。他不反對要達成裁軍協議，但認為對於「戰略防禦系統」的「實驗室」研究要有清楚定義。葛羅米柯暗示美國是在玩弄戈巴契夫。戈巴契夫被激怒的說：「所以要怎麼辦？我們要停止談判嗎？」葛羅米柯不讓步，主張不要再搞全有全無的包裹式談判。但戈巴契夫堅持他的策略。他還認為自己的貢獻最關鍵：「日內瓦什麼成果都沒有。全是垃圾！」[37]他認為能有所進展完全是因為高峰會。他想在「戰略防禦系統」部署之前拉西歐國家一起反對，還指出蘇聯必須了解自己在談判中是否處於強勢地位。[38]

政治局長久以來都知道問題在於蘇聯的經濟困境。戈巴契夫在雷根面前裝作沒事，卻向蘇聯各部會首長承認預算過度依賴石油和天然氣的出口，技術進展和勞動生產力長久不振。[39]他認為早該進行根本性的改革。他告訴他們將不再批准大型的新計畫，也可能無法再調高工資。而在社會尚未感受到「重建」的物質利益之前，商品零售價格必須保持穩定。那如果東歐或其他社會主義國家再來要求援助呢？戈巴契夫講了重話：「絕不能答應，不管他們要多少。」[40]

雷根看不出放鬆立場有什麼好處。波因德克斯特支持他，因為杜比寧曾暗示說蘇聯的談判立場可能會再「放」一點。[41]雷根靜待事態發展。他認為如果美國做出讓步，蘇聯只會直接笑納，不會回報任何重要的東西。他覺得克里姆林宮終究要面對自己的問題——冰島會談顯示蘇聯領導人已經意識到要讓蘇聯經濟和世界經濟接軌。他覺得美國已占了上風。雷根認為美國應該繼續搞軍事現代化和「戰略防禦系統」。蘇聯政治正處於大變動時期。白宮必須面對戈巴契夫突然在美國壓力下倒台的可能性。雷根下令參謀首長聯席會議在國防部帶領下準備一套應變計畫，要求在一九八六年十二月就要看到報告。他也下令CIA要持續注意政治局的政策變化。[42]他不想讓戈巴契夫設定談判框架。如果克里姆林宮領導人想和美國簽裁軍條約，就要達到他的基本要求。他同意共同工作小組在雷克雅維克所達成的武器限額及種類的清單。他要逼蘇聯兌現其所做的讓步。[43]

當雷根在等著施壓發生效果時，他的政府又陷入內鬥。溫伯格不滿冰島會談，在高峰會後數周都在試著讓美國的立場更強硬。溫伯格反對美國在日內瓦的代表團去和對方談判《反彈道飛彈條約》允許什麼和不允許什麼。他要讓美國在「戰略防禦系統」上完全自由。而舒茲則認為雙方至少可以初步討論這個問題。[44]溫伯格也敦促雷根必須強調要有可靠的查驗機制。如果美國同意裁軍，那就一定要有保險措施。他警告不可讓人覺得美方為了達成協議什麼都可以讓。溫伯格力主要寸步不讓。[45]凱西是溫伯格的盟友，他也不贊同明確承諾要銷毀所有核子武力。凱西指出擁有核子武器的不只美蘇兩國，政府不要樂觀以為其他國家都會合作。在可見的未來，這個世界還是充滿了危險。[46]

舒茲提出美國可以樂觀的理由。他認為雷根已成功迫使蘇聯領導人同意大幅削減核武。他們基本上接受了雷根在一九八四年提出的和莫斯科談判的四大議程。戈巴契夫現在很清楚要達成裁軍，就要在人權、區域衝突和雙邊往來等議題上讓步。美國政府應該準備重啟對話。[47]

舒茲寫了一份如何實現美國目標的「概念規畫」給雷根。戰略性核武要減半，中程武器要全部裁撤。這個目標應該在三階段中第一階段的五年內完成，附帶要有雙方同意的查驗機制。如果戈巴契夫同意把「戰略防禦系統」的問題和裁軍談判切割開來，美方就應該同意要再遵守《反彈道飛彈條約》十年。在第一階段也應該展開兩國人民與人民的往來，取消對外國廣播和出版品的限制。蘇聯和美國都要停止介入世界各區域的衝突。第二階段也是為期五年，舒茲提出雙方要在這個階段把戰略性核武從六千顆彈頭減少到「只剩下零頭」。在此階段應實現人員和資訊的跨境往來，保障言論自由。第三也是最終階段要達成「全世界核武及大規模殺傷性武器的執法機制」。國際貿易的所有障礙都應撤除。[48]

舒茲的方案回應了戈巴契夫在一九八六年一月提出的三階段方案，但在白宮的支持者不多，不只是溫伯格和凱西。這也許是因為想要重啟談判的人都覺得政治局必然會拒絕，最多只會淪為宣傳戰。對資訊、言論和旅行自由的要求都很正當，但並不切實際：這等於是要求蘇聯放棄共產主義。

政治局勢的變動也讓美國政府處境困難。民主黨在一九八六年十一月四日贏得大選，共和黨輸掉了參議院。這對雷根的外交政策不像是什麼大災難，因為有些最激烈反對和蘇聯和解的人就在民主黨。但雷根必須防止戈巴契夫向民主黨掌控的參議院擺出一副世界和平締造者的形象。舒茲再次嘗試要重啟和蘇聯領導人對話。他主張要發動一波對克里姆林宮人權紀錄的宣傳戰。他也在提防北約國家對美國外交政策日益升高的不滿。雖然倫敦、巴黎和波昂都對美國處理蘇聯的手法表態支持，但私下都擔心雷根是否有和戈巴契夫談好要裁撤所有核子飛彈。柴契爾夫人不斷提醒其危險性。裁撤核子飛彈會讓西歐面對蘇聯龐大的傳統武力優勢，來自東方的軍事威脅只會增加不會消失。舒茲認為這個論點相當有力。他告訴雷根要想辦法防止戈巴契夫藉此在北約國家搞分化。[49]

不只西歐領導人對雷根政策感到不安，他手下許多官員也認為太過冒險。溫伯格和凱西認同柴契爾夫人的論點。其他不少人也持相同看法。波因德克斯特向來認為消滅核子武器會是個災難，他認為相互保證毀滅才能維持世界和平。尼茲贊同和蘇聯談判，但他也擔心戈巴契夫想消滅核武只會讓西歐任蘇聯坦克部隊予取予求。國務院的歐洲問題專家也認為雷克雅維克會談可能激怒美國的盟邦——駐東德大使羅珊・李奇威（Rozanne Ridgway）就半開玩笑的說：「很多人現在開始愛上核彈了」。[50]雷根也收到警訊說參謀首長聯席會議可能會要求增加軍事預算：如果總統要裁減核武數量，軍方就一定得要求增加傳統武力。[51]舒茲也認為在冰島峰會之後應該要有新的軍事規劃。他主張以裁減社會福利事項來因應新的軍事支出。[52]

雷根沒有回答，如何因應核子裁軍後果的問題就此懸而未決。[53]他心中只有一個念頭：必須結束對相互保證毀滅的依賴。全球事務必須建立在不同的基礎之上。對於這一點，雷根絕不動搖。

第三部

解除武裝

THE END OF THE COLD WAR 1985-1991

照片來源：維基百科

第二十二章
戈巴契夫的妥協

溫伯格與舒茲仍然在美國政府內部進行路線之爭，但溫不顧《反彈道飛彈條約》的強硬作風，讓蘇聯感到惶恐。另一方面，謝瓦納茲與「五巨頭」都力勸戈巴契夫放棄原本持的包裹式談判條件……

一九八六年十一月，黎巴嫩一家報紙揭發一宗美國政府官員和伊朗政府的非法交易，讓雷根陷入一場政治地震。媒體很快就發現國安會官員奧立佛．諾斯上校（Oliver North）違背一九七九年以來的禁令，秘密出售武器給伊朗。作為交易條件，伊朗政府答應運用其影響力讓囚禁在黎巴嫩的美國人質獲得釋放。然後諾斯上校又把出售武器的所得轉交給尼加拉瓜反奧蒂嘉（Daniel Ortega）桑定陣線政府的叛軍。美國政府想推翻奧蒂嘉這個危及其中美洲利益的革命分子，諾斯認為自己是在執行總統要的路線。

諾斯和伊朗的秘密交易繞過參議院預算程序，並干涉尼加拉瓜內戰。記者很快就發現還有一連串非法武器交易，明顯有重大違憲。諾斯和波因德克斯特有合謀，這迫使波因德克斯特在一九八六年十一月二十四日辭職。兩人的醜聞在媒體引發激烈討論。白宮陷入一片混亂。大家都在猜是否有證據把總統涉入其中。雷根覺得要調整身邊人事，把幕僚長唐諾．里根換成霍華．貝克（Howard Baker）。在這個時刻，雷根是否還有辦法冷靜地推動外交政策令人質疑。雷根強調他依然總管大局，不會對共產主義放鬆。一九八六年十一月二十六日，雷根對一位白宮資深幕僚說：「你知道，在走遍全國說了那麼多之後，我不得不認為，對這個政府來說，以實力來取得和平（peace through strength）不只是一項政策，還是一項承諾。它是我們對人民的承諾，而我們決心要做到。」他聲稱他不變的原則就是確保美國軍力，搞好「戰略防禦系統」。[1]

一九八六年十一月二十八日，雷根批准部署裝載巡弋飛彈的B－52轟炸機，證實了一些美國評論家的擔憂。這是《第二階段限制戰略武器條約》所不允許的，可能導致和蘇聯談判破裂。蘇聯副外長亞歷山大·別斯梅爾特內赫（Alexander Bessmertnykh）準備好一份蘇聯將不再受條約拘束的外交照會。他得到外交部同仁的支持，科尼恩柯和阿赫羅梅耶夫也贊同。但專家則指出如果把蘇聯的潛艇算在內，美方可能沒有違反條約。蘇共中央防衛部的卡塔耶夫則認為雷根也許是刻意要激起蘇聯的敵對回應——他在政治局做決定前把這個想法告訴了謝瓦納茲和札伊可夫。[2]

戈巴契夫聽取了兩方的論點。別斯梅爾特內赫對美方大表憤怒：「所以，我們還能坐視不理嗎？我們要給他們好看……」總參謀部的意見相同，表示如果美國這麼幹的話，蘇聯也應該增加核子武器。[3]但最後是卡塔耶夫的意見勝出。戈巴契夫不想做暴虎馮河之舉，他認為雷根此時最希望蘇聯有激烈反應以轉移伊朗醜聞重建威信。戈巴契夫認為雷根此舉是「破壞性」的，背離了雷克雅維克的共識。他認為美國可能會採取一些軍事「冒險」，例如去攻打尼加拉瓜或敘利亞。他主張蘇聯領導層在堅決反對之餘，還是要繼續出席日內瓦會談。他希望用宣傳戰影響美國和歐洲的輿論（有趣的是，他居然認為《蘇聯生活》雜誌（*Soviet Life*）在美國很有影響力，讓FBI很擔憂。不知道是誰給他這種想法？）。[4]政治局同意了他對部署B－52的穩健回應，由謝瓦納茲負責說服美方要遵守《第二階段限制戰略武器條約》。[5]

戈巴契夫說，有一個夾擊雷根的方法是在莫斯科召開國際人權會議。戈巴契夫已解除沙卡洛夫在高爾基的流放，他還有一些措施需要大家支持。他問道，為什麼有些人明明想出國三個月，卻只准他出去四個星期？有人不想回蘇聯真的有什麼大不了嗎？他說這些「無賴」不回蘇聯最好。異議分子奧爾洛夫（Yuri Orlov）和夏蘭斯基已經在一九八六年二月被釋放並允許移民，對蘇聯的國家安全並沒有影響。[6]謝瓦納茲指派阿達米申負責調整人權政策，叫他不要理會KGB必然會有的抵抗。謝瓦納茲也叫格里涅夫斯基在斯德哥爾摩談判中不要屈服於軍方的要求。不能再讓總參謀部和國防部決定議程。他要阿達米申和格里涅夫斯基扮演好外交政策改革攻城槌的角色。[7]

一九八六年十二月十九日，戈巴契夫與謝瓦納茲和外交部主要官員會談，討論到南非、黎巴嫩和尼加拉瓜。戈巴契夫認為重點是美國因素：「美國現任政府是最反動又最無法預料的，所以會犯下最粗暴的錯誤。」他感嘆美國有愛搞軍事「冒險」的弱點，利比亞和格瑞那達就是最近的例子。他不想對此過度反應，但要在政治上利用目前的局勢。謝瓦納茲表示贊同，並警告說不要過於簡單的理解外國領導人。他強調柴契爾夫人受益於英國的「沙文主義浪潮」，政治地位相當穩固。他還強調要注意蓋瑞·哈特（Garry Hart）*這個人，他在一九八八年民主黨總統候選人的競爭中名列前茅。[8]戈巴契夫前幾天才表示歡迎哈特訪問莫斯科。[9]沒人能預料誰會贏得總統選舉，蘇聯領導人必須準備好各種可能性。[10]但戈巴契夫還是感到很困惑。雖然他對美國政府內部混亂頗為高興，但他還是無法解答一個問題：「美國人到底要什麼？」[11]

---

* 蓋瑞·哈特原本在民主黨初選中領先，但因為被揭發婚外情，最終輸給了杜凱吉斯。

「五巨頭」看到一些分析報告說，隨著內部政治問題加劇，雷根可能難以堅持其立場。[12]蘇聯官員盡力打探消息，但還是搞不清楚。美國駐蘇聯大使亞瑟·哈特曼解釋說，所謂「歸零方案」是指特定類型的核子武器，不是所有的核子武器。[13]蘇聯外交部長和美國前總統尼克森在一九八六年十二月談話時，向他請教如何才能和雷根重啟裁軍會談。杜比寧大使在過年之後又詢問了一次。尼克森猶豫不答，只建議戈巴契夫應該直接和雷根溝通。[14]

此時戈巴契夫有國內的問題要解決，正在準備下一次的中央全會。他已經以鐵腕制伏總參謀部和國防部，現在要對蘇聯的軍事工業部門開刀。一九八七年一月十九日，他召集一些大型國企主管和相關部會首長開會。他直言這些人沒有滿足民生商品的需求，必須從根本上調整優先順序。[15]中央全會也贊同必須改革。戈巴契夫於是展開一系列激進措施。黨職要由真正的選舉產生。地方蘇維埃的席位要由多名候選人競選產生。新的法律規定國營企業工人可以選舉主管和影響生產組織。黨中央要創造出真正的自由來填補蘇聯歷史上的「空白之處」。戈巴契夫還批判了史達林時代的迫害和布里茲涅夫時代的「停滯」。[16]戈巴契夫把焦點放在蘇聯的內政，對外交政策著墨不多，也沒有談到把工廠轉為非軍事生產用途。不過這次的中央全會是幾十年來把改革願景談得最清楚的一次。很多細節還沒有共識，但方向是明確的。

問題是，雷根還沒有在舒茲和溫伯格對外交政策的長久爭執中做出明確選擇。溫伯格故意要激怒克里姆林宮。一月中旬，他向媒體透露他是如何勸雷根對「戰略防禦系統」的方案做出抉擇。[17]他力主要發展新的動能武器以強化美軍戰力，而他明知這違反了《反彈道飛彈條約》。[18]他會私下去找雷根，利用雷根對有人不全力支持「戰略防禦系統」的焦慮感。這是溫伯格一貫的伎倆，讓舒茲和尼茲很苦惱。正如尼茲所言，溫伯格對「戰略防禦系統」的狂熱支持反而會讓美國國會轉而反對。如果沒有足夠的預算，「戰略防禦系統」就會自己玩完，除了戈巴契夫沒有人會得到好處。舒茲憂慮的表示「和溫伯格最終攤牌之日已經不遠」。[19]

在國安會規劃小組一月二十六日的會議中，溫伯格主張《反彈道飛彈條約》應該可以允許部署「戰略防禦系統」。但大家都知道這會破壞和蘇聯的談判。會議最後決定請律師艾伯．索弗（Abe Sofaer）對條約允許範圍做一個中立的研究。[20]但這無法安撫溫伯格。在二月三日雷根和資深幕僚的會議上，他又再度主張美國有權部署。舒茲在會議中途離開，而雷根在舒茲不在時提出美國應該在不曝光的情況下進行部署。國家安全顧問法蘭克．卡路奇（Frank Carlucci）說這樣就必須修改一九八五年十月的「國家安全指令」，也必須先照會國會。但雷根還是堅持要這麼做，直到尼茲警告說這會有違憲的問題。[21]但溫伯格還是鍥而不捨。原來的計畫是要在二〇〇〇年開始部署「戰略防禦系統」，但溫伯格在二月四日於眾議院國防撥款委員會中表示，他認為美國有辦法提早部署。[22]他還想強化「出口管制統籌委員會」的禁令，防止蘇聯取得生物科技、通訊系統和動能飛彈。[23]

舒茲終於要出手掌控方向。他寫信給雷根，堅決地提醒他「很明顯，立即部署在概念上根本是不可能的」。他指出溫伯格胡亂發言只會給美國在國內外造成困擾。他說，現在一定要讓索佛不受干擾地完成研究案。舒茲不斷對雷根耳提面命，直到確認他的老闆真的接受為止。[24]他對媒體坦言他不認為有提早部署的可能性。大家都知道他是在針對溫伯格。[25]

其實舒茲大可對世界局勢放心。蘇聯領導層想撤出阿富汗戰爭。東歐也不再僵固不變。他察覺到共產集團正開始崩解，指派國務院副國務卿約翰．懷海德（John Whitehead）密集前去訪問（國務院和國安會有些人認為懷海德的出訪會助長共產國家領導人的威信，舒茲必須克服這一點）。[26]西歐國家領導人也和舒茲一樣覺得有機會擴大對東歐的影響力，但問題是怎麼進行。密特朗力主審慎。在波蘭問題上，他認為賈魯塞斯基要比任何可能的繼任者來得好。柯爾建議密特朗說戈巴契夫有可能放鬆西德和何內克來往。他誤以為克里姆林宮對東德領袖的評價很高。他也認為胡薩克的政策彈性比較大。在具體層面上，柯爾想增加對波蘭的援助。但柯爾和他的情報機關也許並不真的那麼無知，他真正的目的是要說服密特朗接受西德政府想做的事情。[27]

但美國政府此時還陷於內部紛爭，只要雷根沒有一個明確的行動計畫，西方對蘇聯就難以採取主動。雷根唯一的戰略就是等著蘇聯領導人對他在日內瓦和雷克雅維克的條件做出讓步。這正中溫伯格下懷，他在一九八七年一月十一日告訴媒體說，他並不在意夏天要在莫斯科的高峰會是否會取消。[28]他表示「戰略防禦系統」是對美國核子武力的補充，而不是取而代之。他說得一副雷根想消滅核彈頭根本是大錯特錯的論調。[29]溫伯格還警告說，蘇聯正準備在三年內秘密發展出一套陸基反飛彈系統。[30]一月十七日，他又在參議院軍事委員會表示美國將對《反彈道飛彈條約》做最廣鬆的解釋。他沒提到索弗的研究案，讓人誤以為他個人的偏好已經成為官方政策。[31]一月二十四日，他又對《紐約時報》說他相信「戰略防禦系統」最快在一九九四年就可以正式服役。他強調：「很多人以為我們還沒有做決定。但總統想要部署。」[32]

但獨立的科學家卻暗中質疑溫伯格的說法。「科學研究實驗室」的主任湯瑪斯・強生告訴國安會的馬特洛克說，可以部署的時間不可能早於二十一世紀初。溫伯格都是聽一些負責「戰略防禦系統」的官員的說法，而他們誇大其詞。強生表示美國歷來要部署一套新武器系統都得超過八年的時間，根本沒有理由認為「戰略防禦系統」會比較快。[33]

但這些反對意見都是在檯面下。美國政府中沒有任何人跳出來反駁溫伯格，結果就引起了莫斯科的恐慌。蘇聯領導人以為美國已經鐵了心要拉高軍備競賽，或者溫伯格即將把雷根帶往這個政策。一定要想辦法阻止。如果溫伯格真的得逞，蘇聯就得放棄經濟改革，增加軍事科技預算。謝瓦納茲認為，如果戈巴契夫堅持一攬子解決的包裹式裁軍方案，結果將一無所獲，但他無法說服戈巴契夫。謝瓦納茲深知美方絕不會退讓。他在雷克雅維克高峰會時就對戈巴契夫的談判策略有所微詞。之後和美方的接觸更讓他相信自己是對的，而戈巴契夫錯了。但他無力改變政策，除非政治局其他人也有同樣看法，而且敢公開舉手。

溫伯格的行為無意中助了謝瓦納茲一臂之力。早在「五巨頭」於一九八七年一月二十日討論來自美方的最新消息時，大家就一致同意要挑戰戈巴契夫的談判策略。他的死板作法不僅令人質疑，而且有明確的危險性，亟需調整方向。札伊可夫和其他人都附議。所有相關單位都同意要有新的談判策略。就連國防部長索科洛夫都同意要把原來的包裹式方案分拆開來，單獨就歐洲的中程核子武器達成協議。大家也同意遵守雷克雅維克高峰會對其他類型核武所達成的共識。「五巨頭」的優先目標是防止雷根政府破壞《反彈道飛彈條約》。如果讓溫伯格得逞，日內瓦會談就不可能有進展。蘇聯一定要展現願意妥協的姿態。這也可以讓美國國會中希望在瑞士的會談能夠成功的人士有更多籌碼。[34]

戈巴契夫沒料到會在二月二十六日的政治局會議中遭遇大反彈。戈巴契夫列舉了日內瓦會談遇到的困難後，只提出要邀請舒茲到莫斯科交換意見。這讓葛羅米柯很不滿，再次表示蘇聯的談判策略要改變。他主張把蘇聯的包裹式方案分拆開來，先單獨談中程核子飛彈的問題。但葛羅米柯並沒有為自己曾經主張在東歐部署SS－20飛彈道歉。[35]他沒有說服戈巴契夫。戈巴契夫認為雷根只是表面上要世界和平，實際上是用「戰略防禦系統」在威脅蘇聯。[36]利加喬夫支持葛羅米柯的論點，這在政治局是史無前例的事。[37]雅可夫列夫也加入戰線。他一方面繼續讚美戈巴契夫在雷克雅維克的策略，一方面又寫了一封備忘錄給戈巴契夫說自從「伊朗門」事件後情勢已發生變化。贏得世界輿論讓雷根和溫伯格難以不和蘇聯簽下條約的最佳方法，就是把包裹式方案分拆開來。如果美方還是拒絕談判，就會傷害到他們的信譽。雅可夫列夫還嘲弄了那些預測蘇聯將面臨物質生活崩盤和群眾不滿的西方蘇聯專家。他認為蘇聯經濟前景看好。[38]

政治局已申明了自己的最高地位，當保守派和改革派聯合起來反對時，總書記也不敢輕忽。經過冗長的討論後，戈巴契夫投降接受了葛羅米柯的建議。這種事從一九八五年以來還是第一次發生。政治局知道這對戈巴契夫是一大苛求：他放棄他堅持了一整年的立場。但他最後還是搞懂了道理，政治局立刻通過改變政策。[39]由於領導層想維持沉著一貫的形象，消息沒有對外公開。但立場改變的訊息必須告知美方。他們採用了一種隱晦的方式。兩天後，也就是二月二十八日，戈巴契夫以蘇聯國防委員會主席的身分向西方國家發表聲明，他首次在談到「戰略防禦系統」時沒有提到研究和測試的問題，只有反對未來的部署。[40]他希望白宮會歡迎他這個動作，重啟建設性的對話。他認為雷根一定看得出他做了多大的讓步。

雖然葛羅米柯在政治局這次辯論中起了主導作用，但他已日薄西山。真正勝利的是謝瓦納茲的路線。但謝瓦納茲不想高調慶祝，他深知要維護好總書記的威信才能搞好「重建」。每當他的幕僚挑剔蘇聯外交政策的矛盾時，他都會叫他們閉嘴，告訴他們「不是什麼事都要求快」的道理。他願意從長遠著想。[41]

雷根審慎以對，他在日記中對戈巴契夫的友好動作這樣寫道：「看來很好，但還要看他們對查驗機制願意怎麼做，不可被沖昏頭。」[42]他不想再像在冰島那樣一下跳入直接彈判。他已為

「伊朗門」焦頭爛額。美國媒體聚焦在諾斯上校、伊朗和尼加拉瓜的醜聞，雷根給朋友寫信已有好幾個星期沒有提到蘇聯。[43]而民眾對他的蘇聯政策也越來越不滿。三月時，有六位前美國國防部長聯名寫信給總統和國會，呼籲要遵守《反彈道飛彈條約》。參議院國防委員會主席山姆・努恩（Sam Nunn）也表示支持。戈巴契夫聽到很高興。[44]雷根還是不願妥協，但他決定派舒茲去莫斯科察探情勢。政府內部有些人不滿舒茲此行，擔心舒茲會做出不必要的讓步。溫伯格建議雷根要限制國務卿在蘇聯首都的談判授權。[45]雷根同意了，在四月九日簽署了一道命令，規定舒茲可以講些什麼，不得超出先前的指令範圍。[46]

溫伯格堅定認為對待蘇聯就是要耐心和強硬。戈巴契夫被逼讓步過一次，那就應該繼續這樣對他。過早的妥協不符合美國的利益。[47]

政府內其他人則傾向較具建設性的路線。美國已決定擴大對蘇貿易，允許出口天然氣和石油業設備。[48]這是因為美國製造商對政府施壓，他們不滿日本都在和蘇聯簽合約，而他們卻得戒急用忍。[49]但美國政府還是很不滿蘇聯沒有履約購買中西部農民的穀物。[50]一九八七年二月，雙方針對此議題展開新一輪的談判。[51]自從雷根取消穀物出口禁令後，蘇聯已成為美國穀物的第二大出口市場，白宮對農業遊說團體相當敏感。[52]美國官員都清楚為什麼莫斯科沒辦法履約。沙烏地為了內部原因大量輸出石化產品，造成蘇聯能源出口產品的價格長期偏低。美國知道問題所在，故不做過激的結論。美方只是擔心政治局會不顧財政困境重新和美國展開軍備競賽，而華府不想冒險。

舒茲帶了雷根的私人信函到莫斯科，戈巴契夫對信中示好的語調很高興。雷根抱怨蘇聯在人權問題上「可以做得更多」，雙方在區域衝突的對話「毫無成果」，但他還是想在裁軍協議上尋求進展。[53]而戈巴契夫則質疑美國在雙方開始裁撤飛彈之前就在增加短程火箭的數量——包括蘭斯飛彈系統（Lance missiles）。雖然舒茲覺得可以在這個問題上讓步，卻又提出要對其他類型的核子武器做「附帶限制」。戈巴契夫立刻指責他背離了雷克雅維克的共識。舒茲沒有反駁，也沒有回答他是否認為美蘇雙方有達到「戰略對等」的尖銳問題。他只重視到底有沒有可能達成重要協議。[54]戈巴契夫沒有提到要把裁軍方案分拆開來的最新立場，只要求舒茲要了解他在冰島能同意美國在實驗室中研究「戰略防禦系統」已經相當有彈性。他似乎覺得氣氛被搞得太僵，於是又向舒茲保證說他還是「願意在這個基礎上尋求妥協」。[55]

戈巴契夫譴責美方說：「有發生什麼嗎？什麼都沒有。你們到底有沒有能力？你們的行為在政治上令人費解。你們堅持說你們有看到蘇聯的轉變，但你們的政策一點也沒有調整。」他指責舒茲和雷根把蘇聯最新提出的方案當成一碗太燙喝不下的麥片粥。對於美方抗議蘇聯的間諜行動，戈巴契夫也滿不在乎的說：「你們知道我們在搞什麼，我們也知道你們在搞什麼。那很好啊。」他最後說，就算中程飛彈可能達成協議，進一步協議的機會很渺茫。[56]謝瓦納茲向政治局報告說舒茲強調一切都要看美國國會能不能通過。戈巴契夫則開玩笑說就算簽下了協議，札伊可夫也會找麻煩，用省下的錢去造更多其他類型的飛彈。他重申了自己的信心：「我們的路線是正確的。他們逃不掉的，我們會一直堅持下去。」[57]

謝瓦納茲對外交部提出了明確的方針。他在五月二日告訴手下官員說：「我們的力量不在於火箭的數量，而在於穩定和強健的經濟。飛彈發射台保障不了國家安全，而是要靠高度的勞動生產力、穀物產量和年輕人的生育率。」他列舉了一系列領導層在一九八五年之前所犯下的錯誤：在歐洲部署SS-20飛彈、生產化學武器、入侵阿富汗以及對柬埔寨的政策。他感嘆蘇聯在一九七五年「赫爾辛基協定」後晚了十年才開始認真對待人權。至於「戰略防禦系統」，謝瓦納茲咕噥的說：「我們真的有搞懂這是什麼東西嗎？就算從軍事上來看，我們也還搞不清楚，到現在都是。目前對這項計畫的批評都不是我們自己的，而是我們從西方借用來的。」他端出了新的外交政策，希望他的聽眾就算不喜歡也要熱烈響應。現場沒有人提出批評，不過謝瓦納茲也沒有誤以為每個人都站在他這邊。他還沒有把守舊派都清除掉。但他的信心很強，因為他有戈巴契夫的支持。兩人所啟動的外交政策改革還要繼續進行下去。[58]

他們很會利用形勢的發展，運氣也不錯。五月二十八日，從波羅的海到莫斯科之間的蘇聯領空發生了一件怪事，一名西德青少年馬提雅斯．魯斯特（Mathias Rust）開著一架西斯納型飛機從赫爾辛基出發。這趟飛行未獲批准。魯斯特飛進了塔林（愛沙尼亞首都）以東的蘇聯領空，天真的想把一份世界和平宣言直接交給戈巴契夫。當天是多雲氣候。他以低空飛行避過華沙公約國家的雷達偵測，成功抵達莫斯科降落在紅場。換作在幾年前，他一定會被攔截擊落，但軍方高層這次在收到領空被入侵的警報後並不願攻擊這架西斯納型飛機，因為他們還有當年擊落南韓航空KAL007一事的陰影。魯斯特在爬出駕駛艙後立刻被捕。他向KGB解釋他的意圖，而蘇聯一開始懷疑他是否涉及更大的國際陰謀。全世界的媒體都在嘲笑整個共產體制。強大的蘇聯從來沒這麼丟臉過。當蘇聯的裁軍談判官員正在討論如何在不損害蘇聯國防實力的前提下降低世界大戰的威脅時，蘇聯的早期預警系統居然看來如此無能。

戈巴契夫當時正在東柏林出席華沙公約的政治協商委員會。他談到必須正視歐洲軍力「不平衡」的問題。華沙公約的數量優勢太大，不利於蘇聯及其盟國要和北約和解。[59]西德年輕人的消息從電報傳來，戈巴契夫立刻向各國領導人承認這是奇恥大辱。[60]雖然東歐各國領袖都表達同情

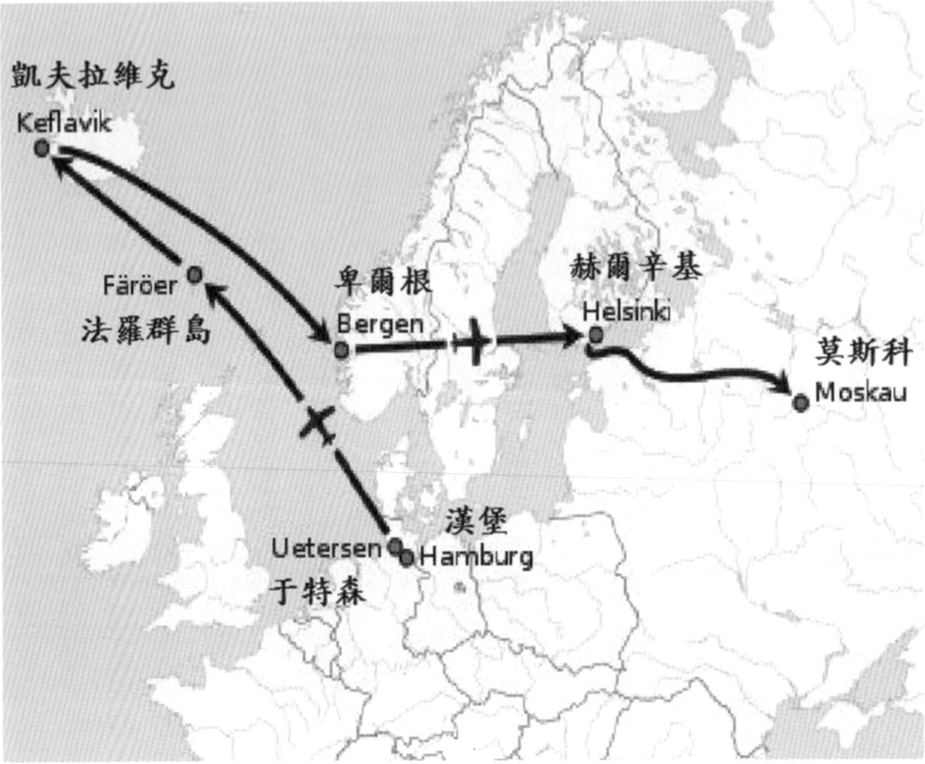

馬提雅斯·魯斯特的飛行路線　（資料來源：維基百科）

之意，但每一句話都像在傷口上撒鹽。日夫科夫說，如果連一架運動用的飛機都可以躲過蘇聯的雷達網，敵人的飛彈當然更可以（這位保加利亞領袖是否刻意在嘲弄蘇聯領導人呢？）[61]但丟臉只是政治硬幣的一面。魯斯特這趟飛行對克里姆林宮的改革派來說是天賜良機。戈巴契夫和謝瓦納茲立刻看出這是教訓總參謀部和國防部的大好機會。謝瓦納茲甚至還在酒店房間開了一瓶白蘭地慶祝。[62]

戈巴契夫在五月三十日召開政治局會議，要求國防部長索科洛夫報告為什麼這個德國年輕人可以飛這麼遠才被偵察到。索科洛夫詳盡地提出各區域的報告，讓在場眾人大感不耐。戈巴契夫安坐在椅子上，而其他人都對指揮鏈中居然沒有任何人下達指令感到不可置信。索科洛夫開始左支右絀。切布里科夫說雖然KGB也有負責陸地和沿海安全的責任，防空還是由軍方單獨負責。他不想讓KGB為魯斯特的惡作劇背上污名。軍工產業負責人札伊可夫則堅稱國防單位在技術設備上並沒有問題。謝瓦納茲批評說蘇聯軍方已經太久不受控制了，主張要撤換一批軍方高層。索科洛夫這時才意識到政治局其他人是希望他辭職。他不甘不願的提出辭呈。戈巴契夫沒有直接參與對他動手，只說了感謝索科洛夫多年來的工作，希望他待在原職直到新任者上任。[63]

戈巴契夫不相信魯斯特宣稱的和平使命，也不理會外國的求情。這名德國年輕人犯了法就要受到制裁。*[64]與此同時，戈巴契夫也重申他在東柏林的論點，認為蘇聯要接受美國認為華沙公約在歐洲的軍力有數量優勢的說法。[65]謝瓦納茲表示支持。他認為再沒有比蘇聯公開承認她在歐洲擁有比北約更多的中程核子飛彈對裁軍協議更有幫助了。[66]

總參謀部和國防部因為魯斯特事件突然變得任人宰割。軍方進行了大規模的人事更動。戈巴契夫毫不留情。他憤怒的向政治局指出這件怪事顯示為什麼總參謀部要反對和美國達成相互軍事查驗的協議：「這樣我們就看不到一團亂了。」[67]他派了德米特里・雅佐夫（Dmitri Yazov）取代索科洛夫——雅佐夫顯然是因為最愛普希金的詩而受到萊莎・戈巴契夫的青睞。軍方高層有幾百

＊　魯斯特因侵犯蘇聯領空而非間諜罪被判刑四年，並在服刑十四個月後獲得釋放。此後，他回到了德國漢堡，繼續大學學業，如今是一名成功的銀行金融分析師。

人被迫退休。要和美國和解的道路已經清掃得差不多了。這也讓大西洋彼岸的美國感到高興，舒茲和雷根說克里姆林宮終於願意單獨就中程和短程核武作談判。雷根在六月十三日簽署了一份新的國家安全指令，把蘇聯的讓步視為他在雷克雅維克路線的勝利。[68]

在同一天，謝瓦納茲也召開了外交部的規劃小組會議。大家都同意蘇聯堅持在亞洲領土維持上百枚飛彈並無實益。別斯梅爾特內赫指出，在日內瓦會談時就看得出美國會嚇唬中國說蘇聯這些飛彈是用來對付中國的。謝瓦納茲在結束會議時告訴手下官員說，「要認真準備問題，不要去管總參謀部」。[69]他直接去找戈巴契夫說要撤除這些在亞洲領土的飛彈。[70]他成功分拆了雷克雅維克的包裹式談判方案，又想讓亞洲地區非核化。但戈巴契夫這次不同意。他已經挫敗了國防部，不想太過激怒軍方。雖然他和謝瓦納茲都想走向全面非核化，但他在政治上要謹慎前進。一如既往，他想讓懷疑者和追隨者都站在他這邊。

第二十三章
四巨頭開啟大和解

在掃除蘇聯內部保守派的障礙後，美蘇最高領導人與外交部長即將展開誠心與密切的合作，甚至連雙方家人也相處融洽，除了戈巴契夫的妻子萊莎之外……

現在有四個人在推動世界政治大和解。在美國這邊是雷根和舒茲，在蘇聯這邊是戈巴契夫和謝瓦納茲。[1]自一九八六年起，雷根和戈巴契夫在日內瓦和雷克雅維克啟動的和解進程開始加速。但總統和總書記無法把全部時間都放在外交政策上，就要由國務卿和外交部長來負起總體規劃和排入日程表的工作。舒茲和謝瓦納茲經常扮演促使兩大領袖對裁軍會談採取大膽行動的角色。

坦白說，雷根和戈巴契夫都必須考慮更全面的因素，不能讓重要的支持群眾離心離德。他們還要能信任對方。最初兩次高峰會讓雷根相信在全球非核化的目標上，戈巴契夫是最佳夥伴。他在一九八七年五月告訴芬蘭總統毛諾·科伊維斯托（Mauno Koivisto）說：「戈巴契夫的主要動機不是想和我們建立正面關係，而是因為國內經濟情況。」他還說：「他知道我們早就知道的事情，也就是他的經濟病入膏肓。」[2]雷根並不在意戈巴契夫在私下和公開是否一致，重點是這個蘇聯領袖願意做出美國所要求的許多改變。雷根也漸漸重視舒茲勝過溫伯格和凱西。但他很不喜歡和團隊中任何成員爭辯。有一次，舒茲交給他一份演講稿，他不喜歡但也不直接批評。他只說：「哦，是的，喬治。我看過了。這份講稿還不賴，但我不會用。」這已是他作為總統最嚴厲的話了，然後他們兩人一起把講稿重寫。[3]

連自己政府的官員都摸不清楚雷根的心意，更別說蘇聯領導人了。戈巴契夫和謝瓦納茲和雷根面對面接觸過，最有資格摸清雷根的底。[4]戈巴契夫是第一個認清蘇聯媒體完全看錯雷根的人。[5]雷根確實很有魅力。在聯合國大會上更大受第三世界政治人物的讚賞。[6]他身上確實有一些獨特之處，戈巴契夫必須搞懂才行。但這個過程並不平順。戈巴契夫說過雷根的行為有時更像個電影演員而不是政治家。[7]他還向華沙公約國家的領導人說雷根在美國並沒有真正的權力。戈巴契夫認為真正掌權的是幾個政治人物——尤其是舒茲。[8]舒茲如果聽到一定會馬上糾正他，但戈巴契夫也許只是講給一些想要他罵罵雷根的人聽的。

但戈巴契夫在全球媒體上提到雷根時就比較克制了。雖然雷根依然不改其反蘇言論，但戈巴契夫卻觀察到每當他提到雷根的發言時，美國官員都沒有幫總統辯護。[9]戈巴契夫和謝瓦納茲都很警覺華府內部在對蘇政策上的鬥爭。他們很清楚溫伯格和舒茲的角力，如同謝瓦納茲所指出：「不是只有我們有部門之間的問題。」[10]

雷根從不放棄好辯的個性。一九八六年九月十九日和謝瓦納茲會談時，他從馬克思罵到「邪惡帝國」和KGB。[11]一年後他甚至激得戈巴契夫光火的說：「你不是檢察官，我不是被告。你不是老師，我也不是學生。反過來說也一樣。否則我們根本不會有進展。」[12]

雷根對蘇聯人權紀錄的批評讓謝瓦納茲反唇相譏。[13]他覺得美方的態度根本「不可能進行討論」。他告訴幕僚說雷根只想傳布他自己的福音。[14]美方一直對區域衝突、迫害人權和裁軍議題提出抗議，而雷根拿著一份幾乎等於是譴責蘇聯清單的聲明來到會談場合。[15]舒茲也一樣氣勢高昂，不再讓戈巴契夫像一九八五年十一月首次碰面時那樣頤指氣使。他在一九八七年四月到訪莫斯科時出席了一場猶太逾越節儀式。戈巴契夫大罵他說：「你住在美國，管你們自己美國的事。」還說：「叫你們大使來我們中央委員會，學學怎麼改變你們的國家吧。你碰到的都是異議分子。你忘了還有廣大快樂的猶太人！」但舒茲堅不讓步。由總書記來教導美國人如何行事的時代已經過去了。[16]

一旦雷根決定和解符合美國的國家利益之後，氣氛就變輕鬆了。戈巴契夫可以接受雷根的背景是「美國資本主義最保守的一派及軍事工業複合體的後台老闆」，但他也看到雷根有辦法「體現一般人最純粹的人性特質、利益和希望」。[17]雷根對謝瓦納茲說，如果總統和總書記能站在一起的話，機會就一片大好，並宣稱：「我們是唯一可以拯救世界的人。」[18]肯尼斯・阿德曼後來這樣描述白宮和克里姆林宮中人的想法：「他們活在童話世界裡。」[19]雷根會寫親筆信給戈巴契夫，試圖打破雙方交流的繁文縟節。他要藉由頻繁的通信來更了解戈巴契夫，只有書記人員和翻譯人員能得知信的內容。[20]雷根完全不懂俄文，只會一句從蘇珊・瑪西那裡學來的諺語：「相信但要查證」。[21]戈巴契夫也不懂英文，但他們還是能熱情的溝通。雷根也向美國民眾盛讚戈巴契夫是位值得尊敬的領袖。

雷根和謝瓦納茲就比較慢投緣。他們在一九八五年九月二十八日第一次見面時，雷根說要突破官僚層次展開對話。謝瓦納茲則回擊說；「我和舒茲先生都不是官僚。」[22]幾天後，雷根講了一些愛爾蘭笑話試圖緩和氣氛。杜布里寧大使也說了幾個關於喬治亞人的趣聞。但這讓來自喬治亞的謝瓦納茲感到不舒服，他不喜歡民族刻板印象式的幽默，更痛恨俄羅斯人瞧不起喬治亞人。但他也知道一定要融入氣氛才能和雷根打成一片。他告訴雷根說自己不是不好相處的人，也說了一個關於副總統布希的趣聞。[23]他漸漸對上了雷根的脾胃。一九八八年三月雙方在白宮會談碰到僵局時，雷根說：「也許我應該待在好萊塢就好了。」謝瓦納茲則回應：「但這樣一來就不會有中程和短程火箭的協議了。」[24]

美方積極催促要簽署協議。一九八七年秋，美方覺得戈巴契夫拖慢了步伐，舒茲就直接告訴謝瓦納茲說，如果戈巴契夫不想簽，那就得和下一任白宮主人打交道，意思是這並不符蘇聯的利益。[25]而另一邊的蘇聯領導人則擔心雷根的健康可能撐不住。謝瓦納茲一名幕僚在九月十五日記錄道：「隆恩（雷根）精疲力竭。他只待了十五分鐘。他的嘴巴合不攏，眼神渙散，看來很憔悴。」[26]只要會議時間超過四十五分鐘，雷根就會明顯累得失去注意力，然後他就只能講笑話或交給舒茲去主持。[27]在雷根執政最後時期，有傳言說他已出現阿茲海默症的病徵。但溫伯格相信他在任時依然很健康。[28]國安顧問理查·艾倫也不記得他在一九九一年之前有任何症狀。[29]經濟顧問馬丁·安德森認為他是一九八九年在墨西哥騎馬摔倒才導致神智衰退——雷根當時頭部重創，要動手術取出腫塊。[30]

雙方的立場都要照顧到。每當戈巴契夫讓步時，雷根總是小心翼翼不對外聲張，這就加強了他和戈巴契夫的友誼。雷根拿到勝利後只會寫在日記裡。他只在乎結果而已。[31]

雷根也準備了一些關於俄國歷史的問題要請教謝瓦納茲，於是產生了一些有趣的對話。舒茲有一次提到謝瓦納茲說美國對蘇聯太無知，雷根則講到美國獨立戰爭說：「我們當年也是搞武裝起義。」[32]雷根請教謝瓦納茲列寧和史達林的關係，謝瓦納茲含糊的承認列寧也不是什麼事都做得到。*他承認蘇聯的農業「沒有效率」，然後又轉移話題說自己是最會種葡萄的外交部長。雷根則建議說要引進私有農業。雷根讀到有關蘇聯有人反對戈巴契夫的報告，問說情況是不是和他在美國國會的情況類似。謝瓦納茲則說完全不同。他說戈巴契夫遇到的困難是如何改變人們的心態，而不是什麼有組織的反對派。雷根則苦笑的說：「在民主制度中更難辦。」謝瓦納茲又把話題轉回農業問題，表示喬治亞的農產品幾乎有一半是來自私人生產。[33]

這些都不是謝瓦納茲敢在莫斯科高談闊論的話題。但這讓氣氛很輕鬆，謝瓦納茲還開玩笑請雷根把溫伯格調到衛生部。雷根對此沒有反駁，這就表示局面確實有進展。[34]

陰沉的葛羅米柯是蘇聯和美國領導人共同嘲弄的對象。柴契爾夫人也是。雷根說過一個笑話，說柴契爾夫人上了天堂，上帝問她說：「我的女兒，一切好嗎？」柴契爾夫人回答說：「第一，我不是你的女兒。第二，你坐了我的位子」。[35]（謝瓦納茲說這個笑話是他在一九八五年九月第一次和雷根見面時說的）[36]在一九八八年的莫斯科高峰會上，戈巴契夫說了一個故事，說有一對老夫妻發現一個籃子裡有一顆蛋，而蛋裡頭突然跑出一條三頭龍出來。雷根也說了一個故事，說有一個馬車工廠的工人赫然發現他們生產的其實是機關槍。[37]雷根和戈巴契夫互相被逗樂了。但即便如此，戈巴契夫還是不用暱名稱呼雷根，還是想保持一點距離。[38]這必須由年紀大的一方採取主動。而直到這次高峰會，雷根才終於開口問戈巴契夫能不能把他當朋友。[39]

但兩人的妻子就沒有那麼熟絡。不是只有南西覺得萊莎難搞而已。英國大使羅德里克・布萊斯威特說萊莎「踩著超高高跟鞋」，看來「很做作，像洋娃娃一樣，而聲音像鳥叫」。她也是出了名的傲慢。布萊斯威特有一次接待她，想提醒她自己是誰好開始聊天。但這不知為何激怒了她，居然虧他說：「我又沒有頭腦硬化。」[40]她喜歡拿美國和蘇聯做比較，總說美國不好。舒茲太

＊　此處是指列寧生前曾經想防止史達林奪權，但不成功。

太奧比陪她逛華府，她居然不肯下車參觀林肯紀念堂。她的焦躁也是出名的。和一排接待人員握完手後，她一定立刻拿出濕紙巾擦手。美方認為她有強迫性洗手症。[41]美國人習慣第一夫人在公開場合保持沉默，不喜歡萊莎這種意見很多的人。[42]但戈巴契夫重視萊莎勝過他歐洲和美國的形象，喜歡有她相陪。

但也不是每個人都覺得她不好。她在一九八六年十一月造訪印度時曾以其「哲學性的好奇心」廣受讚譽。[43]但當人們對她有所期待時，問題就來了。她容易發怒，容易感到厭煩，話又很多。但在她難搞的外表下，她卻是個深思的觀察家，希望為丈夫和國家做到最好。

一九八八年十二月，戈巴契夫帶一團人到紐約準備在聯合國大會發表重大演說，他居然當著眾人柔情又敬重地詢問萊莎的意見。[44]但她也慢慢學會不要表現得太顯眼。例如在一九八九年四月，戈巴契夫和柴契爾夫人在唐寧街十號門口擺姿勢拍照時，她就懂得站到一邊去。[45]她也避穿太浮誇的衣服，以免激怒一般蘇聯電視觀眾。當她丈夫在倫敦市政廳發表演說時，她決定不戴手套和帽子（柴契爾夫人為了讓她感到自在也同樣不戴）。[46]蘇聯外交官阿納托利・阿達米申一直不欣賞她，直到一九八八年五月他坐在她旁邊觀看紐約的哈林芭蕾舞團（Harlem Ballet），她以充滿感情的聲音說：「……我們以前過得多苦啊！」在那一刻，阿達米申才了解她只是個從偏遠省分來莫斯科打拚成功的窮人家女孩。[47]但一般俄國人民看不到她脆弱的一面，認定她就是愛出風頭，而戈巴契夫卻非常需要她這個政治上的知己。

奧比・舒茲和南莉・謝瓦納茲都不喜歡鎂光燈，兩人在一九八五年碰面後就結為好友。兩對夫妻處得很好。謝瓦納茲和他的妻子都是情感豐富之人。南莉要在女兒上班時照顧有自閉症的外孫女。[48]以前是護士的奧比對南莉很照顧。她們的友誼與萊莎和南西之間的冷若冰霜恰成對比。

謝瓦納茲喜歡和舒茲來往，認為他比雷根政府其他官員對國際政治的看法「更符合現實」。[49]一九八五年九月，他偷偷告訴舒茲他在紐約買了一瓶伏特加，因為在莫斯科買要排隊好幾個小時。[50]即使在雷克雅維克不歡而散後，他還是細心維持和舒茲的「良好工作聯繫」。[51]他有好幾次半警告半請求的說：「別在高加索地區搞事情。」[52]舒茲也誠懇回應了謝瓦納茲。一九八七年四月，舒茲在莫斯科的晚宴上給了謝瓦納茲一個驚喜：

有些人請我敬酒，我說：「我才不這麼老套」。我找來〈喬治亞在我心〉這首歌的歌譜，找人翻成俄文。然後輪到我時，我拿去給謝瓦納茲……我有這首歌的錄音帶。我叫大使館裡三個會俄文的人來唱這首歌。然後我也跟著唱。這是我敬酒的方式。他很愛，真的愛極了……然後他說了很有趣的事。他說，「謝謝你，喬治。這真的很窩心。」我覺得這是很有趣的互動，對我們的談判大有幫助。它打破了僵局，改變了氣氛。[53]

那三個唱歌的人是駐蘇聯大使傑克・馬特洛克、後來的駐波蘭大使湯姆・西蒙斯（Tom Simons）和一名美國翻譯官。[54]這次經驗讓謝瓦納茲很感動。[55]

舒茲對兩人的合作樂在其中。謝瓦納茲也是真情流露：「我有一位朋友……問我要不要飛去華府把事情完成。我告訴他：『我跟舒茲飛到火星去也沒問題。』我現在到華府來了，但要我到火星也可以。」[56]舒茲看得出來蘇聯領導人還在摸索如何應付美國的政治環境。他聽說政治局想邀請一些美國國會領袖訪問莫斯科，他就建議說訪問團規模要大一點才好提供必要的協助。[57]他公開稱呼「我的朋友謝瓦納茲」。[58]隨著華府和莫斯科的關係愈益深化，舒茲也開始建議戈巴契夫公關方面的技巧。一九八七年十二月，戈巴契夫在華府召開記者會後洋洋得意。舒茲立刻糾正他，說他說得太雜亂、立場太明顯，必須改變風格以免失去美國民心。戈巴契夫樂於接受，笑著拍舒茲的手。[59]

這反映出戈巴契夫認識到舒茲對達成協議的重要性。一九八六年四月，他在政治局以讚賞的口氣提到舒茲，說他是個了解「政治始於淤泥」的「特殊人物」。他和舒茲進行過許多困難的討論。戈巴契夫了解到舒茲是個吃軟不吃硬的人。[60]

舒茲在努力談判之餘也會做基礎的知識辯論。他在與謝瓦納茲會面之初，曾和幕僚查爾斯·希爾在飛越大西洋的飛機上草擬一份反對封閉社會的宣言。[61]一九八七年四月要和戈巴契夫會談之前，他也準備好圖表說明世界經濟的趨勢對蘇聯不利。[62]一九八八年三月，他向戈巴契夫說明美蘇兩國到二十世紀末的經濟發展預測。舒茲指著圖表說美蘇兩國在全球生產中所占的分額都會下降。這對克里姆林宮來說後果嚴重。[63]舒茲講「資訊時代」講了很多年，他認為共產政權必須在害怕資訊科技的顛覆力量和跟上經濟變遷之間做出選擇。[64]戈巴契夫顯然不反對他的分析。他知道必須跟上世界的變化，他也認為如果舒茲說的是對的，那兩大超強的共同利益就是要合作。[65]

蘇聯外交部也在研究舒茲所說的「資訊革命」。[66]但實際改變得不多。蘇聯領導人可以在談話時點頭贊同，但採取行動又是另一回事。但舒茲鍥而不捨，他回憶說：

> 他們很有興趣。我們成立了一個工作小組，我找迪克·索倫（Dick Sollen）來做政策規劃，他們也派了一名人員。然後他們準備了一些材料，我認為最後都有發生作用。例如他

們對移民的態度，我基本上是說：「在這個資訊時代，如果你是一個封閉社會，你一定會落後，因為其他人都以光速在交流思想。你非開放不可。」[67]

一九八八年四月，舒茲又告訴戈巴契夫美國人均擁有電腦的數量是蘇聯的四十八倍。舒茲用最不外交的說法說，除了核子武器之外，莫斯科根本無法阻止美國用對待巴拿馬的方式對待蘇聯。[68]他通常會把話說得婉轉一點，但他重視他和戈巴契夫與謝瓦納茲在政治和知識上的信任關係。

儘管不時會出現一些麻煩事，美蘇雙方領導人還是以誠相待。雙方在政治、經濟和意識型態的重大利益上互相競爭，但雙方都覺得有需要互相了解。戈巴契夫和謝瓦納茲都不會嘮叨共產主義的優越性，這一點意義重大。他們只注重實際的談判，但結果是他們確實是在談判中讓步的一方。美國政府對一系列議題提出要求，不只是核子武器，還有人權和區域衝突問題。雷根擺出的姿態是他和他的官員並沒有國內壓力非和莫斯科簽訂協議不可。戈巴契夫要說服政治局他沒有對蘇聯的重大利益做讓步，他和謝瓦納茲只是在對美國人做工作。雷根和舒茲已經把蘇聯領導人攏在袖中，但絕不會公開讓他們沒面子。重點在不能讓蘇聯停止讓步。他們和戈巴契夫與謝瓦納茲已經相處得很好。這四個人形成了「四巨頭」，他們將結束冷戰。

第二十四章

情報戰、假訊息、真欣賞

由於蘇聯對外封閉，美國CIA難以滲透，情報工作差強人意，且容易受到意識形態影響，國務卿舒茲常懷疑CIA報告的可靠性。同時，蘇聯對美國發動宣傳戰，散播污衊美國的假消息，美國則成立「新聞處」予以反制。在雙方和解之前，上演一場情報與反情報的大戰。

世界政治正在加速變動，美國官員必須按照現實來調整想法。但不幸的是，克里姆林宮的圍牆內還是一片神秘。一九八六年六月中，圍牆似乎有了縫隙，國家安全顧問波因德克斯特從手下傑克．馬特洛克那裡收到一份驚人的備忘錄，其中有一份像是阿納托利．切爾尼雅耶夫寫給戈巴契夫的外交政策簡報，似乎是克里姆林宮有「內奸」把它傳給了美方。但這其實是馬特洛克在描述戈巴契夫所面臨困境的遊戲之作。[1]波因德克斯特很喜歡，把它呈送給雷根，雷根還說這位「秘密線人」應該提供更多材料。[2]

西方情報機關多年來卓有成效。法國的「國土偵防局」（DST）在一九八一年吸收了KGB中校弗拉基米爾．韋特羅夫（Vladimir Vetrov），他提供了在北約國家科技間諜活動的情報員名單。密特朗把情報給了雷根，美方及盟國很快就偵破了間諜網。[3]英國的「軍情六處」更厲害，至少在KGB高官奧列格．戈迪夫斯基這個雙面諜在一九八五年七月逃亡到英國之前。[4]凱西也驕傲的宣稱CIA吸收了幾千名線人：「有些人是為了錢，有些人是為了自由和權力，有些人是出於愛國」。[5]美方沒有探員在莫斯科高層，最有價值的情報來自於公開叛逃者。其中之一是KGB高官維塔利．尤爾欽科（Vitaly Yurchenko），凱西還邀他共進晚餐。[6]但在CIA的奧德里奇．艾姆斯（Aldrich Ames）審訊尤爾欽科之後，尤爾欽科突然返回莫斯科，而KGB高層還是勉強再度信任了他。[7]事實上，艾姆斯從一九八五年四月起就為KGB工作，就算他不是尤爾欽科離開美國的主因，他和其他蘇聯雙面諜還是提供了許多情報破壞了CIA和FBI在蘇聯的活動。* KGB為此至少逮捕了十名為美國情報單位工作的蘇聯公民。雖然蘭利（Langley，中情局總部）懷疑有蘇聯滲透，但凱西及其繼任者直到一九九〇年代中都沒有重視此事。[8]

CIA的訊號工作一直做得比較好。外界觀察者很難了解蘇聯，因為她是個封閉社會，但凱西宣稱美國的先進科技讓CIA能有效對付蘇聯的干擾措施。[9]他總是把蘇聯領導人設想到最壞，也從來都認為自己是對的。他的首席蘇聯專家是弗里茲．俄馬特（Fritz Ermath）。俄馬特在一九八六年中斷定戈巴契夫是「新保守派而不是自由派」，絕對不會在裁軍會談讓步，他的目的只是想讓西方裁減國防武力。[10]

在整個一九八七年，CIA認為如果蘇聯要維持世界強權地位，就要進行更根本的改變，而戈巴契夫所做的遠遠不夠。[11]CIA嚴重懷疑戈巴契夫真心想消滅所有核子武器。[12]CIA也懷疑戈巴契夫的國內改革能做到什麼程度，認為他不會干冒「系統性毀滅」的風險。CIA預測蘇

* 維塔利．尤爾欽科於一九八五年八月一日在羅馬通過美國大使館叛逃到美國。CIA對其進行了一個多月的審問，但其提供的情報卻全部被蘇聯安插在CIA的間諜，也就是奧德里奇．艾姆斯截留下來。同年十一月二日，尤爾欽科在美國通過蘇聯大使館又逃回蘇聯。他在蘇聯繼續為KGB工作，直到一九九三年退休。而奧德里奇．艾姆斯則因向蘇聯出售美國情報於一九九四年二月被捕，最終被判處終生監禁。

聯只能稍微增強經濟競爭力，但會繼續更新軍備和介入第三世界。戈巴契夫的地位也不穩固。他可能被政變推翻，也要面對東歐的動盪不安。[13]凱西的副手羅伯．蓋茲（Robert Gates）在十一月二十四日給總統的簡報中概述了ＣＩＡ的建議。他強調，蘇聯還是在發展「新奇」的武器並在全世界製造麻煩。美國必須嚴加防備。蓋茲認為蘇聯領導人只是想要一個比較好的國際環境作為喘息空間來搞經濟現代化。他認為莫斯科的中程核武方案只是分化北約和贏得西歐人心的伎倆，完全不認為蘇聯的對外目標有什麼改變。[14]

戈巴契夫很重視自己的國際形象。他把自己的《重建：我們國家和全世界的新思維》（*Perestroika: New Thinking for Our Country and the World*）一書迅速翻成世界主要語言，成為暢銷書。書的內容著重在民主化。他堅持以「重建」來重新建構社會，要在資本主義和史達林式的共產主義之間走中間路線。戈巴契夫認為他對蘇聯的改革是在為全人類提供最佳生活方式。[15]

當戈巴契夫在全世界聲望鵲起時，華府許多人對ＣＩＡ的表現感到不滿。眾議院聯合經濟委員會在一九八八年四月舉辦公聽會批評ＣＩＡ一直高估蘇聯的經濟表現。蘇聯分析辦公室領導人道格拉斯．麥克伊欽（Douglas J. MacEachin）反駁說，他的官員一直都有強調莫斯科的經濟困境，指出其長期無法發展和利用民用新科技。[16]據報導，蘇聯的電腦計算能力只有美國的十分之一。[17]ＣＩＡ也估計蘇聯的軍事支出占其總預算高達百分之十五到十七。（謝瓦納茲在與參議員愛德華．甘迺迪共進晚餐時曾說高達百分之十八）。[18]ＣＩＡ認為在蘇聯外債高築的情況下，戈巴契夫必須在經濟改革和戰略武器現代化之間做出選擇。[19]麥克伊欽致函國家情報副總監理查．柯爾（Richard Kerr），說他很確定蘇聯的政治和社會正承受巨大的壓力。但他也承認對克里姆林宮內部所知有限，ＣＩＡ專家對於戈巴契夫能不能防止政變（發起人也許是利加喬夫或切布里科夫）也意見分歧。然而所有官員都同意蘇聯正面臨危機。[20]

凱西也警告蘇聯在美國的工業間諜行為。他認為蘇聯的科技進展主要都來自這一管道。[21]不是只有他強調莫斯科對間諜活動的依賴。KGB在給政治局及KGB主席切布里科夫及克留奇科夫的秘密報告中，也一樣吹噓自己從美國的工廠和實驗室竊取了許多機密。[22]

舒茲從來不相信CIA的報告是沒有偏見的。一九八六年十二月中，凱西因為腦瘤而由蓋茲暫代局長，舒茲終於找到機會駕馭CIA。[23]他在新年過後邀請蓋茲到國務院來聊天。他沒說什麼開場白，直接指責CIA的報告帶有政治偏見。[24]他要看情報人員的第一手報告，而不是情報主管的意見，他也知道並不是所有CIA蘇聯專家都同意凱西的觀點。[25]他也指責CIA對國務院隱瞞情報，卻向總統報告。[26]蓋茲拒絕這些指控。他表示絕對沒有隱瞞外交部門，而且CIA內部也有分歧，不是鐵板一塊。他希望舒茲能接受CIA和國務院對蘇聯局勢確實有不同的看法。蓋茲和舒茲最後都同意以後要好好相處。舒茲開玩笑說：「我把你當心理醫生，希望你能讓我正常一點。」[27]

美蘇雙方正努力達成協議，但公關戰卻越打越烈，雙方動用宣傳部門互相攻擊。蘇聯的重點在批評「戰略防禦系統」。他們出版了英文小冊子，其風格沒有過去那麼誇張，比較訴諸情感。《從威脅到和平》（*Whence the Threat to Peace*）這本小冊子有多種版本，內容控訴說：「對世界和平的威脅來自美國的戰爭機器、美國政府的軍國主義政策及其以力服人的處理國際事務的方式。」美國為了追求軍力優勢破壞了雷克雅維克高峰會的精神。在英國索爾（Thule）和菲林戴爾斯（Fylingdales）的早期預警系統也違反了《反彈道飛彈條約》。小冊子還聲稱美國一些大公司把「戰略防禦系統」當成會下金蛋的鵝。太空武器只會破壞全球戰略平衡，讓核子戰爭更有可能爆發。蘇聯軍事分析家否認華沙公約對北約有武器數量上的優勢。[28]「蘇聯科學家反核子威脅委員會」也採取同樣的立場——羅爾德·薩格德耶夫及安德烈·科科申警告所謂「有限核戰」是危險的荒唐念頭。[28]

美國政治菁英都認為這種宣傳伎倆在自由社會本就無可避免，華府中人都知道不可能在莫斯科出一本幫雷根說話的小冊子。但雷根政府還是決定向克里姆林宮不斷散布假消息開戰。「蘇聯的積極手段」是明白在中傷美國的外交政策。共和黨眾議員丹·龍仁（Dan Lungren）強調，如果蘇聯領導人要和美國和解，這種行為一定要停止。蘇共中央書記處和KGB利用許多管道來中傷北約，包括西方左派的和平運動。[30]CIA局長凱西指出，蘇聯最愛利用國際社團和許多「前線組織」來散播政治局想要的內容。非洲地區的報紙也是KGB用來在國際間散播假消息的渠道。外國媒體編輯和記者經常被收買。捏造美國官方文件也是常用的手法。[31]

雷根指派好萊塢導演查爾斯·威克（Charles Wick）負責美國新聞處（The US Information Agency）。威克的任務是和蘇聯最高領導層打宣傳戰。他的預算高達八億兩千萬美元。[32]美國新聞處和自由歐洲電台每年總預算高達十億美元，CIA的反情報預算也有三十五億美元。威克是令人耳目一新的人選。雖然他自承對國際政治不太了解，他卻是能呈現出美國最好一面的高手。他也很會戳破蘇聯的假象，這是他的工作重心。由於莫斯科媒體自己就經常曝露出共產統治的殘暴，威克及其手下官員不用花太多心力。

他覺得有必要反制在全球廣為流傳的關於美國政府的謠言。其中一個謠言是說愛滋病毒是美國在馬里蘭州的德特里克堡創造出來的。《真理報》刊出一則漫畫，有一名美國將軍拿現鈔交換一只裝滿病毒的試管，其中每一隻病毒都畫成納粹卐字符號。還有一個謠言是說美國發展出一種「種族清洗武器」，只會殺死非裔族群，對歐洲裔則無害。這個種族軍國主義的謠言在全球媒體廣為流傳。（但這個謠言誇張到連《真理報》都不敢公開刊登）。第三個謠言是說美國違反了《一九七二年聯合國禁止生化武器公約》，而蘇聯則完全遵守。一九八六和一九八七年間，這個謠言充斥在蘇聯媒體。他們指控ＣＩＡ主導了一九七八年在蓋亞那瓊斯鎮（Johnstown）的大屠殺，*還暗殺了前瑞典首相奧洛夫．帕爾梅。也有謠言說某些美國機構會把瓜地馬拉的兒童運到美國移植器官。美國似乎是全世界一切邪惡的根源。[33]

美國新聞處奮力反擊蘇聯官方的宣傳，揭發其陰謀。激烈反共的前共產黨員赫爾伯特．羅梅爾斯坦（Herb Romerstein）追查了一些重要的美國文件，發現其中有ＫＧＢ偽造的痕跡。†ＣＩＡ計畫暗殺印度總理拉吉夫．甘地的傳聞就是用這種方法揭穿的。[34]

羅梅爾斯坦注意到蘇聯報紙刊登了一則讀者投書，指控雷根談到蘇聯時竟然引用納粹對蘇聯的用語。他立刻找俄羅斯新聞社主席瓦連京．法林（Valentin Falin）抗議。雷根那句話是「承諾就像餡餅皮一樣，注定是要被撕破的」。俄羅斯新聞社費盡心力找出這句話和第三帝國的關聯。羅梅爾斯坦告訴法林說：「你們在上星期污蔑了我們。也污蔑了我們的總統。」法林堅稱這

---

* 瓊斯鎮位於南美洲國家蓋亞那西北部的叢林地帶，一九七四年開始在人民聖殿教教主吉姆．瓊斯（Jim Jones）的領導下由眾教徒集體開發。是一種傾向共產主義的人民公社團體。一九七八年十一月十八日，瓊斯鎮及其附近凱士馬港的飛機跑道以及蓋亞那首都喬治城合共九百一十三人集體服毒自殺死亡。根據事件參與者在自殺當日及先前的錄音帶紀錄，他們不是被毒殺，而是因為認定美國即將對他們發動攻擊，而採取「革命自殺」。

† 赫爾伯特．羅梅爾斯坦曾為美國共產黨黨員，離開共黨後積極反共。他在一九八〇年代任職於美新處的「反蘇聯假消息辦公室」，致力於打擊蘇聯的反美活動。著有知名的關於蘇聯情報活動的《維諾那之秘》（The Venona Secrets）一書。

句話來自約瑟夫・戈培爾（Joseph Goebbels）＊所寫的小冊子。「你錯了！」羅梅爾斯坦怒道：「說這句話的是列寧，不是希特勒。」他明確指出列寧是在哪本著作中講到餡餅皮，法林只好認輸。[35]莫斯科攻擊雷根是因為雷根曾講到列寧的「十誡」，而納粹也確實有一個出版品談到這「十誡」。†而雷根談到列寧的餡餅皮名言時也確實是在斷章取義。（這一點已被《紐約時報》指出）。[36]但羅梅爾斯坦證明即時反擊蘇聯媒體和KGB的假消息是有用的。如果蘇聯要和美國和解，就必須有所改變。

蘇聯政府也會找機會讓一些有公信力的人士上美國媒體為蘇聯發言。英語流利的蘇聯記者弗拉迪米爾・波斯納（Vladimir Pozner）在二月份上ABC評論雷根發表的演說。波斯納小時候在美國學了一口紐約腔的英文，在上大學之前才和家人回莫斯科定居。他為政治局代言的活動讓雷根政府許多人不滿。白宮新聞主管派特・布坎南（Pat Buchanan）認為這簡直就像BBC在一九三〇年代居然在邱吉爾廣播演說後讓第三帝國的代表上節目一樣。[37]為了讓美國政府能把話清楚，威克特別創立了「世界網電視台」（Worldnet TV）。[38]舒茲和卡路奇一致認為必須警告蘇聯，想和解就得停止製造謠言。[39]而隨著高層會談有所進展，雙方的氣氛也漸漸好轉。蘇聯媒體轉而更多地揭發蘇聯的現況和過去，不再大搞反美宣傳。莫斯科的報章雜誌開始批評史達林和布里茲涅夫時代的政策。這是對共產統治反思的開端。

蘇聯談判官員訪美時會有時差，會覺得昏昏欲睡。而美國官員在莫斯科時也都是在美東時間的半夜工作。蘇聯總參謀部人員戲稱每次高峰會都是在就「戰備位置」不眠不休。[40]哪一方表現較佳呢？這沒有確定的答案，但阿達米申在當時卻很篤定：「美國人比較字斟句酌、目標也比較明確。他們知道自己要什麼，也會強硬去要到手。在我看來——也許我是錯的——我方對於談判就沒有這麼嚴肅以對。」[41]

然而雷根對自己的手下卻不是這麼有信心。他找作家蘇珊・瑪西來教他蘇聯人民的日常生活是怎麼回事——「相信但要查證」這句俄國諺語也是瑪西教他的。瑪西是俄國歷史文化的自由研究者，她和前夫寫過一本關於沙皇尼古拉二世和他妻子亞歷珊卓的暢銷書。她既風趣又自信，在結識國家安全顧問麥克法蘭後，她被派到莫斯科去查探蘇聯官員是否真的準備好要重啟談判。然後她又透過麥克法蘭在一九八四年一月結識了雷根。[42]雷根很欣賞她對蘇聯人民生活的描寫，認為她是「我所知最好的研究蘇聯人民的學者」。[43]她宣稱自己在蘇聯到處都有朋友（她甚至說自己接過戈巴契夫傳來的訊息）。她無法對戈巴契夫下斷語，但她強調一般俄國人民都有自己的看法，都不再相信「大謊言」。[44]她在一九八五年九月造訪蘇聯後，告訴雷根說她經常聽到「許多稱讚你的聲音」。[45]雖然舒茲不喜歡這類獨立人士可以直達總統，他對瑪西倒是例外。他喜歡她有關俄羅斯宗教復興跡象的報告。[46]他也喜歡她說莫斯科確實在轉變當中，她也幫忙駁斥那些反對和蘇聯和解的論點。[47]

---

* 約瑟夫・戈培爾是納粹德國時期的國民教育與宣傳部部長，擅長講演及操弄意識形態，被稱為「宣傳的天才」。

† 所謂「列寧十誡」是指列寧曾對全世界共產黨員發布十條命令。內容有「敗壞年輕人，讓他們遠離宗教，沉溺於色情，變得膚淺，不再樸實」、「經常性地對不重要的有爭議事物煽風點火，將人民分裂為互相仇視的群體」等等。但這其實是謠言，也從未找到過真實的文本。此謠言最先出現在美國，英文名稱是「Communist Rules for Revolution」即「共產主義者革命章程」。由當時美國保守派人士所編造，其內容聲稱是協約國於一九一九年五月從杜塞道夫（Dusseldorf）德國共產黨的保險箱裡發現。美國《紐約時報》記者Donald Janson在一九七〇年七月十日，就發表文章，指出這些內容是假的。根據該篇文章報導，一九四六年二月，最早的版本發表在《新世界新聞》。但也有人認為「列寧十誡」最早是由納粹捏造來詆毀列寧和共產主義的。

但不是每個人都這麼認為。國家安全顧問卡路奇對瑪西的影響力感到不安，要求雷根和她會面時他也必須在場。雷根同意了，因為他知道卡路奇會聽出她說的不是沒有道理。[48]但瑪西在獲得總統的信任後，開始批評政府對待蘇聯的方式。她反對為了報復蘇聯逮捕記者尼可拉斯．丹尼洛夫而逮捕物理學家根納迪．札卡洛夫。卡洛奇反駁說美國不能「讓KGB控制我們的國家」。[49]她的手法是一面奉承雷根，一面挑官員的毛病。她總是奉承雷根把戈巴契夫對付得很好，但她對美國駐莫斯科大使館的抱怨不休讓舒茲難以忍受。瑪西喜歡批評外交官的俄文很差勁。但舒茲認為就算他們的俄文很流利，她還是會批評他們「不了解偉大的俄羅斯靈魂」。[50]舒茲也懷疑她從莫斯科帶回來的訊息是否真的來自戈巴契夫本人。[51]到了一九八六年末，就連雷根也覺得她想接下哈特曼的駐莫斯科大使之位有點太超過了。雷根回她說雖然她還是很受信任的顧問，但他已指派傑克．馬特洛克出任大使。[52]瑪西很失望，但也只能接受這個決定，對外宣稱這是因為雷根想常和她見面。[53]

蘇聯領導人或各單位都不知悉雷根和他最喜歡的蘇聯研究學者這段有趣關係。但戈巴契夫很高興他日益贏得西方民意：

> 在和美國各方面接觸後，我們看到「重建」已深入到美國這種反蘇情結根深蒂固的社會。比方說，人們對我們在有些地方很落後與我們在經濟上的困難感到擔心。讓他們感到興趣的是蘇聯社會已經在前進，已經展示出活力，已經開始朝民主理念在轉變。嚴格來說，這就是讓我們在各地接觸到的人都感興趣的地方。[54]

戈巴契夫知道美國還想逼他做出更多讓步。「戰略防禦系統」不是他唯一擔心的東西。他還擔心蘇聯太過依賴從美國進口糧食，也和他的前任一樣害怕白宮會以此為政治武器。（副總統布希則反駁說歷任美國政府從沒有想過這件事）。[55]在戈巴契夫看來，蘇聯的共產主義在國外是遭到誤解的。他知道美國右派認為蘇聯是因為認識到內在的虛弱而放棄共產主義原則。而美國的自由派則認為戈巴契夫是想「挽救社會主義」，正如羅斯福總統在一九三〇年代挽救了資本主義。這兩種對「重建」的理解方式戈巴契夫都不認同，但他也從來沒講清楚他的路線。[56]蘇聯領導層還是把美國說成一個充滿階級和種族歧視的國家。謝瓦納茲向舒茲保證說蘇聯的工人可以自由罷工，舒茲反駁說蘇聯的工會都要遵照政府的生產計畫，這可不叫做自由。他也否認美國的種族障礙是不可跨越的。他指出雷根的國家安全顧問科林．鮑威爾（自一九八七年十一月起）就是黑人。[57]

戈巴契夫和謝瓦納茲在「重建」開始的前三年還是忠於馬列主義的教條。他們想要改進而非摧毀蘇聯統治的基礎。戈巴契夫的海外訪問經驗並沒有減損他的堅定熱情。一九八三年訪問加拿大時，他得知加拿大農民也是依賴國家補助，從此一直對市場經濟感到懷疑。[58]在一九八六年七月二十六日的政治局會議中，戈巴契夫要同志們不要再對蘇聯的人權紀錄感到歉疚。他說，事實上，蘇聯人民所受到的保護是資本主義所無法提供的。他也呼籲要重新肯定十月革命的價值。[59]

戈巴契夫認為在有關美國政治的情報上，KGB做得很差。雖然KGB有艾姆斯這種雙面諜滲透進CIA，在政府高層卻沒有任何人力「資產」。戈巴契夫想知道的重要資訊KGB都無法提供。每當盧比揚卡大樓（KGB總部）送來對美談判重要議題的相關報告時，戈巴契夫都會交給蘇共中央相關單位評估其可信度。[60]他在一九八七年二月的政治局會議中說明自己為什麼會有這種態度，抱怨看到的有關「歐洲經濟共同體」的報告質量乏善可陳。學術單位的研究做得不好，KGB也好不到哪去。戈巴契夫坦白說，用西方的公開資訊來制定政策還更有用。[61]一直要到戈巴契夫的親信瓦迪姆・巴卡金（Vadim Bakatin）在一九九一年夏末接任KGB主席後，政治領導層才發現情報單位在搜集和處理情報人員的文件時有多麼混亂和無能。切布里科夫和克留奇科夫從四十八萬名手下收到無數的材料，但從來不懂得把其中意識形態的廢話過濾掉。[62]

戈巴契夫清楚馬列主義扭曲了領導層對其他國家的看法。他希望能擺脫意識形態的緊箍咒：

> 我們一直被教導說資本主義正在發生普遍性的危機。只要凡事都講到「危機」就不會有錯！（大笑）現在又有人向我們保證說（美國）政府也在發生危機。你們看他們用怎樣奇怪的漫畫在畫（美國）總統。他們不知道（美國人的）心理和政治過程完全不同。我們需要短期的判斷，也要對雷根之後的許多年做判斷。[63]

蘇聯總是宣傳說世界資本主義即將崩解。但儘管有間歇性的危機，先進市場經濟國家還是一代又一代的重獲新生。政治局現在該丟掉老舊的思維了。

一九八七年初，戈巴契夫向政治局談到一些殘酷的事實。「重建」要成功，就必須和外國技術合作。[64]他感嘆蘇聯經濟實在太落後，就連芬蘭都有辦法用先進科技重組產業結構：「我們的實驗室比他們的家畜飼養廠還髒。」[65]他和柴契爾夫人討論到為什麼蘇聯人的平均收入只有英國人的一半。「問題出在哪?答案是品質和浪費。計畫不是按照人民的需求做出來的，而是官僚機構的紙上作業。」[66]他很快就承認真正的數字不是一半，而是只有三分之一。每次他和政治局談到這個問題，蘇聯的情況似乎就更糟。[67]雖然蘇聯號稱是擁有六百萬「科學勞工」的先進經濟體，戈巴契夫懷疑真正有生產力的人有多少。[68]日本已成為世界一流的經濟強權，西德也是。戈巴契夫希望能和科技遠為先進的西歐合作。密特朗也跟他說過西歐想降低對美國的依賴。[69]

他和謝瓦納茲都覺得美國政府還是有弱點。白宮無法期待國會支持，尤其是「戰略防禦系統」。蘇聯領導人也懷疑美國經濟是否真像雷根說的那麼強大。謝瓦納茲認為「美國無法一直軍備競賽下去」。[70]但問題是雷根政府還是度過了政治風暴，而美國經濟雖然也有困難，但美國有新的產業和科技可以恢復其全球競爭力。除此之外，雷根的民調支持率也很高。他不像蘇聯領導人希望的那麼脆弱。

雷根曾說如果戈巴契夫能接觸到美國人的日常生活，冷戰就會很快結束。他和法蘭克・卡路奇說這番話時，兩人正坐在直升機上眺望一排購物中心。[71]他也不是唯一這麼認為的領袖。美國政治人物不論是民主黨或共和黨都真誠相信美國的價值和美國的生活方式。他們厭惡莫斯科濫用權力。即使他們發現一般蘇聯人未必如此，他們還是拒絕承認蘇聯的正當性。但大部分人也不再認為克里姆林宮是完全不能相信的。他們開始喜歡和欽佩改革派。有些人甚至愛上戈巴契夫。雷根的右派批評者認為總統在政治上太愚蠢或太浪漫，認為他出賣了原則。但他們都沒看到重點。雷根並沒有改變對蘇聯的立場，真正發生根本改變的是蘇聯最高領導層。雷根樂見和理解這些改變，想從美國的角度來幫上一把。

戈巴契夫在構思對蘇聯政治制度做根本改革時，他是以美國為範本。要當高官就要受到嚴格檢驗：「看看美國國會怎麼對總統提名的每個部長雞蛋裡挑骨頭。我們則完全相反：哪個人當部長要受到質問或需要經過最高蘇維埃執委會？我們都是在報上看到哪個人要當哪個職務，但他是誰，打哪來，又為什麼呢？」[72]

謝瓦納茲很欣賞歐洲共產主義者修正了馬克思主義，拋棄了工人階級領導一切的教條。[73]他對自己出身的喬治亞也有反思。在一九二一年紅軍入侵之前，喬治亞是由孟什維克派（Mensheviks）的諾伊・佐達尼亞（Noi Zhordania）所統治。雖然孟什維克派也是馬克思主義者，他們的政策卻不像莫斯科的列寧和托洛斯基那麼暴力和激進。謝瓦納茲覺得孟什維克主義中有一些「健康的想法」，對馬列主義的教條產生了懷疑。[74]而在當代政治中，他欽佩紐西蘭和丹麥政治家有抓住民眾支持的「勇氣」和技巧。[75]這種態度對一個蘇聯領導人來說是很特別的。他沒有大國政治家的傲慢，反而能欣賞小國政治人物追求和平與和解。在和日本首相竹下登會談時，他認為日本戰後的經濟成就是因為放棄了軍國主義。他認為蘇聯的「封閉社會」導致了失敗。[76]

一九八六年一月出訪日本時，謝瓦納茲既欽羨日本的科技產品，又驚訝日本人對勞工的體貼。[77]雖然他來自無產階級革命的國家，但他看到日產車廠的勞工比蘇聯勞工的待遇要好太多。他對勞資之間的合作也印象深刻。[78]日本的工業發達是無可置疑的。到了一九八八年，戈巴契夫等領導人看清了蘇聯經濟問題所在，他們相信蘇聯整個發展都建立在錯誤的原則上：「在美國，服務業占國民所得的百分之五十，我們只占百分之十一。我們永遠只會挖煤、挖鐵和製造重機械」。[79]

但如果不是西方領袖曲意款待的話，戈巴契夫等領導人也不會這麼通情達理。到希斯洛機場接謝瓦納茲的是令他豔羨的賓士汽車。[80]英國外交部長在切夫尼的鄉間官邸別墅也讓蘇聯訪客咋舌，十八世紀畫家托馬斯・根茲博羅（Thomas Gainsborough）的名畫和一眾古董傢俱讓他們大開眼界，相比之下就連壯觀的美式莊園也顯得太過簡樸。[81]讓他們驚奇的不只有奢華。一九八七年十二月的華府高峰會結束後，美蘇雙方領導人到白宮南草坪參加道別儀式，現場有五千名觀眾。[82]傍晚下起雨來，美國總統打開雨傘為妻子撐傘。這讓俄國人嚇了一跳。他們習慣讓女人幫男人做事，丈夫在公開場合體貼妻子讓他們覺得很奇怪，而且他還不是普通人而是一國元首。這個美國人日常生活的小細節是雙方歧異的縮影。[83]

蘇聯官員給人的一般印象是不善交際、專斷又好酒。他們有時候的確滿符合這個刻板形象。一九八七年隨團參加華府高峰會的蘇聯官員住在麥迪遜酒店，房間裡有滿是紅酒和烈酒的小吧檯。結果大家狂喝爛醉，逼得後勤主管查普林同志要叫酒店經理把酒類全部換成軟性飲料。[84] 他們酒醒後去麥當勞吃大麥克喝可樂，那和家鄉的餐廳完全是兩個世界。他們羨慕一般美國人都吃得起麥當勞。[85]

戈巴契夫想證明蘇聯領導人和西方領導人其實沒什麼兩樣。他在一九八七年底前往華府之前接受NBC記者湯姆．布羅考（Tom Brokaw）專訪，試圖去除偏見。雖然他在攝影機前表現自然，但效果不算成功，因為他回答得太模糊，沒有針對問題，而布羅考過於恭敬的態度讓效果更差。但戈巴契夫至少有塑造出理性友善的形象，第二天就成為新聞頭條。戈巴契夫希望融入群眾，在驅車前往白宮路上，他臨時叫禮車司機在康乃狄克大道停下，造成一陣轟動。他的突然叫停讓後輛車上的謝瓦納茲誤以為有人行刺。他急忙跑向前車，而戈巴契夫已經在和夾道歡迎的美國群眾握手了。戈巴契夫呼籲群眾要鼓勵美國政治家勇於行動。國安人員怕會有人持槍，對群眾大叫說：「把手伸出口袋！」這一幕大大強化了戈巴契夫打破傳統的形象。[86]

在高峰會期間的一天晚上，雷根邀請德州鋼琴家范．克萊本（Van Cliburn）來獨奏演出。克萊本是一九五八年柴可夫斯基鋼琴大賽得主，在蘇聯很有名氣。戈巴契夫看到節目單上有他非常高興。這是很精彩的演出。克萊本以一曲美國國歌當開場，演奏結束後，萊莎．戈巴契夫問他能否彈一曲柴可夫斯基的一號鋼琴協奏曲。萊莎是真心想聽，但因為現場沒有管弦樂團配合，克萊本不得不拒絕，只能換彈一首〈莫斯科之夜〉，戈巴契夫坐在前排跟著唱了起來。結束時，鋼琴家和總書記互相擁抱。[87]戈巴契夫也在蘇聯大使館辦了一個「給美國知識分子」的晚宴。來賓中有對他不甚友善的亨利・季辛吉和威廉・傅爾布萊特（William Fulbright）。此外還有欣賞他的演員、科學家、歌星、藝術家、小說家如電影明星勞勃狄尼洛、保羅・紐曼、天文物理學家卡爾・沙根、歌星約翰・丹佛、小野陽子、小說家諾曼・梅勒（Norman Mailer）和喬艾思・卡羅・歐提茲（Joyce Carol Oates）。戈巴契夫一一和他們寒暄，握手和擁抱。他相當會應付場面。[88]

美國公眾人物都想取得蘇聯官員的信任。資深反蘇科學家艾德華・泰勒提出要合作研究核子物理學的「控制融合」課題。他寫信給舒茲說沙卡洛夫是很好的合作對象（雖然他明知不太可能邀他來美國）。[89]阿赫羅梅耶夫任總參謀長時，美國參謀首長聯席會議主席威廉・克羅伊上將（William Crowe）邀請他造訪奧克拉荷馬，他相當感動地收到美國原住民羽毛頭飾這份禮物。[90]美方逐漸打破傳統上的拘束和不信任。國務院官員理查・席夫特（Richard Schifter）邀阿納托利・阿達米申到家裡吃晚餐。席夫特在席間說他很高興他的同事羅珊・李奇威離職換成雷蒙・塞伊（Raymond Seitz，一九九一至一九九四年間擔任駐英國大使），還透露很多美國政府內部不和的八卦。當阿達米申批評美國的阿富汗政策很荒謬時，他也沒有反駁。阿達米申這頓晚餐吃得既開心又意外。[91]

蘇聯社會的改變更廣泛。切布里科夫很清楚戈巴契夫的政治改革將使KGB無法再用老方法控制社會。在一九八六年二月的黨代表大會上，他強調美國特工正擴大利用國際通訊頻道來滲透蘇聯各單位和竊取國家機密，並以西方電台散播反共思想，攻擊黨中央的人權政策。[92]幾個月後，蘇聯人民在轉開收音機時幾乎不敢相信自己的耳朵。隨著雷克雅維克高峰會逼近，干擾外國電台一事對戈巴契夫來說是一大尷尬。中央書記處的利加喬夫和KGB的切布里科夫同意開放美國之音、BBC、北京廣播電台和韓國廣播電台。利加喬夫和切布里科夫不是從原則上不再干擾，而是要把干擾設備用來專心對付他們最討厭的幾個電台：自由電台、歐洲自由電台、以色列之聲和德國之聲。[93] 一九八七年五月，蘇聯政府決定永遠不再干擾美國之音。[94] 政治局也做出結論認為限制人民出國有害蘇聯基本利益。謝瓦納茲表示許多創新觀念是由出過國的蘇聯人帶回來的。開展國際接觸只會對蘇聯有益。[95] 一九八八年十一月，政治局終於決定所有蘇聯人都有出國移民的權利，只要沒有帶走國家機密。[96]

還有一個有趣的現象是美國和蘇聯電視台共同播出與現場觀眾互動的節目。這些被稱為「電視橋梁」的節目從一九八二年開播，但克里姆林宮起初不准在莫斯科的頻道播出，到了一九八六年才真正開放。美國觀眾看到的蘇聯人不再像機器人，而是和他們一樣有感情和欲望的一般人。而蘇聯人也在美國的廣告中發現了一個令人著迷的商品世界。[97]

一九八七年七月二十三日，政治局通過了更新蘇聯自動化電話系統的計畫，擴大了蘇聯和外部世界的聯繫。[98] 必須先預約才能在大城市的特定電話亭打國際電話的舊時代結束了。蘇聯通訊部計畫在一年內完成對「社會主義國家」的自動電話連線，並預計在一九九二年讓莫斯科人可以打電話到世界各國。雖然知道「現有問題的巨大複雜性」，謝瓦納茲還是認為國際輿論會歡迎這項決定。葛羅米柯認為外國情報單位會利用這項改革來達成其邪惡目的，但戈巴契夫不加理會，政治局也同意了。[99] 從一九六二年古巴飛彈危機之後，總統和總書記之間就設有一條「熱線」。史上第一次，幾百萬普通蘇聯人也可以在瞬間打電話到國外。[100] 通訊的隔絕開始被打破。這個進程才剛開始，但無人能否認一九八五年以來發生的巨大變化。

第二十五章

蘇軍不能說的秘密

蘇聯高層已經不再堅持反對美國的「戰略防禦系統」，但在克拉斯諾雅爾斯克雷達站、短程核武飛彈上的歧見仍有待化解。同時，蘇聯真實的軍力部屬與國防預算始終還是個謎，即使內部人員也未必知曉。

「戰略防禦系統」依然讓蘇聯領導人神經緊繃。但在雷克雅維克高峰會之前，政治局就知道雷根不可能放棄他的太空武器計畫。莫斯科只能想辦法限制它對蘇聯安全的危害。政治局可以哄騙白宮，可以對世界輿論發表抗議，可以花錢發展自己的對應系統，也可以祈求這項計畫只是在浪費美國的時間和金錢。

政治局沒有人想要最後一個選項。一九八七年一月十三日，札伊可夫、謝瓦納茲和切布里科夫開會討論亨利·肯德爾博士（Henry Kendall）寫給戈巴契夫的信，*他是美國「公民科學家聯合會」（Union of Concerned Scientists）主席。肯德爾強調雖然雷根信誓旦旦，但「戰略防禦系統」確實有潛在的危險性。他建議把這個計畫拆成兩部分，美國可以在太空中測試其中一部分，另一部分則在十年內不得測試。蘇聯領導人認為美國想實驗追蹤定位感應器來取得「戰略優勢」。蘇聯必須先確定這個系統中有哪些部分會造成致命威脅，然後用裁軍讓步來交換美國放棄這些部分。[1]以此為目標，政治局尋求所有想阻止或縮小雷根計畫的西方團體的支持。莫斯科知道在華府也有機可乘，民主黨就經常批評雷根政府過於好戰或浪費納稅人的錢。也可以利用肯德爾這類科學家來批評美方研究計畫的背後圖謀。

蘇聯的重要科學家遊說戈巴契夫也要增加預算研發自己的「戰略防禦系統」。在他們的建議之下，戈巴契夫在一九八七年四月向「列寧主義青年共產主義聯盟」（Komsomol）的領導幹部吹噓說蘇聯已成功製造出超級電腦。人在現場的韋利霍夫無言以對，因為戈巴契夫聽來的消息都是胡說八道。薩格德耶夫寫信給戈巴契夫戳破這一點，阿巴托夫也為此寫了私人信函。還有一些消息靈通的科學家也都提醒戈巴契夫。[2]但戈巴契夫充耳不聞，也許他寧願相信好消息也不願面對事實。鼓勵這種自欺欺人之舉可能是札伊可夫。戈巴契夫喜歡大談當前的進展。他在當年十二月告訴布希說：「我們的科學家正在製造超級電腦，還有工業用的個人電腦、迷你電腦和大型電腦。」他還要身旁的韋利霍夫說明預期產量。韋利霍夫只能含糊以對，但也許是刻意如此。[3]直到一九八八年末政治局在討論電腦產業時，戈巴契夫才認清現實說：「等等，別急著公布。先確定是否屬實。電腦又不是拖拉機。」[4]

戈巴契夫到莫斯科西北方的澤列諾格拉德（Zelenograd）造訪後大感振奮，當地是蘇聯新生的資訊產業基地。他知道蘇聯遠遠落後美國，但他相信蘇聯經濟有足夠基本所需的電腦。澤列諾格拉德研究人員的高昂士氣讓他很感動。他想支持他們的開創精神。戈巴契夫認為蘇聯很快就能變成工業電子大國。[5]但他很快就發現那裡的研究條件非常不好，研究人員的生活條件也亟需改善。[6]

一九八七年五月十七日，國防部長索科洛夫警告政治局說美國可能最快在一九九一到一九九

＊　亨利．肯德爾，美國物理學家，一九九〇年獲得諾貝爾獎。

五年這段期間就開始進行部分測試，包括X光雷射和核子試爆。這是他手下讀到溫伯格透露給美國媒體的訊息後所下的結論。索科洛夫認為應該加速研發蘇聯自己的對應系統。但政治局反對衝動行事，[7]指派馬斯柳科夫負責監控美國的進度。[8]七月十日，國家軍事工業問題委員會開會討論了這個議題。謝瓦納茲強調「國際社會」相當憂慮「戰略防禦系統」，應該要加強蘇聯的宣傳戰。國防部軍備副部長維塔利·沙巴諾夫（Vitali Shabanov）則懷疑非核子武器真能防得住大規模核子攻擊。他認為以核武來嚇阻還比較省錢。委員會對美國是否真有可能成功也意見分歧。總參謀部的裁軍部門領導人尼可萊·切爾渥夫認為把蘇聯的政策建立在雷根會失敗的假設上是很冒險的。[9]謝瓦納茲似乎也同意。他在八月十九日說：「一旦美國開始發展戰略防禦系統，那我們也不再綁手綁腳，我們將不再理會刪減戰略攻擊武器百分之五十的協議。」[10]

美方知道政治局正在秘密發展對應系統。當蘇聯談判官員指責美國要對新一輪軍備競賽負完全責任時，美方就會指出這一點。美國要求要參觀蘇聯在哈薩克沙里沙根的雷射實驗設施，被蘇聯拒絕。[11]最初說服雷根要發展「戰略防禦系統」的科學家泰勒擔心被蘇聯趕上。他在一九八七年二月對同事弗列德里克·塞茲（Frederick Seitz）說，美國各單位的研究方向有太多公開訊息傳出，很容易被蘇聯對手利用。[12]韋利霍夫領導的研究計畫正在加速進行。韋利霍夫可以直通戈巴契夫，他的影響力無人能出其右。但他的聰明才智被野心沖昏頭，居然相信維爾納斯基地質化學研究所（Vernadski Geochemistry Institute）的科學家聲稱，他們已發明出一種可以從十公里外偵測到伽瑪射線的方法。他的好友和共同作者薩格德耶夫告訴他根本沒這回事，但韋利霍夫不加理會，向戈巴契夫報告說維爾納斯基團隊已做出可證實的重大發現。[13]

換成在過去，蘇聯領導人是有可能在各方面追趕美方的研究計畫的。但莫斯科的政治已經改變，政治局不再把「戰略防禦系統」當成拒絕簽署裁軍協議的理由。蘇聯也一直懷疑美國真能製造出能抵擋核子攻擊的系統。一九八七年五月八日，戈巴契夫在政治局會議上又再次重申「戰略防禦系統」的真正目的是要逼蘇聯加入競賽來拖垮蘇聯經濟。[14]他決定不再被美國的計畫煩心。雖然他在九月份還是寫信警告雷根不要在太空中開啟軍備競賽，但他已不再直接提到「戰略防禦系統」這個名稱。[15]

舒茲察覺到這個細微變化，也提醒雷根其中的含意。[16]法國方面也注意到，雖然戈巴契夫還是反對美國的計畫，但他通常只是略微一提。[17]在一九八七年十二月的華府高峰會中，「戰略防禦系統」不再是主要議題。剛上任一週的國防部長法蘭克．卡路奇邀請阿赫羅梅耶夫參觀五角大廈，這對蘇聯總參謀長來說是特殊禮遇。阿赫羅梅耶夫也結識了「戰略防禦系統」負責人亞伯拉罕森將軍。卡路奇提議雙方互訪對方的研究單位。他建議蘇聯專家可以參訪史丹佛大學和加州的利弗莫爾國家實驗室（Livermore National Laboratory）。阿赫羅梅耶夫沒有否認蘇聯科學家也在進行對應的研究計畫。卡路奇表示「戰略防禦系統」已經不可能停下來，阿赫羅梅耶夫請他要了解蘇聯終究會發展出能與美國對抗的系統，即使要花上十五年或更長的時間。韋利霍夫是唯一參與這場討論的科學家。他質疑美國的雷射技術是否真能達到想要的結果。他也質疑研究人員並沒有把真話告訴華府的政治人物。[18]

戈巴契夫不再把「戰略防禦系統」當成妖魔鬼怪的態度立即產生了影響。阿赫羅梅耶夫就注意到就連政治局成員都不再談到這個話題。[19]

蘇聯領導人沒有公開披露他們的策略轉向。這也許是因為他們覺得在沒有拿到回報之前，沒必要放棄一張可以討價還價的牌。他們也怕被看作軟弱會失去全球威信。雖然他們還是對「戰略防禦系統」喋喋不休，他們的立場確實有變。當「五巨頭」在一九八八年三月二日開會時，札伊可夫證實官方政策不再堅持要把「戰略防禦系統」和其他裁軍議題綁在一起。[20]但問題是沒有人告知美方這一點。

為了讓中程核子飛彈的談判有所進展，美國談判官員提出了一個「太空中測試範圍」的構想，目的是展現他們也願意對「戰略防禦系統」設限。戈巴契夫在雷克雅維克曾試圖讓雷根接受只在「實驗室」內研究，而「實驗室」的定義很彈性。美方現在想測試克里姆林宮能否同意把允許範圍延伸到太空。國家安全顧問鮑威爾要求杜比寧大使給個回答，但石沉大海。蘇聯高層的策略是盡量表示對「戰略防禦系統」的敵意，但也不尋求妥協方案或挑起爭執。[21]

美方樂見蘇聯對雷根的計畫不再那麼好鬥，但對克拉斯諾雅爾斯克雷達站的問題依舊耿耿於懷。蘇聯談判官員慢慢才認識到這個問題對談判的影響有多大。一九八六年十一月二十五日，CIA副局長羅伯．蓋茲憤怒地剖析了這個議題。等到蘇聯領導層看到報告，莫斯科才意識到其危險性。這份報告的主要發現讓克里姆林宮很尷尬：這座雷達站確實違反了一九七二年的《反彈道飛彈條約》。[22]

政治局原來是想把雷達站蓋在俄國極北處的諾里爾斯克（Norilsk），以縮短蘇聯對美國核彈攻擊的早期預警時間。但在凍原蓋雷達站的成本太高，而且只能在夏天的幾個月以河川運送物資，所以才改成蓋在克拉斯諾雅爾斯克。根據科尼恩柯的說法，軍方是想蓋在諾里爾斯克，但被政治人物否決。[23]但尼可萊．德提諾夫中校卻記得並非如此。德提諾夫聲稱是烏斯季諾夫代表國防部和總參謀部向政治局明確提出要蓋在克拉斯諾雅爾斯克。烏斯季諾夫當時還很有信心的說可以瞞過全世界這座雷達站的真正功能。但在安德洛波夫譴責雷根的「戰略防禦系統」違反《反彈道飛彈條約》後，美國也公開抗議克拉斯諾雅爾斯克的雷達站。[24]蘇聯的回應是這座雷達站是用來防禦來自太空的威脅，而不是美國的飛彈攻擊。但美國根本不相信，而美國是對的。[25]

謝瓦納茲深知這個議題嚴重破壞了他對美談判的努力，他也深知蘇聯再繼續否認華沙公約國家在歐洲的軍力比北約強大沒什麼好處。[26]但他的論點需要時間才能發酵。一九八七年夏天，政治局邀請一團美國眾議員參訪克拉斯諾雅爾斯克試圖冷卻爭執。邀請外國人到蘇聯境內的軍事「目標」參觀是前所未有之事。戈巴契夫展現了超強的彈性。但整件事讓他很失望，因為這些訪客還是沒有放棄反對，只同意在這座雷達站被正式啟用之前蘇聯當局還不算違反條約。[27]

謝瓦納茲在九月十五日造訪華府時，在白宮被雷根及其手下官員大肆批評。他建議唯一的方法是雙方各自先聽聽自己軍方的意見，並說他曾就爭議中的雷達站質問過國防部長雅佐夫。[28]但他沒有提出具體解決之道，於是雷根重申要蘇聯領導層把它拆除，不然這一回的裁軍談判就沒戲了。[29]其實政治局已於九月十四日決定暫停克拉斯諾雅爾斯克的興建工事，但沒有授權謝瓦納茲對外透露。謝瓦納茲此行只是要測試美方的反對力道有多大。[30]雷根和溫伯格絲毫不留模糊空間。到了十月份，戈巴契夫在聽取謝瓦納茲的簡報後決定把工事暫緩一年。[31]這暫時讓爭議冷卻下來，而雷根在一九八七年十二月的高峰會上也罕見的沒有提到克拉斯諾雅爾斯克。

一九八八年二月，蘇聯領導層正在為舒茲造訪莫斯科做準備，「五巨頭」建議謝瓦納茲可以提出在未來十年內讓這座雷達站除役以交換美國同意拆除在索爾和菲林戴爾斯的「非法」設施。[32]但雷根不甩這一套。一九八八年八月十二日，他寫信給戈巴契夫表示整個美國政界都認為拆除克拉斯諾雅爾斯克的設施是不可妥協的要求。[33]戈巴契夫在九月份親自去了克拉斯諾雅爾斯克，提出要把雷達站移交給蘇聯科學院使用，成立一個和平利用外太空的國際合作中心。他還寫信給白宮說明這個計畫。[34]雷根、舒茲和布希明快拒絕了（但CIA難得認為這也許對戈巴契夫不太公平）。[35]謝瓦納茲隨後又到白宮想勸說雷根和舒茲。雖然他無法透露政治局的具體決定是什麼，他還是請他們諒解蘇聯領導層真的有誠意解決。[36]

一直要到一九八九年秋，也就是雷根離任總統數個月之後，謝瓦納茲才向布希總統的國務卿詹姆斯・貝克（James Baker）透露克里姆林宮已經決定要永久關閉克拉斯諾雅爾斯克的設施。[37]蘇聯當時已花了五億三千萬盧布，建立了一個有三千個居民的新市鎮。蘇聯政府放棄了設立研究中心的計畫，也放棄了另外蓋一些民用工廠的構想。他們原想改成一個流放罪犯的殖民地，但沒有任何部會要承接這些設施。[38]一九八九年十二月，政府宣布雷達站將在一九九一年左右完全拆除。[39]

白宮也質疑蘇聯機密軍事預算。克里姆林宮一直沒有對軍隊和武器的真正規模說實話。如果戈巴契夫和謝瓦納茲真心要和美國當夥伴，就必須改變這個情況。蘇聯外交部在一九八六年秋提出這個問題，中央委員會繼而在當年十月二十二日發布命令，要求國防部對於可以公布哪些細節提出方案和時程表。[40]一九八七年三月五日，阿赫羅梅耶夫在政治局會議中惹怒了戈巴契夫：「全世界都在笑我們。美國每年花三千億美元，我們只花一百七十億美元。而我們竟然說這樣子軍力就能對等。」[41]政治局不再容忍蘇聯軍方利益團體的藉口。戈巴契夫希望能在美國人面前抬頭挺胸。

蘇共中央防衛部請求允許在研議期間先繼續沿用不正確的數字。[42]戈巴契夫對這些託詞很生氣，下令要改變態度。他在五月八日告訴政治局說蘇聯一直謊報在中歐駐軍的數目。北約的數目少很多，也知道蘇聯在說謊。蘇聯一定要誠實一點，不然對美談判就不會有進展。[43]葛羅米柯試圖反對，但謝瓦納茲和雅可夫列夫支持戈巴契夫。[44]阿赫羅梅耶夫知道反對也沒用。戈巴契夫告訴大家說，柴契爾夫人曾說西方在蘇聯入侵匈牙利、捷克斯洛伐克和阿富汗後是真的心有恐懼。他說蘇聯的政策一定要認真考慮這個因素。他呼籲要把國際關係「人道化」，要把軍事準則從強調維持軍力對等改為足夠防衛就好，把軍備縮減到「最低水平」。如果軍備競賽繼續下去，蘇聯就要變成一座「軍營」。裁軍是唯一可行的選擇。戈巴契夫還講到要把蘇聯在東歐的駐軍降到十七萬人，誘使美國能把軍隊撤回到大西洋彼岸。[45]

當年七月，謝瓦納茲講到如果他要更有效在海外代表國家談判，領導層就要更公開透明。政府機關、軍事工業單位、軍隊和ＫＧＢ都被邀請就這個問題發表意見。[46]雖然雷日科夫沒有出言反對，但他認為要到一九八九至一九九〇預算年度才能達到謝瓦納茲的要求。[47]政治局在八月六日批准了這個時間表。[48]

與此同時，蘇聯官方還是宣稱軍事預算只占總支出的百分之四點六。[49]對這個議題，雅可夫列夫回憶起一段很有意思的對話：

有一次，我記得是札伊可夫來電：「聽著，亞歷山大，你知道我們到底有多少彈頭嗎？」我說：「嗯，我想大概有三千九百顆吧。」「不對，」他說，「其實有四千三百顆。」我說：「那你又是怎麼知道的？我們所有文件都寫是三千九百顆。」他說：「我問遍國防部所有大老，沒人能回答。最後終於找到一個後備部隊的大老。我問他我們到底有多少彈頭。他說有四千三百顆。」我們對別種武器也是這樣欺騙的。真是見鬼去。[50]

就連想繼續搞機密的阿赫羅梅耶夫也承認確實有問題：「嗯，你曉得任何一個最高蘇維埃代表都可以質問總書記為什麼我們這麼少的軍事預算可以抵得住美國這麼大筆的開支。而我們一直說我們在各方面都和美國維持對等。這種話誰會相信？」[51] KGB的切布里科夫則表示如果蘇聯專家能夠從公開資訊得知加州羅斯阿拉摩斯（Los Alamos）和利弗莫爾核試基地在幹什麼，那就應該允許美國人來視察哈薩克的塞米巴拉金斯克（Semipalatinsk）。[52]

多年的困惑終於被釐清了。傳統的預算只列出軍隊的人事費用，研發和生產武器的費用都藏在不相干的項目中。瓦迪姆．梅德韋傑夫記得只有四到五個人才看得到真實數據。隨著會計制度的改革，大家終於知道軍事支出不是占年度預算的百分之五，而是至少百分之十六，而梅德韋傑夫認為真正的數字應該是百分之二十五。[53]

蘇聯核武總量的假數據妨礙了與美國的裁軍談判。謝瓦納茲在一九八七年十一月九日對他的心腹說，真相是蘇聯擁有的中程飛彈比美國還多：「不平衡確實存在，我們知道這點。但我們絕不會公開承認。」[54]阿赫羅梅耶夫無法再頑抗。十一月二十四日於華府重啟談判時，舒茲和謝瓦納茲讓尼茲和阿赫羅梅耶夫去解決一些重大細節。尼茲同意一年只查驗六次，阿赫羅梅耶夫讓步了。但他抗議美方不願讓俄方查驗猶他州的軍火工廠。當他要求要查驗佛羅里達奧蘭多市的馬丁馬利雅塔工廠（Martin Marietta factory）時，舒茲大叫道：「那是迪士尼樂園！」尼茲補充說馬丁馬利雅塔已不再生產武器了，但科林．鮑威爾卻插話說尼茲說得不正確。[55]協議若要可行，雙方都得再加把勁。準備工作如火如荼的進行。到了一九八八年二月，蘇聯已經準備好迎接美國查驗人員來到烏拉山以南的渥特金斯克基地。[56]謝瓦納茲在五月份給了舒茲一份蘇聯戰略性核武數量的詳細報告。這份報告是用俄文寫的，舒茲看不懂，但他認為這表示確實有進展。[57]

戈巴契夫和雷根在雷克雅維克高峰會時專注在談長程和中程核武，短程飛彈則交給工作小組去處理。這個問題還有很多工作要做，雙方將領都知道遲早要面對。所謂短程是指射程在五百公里以內。美蘇雙方都知道，只要有一顆所謂戰術性核子飛彈穿越北約和華沙公約的邊界，就會爆發世界大戰。一九八七年二月二日，戈巴契夫提議把這些飛彈和中程飛彈一併從歐洲移除。[58]他的優先目標是去除所有和美方達成協議的障礙。

美國談判官員雖然也同意這個目標，但他們擔心這會花掉太多時間。事實上他們也懷疑蘇聯的誠意，因為蘇聯在東德和捷克斯洛伐克部署了SS－23（Oka）飛彈。根據設計者的說法，這些飛彈的最大射程是四百公里，所以算是短程核武。美方擔心的是，只要增加它的射程，就會成為中程飛彈協議的漏網之魚。事實上，要增加射程在技術上是不可能的，但蘇聯談判小組被禁止透露這個訊息，怕會洩露研究機密。大家都知道，就公開資訊來看，美方的說法有理。謝瓦納茲傾向乾脆停止生產和部署，阿赫羅梅耶夫則建議把SS－23加以改造，縮短其射程。阿赫羅梅耶夫說的不無道理，但札伊可夫知道美方還是不會滿意。舒茲很快要來莫斯科，如果蘇聯領導人不讓步，他一定會找麻煩。[59]

戈巴契夫答應舒茲蘇聯會把SS－23銷毀，他同意札伊可夫所說這件事一定要速戰速決才能簽署中程核武條約。他聲稱阿赫羅梅耶夫當時也贊成，但阿赫羅梅耶夫後來否認他在戈巴契夫做出讓步時他有在現場。[60]有傳言說是謝瓦納茲逼戈巴契夫讓步傷害了蘇聯利益。國防部和軍事政委會都很不滿。瓦連尼科夫從喀布爾回來後直接跑去阿赫羅梅耶夫的辦公室，阿赫羅梅耶夫連招呼都沒打就立刻說：「瓦倫亭．伊凡諾維奇，犯下錯誤的不是我。是『上面』直接下令的。」瓦連尼科夫根本沒提到SS－23，阿赫羅梅耶夫就猜到他在想什麼了。[61]戈巴契夫遵守承諾，威脅軍方高層不准在蘇共會議中表示異議，否則要受紀律懲處。[62]

蘇聯的技術專家並沒有加入批評陣營，因為他們很確定戈巴契夫是對的。歐洲大陸的飛彈越少越好。[63]就連阿赫羅梅耶夫在理智上也知道要大幅減少飛彈數量。蘇共中央防衛部的卡塔耶夫很害怕地方指揮官會為了要支援東西衝突前線的部隊而發射短程飛彈，就此引爆第三次世界大戰。[64]他和裁軍談判專家尼可萊・德提諾夫還有其他理由反對那些批評者。他們都了解戈巴契夫面對的兩難：如果他拒絕撤回SS－23，美國就會部署新一代射程四百五十公里的蘭斯二型飛彈，結果將更加劇歐洲的軍事風險。德提諾夫是個標準軍人，曾經在日內瓦會談時和莫斯科談判代表團大吵一架。他不是那種會相信戈巴契夫天生英明的人。但在這個關鍵時刻，他相信總書記真的別無選擇。[65]

戈巴契夫在「五巨頭」和政治局的支持下，為了達成削減核武的雙邊協議做出一次又一次的讓步。他們都認為這是值得付出的代價。雷根也很想達成協議，但戈巴契夫一夥人比他更需要，而雷根很清楚這一點。

第二十六章
簽署中程核武條約

儘管溫伯格極力主張美國應該享有研發、部署核武的完全自由，但雷根消滅核武的意志同樣堅定，而戈巴契夫也不再堅持反對「戰略防禦系統」。雙方簽下合約，締造裁軍的重要里程碑。

一九八七年九月八日，美國國安會規劃小組為謝瓦納茲下一次訪問華府召開預備會議。大家都很興奮終於有機會在雷根總統任期結束前簽訂戰略及中程核武條約。[1]通常是樂觀派的舒茲原來認為這在雙方尚未簽訂任何基礎性協議之前未免太快，但他讚賞美國代表團在日內瓦取得的進展：「我們得在謝瓦納茲來到之前做出決定，把草約搞好。」[2]他這番話激怒了溫伯格，警告不要「在會談的壓力下倉促做決定」。舒茲沒有和他爭辯，只說他知道規劃小組經常對外洩露消息，如果今天的會議內容又被外界得知，他認為會在對蘇談判中造成麻煩。[3]溫伯格根本不甩，他也反對舒茲說要彈性授權給美國的戰略武器談判代表。在溫伯格看來，國務卿的說法無異於向克里姆林宮投降。[4]

雷根一如往常不介入國務院和國防部的爭執，但他還是透露了他的傾向：

> 你們要記住整件事（指談判）是因為這世界確實需要消滅核子武器。我們一定要記住我們不可能打贏核子戰爭，也根本不該打。蘇聯不是想打贏戰爭，而是用威脅打

仗來打贏戰爭。他們想用最後通牒來逼我們投降。我們要好好討論出一些可以打破僵局和避免戰爭的基本步驟。我的意思是，大家要想一想，戰爭後的倖存者有哪裡可住呢？世界大部分地方都已經不能住人了。我們一定要記住目標為何。我們要想辦法讓大家都能認識到，我們必須消滅核子武器。[5]

他似乎覺得這番話有點太政治鴿派，於是又補充說：「有個朋友告訴我說蘇聯的右派已經稱戈巴契夫為『Yes先生』，因為我講的每件事他都同意。」[6]溫伯格察覺到雷根已經違背他過去的想法，試圖讓他重溫對蘇聯的疑慮。他的口氣像是校長在糾正不乖的學童：

我們對這件事必須非常小心，總統先生，因為我們要做的事是消滅核子武器，但如果處理得不好，我們又不能沒有它們。核子武器是不能使用的，所以我們不想要它們。但我們又不能沒有它們，因為我們對它們毫無防衛能力。我們絕不能限制自己建立防衛核子武器的能力。我們必須預先防衛，我們必須防衛我們整個大陸，而不是只有一些地點。[7]

根據最新情報，「戰略防禦系統」要到一九九五年才可能進行部署。現在就接受蘇聯談判官員的要求是有危險的。溫伯格不在乎裁軍談判多拖個兩三年。美國的態度必須強硬。[8]

雖然雷根對溫伯格點頭稱是，細心的會議紀錄人員卻寫說他「根本是在搖頭」。他非常想要談判成功。他試圖安撫溫伯格，承諾說如果美國要和蘇聯分享「戰略防禦系統」的技術，他一定會要求蘇聯也要分享最新的防衛系統。但溫伯格不為所動：「我不相信我們可以這麼做。」參謀首長聯席會議副主席羅伯特．赫瑞斯（Robert Herres）將軍也同意：「總統先生，交換技術資料是很危險的。我們有很多技術都很容易轉為他用，也可以轉為攻擊用途。」阿德曼也說：「總統先生，這可是西方世界有史以來最大規模的技術轉移。相比之下東芝事件微不足道。如果他們完全搞清楚我們的系統，他們很容易就能發展出反制措施。」[9]

美國裁軍代表團團長坎波曼則說大家都搞錯重點了。他說美國的日內瓦談判代表在歷經三十個月的激烈談判後，已經就中程核子飛彈談出「非常棒的協議」。他希望能多做一點妥協好進入簽署階段。坎波曼希望把「戰略防禦系統」限制為一個研究計畫。但這番話不夠精確。他知道就連戈巴契夫也沒有把條件設得這麼嚴格。溫伯格被激怒了，他說美國絕不能放棄部署研究成果的權利。[10]而雷根再次表示他傾向要讓談判順利進行：「我一直研讀聖經，裡面對世界末日的描寫就講到有許多城市被摧毀，而我相信我們絕對要加以避免。我們絕對要加以避免。」卡路奇也幫腔說：「我們一定要避免世界末日。」溫伯格察覺總統的意志已經動搖，乾脆大聲直說：「避免的方法就是戰略防禦系統。」[11]會議紀錄到此為止，舒茲和想要簽署條約的人勝利了。溫伯格接受不了這個挫敗，幾星期後他就決定辭職。

謝瓦納茲飛到美國和雷根與舒茲會談。他自信而幽默。他告訴幕僚說雙方的分歧不過是「妝點門面」。[12]但一九八七年九月十五日在白宮，他的心情又一變，因為雷根尖銳批評蘇聯軍隊還留在阿富汗：「如果你要撤回軍隊，那就快撤。」謝瓦納茲被連番指責蘇聯的人權紀錄和東歐政策，於是直接問雷根說：「我們到底想不想簽約？」[13]謝瓦納茲提議請溫伯格和國防部長雅佐夫聯繫，溫伯格嗤之以鼻：「如果他們邀我到紅場公開宣布《中程飛彈條約》破局，那我就去。」但溫伯格還是冷靜下來，說他在尼克森時代當衛生部長時，和蘇聯衛生部長佩特羅斯基

（Petrovski）很處得來。謝瓦納茲說他很遺憾佩特羅斯基現在沒有當國防部長。雷根開始談起哲學問題說：「如果地球文明突然被別的世界威脅，美國和蘇聯會團結對抗。對吧？」大家都不知道怎麼回答這種問題。倒是布希開玩笑說：「有一艘星際飛船進入銀河系。CIA監測到船上有一段對話：有四個頭總比只有兩個頭好。」[14]

謝瓦納茲和舒茲在稍晚會談，同意組成工作小組來草擬中程核武條約的最終版本。[15]謝瓦納茲很高興，他認為有機會進一步把戰略飛彈裁減百分之五十。蘇聯還有一些好牌可打。謝瓦納茲認為，如果戈巴契夫不滿意白宮提的條件，他可以拒絕參加華府高峰會而不會失面子。[16]

一九八七年九月十七日，舒茲提出一份長達六十頁的要求清單。他催促要盡快簽署條約。為失眠所苦的謝瓦納茲拒絕貿然簽約。還有許多問題沒解決，速度必須放慢一點。[17]舒茲回應說，如果再拖下去，蘇聯領導人就得和雷根的下任總統談判。美蘇雙方最好趕快把事情做個了結。重大裁軍協議近在眼前。舒茲對謝瓦納茲拒不同意感到十分不快。雙方都同意在高峰會之前還有許多重要的細節有待釐清，但美方擔心莫斯科並沒有急迫感。[18]而在謝瓦納茲這邊，他想先確定美國政治圈的內部衝突是否能夠解決。蘇聯不想在華府舉行簽約儀式，因為聽說美國國會將拒絕批准條約。蘇聯不想把總書記的名聲置於險地。[19]謝瓦納茲希望舒茲能了解戈巴契夫和改革派在國內的處境很艱難，不能讓人覺得他們對國際政治問題太過輕易讓步。

蘇聯的軍方利益團體不斷提出警告。總參謀部贊同把雙方裁減核武當成優先目標，但美國及其盟邦則擔心這會讓蘇聯的傳統武力對西歐造成難以抵擋的威脅（這也是為什麼阿赫羅梅耶夫要在一九八六年一月的方案中把傳統武力排除在外的原因）。雷根急著推動軍事現代化，進度毫不放鬆，蘇聯這邊擔心北約很快就會在非核子武器方面大幅趕超蘇聯。[20]

一九八七年十月十四日，美國國家安全規劃小組很高興看到蘇聯領導人已不再視「戰略防禦系統」為簽署條約的障礙。根據坎波曼的說法，他們已經學到「必須與之共處」。卡路奇也說：「謝瓦納茲來訪時也這麼說。」[21]雷根提到他在大衛營看了一部「完全駁斥了那些科幻鬼扯」的電影，他對贏得美國民意深具信心。[22]溫伯格則警告不要做出無謂的讓步：

我不要任何限制。任何對於測試的限制都不行。這不是科學的問題，而是在限制我對什麼事想都別想。如果是這種態度，那我們現在就不會有汽車或電影產業。例如說，總統先生，你會看到在他們的清單中，電磁屏蔽加速器被限制在每英尋一點二公克。這個限制實在太大了。[23]

如此吹毛求疵引來訕笑。[24]他越來越清楚自己已經過氣了。白宮想往簽署條約的方向走，雷根也希望談判成功。

雷根同意讓舒茲到莫斯科討論剩下的問題。舒茲在十月二十三日與戈巴契夫會面，他要確認「戰略防禦系統」不能動。戈巴契夫回答說，如果這是美方的態度，那他就不必遠渡大西洋。他建議不要在華府舉行高峰會，而是在兩國首都的中間找個地方和雷根會面。[25]他顯然認為展現固執可以迫使美國讓步。[26]

舒茲清楚表明他不會讓步，把球丟還給戈巴契夫。戈巴契夫的難題是他和雷根一樣想要這份條約，而他曉得舒茲也清楚這點。這就讓他沒什麼討價還價的籌碼。他決定不再攪和，不再反對在華府舉行高峰會，開始討論實際的問題。雙方試著擬出中程和短程核武能力的計算基礎，也幾乎對查驗機制達成共識。但正如戈巴契夫所指出，他們還是沒有解決戰略性核武和《反彈道飛彈條約》的大問題。他譴責華府頑固不化，呼籲美國要繼續遵守《反彈道飛彈條約》十年，他也願意商討哪些種類的裝置可以部署在外太空。為了表示善意，他說他可以考慮暫停興建克拉斯諾雅爾斯克的雷達站，但他拒絕坎波曼在日內瓦會談說要把戰略性核武和「戰略防禦系統」分開談判。[27]

戈巴契夫和舒茲都同意他們至少可以就中程核子飛彈簽署條約。蘇方要求戈巴契夫在華府要受到最高規格待遇，因為在經過莫斯科秋天的政治動盪之後，戈巴契夫要藉由國際聲望來提升形象。他的幕僚要求要讓戈巴契夫在美國國會兩院聯合會中發表演說。但對美國的保守派政府來說，這個榮譽實在太過。[28]工作小組還要解決條約中許多難題，雷根也小心準備迎接會談。戈巴契夫身邊的人同樣小心翼翼。在飛往美國途中，其中一人開玩笑說：「如果有哪個將軍發現這架飛機上有誰，只要射個火箭就可以把『重建』結束了。」這個笑話暗指蘇聯軍方高層可能會幹出什麼事。在場眾人大笑，但都希望不會發生，讓戈巴契夫繼續掌控大局。持平而論，大西洋兩岸都下了很大的賭注，戈巴契夫和雷根都要謹慎面對這次高峰會。[29]

在很多問題還沒解決之前，高峰會就在一九八七年十二月八日開始了。蘇聯代表團抵達華府，拒絕交出SS–20飛彈的精細照片，但條約草案規定這類飛彈要全部銷毀。蘇聯談判官員解釋說SS–20飛彈是在筒子裡組裝的，所以沒辦法拍照片。鮑威爾有意略過這個問題，但其他人則主張要強硬，舒茲也認為如此。蘇聯談判官員了解到如果想要條約，他們就必須讓步。[30]

他們確實讓步了，然後就在白宮舉行《中程核子飛彈條約》的簽約儀式。這是一個重大場合，兩大超強不只是限縮而是銷毀了一整個類型的核子武器。雷根和戈巴契夫在白宮東廂簽下了名字，只等國會批准。第二天也就是十二月九日，雷根由舒茲與卡路奇陪同和戈巴契夫會談。他確認將刪減一半的戰略導彈。戈巴契夫雖然還是抱怨「戰略防禦系統」，但只是略微一提，他已經完全不試圖要求雷根放棄其最愛的計畫才能進一步裁軍。他只提出說，如果美國要進行部署，那克里姆林宮也會下令研發和製造更強大的新型飛彈，足以壓倒任何防禦系統。他也重申他想把蘇聯軍隊撤出阿富汗。他沒有明確設下期限，只說會很快進行。他要求美國也應該停止資助聖戰士。雷根拒絕了，他看不出美國有什麼理由不幫那些叛軍推翻蘇聯扶植的非法政府。[31]

雙方在這場談話中既強硬又友好，但舒茲覺得正當戈巴契夫在說明他對重建蘇聯社會的願景時，雷根講他最愛講的蘇聯笑話有點太不給面子。舒茲直白的說：「總統先生，先停一下。戈巴契夫正講得興高采烈，你卻講笑話污辱他。」但雷根不肯停，他要用幽默來表明他希望蘇聯政府認識到人權的重要性，根本不在乎是否冒犯到對方，而舒茲也體諒了總統這種態度。[32]

雷根認為這是「我們和蘇聯開過最好的一次高峰會」。[33]他在十二月十一日向民主共和兩黨領袖做早餐簡報時這麼說。美國民調也顯示他的支持率上升。他受到來自各方的稱譽。他和戈巴契夫宣布就中程核武達成協議後，世界似乎變得更安全了。雷根還打電話告知東京、巴黎和倫敦的領導人。[34]他和舒茲思考要把裁軍再往前推進。舒茲在高峰會中指出美國願意再遵守《反彈道飛彈條約》幾年，放棄測試「戰略防禦系統」，但這個妥協方案並未敲定。戈巴契夫歡迎任何延後部署的主張。作為回報，他暗示蘇聯在雙方同意的期限到了以後就不會再反對美國部署。這就為戰略性核武條約打開了機會之窗。十二月十三日，舒茲歡欣的向全球媒體宣告，如果雙方在日內瓦的談判代表能加快腳步，就可以在下一次的莫斯科高峰會中簽署草案。[35]

舒茲前往布魯塞爾出席北約外長會議，警告不要過度樂觀：「還不能太早論定蘇聯的性質及其對待外部世界的方式已有重大改變。」[36]但高峰會確實獲致重大進展，舒茲相當自豪。外長會議一致決議請美國國會盡快批准《中程核子飛彈條約》。[37]他告訴參議院對外關係委員會說雷根的強硬證明了美國絕不會在重大問題上讓步。白宮和北約盟國也沒有歧見。[38]他致函參議院民主黨領袖勞勃・伯德（Robert Byrd），承諾會提供機密資料給參議員們過目，以證明政府沒有隱瞞任何事情。他還願意釋出美蘇談判的所有紀錄。[39]參議員伯德和努恩友好的回函，舒茲又保證政府會堅守其對條約各條款的公開理解，絕不會有參議院所擔心的突然偏離的事情。[40]

舒茲希望在雷根下台前能就戰略核武達成進一步協議。[41]雙方已同意下次高峰會要在莫斯科舉行。一九八八年二月九日，美國國家安全規劃小組開會制定戰略。雷根發了話：「我不會為了達成協議而急著達成協議。」[42]鮑威爾也認為困難重重。[43]在舒茲表達憂慮之後，雷根說：

> 就我在勞工談判的經驗來看，也許我們該這麼做：我們應該直取目標。你必須把理想中的協議放到一邊。這樣一來，你們才可以決定我們的底線應該在哪裡——我們能夠放棄什麼和不能放棄什麼，還有什麼是根本不能討價還價的，也就是我們連談都不會談的東西。[44]

他鼓勵手下官員要強硬爭取勝利。國防部長卡路奇試圖降溫。他報告說他和參謀首長聯席會議主席威廉・克羅伊在國會聽到許多人擔心總統會急著簽約。[45]白宮幕僚長貝克說政府應該團結一致。[46]舒茲強調「蘇聯也希望批准這些條約」，請求在場所有人支持。鮑威爾表示沒有問題。[47]

戈巴契夫希望維持動能，他在二月二十五日在政治局說：

> 是的，我們和美國達成了軍事戰略上的對等，但沒有人考慮到我們到底付出了多大代價。而我們真的要考慮。現在非常清楚，如果不大幅刪減軍事支出，我們就無法解決「重建」的難題。對等就是對等，我們必須維持。但裁軍也是必要的。而現在就有這個機會。[48]

他主張要對「戰略防禦系統」做完整的科學分析：它是唬人的還是真實的？只有正確回答這個問題之後，才有可能制定「唯一正確的政策」。他還說一定要創造一個真正靠得住的和平：「人民還記得一九四一年。」[49]

美國參議院遲不批准《中程核子飛彈條約》。前國務卿季辛吉雖然對這份條約不滿意，但覺得必須要簽。[50]但不是所有保守派都這麼好說話。軍事委員會的年輕參議員丹・奎爾（Dan Quale）譴責條約內容有損國家利益。[51]以對蘇聯強硬聞名的資深共和黨參議員傑西・荷姆斯也很不滿。舒茲出席參議院對外關係委員會時，荷姆斯批評政府對這份條約的公開說法有「含混、誤導甚至扭曲」之嫌。舒茲覺得受夠了。他請荷姆斯直接講明是不是在指控他刻意扭曲事實。荷姆斯退讓，但舒茲還是怒氣沖沖：「我不知道我在這裡幹嘛。」這句話激得荷姆斯反唇相譏：「那得看你自己覺得你在這裡幹嘛。」民主黨的資深參議員插話為舒茲解圍。民主黨不讓總統在條約批准之後有任何重新詮釋條約的空間，但他們確實認為應該批准。[52]

參議員努恩、華納、李文（Carl Levin）與柯恩（William Cohen，一九九七至二〇〇一年擔任國防部長）在三月份到莫斯科和戈巴契夫會面，想為國會批准提供協助。戈巴契夫興致勃勃地談到要創造一個沒有核武和化武的歐洲「走廊」。努恩說除非蘇聯把坦克撤走，否則美國沒有興趣。戈巴契夫立即轉移話題。他一面呼籲美國要遵守《反彈道飛彈條約》，一面難以令人信服地否認蘇聯科學家正在研究對「戰略防禦系統」的反制之道。[53]這場會談並不平順，但至少讓兩個政治體系更加深入接觸和互相了解。

九天後，謝瓦納茲抵達華府。雙方代表團先在國務院會面，再分成不同的小組討論人權、區域爭端、裁軍和美蘇雙邊關係。[54]謝瓦納茲請舒茲要認識到蘇聯正在發生的進步：「到處都是新犁過的土壤芬芳。」他對蘇聯精神療養院的改革很驕傲，貶斥了美國的種族主義。他也批評美方試圖擴大詮釋《反彈道飛彈條約》。但舒茲拒不讓步。[55]戰略核武的問題依然無解，舒茲決定在四月下旬再到莫斯科一談。他帶了飽威爾和一個龐大團隊隨行，但蘇聯領導人對爭議性的問題堅不讓步。舒茲觀察到：「他們不再用力划槳。」他和他的團隊猜想克里姆林宮可能受困於國內政治的緊張情勢。謝瓦納茲說蘇聯不能幫美國結束兩伊戰爭，因為伊朗可能會在蘇軍撤出阿富汗後搗亂。但正如尼茲所指出，這無法解釋為什麼核武談判遲無進展。舒茲斷定在莫斯科高峰會之前無法擬定戰略武器草約。他和謝瓦納茲同意在高峰會期間和之後繼續努力。[56]

兩人的合作還出現更多波折。在舒茲抵達莫斯科那天，雷根在春田市的西麻州世界事務大會（World Affairs Council of Western Massachusetts）上發表演說，直接批評了蘇聯：「我們認為自由比集權主義要好。我們認為共產主義是壞東西。」[57]他的看法一貫如此，講這些話是為了讓他的保守派基本盤安心，但對戈巴契夫在蘇聯的處境卻不是好事。

不幸的是，白宮忘了向人在莫斯科的舒茲通報春田市這場演說。四月二十三日，他發現戈巴契夫面有怒色。戈巴契夫要知道雷根是不是改變了對蘇政策。舒茲很尷尬沒有收到演講稿。他認為總統的撰稿人沒有外交敏感度。[58]舒茲別無他法，只能先讓戈巴契夫發洩情緒，再向他強調雷根真的很有善意。他還說眾議院對《中程核子飛彈條約》的投票結果是三百九十三要對七票通過。氣氛真的有在改善。[59]舒茲向雷根報告說：「戈巴契夫今天時而精神抖擻，時而陷入沉思，時而幽默談笑。」[60]但他希望把焦點集中在即將召開的高峰會。再來一個類似春田市的演說只會壞事。舒茲回想起他初任國務卿時，雷根送給他一個玻璃片，上面刻著一句話：「只要你不在乎功勞屬誰，你要做什麼都沒有限制。」[61]

不幸的是，美國參議院還沒有完成批准。五月十日在日內瓦會談時，舒茲告訴謝瓦納茲說他對此拖延很不滿。謝瓦納茲回說：「這對我們是始料未及。」中國正在出售彈道飛彈給沙烏地阿拉伯的消息也讓他大怒。舒茲和謝瓦納茲同意商討這個問題。[62]

五月二十三日，雷根對國家安全規劃委員會說：「我要盡量留下一個完整一貫的裁軍立場。」[63]舒茲承認說：「我們現在唯一能做的就是聆聽，保持選項開放，再等待時機。」[64]他誓言會對「戰略防禦系統」保持強硬，也一定會堅持拆除克拉斯諾雅爾斯克的雷達站。他力陳繼續遵守《反彈道飛彈條約》才符合美國的利益。[65]國防部長卡路奇明確的說：「我要告訴你，喬治，如果那個雷達站沒有拆，你又不宣布這是重大違約的話，你永遠不會有〔削減戰略核武〕條約。」國家安全顧問鮑威爾提醒說只要對蘇聯稍有軟弱就會惹來參議員荷姆斯批評。總統的裁軍特別顧問羅尼建議要挑明跟戈巴契夫說美國對克拉斯諾雅爾斯克的立場不能討價還價。舒茲回應說：「怎麼可能一邊說有重大違約，一邊又維持《反彈道飛彈條約》？而且，如果我們說這是重大違約，他們也會以牙還牙抗議菲林戴爾斯。」但卡路奇鍥而不捨，直到舒茲讓步說大家「都同意一定要撤除克拉斯諾雅爾斯克雷達站才能簽訂《削減戰略武器條約》（Strategic Arms Reduction Treaty，簡稱START）」。[66]

美蘇雙方領袖都不願在莫斯科高峰會上做出最後決定。「五巨頭」在草擬建議方案給戈巴契夫時只提醒他要注意美國政治右派對雷根的壓力。[67]這種模糊性讓戈巴契夫有一些主動出擊的機會。他想利用華府給他的運作空間。雷根被安排在莫斯科國立大學發表演說，這場演說將不經審查地在電視上直播。戈巴契夫也想安排兩人在紅場散步。他相信一般俄國民眾會欣然以對。[68]美方也可以邀請任何人來參加美國大使館的宴會：戈巴契夫想展現蘇聯真的有徹底改變。莫斯科的市容乾淨但老舊，戈巴契夫下令打亮建築物的門面。警方把妓女從中央區的觀光旅館驅走。當局決心不讓那場有八百名美國官員和三千三百名記者參加的派對看到蘇聯生活中的黑暗面。[69]

五月二十七日，美國參議院終於以九十三票對五票批准條約，蘇聯最高蘇維埃則是無異議一致通過，這就確立了要舉行高峰會的理由。總統和第一夫人立即飛往莫斯科，在五月二十九日搭空軍一號抵達伏努科沃國際機場。

謝瓦納茲在當晚歡迎了舒茲。舒茲對於沒有擬出戰略武器的草約表示遺憾，謝瓦納茲回應說至少他們已奠下基礎，還說總參謀部也贊同，阿赫羅梅耶夫也力挺。他們可以立刻開始工作。[70]沒有人預期能夠在當年底完成，而到時候雷根的任期也將屆滿。謝瓦納茲把話題轉開來，提到所謂美國侵犯人權的問題。他說他聽說在美國有一萬一千名政治犯，但他也承認他沒有名單，也無法指出這種指控從何而來。[71]他談到阿富汗問題時就比較有把握。他感嘆巴基斯坦違反日內瓦協議，*說戈巴契夫把阿富汗問題視為兩大超強有沒有能力解決區域衝突的「試金石」。莫斯科是否遵守日內瓦協議端視伊斯蘭馬巴德的行為。[72]舒茲沒有回應這個隱含威脅的說法，只重申一定要拆除克拉斯諾雅爾斯克的早期預警站。謝瓦納茲私下承諾過這點，但舒茲要求要看到行動。雙方尷尬了一會，謝瓦納茲才油滑地把問題交給阿赫羅梅耶夫去處理。[73]

在有關區域衝突的工作小組中，雙方交換了關於非洲南部的情報，阿達米申強調，只要還存在種族隔離，這個區域就不可能有和平。[74]蘇聯官員強調所有外國軍隊都應該撤出安哥拉，包含古巴在內。[75]關於柬埔寨問題，雙方都反對犯下種族屠殺的波布政府重新掌權。美方指出，越南完全撤軍只會讓中國得利。[76]美國「還在尋找牛肉」。[77]但實際上，許多衝突根本不是兩大超強可以控制的。在北韓問題上，沒有人知道要怎麼讓金日成降低緊張。中東局勢更是難解。[78]美國想繼續軍援尼加拉瓜叛軍。[79]蘇聯官員回擊說，巴基斯坦運送武器穿過阿富汗的邊界，系統性地違反了日內瓦協議。美方對此不加理會，只說如果蘇聯同意停止援助阿富汗共黨政府的話，美方才會管這件事。[80]他們還說，聖戰士都是用擄獲自莫斯科提供給阿富汗共產黨的武器。美國認為最好的解決方法是蘇聯停止軍援其阿富汗傀儡政權。[81]

雙方雖有分歧，但並不爭論。蘇聯國防部長雅佐夫和美國國防部長卡路奇的會談最平順。卡路奇表示，華沙公約的軍力配置在結構上就是準備要入侵西歐的。雅佐夫回應說，蘇聯軍事準則是以防衛為主，他拿蘇聯官方的聲明當證據，質問為什麼美國領導人死都不相信。阿赫羅梅耶夫攤開地圖，一一指出圍繞在蘇聯邊境的美國軍事基地。如果美國覺得受到威脅，那蘇聯也一樣。卡路奇則希望雅佐夫能體會美國這種「島嶼國家」在後勤補給上的需要。雅佐夫耐著性子回問說，不知道加拿大和墨西哥對這種地理概念是什麼看法。卡路奇的重點是美國軍隊是設計來嚇阻攻擊而不是發動攻擊的。讓大家驚訝的是，阿赫羅梅耶夫這時居然承認蘇聯的軍力結構確實是以進攻為導向。他希望卡路奇要接受蘇聯是真心要進行軍事改革。他說，這一定得花時間。他向卡

---

* 這裡所指的日內瓦協議，是指巴基斯坦和阿富汗在美國和蘇聯為見證人的情況下，於一九八八年四月十二日在聯合國日內瓦總部所簽署的互不侵犯與互不干涉協議。

路奇開玩笑說，CIA一定有報告說蘇聯軍力確實在往防衛的方向轉型。雅佐夫指出，最近在東德的軍事演習就完全是防衛導向。[82]

以上這些都發生在高峰會的檯面下，鎂光燈的焦點還是在雷根。他的魅力和親和力征服了莫斯科每一個和他碰面的人。他在每個場合都顯得興高采烈，只有當他突然出現在街頭時，蘇聯安全人員推開圍觀的群眾會讓他不高興。[83]他和南西住在美國大使館，必須遵守反情報的安全措施。就像在雷克雅維克時那樣，他要進到「泡泡」才能和隨行官員討論事情。[84]沒有什麼新的事情需要做決定。《中程核子飛彈條約》的文本在華府高峰會時就已敲定，現在只要簽字就能生效。

在首次私下會談中，雷根以朋友的姿態和戈巴契夫說話，希望他能放鬆對俄國東正教以外的宗教的控制。戈巴契夫拒絕了，但他們的談話氣氛友好，還同意互稱對方為米哈伊爾（Mikhail）和隆恩（Ron）。[85]五月三十一日第二度一對一會談時，戈巴契夫從抽屜拿出俄國民眾寫來恭賀他們為世界和平取得進展的信函。有些人還把兒子取名為「隆納」以示敬意。雷根很感動，答應要親自回信給這些人。然後他婉言相勸自由企業和競爭的好處。戈巴契夫承認蘇聯的國家壟斷企業運作不良。克拉斯諾雅爾斯克唯一的綜合收割機工廠的產品粗製濫造，但在政府拒絕伸出援手後，現在的產品已經達到令人滿意的水平。他告訴雷根說，他的目標是要導入一種新型態的社會主義。他有信心人民會支持。他很高興目前的進展，並說「如果要爭論的話，蘇聯現在是世界一流的國家」。他否認硬要把社會弄成人人平等，他還用手掌猛拍咖啡桌來強調語氣。[86]

五月三十一日，雷根在莫斯科國立大學發表演說。他採用一種叔伯長輩的口氣。他談到電影《虎豹小霸王》（*Butch Cassidy and the Sundance Kid*）中兩個逃犯在懸崖邊下看河流的一幕。伯奇催桑丹斯快往下跳。桑丹斯說他不會游泳。但兩人最後都跳了，也都活了下來。雷根以此來比喻「重建及其目標」。他希望蘇聯能改革成功。

戈巴契夫也很愛作秀。當他們在紅場散步時，戈巴契夫抱起一個小男孩叫他和「雷根爺爺」握手。雷根以招牌的優雅姿態回應。當他們從史帕斯基門走回克里姆林宮，一群記者大叫要他們受訪。其中一個問題是：「你認為你現在是在一個邪惡帝國嗎，總統先生？」雷根簡單回答道：「不，我上次講的是另一個時間和時代的事。」[87]「不」這個字立刻傳遍全球的電視和報紙。這的確是很重要的一句話。一個曾經全面聲討蘇聯的總統現在若無其事的和總書記在一起散步。美國保守派擔心他們的總統被蘇聯領袖迷惑了。他們還擔心就算雷根判斷戈巴契夫確有誠意是正確的，但戈巴契夫未必能掌權太久。舒茲在五月三十一日被NBC新聞湯姆．布羅考問到了這個問題。舒茲沒有回答戈巴契夫還能幹多久，只向美國觀眾保證總統想盡快與蘇聯達成進一步協議是正確的。[88]

六月一日，戈巴契夫和雷根在克里姆林宮的伏拉迪米爾宮簽署條約。兩國有許多達官要人出席。參議員道爾和伯德都專程飛過來。雷根身邊是舒茲、卡路奇和鮑威爾，戈巴契夫則由全體政治局成員陪同。南西．雷根親了一下舒茲，坐在萊莎．戈巴契夫旁邊。簽字時間訂在中午。美方這邊不忘玩一下政治，雷根特別感謝了美國參議院的支持。[89]令人想像不到的事情真的發生了。美國和蘇聯不只同意要限制核武數量，還要銷毀一整個類型的彈道飛彈。自從莫斯科部署SS－20飛彈而華府相應部署潘興二號飛彈以來，世界政治就陷入了危機。《中程核子飛彈條約》一舉消除了這類武器會給歐洲帶來世界末日的威脅。而雙方都認為這項重大進展是走向全面核子裁軍的第一階段。

第二十七章
西歐：猜忌與融冰

美蘇協議銷毀核武的成就在西歐遭到密特朗、柴契爾、柯爾等領袖的質疑。為了增進互信，雙方展開多次的會晤。柴契爾獨特的個人風格也贏得戈巴契夫的敬重。

西歐各國領袖同聲讚揚莫斯科高峰會的成果，但他們心中依然充滿疑慮。密特朗坦白對雷根說《中程核子飛彈條約》無法彌補蘇聯在傳統武力上的優勢。法國、英國和西德都知道最後總是要就戰略性核武達成協議，但都希望雷根不要一天到晚只想著核子飛彈。[1]密特朗言出必踐，已經秘密下令擴大法國的化武計畫。[2]雷根和戈巴契夫走得越近，北約各國首都就越擔心西歐越可能被蘇聯恐嚇甚至侵略。東西方和解是有風險的。

美國總統知道沒有幾個歐洲領導人是可以完全信任的。雖然密特朗堅決抵抗蘇聯對西歐安全的威脅，也力主美國軍力要留在歐洲，但他不喜歡「戰略防禦系統」，也不喜歡要逼蘇聯破產的構想。他的國家堅決留在北約之外。而且他領導的是社會黨，這可不是雷根喜歡的政治組織。西德的柯爾是美國政府比較喜歡的基督教民主黨，他很清楚華沙公約對其他國家邊境造成的威脅。他唯一感到放心的是——正如他對密特朗所說——蘇聯的經濟幾已無藥可救。[3]但他對「戰略防禦系統」的態度並不比密特朗好到哪去，只是在舒茲壓力下才公開表示支持。[4]柯爾要比雷根晚很久才覺得和戈巴契夫談判是有用的，他一直認為戈巴契夫是深受卡達爾和賈魯塞斯基影響的「正統派共產主義者」。[5]他和密特朗一樣避免和莫斯科發生摩擦。他花了一段時間才開始信任戈巴契夫。

自雷根進入白宮後，柴契爾夫人和教宗若望保祿二世就是他的兩大支持者。美國和梵蒂岡合力反對蘇聯和東歐的共產主義，但雙方的合作是鬆散的。若望保祿二世透過他在華府的教宗使節傳達意見。[6]波蘭裔的教宗很自然的認為自己比太西洋對岸任何政治人物都要了解東歐，總愛找機會主動攻擊無神論和獨裁政權。他計畫在一九八七年訪問其祖國波蘭。這當然要波蘭共產政權同意才行。賈魯塞斯基同意了，因為不給波蘭裔教宗簽證是很丟臉的事，賈魯塞斯基也想提高他在波蘭人民心中的聲望以加強和波蘭國家教會的關係。剩下的問題是若望保祿二世要不要從波蘭飛到立陶宛首都維爾紐斯出席基督教在立陶宛六百週年慶祝大典。[7]這讓KGB心驚膽戰，深怕宗教慶典會演變成民族動亂波及到全蘇聯。教宗最後只到了波蘭。他似乎不想給有史以來最溫和處理東歐事務的蘇聯領導層找麻煩。

梵蒂岡和華沙激烈交涉後，教宗在一九八七年六月八日啟程。賈魯塞斯基深知阻擋教宗會激怒幾百萬波蘭人民。他也在算計著批准這趟宗教行程會提高他在波蘭人心中的地位。共黨政權知道就算若望保祿二世的講話符合外交規範，還是會激起人民對共產黨的深切反感。教宗的用字遣詞精準抓住了暗藏的政治潛流。賈魯塞斯基和他的部長們都覺得教宗「比預期中挑釁」。[8]教宗去到反對運動重鎮格但斯克及華沙。他對於人權、尊嚴和正義的講道激發了民眾的情緒。他和華勒沙私人會談，給了團結工聯宗教上的祝福。他呼籲波蘭人要按照基督信仰來生活，這挑戰到無神論共產黨的統治正當性。他那莊嚴而道德的挑戰權威的演說，在熱情的群眾心中激起了民族自豪感。[9]

比起教宗，柴契爾夫人和雷根溝通更為頻繁和直接。她和雷根是政治上的靈魂伴侶。兩人經常信函往復，在需要迅速做出重大決定時更會互打電話。[10]柴契爾夫人心知美國的全球實力比英國強大得多，她想利用她對雷根的影響力來追求兩國的共同利益，同時也想促進英國的國家利益。雷根在一九八二年福克蘭戰爭時沒有支持她，在一九八三年要入侵格瑞那達之前也沒照會她，她都直接大發雷霆。她從不吝於表示意見。她在一九八四年就告訴雷根說戈巴契夫是一種新類型的蘇聯領導人。

但戈巴契夫一當上總書記後，她就熱情全消。她不但不在東西方之間做調人，反而從旁阻撓雙方和解。她害怕雷根會對莫斯科讓步太多，還向法國總理洛朗．法比尤斯（**Laurent Fabius**）說戈巴契夫不過是個「有魅力的共產黨」。[11]她對雷根銷毀核武的想法一直保持敵意。她的立場在雷克雅維克高峰會後稍有調整，建議雷根說要讓戈巴契夫更清楚了解「戰略防禦系統」將如何進行部署。她還建議雷根要承諾美方不會一定要在某個期限內部署其研發成果。[12]她的外交政策顧問柯利達（**Percy Cradock**）覺得她對美國的政策擔心得太多。他在一九八六年一直催促她——當然是以一種最柔和的方法——要想辦法訪問莫斯科。她不斷拒絕，直說「沒什麼好去作秀的」。[13]她的意思是戈巴契夫不會對英國的國家利益做讓步。切爾尼雅耶夫敏銳地觀察到她在直覺上認為戈巴契夫是一個能夠「自我清算」違反人性的政治和社會秩序的人。[14]但外交政策又是另一回事。柴契爾夫人不想讓戈巴契夫出風頭。她不認為戈巴契夫和雷根太熱絡有什麼好處。

英國政界都不滿她的消極態度，對她的批評逐漸轉為攻擊。工黨領袖尼爾．金諾克很贊同戈巴契夫對緩解國際緊張的努力，他在和蘇聯官員會談時批評了柴契爾夫人。[15]但柴契爾夫人毫不在意。她始終擔心蘇聯領導層是在欺瞞世人。以美國的政治光譜來說，她比較接近溫伯格而非舒茲。她很在意自己身為鐵娘子的名聲。

如果蘇聯領導人想融化她的鋼鐵外衣，莫斯科就得自己加把勁。戈巴契夫很羨慕柴契爾夫人和雷根的惺惺相惜。美英雙方的默契是哪一方和戈巴契夫有聯絡都要互相通報。[16]戈巴契夫想利用柴契爾夫人這個管道來對白宮施壓。到了一九八六年末，他已經放棄要挑動西歐對抗美國的幻想。他不再幻想可以說動法國脫離北約單獨行動。他在一九八七年五月對政治局說，法國總理賈克·席哈克（Jacques Chirac）在政治上需要在和克里姆林宮談判時表現強硬。[17]戈巴契夫對西德總理柯爾比較不信任，因為柯爾在一九八六年十月曾把戈巴契夫的公關技巧和納粹的戈培爾相提並論。[18]柯爾對此失言不甘不願地道了歉，但蘇聯的反感猶在，雖然戈巴契夫知道有必要和西德改善關係。[19]戈巴契夫還是把重心放在柴契爾夫人身上，邀請她訪問莫斯科，而這次她很快就答應了，讓她的顧問相當高興。英國政治圈都為這次訪問感到振奮。[20]

政治局並不擔心她在莫斯科會造成什麼影響。雖然她演說一流，但她只在面對自己的支持者才會有最好表現，對不同意見者的影響力就有限。蘇聯當局認為自己的領袖更會演講，總書記遠勝鐵娘子，唯有雷根才能比美。但他們完全忽略她好鬥的一面。戈巴契夫一九八四年十二月在切克斯莊園時就領教過，他發現她在蘇聯領土上也用這一套。她一如慣常地做足充份準備，還向叛逃的KGB官員奧列格·戈迪夫斯基請教該說些什麼。[21]戈迪夫斯基比任何西方人都了解該怎麼攻擊蘇聯的弱點。他發現首相真是絕佳的聽眾和學生。

一九八七年三月二十九日，雷日科夫總理在伏努科沃機場迎接她。接下來是五天的會談和公開亮相。她一開始就神氣十足。她穿著絢麗的毛帽和皮草。她參觀首都近郊的俄羅斯東正教謝爾耶夫修道院。她參訪俄國平民家庭的公寓——英國大使館已先確認這家人不是KGB特工。她接受三位資深電視記者專訪，試圖造成公眾影響。這些記者的專業對她根本不值一哂，她直接把問題丟回去，大談開放社會和市場經濟的好處。設定議題的人是她，不是他們。他們習慣女性要順從，從沒遇過這種亞馬遜女戰士。電視觀眾愛死她直接戳破蘇聯官方自鳴得意的氣球。從沒有人被允許在蘇聯媒體上直接挑戰馬列主義的信條。她的直率和魅力為西方在蘇聯贏得了朋友。她「美妙地」發表了自己的看法，就像一隻貓對一群蜷縮的兔子發出嗚叫。[22]

她和戈巴契夫私下會談時也是一樣作風。駐蘇聯大使柯立芝回憶說：

> 從沒見過有哪兩國元首能散發出這樣的化學反應。你幾乎能見到火花四射。他們都很愛講話，都很喜歡自己講話的聲音。他們講話都不容人打斷，但都喜歡打斷對方，兩人棋逢敵手。[23]

他們兩人的關係後來傳到了蘇聯人民耳中，還衍生出一大堆黃色笑話。[24]

戈巴契夫往好的方面看待。他向他的政治親信承認說，這位首相很難歸類：「夫人比較狡猾，密特朗比較卑鄙。」他說英國堅持保有核武不但會破壞她在全世界的名聲，也會鼓勵其他國家發展核武。她則回應說這種武器一旦發明出來，就不可能丟掉不要。戈巴契夫質問她到底對核子裁軍有幫到什麼忙，兩人談話毫無交集。四月一日，她飛到喬治亞在提比利斯待一天。國防部副部長柯瓦廖夫報告說她和群眾在一起時，人們高喊：「和平！和平！」戈巴契夫知道她在蘇聯的表現贏得很多崇拜者，尤其是婦女。但他相信她回國後會說蘇聯領導人和「重建」的好話。雖然並無證據顯示如此，但他認為她這次訪問有利於蘇聯的國際關係是正確的。[25]

第二天，也就是四月二日，戈巴契夫輕鬆談到他對西方領袖的評價。他表示柴契爾夫人終於頓悟到一個新的真理：「凡是不和我們交好的人就會在國內失去聲望。柯爾就是一個例子。」他說西德總理把他和納粹的戈培爾相比後就得被迫承認錯誤。戈巴契夫對自己的外交成就相當自豪。[26]

他對政治局說柴契爾夫人一度在談話中要走人。他嚴厲反擊了她的長篇大論，說他對這種「以為是在自己的國會那樣妄為」的「壞脾氣老女人」毫不讓步。在炫耀過自己的共產黨員堅定性──也有點大男人主義──之後，他希望政治局也要認識到她有好的一面：「她不像密特朗，不會掩飾她真正的想法和圖謀。」戈巴契夫相信她已被她在蘇聯所見所聞打動，會真心加強互信。當她提出蘇聯在一九四四年軍事占領波羅的海國家的問題時，他回應說這些國家從彼得大帝以來就是「我們的」。當他要《真理報》刊登她演講全文時，柴契爾夫人顯得有些為難。他認為這是因為她在英國的支持度對她的黨來說很重要：如果她要在選舉中打敗工黨，就不能被認為她在妨礙和蘇聯來往。而且，戈巴契夫說，她知道「雷根已經老了」。戈巴契夫結論說她的談判立場已經越來越弱。[27]

但柴契爾夫人的幕僚查爾斯．鮑威爾（Charles Powell）卻不這麼看：他認為她的表現有助於她贏得下一次的大選。[28]她在英國的批評者希望她別再阻礙美國和蘇聯和解。六月二十六日，工黨影子外交部長丹尼斯．希利（Dennis Healey）在英國下議院呼籲政府要認識到「自一九一七年以來俄國對待世界的態度最重大的變化」。當雷根為全球裁減核武努力時，為什麼英國政府不願合作？外交部長傑佛瑞．侯艾的消極態度尤其令人困惑，因為他過去是批評「戰略防禦系統」的。希利搞不懂侯艾的立場到底是什麼，他只會自縛手腳，依然懷疑共產黨的教條會在戈巴契夫統治下消失。[29]

戈巴契夫要在一九八七年十二月到美國簽署《中程核子飛彈條約》這件事讓柴契爾夫人很不悅。在美蘇雙方談判期間，沒有人徵詢過她的意見。她最近才放下對戈巴契夫的敵意，想積極參與這件事。她召來蘇聯大使薩米爾欽，對他說：「請告訴戈巴契夫，我希望在他飛往美國途中能到我們布里茲・諾頓（Brize Norton）基地停留二到三小時，還沒有俄國飛機到那裡去過。」[30]切爾尼雅耶夫建議為了蘇聯的利益應該答應，因為這是加強她國際地位的「大禮」，她最想要的就是這個。這樣一來她就會支持蘇聯的「重建」。[31]戈巴契夫同意了。柴契爾夫人向媒體吹噓他們的會談氣氛：

> 今天的氣氛實在非常、非常好。戈巴契夫先生和我談話時經常如此，我們一如既往地激烈辯論。他的個性很強，而我自認我也不弱！所以確實很激烈，但這樣才能最快抓住問題核心。氣氛非常好。當然，我可不是什麼中間跑腿的。我是北約重要的一分子，我是很值得信賴的盟國，沒有人可以懷疑我的立場。[32]

她刻意不提她已不再阻撓戈巴契夫和雷根交好。戈巴契夫在布里茲・諾頓沒有答應她什麼就飛往美國，但他已得到她的支持。[33]我們只能猜測她轉為合作的理由。也許她的秘密粉絲切爾尼雅耶夫說的是對的，她確實很需要聲望。也可能是她最後決定如果不能打敗對手，就要加入對手。但有沒有個人因素在內呢？在她出訪莫斯科之後，她的幕僚就明顯看出她對戈巴契夫的善意。他們很難和她「客觀地討論」戈巴契夫。[34]有大量證據顯示蘇聯擁有龐大的化學武器。柴契爾夫人對雷日科夫抱怨過。但當戈巴契夫保證蘇聯沒有這些武器之後，柴契爾夫人就根本不相信他會說謊。她認為「他可能被蒙蔽事實」。[35]

她的確對他青眼有加。他們變得「情投意合」，每次見面都有激烈而愉快的爭辯。[36]外交部長侯艾和謝瓦納茲也交情甚佳，但他們的來往基本上沒什麼作用，因為柴契爾夫人壟斷了對蘇外交大權。[37]她和雷根與布希會談時也不讓外交部長參加。舒茲也注意到她甚至不帶外交部長到華府。[38]她逐漸把戈巴契夫視為改變蘇聯歷史方向的人物。她認為他面對的困難就和她在英國一樣。[39]不過她也一直對戈巴契夫和她另一位朋友——雷根——的來往有所疑慮。戈巴契夫喜歡她也尊敬她，但也覺得對她要小心。一九八八年三月十日，他在政治局說她持續帶領西方政治人物指控克里姆林宮搞煽動和表裡不一。[40]在他看來，當美蘇雙方領導人即將批准中程核武條約之時，他需要知道柴契爾夫人和白宮來往的訊息。英國和法國還是不肯放棄核武。柴契爾夫人和戈巴契夫雖然交好，但都有所保留。

雖然柴契爾夫人不再批評戈巴契夫這位共黨領袖，她對共產主義的批評依然毫不留情。一九八八年十一月訪問波蘭時，她留時間和華勒沙會面，到被謀殺的耶日·波比耶烏什科神父（Jerzy Popiełuszko）*的墓前致上鮮花。東歐共產政權已經無力阻止外國領導人在他們境內四處走動。賈魯塞斯基只求她的來去不要造成動亂。他希望用她的到訪向波蘭人民證明西方已把波蘭共黨政權當成正常國家。[41]但她找機會指出並非如此。對大多數波蘭人來說，她獻花給波比耶烏什科比

* 耶日·波比耶烏什科是波蘭天主教神父，他與反對波蘭共產黨的團結工會有聯絡。一九八四年，波比耶烏什科被波蘭安全局的三名特務暗殺。他在二〇一〇年被羅馬天主教追認為「殉道者」，於二〇一〇年六月六號封聖。

她和賈魯塞斯基的官式會面更具意義。她在波蘭造成的旋風可比美她前一年在莫斯科。她以唐寧街十號為中心，與克里姆林宮和白宮形成三角關係。她和密特朗或柯爾一向不和，更不理會義大利總理安德烈奧蒂。羅德里克·布萊斯威特在接任英國駐蘇聯大使之前曾和她談過話：「她認為自己可與戈巴契夫比肩。她認為兩人的關係是緊密的。『如果杜凱吉斯贏得（美國總統）大選的話，我就只剩戈巴契夫這個朋友了。』」[42]

戈巴契夫的外交動作依然讓她憂慮。西歐國際關係的重心已從倫敦移往波昂。一九八八年一月，謝瓦納茲試探性地前往波昂訪問。他和西德外長根舍（Hans-Dietrich Genscher）很快就協議莫斯科和波昂要加強合作。謝瓦納茲強調他不是來利誘西德遠離美國的。他宣稱蘇聯目前的外交政策是以「全人類共同利益」為基礎。他坦白承認蘇聯現在面臨經濟困難。但他說搞國際關係就必須大膽。他希望能改善和西德的外交與貿易關係，感嘆「出口管制統籌委員會」對技術移轉的禁令，他說就連製鞋機都被禁止。他呼籲西德要正視與莫斯科增加貿易所能帶來的利益。根舍回應說，蘇聯自己應該多展現彈性。他曾對戈巴契夫抱怨過克里姆林宮也透過「經濟互助委員會」限制出口自己的技術。他敦促謝瓦納茲可以考慮讓「歐洲經濟共同體」和「經濟互助委員會」合作探索外太空。[43]

相較於根舍對戈巴契夫持開放態度，柯爾依然以他所謂「懷疑的同情」來看待戈巴契夫。他要看到他多做而不是多說——他認為戈巴契夫想要的不過是一種更有效率的共產主義。[44]

但他也開始覺得不要對戈巴契夫太太嚴苛。他和謝瓦納茲談到蘇聯是「我們東邊最重要的鄰居」，說：「歷史經驗教導我們當俄羅斯和德國合作時，歐洲才有和平。」謝瓦納茲覺得很不舒服，因為這讓他想起史達林和希特勒的合作。但謝瓦納茲不想打壞氣氛，便說道：「希特勒來了又去，但德國人民依然存在。」柯爾為自己辯白了一下：「我們德國人可不能從理論上去談什麼裁軍。你知道我是難民嗎？我哥哥和我是難民。他十七歲，我十五歲。」柯爾和謝瓦納茲發現兩人都有一個兄弟死於二次世界大戰。謝瓦納茲喜歡柯爾說自己遵守母親的一句話：「己所不欲，勿施於人。」他覺得這真是世界政治的金玉良言，遂邀請柯爾訪問莫斯科。但柯爾出人意料地要維護國家的面子。戈巴契夫已經訪問過倫敦和巴黎，也即將去貝爾格勒。柯爾總理說，如果戈巴契夫不先來波昂的話，德國人民是不會接受他去蘇聯的。他要求戈巴契夫更改行程：這是一個很重要的訊號。[45]

謝瓦納茲私下告訴柯爾說北約和華沙公約可以解決有關傳統武力的爭議，這讓莫斯科和波昂的外交關係往前邁了一步。他毫不保留的說密特朗「很陰險」，意思是莫斯科現在比較看重柯爾。[46]但柯爾還是保持謹慎。蘇聯有重兵部署在西德東部邊境，柯爾認為最好還是要緊靠雷根。他對雷根的政治直覺表示高度讚賞：「在來訪的政治家和政治人物中，他是少數能體會什麼叫國家分裂的人。我們在柏林看到了柏林圍牆，看完後，他說這等於是把人的身體分割。」[47]他們發展出友誼：「這是很個人的關係。就是這麼簡單。我們沒什麼外交禮節的問題。我們時常互相打電話，我們每次見面都不一定是為了什麼大事。」[48]

戈巴契夫一面靜待西德，一面在一九八八年十一月末邀了密特朗到莫斯科。[49]密特朗是戈巴契夫唯一會用俄文「你」來稱呼的外國領袖（戈巴契夫和柴契爾夫人雖然見了十幾次，但一直互稱「主席先生」和「首相夫人」）。[50]密特朗當面稱戈巴契夫是個政治浪漫派，戈巴契夫沒有反駁，只說自己也是個現實派。[51]密特朗廣博的歷史知識讓戈巴契夫著迷。這位法國總統對「戰略防禦系統」表示擔憂，這讓戈巴契夫聽得很順耳。密特朗想博取戈巴契夫的信任，說他知道美國是如何想在蘇聯的東歐傷口上「撒鹽」。他提出巴黎和莫斯科應該在科學技術上多加合作。戈巴契夫在政治局還說密特朗承諾要想辦法取消「出口管制統籌委員會」對先進技術的禁令。[52]但戈巴契夫說得過於樂觀。實際上他只有說動密特朗提供受禁產品的清單。這離真正改變政策還差得遠。

密特朗的老毛病是說一套做一套，這一點戈巴契夫很清楚。他在政治局的說法只是為了符合他當下的政治意圖。他要維持蘇聯各領導人對外交政策的共識。稍微誇大其詞只是他的一種工具。

西歐各國還是沒有擺平。密特朗不可靠，柯爾態度冷淡，還是和柴契爾夫人打好關係最保險。戈巴契夫在一九八九年四月受邀訪問倫敦，他發現柴契爾夫人整個人處於戰鬥狀態。她批評英國的政治菁英，還攻擊其他西方領導人，包括布希總統。她又講到蘇聯，預言蘇聯的革命症候群終將消亡。在她看來，戈巴契夫不得不和世界各國走一樣的路。她說一旦這一天來臨，整個世界將會完全不同。[53]而這又加強了她對「互相保證毀滅」的一貫信念：「我們兩國（蘇聯和英國）都從痛苦的經驗中學到傳統武力無法嚇阻歐洲發生戰爭，但核子武器已做到這一點超過四十年。作為嚇阻力量，它無可取代。」[54]兩人雖然激烈爭辯，但柴契爾夫人對戈巴契夫卻無話不說。她甚至透露說自己將在下屆大選時下台。她認為兩人的改革有相似性，說英國的「重建」已進行了將近七年。她笑著說：「你看，我們有柴契爾主義，而你們有戈巴契夫主義。」她認為他應該先著重於提高蘇聯的生活水平。有一度，她察覺到自己講話太粗魯，直說是因為北愛爾蘭的情況讓她很頭痛，並承認說：「我知道你們對蘇聯的未來也很頭痛。」[55]

到了這時候，每當兩人一起公開露面時，柴契爾夫人都全力支持戈巴契夫的政策。她現在像是戈巴契夫的粉絲，不再是對手和批評者。翻譯官伊戈爾・柯爾奇洛夫（Igor Korchilov）回憶說：

> 我和在座每一個人都注意到，每當戈巴契夫講話時，她就以充滿崇拜的眼神看著他。這只能解釋為兩大領袖之間真有所謂「特殊的個人化學作用」。我們在晚餐後回到大使館，雅可夫列夫想用這點對戈巴契夫開玩笑，但萊莎・馬西莫娃娜（戈巴契夫夫人）不喜歡這種含沙射影，她抓住戈巴契夫的手臂拉他上樓，說：「晚安，各位。」[56]

不是只有雅可夫列夫注意到柴契爾夫人的奇怪行徑。也許她是從南西・雷根身上學到如何給丈夫支持。她讓自己認同蘇聯領袖及蘇聯的改革大業。她向來是一旦做出決定後就堅定不移。她決心要證明她和戈巴契夫團結一心。

戈巴契夫和萊莎、雅可夫列夫、謝瓦納茲和切爾尼雅耶夫開會討論他的倫敦之行。他的結論是，首相有她的想法，但「我們」有我們的想法。[57]他向政治局說：「我喜歡柴契爾的獨立性。你什麼都可以跟她說，她也什麼都了解。她是個可靠的人。我們每次激烈辯論核子武器時，她都要拚命力爭。她知道她的立場是有弱點的。」[58]

這遠非恭維之語。事實上，戈巴契夫說她有等雷根離開白宮後成為「西方領袖」的癡心妄想。還說他注意到布希和柯爾講到她都「語帶諷刺」。但戈巴契夫認為和她保持對話是有用處的：「和她接觸相當重要。」[59]她友善地回應，但一個月後她就下令把八名俄國官員和三名記者從英國驅逐出境。她寫了一封機密信函向戈巴契夫表示這不會改變她對他和「重建」的友好態度。

她會盡量不公開作文章。[60]

柴契爾夫人、柯爾和密特朗都逐漸放鬆對戈巴契夫的疑慮，因為他能夠體會為什麼大家會擔心蘇聯的軍事威脅。美國早就習慣被北約盟國提醒不要對莫斯科做出不必要的讓步。克里姆林宮急於掃除外國疑慮改善外交關係，戈巴契夫在西歐各國受歡迎的程度也達到新高。

第二十八章
東歐：動亂與抗議

東歐國家並不樂見美蘇和解。何內克批評戈巴契夫偏離了馬列主義的正統路線。日夫科夫則提醒赫魯雪夫改革所引發的動亂。然而，戈巴契夫心意已決，蘇聯必須從東歐撤軍。東歐共黨得自己想辦法統治自己的國家。

戈巴契夫不能為了迎合西歐而傷害蘇聯在東歐的利益。東歐的事件向來對莫斯斯科政治有重大影響。蘇聯是地區霸權。在一九五六年的匈牙利和一九六八年的捷克斯洛伐克共產政權受威脅時，政治局都曾派出坦克和戰機。但政治局逐漸在經濟和軍事議題上改採和東歐領袖商量的方式。大家經常討論預算困難的問題。以往通常是東歐要推動改革，而在戈巴契夫時代變成是蘇聯要推動激烈改革。

華沙公約各國共黨的總書記們在一九八五年總共開了四次會討論共同戰略，分別是在莫斯科、華沙、索菲亞和布加勒斯特。在這位蘇聯新領袖和各位老共產黨員初見面時，他對於東歐的看法沒有多大變化。他希望東歐各國領導人能走上蘇聯的改革道路。他希望他們自動自發，但並不期待這會很快發生，因為他知道他們的共產統治都很保守。他認為自己不能不和他們合作。他需要時間來進行蘇聯的「重建」，害怕東歐地區的政治動亂會影響他的方向。與此同時，他也警告東歐各國領袖在遇到國內政治麻煩時別想再靠蘇聯軍隊出手拯救。他們要靠自己來統治國家。戈巴契夫認為這可以誘使他們拋棄傳統政策。他堅持，蘇聯一定要和東歐國家建立新型態的關係。他希望拋棄他前幾任那種莫斯科式的傲慢專橫來降低各民族的不滿，用更頻繁的協商來處理問題。

「經濟互助委員會」在內部簽訂協議來加強區域經濟合作。蘇維埃領導人很自豪能協議組成一家「跨機器人」公司。[1]但從他們的宣言中可以看出其無知程度。他們低估了資訊科技在西方引起的震撼。他們對東歐其實毫無戰略可言，只希望各國領袖能自行找出在工業和科技上互相整合的方法。

政治局——不只有戈巴契夫——除了遇到問題，很少對東歐費心。當然，蘇聯和美國的談判有必要知會華沙公約盟國。各共產黨領袖對戈巴契夫在蘇聯的改革都很存疑，但莫斯科的外交政策又自不同。大家都希望能降低歐洲的緊張情勢，戈巴契夫有望能終止軍事衝突。如果他成功了，東歐各國就可以把預算支出轉移到消費需求。一九八六年三月，謝瓦納茲到華沙參加各國外長會議，他聽到的都是對戈巴契夫的讚美。只有羅馬尼亞外長伊里．瓦杜瓦（Ilie Vaduva）發出了異聲——他呼籲要解散北約和華沙公約，撤出外國駐軍。羅馬尼亞人向來主張蘇聯軍隊撤離東歐，他們趁戈巴契夫承諾要尊重各國主權提出了這個要求。但他們也知道其他人會對瓦杜瓦白眼相向。東德一如預期地站在蘇聯這邊，感謝謝瓦納茲通報和美國交涉的資訊。[2]謝瓦納茲很高興。至少在關於蘇聯的全球戰略上，幾乎所有盟國都表示了熱烈支持。

戈巴契夫認為雷根將在會談時對東歐問題找碴，遂對兩德問題做了準備。[3]他在一九八六年六月底親赴華沙。各共黨領袖對他鼓掌歡迎，宣誓做蘇聯的堅定盟友。戈巴契夫承認車諾比核爆對波蘭造成的災害，這讓他大受好評。他察覺到波蘭人民對政府的態度相當兩極化。[4]但他還是沒看出波蘭人對賈魯塞斯基政府的憎惡幾乎是普遍性的。他和其他蘇聯領導人只看出其經濟危機的嚴重程度。一九八六年十月二十三日，雷日科夫向政治局提出報告說，波蘭債台高築，匈牙利則在崩潰邊緣。蘇聯貸款拯救了保加利亞免於災難。但沒有一個國家想把經濟和蘇聯做整合，都希望向西方銀行求救。對外借款確實是陷阱，但他們還是希望能出口足夠的天然資源來購買高價的電子科技產品。雷日科夫絕望的說：「我們根本沒有真正政治經濟學的概念。」在大吐苦水之後，他還是向政治局保證說波蘭人都很感念蘇聯的金援。戈巴契夫聽了很高興。[5]

在蘇聯領導人對東歐危機還如在夢中時，前駐西德大使瓦連京・法林提出一份由分析家任・貝勒索夫（Rem Belousov）撰寫的報告，預測華沙公約國家會在一九八九至一九九〇期間發生經濟崩潰。[6]政治局認為這是可以預防的。一九八六年十一月十日，也就是在雷克雅維克高峰會之後，戈巴契夫召集東歐各國領袖到莫斯科，承認過去對待東歐的錯誤。他強調蘇聯軍事介入的時代已絕對結束，所有共黨國家都要自己對人民負責。[7]保加利亞總書記托多爾・日夫科夫表示：「這是（蘇聯共產黨）第一次這麼說自己。」西奧塞古比較小氣。他覺得蘇聯的「重建」一無是處，聲稱羅馬尼亞已進行成功的改革（戈巴契夫向政治局報告時，嘲笑西奧塞古是「王朝社會主義」）。越南和古巴也到場與會。卡斯楚請求讓庫羅奇金將軍（Pavel Kurochkin）以軍事顧問身分到安哥拉協助古巴軍隊。賈魯塞斯基表示他很有信心能守住波蘭。卡達爾的語氣就顯得很沒有自信，但戈巴契夫還是對他表示信心，對胡薩克亦然。他認為共產主義在蘇聯和東歐還是能取得成功。[8]

戈巴契夫對政治局報告說東歐各國領袖都熱切想在自己的國家展開「重建」。但實際上沒有人有興趣。西奧塞古還是以鐵腕統治羅馬尼亞，何內克、胡薩克和日夫科夫從來沒想要認真改革。[9]

東德越來越讓莫斯科擔心。何內克本身更是個大麻煩。他向西德銀行借的錢根本還不起，又拒絕在東德對共產體制做任何改革。蘇聯領導人多年來都擔心他秘密向波昂借款的危險行徑。而這當然正是柯爾喜歡何內克的原因：能和一個受其恩惠且願意合作的東德領袖來往對他再好不過。到了一九八六年，柯爾已經可以慶祝有三百萬東德人拿到前往西德的簽證——五年前這個數字只有四十萬。他知道西歐盟國擔心他的政策成功，所以他向法國保證絕不會傷害到法國的利益。他的優先重點是把握住東方開啟的機會。他還想把影響力從東德延伸到波蘭和匈牙利。對於羅馬尼亞，柯爾用每人兩萬五千馬克的代價每年讓五千名德裔人口移民西德。他很清楚西奧塞古絕不會同意政治和經濟改革。[10]

一九八七年一月，華沙公約各國的中央委員會書記們齊聚波蘭首都開會。雅可夫列夫、杜布里寧和梅德韋傑夫代表蘇聯與會，聽取大家的抱怨。東德領導人報告說蘇聯的「重建」已經造成共黨政府的「政治尷尬」。[11]何內克指責蘇聯是在以南斯拉夫的形式偏離馬列主義。他認為蘇聯作家米哈伊爾．沙特羅夫（Mikhail Shatrov）最近關於列寧的劇作背叛了十月革命。他也反對把沙卡洛夫從流放中釋放回來。[12]戈巴契夫得知這些言論後勃然大怒。他向來看不起何內克，視他為小說人物奧斯塔普．本德（Ostap Bender）那種騙徒，無法容忍他在華沙大放厥詞。[13]戈巴契夫告訴政治局說，如果他再繼續製造麻煩，莫斯科將施以停止供氣供油的極端制裁，或要求東德以硬貨幣償債。兩種手段對東德都是災難。但戈巴契夫也知道這種政策對蘇聯沒有好處。他堅持和東歐各國領袖「一定要繼續做朋友」。他知道何內克不是唯一質疑「重建」的東歐領袖。胡薩克贊成何內克說蘇聯的改革並不是不可逆轉的。日夫科夫也記得赫魯雪夫的改革是如何引發了匈牙利的民族起義。戈巴契夫認為，唯一的方法是把「重建」搞成功，讓它值得大家仿效。[14]

戈巴契夫、謝瓦納茲和雅可夫列夫只能祈求一切會更好。謝瓦納茲認為賈魯塞斯基的講話內容很成熟。他希望他能取得社會「先進分子」的支持，包括前團結工聯成員。他認為「根本性的困難已被克服」，他也很高興戈巴契夫和賈魯塞斯基「完全互相理解」。[15]戈巴契夫也很樂觀。唯一讓他不舒服的是「經濟互助委員會」各國的生活水準都比蘇聯人民要高（不知道他是否也把羅馬尼亞包括在內？）。[16]

但戈巴契夫也沒這麼天真。東德總情報局局長馬克斯．渥夫（Markus Wolf）已向他通報何內克又向西德秘密貸款以渡過經濟危機。戈巴契夫對政治局承認他還想不出對付東德的可行政策。總理雷日科夫對何內克一行人的態度大為不滿。由於蘇聯出口給「經濟互助委員會」各國的天然氣和石油價格太低，讓蘇聯反而積欠這些國家一百四十億盧布。而東德總理威利．史托夫居然敢要求蘇聯要按期還債。雷日科夫說東德和蘇聯貿易的唯一目的就是想要天然資源。他也很失望何內克和史托夫「想和中國靠近」。戈巴契夫只能說還是要把東德再拉回莫斯科這邊。[17]渥夫告訴他的蘇聯聯絡人說，何內克的政策已把國家帶到必然崩潰的邊緣。一九八七年秋，前蘇聯駐西德大使瓦連京．法林建議戈巴契夫不要再提兩德會再共存五十到一百年。但戈巴契夫沒聽進去。[18]法林一直警告他東德隨時都可能爆發動亂。[19]

匈牙利是另一個讓莫斯科擔心的國家。匈牙利政府在一九八七年三月警告過蘇聯外交部：「你們應該考慮是否要繼續在我國和整個東歐和中歐駐軍的問題。未來事態發展可能發生變化。如果基層開始質疑這個問題，會導致一連串不良的後果。」[20]謝瓦納茲沒放在心上。他依然認為唯有蘇聯軍隊才能保證區域穩定。他指出匈牙利和羅馬尼亞的緊張關係。波蘭和德國之間也暗藏衝突。謝瓦納茲認為「我們的朋友」還沒有準備好承擔額外的軍事支出。[21]

戈巴契夫準備在一九八七年四月九日到捷克斯洛伐克訪問三天。他受到大批群眾歡迎。人們大叫著要他留久一點，要他在布拉格促成共產黨的自我改革。他們表面上為戈巴契夫歡呼，實際上是在向胡薩克示威。大家都知道怎麼回事。但戈巴契夫堅持他的東歐政策，絕不公開說一些會傷害共黨政權的話。他甚至讚揚了胡薩克在布里茲涅夫軍事介入後處理得宜。戈巴契夫沒有改變他對罷黜亞歷山大·杜布切克（Alexander Dubček）*的看法。雖然他自己開始打破蘇聯的威權統治，但他也自認是個現實主義者，認為威權統治繼續存在對區域穩定是好事。他喜歡胡薩克：「他是個好人。」他讓胡薩克自己決定要不要在捷克斯洛伐克搞「重建」以及要如何處理一九六八年的問題。[22]戈巴契夫是有內心衝突的。後來他告訴幕僚說他看得出來老邁的胡薩克政權已日薄西山。他打從內心說：「當我在捷克斯洛伐克時，我的全身細胞都在吶喊。我看得出社會大眾早就和當局離心離德。」[23]

他對布加勒斯特的改革前景也同樣悲觀。一九八七年五月末，他經由布加勒斯特到柏林出席華沙公約的政治協商委員會。他看得出為西奧塞古歡呼的群眾都是被動員到首都的。他才剛離開布加勒斯特，就聽聞群眾劫掠了在他到訪期間才刻意擺出一些商品的市場。西奧塞古是個滿腹牢騷的主人。他嘲笑戈巴契夫說要把華沙公約的軍事準則改為「足夠就好」。他不准戈巴契夫在演講中談到蘇聯的「重建」，認為這在羅馬尼亞境內是一種有敵意的行為，還指控戈巴契夫因為他的經濟獨立戰略而懲罰他。戈巴契夫反駁說是西奧塞古自己去求西方金援，和蘇聯無關，現在自己嚐到苦果。雖然戈巴契夫還是邀請西奧塞古到莫斯科修補舊關係，但他並不幻想和西奧塞古這種狂妄自大的領袖會有什麼好結果。[24]

在東柏林市中心召開的政治協商委員會中，戈巴契夫提出共黨領袖們應該討論一下柏林圍牆。何內克聽到後很不悅。凡是談到要放鬆兩德邊界都讓他神經緊繃。[25]戈巴契夫顯然想在雷根在一九八七年六月訪問西柏林之前尋求大家的共識。白宮想發出重擊：西德早在三月份就告知法國雷根想在布蘭登堡大門前發表重大演說，呼籲要讓東西歐的人民和思想自由交流。[26]戈巴契夫不知是來自情報系統還是他自己的直覺，但他確實提出一個蘇聯和東德戰略的根本性問題。

政治協商委員會沒有做出決議，事實上也不清楚戈巴契夫在想什麼。政治局越來越擔心東歐問題。隨著焦慮升高，KGB還在當地進行民意調查。[27]戈巴契夫決定按兵不動。雖然他很希望東德和其他東歐國家都走上「重建」之道，但他也預料到讓何內克下台會有大麻煩。謝瓦納茲也有同樣的想法，但他的結論不同。他思考讓德國統一已超過一年，他認為這是因為自己是喬治亞人，所以他能比戈巴契夫和其他俄羅斯政治人物看得更清楚。[28]他在五月三十日在外交部內部討論中提出了兩德問題。和戈巴契夫一樣，他希望有一個清楚的政策來處理美國總統下個月訪問西德後的影響。謝瓦納茲請手下官員幫他規畫未來：「雷根可能提出德國統一的主張。我們的（東德）朋友會激烈反對。要往這個方向思考長遠的工作規劃。」[29]

雷根的撰稿人彼得．羅賓森（Peter Robinson）正沿著蘇聯領導人害怕的方向在撰寫演講稿。羅賓森要總統講：「戈巴契夫，拆掉這道牆。」雖然這句話並不是在煽動造反，卻隱含地把東歐變革的責任加諸在戈巴契夫頭上。戈巴契夫可能會反擊。這個問題把舒茲和鮑威爾都捲進來討論。[30]鮑威爾認為要軟化語氣。[31]但雷根否決。他想挑戰戈巴契夫，直覺認為現在應該在政治上重

* 杜布切克於一九六八年出任捷克共產黨第一書記。杜布切克主張「帶有人性面孔的社會主義」，並且推動被稱為「布拉格之春」的改革運動，結果導致蘇聯武力干涉，杜布切克也於一九六九年四月十七日被迫辭職。

重推一把。他私下對羅賓森表示謝意。[32]

六月十一日，雷根在布蘭登堡大門發表演說。沒有哪位美國總統像他這樣講話。即使是自稱「柏林人」的甘迺迪總統一九六三年在柏林演講時，也沒有指名道姓地指責蘇共第一書記赫魯雪夫。雷根讚揚西德自一九四五年以來在政治自由和經濟發展上的成就。「就算到了今天，」他說，「蘇聯還是餵不飽自己。」他歡迎蘇聯正在進行的有限度改革，但他呼籲要更大步向前。

他沒有直接提到東德。他堅持莫斯科才是問題的根源，發出這樣的要求：「戈巴契夫總書記，如果你追求和平，如果你追求蘇聯和東歐的繁榮，如果你追求自由化，請來到這座大門。戈巴契夫先生，打開這座大門。戈巴契夫先生，戈巴契夫先生，拆掉這道牆。」他的表演堪稱完美。演說中每一個句子、每一個停頓和每一個重複語氣都發出巨大的震撼力。他表示蘇聯領導人之所以願意認真談判是因為北約增強了軍力。他表示希望有一天兩個柏林可以共同舉辦奧運會。[33]

《真理報》例外地完全沒有表示憤慨。[34]莫斯科當天很平靜，而在東柏林，何內克立刻在電視上大發雷霆。雖然演講中提到的是戈巴契夫而不是何內克，但蘇聯總書記卻沒有表示不滿。他寧願被視為軟弱也要和美國完成簽約。他避免和雷根做口舌之爭。

在那幾個星期，他還要煩惱波蘭局勢愈見動盪的問題。賈魯塞斯基承認西方貸款人已掐住波蘭的咽喉。為了不被他們宰制，他想和日本簽約在波蘭蓋汽車工廠。教廷讓賈魯塞斯基更為雪上加霜。教宗若望保祿二世訪問時雷根正好在東德，這讓團結工聯在波蘭各地氣勢高漲。[35]副總統布希在一九八七年九月訪問波蘭四天，與賈魯塞斯基和華勒沙分別會談。[36]他也到被謀害的波比耶烏什科神父墓前致意。他向賈魯塞斯基強調一定要更注重人權才能讓美國批准給波蘭金援。布希在下個月宣布將參選下屆美國總統。他的表現穩健且具政治家風範，又敢強硬提出要求。他後來告訴戈巴契夫他對波蘭的印象，對賈魯塞斯基在艱難時期領導國家感到欽佩。他也和華勒沙會談。他還說美國可以和波蘭加強經貿往來，戈巴契夫則說美國應該對蘇聯採取相同的作法。[37]

戈巴契夫有自己的內部困難。十月二十七日，葉爾欽在中央委員會批評了他。葉爾欽呼籲要加快改革，指控戈巴契夫讓妻子對他有太大的影響力。他令眾人吃驚地退出了政治局，這在蘇聯政治史上史無前例，也讓戈巴契夫失去了一個激進改革派領導人。葉爾欽曾經沮喪到試圖在廚房用剪刀自殺，後來又在莫斯科市黨委被辭退書記一職。是戈巴契夫對他施恩，任命他為國家建設委員會的副主委。

在這混亂的時刻，東歐各國領袖來到莫斯科慶祝十月革命週年。「重建」的前途未卜，有謠傳說戈巴契夫很快就要被利加喬夫取而代之。他在十一月十日對東歐各國領袖演講時不提政治只談經濟。他想弄一個「『經濟互助委員會』會員國關於科技發展的綜合計畫」。他提醒東歐各國領袖蘇聯提供的石油、天然氣和軍事安全所費不貲。這些都毫無新意。比較新鮮的是他提出要成立一些跨國公司來滿足消費者在汽車、錄影帶和個人電腦方面的需求。雖然他希望把西方企業拉進來，但他知道這些企業還是喜歡在西歐營運。[38]他不知如何讓「出口管制統籌委員會」取消技術移轉禁令。他隱然放棄了蘇聯有辦法領導東歐經濟再生的幻想。他承認共產主義必須想辦法依靠資本主義存活。

十一月十九日，雷日科夫向政治局報告說捷克斯洛伐克領導層終於要展開改革。其總理盧博米爾・史特勞加爾（Lubomir Strougal）告訴他說捷克斯洛伐克正在「孕育」一場早該發生的「重建」。戈巴契夫很樂見，但他強調要讓捷克斯洛伐克人自己去努力。雖然他懷疑史特勞加爾當總書記能不能把領導層團結起來，但他堅持東歐的「朋友們」要自己做決定。[39]他仍然希望他們能找到自己的改革道路。戈巴契夫說，卡達爾知道自己的政治生命快要結束，說他要辭去匈牙利領導人一職。戈巴契夫反對，建議卡達爾要再考慮一下。[40]這是他一貫作法：他想要這些老人滾蛋，又不肯出手趕走他們，以避免區域發生不穩定。[41]他甚至連羅馬尼亞都不願插手。羅馬尼亞將軍尼可萊·米利塔盧（Nicolae Militaru）冒險和康斯坦塔的蘇聯領事館接觸，希望蘇聯幫忙以政變推翻西奧塞古。戈巴契夫不想插手：「我們不介入他們的事情。」[42]

十二月十一日，他飛往東柏林向華沙公約各國領袖報告華府高峰會，只有西奧塞古沒有出席。戈巴契夫演說時沒用稿子。他炫耀說美國人都從窗戶探出頭來歡迎他，讓他覺得自己像在布拉格而非華府。他還強調這些群眾都不是人為動員來的。[43]在場聽眾都知道在外面的亞歷山大廣場上，正有大批穿著制服的青少年等著要舉行早就預演好的歡迎儀式，而這正是他所批評的。[44]他興高采烈，說雷根終於承認蘇聯並沒有意圖統治世界（雷根並沒有說過這話，戈巴契夫只是在誇大）。[45]卡達爾向戈巴契夫和謝瓦納茲道賀，說這是「重建」在國際關係的首度勝利。就連羅馬尼亞外交部長伊恩·托土（Ioan Totu）也很滿意。胡薩克則說得模稜兩可，有人就嘟囔說這位捷克斯洛伐克領袖是在等著領退休金了。只有日夫科夫表達不滿。他請蘇聯要多把注意力放在東歐，並譴責某些蘇聯批評者說「社會主義」還處於「封建發展階段」。[46]

一九八八年一月十一日，戈巴契夫告訴新任捷共第一書記米克羅斯·耶克斯（Miklos Jakes）說，義大利同志敦促他要重新評價杜布切克。他們不認為他是人民公敵。耶克斯說現在已有恢復名譽的措施，但杜布切克的案子對他實在太過為難。戈巴契夫同意。他不能把布拉格之春的領導人說成是他的改革先行者。[47]他在一九八九年四月十八日就表明過這個態度，對耶克斯說捷克斯洛伐克在一九六八年夏天的局勢確實是走向反革命。但他私下對朋友卻不是這麼說的。這也表示他在追求地緣政治目的時是可以拋棄自己真正看法的。[48]

對於東歐，戈巴契夫專注於維持「社會主義國家的政治穩定」。另一個重點是蘇聯的經濟利益。他在一九八八年三月向政治局說明了他的兩難：「我們必須思考『經濟互助委員會』的整合過程。這是最大規模的政治，更別說經濟。商品交換高達八百億盧布。沒有我們，他們處理不來。沒有他們，我們也處理不來。」[49]蘇聯可以用六十盧布的成本製造一種特殊軸承，在世界市場上可以賣到四百盧布，但蘇聯的「朋友們」卻付不起這個價錢。波蘭和匈牙利仰賴西方貸款和蘇聯的原料。那麼政治局該採何種戰略呢？東歐目前的經濟情況不能永遠拖下去：「必須在『經濟互助委員會』裡直接講明：我們到底要不要整合？他們得做決定，我們不能永遠提供便宜的原料給他們。如果他們說不要，那我們就沒責任了。我們要說：這是你們的選擇。我們不必再講『經濟互助委員會』裡的相互關係有多好了。大家都知道實際是怎麼回事。」[50]

戈巴契夫隨即出訪南斯拉夫，在貝爾格勒受到群眾熱烈歡迎。史達林曾嘗試脅迫狄托屈服，戈巴契夫則誓言遵守「平等和互不干涉原則」。他強調蘇聯希望每個社會主義國家「決定自己的發展道路」。[51]但雅可夫列夫在當月份到烏蘭巴托出席一個「友好政黨」的會議時，東德表示反對社會主義有什麼「重生」的必要。[52]幾天後在保加利亞舉行的華沙公約外長會議中，德國問題又以不同的形式浮上檯面。波蘭外長馬利安・奧茲邱斯基（**Marian Orzechowski**）對西德始終拒絕承認一九四五年以來的歐洲邊界感到擔憂。東德外長奧斯卡・費雪（**Oscar Fisher**）警告說西德和法國來往愈加密切，波昂可能會從法國獲得核武器。[53]

東歐領導人都贊同要裁減北約和華沙公約的傳統武力。但謝瓦納茲並不在意政治協商委員會的意見：「一兩個社會主義國家在一些問題上不投票給我們也不是什麼悲劇。」[55]他和戈巴契夫正在考慮把蘇聯軍隊從東歐撤出，但還不確定是要部分撤軍還是全面撤軍。外交部官員提醒這需要時間，也要密切注意其社會影響。他們預見到要在蘇聯安置這麼龐大的部隊是很困難的。但謝瓦納茲並沒有氣餒，他的理由是蘇聯領導人別無選擇：就算不自己主動撤軍，這個地區的人民遲早也會起來反抗。他還談到用武力解決政治問題會有可怕後果，提到一九五六年提比利斯大示威對喬治亞人造成的長久傷痛。*世界史充滿了群眾不滿導致全面革命的例子。預加防範是比較好的。他所提的撤軍完全是蘇聯自願的，不是被美國或中國強迫的。這會降低全世界「反蘇主義」的氣焰。[56]

蘇聯發言人否認即將改變政策，但匈牙利人把消息透露給美方。ＣＩＡ密切注意這件事。如果莫斯科真的這麼幹，北約內部就會掀起爭端。蘇聯對美國一些盟國來說就會像是完全和平的超強。這麼一來，美國就難以讓北約各國同意實行軍事現代化。[57]

波蘭局勢繼續發展當中。賈魯塞斯基對團結工聯的鎮壓無法防止一九八八年三月一系列罷工和政治示威。當局擴大逮捕，但到了四月份，工廠、礦場和造船廠都陷入癱瘓。警方再度鎮壓後暫時回復平靜。戈巴契夫七月中訪問華沙時勸波蘭共黨領袖要採取政治經濟改革——他覺得不能再袖手旁觀。[58]他受到波蘭民眾盛大歡迎，相信他們都贊成進一步和蘇聯合作。[59]但他把民眾對他個人的友善誤當成他們會對波蘭共黨政府保持沉默。八月時各地都爆發了更大規模的罷工。經濟陷於停頓，波共政治局也陷入分歧。有些成員希望要加強軍事鎮壓，但內政部長米奇斯瓦夫．拉科夫斯基（Mieczyslaw Rakowski）說後果會很嚴重。[60]賈魯塞斯基決定組成新內閣，閣員裡要有非共產黨人士。他的指導方針是「妥協可以，投降不行」。[61]他讚揚戈巴契夫在蘇聯的政策，也感謝蘇聯對波蘭危機採取「放手」的作法。[62]

莫斯科繼續催促波共領導層展開內部改革。一九八八年九月，蘇共中央國際部的尼克萊・希施林（Nikolai Shishlin）接受法國《世界報》專訪，表示不必害怕讓團結工聯公開重新成立。莫斯科持續和牛步化的波蘭政府談判當中。[63]

喬治・謝赫納札羅夫已經忍受不了事情的處理方式。他在成為戈巴契夫特助之前曾在蘇共中央國際部工作多年。在他看來，政治局只是在摸著石頭過河，根本沒有明確的東歐政策。他貼身觀察到戈巴契夫因為政務繁多，根本沒能理解情勢的嚴重性。他在十月六日提出一份直白的備忘錄陳述他的憂慮。謝赫納札羅夫感嘆何內克和西奧塞古不肯啟動改革。他認為他們的保守主義只會加深全世界社會主義的危機。蘇聯領導人必須面對波蘭、匈牙利、保加利亞、東德和捷克斯洛伐克都將崩潰的可能性。人民的不滿完全是可以預料得到的。謝赫納札羅夫呼籲政治局要先決定好事到臨頭的政策為何。如果西方願意金援東歐，莫斯科要怎麼因應？政治局是要鼓勵還是阻止？蘇聯軍隊繼續駐留在東歐是否符合蘇聯的利益？[64]

謝赫納札羅夫敦促蘇聯領導層要集中注意這個地區，要在災難來臨之前擬定可以積極執行的政策。雅可夫列夫和謝瓦納茲都同意他的分析。一九八八年十月底，謝瓦納茲從華沙公約各國外長得知東歐因為積欠西方銀行債務已在破產邊緣。[65]雅可夫列夫和捷克斯洛伐克領導人會面時，他們警告說，如果蘇聯媒體再繼續暗示蘇聯對一九六八年布拉格之春的立場將反轉的話，會對

＊　一九五六年，喬治亞首都提比利斯發生大規模示威遊行，蘇聯軍隊介入，傷亡人數估計由幾十人到幾百人不等。這一事件被認為是喬治亞民族主義發展的轉折點。

共產統治造成威脅。[66]眾所週知，雅可夫列夫很愛聽人透露這些事情。謝瓦納茲也聽聞匈牙利的困境，新任共黨領袖卡羅伊・格羅斯（Karoly Grosz）向他承認說匈牙利借的外債都用在消費支出，根本沒有拿來做資本投資和工業現代化。匈牙利領導層顯然無計可施。在被問到蘇聯駐軍是否有造成問題時，格羅斯表示大規模動亂可能近在眼前。[67]

蘇聯開始加快撤軍的腳步。十一月十日，來自軍方和工業部門的領導在中央防衛部的貝爾雅柯夫的辦公室開會，主題是減少蘇聯在東歐的駐軍。會議中談到要建立一支小而機動的部隊。雅佐夫和國防部已不像幾年前那麼抗拒。大家都清楚蘇聯的實力已大不如前。領導部長會議軍政問題小組的馬斯柳科夫力主要減少駐軍。雷日科夫以政府總理的身分坦率表示，除非蘇聯裁軍，否則根本沒希望做經濟改革。[68]外圍帝國和內部改革是兩個互相矛盾的目標。

美國國務院集中注意在莫斯科，不想介入東歐。只要戈巴契夫繼續堅持和平解決問題，美國就最好不要介入。共和黨參議員吉姆・撒瑟（Jim Sasser）批評這種政策過於消極，他要求西方銀行停止貸款給共黨政府。國防部長卡路奇贊同他的看法。兩人都認為，如果銀行繼續拯救共產政權，北約國家就得花更多預算在國防上，這根本就是鬼打牆。[69]CIA則和國務院同一立場。情報顯示羅馬尼亞局勢一觸即發，但蓋茲及其手下官員強調美國對東歐局勢的影響力有限，不如靜觀其變。[70]儘管有大變將臨的徵兆，CIA高層在一九八八年五月依然相信「莫斯科東歐帝國崩解」不會發生。[71]CIA在十一月還宣稱蘇聯絕不會單方面從東歐撤軍。[72]

傳統的假設和分析壓倒了客觀的預測。在美蘇兩國的首都尤其如此。大家都感覺到政治地基正在動搖。美國政府知道趨勢正對其有利，但華府無一人能預見會發生大地震。

第二十九章
結束阿富汗悲劇

蘇聯高層承認1979年入侵阿富汗是一個嚴重的錯誤，戰爭每年要消耗至少十億盧布的預算。然而，如何避免撤軍後阿富汗的「越戰化」卻讓軍政高層傷透腦筋。針對撤軍的步驟，戈、謝兩人出現難得的分歧。

令人奇怪的是，東德、匈牙利和波蘭的問題在美蘇談判中很少被提及，阿富汗卻不斷成為焦點。美國從一九八四年就把「區域衝突」列為和蘇聯談判的議題。對美方來說，阿富汗問題是戈巴契夫是否有誠意改變整個外交政策的試金石。雷根和舒茲不斷要求蘇聯要從阿富汗撤軍。在一九八五年十一月的日內瓦高峰會中，戈巴契夫也曾籠統地暗示他也在考慮這個問題。在其後幾年中，他的決心越來越強，他還經常在政治局宣讀想知道兒子現況的母親來信。

大多數國家都樂見莫斯科即將改變政策的訊號，但並非所有國家都如此。拉吉夫．甘地和一些印度人就提醒戈巴契夫和謝瓦納茲撤離阿富汗要謹慎。他們其實是不想讓巴基斯坦太好過。他們警告克里姆林宮說，巴基斯坦是美國的盟友，會趁著權力真空搶進喀布爾，這對新德里和莫斯科來說都值得擔憂。[1]一些非洲政治人物在訪問莫斯科時也對蘇聯撤軍表示憂慮，他們警告說蘇聯影響力在全球衰退會讓「帝國主義」趁機發動進攻。[2]但這些反應是少數派。雖然卡斯楚並不贊同蘇聯的「重建」，卻熱烈贊成從阿富汗撤軍。他對謝瓦納茲抱怨說入侵阿富汗是個可怕的錯誤，讓古巴陷入「完全不可能的困境」。[3]戈巴契夫認為卡斯楚要比拉吉夫・甘地更貼近全球民意。他看不出有任何理由讓軍人留在阿富汗受苦。

雷根完全不想讓蘇聯好過，因為沒人能保證政治局不會又回到軍事占領政策。蘇聯領導人曾經在越戰結束時讓美國苦不堪言，現在風水輪流轉。一九八六年三月，雷根批准提供聖戰組織刺針飛彈。第一批飛彈很快就運抵巴基斯坦轉往阿富汗。[4]在幾個月內，美國情報單位就報告說蘇聯被這些武器擊落了兩架運輸機和一架直升機。[5]溫伯格還因此在阿富汗難民營受到熱烈歡呼。[6]

政治局不管那麼多，執意要撤軍。一九八六年六月十一日，作為第一步，政治局決議先撤離六個軍團。國防部長索科洛夫也贊成。戈巴契夫表示，撤回八千名部隊證明了蘇聯沒有要進入印度洋「溫水域」的野心，也要告知阿富汗共黨高層要準備在沒有蘇軍保護之下求生存。[7]戈巴契夫還指示「撤軍不能看來像丟臉的打敗仗」。葛羅米柯說：「這不是我們的戰爭。」戈巴契夫心裡一定在想，那葛羅米柯當初為何要力主入侵，但他什麼也沒說。[8]在一九八六年八月十四日的政治局會議中，他下令蘇聯顧問停止出席阿富汗共黨領導人的會議。「我們，」他說，「可不是美國人。」（東歐人民一定對蘇聯竟然不喜歡對外國發號施令感到好笑。）[9]一九八六年九月二十五日，政治局指派外交官尤里・沃倫特索夫為戈巴契夫的特別代表到喀布爾。沃倫特索夫是去安排由穆罕默德・納吉布拉（Mohammad Najibullah）取代卡爾邁勒，並安排戈巴契夫和納吉布拉會面。*蘇聯領導層認為納吉布拉比較能把阿富汗反對派拉進聯合政府。沃倫特索夫還有一項任務是和巴基斯坦政府秘密接觸。[10]

一九八六年十一月十三日，政治局終於決定從阿富汗完全撤軍。連葛羅米柯都承認這次入侵是建立在錯誤的前提。戈巴契夫希望能在兩年內完成撤軍，切布里科夫和謝瓦納茲都贊成。戈巴契夫表示政治局應該把阿富汗當成「友好中立的國家」。他要在一九八七年先撤回一半部隊，下一年再撤回另一半。以此為目標，他希望與巴基斯坦展開對話。他最大的憂慮是美國人會「潛入阿富汗」。阿赫羅梅耶夫則說這不太可能。他要大家認清基本現實：「我們輸掉了這場鬥爭。阿富汗人民大多數都站在反革命那邊。」[11]

政治局指派謝瓦納茲「處理」阿富汗問題。總參謀部及國防部現在都全力支持新政策，他們通力合作。為了了解阿富汗，他和杜布里寧去喀布爾考察，出席了國家民主黨在一九八七年一月五日的中央全會。黨的總書記納吉布拉詳列其政府在城鎮和鄉村遇到的問題。他特別強調巴基斯坦和伊朗的惡意介入。他趁謝瓦納茲來訪強調如果蘇聯不繼續提供援助，共產政權一定會崩潰。謝瓦納茲希望他了解莫斯科指揮阿富汗同志的日子已經過去了。在得知蘇聯政治局完全支持戈巴契夫撤軍優先的政策後，納吉布拉深受打擊。謝瓦納茲又說：「我們還是可以合作。」他對納吉布拉深感同情，不想打擊阿富汗共黨領導人的士氣。他們得在沒有外國部隊支援的情況下繼續作戰。[12]

一月八日，謝瓦納茲向政治局的阿富汗小組做報告。他要大家了解撤軍過程的複雜性。他希望撤軍以後仍能保留蘇聯軍事基地，顯然是想為蘇聯留下立足之地。[13]他也要大家嚴肅思考政治後果。依他的評估，撤軍會傷害蘇在全球「社會主義國家」的威信（他指的不是捷克斯洛伐克或越南的老百姓，而是其領導人）。小組要擬出一些方案供政治局討論。謝瓦納茲最擔心的是撤軍

＊　穆罕默德．納吉布拉在一九八六年至一九九二年期間擔任蘇聯傀儡政權阿富汗民主共和國最高領導人。一九九二年，反政府軍攻入喀布爾，納吉布拉被迫下台，躲藏在聯合國駐喀布爾辦事處避難。一九九六年塔利班攻入喀布爾之後，將納吉布拉處死。

將使阿富汗陷入權力真空，會像黎巴嫩那樣發生種族和宗教屠殺。激烈的內戰很可能爆發。[14]

政治局在一月二十一日聽取了謝瓦納茲的意見。他說雖然納吉布拉讓農民很失望，但他對納吉布拉的印象很好。蘇聯為這場戰爭每年至少要支出十億盧布——美國認為是這個數字的兩倍，日本則認為是三倍。「我們必須全力脫離。」莫斯科援助再多也無助於喀布爾的局勢。蘇聯應該和美國展開秘密對話，勸美方不要從中搗鬼。[15]謝瓦納茲質疑說當初那些下令入侵的蘇聯領導人是否知道自己在做什麼，這等於是公然挑戰葛羅米柯。戈巴契夫插話避免發生爭吵，因為他需要政治局對這個議題有共識。雷日科夫稱讚謝瓦納茲的「意見很實際」。他呼籲在蘇軍撤離阿富汗後要留下一個「中立友好的政府」。利加喬夫表示贊成。政治局希望撤軍不要對阿富汗的「進步力量」造成傷害。索科洛夫提醒說這個目標無法靠軍事手段達成，要靠阿富汗內外的政治行動。[16]

戈巴契夫表示，蘇聯領導層當初入侵阿富汗是出於意識型態狂熱。現實證明從封建主義到社會主義的轉變無法一蹴可幾。軍事介入必須終止。現在要和聯合國、巴基斯坦和美國共商（他不認為可以請伊朗伸出援手）。他希望在兩年內完成撤軍。[17]

謝瓦納茲在二月份向政治局提出方案。他認為一定要讓納吉布拉政府有能力存活下去。如果撤軍太快，喀布爾政府會分崩離析。納吉布拉的人已經陷入恐慌。[18]戈巴契夫覺得很有道理，他表示願意和巴基斯坦總統齊亞·哈克談條件，只要對方肯合作，他可以不理會納吉布拉的反對。[19]就連葛羅米柯都發言支持撤軍。他記得當初是阿富汗共產黨向莫斯科請求軍事介入求了十一次，政治局才同意的。但他也承認，當初大家把可能的後果想得太簡單。事後看來，他認為不管蘇聯提供多少援助，都無法建立一支有戰力的阿富汗軍隊。這位老人的話激怒了戈巴契夫，他挖苦地說政治局還是可以選擇再派二十萬部隊去打仗。葛羅米柯聽懂話中含意，不再發言。戈巴契夫下結論說：「所以撤軍是唯一正確的決定。」[20]

一九八七年五月，納吉布拉的政軍局勢愈形惡化，政治局開會討論緊急應變方案。瓦連尼科夫嘲弄說阿富汗人民根本對社會主義或民主沒有興趣。克留奇科夫擔心蘇聯會「丟掉」阿富汗。首要之務要維持這個「友好」國家。科尼恩柯和阿赫羅梅耶夫談到納吉布拉和他整個黨都顯得不堪一擊。戈巴契夫在想未來將會如何。聖戰組織不會忘記蘇聯軍隊殺了很多聖戰士，而阿富汗共產黨也恨蘇聯讓他們自謀生路。不論結果如何，阿富汗都不會和蘇聯交好。[21]他要阿富汗小組提出指導原則，提議謝瓦納茲要再去一趟喀布爾。自從戈巴契夫反對下屆阿富汗政府要由共產黨當家之後，局勢已經大不相同。必須要做好納吉布拉的工作。在戈巴契夫看來，他並不適合當總統，頂多只能當總理。戈巴契夫想在未來十八個月中解決阿富汗問題。他把期限縮短了。[22]

謝瓦納茲親眼見到喀布爾的悲劇。他在六月十一日向政治局報告說，阿富汗共產黨正在崩潰邊緣，蘇聯軍事入侵傷害了幾乎所有聚落：「反蘇情緒將在阿富汗長期存在。」[23]

政治局還沒決定如何處理撤軍之後對喀布爾和莫斯科造成的問題，克里姆林宮高層還在激辯之中，但謝瓦納茲已向世界宣告蘇聯要結束入侵。七月十五日，他在倫敦的蘭開斯特府（Lancaster House）告訴英國外長侯艾說蘇聯撤軍的決定已無可逆轉。侯艾答應會把這個好消息告訴柴契爾夫人。[24]謝瓦納茲又在九月份私下邀請舒茲，告訴了他這個訊息。[25]在一九八七年十二月的華府高峰會之後，舒茲向北大西洋理事會報告說戈巴契夫已經答應雷根，只要蘇聯能讓阿富汗展開「民族和解」的進程，蘇聯就會撤軍。不過舒茲認為這個想法不切實際，因為這個國家已發生太多不幸。[26]但他和美國政府其他官員都樂見事情的走向。自從蘇聯入侵以來，阿富汗成為蘇聯對外圖謀的試金石。美方有時會討論如何在撤軍過程中提供協助，但實際上他們還是繼續支援聖戰組織，讓局勢更加惡化。在美方看來，蘇聯只能接受軍事失敗的後果。撤軍的痛苦是無法緩解的。

阿富汗共黨高層在一九八六年十一月解除了卡爾邁勒的職務，送他到莫斯科去退休。但納吉布拉在一九八七年九月當上總統後，在民族和解上也不比卡爾邁勒做得好到哪去。一九八八年一月，謝瓦納茲再飛到阿富汗力促此事。[27]他向喀布爾的蘇聯官員說明政治局希望推動一個聯合政府。如果納吉布拉不從，他們就要打破他的幻想。[28]瓦連尼科夫報告說每一個城市狀況都不一樣，他認為狀況最好是在東部。謝瓦納茲及其團隊知道納吉布拉的人根本不知道蘇聯撤軍後要怎麼辦。瓦連尼科夫說，納吉布拉相信自己無法生存太久，所有在喀布爾的人也都這麼想。謝瓦納茲對阿富汗同志無計可施。是蘇聯領導人自己弄出這種局面，只能撤出這個國家和戰爭。[29]

美方在日內瓦會談中加大壓力，要求蘇聯必須在雷根於夏天到莫斯科和戈巴契夫舉行高峰會之前撤軍。政治局的阿富汗小組無法同意這麼快的速度，三月十一日開會時，阿赫羅梅耶夫和科尼恩柯對此方案大發雷霆。[30]幾天後，也就是三月二十三日，舒茲和謝瓦納茲硬碰硬。舒茲提出美國和蘇聯的軍援要「對稱」：如果蘇聯停止軍援阿富汗共黨同志，美國也會停止軍援阿富汗叛軍。謝瓦納茲大聲說道：「絕對不可能！這種想法不會通過！」舒茲和謝瓦納茲對於哪種部隊可以獲得援助也沒有共識。美方要禁止軍援「雇用」來的部隊，但自願參戰的聖戰組織不算在內。謝瓦納茲不接受，但沒有提出舒茲能夠接受的方案。[31]僵局打破不了。蘇聯若不接受現實，就要失去簽署其他協議的機會。

四月二日，政治局討論阿富汗、巴基斯坦、美國和蘇聯的四方協定草案。謝瓦納茲再次試圖要美國停止軍援聖戰組織。舒茲回信說，如果蘇聯真的想簽協議，就必須拋棄這種幻想。[32]他們知道雷根對這件事絕不會讓步，就算簽了同意書也不過是廢紙一張。戈巴契夫決定要政治局同志按現有條件通過。他急於在莫斯科高峰會前解決此事，不想留下被美國強迫行事的印象。他要整個政治局承擔決策責任，每一個成員都要記名投票。[33]他的提案獲得一致通過。總參謀部已經準備好撤軍的工作計畫，阿赫羅梅耶夫被請到政治局做說明。阿赫羅梅耶夫和戈巴契夫一樣急於讓蘇聯軍隊回家。他打開阿富汗地圖，說明他將如何進行撤軍。政治局決定從五月十五日就開始執行計畫，無論日內瓦會談的結果如何。[34]

戈巴契夫和謝瓦納茲一起分擔政治重擔。謝瓦納茲飛到喀布爾告知蘇聯軍隊和文職官員如何進行最後撤軍。他也告知納吉布拉政治局的決定。這對謝瓦納茲並不好受，他感嘆正是蘇聯軍隊的出現才使阿富汗的叛軍團結一致。[35]納吉布拉當然很不高興，戈巴契夫邀他在四月十七日到蘇聯境內的塔什干一晤。戈巴契夫帶了有阿富汗經驗的克留奇科夫同去。他解釋了莫斯科的政策，建議要對多元政治、農民的要求和伊斯蘭教做讓步。[36]戈巴契夫後來在政治局報告說，他無法確定納吉布拉有能力或有意願遵照他的建議。[37]

但這畢竟清除了在四月十四日簽署協議的道路。謝瓦納茲坐在舒茲和巴基斯坦、阿富汗兩國外長身旁，在日內瓦簽下協議。聯合國秘書長德奎利亞爾（Javier Pérez de Cuéllar）也出席了。蘇聯撤軍終於板上釘釘。四月十八日，謝瓦納茲在政治局嚴正地說，蘇聯撤軍絕不能像美國撤離越南那樣逃跑。他還說美國終於被禁止再透過巴基斯坦提供軍援。但他只是在幻想。日內瓦協議根本沒有終止阿富汗內戰。戰鬥更加劇烈，蘇軍拖著沉重的腳步離開阿富汗，美國卻繼續支援聖戰組織。謝瓦納茲對整個阿富汗的治理和經濟情勢做了悲觀的評估，他在這時比較坦白，完全沒說局勢將會改善。謝瓦納茲說，總有一天，政治局必須公開承認一九七九年的入侵是嚴重錯誤。[38]

戈巴契夫和謝瓦納茲對於如何完成撤軍意外發生了爭執。多年來，他們對阿富汗問題總是保持一致。但謝瓦納茲是政治局中唯一經常到喀布爾的人，他也喜歡納吉布拉。他很痛恨拋棄蘇聯的盟友任其自生自滅。至少他是如此告訴政治局的。幾個月後，他對幕僚透露他還有另一個動機：他認為如果不幫忙阿富汗政府生存下去，「重建」將岌岌可危。[39]他擔心改革派會因為在阿富汗做對了事而付出沉重的代價。他不想讓蘇聯軍方抱怨政治領導人辜負了阿富汗同志。如果聖戰組織推翻納吉布拉政權，這種事會很容易發生。未來如果官方調查起來，很可能把責任怪到這些政治局新貴頭上。為了避免這種可能性，謝瓦納茲想在蘇聯大軍撤出後能留下一支部隊。[40]

但戈巴契夫的想法完全不同，他在四月十八日的政治局會議中和謝瓦納茲翻了臉。自一九八七年開始，他就不斷警告阿富汗局面可能會「越南化」。[41]美國軍隊在越南太久，結果顏面盡失。他決心不讓蘇聯軍隊面臨同樣的結果。當謝瓦納茲在政治局提出要在阿富汗保留一支一萬到一萬五千人的部隊時，他的耐心全失，直斥其政治夥伴的「鷹派說法」。接著發生激烈爭辯。克留奇科夫支持謝瓦納茲，切布里科夫則支持戈巴契夫要求完全撤軍。戈巴契夫獲勝。[42]

總參謀部的後勤作業進行得很有效率。當謝瓦納茲在一九八八年八月再到喀布爾時，蘇聯已將近撤出百分之五十的占領軍。剩下來的問題是落在聖戰組織手上的戰犯。外交部請求美國介入。[43]這讓人想起美國撤離越南時的情況。一九七五年西貢陷落時，越共就把美軍囚犯——包括他們的屍體——當成談判工具。現在換蘇聯來嚐苦頭了。[44]瓦連尼科夫將軍向謝瓦納茲保證說蘇聯部隊至少會留下一個穩定的阿富汗政府。但駐在南方的格羅莫夫將軍則悲觀許多。[45]格羅莫夫的報告打動了謝瓦納茲，遂不斷提出要再幫納吉布拉政府一把。瓦連尼科夫和一些人提議要對聖戰組織發動轟炸攻擊。反共領袖艾哈邁德・沙阿・馬蘇德（Ahmad Shah Massoud）已經封鎖喀布爾通往蘇聯的主要道路，即將切斷給納吉布拉的補給路線。切爾尼雅耶夫反對說，轟炸若沒有地面部隊的配合根本沒有效果，也沒有任何蘇聯領導人想再入侵一次（雖然戈巴契一度猶豫過）。[46]

聖戰組織勢不可擋。納吉布拉的局勢江河日下，叛軍處處，他手下的阿富汗部隊也士氣全失。蘇聯總參謀部只顧著撤離，目標是死傷越少越好，面子留下越多越好。日程已經定好了。到一九八九年二月中，沒有任何陸軍和空軍部隊會留在阿富汗。

謝瓦納茲在一九八九年一月中再度前往喀布爾，看到了首都的經濟困局。[47]他回到莫斯科後再次呼籲要保留蘇聯部隊。納吉布拉請求派一個旅來打破坎達哈的圍城戰。一月二十三日，政治局的阿富汗小組開會聽取謝瓦納茲的報告。出席的有雅可夫列夫、切布里科夫、克留奇科夫和雅佐夫。[48]雅可夫列夫提出要禁止轟炸機從蘇聯基地飛越阿富汗，他要讓全球輿論站在蘇聯這一邊。謝瓦納茲反駁說納吉布拉政權並不是必然無救，如果蘇聯任其覆滅將失去全世界的同情。[49]雅可夫列夫打電話給切爾尼雅耶夫請他向戈巴契夫求援，戈巴契夫正在擔心和謝瓦納茲的分歧日益擴大。謝瓦納茲、雅可夫列夫、切爾尼雅耶夫開始三方通話，由戈巴契夫聽取各自的論點。切爾尼雅耶夫指責謝瓦納茲破壞撤軍計畫。謝瓦納茲回說納吉布拉有保證如果他能再撐一年，他就可以長期生存下去。戈巴契夫徵詢克留奇柯夫的意見，他是KGB的阿富汗首席官員。克留奇柯夫最近曾幫謝瓦納茲講話，但他現在悲觀許多。戈巴契夫很快就否絕了再派出一個旅的想法。[50]

一九八九年二月十五日，最後一名蘇聯士兵跨過與蘇聯塔吉克斯坦邊境的大橋。這場戰爭還差幾個月就打了十年。共產革命伴隨著經濟和教育改革，地方傳統文化和伊斯蘭教經常遭受攻擊。蘇聯入侵強化了人民抵抗阿富汗共產黨的決心。這場實驗是令人嘆息的失敗。

隨著聖戰組織包圍了靠巴基斯坦邊境的加拉拉巴德（Jalalabad），納吉布拉的局面越來越惡化。如果這座城市淪陷，喀布爾就會門戶大開。三月九日，納吉布拉請求從蘇聯境內派出轟炸機攻擊。政治局在第二天的會議中拒絕了。謝瓦納茲表達悲痛，他說支持納吉布拉事關榮譽（他沒有提到他擔心未來可能會有官方調查）。[51]在三月十一日的政治局緊急會議中，他再次重申不要放棄蘇聯在阿富汗的「朋友」。克留奇柯夫多少給他一些支持，切布里科夫模稜兩可，雅可夫列夫則反對任何要派蘇聯部隊回阿富汗的想法。利加喬夫正在出訪布拉格，雷日科夫在西伯利亞。但在戈巴契夫駁斥謝瓦納茲之後，結果就一清二楚了。他說他不覺得有任何人會認為納吉布拉撐得下去。只要他當總書記一天，他就會遵守日內瓦協議。[52]蘇聯悲慘的軍事冒險就這樣結束了。政治局當初雖不情願但自信滿滿地入侵阿富汗，離開時則是卑躬屈膝。

第三十章
領袖身邊的人

溫伯格雖然已經下台，但他不是唯一反對限武協議的人。副國防部長培里、繼任國防部者卡路奇都認為雷根讓步太多，甚至有人拿雷根類比於張伯倫。同時，戈巴契夫也面臨科尼恩柯、葛羅米柯等黨內元老的反彈……

美國民意對蘇聯的敵意如雪一般融化。人們向戈巴契夫為世界和平的努力致敬。民調也顯示多數選民都樂見雷根和蘇聯和解。大家都很高興總統和總書記似乎就要讓冷戰成為歷史。

雷根政府內一些對此意見相左的官員，其影響力大幅下降。凱西健康不佳，他在一九八六年十一月要去國會出席伊朗門事件聽證會那天在家倒地不支，隨即辭去CIA局長一職，隔年五月死於腦瘤。代局長羅伯．蓋茲沒有改變CIA的立場。據CIA估算，由於克里姆林宮想避免東歐的外債陷阱，蘇聯在一九八五年的外債依實價計算僅高出水平百分之十六。但後果是進口工業設備和消費商品大幅減少。政治局想鼓勵和資本主義國家的企業搞合資。他們認為這種公司才有投資賺錢的動機，可以幫忙復甦蘇聯經濟。[1]CIA內部討論認為克里姆林宮有可能允許東歐國家和西歐企業自由做生意。與此同時，戈巴契夫也在推動對第三世界的務實政策。CIA認為此時對他施壓會讓他偏離外交政策改革的路線，殊為不智。戈巴契夫繼續掌權符合美國的利益。[2]

一九八七年四月，溫伯格指控KGB在美國駐莫斯科大使館實施「大規模間諜活動」。他誇大地將之與伊朗革命衛隊暴力占領美國駐德黑蘭大使館相比。[3]他在八月份又在《紐約時報》撰文批評那些認為不可能打造出完美防禦系統的「共同事業」（Common Cause）和「美國物理學會」（American Physical Society）等組織。溫伯格說只要這種系統可以有效嚇阻對手，不完美並無所謂。另一個好處是能讓克里姆林宮付出沉重代價：「只要沒有裁軍的動機，蘇聯就會繼續製造武器。」[4]他嘲笑有些人認為政治局「熱愛民主自由或憎惡共產主義」。他不敢相信戈巴契夫如何能繼續派一些壞人位居高位。[5]

他在一九八七年初給眾議院的報告中，批評了那些只注重削減財政赤字的參眾議員。他違背了他畢生嚴守的財政紀律原則，爭辯說現有債務中有很大一部分——百分之二十四——是到了美國企業手上，而這些企業的獲利對美國經濟是有好處的。軍備現代化，包括攻擊性武器的現代化，應該由總統批准繼續進行。[6]他認為蘇聯依然熱衷於「擴張主義」和世界革命，[7]盛讚「戰略防禦系統」迫使蘇聯領導人回到談判桌。[8]溫伯格還暗示這個系統並不僅只有和平用途。他想讓美國成為歐洲的霸權。他批評克拉斯諾雅爾斯克雷達站違反了《反彈道飛彈條約》，卻又讚譽了美國在索爾和菲林戴爾斯的早期預警系統升級計畫。[9]對於雷克雅維克高峰會所達成的中程核子飛彈共識，溫伯格說這與他個人無關。在被問到這一點時，他表示自己忠於雷根完全消滅核武的目標，但他說話的方式讓人都知道他真正的立場為何。[10]

溫伯格在一九八七年很不得志，他對舒茲和國務院的阻撓失敗了。雷根已做出最終政策決定，溫伯格因此失寵，也不可能再得寵。驕傲而疲憊的他提出辭呈。他在十一月二十三日離職。有謠傳說他辭職是因為他太太得了癌症（這讓珍妮・溫伯格很不高興，公開發表聲明否認）。[11]雷根在白宮演講感謝了溫伯格，溫伯格就此退休。國務院鬆了一口氣，政治局亦然——謝瓦納茲的人都為這個什麼都要阻擋的人離開而彈冠相慶。[12]溫伯格堅持自己的立場，他告訴記者說：「我認為現在就說戈巴契夫是個溫暖、有愛心、值得信賴和不會做錯事的人有點太早。他有爪子，每過一段時間就會把爪子伸出來。」[13]一九八八年二月他又到參議院外交委員會作證，呼籲要小心蘇聯的欺騙伎倆，要捍衛美國的軍事預算和「戰略防禦系統」。[14]

溫伯格不是唯一下台的高官。副部長培里也在一九八七年六月離開國防部。他認為自己不在政府任職才更能影響對外政策。他不喜歡對蘇聯一再讓步，厭惡妥協的氣氛。在培里看來，急著簽戰略武器條約毫無道理。[15]溫伯格認為搞高峰會既沒意義風險又高，培里則認為高峰會至少可以把蘇聯搞到「精疲力盡」[16]但培里還是堅持美方應該強硬地討價還價。當一些官員準備趕在年底前簽好《中程核子飛彈條約》時，培里則警告說不要以為他一定會支持。他刻意在美國媒體上保持開放選項。[17]但當他看完條約草案後，他又變得願意讓它通過。[18]前美國駐聯合國大使珍妮・柯克派屈克也是這個立場。她原來認為這份草案會弱化西歐的防衛，讓蘇聯變得「較不薄弱」，但最後也贊成要簽。[19]

但政府內部還是有人對於和蘇聯和解不以為然。CIA的弗里茲・俄馬特致函柯林・鮑威爾說：「新任蘇聯領導人認為他們很有機會和我們達成其主要目標，也就是第二次低盪，而無須根本改變其在第三世界的政策。」[20]接替溫伯格的國防部長卡路奇也私下向美國猶太人團體的領導人表示：「戈巴契夫哄騙了歐洲。和平和同情只是形象，全是空話。」[21]雷根的長程國防戰略諮詢委員會主席弗雷得・克爾（Fred Ikle）也認為根本無法查核。[22]

保守派評論家紛紛表示憂慮。其中之一是季辛吉。他質疑蘇聯到底對美國的國家安全提出了什麼保證。他暗示說如果他加入談判，他不會像雷根要到那麼少東西。對此，舒茲在ABC新聞中沒有掩飾其憤怒。[23]雷根的老友小威廉．巴克利和季辛吉一樣擔心。他在一九八七年一月寫道，雷根所講的話如同出自《真理報》和《消息報》：「雷根拒絕去思考的是，一般不認為戰爭必然發生的人都相信中程核子飛彈條約弱化了西方的威懾能力。」[24]五月五日，巴克利的《國家評論》對國家安全發出警告，雷根為文反駁說他絕對沒有對蘇聯軟弱。他寫道他依然視蘇聯為邪惡帝國，說他在雷克雅維克有告訴戈巴契夫說如果蘇聯領導人不同意削減核子武器，就會開啟一輪他們贏不了的軍備競賽。他還宣誓會「處理傳統武力不平衡的問題」。[25]

但巴克利依然在該月份刊出一篇由尼克森和季辛吉聯名的批評文章。[26]巴克利在幾個月後才接受雷根提出的保證，但他還是強調國會有可能在雷根下台後刪減「戰略防禦系統」的預算。他認同西歐國家把美國的彈道飛彈視為嚇阻蘇聯軍事勒索的關鍵，他還說很多美國保守派都支持他的看法。[27]

雷根注意到一九八七年十二月華府高峰會後明顯的不安氣氛。巴克利拿古巴、尼加拉瓜、越南、莫三比克和安哥拉來提出質疑：「如果戈巴契夫真的背棄了他的先輩，上帝保佑他。但問題是根本沒有。」[28]保守派專欄作家喬治．威爾甚至把雷根和張伯倫相比；「在慕尼黑高峰會自以為已把希特勒馴化時，英國也同樣是多數人很高興，但少數人很焦慮。」[29]雷根知道如果他要繼續和戈巴契夫共創和平，就要驅除這些質疑。他也要多找一些官員去幫舒茲和國務院。他無法再容忍任何人像溫伯格一樣自行其是。這種人已經完成嚇唬政治局的目的了。沒有溫伯格，戈巴契夫可能不會在一九八七年三月改變談判策略。但雷根現在要讓這些憤怒的公牛閉上嘴巴。華府和莫斯科脣槍舌劍沒有好處。

不過雷根在任命卡路奇（一九八六年起任國家安全顧問）接替溫伯格國防部長職位時，看法還不是如此。卡路奇對雷克雅維克峰會素有偏見。[30]他和舒茲的工作關係也不是那麼順暢。舒茲採取預防措施。在「伊朗門」事件後，他不想再看到有任何他不知情的檯面下外交。他禁止美國駐外大使和卡路奇通話，除非經過他批准或事先告知。[31]但舒茲也試圖和卡路奇改善關係，邀請他到史丹佛的家中盤桓數日，在早餐時討論如何合作。舒茲也邀請接任卡路奇為國家安全顧問的柯林·鮑威爾參加家庭派對。鮑威爾不僅是首位非裔國家安全顧問，其外交手腕也非比尋常——他以「善與人共處」聞名，很會調和鼎鼐。舒茲認為他的所有前任都比不上他。有了他，華府在進行裁軍談判時才能保持和諧。[32]

卡路奇在一九八七年十一月十二日出席參議院軍事委員會，他提出可以減少一些研究和生產計畫，但至少要讓一些計畫能夠進行。國防預算已經被凍結兩年了。卡路奇想和國會改善關係。他承認他到目前為止還不認為「戰略防禦系統」符合成本效益。委員會主席民主黨參議員山姆·努恩喜歡這種與溫伯格的好鬥和不誠懇截然相反的態度。[33]卡路奇也建議總統要和政府以外的人談談和蘇聯領導人談判的經驗（他是否想藉此暗中削減舒茲的影響力呢？即使在史丹佛的早餐會有過協議）。雷根不想去徵詢培里或前國家安全顧問布里辛斯基，他認為這些人的反蘇情緒太根深柢固。他比較願意去徵詢前總統尼克森，雖然兩人一度不和。由於「水門案」的餘波，尼克森只能偷偷被帶進白宮不讓記者知道。他是坐直升機降落在白宮南草坪。[34]

戈巴契夫當然不像雷根有避免曝光的問題。但在蘇聯內部體制中，狀況又有不同。軍方是不滿的中心——謝瓦納茲曾開玩笑說裁軍談判的困難不在於美方，而是蘇聯的軍事利益團體。[35]戈巴契夫向來對此高度警覺。在一九八七年九月二十八日的政治局會議之前，戈巴契夫讓軍方高層接受了新的軍事準則，與國防部長雅佐夫的談話也讓他很滿意。他很感謝外交部在謝瓦納茲領導下能自我調整。戈巴契夫知道ＫＧＢ內部對「重建」有不同的聲音，但他也樂見ＫＧＢ防堵住「知識分子」的批評：他對ＫＧＢ還是信賴的。他也說他和ＫＧＢ主席切布里科夫討論問題很愉快。[36]

「國營企業法」在一九八八年一月正式生效。其主要目的是放鬆中央對工業和商業的控管以解放計畫經濟。工廠管理者有權決定其產品的價格，工人則有權選舉工廠管理者——戈巴契夫想建立勞動民主制度。他的目標是激發蘇聯的生產力，正如他在一九八七年一月中央全會所啟動的政治改革。他相信他正在解放馬列主義社會制度的巨大潛力。他和一眾改革派致力於改造蘇聯，希望能拉近蘇聯和西方在科技上的差距。但他當時只強調內部改革，忽略了糧食採購協議、「出口管制統籌委員會」和產業間諜等外部問題。忽略的原因主要是政治性的：戈巴契夫需要快速可行的東西。就長期而言，戈巴契夫要靠總理雷日科夫來轉變與西方資本主義國家的來往。雷日科夫告訴外國朋友說他有兩大終極目標，一是減少國防預算，二是加入國際貨幣基金。[37]但這是條漫長的道路。在可見的未來，蘇聯都要依靠自己。

雖然華府傳來一些擾人的訊息，戈巴契夫還是繼續推動其對外政策。一九八八年一月，一個由國防部長和國家安全顧問所指派的委員會出版一份名為「區別性嚇阻」（Discriminate Deterrence）的報告，其目的顯然是要在雷根下台後清除其影響。委員會的兩位主席是弗雷得．克爾和阿爾伯特．沃爾斯泰特（Albert Wohlstetter）。共同作者是一些反對完全消滅核武的人士，如季辛吉和布里辛斯基。報告建議要編列預算進行傳統武力現代化，使能深入打擊敵境。它也呼籲要注意來自太空的攻擊，要加強美國「區別性核打擊」的能力。美國必須增加軍事預算。對外政策不可依賴與莫斯科長期友好，而北京、東京和新德里愈益增強的經濟實力也增加了全球戰略規劃的不確定性。美國要保持靈活的選項。華沙公約組織依然是重大威脅，可能發動奇襲。蘇聯也可能不需要盟國幫助就發動攻擊。[38]

歷史學家保羅．甘迺迪（Paul Kennedy）從幾個方面批評了「區別性嚇阻」。作為「帝國過分延伸」此一主題的暢銷作家，他擔心這份報告低估了美國全球戰略的危險性。在雷根時代，美國已成為負債巨大的國家。「區別性嚇阻」假設美國的科技優勢可以彌補任何困難。甘迺迪認為這過於樂觀。他質疑這份報告的統計數據，感嘆其無視美國一般教育水平的低劣。在甘迺迪看來，「區別性嚇阻」根本不是能確保未來成功的整合性方案。[39]

他還可以說這份報告完全否定了雷根全面消滅核子武器的目標，懷疑其其繼任者能否持續進行下去。即使如此，戈巴契夫依舊不改其外交及安全政策。利加喬夫只會抱怨國內政治局勢。他痛恨共產主義的歷史成就遭到貶抑。趁著戈巴契夫在一九八八年三月到捷克斯洛伐克訪問，利加喬夫批准《蘇維埃俄羅斯報》（*Sovetskaya Rossiya*）刊出一位不知名化學教師妮娜．安德列娃（Nina Andreeva）的文章，抗議一九三〇年代的成就被大肆撻伐。她的文章充滿反猶主義和親史達林主義的意味。這篇文章影響所及，在戈巴契夫回來之前，沒有一家媒體敢再鼓吹改革。利加喬夫不誠實地否認他有共謀。在戈巴契夫進一步追查之下，《真理報》編輯伊凡．伏羅洛夫（Ivan Frolov）強烈暗示就是利加喬夫幹的，但戈巴契夫沒有要求伏羅洛夫明確指證。他認為現在還不適合和利加喬夫翻臉。[40]他的謹慎是對的。葛羅米柯、索洛緬采夫和伏洛尼可夫都和利加喬夫一樣認為安德列娃的文章寫得很好。戈巴契夫不得不在政治局要求以後不得刊登這種文章。雅可夫列夫、雷日科夫和謝瓦納茲支持戈巴契夫，就連切布里科夫和雅佐夫也贊同。[41]

戈巴契夫進一步提拔改革派主導對外政策。一九八八年春，他把杜布里寧從蘇共中央國際部解職，改由雅可夫列夫督導。杜布里寧沒有把國際部轉變為有魄力的全球問題「智庫」，他向來只關注美國問題，只因為他當過駐美大使。[42]戈巴契夫需要注重實際的改革派，雅可夫列夫符合他的要求。[43]戈巴契夫從國際部借調了切爾尼雅耶夫和謝赫納札羅夫當顧問，繼續仰賴他們對外交政策的意見。[44]切爾尼雅耶夫說他們只提供「半成品」，是戈巴契夫獨自為完成品負責。[45]

在核武裁軍的技術問題上，他還是請教札伊可夫和「五巨頭」，仰賴他們在各次高峰會談提出的指導原則。[46]他對札伊可夫相當信賴，在一九八七年十一月葉爾欽離職後還派他接任莫斯科市委書記。札伊可夫以政治打火隊聞名，戈巴契夫要他好好整頓首都的黨組織。但戈巴契夫低估了他給札伊可夫的工作負荷。[47]管理莫斯科是個煩難的工作，札伊可夫在政治局和「五巨頭」中已經夠忙了。他與總參謀部向來不和，取得妥協相當不易。札伊可夫對「重建」沒有太大熱情，他很清楚改革派不會一直順風順水。他指出蘇聯軍事工業集團一直在給他找麻煩。他要求黨的領導層和政府要給他協助，而同時他還要負責蘇聯首都的公共事務。[48]

戈巴契夫指派其特助瓦雷利・鮑爾丁（Valeri Boldin）接掌蘇共中央總管理部，這讓事情變得更糟。鮑爾丁對於國際交流毫無興趣，常讓蘇聯代表團得在沒有任何指導原則的情況下就上場談判。[49]也許鮑爾丁是因為不喜歡向美國妥協才刻意如此。戈巴契夫也沒有改革蘇共中央防衛部。防衛部部長奧列格・貝爾雅柯夫經常阻撓札伊可夫。[50]貝爾雅柯夫的背後是巴克蘭諾夫，他是主管軍事工業的中央委員會書記。巴克蘭諾夫舉止溫文有禮，講話微有烏克蘭口音，對下屬相當照顧，且以從不出席酒攤聞名。[51]他對裁軍計畫有個人的堅持。戈巴契夫在一九八八年三月三日的政治局會議中就斥責他：「還有你，你到底在浪費什麼錢？把火箭瞄準一下，就要花多少錢？打一顆上太空就要花幾十億……。」但巴克蘭諾夫堅不讓步。下屬必須閉嘴的時代已經過去了。[52]

一九八八年五月的中央全會湧現了對戈巴契夫外交政策的不滿，科尼恩柯主張要回到戰略對等的目標，明顯是在攻擊戈巴契夫「足夠」就好的政策。[53]身為蘇共中央國際部副部長，他的態度異常激烈。謝瓦納茲對他的講話很生氣，多虧雅可夫列夫制止他當場發作。[54]這是明智的。沒有人支持科尼恩柯，騷動平息下來。謝瓦納茲試圖加速改革。他在六月二十日的政治局會議中要求減少軍事預算，轉投入有利「民生福祉」的項目。但戈巴契夫這次忽視他的意見，雖然他心中贊同。[55]謝瓦納茲開始肆無忌憚。他在七月份外交部一個公開座談會中表示，共產主義和資本主義的衝突已不再是全球政治的指南針。利加喬夫不喜歡這種講法。美國駐蘇聯大使馬特洛克也出席這次座談會——這是時代改變的一個象徵，他表示他很高興聽到這些話，但他要問謝瓦納茲的意思是不是說美國和蘇聯應該成為夥伴而非敵人。[56]

九月三十日，戈巴契夫進一步把葛羅米柯請出了政治局。一年之前，「憂鬱的葛羅」寫了一篇文章批評對外政策哲學的轉變。[57]他試圖把傳統的口號重新寫入官方路線，但戈巴契夫只反駁說：「等我們想讓人民沒飯吃的時候再來談階級鬥爭吧。」[58]現在正是把這位七十九歲老人解職的時候。把葛羅米柯逼退時，戈巴契夫隆重地代表黨和國家向他致謝。葛羅米柯則說他相信「重建」才是對蘇聯唯一正確的政策。[59]

戈巴契夫改造了黨章規定的最高黨務機構。他廢除了中央委員會下轄各部門，代之以各個委員會。其中一個委員會專責國際政治，以雅可夫列夫為主席。[60]但委員中也有阿赫羅梅耶夫和克留奇科夫，這對激進改革派來說並非好事。[61]這兩個人都不喜歡在對外政策上再做讓步，但戈巴契夫認為他可以信任和駕馭他們。他喜歡在堅定朝改革目標前進時，又讓人覺得他也同情共黨傳統派。保持模稜兩可是他的本性。他想拖著懷疑派往前走，直到他們來不及逆轉政策。他已藉由前一年的「魯斯特事件」把索科洛夫這個懷疑派趕出國防部，現在他又以克留奇科夫取代切布里科夫擔任KGB主席。切布里科夫轉去負責中央委員會下的人權委員會。雖然他對戈巴契夫標舉的人權目標絲毫不感興趣，但至少他不再負責KGB，而戈巴契夫認為克留奇科夫比較好掌控。[62]

切布里科夫提出一份惱人的KGB在一九八七年的工作報告。報告聲稱美國及其北約盟國正在「有反蘇情緒的人和其他敵對分子中製造恐怖分子和極端分子」。外國穆斯林組織秘密派人進入蘇聯，烏克蘭民族主義者在海外積極活動，阿富汗反革命分子也在蘇聯境內派有特工，喬治亞也破獲了一樁民族主義者的陰謀。暴力活動並不多：全蘇聯只有五起犯罪事件。KGB比較擔心反蘇情緒越來越檯面化。就連紅場和中央委員會大樓外都出現示威抗議。KGB和內政部合作鎮壓騷亂。[63]

KGB在年度報告中提出警訊實屬平常，戈巴契夫淡然處之。他對軍方也平靜以對。但謝瓦納茲對軍方利益團體不斷批評就有點受不了。一九八八年十一月九日，他告訴戈巴契夫說，軍方高層對政治局的政策毫不買帳。謝瓦納茲說軍方正試圖以情報活動和新的武器位置來挑釁北約。[64]

阿赫羅梅耶夫因為心臟病在一九八八年十一月辭去總參謀長一職。戈巴契夫請他留下做他的軍事顧問。[65]他每次和美方談判時都要帶他同去。[66]而每當阿赫羅梅耶夫在場時，國防部長雅佐夫就會明顯受到忽略。[67]阿赫羅梅耶夫向來極有主見。事實上，謝瓦納茲視他為最糟糕的反動派，每次提出備忘錄就會「把整個談判搞垮」。[68]阿赫羅梅耶夫堅持認為「有限度」的核子戰爭不會導致全球毀滅。他直到一九八七年還在探索部署SS-20飛彈的可能性。[69]他是有接受戈巴契夫新的「足夠」戰略觀念，也或者是因為他覺得提出反對並不明智。他承認「重建」對他個人來說太困難了。他不喜歡要對這麼多問題重新思考答案。[70]妮娜·安德列娃的文章讓他看了很高興，還致電《蘇維埃俄羅斯報》的編輯奇金（Chikin）表示祝賀和支持。他還下令蘇軍總政戰部要在軍方各單位刊出這篇文章：「喔，終於出現真話了！」[71]

戈巴契夫認為留住阿赫羅梅耶夫可以掃除軍方對他出賣國家重大利益的疑慮。阿赫羅梅耶夫選擇留下則是有自己的理由。在總書記身邊工作，他就可以想辦法使他讓步，也可以保持在決策上的獨立影響力。[72]但他的軍方同僚卻認為他是個叛徒，因為他不再批評現行裁軍方案的危險性。他們認為他完全沒有幫軍方講話。[73]戈巴契夫看來在步步進逼。他用雅佐夫替換索科洛夫為國防部長時沒有碰到慣常會有的阻力。雅佐夫很能理解近來國際局勢的變化，他了解世界政治的改變之勢已無可逆轉，和戈巴契夫與札伊可夫保持密切合作。[74]

但戈巴契夫依然不能高枕無憂。接任阿赫羅梅耶夫為總參謀長的米哈伊爾．莫伊謝耶夫（Mikhail Moiseev）很快就在其他軍方高層的壓力下反對進一步改革。[75]軍方高層的士氣低落。總參謀部的人員說他們以前都是在研究全面毀滅的戰略，現在卻只能研究全面投降。[76]軍方高層認為和前幾任總書記比起來，戈巴契夫在軍事問題上「無能又草率」：「他來明斯克時我們正在演習。但他只是講個話，沒看演習就走了。」[77]他不像布里茲涅夫會去視察軍火工廠，和發明家與工程師談話。[78]他喜歡和軍事指揮官保持距離。海軍司令弗拉基米爾．切爾納溫（Vladimir Chernavin）說他根本就不覺得這些人對這個國家有多重要。[79]對最高權力的爭鬥在蘇聯才剛開始。雷根已經打敗抱怨他的人，戈巴契夫的領導地位是否穩固還有待觀察。

第三十一章

雷根時代的結束

在1988年美國總統大選過後的一個月，戈巴契夫訪問紐約，並在聯合國大會發表演說，表示堅持普世人道理想，並做出裁軍50萬的重大宣示。不巧的是，亞美尼亞發生死傷慘重的大地震，蘇聯代表團只好匆匆返國……

一九八八年六月一日，戈巴契夫在伏努科沃機場向雷根道別。在政治局下一次開會時，他說：

我們的預測完全實現。現在再度證明，以現實主義為基礎的有原則且具建設性的政策是唯一正確的政策。唯有如此才能帶來成果。（雷根）總統也展現出他是個現實主義者。他終於知道我們的政治是怎麼回事。他在華府時宣稱一定要研究一個民族的文化。然而他當時是透過人為構造的人類權利的概念去看事情。而在他來訪這幾天，美國人整天都在電視銀幕上看到我們的生活，看到普通的蘇聯老百姓。[1]

他的同僚都很高興他講的話。他一直希望蘇聯可以爭取到喘息空間來搞現代化。簽下第一個重大條約似乎證實其「重建」政策的正確性。

該月稍晚，戈巴契夫又在臨時黨代表大會中發表講話，自豪他與雷根的成就。但他的主要目標是進一步推動國內政治改革。他想打破一黨專政的牢籠，讓黨官僚接受選舉的考驗。沒有人能再不受挑戰地當官。戈巴契夫另一大改革是修改整套蘇聯憲法。其核心是類似國會的人民代表大會。在總席次兩千兩百五十席中，只保留四百個席位給共產黨和一些團體，其他席位任何人都可以參選。戈巴契夫還宣布黨官僚也要自由和公平的參與競選。葉爾欽也出席了這次大會，請求重新入黨。戈巴契夫想保留一股力量來對抗共黨保守派，遂同意他的請求。選舉預定在一九八九年三月份舉行。人民代表大會及其內部機關最高蘇維埃幾乎全年不休會，儀式主義和假國會主義將成過往。這是一場憲政革命，在蘇聯史無前例。戈巴契夫是在咬牙硬幹。

七月十五日，他在華沙各國領袖的會議中滿是自信地發表講話。他宣稱世界政治的新時代來臨。他表示蘇聯從阿富汗撤軍有助於解決其他區域衝突。蘇聯和美國的來往從沒有這麼密切。[2]他承認美國的政治右派對軍備競賽和技術禁令還不死心，但他認為他們對蘇聯的抹黑正好證明了「重建」的威力。右派政客和評論家害怕「社會主義」能成功在東方自我改造。戈巴契夫說，他們已看出西方資本主義將面臨重大挑戰，即使這還要好幾十年。他也懷疑美國政治右派有辦法改變白宮的立場。他預測在雷根下台之後，蘇聯和美國的和解依然會持續下去。他把話講得很滿，沒提出什麼論據。他希望東歐領導人記住他的話，無論誰贏得總統大選，都能得到蘇聯的友好。[3]

他堅定地表示歐洲分成兩大政治陣營是不可逆轉的，但他也強調必須改變華沙公約組織的運作方式。他告訴東歐領導人不必擔心加強和「歐洲經濟共同體」的來往。[4]戈巴契夫說，從一九八五年以後局勢已經大不相同。他認為他們現在可以作為獨立國家自由去談判。他也明白表示西德不是什麼威脅，認為柯爾的外交政策和他自己很接近。東歐共黨領袖向來都說柯爾會威脅歐洲大陸的穩定。自從他在波昂當上總理以來，華沙公約國家的媒體就譴責他主張德國統一，故意讓東德負債，製造華沙各國對立。戈巴契夫要大家停止攻擊。他只堅持如果柯爾要加強西德的地位，就一定要尊重「雅爾達的遺產」。*東歐各國的現狀是神聖不可改變的。[5]

政治局繼續推動與華府和解。一九八八年八月二十八日，蘇聯政府向美國官員提出他們確實有「清除」中程核子飛彈的證明，還安排美國人參觀克拉斯諾雅爾斯克雷達站。[6]戈巴契夫想藉此在雷根離開白宮前簽訂更多條約。他寫了親筆信給謝瓦納茲轉交雷根，遺憾還沒有就戰略武器裁減百分之五十達成協議，說「要兩個人才能跳探戈」。[7]

謝瓦納茲在九月二十三日與雷根在橢圓形辦公室會談，抗議美方沒有對蘇聯最近的舉動做出回報。他要求也能讓蘇聯專家去考察索爾和菲林戴爾斯的美國雷達站。卡路奇笑而不答表示拒絕。舒茲想轉圜氣氛，他說謝瓦納茲是他的「朋友」，把話題轉到預定的關於核子試爆、區域衝突和人權等條約。謝瓦納茲繼續抗議美國的雷達站，舒茲則重申只要克拉斯諾雅爾斯克雷達站還存在一天，美國就不會簽署戰略核子武器的協議。[8]雷根又要求要拆除柏林圍牆，強調他從來沒接受過東德存在的正當性。但他隨即意識到這樣的對話沒有好處。這不是他想要的。他立刻改變方向，提出應該把奧運主辦權給柏林。舒茲接過這個話題，談到希特勒在一九三六年的柏林奧運時拒絕和黑人運動員傑西·歐文斯握手的事。†雷根順著這個話題，說他很高興兩大強國在他第二屆總統任期共同達成的成果。他很遺憾自己在白宮的日子就快要結束了。[9]

奧運的事沒有結果，也沒有什麼新的東西可談。共和黨總統提名人喬治·布希要求要見謝瓦納茲（民主黨候選人杜凱吉斯令人不解地沒有提出要求）。布希建議蘇聯領導人要在年底之前盡量多做點事。裁軍協議應該盡快完成。雖然布希預期自己會贏得大選，但他認為自己在國會的席次將比雷根少。舒茲覺得這樣向謝瓦納茲示弱是「很蠢」的事。[10]目光遠大的總統就要離開了。白宮的主人本來頭腦清楚又充滿希望，新的主人卻忐忑不定。

舒茲努力讓雷根在白宮的日子圓滿結束，盡量不要和克里姆林宮發生緊張。CIA副局長羅伯．蓋茲在一九八八年十月十四日發表了一次演講，把舒茲給激怒了。蓋茲是在「美國推動科學協會」演講，他說他懷疑戈巴契夫有能力進行根本的經濟改革，連他的權位都岌岌可危。[11]舒茲被迫重申白宮的方向沒有改變。但他和蓋茲還不算完。三天後，他當面指責蓋茲，說他的工作只是搜集和處理情報，不是制定政策。情報單位根本不應該參與政治。蓋茲沒有澄清演講的內容，舒茲又質問他為什麼說戈巴契夫在政治局只有三個人支持。他提醒蓋茲說CIA很晚才認識到戈巴契夫和過去的蘇聯領導人不一樣。他不確定蓋茲到底有沒有聽懂自己的話，又丟下一句：「你自己也知道上頭對你一直很不滿意。」[12]

戈巴契夫希望能讓不管是布希或杜凱吉斯當選下屆美國總統，都無法改變對外政策路線。十月三十一日，他為即將在紐約聯合國大會的演講召開一次規劃會議。他希望他的演講是一次「反富爾頓」的演講。[13]一九四六年，邱吉爾在密蘇里富爾頓演講說有一道「鐵幕」把歐洲分隔兩半，戈巴契夫想講現在該把歐洲大陸的圍籬拆掉。他想引起轟動。他要衝擊美國政治菁英。他向蘇聯國防委員會講完他的想法後，又在政治局說：「這是很嚴肅的事。美國人害怕我們真的會按雷克雅維克的精神行事……我們在對內政治和對外政治都要繼續推進，讓布希沒辦法回頭。」[14]他要求在場每個人都要保密：「誰洩密就要趕出去，職位和待遇都要剝奪。」他打算出人意料地在聯合國大會中宣布蘇聯將單方面裁減五十萬部隊。他否認這是為了向西方討經濟援助。他要利

* 在雅爾達會議中，波蘭東部割讓給蘇聯，而波蘭失去的領土則是拿德國西半部來填補。戰後的西德一直不承認這個新疆界。

† 歐文斯在柏林奧運男子一百米、兩百米，跳遠和四百米接力項目中，打破了納粹極力宣揚的「亞利安人種的優越性」。

用這個全球矚目的場合宣示他對蘇聯未來的信心。[15]

謝瓦納茲建議戈巴契夫可以再激進一點，從匈牙利撤出所有蘇聯駐軍。這對戈巴契夫來說有點太超過，他同意減少駐軍，但不贊成立刻全面撤回。[16]謝瓦納茲還敦促他把人權議題列為政治局首要之務：「這是天大的好事。」他希望蘇聯領導人能認可聯合國是「普世性的機構」，地位高於蘇聯和美國。[17]但戈巴契夫反對。戈巴契夫的觀念已大大打破蘇聯傳統，他希望在安全範圍內走得越快越遠越好。但他還是接受謝瓦納茲的「歸零」建議，也就是蘇聯不要再有政治犯和「被拒絕者」（refuseniks）。*他贊成蘇聯不應該再有這些人。謝瓦納茲也主張完全取消出入境限制。戈巴契夫向其他領導人提出這個建議時，國安單位強烈反對。他認為惹惱KGB殊為不智，不得不退卻。但他還是為人民爭取到只要沒有帶走國家機密之虞，就可以自由移民的權利。[18]

他與陪同前往紐約的蘇聯代表團成員討論演說稿，其中有謝瓦納茲、雅可夫列夫和一些外交政策菁英。萊莎也在其中。還有一些搞創意的蘇聯知識分子，包括電影導演田吉茲·阿布拉澤（Tengiz Abuladze）和馬克·札卡洛夫（Mark Zakharov）。大家對演講內容都很贊同。杜比寧大使最會拍馬屁，他告訴戈巴契夫說：「你帶來了新的世界觀。」[19]

一九八八年十二月七日，謝瓦納茲和舒茲坐進指定的包廂，萊莎和奧比已開心地坐在一起（謝瓦納茲的幕僚斯特帕諾夫—馬馬拉澤記錄說，「愛慕虛榮的」季辛吉也在旁想引人注目）。大廳擠滿了人，人聲鼎沸。大家的期望到了最高點。[20]戈巴契夫的演講不論在風格和內容上都沒讓人失望。他承諾所有蘇聯領導人都會奉行「自由選擇的原則」。他讚揚一七八九年法國革命和一九一七年俄國革命對人類進步的貢獻，宣稱在全世界面對「飢餓、疾病、文盲和其他重大災難」時，需要「國際關係的去意識形態化」。他堅持「普世人道理念的至高無上」。他說蘇聯應該要走向民主化和法治化。他宣布今後將不再干擾電台廣播。在裁軍議題上，他說他將裁掉五十萬蘇聯部隊。他還宣布要把軍火工廠轉為製造民生用品。他呼籲要裁掉百分之五十的戰略性核武。他對雷根和舒茲表達感謝，熱切期待與布希合作。[21]

整個大廳的人熱烈鼓掌。斯特帕諾夫—馬馬拉澤也起身歡呼，阿巴托夫拉住他說：「你站起來可不太適合吧。」斯特帕諾夫—馬馬拉澤回說，如果美國人可以為他們的總統起身鼓掌，他也可以為他的總書記這麼做。[22]

戈巴契夫在早上演講完後準備前往下一個行程，但當他要去總督島和雷根與布希（此時布希已當選下屆總統）會談時接到雷日柯夫的電話。這是個可怕的消息。亞美尼亞發生地震，死了兩萬五千人。這時顯然不能再留在美國了。他和人在總督島的雷根和布希短暫通了電話。這次對話既愉快又有點懷舊感傷。雷根笑說有記者問蘇聯內部是否有人反對戈巴契夫的裁軍方案，戈巴契夫說沒有，雷根說戈巴契夫講俄文「沒有」（nyet）聽來像在說「有」（yes）。[23]雷根又說了一遍詹森總統抱怨媒體的笑話——詹森說就算他有辦法在波多馬克河上行走，媒體也會說他不會游泳。布希向戈巴契夫保證他會在戈巴契夫和雷根締造的基礎上繼續邁進，他也暗示說他會請詹姆斯·貝克（James Baker）和布蘭特·史考克羅夫（Brent Scowcroft）出任要職。雷根最後充滿感情地說道，他曾在日內瓦高峰會時和戈巴契夫講到他們兩人可以啟動下一次世界大戰，也可以為世界帶來和平。他很高興他們選擇了和平。[24]

第二天早上在俄國人離開之前，布希又和戈巴契夫通了電話。布希說他期待兩人攜手合作，

＊「被拒絕者」（refuseniks）是指不准移民出國的蘇聯猶太人。

但他也先聲明他會先放慢腳步。[25]舒茲也告訴謝瓦納茲同樣的訊息。他還警告說蘇聯領導人必須在人權問題上多加努力才能和美國達成進一步協議。謝瓦納茲只能希望舒茲講的是錯的。[26]

舒茲盡可能把他的對蘇工作做一個圓滿了結。蘇聯代表團突然返回莫斯科使他無法就維也納會談有關歐洲安全和合作議題再取得進展。如果戈巴契夫肯合作，那就有可能在他和雷根離開之前達成協議。他請馬特洛克大使向謝瓦納茲提出這件事，謝瓦納茲樂見其成。[27]還有一些細節要商量。雙方最大的分歧還是在人權議題，儘管戈巴契夫在紐約演說中滿口承諾。謝瓦納茲指派阿納托利．阿達米申負責談判，舒茲則指派理查．席夫特代表國務院。兩位官員積極找到了雙方共同立場，舒茲認為蘇聯對美國的要求已讓步得夠多，可以通過歐洲安全合作會議的「最後文件」。[*]他飛到大西洋彼岸見證一九八九年一月十七日的簽署儀式。[28]這份協議的結果之一是規定了美國和蘇聯要在接下來的七週內開始討論歐洲傳統武力的問題，以求在北約和華沙公約國家大幅裁減傳統武力。[29]

一九八八年十二月二十七日開始的政治局系列會議討論了近來的局勢，戈巴契夫把他的紐約行看得比亞美尼亞大地震更重要。他對自己造成的影響很自豪，宣稱：「我們要創建一個新世界、新關係。」[30]他不認為終結冷戰就是違反社會主義的目標，他也刻意不提國際關係的去意識形態化或普世人權價值。他說美國自由派歡迎他的社會主義革新，但傳統基金會和其他美國政治右派組織則主張要維持對蘇聯施壓。[31]布希當總統會怎樣並不確定，但戈巴契夫強調布希確實符合其「天生謹慎」的名聲。布希否認自己是「中間派」，而這也表示布希無法像雷根那樣隨心所欲，因為雷根有受美國右派信任的優勢。但戈巴契夫有信心可以和布希處得很好，還叫謝瓦納茲要盡快安排和新任國務卿詹姆斯．貝克會面。[32]

雷日科夫不喜歡全球媒體對紐約演講的報導。他要求媒體要說明現在並不是在從社會主義撤退，而是在從一種扭曲的社會主義撤退。他也警告與世界經濟整合的潛在風險。[33]戈巴契夫轉開話題，又向政治局大談自己在紐約受到的瘋狂歡迎。他顯然覺得雷日科夫沒有給他應有的讚美。[34]

謝瓦納茲就不吝稱頌。他預測，美國民意會迫使布希繼續雷根與蘇聯和解的路線。他請求政治局通過有關戰略性核子武器、化學武器和人權議題的提案。他說他最近受到很多批評，說他沒有就蘇聯從東歐撤軍一事和國防部商量。謝瓦納茲說這種指控絕非事實。他也抗議雅佐夫拒不吐實國防部的實際規劃。他說莫斯科必須向世界證明是真心要在軍事上轉為純粹防衛導向。[35]他以同樣好鬥的語氣主張要進一步深化蘇聯和美國的合作。他指責列寧格勒黨委書記尤里・索洛維夫（Yuri Solovev）鼓勵地方電台報導「帝國主義間諜機構」的顛覆活動。他說這種行為正中季辛吉者流的下懷。如果政治局想和華府的協商有所進展，就要注意別做不必要的攻擊。[36]

雅可夫列夫的說法類似。他認為布希雖然被政治右派干擾，但美國大使馬特洛克認為新任總統比前任更專業，訊息更多。雅可夫列夫請政治局要珍惜已經取得的成果。他認為美國已不再能主導議題。美國領導層越來越擔心蘇聯在東歐和亞洲的外交政策比他們自己更受歡迎。雅可夫列夫欣慰的說：「（美國人）不想坐上已經啟動的火車，更不想坐上已經開走很遠的火車。他們習慣自己當司機。我們在其他地區的外交政策讓他們很憂慮。」[37]他建議戈巴契夫要在全界消除蘇聯的「敵人形象」。他嘲諷馬列主義「資本家不關心人民需求」的信條。他憤怒地講到媒體上關

＊　此即「維也納最後文件」（Vienna Concluding Documents），詳細規定了東西兩大集團的信心建立措施和人權議題。有學者認為這份文件的簽署正式為冷戰劃下了休止符。

於蘇聯經濟的不實報導，對蘇聯經貿官員的蠢笨極為不滿。雅可夫列夫堅持深化改革是唯一的道路。現在已經做了很多，但還有更多要做。[38]

這些話讓雅佐夫不太高興。他報告說軍方擔心蘇聯的安全會受到危害。他承認不想把從東歐撤軍的規畫提報給最高蘇維埃，但承諾會提報給國防委員會。[39]戈巴契夫看出雅佐夫有妥協的意思，打圓場說如果美國人都可以保密，那蘇聯為何不行。雅佐夫立刻冷靜下來，說有三個師將在一九八九年撤出東歐。[40]戈巴契夫表示他了解要裁掉十萬名軍官是很困難的事。他要謝瓦納茲、札伊可夫、雅可夫列夫、雅佐夫和國家對外經濟委員會主席伏拉迪米爾．卡贊采夫（Vladimir Kazantsev）擬出可行的政策給政治局。[41]利加喬夫比雅佐夫更難安撫。他堅持不能完全忘掉國際關係的「階級屬性」，警告不能偏離馬列主義。[42]他贊同裁軍是首要之務，但他也說地方黨部的領導人都在質疑當前的國內政策。他說讓企業有經營自由已讓投機倒把成風。雖然他在結尾時還是頌揚了戈巴契夫在紐約的表現，但他還是讓大家聽出他的不滿。作為戈巴契夫在中央書記處的二把手，他是有辦法給戈巴契夫找麻煩的。[43]

戈巴契夫在國外是英雄，回到政治局卻沒有得到一致的肯定。但他至少沒有受到指責，他也趁機強調撤軍在經濟上的好處。他說，軍事支出近年來在蘇聯的國家預算中以倍數成長，這種狀況無法再持續，刪減預算是不可避免的。他強調刪減預算完全沒有損害蘇聯的防衛能力。[44]然後他才談到亞美尼亞大地震。雷日科夫報告了他採取的災後措施。[45]戈巴契夫看出潛在的政治危機。他試圖安撫黨內，否絕了激進派要設立一個獨立機構來推動根本性改革的建議。他堅持要讓所有部門都在他羽翼之下共同合作。他最大的憂慮是會形成一個反對他的激進主義的聯盟。無論他有多討厭共黨保守派甚至溫和改革派，他還是要和其領導者共處，直到改革已不可逆轉為止。

第四部

帝國其萎

THE END OF
THE
COLD
WAR
1985-1991

照片來源：維基百科

第三十二章

布希的遲疑

1989年入主白宮的布希總統，一上任就要求重新檢討雷根政府的外交政策。他與他的幕僚都希望審慎務實，擔心雷根被蘇聯欺騙。經過CIA的評估過後，布希恢復了與戈巴契夫的合作。但戈同時在蘇聯內部承擔了更大的壓力……

一九八九年一月二十日，喬治．布希在國會西廂宣誓成為總統。他首先任命布蘭特．史考克羅夫為國家安全顧問，詹姆斯．貝克為國務卿。史考克羅夫可說是布希的分身，為人謹慎低調。[1]《紐約時報》曾形容他是「白宮兄弟會中的外人」。[2]對布希同樣重要的是國務卿貝克，他是新總統從雷根政府中唯一留下的重要官員。*貝克的性格沉穩謹慎，和史考克羅夫一樣不喜歡鎂光燈。布希、貝克和史考克羅夫是老友，三人在布希任內對於如何處理蘇聯心意相通。

新任總統比記憶中的任何人都有資格擔當總統大位。他在一九二四年出生於麻州，拿到耶魯大學入學許可，卻在十八歲時自願從軍。他是個身材高瘦、喜歡運動的年輕人。他受訓成為飛行員，參加了菲律賓戰役。他在一九四四年被擊落，及時逃生被充氣筏救了起來。他的從軍經驗留下了終生不渝的幽默感和愛國主義，老愛講笑話——若無女性在場經常是講黃色笑話——來帶動氣氛。戰爭結束後，他和芭芭拉．皮爾斯（Barbara Pierce）建立了家庭。

* 貝克在一九八一到一九八五年間擔任雷根的白宮幕僚長。

他們有六個小孩。他回到耶魯唸書，當耶魯的棒球隊長。畢業後他進入石化產業，主要是在德州，賺了很多錢。他一直希望能繼承父親——參議員普雷斯科．布希（Prescott Bush）——的政治事業，並在一九六六年贏得眾議員選舉。他是第一位代表休斯頓的共和黨人。尼克森總統很快就對他青睞有加，要他在一九七〇年競選參議員。但雖然有尼克森的支持，他還是輸掉了。尼克森看出他的潛力，在一九七一年補償他當美國駐聯合國大使。

一九七三年，他當上共和黨全國委員會主席，接下來又陸續擔任各種要職。福特總統派他當駐中華人民共和國特使，這是有實無名的大使職務，因為美國當時和台灣有正式外交關係。有鑑於他處理高度複雜政治事務的能力，福特在一九七六年命他回國當CIA局長。他在一九八〇年共和黨總統初選中屬於領先群，但最終成為雷根的競選夥伴。他被選上是因為他是黨內的「中間派」，可以起到平衡作用。他在公開場合經常沉默寡言。正因如此，他搭配雷根這樣的魅力人物才會有用。他當了兩屆副總統，參加國家安全會議，經常和戈巴契夫與謝瓦納茲會談。

布希知道與前任總統相比，自己不能給美國人民「有願景的東西」。但他寧可謹慎實際，寫信給戈巴契夫講明新政府將檢討外交政策，而自己會暫停腳步。[3]他託季辛吉轉交此信。季辛吉當時正和前法國總統季斯卡及前日本首相中曾根康弘在莫斯科參加「三方委員會」（Trilateral Commission）。這個委員會是由企業家兼慈善家洛克斐勒在一九七三年創立的論壇，專邀退休政治人物來討論世界政治議題。（布希此舉是要向蘇聯領導層表示他沒有忘記他們，但此舉並不聰明。幾天後，新總統就私下向戈巴契夫說他會要史考克羅夫審閱季辛吉的報告，也不會全然相信季辛吉的說法，「因為他畢竟是亨利．季辛吉」。）[4]即將離任的國務卿舒茲則希望布希能做得更多。一月八日，他和妻子到謝瓦納茲家度假。兩對夫妻交情很好，奧比身體不好但也來了。[5]舒茲說他個人覺得美國應該放鬆貿易限制以回報蘇聯從阿富汗撤軍。[6]

布希沒有鮮明的政治路線。他既用季辛吉傳信，又暗示他其實並不信任季辛吉，這就令克里姆林宮感到混淆。他又請戈巴契夫先等他決定延續政策是否符合最大的國家利益。做事仔細的舒茲已為政府交接準備好一系列簡報，但布希連一通電話都沒打給他。[7]他和柴契爾夫人也疏遠了。法國和德國很高興英國終於不再與白宮有特權。密特朗曾評論說，柴契爾夫人對歐洲夥伴講話很強硬，但和雷根講話就像個八歲女孩。（密特朗忘記柴契爾夫人在雷克雅維克峰會後曾和雷根大吵一架。）布希不吃柴契爾夫人那一套。[8]他永遠保持頭腦清楚。雷根學會去忘掉他一生對蘇聯領導人的懷疑，布希則不想看到整個國家都患上健忘症。他一定要先確定戈巴契夫沒有愚弄前任總統。

史考克羅夫向來主張要保有各種類型的核武以求謹慎。他從未贊同過雷根完全非核化的目標。[9]他公開批評過《中程核子飛彈條約》草案，而布希在當副總統時對此也不甚熱衷。他們現在可以質疑繼續雷根和舒茲的路線是否為審慎之舉。布希在二月九日在國會兩院聯席會上說：「謹慎和常識讓我們必須完全理解到底發生了什麼變化，重新檢討我們的政策，然後再小心行事。但我個人也向戈巴契夫總書記保證，一旦檢討完畢，我們就準備好向前邁進。」[10]

北約各國領導人並不都樂見美國放慢腳步。西歐各國政府向來不喜歡雷根式的外交，尤其是在雷克雅維克高峰會之後，但他們至少都承認在雷根自己心目中，他是在為全世界的利益而奮鬥。布希則像是在汪洋中盲目行船。他的表現讓西方國家很洩氣，他們都希望白宮要有人掌舵。

根舍很能體會這一點。這位德國外長在聯合國大會中被戈巴契夫的演說振奮，希望華府能有所回應。這沒有發生。根舍還是攔住謝瓦納茲說蘇聯領導層應該採取主動。戈巴契夫已經承諾要裁減蘇聯駐在歐洲的傳統武力。根舍認為他還應該立刻單方面裁減戰術核子飛彈。布希政府認為他的介入是在挑戰美國的政策主導性。柴契爾夫人和美國人站在一起，她寫信給柯爾，唐突地要求柯爾要管管根舍。她和布希都認為北約在面對華沙公約時要態度一致。布希的條件很簡單：如果西歐要美國繼續提供安全保障，就必須同意保留核子飛彈。這番話在同盟國首都之間流傳，密特朗評論說：「新（美國）政府要比前任更蠻橫。」[11]

一月十日，戈巴契夫在蘇共中央全會上說雷根的離開對世界政治不會有太大影響。他宣稱冷戰已經消退。他希望能就戰略性攻擊武器和化學武器達成協議。[12]準備工作照例由「五巨頭」負責。一月十六日，他們討論了如何就各類型武器計算軍力平衡的技術性問題。謝瓦納茲表示蘇聯的陸基核子武器比較多，海基飛彈比較少。他希望美國能和蘇聯一樣放棄把戰術核子武器升級的計畫。[13]

他抽空與季辛吉會談。季辛吉呼籲兩大超強應該著重在世界政治的根本性問題，不要再糾纏裁軍的細節。他向戈巴契夫保證說布希不像雷根那麼重視「戰略防禦系統」。[14]他的說法直接甚至粗暴。他質問戈巴契夫為什麼以「理想主義」為指針，用善與惡二分法當政策根基。[15]他的思考方式還是如出一轍。他暗示說，蘇聯和美國應該合作「共同統治」歐洲。他說這能讓「歐洲人不要搗蛋」。[16]季斯卡比較老練，但話也很尖銳。他詢問假如東歐申請加入「歐洲經濟共同體」的話，蘇聯會如何回應？[17]季辛吉還告訴雅可夫列夫他很擔心蘇聯從東歐撤軍。他說要警惕「歐洲人自己的冒險主義」，還說這樣一來「會讓我們在政治上難以再用蘇聯為藉口（把軍隊）送回這裡」。[18]戈巴契夫不想參加這種討論。他是想保存東歐國家的「社會主義基礎」，但不是季辛吉想要的那種支配方式。[19]

季辛吉也許是想引誘戈巴契夫亮出底牌。也許如此。但他後來宣稱他是在講真心話，他還說他只是想幫戈巴契夫的忙。[20]他不了解「重建」是出於對全球政治的全新理解。[21]戈巴契夫告訴他底下的官員說：「季辛吉絕對拋不開他的反動思想。他死守在過去。」[22]

他在一月二十四日對政治局說，他不想浪費他在西方累積出來的政治信譽。[23]蘇聯的對外政策一定要表現出完全不具威脅性。東歐依然是個大問題。他要求中央委員會新成立的東歐問題小組制定一套能夠維護「社會主義基礎」的政策。他和季辛吉的談話讓他覺得有必要準備好「如果匈牙利要加入歐盟，我們要如何應對」。[24]這肯定會引起一場新辯論。戈巴契夫正面臨「我們的朋友」想加入「歐洲經濟共同體」的現實。在匈牙利，米克洛什．內梅特（Miklos Nemeth）領導的共黨激進派愈益壯大，正面挑戰老邁的卡達爾。戈巴契夫誇張地說他們是「反對黨」，還給他們鼓勵。[25]鑑於蘇聯曾在一九五六年入侵匈牙利，這個想法很不尋常。戈巴契夫知道困難的抉擇即將來到：「我們，同志們，正面對一些很重大的問題。我們已經無法再給他們更多東西。他們需要新的科技。如果我們無法解決，就會產生分裂，他們就會跑掉。」戈巴契夫否決了減少供給能源給東歐的建議：「這可是背叛。」[26]

蘇聯經濟有待轉型，戈巴契夫催促國防部要把軍用技術轉給民間。他要求雅佐夫要在兩個月內完成規畫。[27]但他知道執行這個計畫會擾亂生產和造成「社會緊張」。在計畫初期階段，在一千七百個工廠中只有三個會被非軍事化。[28]預算必須重編以應付轉型的支出。[29]自一九二〇年代以來，一九八九年是軍方的財政支出首度沒有增加的一年。[30]

軍工部門領導人如奧列格．巴克蘭諾夫者流通常都會阻擋改革，但這一點他們都贊同。巴克蘭諾夫和伊凡．貝洛索夫根據KGB和國際勞工組織的數據分析了停止軍備競賽的好處。他們預測《中程核子飛彈條約》可以為美國省下八十億美元的預算，雖然也要花二十五億美元來銷毀武器和執行查核。他們預測蘇聯也可以淨賺八十二億盧布，這還不包括裁減戰略性攻擊武器所能省下的費用。[31]他們估計西方大企業會因為政府軍事研發和生產的合約減少而有所損失，也可能產生大規模失業。但他們認為這些事不會發生在蘇聯，因為蘇聯經濟並沒有消費品「市場過度飽和」的問題。這是馬克思主義的術語，蘇聯領導層已為此困擾了數十年。民生用品的缺乏是長期的問題。巴克蘭諾夫和貝洛索夫預期蘇聯的工業能力將得到高度發展。[32]

全面裁軍協議越早達成，蘇聯人民就能越快得到好處，對「重建」的信心也會越提高。戈巴契夫亟需布希確定會遵照雷根的路線。在蘇聯看來，新任總統不甚重視「戰略防禦系統」是個正面趨勢。亞伯拉罕森中將已看出風向，自請辭職。他在一九八九年二月九日提出「期終報告」，依然相信某些基礎研究項目——他以「漂亮卵石」計畫為例——已經完成而且可以在一九九四年開始部署。[33]但美國國會要刪減這個計畫的預算。布希雖然同情他的雄心壯志，但只要他自己去想辦法。布希也不怕暗中批評他那深受歡迎的前任總統。

但華府發出一些訊號讓戈巴契夫越來越感失望。最讓他失望的是，布希在三月三日下令ＣＩＡ要全面重新檢討美國的對蘇政策。布希看過雷根桌上每一份重要文件，但他現在猶豫了起來。他既不肯定也不否定前任總統的對外政策，唯一的區別是他把「戰略防禦系統」這個詞從檢討報告中刪掉。[34]布希下令弗里茲．俄馬特率領ＣＩＡ官員檢討下列問題：「我們該如何讓（洲際）彈道（飛彈）得以存活？」這個問題對戈巴契夫和謝瓦納茲根本就帶有敵意，而俄馬特向來就懷疑克里姆林宮的意圖。雖然布希嘴上說是要檢討得越徹底越好，但他的意思絕非力求謹慎而已。他似乎想要全盤改變美國對外政策的方向。

三月七日，謝瓦納茲與貝克在維也納的歐洲傳統武力會談中領教到了這個新態度。貝克要求要讓整個歐洲都有自由，呼籲蘇聯領導人要明白否定「布里茲涅夫主義」。他嚴詞批評蘇聯不尊重人權，譴責蘇聯軍援尼加拉瓜。他抗議謝瓦納茲造訪何梅尼，認為這是在討好伊朗的伊斯蘭主義領袖。謝瓦納茲只能盡力回應說，美國和蘇聯應該把合作重啟核武裁軍當成首要之務。但貝克聽不進去，只說美方已展開政策檢討，不知何時才能完成。謝瓦納茲警告說：「如果你們要搞戰術飛彈現代化，我們就不得不回應。」他提出要在貝克四月一日訪問莫斯科後展開裁軍談判。但這只讓貝克更不悅。布希政府，他強調，只有在完全準備好以後才會重回談判桌。[36]讓謝瓦納茲覺得更糟的是，西歐各國的態度沒有比美國在維也納好到哪去。各國領袖開始質疑「蘇聯到底發生了什麼事」。他們甚至懷疑戈巴契夫的「重建」還能持續多久。[37]

在從奧地利回國途中，謝瓦納茲思考情勢。貝克至少有承諾會在舒茲留下的基礎上邁進，他也表示美國政府希望「重建」能獲得成功。但這趟旅途確實令人沮喪：「貝克比較嚴苛。」[38]他不對記者透露什麼，如果提到美蘇之間不睦會有不良後果。[40]在美方的「暫停」結束之前，他或戈巴契夫都沒辦法做什麼。美國眾議員喬治·布朗（George Brown）建議，最好的辦法是邀請重量級國會議員到莫斯科訪問。他認為重要變化正在悄悄發生。布朗向來反對的「戰略防禦系統」已經被縮小了。他建議蘇聯領導人應該擴大接觸層面，要多和華府同情蘇聯的政治人物來往。[41]

當布希在問莫斯科是否可靠這個老問題時，蘇聯領導人也在問自己一個新問題：蘇聯能解決越來越嚴重的經濟危機，防止政治動盪嗎？

期盼已久的人民代表大會選舉終於在一九八九年三月舉行，競選期間時有騷亂。雖然還不准成立反對黨，但許多反對派都參選贏得席位。有三十八位省級黨委書記落選。基輔、明斯克和阿拉木圖的黨委書記也落敗。戈巴契夫拒絕推翻選舉結果。共黨政治菁英慘遭大敗。然而國會裡還是有許多反改革人士。代表中有百分之八十八是共產黨員，許多人想完全推翻官方路線。[42]有一個叫做「聯盟」的派系以軍方高層如尼可萊．佩楚先科（Nikolai Petrushenko）為核心，要求在國際關係上採取戈巴契夫和謝瓦納茲所不能接受的專斷政策。而在政治光譜的另一邊，也有許多代表希望加速改革。他們在國會中組成了「跨地區集團」，在莫斯科選區取得壓倒性勝利的葉爾欽就屬於這一派。戈巴契夫催生了一個嘈雜分裂的國會。他當選國會的最高蘇維埃主席，政治生態已完全不同。

隨著莫斯科的權威衰落，政治動盪開始在蘇聯蔓延。民族主義的呼聲日益高漲，齊洪伯．派特亞希維里（Dzhumber Patiashvili）的喬治亞共黨領導班子受到示威抗議的挑戰。派特亞希維里走回蘇聯老路，動用了軍隊。一九八九年四月九日，指揮官下令軍隊鎮壓了提比利斯的示威群眾。二十名示威者被殺，幾百人受傷。街道被清除了，但整個喬治亞陷入動盪。這個蘇聯共和國已失去控制。謝瓦納茲是政治局中唯一有能力去緩和情勢的人。當情勢最為緊張時，他正要前往柏林。他向幕僚承認說，他一直試著把自己和令喬治亞人民不滿的政策做切割。[43]提比利斯的屠殺來得令人震驚。他立刻改變行程飛往喬治亞，把軍隊撤出首都，稍微緩和了情勢。[44]他的結論是，他到莫斯科工作後一直避免觸及「民族問題」是一大錯誤。[45]

蘇聯領導人在和外國領袖會談時比較願意承認自己的問題。戈巴契夫和謝瓦納茲向來以風格開放著稱，其他政治局成員現在也比較坦率。克里姆林宮政治人物諱莫如深的刻板印象逐漸被打破。

四月十八日，雷日科夫總理在盧森堡和一些歐洲領袖會面。[46]柴契爾夫人讚揚了戈巴契夫的改革，但提醒雷日科夫要注重消費者的需求。[47]雷日科夫希望能擴大「經濟互助委員會」與「歐洲經濟共同體」的經貿往來。他承認蘇聯的肉類和糧食短缺，而軍隊還是持續在消耗大量資源。預算已經撐不住了。雷日科夫說他要進行根本的「價格改革」，即使國營商店的商品價格上漲會引發民怨也在所不惜。[48]柯爾詢問農業改革的前景如何，雷日科夫坦承農村的困境，希望能和西德經濟合作以減輕問題。[49]他談到亞美尼亞大地震相當於在盧森堡這麼大的地方丟下四、五枚原子彈。[50]雷日科夫只有在談到奧地利要加入「歐洲經濟共同體」的議題時才稍微輕鬆。蘇聯作為一九四五年的「三巨頭」之一，有權阻擋奧地利。*但雷日科夫表示蘇聯領導層已經決定只要奧地利不加入北約，就不會反對。他只要求西歐各國領袖能促使美方重啟裁軍會談。[51]

華府的政策檢討不知何時才能完成。俄馬特和他的CIA同僚多年來對這些問題早就滾瓜爛熟，實際上也不需要做什麼新的研究。事實上，他們在三月中就擬好了第一份草稿。他們的主要結論是——毫不出人意料——「我們的戰略成功是不完全的、不具決定性的、可以被逆轉的。」他們同意蘇聯領導人確實是想減少軍事支出，他們也認為戈巴契夫還可以掌權五年。但他們警告不要把他理想化，因為蘇聯還在試圖搞戰略武器現代化。[52]草稿一直修改到一九八九年四月份，他們自問美國的優先目標到底是降低風險還是節省經費，俄馬特的團隊對這一點產生分歧。[53]有些人認為美國應該同時進行核子武力現代化以降低風險，有些人則認為減少軍事預算是安全的。大家對於讓戈巴契夫的日子好過是否符合國家利益並沒有共識。[54]布希把任務交給專家

---

* 奧地利在二戰後被英、美、蘇所占領。蘇聯要求奧地利必須保持中立才會撤軍。一九五五年十月二十六日，奧地利國會通過《中立宣言》成為《奧地利憲法》的一部分。奧地利申請加入「歐洲經濟共同體」即被視為有違反中立之嫌。

只是把爭論從白宮下包給CIA，當然不會有人給他明確的建議。

就在此時，布希的國防部長迪克・錢尼公開談到美國把戰略決定和「戈巴契夫先生的任期」綁在一起是很危險的，使得爭論檯面化。[55]總統發言人馬林・費茲瓦特（Malin Fitzwater）說這只是「個人觀察」，並不代表白宮的意見。[56]布希也和其他官員一樣懷疑「重建」可以持續多久，但他希望大家不要表露想法。錢尼的坦白迫使他要幫戈巴契夫說話，和自己的國防部長做切割。[57]

為蘇聯傷腦筋的不是只有美國。一九八九年四月二十五日，英國駐蘇聯大使布萊斯威特去找蘇聯外交部的維克多・卡波夫，說英國不相信蘇聯官方說的只有五萬噸毒氣。[58]英國也提到蘇聯生化武器的情報，這是由叛逃的伏拉迪米爾・帕謝奇尼克（Vladimir Pasechnik）所提供的，他曾在其中一個秘密工廠工作。[59]戈巴契夫正在想辦法把布希拉回到談判桌，這個消息讓他很不安。政治局曾經討論過斯維爾德洛夫化工廠的專家文件，蘇聯科學家的研究應該只限於防衛用途。[60]但這種藉口沒用，英國已從帕謝奇尼克那裡得知了一切。「五巨頭」在一九八九年七月二十七日開會，根據醫藥產業部提供的資料寫了一份政策報告給政治局。真相非常明顯。蘇聯違反規定被抓包了，會在國際上丟大臉。由於這件事極度敏感，「五巨頭」建議政治局應該召開「秘密會議」解決問題。[61]

戈巴契夫傾向保留這些生化武器，但想辦法轉為防衛用途。中央委員會在一九八九年十月二日發布了命令。其實當局在三年前就決定要「清除」各機構的庫存，黨在一九八六年十一月十九日就下過命令，十一個月後又再下令要各生產生化武器的單位準備好讓國際查核。[62]英國和美國的干預打亂了步伐。戈巴契夫必須決定好他的立場。

一九八九年五月十一日，貝克前往莫斯科和戈巴契夫會談。他先譴責蘇聯對中美洲問題不合作，但也強調美國政府希望「重建」能夠成功。他承認並非所有美國官員都對此樂觀。貝克呼籲雙方要有建設性的關係，還鼓勵戈巴契夫要加速零售物價的改革，說要趁現在還可以把經濟困難怪罪給一九八五年之前的領導人之時快點進行。雙方也對核子裁軍的進度粗略交換了意見。兩邊的官員隨後加入討論，阿赫羅梅耶夫要求美國要尊重互惠原則。在戈巴契夫授意之下，謝瓦納茲強調蘇聯領導層正因為對SS－23讓步一事飽受軍方將領批評。貝克覺得應該澄清美國的意圖，宣稱「最小程度的核武數量對於我方彈性回應的戰略是絕對必須的，而這確保了歐洲和平」。他也宣布美方有意將蘭斯飛彈現代化。[63]

美國政府認為蘭斯飛彈是《中程核子飛彈條約》所允許的。但戈巴契夫不接受，他為了和雷根達成協議已經裁撤SS－23飛彈表示善意。布希和貝克正在打破禮尚往來的精神。戈巴契夫很不滿的說合作應該是雙方互相才對。[64]

在這個氣氛下，美國對外政策檢討報告的最終版本終於在五月十三日送到布希桌上。關於蘇聯未來的「戰略行為」依然意見分歧。大家唯一的共識是蘇聯依然是「美國及其盟國在一九九〇年代的主要對手」，需要小心以對。但只要蘇聯真心維持其裁軍路線，美國也要找機會改變政策。美國政府要有彈性，但也要保持戒心。俄馬特不再提出單向性的建議，而是把選項交給總統，只有他才能做決定。他可以選擇降低世界政治的風險，或者選擇減少軍事預算。前者會延長與蘇聯領導層的競爭，後者則是信任戈巴契夫，降低軍事支出。俄馬特的論點相當平衡。[65]這份檢討報告既建議要將美國的戰略性攻擊武器現代化，又建議可以降低總體「國防支出」，因為蘇聯在軍事科技上「嚴重落後」[66]

布希終於要自己做出決斷。除了總統之外沒人能做決定。他已經猶豫了四個月。五月二十九日，他終於終止「暫緩」，寫信給戈巴契夫談裁軍問題。他提出一份裁減歐洲傳統武力的時程表，還提到他當天就要在北大西洋理事會中說明自己的構想。[67]

但布希並沒有承諾要全面展開談判。六月十三日，雷根在飛往倫敦途中打破沉默，鼓勵要重啟談判：「我相信米哈伊爾．戈巴契夫是翻轉蘇聯的最佳希望。西方確實可以什麼都不做。要改變的不是我們。被資訊隔絕無法有創意和生產力的也不是我們的人民。但正是因為你強大自信，你才應該冒點風險。」[68]戈巴契夫在訪問巴黎時向密特朗感嘆說，美國總統缺乏「任何一點原創性」，貝克也完全沒有想像力。[69]但就在此時，布希也意識到自己該採取行動。他在七月份寫信給戈巴契夫說他們應該舉行首次高峰會。他提議地點在大衛營，時間也許定在九月份。他還提到說戈巴契夫可以利用這個機會再度到聯合國大會發表重大演說。布希還說兩人的會談應該不要那麼正式，「不要繫領帶」，不要帶一大堆幕僚。[70]

戈巴契夫歡迎這個善意的動作，但建議在別的地方舉行。他不要在大衛營或美國任何地方。[71]雙方很快就同意在馬爾他舉行。他們要在地中海的馬爾他島岸邊停兩艘船，一艘是蘇聯的，一艘是美國的。這將是兩大超強首度在海上舉行高峰會。

美方的「暫緩」鼓舞了莫斯科對戈巴契夫不滿的人。他察覺到危險。一九八九年五月二十八日，他在中央全會譴責卡波夫詆毀黨中央。他很自豪能讓總參謀部接受大幅裁減將軍的人數，而政治人物對軍方施壓是需要策略的。[72]然而軍工部門的利益團體越來越不受安撫。六月六日，貝爾雅柯夫寫信給巴克蘭諾夫說布希想把蘇聯領導層逼到絕境。貝爾雅柯夫問道，蘇聯怎麼會笨到同意要在兩年內淘汰四萬輛坦克？他擔心政治局只是因為害怕負面的國際宣傳就讓步。他對布希提出要大幅裁減戰鬥機也同樣不安。他願意接受把駐在東歐的蘇聯軍隊降到二十七萬五千人，但他希望戈巴契夫能更強硬一點。[73]四年來對他的縱容該停止了。戈巴契夫的對外政策和國安政策開始面臨根本性的挑戰，他確實需要擔心。

貝克想改變氣氛，他在七月份邀請謝瓦納茲到懷俄明州他新買的農莊，在輕鬆的氣氛下一對一會談。謝瓦納茲先抱怨阿富汗局勢的發展。貝克一如既往地表示一切要看納吉布拉是否下台，他也否認美國希望伊斯蘭基本教義派在喀布爾掌權。[74]他也堅持說：「我要重申我們強烈希望『重建』能夠成功，我們知道這取決於你們的作為，以及你們如何因應目前的挑戰。」[75]

九月二十一日，謝瓦納茲飛往華府和布希與貝克探討新協議的可能性。布希強調華府沒有人希望「你們的改革」失敗；他也否認想給蘇聯找麻煩。[76]他還說：「我們無意扶持一個和蘇聯敵對的喀布爾政權。」[77]他表示他樂見蘇聯不再干涉東歐事務，並說：「我們認為蘇聯領導層對波蘭局勢處理得相當好。」[78]他說住在芝加哥的波蘭人比住在波蘭的還多（這是錯誤的），還說他們都很樂見波蘭最近的政治解決方案。在談到拉丁美洲時，貝克承認克里姆林宮已沒有再提供尼加拉瓜軍火。雙方還首度沒有談到古巴問題。[79]貝克和謝瓦納茲第二天再度會面準備高峰會的議程。他們討論如何解決核武、化武和傳統武器的問題，以及柬埔寨、越南和以色列等區域衝突熱點。為了表示友好，謝瓦納茲提議由美蘇共組代表團到喀布爾解決當前的問題。貝克轉談具體事務，拿出一份被禁止離開蘇聯者的名單。謝瓦納茲也帶了一份美國監獄的政治犯清單。[80]

他和貝克都知道他手上還有王牌。他此行帶著蘇聯頂尖經濟學家尼可萊·西米列夫（Nikolai Shmelev）前來。西米列夫違反規定，大膽預測蘇聯會有經濟危機。貝克回應說就連ＣＩＡ的預測都沒這麼悲觀。[81]但他確定蘇聯比美國更急於達成協議。他提出美方的條件。他要謝瓦納茲了解，美國能否撤銷限制對蘇貿易的「傑克森—范尼克修正案」，端視克里姆林宮如何處理人權議題而定。[82]

貝克陪他到了懷俄明州，兩人在寧靜的鄉間進行非正式討論。謝瓦納茲承認蘇聯領導層在「重建」的前幾年嚴重低估了「民族問題」的危險性。他的坦誠讓貝克也直率以回。貝克重申美國對波羅的海三小國獨立運動的支持是長期而認真的，希望謝瓦納茲能了解布希所承受的民意壓力：「我這不是在給你壓力或嚇唬你。」謝瓦納茲回應說蘇聯領導層並不想訴諸武力。他呼籲要解散北約和華沙公約組織：「把你們和我們的盟國都解放吧。只要北約存在，華沙公約就會存在。」貝克建議說現在是東德開始搞「重建」的大好時機。謝瓦納茲堅持這是東德人自己的事，但他又超級坦白的說：「如果我是他們，我會放每個人都走，都離開。當然，如果走掉一百萬人，這對東德會很嚴重，但我還是會讓他們走。」[83]美國國務卿和蘇聯外交部長這樣談話是前所未有的。從這一刻開始，貝克確信謝瓦納茲是可以打交道的對象。

雖然總統和國務卿已經開始信任戈巴契夫，政府中還是有人懷疑。貝克的副國務卿伊格爾伯格在十月份捅出婁子，說蘇聯的政策會造成歐洲不穩定。民主黨領袖大表不滿，認為國務院是想繼續搞對抗。貝克趕緊出來重申官方路線，還說不管戈巴契夫能否達成其目標，「重建」都是符合美國利益的。他強調首要之務是用裁軍條約和其他事務來鎖死蘇聯。貝克還禁止國家安全副顧問羅伯·蓋茲到「全美國家安全協會」（National Collegiate Security College）就戈巴契夫目前的困境發表演說。在舊金山一次演說中，貝克呼籲要樂觀以對：「如果蘇聯已把武器銷毀，那未來的克里姆林宮領導人想要逆轉和重建軍力將是非常困難、昂貴和花時間的。」[84]從暫緩到躍進，布希和貝克又重新回到雷根和舒茲所鋪下的道路上。

第三十三章

中國與亞洲

蘇聯試圖改善與日本、敘利亞、伊朗等國的關係，但最首要的是中國。此時的中國憑藉著美國的投資與改革開放在經濟上突飛猛進，但戈巴契夫卻不認同中國沒有政治民主化的經濟改革。在他訪問北京之後，天安門事件爆發……

對美和對歐政策一直是蘇聯在國際事務上的最優先事項，與美國總統的對話更是重中之重。雖然戈巴契夫於一九八六年七月在海參崴發表了一次重大演說，並在該年十二月份對政治局說：「文明在二十一世紀將轉移到東方」，[1]但直到一九八八至一九八九年以後，戈巴契夫和謝瓦納茲才把對亞洲的注意力從阿富汗的困局擴展到其他地方。他想和過去與蘇聯為敵的亞洲國家交好。對抗只會浪費資源，和平永遠是他的優先目標。謝瓦納茲完全贊同，但他覺得實質進展太少，戈巴契夫不能只是宣示官方意向。一九八七年七月，他力主要從蘇聯的亞洲領土撤除一百枚核子飛彈。[2]他認為，蘇聯領導人必須明確向中國和日本證明他們的裁軍計畫不只是針對美國和歐洲。需要有單方面的主動作為。

但戈巴契夫不想躁進，因為中國問題困難重重。鄧小平曾公開質疑蘇聯的「重建」，戈巴契夫也擔心和北京太好會破壞他和華府的關係。[3]他也擔心蘇聯的安全。他雖然同意完全撤除在歐洲的中程核子飛彈，卻在亞洲領土維持了一百枚核彈頭。在蘇聯和中國展開合作之前，他和政治局都要在漫長而有爭議的邊境維持核嚇阻能力。[4]但中國人自大驕傲、疑神疑鬼又敵意深重，蘇聯領導人必須先伸出橄欖枝。一九八八年十二月初，謝瓦納茲邀請中國外長錢其琛到莫斯科，向他保證戈巴契夫是真心想和解。錢其琛也向謝瓦納茲保證北京真心想改善關係。他重申中國希望被平等對待，感謝謝瓦納茲說會幫忙勸越南從柬埔寨撤軍。[5]戈巴契夫向來對越南沒有好感，說越南有一千萬失業人口。[6]對他來說，降低莫斯科和胡志明市的關係沒什麼大不了。與中國和解看來是有些苗頭了。

他和謝瓦納茲也要向其他亞洲國家保證莫斯科對他們沒有野心。謝瓦納茲安排了一些要訪問的熱點，一九八八年十二月底從日本開始。他在三年前曾訪問過東京，了解日本人對領土問題的不滿，也了解日本的經濟實力。日本從一九四五年以來就和莫斯科爭執蘇聯所占領的北方四島。這些島嶼在俄國稱為南庫頁群島，日本戰敗後一直拒絕和蘇聯簽訂和平條約。謝瓦納茲能夠體會日本人的強烈感受。但由於日本政府准許日本企業參與「戰略防禦系統」，他遂於一九八六年秋停止了進一步外交動作。[7]當時他也去了南韓和蒙古。雖然他學習到不少，但實質成就幾乎為零。他和戈巴契夫又隨即把注意力移到了世界其他地區。

一九八八年五月，戈巴契夫在與蘇聯新聞界和文藝界人士會談時重新談到了日本問題：「你們知道，赫魯雪夫曾經承諾要把蘇聯領土（即南庫頁群島）還給日本人。我們到今天還在爭執那些石塊和岩石。而我們國家有多少土地，真正有生產力的土地都被荒廢無人耕作。」[8]

謝瓦納茲在一九八八年十二月與日本外相宇野宗佑會談時，這些被占領的島嶼依然是難題。謝瓦納茲呼籲要增加貿易往來，但宇野宗佑毫不退讓。只要盧布無法自由兌換，他看不出有任何進一步發展的可能。[9]竹下登首相也強調這些島嶼對日本的重要性。[10]宇野宗佑在一九八九年一月八日和謝瓦納茲在美國再次會談，他拒絕讓戈巴契夫訪問日本，除非莫斯科肯處理「領土問題」。他表示如果蘇聯能滿足這個條件，日本就會對蘇聯的善意報以經濟援助。這在謝瓦納茲聽來像是最後通牒。但他並沒有全然否定蘇聯有放棄南庫頁群島的可能，他也很高興蘇聯領導人可以和日本人再次進行會談。[11]

正如戈巴契夫所料想的，美國有點擔心蘇聯在亞洲的動作，布希很快就安排到中國進行國事訪問。這和他對蘇聯的猶豫不決恰成對比。布希對中國問題胸有成竹，也要對戈巴契夫對北京示好先發制人。二月二十三日，他展開為期三天的訪問。美國也趁機展示軍事實力。美國第七艦隊的指揮艦「藍嶺號」（USS *Blue Ridge*）抵達上海，雙方協議讓她在總統訪問期間停泊在港內。[12]

戈巴契夫知道中國人是難纏的談判對手。中國副總理李鵬出席契爾年科的喪禮時，拒絕了戈巴契夫的善意，警告說中國絕不會接受從屬於蘇聯的地位。但他也沒有排斥雙方可以融冰。[13]一九八五年六月，他回到莫斯科簽署了經濟技術合作協議，中國當時還很需要蘇聯幫忙對工業部門進行現代化。李鵬在當年十二月再度訪問莫斯科時，戈巴契夫提出要開啟關係正常化。他說兩國對於反對「戰略防禦系統」是有共同利益的。他質問中國支持美國阿富汗政策的理由何在；他也否認蘇聯想利用越南給中國找麻煩。[14]李鵬只是重申中國要保持獨立地位，絕不會當蘇聯的「小老弟」。他告訴戈巴契夫說除非蘇聯改變其阿富汗和柬埔寨政策，否則關係正常化是不可能的。李鵬也當面抗議了蘇聯允許越南軍隊進駐柬埔寨。[15]

如果蘇聯領導人想和中國和解，就必須對這些問題讓步。謝瓦納茲和外交部很清楚中國反對越南當蘇聯的扈從國。克里姆林宮一直支持北越對抗美國直到一九七五年，在越南統一後也繼續給予援助。謝瓦納茲知道莫斯科終究得在中國和越南之間二擇一。[16]蘇聯和越南的同盟關係已出現問題。越南領導人抗議謝瓦納茲遲不決定訪問柬埔寨，他們更不喜歡任何人說越南不應該主導柬埔寨問題。[17]戈巴契夫決心要和中國和解，但不想讓人覺得他不計任何代價。[18]蘇聯要做一些讓步。一九八七年五月八日，戈巴契夫向政治局說明他所看到的難題。他強調在中國領導人準備好之前，不會有任何實質進展。莫斯科先遞出橄欖枝，就等北京回應。而在這期間，他不想做任何會「嚇到」美國人的事。[19]

克里姆林宮堅定的善意姿態終於讓謝瓦納茲得以訪問北京和上海。一九八九年二月三日，謝瓦納茲在中國首都與總理李鵬會面，試著把過去一筆勾銷。李鵬同意「正常化」的目標，對戈巴契夫為世界和平所做的努力表示感謝。雙方同意戈巴契夫應該來中國訪問，但李鵬要求這次訪問不能掀起什麼風波。中國領導層警告不能引起任何政治動盪。李鵬也拒絕雙方要發表聯合公報的提議，因為謝瓦納茲對於他質疑越南是否真的會在九月份撤出柬埔寨無法提出說明。他說，中國人比蘇聯人更了解越南人。中國是在提醒蘇聯領導人，要讓越南人聽命還差得很遠。[20]

謝瓦納茲搭中國的波音七三七客機往南飛到上海，與鄧小平在他的賓館會談。雖然鄧小平年老又乾癟，矮小的他握手依然有力，其精神健旺無人能懷疑。他直接切入主題，不說廢話。鄧小平用非常籠統的字眼呼籲要重新開展中蘇關係。謝瓦納茲很高興。他奉承的想讓事情更進一步：「您非常明智。」鄧小平談到雙方對共產主義的共同信念，說希望不要再花兩百年才能實現夢想。他還說他想擴大中國的市場經濟。謝瓦納茲插話說：「有一句至理明言是這麼說的：讓過去成灰總比讓火繼續燒來得好。」[21]對於阿富汗問題，他強調蘇聯的軍事干預真的要結束了，還說阿富汗人現在自己在打內戰，沒有任何蘇聯部隊涉入其中。[22]鄧小平一邊猛吸菸，一邊談中國現代外交史。他說尼克森總統在一九七二年訪華讓美國了解到台灣對中國政府的重要性。他還說中國和日本在一九七八年解決了一些重大爭議。他還強調英國對香港的租借期到一九九七年終止，這件事他非常重視。[23]

鄧小平在談到越南時語氣變得強烈。他說他不信任越南人，除非他們真的把軍隊撤回國，柬埔寨不會有和平。他提到越南軍人換穿制服的事，認為越南軍隊是在搞花招。[24]謝瓦納茲答應會盡量努力，還說蘇聯的「國際援助」口號已經沒什麼意義了：克里姆林宮對於終止支持越南在東南亞搞衝突採取開放立場。[25]但這沒有說服鄧小平，他大聲說沒有人比他更了解越南領導人。如果蘇聯想和中國和解，蘇聯領導人就要直接支持中國的立場。他在講話時憤怒地揮著手。鄧小平怒罵越南人想在其羽翼下搞東南亞聯邦。*就算謝瓦納茲本來不知道，現在也該清楚原來中國把越南和柬埔寨視為蘇聯是否真心想修補關係的試金石。[26]他後來回憶說鄧小平還談到中國在十九世紀失去給俄羅斯的領土。鄧小平警告說：「將來中國也許會收復這些地方。」[27]

沒有其他外國領袖敢這麼粗暴對蘇聯政治人物講話。鄧小平是刻意用粗魯的方式來表示中國的友誼不會不請自來，也不會是免費的。謝瓦納茲很清楚中國領導人的自信從何而來。鄧小平從一九七〇年代末啟動的經濟改革已在沿海地區激發出企業家精神，在美國的允許下吸引了大量的外國直接投資，和蘇聯形成強烈對比。上海的「現代文化」和「企業關係」讓這些來自蕭條的莫斯科的訪客大開眼界。「經濟特區」的摩天大樓和櫥窗展現了物質進步。[28]但直到謝瓦納茲準備返回莫斯科時，中國人都遲遲不肯同意發表公報——他在抵達這趟亞洲行的第二個目的地巴基斯

---

* 越南、寮國、柬埔寨三個國家都曾是法屬印度支那的一部分。越共誕生之初就在其黨綱上寫明：「實現獨立、自由和富強的越南—高棉—寮國聯邦」，也就是要統一三國成立東南亞聯邦或印度支那聯邦，這也是越南入侵寨埔寨的主要理由。

坦後才收到北京的草稿：他們表現得像是亞洲未來的主人。[29]這趟中國行讓他深受震撼。他深刻領教了中國人的憤恨。二月十六日，他甚至請求政治局考慮放棄蘇聯伯力一帶的遠東領土。[*30]

蘇聯在亞洲的敵人懷疑戈巴契夫對外新政策的真心誠意，而原有的扈從國家則對他和美國和解大為不滿。謝瓦納茲亞洲行的任務之一是說服老朋友莫斯科依然支持他們。而這也許是他沒有去越南的原因，因為蘇聯領導層已經基本上決定要和中國改善關係了。

但政治局並不想失去在中東的朋友。謝瓦納茲短暫停留伊斯蘭馬巴德後就飛往敘利亞與哈菲茲．阿塞德總統（Hafez al Assad）會談。兩年前，戈巴契夫還向這位敘利亞的獨裁者保證蘇聯會支持對抗「美國帝國主義」的國家。[31]在互致官方歡迎詞後，阿塞德對蘇聯領導層是否會實現承諾表示了懷疑。謝瓦納茲面對著一位絕不通融的談判對手。雖然阿塞德明顯老邁，聲音尖細，但他很懂得把意志強加於人。他刻意營造一種禁欲主義的氣氛。官邸裡沒有任何他的肖像，只有一幅薩拉丁和十字軍作戰的畫。他還用徹爾克斯人（Circassians）當保鏢（對於來自多民族南高加索的謝瓦納茲來說，這可是相當吸引人的事）。[†]阿塞德明白表達他的憂慮。他回憶說他在一九五〇年代到蘇聯留過學，說現在有很多人說蘇聯的統治正在崩潰，已經無法再支持敘利亞的朋友。阿塞德大罵以色列想搖身變為中東的和平力量。他譴責克里姆林宮已不再站在阿拉伯人這一邊，讓阿富汗、古巴、北韓、越南和東歐國家自生自滅。阿塞德很憤怒，毫不掩飾他對蘇聯對外政策轉變的不滿。[32]

謝瓦納茲又飛往巴格達，向海珊預告克里姆林宮想和德黑蘭改善關係。在此之前，蘇聯的政策是傾向伊拉克而非伊朗。但蘇聯現在想和所有亞洲國家交好。海珊對此倒是處之泰然。他說他理解戈巴契夫為什麼要解決和伊朗的紛爭，雖然他自己很討厭何梅尼大主教代表的路線。這位伊拉克獨裁者開玩笑說：「希望阿拉會幫助你們。但希望是我們的阿拉而不是伊朗人的阿拉。」[33]

到了伊朗，謝瓦納茲希望修補關係。但如果鄧小平和阿塞德不擅於待客之道，何梅尼就更古怪難纏。大主教拒絕在德黑蘭和他見面。謝瓦納茲得飛到伊斯蘭聖地庫姆（Qum）去，何梅尼才在他儉樸的小屋裡接見他：權力並沒有讓他變得物質化。這是最古怪的一次外交會談，因為這位老人只對精神信仰和實踐的問題有興趣，其他什麼都不想談。他給謝瓦納茲的印象像是個貧困的鰥夫。何梅尼拒絕談到任何有關外交政策的話題，雖然他知道這是謝瓦納茲此行的唯一目的。雙方沒有談到任何實際事務，何梅尼甚至連他到底有沒有興趣和蘇聯改善關係都沒表示。[34]蘇聯什麼都沒有安撫到。除了讓政治局比較了解這些南方鄰國，也讓美國知道蘇聯領導人還是有辦法跳過美國和這些國家建立關係之外，這趟旅程毫無意義。事實上，當戈巴契夫聽取了謝瓦納茲的報告後，他還想著蘇聯要如何賣武器給德黑蘭。[35]

謝瓦納茲的亞洲行為戈巴契夫訪中鋪了路。他預定在五月十五日到訪。美國對此神經緊繃，駐北京大使館建議國務院要昭告世人「中美關係在政治、軍事和經濟領域都在提升之中」。[36]國務院擔心中國會利用與蘇聯和解來迫使美國改變對台政策。美方注意到中國學生的政治示威正在擴大。他們同情抗議者的民主訴求，又擔心被視為干涉內政。國務院只能表示「希望能夠對話」。[37]

---

* 伯力位於黑龍江及烏蘇里江交界處東側。根據一八六〇年《中俄北京條約》，原屬清朝位於黑龍江及烏蘇里江交界處東側四十多萬平方公里土地，連同庫頁島一併割讓予俄國，伯力遂屬俄境。

† 徹爾克斯人祖居今蘇聯的高加索西部庫班河下游一帶。俄羅斯在十八世紀末征服高加索地區後，展開種族清洗，許多部落被趕到今天的敘利亞、約旦一帶。

中國人接待戈巴契夫的條件是不要帶來麻煩。他們看過其他國家群眾如何包圍住他，不想出現混亂。戈巴契夫同意了。鄧小平對「重建」始終不以為然，建議戈巴契夫不要操之過急，這讓戈巴契夫很不快。[38]而戈巴契夫一樣看不起中國的改革。他曾在一九八六年九月二十九日私下對幕僚說：

> 中國人發展農業是以私人為基礎。他們獲得了驚人的成功。但不要大驚小怪的以為中國已經解決了一切。下一步是什麼呢？他們沒有肥料、技術或精耕的方法。這些我們都有。但我們要把它們和個人利益統一起來。這是我們的問題。這也是我們可以往前突進的優勢。列寧絞盡腦汁要把個人利益和社會主義統一起來，這就是我們要去思考的。[39]

一九八八年八月，他對切爾尼雅耶夫說：

> 我不懂大家對中國大驚小怪些什麼。從中國回來的人都說那裡的商店貨架擺滿了商品。但南斯拉夫也是如此。我很高興中國在物質上的提升。這對我們是個鼓舞，正如我們也鼓舞了他們。但何必沖昏頭呢？我們要看到事情的本質：是的，商店貨架上什麼都有，但沒有人買。這是資本主義市場。市場的規律就是價格會一直膨脹到貨架上的東西都賣不出去，等到東西都要爛了才便宜賣出。[40]

這真是荒謬的誇大。他居然會相信中國城市商店裡的東西都沒人買。[41]

鄧小平堅持兩人見面時不能擁抱，只能握手。他希望讓這場會談公事公辦。戈巴契夫懂他的意思，決定尊重他年高德劭。[42]即便如此，兩人在一九八九年五月十六日的談話還是話不投機。戈巴契夫提出要「關係正常化」時，鄧小平長篇大論的講到俄羅斯帝國掠奪中國領土。[43]他說俄羅斯和日本是中國歷史上的兩大威脅。我國人竊取了一百五十萬平方公里的土地，這是不會被忘記的。他還說從馬列主義的經典中已經學不到什麼東西了，他也不認為要急著重建蘇共和中共的關係。[44]

這不是戈巴契夫想受到的待遇，他希望能和李鵬總理有更具建設性的討論，但他還是失望了。[45]李鵬對擴大經貿往來毫無興趣，只注重中國領導層關心的事項。他否認資本主義對人權問題有「專利權」。他談到中國在台灣和西藏問題上與美國有爭執，但很高興印度總理拉吉夫·甘地提出要停止支持達賴喇嘛。他談到日本在第二次世界大戰中對中國的傷害，但也說他知道現實上需要和日本這個強大的工業國家合作。[46]戈巴契夫表示缺乏投資是他最基本的一個問題。但李鵬堅定不移，堅持中國和蘇聯應該優先劃定中蘇邊界。戈巴契夫終於忍不住了，抱怨說中方根本無視他提出要在能源、運輸和冶金等項目合作。他急於要在離開中國前看到一些進展。他告訴李鵬說莫斯科很樂意讓兩國邊界地區非軍事化。[47]

戈巴契夫一行人按照主人的要求循規蹈距。但北京的學生還是聚集在街頭高喊他的名字，飄揚的旗幟寫著要求政治改革的標語。即使他遠離群眾，戈巴契夫效應還是相當明顯。謝瓦納茲必須克制自己想到天安門廣場和學生對話的衝動。[48]

五月十七日，戈巴契夫有機會在人民大會堂發表演說。他承認有一些歷史問題造成蘇聯和中華人民共和國的分歧，但解決問題是符合兩國共同利益的。他強調他和美國的協議使得四百三十六枚中程和短程飛彈從蘇聯東部領土被裁撤。他建議中國可以把蘇聯的鐵路網當成新絲路，把貨品出口到歐洲。他說明了自己的經改理念，強調要讓工人對生產過程有影響力。他還強調自己信奉政治「民主主義」。他承認改革過程出現了一些預料之外的複雜狀況。但他嘲笑一些西方評論家說中國和蘇聯的改革最終會導致資本主義復辟，堅信經濟和政治民主的道路將會強化社會主義的基礎。他還說明自己將如何處理亞洲一些衝突熱點。[49]

謝瓦納茲在同一天和政治局委員、上海市委書記江澤民會談。江澤民說中國希望在南亞的衝突中扮演調人。江澤民還說尼泊爾希望蘇聯幫他們改善和印度的關係，巴基斯坦總理班娜姬．布托也希望蘇聯能幫忙穩定阿富汗局勢。謝瓦納茲不高興的說布托自己才最應該這麼做。[50]但中國想當調人可是新鮮事。謝瓦納茲對此很高興，他說：「能和中國關係正常化是歷史大事。」[51]

這趟訪問和戈巴契夫以前的訪問完全不同。過去他不管到資本主義國家還是共產主義國家，都能風靡當地的政治人物。中國的最高菁英則完全冷漠。蘇聯顯然不是鄧小平和李鵬的優先事項，他們根本不覺得要向莫斯科學習些什麼。鄧小平無意讓中國當世界上其他國家的模範。他只想改革自己的國家，和外國人談話時只想到自己國家的需要。戈巴契夫是在蘇聯訪問團被帶去參觀上海的工廠時了解到這一點，這些工廠生產Nike運動鞋、鐵弗龍廚具和許多最新的玩具和機器。[52]既然中國人可以吸引西方資本主義企業投資來搞現代化和擴大經濟規模，他們就不會想和蘇聯老舊的工業部門扯上關係。只要「出口管制統籌委員會」的禁令還在，蘇聯根本就沒機會搞工業創新。而這也是戈巴契夫難以模仿共產中國的原因。如果沒有外國投資，鄧小平根本做不到自一九七〇年代中以來的經濟大躍進。「出口管制統籌委員會」讓戈巴契夫沒有選擇，而就算他有選擇，恐怕也會被拒之不理。

然而這趟訪問所見並沒有讓戈巴契夫對中國的經濟成就另眼相看。雖然他明明從內部觀察到這些欣欣向榮的企業，但他還是認為只是用來騙外國人的假象。只要他還在位，他的看法就不會變。他在一九八九年五月底和貝克談話時，還信心滿滿的說中國的科技能力馬上就會無以為繼。[53]

這種全然誤判有好幾個根源。他認定蘇聯和任何國家的現代化都要先經過民主化過程。這是他上台時就抱持的想法，從來沒有懷疑過，而除了鄧小平和何內克之外也沒有任何外國領袖提出過質疑。他還簡單地認為時間和道德都站在中國學生這一邊，而他會認為鄧小平將無法維持北京的獨裁政權也不是沒有道理的。他同情抗議的學生，這些學生標語上的訴求正是他在蘇聯啟動的「重建」。但他到訪的條件讓他無法和學生對話。在他離開後，抗議學生和政府的關係越來越緊張。他在中國首都的逗留讓學生更不肯妥協，接下來好幾天到處都有標語讚頌他的民主化。國家的權威受到直接挑戰。中國領導層對於如何處理局面產生分歧。在接下來的鬥爭中，鄧小平和李鵬清洗了傾向對學生讓步的趙紫陽。六月三日到四日，鎮壓手段出動。坦克車開進天安門廣場，軍隊朝抗議群眾開槍。中國在政治和公民權利緊縮下繼續搞經濟改革，而鄧小平根本不吝於動用暴力。

北京的大屠殺震驚了莫斯科和華府。蘇聯人民代表大會呼籲要和平解決問題。但戈巴契夫在七月份時對華沙公約政治協商委員會說，他絕對不會干預中國內政。[54]這是他對國際事務的信念。他的首要之務是完成自己國家的改革，加強與美國和解。

美國當然比蘇聯更在乎中國的巨變。沒有美國人的投資和軍事援助，鄧小平不可能取得這麼大的經濟成就。美國政府眼前的問題是如何緩和北京的動亂、保護自己的國家利益。貝克的第一直覺是不管對天安門屠殺有多憤慨，都要小心行事。他警告布希說，戈巴契夫可能趁機加強和中國的關係。貝克要防止莫斯科利用華府和北京的裂痕，但政府內部的主流意見是美國必須對屠殺表達不滿。[55]六月五日，布希中止了中國向美國公司採購的六億美元軍售。他對此感到遺憾：「我們一路走來和中國有龐大的共同利益，但在殘酷鎮壓的政權之下一切將會不同。」[56]好幾個星期以來，參議員高華德（Barry Goldwater）一直批評他批准出售噴射戰機給北京。高華德擔心這些戰機會被用來對付台灣。[57]天安門的流血事件讓他的話不能再被置之不理。

戈巴契夫看到和北京改善關係的機會。雙方在一九八九年九月討論如何減少各自邊界的駐軍及加強互信。會議在北京和莫斯科舉行，第二年繼續進行。[58]中蘇關係正常化終於在國家層級實現。在鄧小平繼續鎮壓維持政治秩序的同時，中國的經濟改革出現停頓。他決定撤換一些市場經濟的積極擁護者。這可能加強了戈巴契夫對鄧小平路線一貫看衰的態度。戈巴契夫在一九九〇年七月與朱利奧·安德烈奧蒂會面，斷言中國的經濟改革很容易被敵人擊敗。[59]他把暫時的停頓誤判為永久的終止，忽略了已經在中國發生的巨大改變。雖然他想和北京和好，但他一直低估了中國的成就，高估了莫斯科的工業和農業潛力。

第三十四章
世界共產主義的墓誌銘

由於鉅額的財政負擔，蘇聯越來越難支持全球各地的共產政權，也難以維繫其霸權地位。在非洲、南美、東歐，蘇聯都告訴其盟友得自食其力。像卡斯楚這樣魅力型的領袖，則明白駁斥戈巴契夫的改革。

在嘗試修補與中華人民共和國的關係時，蘇聯領導人也擔心那些長期與莫斯科站在一起的共產國家。蘇聯對外政策的轉變已造成盟國與友邦的鬆動。戈巴契夫拋棄了阿富汗，讓他們懷疑能否相信他嘴巴上說的支持。[1]克里姆林宮當然要召集大家做一番解釋。一九八八年三月十六到十七日，蘇聯在蒙古召開了「友好政黨」大會，雅可夫列夫代表政治局出席。除了東歐國家之外，越南、寮國、古巴和蒙古都參加了會議。大部分出席者都稱頌戈巴契夫在蘇聯的改革及其對外政策。就連羅馬尼亞都態度友好，雖然他們只是想為最近和匈牙利的爭端尋求支持。但東德拒絕社會主義需要「更新」的說法，讓蘇聯改革派聽來有些刺耳。然後是古巴反對要把「重建」對外輸出。古巴也和越南聯手表達對蘇聯和美國和解的憂慮。[2]

雅可夫列夫本就不抱太大期望，默然忍受這些含沙射影的批評。他知道「世界共產主義運動」不管在意義上和實踐上都已經沒救了。他和戈巴契夫看法相同，都不想提出什麼路線要其他政黨遵行。戈巴契夫也無意仿效布里茲涅夫在一九六九年六月在莫斯科召開全球共產黨大會。那次的經驗對布里茲涅夫及其同僚來說都很不愉快。中國人、阿爾巴尼亞人、泰國人和緬甸人公開拒絕參加，北韓和越南則悄悄不出席以免觸怒北京。那次會議充滿爭吵。義大利人譴責蘇聯的內部鎮壓和入侵捷克斯洛伐克。幾個西歐共黨則和義大利人聯手。到大會結束時都無法簽署共同宣言。「反帝鬥爭任務宣言」的最後版本明顯空洞無力。[3]戈巴契夫根本不想涉入這種無意義的爭執。當他談到共產主義時，他總是謹慎地只談蘇聯內部的「重建」。

但這並不表示蘇聯領導層毫不關心外國共產黨和左派政黨。克里姆林宮還是覺得有義務要幫助正在鬥爭奪權的組織。這既是蘇聯政治菁英的傳統情懷，也是提高全球地位和影響力的有效方法，讓美國人知道他們不是唯一的超級強國。[4]還是有許多組織請求提供金錢、設備和訓練。追求納米比亞從南非獨立的「西南非洲人民組織」（South West Africa People's Organization，簡稱SWAPO）請求無償支援武器。[5]中央委員會書記處在一九八七年五月批准金援英國共產黨《晨星報》（*Morning Star*），因為莫斯科官員喜歡這份報紙反對「歐共主義」的立場（戈巴契夫當時還沒有公開把蘇聯的路線轉向義大利共產黨）。[6]給友好政黨的援助也不只有金錢。一九八八年一月十八日，中央書記處為智利共產黨提供十四個基地訓練「陰謀工作」，讓智利同志學習通訊、破壞、顛覆的技術以對抗皮諾切將軍的獨裁統治。[7]

莫斯科提供這種訓練已有數十年，但蘇聯領導人現在擔心這會超出美國和北約可以忍受的界線。一九八九年一月，愛爾蘭工人黨主席席恩．加蘭（Sean Garland）請求要訓練五名活動分子，蘇共中央國際部的卡倫．布騰（Karen Brutents）就主張回絕。這對他來說不是原則上可不可以，而是很容易洩露出去，會危及英國和蘇聯的談判。[8]

一九八九年十二月十一日，政治局批准下年度要給「國際援助左派組織基金」兩千兩百萬美元。各個國家銀行要把錢交給中央國際部的瓦連京・法林。東歐爆發革命後，這些國家的共產黨已無法提供經費給這個基金（當然，當時是這些國家需要莫斯科經援）。法林報告說全世界還是有七十三個「共產黨、工人黨和革命民主政黨及組織」接受莫斯科援助。[9]援助這些共產黨的方式也不只有直接捐款。蘇聯還同意大量購買他們的報紙：有四十二個國家受惠於這種援助型式。但問題是蘇聯政府已無法再負擔每年四百五十萬盧布的外匯流出。中央書記處指出在「重建」時期，讀者已不再需要這些報紙，因為《真理報》比較便宜、資訊更多，也比較容易在出版當天看到。這些仰賴莫斯科資助的共產黨當然會不滿，但省錢比較重要。[10]

只要出現地緣政治難題時，共黨官員就會把問題丟給最高層去決定。雷根和舒茲經常抱怨蘇聯對非洲南部、古巴、衣索比亞、尼加拉瓜、利比亞的政治經濟干預。從一九七〇年代起，蘇聯就提供他們貸款、武器和顧問。美方難以忍受克里姆林宮擴張全球影響力的行為。而這些外援也讓蘇聯的預算困難更加惡化。一定得做出取捨。

蘇聯外交部率先改變了官方路線。阿達米申一直認為要改變對非洲南部的政策。他是公認的非洲事務專家，謝瓦納茲所給的自由思考空間讓他勇於說出自己的想法。在布里茲涅夫當總書記的時代，蘇聯對外政策的信條是蘇聯有義務資助各種武裝組織去對抗南非的種族隔離政策以及普勒托利亞所支持的鄰國政府。阿達米申認為這實在太昂貴，也危及了和美國和解。卡斯楚在莫斯科援助下在安哥拉駐有幾千名部隊，讓人不知為何而戰。戈巴契夫贊成阿達米申，這也是他自己對全球事務的看法。一九八七年十一月二十七日，他和尚比亞總統肯尼思・卡翁達（**Kenneth Kaunda**）談到這些事。他指出，蘇聯領導層會繼續致力本地區人民的解放工作，但重點會從軍事衝突轉向經濟援助。一九八八年二月二十一日，阿達米申把完稿的政策報告交給謝瓦納茲，謝瓦納茲又交給雅佐夫、切布里科夫和杜布里寧去討論，在三月十四日被批准為官方路線。[11]

謝瓦納茲鼓勵阿達米申把這個政策擴及到南撒哈拉地區的其他國家。阿達米申談到衣索比亞的門格斯圖（Mengistu Haile Mariam）*的情況，部長叫他要坦白向政治局的衣索比亞小組說明，不要擔心犯上。四月十五日，雅可夫列夫召開小組會議，阿達米申直斥衣索比亞的革命根本沒有方向，浪費了幾百萬盧布而毫無所成。軍方高層在科尼恩柯的支持下反對他的說法。但他們無法駁倒他，雅可夫列夫還打電話恭喜他的勇氣和清晰的分析。[12]謝瓦納茲和雅可夫列夫都認為要在非洲問題上和美國達成協議。舒茲在五月十日與謝瓦納茲會談時再度抗議古巴的軍事干預，他強調這讓美方相當不高興。如果外交部長是葛羅米柯，他一定會回說這不干美國人的事。但謝瓦納茲完全不做爭論。[13]他已經認定一定要在非洲做改變。在《中程核武條約》即將簽署的時刻，他絕不想和舒茲有所齟齬。

奇怪的是，戈巴契夫突然不想再談非洲問題。阿達米申猜測總書記是擔心會被指責背叛了門格斯圖的革命。戈巴契夫確實不想再另開戰場。[14]謝瓦納茲個人傾向要繼續幫助政治上偏左的國家和組織。他和新任KGB主席克留奇科夫都主張要協助有「社會主義傾向」的開發中國家。阿達米申不贊同，他主張蘇聯要更徹底告別傳統。[15]

切爾尼雅耶夫贊同阿達米申，他對戈巴契夫說現在一定得改變方向。戈巴契夫駁斥了他，但切爾尼雅耶夫在雅可夫列夫的協助下，把這個議題列入一九八八年十月十日的政治局會議中。切爾尼雅耶夫很清楚衣索比亞人民正處於飢寒交迫，他的方案是由蘇聯和美國領導人共同「控管衣索比亞地區問題」。[16]戈巴契夫起初很不想改變政策，很可能是因為他不想再被共黨保守派批評說他又把一個傳統外交據點投降給美國。但切爾尼雅耶夫慢慢說服了戈巴契夫。蘇聯浪費錢去支持一個殘暴的政權，在全球政治上丟盡臉面。一九八九年九月十九日，政治局批准了一封信函，由剛從阿富汗回來的新任國防部副部長瓦連尼科夫將軍親自交給門格斯圖。蘇聯領導層支持厄利垂亞人民解放陣線的和平方案，要求門格斯圖接受與其敵人展開對話。[17]到了十二月二十日，政治局已經完全不想再介入蘇聯國土以外的任何軍事衝突。古巴軍隊終於撤出衣索比亞，而且在雷日科夫主張之下，不再能獲得蘇聯的物質援助。[18]

切爾尼雅耶夫及其同事謝赫納札羅夫呼籲要對新路線做系統性的闡釋。他們希望蘇聯放棄處理第三世界問題的「意識型態原則」，並直接向戈巴契夫提意見。他們說蘇聯幫助「格達費的極權政權」，助長了「門格斯圖的軍事冒險主義」，在「南葉門領袖間無止境的部落鬥爭中」選邊站，這都讓蘇聯在全世界極不光彩。他們還提出要請謝瓦納茲和雅可夫列夫擬出新的綱領送交政治局。戈巴契夫把這些意見轉知了政治局。[19]

與利比亞的關係已重新檢討超過一年，終於在一九八八年二月八日終止軍售給格達費政府。其目的不只是為了改善和美國的關係，還為了節省預算。蘇聯領導人也不想再把武器和設備交給根本不會操作的利比亞人。[20]一九八九年一月八日，謝瓦納茲在和舒茲最後一次會談時暗示將有更進一步改變。他們談到格達費上校。美方宣稱利比亞正在秘密化工廠發展化學武器。謝瓦納茲詢問華府會如何反應。他說蘇聯在利比亞有很多顧問，但都沒提到有在進行非法製造。基本上他傾向在採取激烈手段之前先進行詳細調查。但他也沒怎麼阻止舒茲。[21]實際上，格達費已讓蘇聯

* 門格斯圖原為衣索比亞軍官，在一九七四年的軍事政變中推翻了統治衣索比亞的古老君主制度，後成為衣索比亞總統，並曾試圖建立一套類似於蘇聯的政治體制。一九九一年五月反政府武裝組織攻占首都，門格斯圖流亡辛巴威。

領導人極為尷尬，他們已不想再浪費政治資本去救他。

要他們對古巴放手就更加困難了。這個島國在一九六二年幾乎把全世界拖入兩大超強的大戰之中，因為蘇共第一書記赫魯雪夫要在古巴設立飛彈基地。他的退讓維持了和平，但代價是蘇聯丟了面子。美方當時同意會悄悄移除在土耳其的飛彈，也秘密承諾不會入侵古巴。在此之後，蘇聯一直對古巴革命提供資助和政治支持。

古巴是難纏而昂貴的盟友，蘇聯領導人向來覺得卡斯楚很麻煩。他的鬥爭歷史和個人魅力都無與倫比，不對美國壓力低頭更讓他聲望卓著。克里姆林宮領導人也很敬畏他。謝瓦納茲在一九八五年十月造訪哈瓦納時，還向卡斯楚要了簽名，對群眾說：「你們多幸運生活在社會主義國家，有像費德爾同志這樣的領袖！」[22]但卡斯楚沒有因此停止批評蘇聯的對外政策，他告訴謝瓦納茲說布里茲涅夫的政治局沒有好好想過入侵阿富汗的後果。[23]謝瓦納茲在一九八七年十月再度訪問這個島國，卡斯楚對戈巴契夫的蘇聯改革表達不滿，還批評這是在重寫蘇聯歷史。謝瓦納茲說戈巴契夫即將出版一本關於「重建」的新書，對於過去的錯誤做了必要的糾正。被史達林迫害的人，包括尼可萊．布哈林在內，都會被政治平反。他表示，有這些批評都是很自然的現象。但這沒有說服卡斯楚。他承認如果他也搞這種政策的話，那就要批評到他自己和其他古巴共產黨大老。[24]他一點也不想仿效戈巴契夫。卡斯楚希望戈巴契夫不要忘了強調蘇聯的偉大成就。[25]

一九八八年三月三十日，外交部副部長阿達米申拜見卡斯楚。在長達五個小時的談話中，他幾乎一句話都插不進。阿達米申了解到對安哥拉的軍事干預以及在非洲撤哈拉以南對抗種族隔離制度對卡斯楚個人有多麼重要。卡斯楚對安哥拉戰爭的細節瞭如指掌，親自指揮行動，每天都開會討論戰略。他嘲笑蘇聯和古巴的學者根本不曉得南非的軍隊已陷入危境。他願意犧牲一切贏得勝利。他激烈地比著手勢，跳下椅子在房間裡來回踱步。但當阿達米申也站起身來，古巴領袖又命他坐回去：房間裡只容得下一個情緒激動的人。卡斯楚激動到忘了拿杯咖啡給他的訪客。當然，他大半輩子都在用他的革命熱情魅惑蘇聯領導人，阿達米申也看得出卡斯楚狡猾地以這種方式請求莫斯科繼續支援安哥拉的戰爭。卡斯楚對阿達米申所說安哥拉的困難局勢根本不屑一顧：他自己已經評估好了，訪客只能接受。[26]

戈巴契夫想維持古巴這個盟國，即便卡斯楚對「重建」有諸多批評。他原本要在訪問紐約之後接著訪問古巴，但亞美尼亞大地震打斷了計畫。[27]行程重新安排到四月份。在政治局會議中，戈巴契夫著重討論了古巴對蘇聯預算的需求。卡斯楚每年都獲得價值兩百億盧布的石油，不需要以硬貨幣支付，而蘇聯政府卻沒有錢向國外購買所需的產品。[28]

在古巴，戈巴契夫看到在配給制度下商店裡能買到的東西少得可憐。古巴人民的忍受似乎到了極限。他承認卡斯楚天賦異稟，熟知天下大事，但他們初次談話卻相當冷淡。戈巴契夫看穿了卡斯楚魅力外表的背後。他覺得美國幾十年的圍堵讓卡斯楚的思維方式相當「宗派主義」。但隨著氣氛逐漸緩和，他們終於能談些有用的東西。以戈巴契夫和共黨國家領袖相處的習慣，他沒有直接對卡斯楚施壓。他後來對政治局的說法是：「我們必須接受這樣的古巴。」他和卡斯楚唯一的共同點是必須防止西方介入古巴內政。他承諾會繼續提供哈瓦納軍事保護。他也保證蘇聯會把古巴革命當成自己的事。卡斯楚則同意從尼加拉瓜撤回軍事顧問。這對戈巴契夫改善對美關係相當重要。[29]

尼加拉瓜問題也令華府頭痛。蘇聯領導人還在思考如何面對這個飽經戰火的中美洲國家即將產生的選舉結果。一九九〇年二月十三日，謝瓦納茲和雅可夫列夫為政治局準備好相關文件，而貝克正在莫斯科訪問。他們主張要敦促桑定陣線不要讓美國有拒絕承認新政府的藉口。他們建議，如果奧蒂嘉真的獲得勝利，就應該以全國大和解的精神治國。蘇聯應該對奧蒂嘉及其未來的內閣採取「務實、非意識型態」的政策，繼續暫停軍事援助。謝瓦納茲和雅可夫列夫也主張要有技巧但堅定地告訴卡斯楚，要優先降低這個地區的國際緊張。政治局通過了他們的建議。[30]這等於是承認蘇聯必須接受在世界上扮演較不重要的角色。除了德國統一問題之外，蘇聯的內部政治經濟問題已讓領導層焦頭爛額，現在不得不放棄對中美洲的承諾，對世界上其他地方的解放運動亦然。

蘇聯暫停了對安哥拉、莫三比克和衣索比亞的軍援。也不再賣武器給伊拉克、利比亞和南斯拉夫，即使這會每年損失七十億美元。付不出錢買武器的共黨國家亦然，包括越南、柬埔寨、北韓、古巴和蒙古。蘇聯也中止對其他國家的貸款。[31]一九九〇年三月十五日，阿富汗的納吉布拉請求繼續援助，札伊可夫轉呈給國防部，國防部回說還有十八億盧布的物資可以供應，包括二十三架米格戰機。國防部還答應派出六名高級軍事專家去幫忙訓練。但國防部第一副部長米哈伊爾．莫伊謝耶夫指出，一九九〇年的軍事預算已經被砍了。如果政治領導人要國防部支持阿富汗政府，就必須多給一點預算。[32]戈巴契夫想說服納吉布拉美方已開始體認到伊斯蘭基本教義派擴散的危險性，但納吉布拉說，雖然鄰近的穆斯林國家加大干涉，但他有信心在兩三年內完成「正常化」。[33]他們的同盟正在崩解，阿富汗共黨政府站在懸崖邊緣。

然而蘇聯領導層還是堅守新的地緣政治路線。一九九〇年四月十三日，政治局通過謝瓦納茲、雅可夫列夫和克留奇可夫的備忘錄，歡迎桑定陣線最近的溫和政策，施壓卡斯楚要「更具建設性」地解決中美洲衝突。[34]六月份，蘇聯領導層還告訴美方他們願意放棄支持古巴。莫斯科願意從哈瓦納撤回軍事代表團，只要華府願意撤除關塔那摩灣基地並承諾永不入侵古巴。[35]但布希和貝克不肯妥協。他們只想終結蘇聯在這個地區的影響力。

戈巴契夫在沒拿到回報之前不肯讓步。他的改革已在蘇聯飽受攻擊，不能再被看成投降派。他只能悄悄撤退。很多人都沒意識到蘇聯已經放棄在「世界共產運動」中的霸主地位。在義大利共產黨重組為「左派民主政黨」時，其中一個激進派別另組「共產主義重建黨」。蘇聯政治局必須決定怎麼處理。政治局本來已不再把和共產黨的關係當作優先，而是要和世界上所有保守黨、自由黨和社會主義政黨來往。但蘇共中央國際部還是決定要和「共產主義重建黨」保持關係。[36]

戈巴契夫事情太多，沒空去清除這些對外政策的殘餘。也許他是想讓對手無法指責他破壞了國際共產主義的團結。基於同樣的思考，他依然會邀請友好的社會主義國家領袖到蘇聯來避暑。到了一九九〇年五月，這樣的國家已沒剩幾個。戈巴契夫只能邀請一些時運不濟的東歐共產黨領導人。羅馬尼亞的伊昂．伊列斯庫（Ion Iliescu）是唯一還掌權的人，但他已不再自認是共產主義者。卡斯楚、金日成與東埔寨橫山林的也都在受邀名單，但這三人會來和戈巴契夫這個拋棄十月革命遺產的人度假幾乎是不可能的。金日成本來就對出國有病態的恐懼，戈巴契夫可能還更高興這位北韓領袖不想離開朝鮮半島。[37]他有一堆國際難題要解決，和遠東獨裁者共度假期可無法讓他整理思緒。

第三十五章
東歐共產政權紛紛倒台

天安門事件爆發的同一天，波蘭團結工聯在大選中獲得壓倒性勝利，賈魯塞斯基成為1940年代末以來，第一位在選舉中挫敗的共黨領導人。而戈巴契夫堅定表示，不會干預各國內部事務，不用中國人的手段對付華沙。接著，東德何內克下台，整個共產世界搖搖欲墜……

東歐一直讓蘇聯頭痛，波蘭尤其複雜。一九八九年二月六日，波共中央和團結工聯舉行「圓桌會議」。這是賈魯塞斯基自己決定的，莫斯科也表示支持。他想維持工業生產穩定，也想把華勒沙拉進統治集團。監獄生活和天主教信仰讓華勒沙意志堅定，不肯輕易讓步。賈魯塞斯基也不著急，他要等華勒沙做出足夠的政治妥協。雙方展開數星期的艱苦談判。

蘇共中央國際部呈上一份悲觀的報告給雅可夫列夫，為蘇聯對此地區敲響警鐘。情勢越來越糟，而蘇聯還沒有和這些國家建立「新型態」的關係。波蘭、匈牙利和捷克斯洛伐克的內亂已到了共產政權無法處理的地步。保加利亞共黨領袖所承諾的改革只是口惠，每個保加利亞人都知道。東德暗中累積了大量外債。羅馬尼亞緊縮開支以支付西方銀行的借款，但這種政策很快會引爆民怨。唯一可讓蘇聯寬慰的是，蘇聯和東歐的貿易還有順差。想與東歐國家加強工業與經貿整合是毫無希望的，因為這些國家只想和西歐來往。蘇共中央國際部建議說，蘇聯別無選擇，只能鼓勵東歐國家這麼做，也可以從中分到一些好處。[1]

東歐共產主義的前景越來越糟，利加喬夫開始從根本上質疑戈巴契夫的對外政策。他到布拉格訪問後，在一九八九年三月十二日對政治局說捷克人對某些蘇聯刊物主張要走「資本主義道路」非常不滿。戈巴契夫嗤之以鼻：「根本胡扯。如果我們有提出農業私有化還有道理。但那根本不可行，後果難以想像。」[2]但他雖然不喜歡太激進的經濟改革，在政治上卻大膽得多。四月初，戈巴契夫和匈牙利總理卡羅伊・格羅斯會面，談話內容在幾個月前根本無法想像。格羅斯表示想廢除政治局，由黨員選出新的領袖。謝赫納札羅夫開玩笑說蘇聯也可以一試。戈巴契夫嘲諷地說他的政治局從來也不是中央委員會選出來的。[3]在同一個月，波蘭的賈魯塞斯基達成重大協議，賦予團結工聯法律地位。蘇聯中央立刻給予支持。[4]雖然戈巴契夫對格羅斯嘲諷了中央委員會，但他還是要仰賴政治局。

一九八九年五月二十日，謝瓦納茲和何內克討論經濟問題。何內克樂見蘇聯和中華人民共和國關係正常化，但對東歐深感憂心。何內克擔心匈牙利共黨當局正踏入未知的領域，也警告「絕不能失去波蘭」。[5]鐵幕的另一邊也有一些不尋常的現象。過去被認為是幻想的東西現在都在悄悄談論中。密特朗在一九八九年五月告訴布希說，他不反對德國統一，但他希望統一過程以十年為期。[6]

波蘭在六月四日舉行大選，恰好是坦克車壓過天安門抗議者的那一天。團結工聯大勝。波蘭共產黨大敗下台，整個波蘭歡欣鼓舞。最後選舉結果是團結工聯在參議院一百席中只輸掉一席。而在下議院——瑟姆（Sejm）——的四百六十席中也拿下一百七十三席。這是重大的勝利，因為賈魯塞斯基所定的選舉辦法讓團結工聯在百分之六十五的席位中都無法參選。團結工聯的領導層也沒料到會大勝。賈魯塞斯基厚著臉皮，靠著在瑟姆中的多數以一票之差連任總統。然後他任命內政部長切斯瓦夫・基什恰克（Czesław Kiszczak）為總理。基什恰克是波蘭人盡皆知的鎮壓執行者，他和賈魯塞斯基想脫出政治困局，對團結工聯稍做讓步以求延續共黨統治。但團結工聯不肯接受。[7]

蘇聯領導人知道自己太久沒重視東歐。戈巴契夫在內外政策上有太多事要處理，謝瓦納茲又在全世界到處跑來跑去。根據他們幕僚留下的紀錄，兩人在那炎熱的幾個月中都沒有預料到波蘭的反共危機。[8]波蘭的選舉結果完全令克里姆林宮出乎意外，KGB和外交部也是。但戈巴契夫拒絕干預。他清楚表示他不會把中國人的手段用在華沙，也不會批准軍事入侵。波蘭共產黨既然輸了就要接受結果。[9]

謝瓦納茲在一九八九年六月九日見到何內克時，重視的是蘇聯的內部「危機」，而不是波蘭的局勢。他強調「重建」的必要性。不管蘇聯的改革有多麼困難，他希望東德領導人能理解政治局不得不把它進行到底。他說有蘇聯幾百萬人生活在貧窮線以下，包括領年金的人。還說到住房緊張的狀況。他還說老一代的領導人宣稱民族問題已獲得解決根本是錯誤的。他承認「煽動性」的批評越來越多，但依然有信心共產黨能控制局勢。何內克一如既往地不去批評戈巴契夫，只吹噓東德的工業成就。他關心的是整個東歐的變局。他說誠實地講，波蘭共產黨已經被團結工聯擊敗了。匈牙利也往同一方向發展。何內克堅持不能「丟掉」波蘭，也要防止匈牙利共產黨內部分裂。[10]

七月七日，戈巴契夫在布達佩斯舉行的華沙公約組織政治協商委員會中再度強調了他的看法。羅馬尼亞首都是共產黨反動派的大本營。羅馬尼亞領導人西奧塞古心不甘情不願地接待了戈巴契夫這個改革派旗手。儘管非常不快，但他不用去管賈魯塞斯基面對的局勢。這位波蘭領導人是一九四〇年代末以來第一個在選舉中大敗的共產黨領袖。共產黨最會利用各種手段搞定選舉，而賈魯塞斯基創下了先例。

在戈巴契夫看來，華沙公約組織必須表現出會接受波蘭人民決定的態度。布希和柴契爾夫人最近都說冷戰已經結束，他相當樂見。新的國際秩序正在形成，戈巴契夫希望盟國能促進形勢的發展。[11]他說西方領導人以東西方在科技上的差距和東歐債台高築來證明他們已經戰勝社會主義。戈巴契夫要大家保持冷靜，不要理會這種資產階級的自以為是。他不認為社會主義的前景有什麼好擔心，但要用行動而不是空話來證明。[12]他告知各國領袖蘇聯將撤回大批軍隊和裁減歐洲傳統武力。[13]他樂觀談到將和法國在科技上合作。戈巴契夫已和密特朗達成協議，不再批評法國的「尤瑞卡」（Eureka）研究計畫。[14]（事實上，他現在反而跟密特朗說他希望蘇聯也加入這個計畫。）[15]談到人權問題，他強調他在蘇聯進行改革不是要向西方妥協，而是出於「深刻的內部需求」，和整個「重建」過程密不可分。[16]

作為波蘭總統和三軍統帥的賈魯塞斯基強調，隨著超強間進行和解，他的國家需要西德承認波蘭的西部邊界。波蘭人害怕大德國主義再起，柯爾有可能想收回波蘭在一九四五年得到的領土。[17]

美國政府沒料到東歐共產政權居然會和平接受在自由選舉中大敗。世界共產主義的陳腔濫調被一掃而光。美方急著應對事態發展，布希在六月十日飛到波蘭和賈魯塞斯基會談。他們同意要為德國統一做準備，儘管雙方都不願見到這個發展，布希還強調他會防止任何會傷害美蘇默契的事情發生。賈魯塞斯基很高興布希承諾不會干涉波蘭內政，並說他希望能任命共產黨人當聯合政府的下任總理。[18]布希強調美國自己也有收支困難，沒辦法幫波蘭解決財政問題。布希也對現任總理米奇斯瓦夫・拉科夫斯基指出，美國的援助要看波蘭的民主化和市場經濟的發展而定。[19]布希接著前往匈牙利和總理米克洛什・內梅特會談。米克洛什・內梅特是共產黨人，他試圖組成聯合政府推動經濟私有化。[20]布希在布達佩斯強調要穩定而和平地改革，也表明不會做任何事去傷害莫斯科的戈巴契夫。[21]

布希展開兩面行動。在歷經數個月的猶豫不決後，他現在急於和蘇聯領導人達成協議。與此同時，他也要鼓勵東歐的共黨改革派繼續往前進。美方要對外展現對戈巴契夫繼續掌權的信心。一九八九年七月十二日，馬特洛克對各國駐莫斯科大使表示戈巴契夫的地位沒有問題。他不認為克留奇柯夫會造成威脅。（但英國大使布萊斯威特則存疑說：「人家對戈巴契夫動手之前可不會事先警告我們。」）[22]一九八九年七月二十日，馬特洛克和雅可夫列夫會面，保證說美國不會趁機占蘇聯便宜。布希政府認為「重建」持續下去符合美國的利益。雅可夫列夫則指責布希總統對波羅的海地區的談話是在製造麻煩。談到裁軍議題，馬特洛克說布希已否決雷根完全非核化的夢想，但還是希望把核武器減少到最低數量。[23]

戈巴契夫的外交政策顧問瓦丁・札格拉丁承諾蘇聯會和任何一個華沙政府合作：「這完全是波蘭內部事務。」雅可夫列夫則希望波蘭能保證會留在華沙公約。在得到承諾後，他宣布波蘭新政府要如何組成是波蘭人自己的事。[24]波共總書記拉科夫斯基還在努力要阻止團結工聯的塔德烏什・馬佐維耶茨基（Tadeusz Mazowiecki）當上總理。但戈巴契夫無意干預，並在一九八九年八月底打電話給拉科夫斯基勸他要妥協。[25]克里姆林宮希望波蘭同志能接受失敗。此時謝瓦納茲正在黑海邊的加格拉山（Gagra）中度假，他透露說：「有一件事是確定的：我們不會陷入波蘭的事務。」[26]波蘭的危機要由波蘭人自己處理。蘇聯領導人已有太多難題要解決。

西奧塞古在布加勒斯特呼籲華沙公約要召開政治協商會議。這位被謝瓦納茲稱為華沙公約中

「最後一位史達林主義者」的人認為波蘭的例子可能會蔓延到整個東歐。西奧塞古曾在一九六八年反對入侵捷克斯洛伐克，但他現在擔心自身政權的安危，要蘇聯領導人採取斷然措施來維持波蘭的共黨統治。[27]他在一九八九年八月十九日致函給所有華沙公約國家，明白要求要以軍事行動來阻止團結工聯上台。他現在開始擁抱「布里茲涅夫主義」，聲稱波蘭的政治不只是波蘭人自己的事。[28]但就連何內克都認為如果按照西奧塞古的建議行事，可能正中團結工聯下懷。[29]西奧塞古相當不智地也致函給波共總書記拉科夫斯基。這個同志間的好意卻反過來害到他自己。拉科夫斯基當時已決定要和團結工聯和解，他把西奧塞古的來信洩露給媒體。[30]蘇聯領導人駁斥了羅馬尼亞領袖的建議。[31]KGB主席克留奇科夫飛到華沙祝福新政府成功。[32]

團結工聯獲得了共產黨麾下一些小黨的支持，共產黨突然在「瑟姆」中淪為少數。八月二十四日，基什恰克辭去總理職務，賈魯塞斯基不得不讓團結工聯的馬佐維耶茨基接任。團結工聯很巧妙地又找基什恰克當內政部長，還讓波蘭軍隊繼續留在華沙公約組織。這顯然是很不穩定的暫時共生，而馬佐維耶茨基毫不手軟地剷除共產制度。一場幾乎全民支持的寧靜革命正在展開。[33]

波蘭自戰後以來的國家體制分崩離析，變革的雷聲響徹東歐。KGB官員列夫．謝巴辛從東德返國，報告了他令人沮喪的見聞。[34]他後來寫道，戈巴契夫忽視了他和其他情報界領袖的報告。謝巴辛說，蘇聯領導人對KGB的工作唯一有興趣的就是想知道葉爾欽想幹些什麼。[35]政治局成員瓦迪姆．梅德韋傑夫在夏天出訪過東德，也對東德人民的不滿情緒提出警告。[36]比起波蘭，德國更是美蘇在歐洲鬥爭的主戰場。鐵幕兩邊都擔心如果東西德統一，鄰國就會有危險。德國在一九四五年分裂正符許多國家所願。如果東德像波蘭那樣崩潰，一切都會變得不可測，戈巴契夫開始擔心會不會傳染擴散。柴契爾夫人很同情他的處境。九月十三日，她和英國大使布萊斯威特談話時脫口說：「這個可憐的人麻煩大了。」[37]

蘇聯國防部長雅佐夫在九月十九日對中央委員會說：「我們沒有忘記一九四一年的權利。」他在間接批評官方政策前還清了清喉嚨。戈巴契夫說國防能力只要「足夠」就好，雅佐夫則堅持蘇聯必須要有「絕對可靠的國防」。如果軍力縮減到戈巴契夫所要求的最低程度，國防部沒信心能保衛國家。[38]雅佐夫強調指出美國一方面要求雙邊裁軍，一方面又繼續搞「戰略武器現代化和戰略防禦系統」。[39]

美國總統及其政府對於團結工聯上台既驚又喜，而蘇聯領導人卻沒有如外界預測那般對波蘭惱怒。謝瓦納茲、雅可夫列夫、雅佐夫和克留奇柯夫所組成的小組想出一套務實的對策。他們在九月二十日達成史無前例的共識，而這也是國防部長和KGB主席必須參與討論的原因。馬佐維耶茨基已表明波蘭新政府想和蘇聯維持友好，小組對此表示歡迎，並建議要和梵蒂岡直接談判。他們敦促戈巴契夫要在和若望保祿二世預定的會談中提出波蘭問題。他們認為如果蘇聯小心處理外交，就可以繼續利用華沙公約組織來協調區域安全，而這符合蘇聯的利益。小組認為政治協商委員會和「經濟互助委員會」都還有功能。[40]政治局在九月二十八日通過小組的提案為官方政策指導原則。[41]

東德人的不滿開始高漲。兩大超強及其盟國都在評估動亂升高的程度。抗議群眾越來越大膽。教會的活動分子、叛逆青年和政治異議分子聯合起來發放反共傳單，要求改變。何內克本能地想依靠自己的安全部隊，他知道無法仰賴蘇軍基地的援助。許多人猜測這場危機將導致德國在柯爾手上統一。

柴契爾夫人出面反對。她不信任西德領導人的虛偽做作，告訴密特朗說：「柯爾一直在說

謊。」更糟的是，她的朋友戈巴契夫「軟弱無力」。密特朗安慰她說戈巴契夫不會接受一個從屬

於北約的新德國，還說法國和英國可以靠蘇聯和美國來對付柯爾。[42]密特朗的幕僚賈克．阿塔利

（Jacques Attali）和戈巴契夫的顧問瓦丁．札格拉丁提出法蘇同盟的構想，甚至包括兩國軍事「整

合」。[43]這個奇怪的構想當然毫無結果，只顯示出法國統治圈有多害怕巴黎—波昂這個西歐軸心

可能崩解。柴契爾夫人也預見東德的共產統治即將崩潰。她在九月二十二日明白告訴戈巴契夫

說：

> 英國和西歐對德國統一沒有興趣。北約的聯合公報也許不是這麼寫的，但不要理會。我們不希望德國統一。這會導致戰後的邊界改變，我們不樂見，因為這會傷害整個國際情勢的穩定，甚至威脅到我們的安全。[44]

柴契爾夫人反對「破壞東歐穩定和華約集團解體」。[45]她在幾天後又和蘇聯領袖談話，再度反對統一的大德國。切爾尼雅耶夫記錄說：「柴契爾夫人要求她和戈巴契夫的談話『不要做成紀錄』，她堅決反對『德國統一』。」她要告訴他她不能公開講的話。[46]

戈巴契夫在十月份飛往柏林慶祝德國民主共和國四十週年。雖然他很不想站在何內克旁邊，卻不能因為不出席製造困擾。民眾熱烈歡迎他，標語牌上用俄文寫著：「戈巴契夫，你是我們的希望」，而支持何內克的卻幾乎沒有。[47]戈巴契夫扮演好忠誠同志的角色。何內克拒絕承認問題，還嘲笑蘇聯商店內空無一物，戈巴契夫都隱忍不發。[48]戈巴契夫出席東德政治局會議時繼續假裝他依然信任何內克。[49]但此時街頭上卻騷動處處。德勒斯登展開大遊行，謠傳會有人藉著戈

巴契夫到來衝撞柏林圍牆。消息從西德的電視台傳到東德。[50]沒有戈巴契夫批准，何內克無法採取鎮壓行動。他只能警告戈巴契夫說社會主義陣營會失去匈牙利，因為柯爾正在賄賂匈牙利開放與奧地利的邊界。[51]戈巴契夫在十月七日返回莫斯科。[52]他告訴謝赫納札羅夫和切爾尼雅耶夫說這個東德領袖是個「混蛋」，讓何內克去自生自滅。[53]

東德共黨領導層陷入恐慌。一定要趕快處理掉何內克。政治局成員伊耿・克倫茲（Egon Krenz）、岡瑟・夏波斯基（Gunther Schabowski）和哈利・提許（Harry Tisch）秘密由提許向戈巴契夫探詢讓何內克下台。提許關於民情的報告早就沒有秘密可言。戈巴契夫克制地回答說：「這對我來說毫無新意。這次去參加德國民主共和國四十週年令我很難堪。我只是基於義務想去幫忙。」他暗示會支持何內克的黨內同志想幹的事。[54]十月十八日，東德政治局斷然通過讓何內克下台，由克倫茲出任總書記。改革的障礙終於清除了。

戈巴契夫知道是蘇聯駐軍挑起了東歐情勢，但惹惱蘇聯軍方高層是危險的。十月十八日，蘇聯「最高軍事會議」開會檢討當前局勢。這個會議由總參謀部、國防部、KGB和內政部的領導人組成。會議中發生激辯，軍方將領說明要從東歐撤出蘇聯軍隊的困難性。撤軍所費不貲，會用掉他們的年度預算。[55]謝瓦納茲決心壓制任何想扭轉官方既定政策的企圖。他在最高蘇維埃發表他一生中最重大的演說之一，強調蘇聯應該盡快決定如何處理東歐變局。他希望能進一步裁軍，譴責了一九七九年以來在阿富汗的潰敗。他強調政策要以道德為基礎，希望最高蘇維埃要通過幾項人權法案。如果他被迫要採行與他對政治和道德的理解相左的目標，他將保留他下台的權利。[56]戈巴契夫和謝瓦納茲堅決維護他們在夏天時定下的路線。克里姆林宮的政治機器曾經威嚇和控制整個東歐地區。但現在這些官員就和一般蘇聯人民一樣，只能從電視上看到華沙、東柏林和布拉格的事變，就連政治局也沒有知道得更多。[57]

戈巴契夫嚴厲批評了東歐各國領袖。他在十月中和波蘭前總理拉科夫斯基會談，責怪他和其他波共高層毫無能力對付團結工聯。拉科夫斯基依然把戈巴契夫當成他政治上的老大。他認為團結工聯領導的政府很快會陷入困局，因為波蘭人的餐盤裡還是沒有麵包。他警告說像戰前波蘭領袖約瑟夫．畢蘇斯基（Jozef Pilsudski）這樣的人物可能會掌權。[58]拉科夫斯基還沒有跟上莫斯科已經不想援助波蘭共產黨的新現實。或者他只是震驚過度而不願接受。而他在東歐其他各國的共黨領袖同志也沒有比較好過。在匈牙利，示威抗議在布達佩斯越演越烈，格羅斯搖搖欲墜。就連西奧塞古也局面不穩。即便有國安部鐵腕控制，羅馬尼亞北部還是發生動亂，還牽涉到少數匈牙利裔的民族與宗教衝突。

這些老問題又浮上檯面，蘇聯領導層認為自己可以扮演調人。波蘭和東德有摩擦，賈魯塞斯基試圖確保波蘭戰後的西部邊界。而羅馬尼亞在一九一九年從匈牙利得到部分領土，這又讓布達佩斯和布加勒斯特產生緊張。隨著東歐幾個國家進行邊界控管，區域經濟的來往愈趨減少。[59]十月二十六日，謝瓦納茲在波蘭首都與華沙公約各國外長會談。他沒有去談這個區域越演越烈的反共運動，反而認為當務之急是加強國際安全，還說美方理解蘇聯的想法。他就是如此看待華沙公約的作用。他還細數自己最近和波蘭總理馬佐維耶茨基及外長史柯畢蘇斯基（Krzysztof Skubiszewski）的會談，好像蘇聯領導人與從波共手上奪權的波蘭天主教自由派和保守派碰面是再自然不過的事。[60]

西方政治人物對德國民主共和國的未來提出保證。西德前總利威利．布蘭特跟戈巴契夫說德國統一問題不是他的當務之急。[61]布里辛斯基從美國飛來和雅可夫列夫會談。波蘭裔的布里辛斯基害怕德國統一。他擔心德國人想收復失土，建議蘇聯領導人要繼續維持華沙集團作為一個政治性而非軍事性的同盟。[62]

十一月一日，戈巴契夫和東德總理克倫茲通電討論當前局勢。兩人對逐漸失控的局面故作勇敢。東德各大城市都發生示威遊行。抗議群眾都覺得政府已經撐不下去了，但戈巴契夫向克倫茲保證說：

> 你得曉得所有重要的政治人物——柴契爾、密特朗、安德烈奧蒂，更別說賈魯塞斯基和美國人——雖然在態度上有細微不同，但他們對德國統一都有戒心……這些政治人物的前提都是要保持戰後的現狀，包括兩個德國的存在。[63]

他強調他們都希望維持北約和華約的存在。[64]但東德該怎麼辦？戈巴契夫說前景就在於促進東德、西德和蘇聯的合作。他挖苦東歐其他國家，說波蘭和匈牙利都破產了，不得不尋求西方援助。蘇聯沒辦法解決他們天文數字的外債。[65]

十一月三日，政治局討論數個棘手的議題。第一個議題是要彈性的從國外市場購買糧食。（蘇聯領導人很清楚蘇聯的農業生產力遠低於美國正常標準。）第二個議題是瀰漫全蘇聯的種族衝突。然後討論和索達諾大主教（Nuccio Angelo Sodano）預定的會談。戈巴契夫即將與教宗會面，要趕快做好準備工作。然後政治局才開始討論歐洲最核心地區的變局——這顯示莫斯科的影響力已經消失，雖然克倫茲還試圖控制局面。克留奇科夫說KGB得到情報第二天在東柏林和其他城市會有五十萬人上街頭。戈巴契夫只問克倫茲還有沒有生存的機會。謝瓦納茲雖然同情阿富汗共黨領袖，但他對德國民主共和國的態度卻完全不同：「最好是我們自己把牆給拆了。」克留奇柯夫嘀咕說：「如果牆拆了，東德更麻煩。」[66]但就連KGB領導人也不建議採取鎮壓行動。整個政治局都感到無能為力。

戈巴契夫再度強調「西方」對德國統一沒有興趣。他說外國領袖想慫恿他出手阻止德國統一，但他拒絕幫他們做骯髒的工作。他自己傾向和兩個德國公開協商，認為這才符合蘇聯的根本利益。[67]謝瓦納茲抱怨莫斯科關於波蘭和東德的情報工作做得太差。[68]但政治局現在只能就已知情況做處理。東德人已經湧上街頭。如果圍牆倒了，歐洲自一九四五年以來的整個軍事和政治現狀都會被破壞。戈巴契夫必須做出決定。他向政治局指出克倫茲不值得拯救。他也不想挽救圍牆。他的目標是暗中控制東德的危機。

當十一月九日東德人試圖拆除圍牆的消息傳來，克倫茲的政治局慌了手腳。柯爾和華勒沙在同一天討論了東柏林的危機，但華勒沙關心的是如何讓波蘭繼續成為全球關注的焦點。[69]這也是謝瓦納茲在外交部內部討論時的態度。[70]克倫茲打電報請莫斯科指示方向。他的手下官員無所適從，其中一人還接受電視訪問說當局已經屈服要讓東西柏林可以自由往來。克倫茲並沒做這個決定，但也沒有阻止。東柏林人以為這是允許他們採取行動。到了傍晚，他們湧向圍牆開鑿水泥，而衛兵沒有被下令阻止。不久後他們就打開缺口穿越圍牆。兩邊的群眾歡聲慶祝，互慶團圓。

柯爾樂不可支，他在第二天致電布希說：「我剛從柏林回來。好像去參加市集一樣。有慶典的氣氛。」[71]戈巴契夫要讓大家清楚蘇聯的政策。他立刻致函布希、柯爾、柴契爾和密特朗，強調他堅持兩個德國都要存在。十一月十一日，他打電話給柯爾呼籲蘇聯、西德和東德要保持聯繫。[72]三天後他又打電話給密特朗說柯爾已表示他反對西德內部要求統一的呼聲。[73]

蘇聯領導人雖然被意料之外的革命所震驚，還是要找理由強自鎮定。戈巴契夫在裁軍會談的策略已飽受批評。他現在的危險是會被指責搞丟了東歐，或者正在搞丟當中。十一月十八日，謝瓦納茲和幕僚討論到德國問題，但這個討論已來得太遲。如果東德能存活，他認為，那整個「國協」——也就是華沙公約集團——就能繼續下去。他認為德國的統一會造成整個歐洲經濟整合，他不認為這會符合美國人的利益。在他看來，克里姆林宮對波蘭、匈牙利和東德都缺乏正確的資訊。德國民族主義被低估了。他說法國人也是這麼想。蘇聯要立即在思想上做好準備。在謝瓦納茲建議下，蘇聯領導層設立了一個內部工作小組，負責監控東歐情況和做政策建議。[74]

蘇共中央國際部的法林認為戈巴契夫和謝瓦納茲對西方國家都太消極。[75]他認為要開闢和波昂的溝通管道。切爾尼雅耶夫表示贊同，他和法林派出密使到西德和柯爾的特助霍斯特·提爾施克（Horst Teltschik）接觸。法林聰明狡詐又剛愎自用。他指示其密使提出組成德國邦聯的可能性，這是在過去的蘇聯時代所無法想像的。他的目的是防止東德被西德吞併。[76]但這意外刺激了柯爾和提爾施克去提出統一方案。柯爾覺得如果他不介入，將被事態發展淹沒。[77]

他在十一月二十八日對西德下議院提出德國統一的「十點計畫」，包括東德要民主化，並和西德共組邦聯。他認定政治經濟的轉型一旦啟動就無可逆轉。共產黨必須放棄壟斷權力，和反對派政黨與團體協商盡快舉行公平選舉。他強調這不是在開條件或下指導棋，但他話中含意令人不能不作此想。柯爾表示波蘭和匈牙利已經按照波昂的條件接受援助，他看不出東德有什麼理由不接受。但他沒有說出口的是匈牙利和波蘭都保持獨立國家的地位，而他卻不想讓東德繼續存在下去。在和剛上任幾天的東德總理漢斯·莫德洛（Hans Modrow）會談之後，柯爾表示願意提供援助，只要新政府能按他的要求進行根本改革。他把這一切都說成是出於對歐洲安全的考量。[78]

柯爾沒有事先打招呼就發表他的「十點計畫」，莫斯科和西方各國首都都害怕西德是要摧毀戰後歐洲的結構。只有布希還保持君子風度對柯爾說：「我很欣賞你的十點計畫以及你對德國未來的闡釋。」[79]其他北約盟國則怒火中燒。柴契爾夫人的惡夢就要成真，向來和柯爾走得很近的密特朗感覺被插了一刀，因為他是從通訊社特派員那裡才得知「十點計畫」。巴黎和波昂的互信崩潰了。法國領導人只能期待莫斯科會否定柯爾的自以為是。而且東德的普魯士人會希望被西德宰制嗎？[80]但密特朗和柴契爾夫人得知布希居然贊同德國邦聯的構想後大感失望，儘管布希也很不滿柯爾不顧政治道義。法國和英國政府唯一的希望是戈巴契夫會否絕柯爾的計畫。戈巴契夫確實想讓柯爾知道他有多麼憤怒。促成柯爾提出「十點計畫」的法林建議戈巴契夫要盡量向波昂索取金錢補償，好好給柯爾一個教訓。[81]

蘇聯領導層對柯爾很不滿，但沒有人認為能反對他的方案。他們已經讓波蘭人自己處理波蘭問題，現在他們又決定不干涉東德。在東歐其他地方也是如此。匈牙利已排定多黨選舉的日期，共黨改革派希望取得人民授權的正當性。保加利亞政治局在十一月十日把日夫科夫解職，換上了共黨改革派佩特爾．姆拉德諾夫（Petar Mladenov）。捷克斯洛伐克的反共示威不斷。十一月二十八日，布拉格的共黨領導人承諾要放棄一黨專政國家體制。戈巴契夫聽到消息心驚膽戰，但依然堅持自決原則。他沒有資源去扭轉民族革命的浪潮，也不能和美國撕破臉。而且他本來就相信人民應該有選擇的自由。讓他寬慰的是蘇聯菁英圈反對他不干預政策的聲浪並不大。然而波蘭人已經快要完成他們的革命，其他人正追隨他們的腳步。東歐的共產統治正在崩潰，而蘇聯卻一顆子彈都不發。這個結果是幾個月前沒人想得到的。

第三十六章
馬爾他高峰會

在冬季的暴風雨中，美蘇領導人在地中海的小島舉行高峰會。布希表示他對戈巴契夫有了全新的認識，樂見蘇聯改革的成功。戈巴契夫則呼籲美蘇停止互相敵視。冷戰結束了，但戈在國內的危機才要開始。

布希自我克制，不到東歐去慶祝革命浪潮。民主黨的外交政策領袖喬治・米契爾參議員（George Mitchell）認為這很令人遺憾。[1]但布希認為美國總統到柏林圍牆的瓦礫堆中跳舞對美國沒有好處。他確實沒錯。戈巴契夫正力圖避免蘇聯軍事干預，布希不能從中破壞。布希還需要戈巴契夫合作在歐洲裁軍並整合歐洲大陸。十二月初就要在馬爾他海邊舉行高峰會，在蘇聯窘迫時幸災樂禍並沒有好處。

在蘇聯和東歐發生這麼多事之後，美方必須評估戈巴契夫繼續掌權的機會有多大。美國政府人人都知道華沙和其他首都的反共革命會傷害到克里姆林宮的改革派。蓋茲和CIA的蘇聯專家指出「重建」並沒有改善蘇聯人民的物質生活。人民揭竿而起的可能性在增加。當局可能動用武力鎮壓，矛頭也許是波羅的海國家的反抗運動。政治民主化也干擾了政府的運作，妨礙了經濟改革的道路。然而CIA對於前景如何的看法分歧。內部有另一種看法認為戈巴契夫能夠繼續朝多元體系推進，代價是中央越來越喪失掌控能力。[2]但兩種看法都認為戈巴契夫的麻煩很大。裁軍顧問艾德・羅尼認為，在這種狀況下去談判削減戰略性核子武器「會有潛在風險，而所獲甚微」。[3]羅尼想讓布希重新質疑戈巴契夫和與蘇聯達成裁軍協議。他建議按兵不動才是美國政府的最上策。

政府其他人則認為這樣處理當前局勢太過消極。史考克羅夫建議總統要在國家安全會議撤銷「傑克森—范尼克修正案」。但他也主張此次高峰會不用做得太多，強調蘇聯加入GATT、IMF或世界銀行的時機尚未成熟。[4]馬特洛克從駐莫斯科大使館打來電報，建議總統至少要表達對「重建」的支持。但他反對提供任何金援。他認為克里姆林宮必須學會面對經濟生活的現實，一個新的馬歇爾計畫只會延緩學習過程。蘇聯領導人若想吸引美國私人企業投資，就必須從根本改造蘇聯的商業和法治環境。要把這個先決條件和戈巴契夫講清楚。[5]

布希想的卻大不相同。他很確定克里姆林宮已沒有多少談判籌碼。他對柯爾說：

> 我們知道蘇聯是一個很驕傲的主權國家。謝瓦納茲最近說過他不要美國「來救我們」。我能體會，但我也想看看能幫上什麼忙。我們希望他能成功。根據我看到的報告，我知道蘇聯經濟比我在深入研究之前要更糟糕。我會用體貼的方式幫忙。[6]

他說的體貼是什麼意思並不清楚。但他當然不會動用整個國庫來幫忙。

在歷經一年的謹慎小心後，他對此次高峰會的主要目標就是臨機應變。他覺得在世界政治這麼不穩定的時候，唯有如此才能在談判中拿到最佳結果。他要求戈巴契夫同意不設討論議題，他也保證不會意外出難題。[7]貝克警告布希說，戈巴契夫可能提出一些讓人為難的事。例如，他可能會提出要把華沙公約和北約都解散。他也一定會提出不要再阻擋蘇聯融入世界經濟。他還會反對德國統一。貝克建議不要在經濟上讓步，除非戈巴契夫真的立法開放自由移民。他認為美國的利益是在革命動盪之後促成東歐的穩定、安全和民主化。貝克建議布希要向戈巴契夫保證不會去傷害他在愛沙尼亞、拉脫維亞和立陶宛的權威，也要重申美國不會承認這些波羅的海共和國。* 布希也應該指出戈巴契夫口頭上所說和克里姆林宮實際上在第三世界的顛覆作為是不一致的。[8]

美國政府多數領導官員都贊同這一方向：在高峰會中不要做不必要的妥協。切爾尼雅耶夫聽說CIA判斷戈巴契夫只能再掌權六個月。[9]他注意到多數西方評論家都認為「重建」有助經濟轉型，只有理查・派普斯和布里辛斯基等大咖例外。切爾尼雅耶夫認為，重點是許多人都說蘇聯的改革並不會走向「西方式的社會」或「創造蘇聯經濟奇蹟」，都建議戈巴契夫必須在政策上再做突破。切爾尼雅耶夫覺得這些人都低估了改革派所面對的困難。主要的妨礙並不來自於直接抗拒，而是蘇聯社會對轉型並沒有多大動力。戈巴契夫並不是萬能的。[10]

在戈巴契夫出發之前，依然由同一組人馬為他準備裁軍談判的方針。「五巨頭」建議要強烈要求一些東西。札伊可夫主張要達成協議禁止「以新的物理原則製造新式武器」，但他並沒有明說這是在針對「戰略防禦系統」。他也主張兩大超強要達成協議來控管工業部門的非軍事化，但這一點也沒有寫得很明確。巴克蘭諾夫提出要禁止反衛星武器。他要戈巴契夫警告美方，既然政治局已經在折除克拉斯諾雅爾斯克雷達站，美國在索爾和菲林戴爾斯的基地就不該繼續存在。[11] 札伊可夫在「五巨頭」會議中不難處理巴克蘭諾夫，問題是大家都知道巴克蘭諾夫所言反映了軍事工業部門的普遍心聲。戈巴契夫和札伊可夫自一九八五年以來都在壓制這種聲音，但兩人都知道隨時可能爆發。在這種時候，提出嚴厲一點的要求是比較聰明的，即使他們都認為戈巴契夫不可能在會談中強逼美國接受。

蘇聯領導人在內憂外患中開始恐慌。戈巴契夫專心處理經濟危機。他和雷日科夫花了好幾個星期想加速把工業生產轉向消費產品。雷日科夫計畫到二〇〇五年要省下兩千五百億盧布的國防預算，獲得戈巴契夫強烈支持。他對軍事工業部門的人強調：「你們要理解我們把你們移轉是為了讓你們面對人民的需求。這不會損及國家安全。」[12]問題是，光是重新分配財政資源並無法挽救局面。經濟情況越來越糟。十一月二十九日抵達羅馬後，戈巴契夫和幕僚及一些頂尖專家有一場討論會。有人建議他一定要把集體農場包租出去。他拒絕這個建議：「我不想再搞另一種型式的集體化。什麼？我們要再羞辱這個社會一次嗎？如果這個社會不夠成熟，不能喚起自發精神，我們什麼都不會成功。」他的沉痛發自內心。他承認自己不是學者，但他很遺憾滿屋的知名學者都沒辦法告訴他要怎麼拯救蘇聯。[13]

他駁回了加快導入市場經濟的建議。如果馬特洛克大使有參與這場辯論，會覺得他的看法終於得到證實。戈巴契夫既想改變，同時又不想改變。而且他還有一堆事要煩。他要趁這趟義大利之行想想該怎麼辦。

十二月一日，他在梵蒂岡與教宗若望保祿二世會談。他在夏天時已在莫斯科和卡薩羅里大主教討論好這次會談細節。雙方將發表期望世界和平的共同聲明，戈巴契夫也向梵蒂岡保證會對天主教會保持寬容。[14]身穿白袍的教宗讓他滔滔不絕講了一小時二十分鐘，也不介意他都講俄文。負責東歐政策的卡薩羅里大主教坐在教宗旁邊。這是一場溫馨的對話，戈巴契夫認為兩人的理

＊　一九四〇年六月十四日，蘇聯根據蘇德互不侵犯條約軍事占領波羅的海三國（愛沙尼亞、拉脫維亞、立陶宛），隨後三國即被併吞並成為了蘇聯加盟共和國。但美國及西方國家一直不加以承認，直到一九九一年三國正式獨立為止。

念有共鳴之處。教宗強調要世界和平，感謝戈巴契夫近年來的努力，也感謝他提出在蘇聯信仰自由的法案。戈巴契夫說他希望蘇聯和波蘭永遠保持友誼。教宗則「以我祖國之名」向他致謝。教宗也承諾絕不會去阻礙「重建」。這對戈巴契夫很重要。如果羅馬天主教會也加入反對克里姆林宮，立陶宛一定會發生革命。戈巴契夫很勇敢地用波蘭文感謝他的款待和好意。但他的波蘭文太差，愛國的教宗對他提出糾正。他們自行交談了十分鐘才讓翻譯來幫忙。這次會談以戈巴契夫邀請教宗若望保祿二世訪問莫斯科劃下完美句點，過去從未有教宗去過。[15]

幕僚人員忘了請教氣象學家。過去幾十年的紀錄顯示馬爾他附近海域在冬季時天氣很差。蘇聯和美國的巡洋艦在馬爾他首都瓦雷塔（Valletta）下錨時，最糟的狀況出現了。一場暴風雨來襲持續了數天。

戈巴契夫和布希帶著大批官員進入瓦雷塔。蘇聯代表團有謝瓦納茲、雅可夫列夫、阿赫羅梅耶夫、別斯梅爾特內赫、杜布里寧和切爾尼雅耶夫。布希則帶了貝克、史考克羅夫、約翰．蘇努努（John Sununu，白宮幕僚長）、羅伯．布萊克威爾（Robert Blackwill，國家安全特別幕僚）和馬特洛克。第一輪會談定於一九八九年十二月二日在蘇聯客輪「高爾基號」（*Maxim Gorki*）上舉行。布希建議他和戈巴契夫應該只帶翻譯和幕僚先碰個面——美方想進一步在爭議問題上達成協議。這原是戈巴契夫在高峰會慣用的手法，現在換布希想加快腳步。戈巴契夫並不介意：他想更了解布希，想達成他和雷根那種互信的氣氛。他同意先和布希在首輪會談的隔壁房間聊天。[16] 戈巴契夫先談到蘇聯對美國在菲律賓、巴拿馬和哥倫比亞的軍事行動的不安。布希想跳過這個議題，但戈巴契夫插話說大家都說現在是「布希主義」取代了「布里茲涅夫主義」，而他希望和平解決問題。他說蘇聯有很多人都覺得政治局已經放棄「輸出革命」，現在只看到「輸出美國價值」。[17]

他們回到大廳展開正式會談，戈巴契夫先對布希稱頌一番。總統熱情地回應，並說他在飛來馬爾他途中回想了他對蘇聯的態度是如何一百八十度大轉變。他說他的政府和美國國會都相信「重建」的成功有助於世界和平。他的政府會努力撤銷「傑克森—范尼克修正案」。這樣就能貸款給蘇聯，蘇聯經濟也能引進現代化所需的外國科技。[18]他同時呼籲蘇聯官方要加強尊重人權，也要勸卡斯楚不要再輸出革命。戈巴契夫回應說，哈瓦那和華府應該尋求關係正常化。布希警告說蘇聯縱容卡斯楚有損終結國際緊張的大計。蘇聯不要浪費錢在古巴也比較好。戈巴契夫希望布希要接受古巴和尼加拉瓜都是獨立國家，重申蘇聯反對美國入侵巴拿馬捉拿諾瑞嘉總統的軍事行動。*[19]

戈巴契夫反對柯爾操弄德國統一的議題。戈巴契夫呼籲要先暫停一下再來決定新德國是否要加入北約。布希說他沒有在東歐問題上給蘇聯找麻煩，戈巴契夫插話說：「我們知道也很感激。」布希提到有好幾個北約國家表面上贊同德國統一，私底下卻對可能的後果感到憂慮，而他自己則承諾會謹慎應對。[20]兩位領導人同意要裁減幾種類型的武器：核子飛彈、化學武器和地下核試爆。他們同意要加強蘇聯和美國的文化交流，包括提供學生獎學金。戈巴契夫說：「美國和蘇聯注定是要對話、互動和合作的。沒有別的出路。但我們必須停止把對方當敵人才行。」就在此時，布希出乎意料地隔著桌子向戈巴契夫伸出手。一位講話常常結巴的美國總統會做出這個肢體

＊　一九八九年十二月二十日，布希總統下令兩萬七千名美軍展開對巴拿馬代號「正義之師作戰」的軍事行動，推翻諾瑞嘉的軍事政權。諾瑞嘉於一九九〇年一月三日向美軍投降，結束巴國二十一年軍人統治。諾瑞嘉被逮捕後，即被帶往美國邁阿密以走私毒品和敲詐勒索的罪名接受審訊；邁阿密法庭在一九九二年判諾瑞嘉四十年有期徒刑，後來減為三十年，由於他在獄中表現良好再次縮短刑期，在二〇〇七年九月九日出獄。

動作，讓在場者都深受感動。[21]

在十二月二日的午宴中，戈巴契夫提出金融貸款的問題。貝克當過雷根的財政部長，他表示蘇聯領導人太慢進行價格改革，已經傷及「重建」。他質疑戈巴契夫為什麼不動用蘇聯的黃金儲備？這觸動到敏感神經。對戈巴契夫及其團隊來說，美國人好像在當老師。戈巴契夫克制地說當前首要之務是把預算赤字減半。他還自誇說政府將盡快把小型和中型國有企業包租出去。[22]

十二月三日的會談本來要在美國的「貝克奈普」（USS *Belknap*）巡洋艦上舉行，但戈巴戈夫擔心暴風雨，所以改到蘇聯的「高爾基號」。戈巴契夫說，不管怎樣他還是布希的賓客；而布希說他喜歡他的新船。[23]互相打趣後，戈巴契夫說：「最重要的是，新任美國總統必須知道蘇聯在任何情況下都不想發動戰爭。這一點很重要，所以我要親自向你申明。此外，蘇聯將不再視美國為敵人，而且將公開宣布。」[24]但他重申正當蘇聯領導層已放棄輸出革命時，美國人卻試圖對東歐強加「西方價值」。[25]他說他自己對波蘭和東德的作法證明了自己是可以信賴的人。他說他堅持「選擇的自由」，他和雅可夫列夫都認為這種觀念不是「西方」所獨有的。謝瓦納茲也說蘇聯的「重建」並不是西方強加的產物。[26]

戈巴契夫得到布希保證說美國將不會無條件在中東支持以色列。他要貝克和謝瓦納茲去討論如何與阿拉伯人達成和平。謝瓦納茲則責怪美國和巴基斯坦援助阿富汗的聖戰組織。[27]

布希長篇大論地為「開放」（glasnost）的原則辯護。他說這就是多元主義、公開透明和激烈辯論。他還高唱自由市場。[28]他不認為這只是西方人的價值。戈巴契夫回應說每個國家都應該選擇自己的生活方式。布希此時下結論說：「我不認為我們在這一點上有分歧。」戈巴契夫又說：「我傾向建設性的合作」，說「世界文明」端賴於此。布希對談話的內容和結果表示欣慰。[29]在十二月三日最後一次一對一會談中，布希對於蘇聯可能加強控制波羅的海的局勢表達關切。[30]但他和戈巴契夫都想讓這次高峰會具有劃時代意義。他們完成了戈巴契夫和雷根開始討論世界和平以來的這一路歷程。冷戰已經完全結束了。當地中海北部的暴風雨消逝時，雙方代表團帶著兩國不再視對方為敵人的信心離開瓦雷塔。謝瓦納茲告訴幕僚說：「這次的突破比雷克雅維克還要重大。雷克雅維克只是吹噓，這次才名符其實。」[31]

接下來是要照會盟國，這項工作在東歐紛亂之時尤為重要。布希派史考克羅夫和副國務卿伊格爾伯格到東京和北京做簡報。[32]他本人則在十二月三日會見柯爾，告訴柯爾說戈巴契夫覺得柯爾操之過急。柯爾回應說東德的局勢變化得太快，他不想任其失控，而他也向戈巴契夫提出過保證。他承認安德烈奧蒂和一些西歐領袖都擔心他的「十點計畫」。但他否認自己有魯莽行事。他說像季辛吉這些人提出要再等兩年才能統一，其實都不了解東德經濟危機的嚴重性。他說若不是西德和美國援助，波蘭和匈牙利早就崩潰了。他也駁斥了柴契爾夫人的態度，說：「她認為歷史不公平。德國現在這麼富有，英國卻在困苦之中。他們打贏戰爭卻輸掉了帝國和經濟。她錯了。她應該把德國綁進歐洲共同體才對。」[33]

回到華府後，布希在十二月五日向國家安全會議描述了馬爾他峰會的過程。史考克羅夫建議他要趕快為下一次和蘇聯領袖的高峰會準備好裁軍計畫。[34]美方對高峰會的成果很滿意，主要是戈巴契夫沒有提出困難的要求。在沒有蘇聯軍隊陰影之下穩定東歐局勢的前景可期，戈巴契夫和布希可以在雷根的遺產上進一步裁軍。

十二月四日，戈巴契夫在莫斯科向華沙公約各國領導人做簡報。他說話的場景是幾個月前在場眾人都想像不到的。在波蘭的位子上坐著共產黨的總統賈魯塞斯基和自由派天主教的總理馬佐維耶茨基。何內克不在了，換成伊耿．克倫茲和漢斯．莫德洛代表德國民主共和國，而多數人都認為這個國家撐不了幾個月。脾氣暴躁又神經質的西奧塞古是唯一還掌權的共產黨領袖。[35]戈巴契夫決心自然以對，用這次會議來慶祝冷戰終結這件大事。[36]他扭曲了自己和美方的對話內容。他聲稱布希贊同讓華沙公約和北約作為歐洲穩定和安全的基石。改變會發生，但會是漸進的。[37]他聲稱布希承認：「我們錯看了納吉布拉的政府。」美國總統甚至還批評了以色列。戈巴契夫說布希在談到波羅的海和南高加索地區的共和國時，有講到莫斯科沒有去破壞美國憲法，也沒有支持魁北克和北愛爾蘭的分離主義運動。[38]他還聲稱在談到德國問題時，布希承認西歐領袖的立場比較接近蘇聯而不是美國。[39]

戈巴契夫提出他對全球和解的願景：「今天，當我們這些國家轉變到這種程度時，我們一定要挺身而出。我們主張要打破藩籬，而西方也請求我們不要停留在我們已經走上的道路上。」[40]在喝茶休息時間，戈巴契夫繼續和各國代表大談他的主張。他拉攏所有人，除了西奧塞古之外。西奧塞古表情僵硬地站在一旁等人來和他攀談。但沒有人過去。[41]

會議重新開始後，保加利亞的佩特爾．姆拉德諾夫以保加利亞小兄弟的姿態感謝戈巴契夫的報告。匈牙利的社會主義工人黨第一書記雷熱．涅爾什（Reszo Nyers）就沒那麼恭敬，他請求戈巴契夫要正視「經濟互助委員會」的時代已經結束的事實。東德的漢斯．莫德洛透露他得知柯爾想以邦聯形式統一德國。賈魯塞斯基讚揚了戈巴契夫和教宗若望保祿二世的會談。（怪異的是，他還呼籲要強化「經濟互助委員會」。）但賈魯塞斯基對於新德國邦聯一事相當不滿。西奧塞古再也按捺不住。他怒批布希吹噓馬爾他高峰會是北約在道德和政治上的勝利。他直接頂撞戈巴契夫，說現在的世界政治比冷戰中任何時期都要危險。他主張要強化東歐各國的經濟聯繫，召開全世界共產黨的大會。他手拍桌面，戲劇性地暫停了一會，說道：「我們完全不能理解為什麼要讓幾位兄弟政黨和國家的領袖被污名化。」[42]

戈巴契夫提議要共同譴責一九六八年入侵捷克斯洛伐克，西奧塞古插話說他早就這麼做了，現在他要求戈巴契夫撤回在捷克斯洛伐克的蘇聯駐軍。在傳閱聯合公報草案時發生了爭吵——馬佐維耶茨基和雷日科夫吵、莫德洛和馬佐維耶茨基吵、克倫茲和西奧塞古吵，就連賈魯塞斯基也和戈巴契夫吵。匈牙利不是反對蘇聯撤軍，而是反對只單單從捷克斯洛伐克撤軍。西奧塞古則反對撤軍的時間點。戈巴契夫趕忙說：「多元主義，西奧塞古同志！我們早就習以為常。」[43]會議結束時戈巴契夫得到的掌聲不如既往。這不令人訝異。除了姆拉德諾夫，沒有人想再逢迎拍馬。大家都知道要對戈巴契夫的樂觀主義打折扣。當前政局一觸即爆。東歐人都覺得這個地區的未來會被一個大德國所主導。冷戰即將結束。舊的恐懼消退，而新的恐懼正在升起。

戈巴契夫在十二月九日對中央委員會的報告更是麻煩多多。他再度宣示樂觀：布希送了很多大禮，承諾會撤銷「傑克森—范尼克修正案」，不再限制蘇聯引進美國科技。戈巴契夫宣稱美國可能提供貸款，大力投資蘇聯經濟——這即使不是說謊也是在誇大。[44]柯梅羅沃省委第一書記亞歷山大．梅爾尼柯夫（Alexander Melnikov）痛批外交政策處理不當。他指責整個政治局都不敢做重大決定。他主張中央委員會要有更大的影響力。他說「整個資產階級世界」加上教宗和黨的新舊敵人都贊同黨中央的改革路線。梅爾尼柯夫說現在應該停下來思考為何會如此，越快越好。[45]戈巴契夫前所未有地大怒。他說自己可以下台讓中央委員會選出新的政治局。他輕蔑地說：「我所做的一切，我相信，都是這個國家所需要的。」會議主席利加喬夫試圖打圓場，他說梅爾尼柯夫並沒有意思要戈巴契夫下台。但這正是梅爾尼柯夫所要的，不過塵埃落定，戈巴契夫還是贏了。[46]

戈巴契夫非常惱怒，拒絕在議程中列入「當前政治局勢」。[47]他甚至連高峰會都不想談。他不但沒有驕傲地講他在馬爾他海邊的表現，甚至連提都不提。蘇聯駐英大使列昂尼德・札米亞京（Leonid Zamyatin）站出來為戈巴契夫說話。雖然札米亞京很擔心東歐的街頭示威會蔓延到莫斯科，但他還是稱頌戈巴契夫自一九八五年以來的對外政策，聲稱還是有審慎樂觀的空間。他提到英國、法國和義大利都敵視柯爾的「十點計畫」，這讓蘇聯有機會在華沙公約和北約力求穩定局勢的過程中施加影響力。[48]戈巴契夫一定不希望中央委員會只有札米亞京一個人幫他說話。布希在高峰會時把戈巴契夫當英雄看待。西方媒體也對他交相稱頌。但當蘇共高層不再為他喝采時，他知道危險已經降臨。

第三十七章
重劃歐洲地圖

共產秩序瓦解後，東歐的政治版圖該如何界定引發各國的擔憂，而首要衝擊是德國問題。蘇聯堅持統一後的德國得離開北約，但美國國務卿貝克則持反對意見。

在馬爾他高峰會後的幾個星期中，東歐政局經歷了一九四〇年代末以來最快速和最難以預料的轉變。美國和蘇聯都想避免暴力維持穩定，都認為冷戰即將結束。但這些歐陸東半部的新生自由國家在一九四五年劃定的邊界是有爭議的。雷根和戈巴契夫的和解是從裁減核武開始，並由布希接續。但和解能否成功現在突然要看歐洲地圖的變化，而其中最敏感的就是東德問題。

十二月五日，戈巴契夫和謝瓦納茲在莫斯科與德國外長根舍會談。他們強調德國民主共和國仍然是蘇聯的「夥伴和盟國」。根舍則表示布希有告訴柯爾說他傾向讓全部德國共組邦聯。戈巴契夫大為不滿，認為這是北約國家在背後搞他。他指責柯爾自認為高東德人一等。[1]柯爾本來承諾不會破壞東德穩定，卻逕自宣布了「十點計畫」。戈巴契夫說這是根本性的錯誤，如果西德還重視與蘇聯合作的話，一定要停止這種行事方式。[2]第二天他比較冷靜地打電話給密特朗。密特朗警告說柯爾並沒有承認波蘭的西部邊界。戈巴契夫重申他對成立德國邦聯的疑慮，因為邦聯成員通常會有一致的安全與對外政策。這種結果，他說，會傷害到華沙公約組織。[3]雖然密特朗並不想看到德國統一，他也無法讓它停止。當他聽到連戈巴契夫都說他不會去反對柯爾時，他也就不想介入了。[4]

連串討論繼續下去。柴契爾夫人在十二月八日飛到巴黎和密特朗會談。她帶來兩個版本的歐洲地圖。她從手提包拿出地圖，指責柯爾想要吞併東普魯士甚至捷克斯洛伐克。她還指責他對局勢火上加油。[5]

密特朗同意她的憂慮，但也指出布希和戈巴契夫都不想強力阻止柯爾。他同意當前的東歐局勢危險難測，深怕蘇聯會發生政變由好戰的民族主義者掌權。唯一能做的就是法國和英國應該站在一起。[6]但這安撫不了柴契爾夫人，要求要以行動對付柯爾。但問題是她自己也不想讓英國去阻止德國統一的聲浪。當天晚上，她當面向柯爾大發脾氣，因為柯爾不肯簽署聯合公報承認歐洲既有邊界。密特朗認為柯爾是在玩火。但密特朗無所作為，柴契爾夫人只能徒呼負負。[7]在飛回倫敦途中，她打電話給蘇聯大使館的札米亞京，敦促戈巴契夫要為歐洲共同利益挺身而出。[8]札米亞京回報說她對「『我們』的歐洲局勢」恐慌不已，猜想她是急著展現她僅剩的影響力。[9]英國對歐洲局勢的重要性越來越低。羅德里克・布萊斯威特在十一月四日的日記中就這樣評論國際政局：「英國有多不重要是很明白的，除了與柴契爾夫人個人的關係之外。」[10]

除了羅馬尼亞和阿爾巴尼亞，東歐各國的非共化已成為現實。戈巴契夫和布希在馬爾他高峰會上同意要和平解決東歐安全的問題。蘇聯領導層知道波蘭人和捷克斯洛伐克人都對柯爾可能提出的領土要求很緊張。他們在東歐共產主義的瓦礫堆中看到讓蘇聯介入成為東歐邊界保證人的機會。謝瓦納茲在十二月十七日訪問布魯塞爾的北約總部，向北約秘書長曼弗雷德・溫納爾（Manfred Worner）提出了蘇方的意見，但被當成馬耳東風。溫納爾認為北約和華沙公約應該專心去完成維也納裁軍談判。[11]

蘇聯領導層一直認為羅馬尼亞在政治爆炸的邊緣。西奧塞古的政敵尼克萊·米利塔盧（Nicolae Militaru）將軍與蘇聯駐布達佩斯大使館接觸，致函提議要推翻這個獨裁者。莫斯科的一貫政策是鼓勵東歐改革派自己努力去改變。戈巴契夫贊同大使館的回應方式：「正確：不要回應。我們不要介入他們的事。」[12]戈巴契夫在一九八九年十二月四日的政治協商會議中就看出羅馬尼亞總統很緊張自己的命運會和何內克與日夫科夫相同。[13]蒂米什瓦拉（Timisoara，羅馬尼亞西部大城）的緊張情勢升高，謝瓦納茲擔心會出現最壞情況。他告訴歐洲議會主席暨西班牙社會主義工人黨領袖恩里克·克雷斯波（Enrique Barón Crespo）說，如果西奧塞古選擇「對抗人民」，今年初的提比利斯大屠殺可能再度發生。[14]

這本來可能成真。但當西奧塞古在十二月二十一日現身在布加勒斯特中央委員會大樓的陽台時，群眾已忘了對國安單位的恐懼。他們沒有鼓掌而是發出噓聲。西奧塞古覺得生命有危險，搭直升機逃亡。政府分崩離析，甚至有黨和軍隊的領導人加入反叛群眾。羅馬尼亞每座城市都出現示威抗議。西奧塞古和他的妻子被抓到。十二月二十五日簡單審判後就被槍決。

莫斯科的政治局在兩天前就已承認「救國陣線」（National Salvation Front）政府。政治局希望羅馬尼亞人能處理好自己的革命。政治局也禁止說羅馬尼亞語的摩達維亞人跨越蘇聯邊界加入抗議群眾。維持蘇聯的穩定是首要之務。[15]但華沙公約若要有未來，克里姆林宮領導人就需要在東歐有合作夥伴。一九九〇年一月三日，羅馬尼亞共黨政權垮台不到兩個禮拜，謝瓦納茲到了布加勒斯特。他的隨行人員中有人質疑這到底有何意義。謝瓦納茲制止了他們。唯有親自到羅馬尼亞去一趟，他才知道要如何維持蘇聯的影響力。[16]他覺得此行收穫甚豐。伊昂·伊列斯庫（Ion

Iliescu）總統贊同他說要避免戰略不穩定的看法。[17]謝瓦納茲在飛回莫斯科途中對幕僚說，華沙公約生存有望。無論局勢如何變動，蘇聯還是可以在不再東西分裂的歐洲找到「拯救」之道。[18]

德國問題比預測華沙公約的未來更重要。東德一片混亂，柯爾丟出共組邦聯的想法，力主要快速合併以避免經濟災難。[19]一月二十六日，戈巴契夫在舊廣場召集一次非正式會議，他說：「莫「現在已經很清楚統一是不可避免的，我們在道德上也無法反對。」[20]克留奇科夫表示贊同：「莫德洛只是過渡性人物。他完全是靠讓步，但他很快就沒有東西可讓了。」克留奇科夫認為蘇聯媒體一定要為即將發生的事做好輿論準備。[21]戈巴契夫聲稱：「在這種狀況下，我們必須盡可能捍衛我國的利益。我們要確定邊界，要簽和平協議，還要德國聯邦共和國退出北約，或至少要撤出外國軍隊，讓整個德國非軍事化。」[22]

一月二十九日，華沙公約組織討論要有多少規模的傳統武力才能維持和平穩定。[23]要蘇聯撤軍一定要克里姆林宮合作，而且駐軍基地附近不能發生事端。蘇聯官員向捷克斯洛伐克總統哈維爾解釋說，蘇聯無法提供回國官兵足夠的住房。這對他們可不是小事。哈維爾反駁說蘇聯領導層早就有足夠的時間做準備。他說，蘇聯情報單位一定很清楚東歐人民會作何感想。[24]但他隨即冷靜下來。他和其他新上台的領袖一樣，在新德國承認歐洲戰後邊界之前並不想觸怒蘇聯。他避免給蘇聯領導人製造政治難題。如果戈巴契夫在莫斯科倒台，誰知道會出現什麼樣的政府。這些反共運動的領導人都同情蘇聯境內的分離主義運動。但除了幾個波蘭政治人物去訪問基輔和維爾紐斯之外，他們都沒有積極協助這些蘇聯共和國的人民陣線。

蘇聯參謀總長莫伊謝耶夫對哈維爾講的話表示抗議：「我們可不是能讓人這樣和我們講話的二流國家。」接下來輪到謝瓦納茲發脾氣：「四年前就告訴你們匈牙利、捷克斯洛伐克和波蘭的狀況了。什麼，難道情報單位都沒有向你們報告嗎？你們一點都不知道我們遲早要離開嗎？你們為什麼沒有準備好要撤軍？」[25]戈巴契夫察覺到危機，小心地把所有政治領導人都拉進撤軍的決策過程。每一個政治局成員都要具名投票。[26]一九九〇年二月，蘇聯當局決定在一九九一年七月從匈牙利和捷克斯洛伐克撤軍。[27]

二月五日，黨的中央全會出現了批評聲浪。阿赫羅梅耶夫憤怒地講了話。[28]巴克蘭諾夫、札伊可夫和莫伊謝耶夫等幾個對官方政策不滿的帶頭者都被禁止發言。巴克蘭諾夫本來要譴責為何對美國軍事入侵巴拿馬默不作聲。他感嘆何內克可能要被傳到新德國的法庭受審。[29]札伊可夫本來想告訴中央委員會說：「我們的神聖責任是強化國防，要照顧陸軍和海軍那些用生命捍衛祖國的人。」他本來想說把軍人污名化簡直是犯罪行為。[30]莫伊謝耶夫也想批評對軍隊的忽視。[31]軍事工業部門率先對戈巴契夫發難並不令人意外。蘇聯軍隊是在駐在國的一片咒罵聲中倉促撤離的。一種被污辱的感覺在蘇聯蔓延。許多政治和軍事領導人都有同感。他們曾經追隨戈巴契夫，但現在覺得後悔。這時還沒有人帶頭領導，但他們不會一直沉默無為下去。[32]

布希和戈巴契夫有意在一九九〇年二月再開一次高峰會，貝克致函謝瓦納茲說有必要把馬爾他峰會達成的理解化為具體內容。[33]美國原本最關注裁軍問題，但美方很快就認識到東歐的動盪情勢才是首要之務，而德國問題又是重中之重。貝克先飛到莫斯科做預備性會談。

二月九日，貝克向謝瓦納茲解釋為什麼美國不贊同蘇聯要新德國同時退出北約和華沙公約，並保持中立。他強調，這是為了不讓德國人有發展核武的藉口。[34]他力促要簽署核子和傳統武力協議。他也重申阿富汗的納吉布拉必須下台才有望和平。他承諾說只要選舉是公平的，華府會承認尼加拉瓜奧蒂嘉領導的桑定陣線政府。但他也對蘇聯沒有停止援助古巴表示不滿。[35]謝瓦納茲拒絕了納吉布拉下台的要求，反對美國在巴拿馬的行動。[36]但貝克與戈巴契夫談這些問題時覺得頗有進展，他覺得戈巴契夫比謝瓦納茲有彈性。柯爾也認為蘇聯領導人就快要讓步了。[37]但這次會談沒有結論。[38]貝克力圖向戈巴契夫保證德國統一不會使北約的軍力往東邊擴張。[39]但他說服不了他。雙方在此關鍵時刻沒有交集。[40]

二月十日，貝克在最高蘇維埃的外交關係委員會發表演說。他先表示很榮幸能在「新蘇聯的國父們」面前演講，然後親切的向「我的朋友，外交部長謝瓦納茲」致意，說他和他的總統都「很希望『重建』能夠成功。」貝克說這都是為了「蘇聯人民」，也因為蘇聯的外交和國防政策已經「從根本上不像過去的史達林主義那樣威脅到美國人民」。他在談論冷戰時用的是過去式。

他誓言會協助釋放蘇聯在阿富汗的戰犯，撤銷「傑克森—范尼克修正案」。但他也強調美國從未承認蘇聯在二次大戰中兼併波羅的海三小國。他宣稱美國對巴拿巴總統諾瑞嘉的軍事行動是有合法基礎的。他也主張新德國要屬於北約。他認為蘇聯貸款給古巴、安哥拉、尼加拉瓜和柬埔寨不如拿錢去做別的用途，嘲笑說卡斯楚批評戈巴契夫比批評布希還要多。[41]他強調布希政府希望戈巴契夫的『重建』能夠成功，但作為前財政部長，他認為蘇聯領導人必須在計畫經濟和市場經濟之間做出選擇：「你們不能搞中間地帶。」雖然他很想幫忙，但美國保守派反對他鬆綁「出口管制統籌委員會」對於蘇聯貿易的限制。[42]

他的聽眾提出對聖戰組織、「傑克森—范尼克修正案」和美國軍事入侵巴拿馬的質疑。他們也要他解釋美國對蘇聯波羅的海共和國的政策。阿赫羅梅耶夫逼他要接受暫停核子試爆。而貝克寸步不讓，只答應要減少「出口管制統籌委員會」的科技出口限制。他也拒絕承諾會批准購買電腦許可證。他力主新德國要留在北約。[43]

戈巴契夫於同一天在莫斯科會見柯爾。他們同意德國應該平靜走向統一。柯爾報告了東德領導層在即將來臨的大選前所遇到的困境。貨幣不斷走貶，人民不斷往西德逃跑，政治派系互相激烈攻擊。整個局勢實在熱到危險。他強調雖然他想承認與波蘭和捷克斯洛伐克的現有邊界，但他必須確定德國民意會支持。他試圖說服蘇聯絕不會傷害到蘇聯的安全利益：「我們認為北約不應該擴張其活動範圍。」他指出他很理解戈巴契夫有責任向蘇聯人民解釋。這次意見交換相當愉快，戈巴契夫向柯爾致謝。[44]

第二天，也就是二月十一日，貝克和謝瓦納茲從莫斯科趕往在渥太華召開的「開放天空大會」（Open Skies Conference）。議程包括解除東西方旅行的限制。謝瓦納茲還想談德國問題，他和貝克在一天半之內有過六次討論。[45]貝克談到了德國統一的時間點時，謝瓦納茲說他必須先和政治局討論。[46]他告訴根舍說國家統一未必是大家都想要的目標。根舍表示戈巴契夫和柯爾已經在聯合公報中承認這個原則了，但謝瓦納茲及其團隊堅持德國的事必須慢慢來，他和貝克的共同聲明中也完全沒有提到「統一」這個字眼。[47]謝瓦納茲很得意自己的表現，說這是「渥太華的漂亮收穫」。[48]他在飛回莫斯科途中和外交部團隊開會討論。他認為德國需要一段長時間才能統一，不能即興而為。他要先確保有一個適用於整個歐洲的可靠安全架構。[49]

克留奇柯夫則從更廣的角度反對事態的進展。他在KGB給最高蘇維埃主席戈巴契夫的年度報告中主張，首要之務是要弄清楚「敵人的軍事—戰略圖謀」。儘管美蘇外交最近很熱絡，KGB還是有責任要找出「（美國）準備突然發動核子飛彈戰爭的蛛絲馬跡」。[50]對蘇聯境內的「民族主義分子、反社會主義分子和極端勢力」要持續監控，但克留奇柯夫也說KGB已協助平反了在一九三〇年代和一九四〇年代被鎮壓的八十三萬八千六百三十名蘇聯公民。[51]其他還有一些ＫＧＢ傳統工作要做。ＫＧＢ持續為蘇聯的軍事需求進行科學和工業間諜活動（克留奇柯夫顯然認為這種需求比蘇聯消費品的欠缺更重要）。ＫＧＢ聲稱ＣＩＡ利用《中程核子飛彈條約》所規定對於蘇聯軍隊的查核機制派了幾百名特務到蘇聯。他也警告說外國企業正在利用莫斯科新冒出的一些合作社牟利，還提到波羅的海共和國已出現憲政危機。[52]

二月二十八日，布希打電話給戈巴契夫告知他和柯爾的會談內容。美國和西德都認為新德國應該留在北約。戈巴契夫反對，布希則試圖說服他，承諾東德將保有特殊獨立地位。他覺得蘇聯這邊有意願繼續談判。[53]但戈巴契夫還是表示非常擔心。柯爾依然沒有宣布會接受歐洲戰後的邊界。除非波昂改變態度，戈巴契夫不認為會有什麼進展。[54]

到了三月，隨著批判他的政治聲浪越來越大，戈巴契夫讓最高蘇維埃把他的頭銜從主席改為總統，試圖提升他的地位。這個方案根本沒問過選民就通過了。最高蘇維埃按他的要求照做，但這種順從只是掩蓋了領導層的裂痕。與此同時，葉爾欽正在捲土重來。他在斯維德洛夫斯克（Sverdlovsk）贏得俄羅斯人民代表大會的席位，又進一步當上俄羅斯最高蘇維埃主席，儘管戈巴契夫恐嚇代表們不得投票給他。葉爾欽能吸引不滿政治局的各路人馬的支持。他以俄羅斯這個蘇聯最大的共和國為基地削弱戈巴契夫。這一點在六月十二日俄羅斯國會通過主權宣言時成為現實。沒有人知道接下來會如何，但俄羅斯可能很快就會有獨立的內政政策，甚至在國際關係中代表自己。戈巴契夫真的要很擔心。

蘇聯的共和國一個接一個出現民族主義運動，其通常的組織型態是「人民陣線」。這些陣線的共同特性是不信任莫斯科的政治領導層。他們匯集了多種不同的民意潮流，甚至吸引了地方共產黨員。他們最初興起於立陶宛、拉脫維亞和愛沙尼亞，很快就遍及俄羅斯以外的各共和國。戈巴契夫的改革促成了他們的成立，現在得面對他們挑戰他的權威。

貝克和謝瓦納茲在三月份再度會談，兩人當時正出席慶祝納米比亞獨立。謝瓦納茲表示蘇聯領導層認為讓德國在世界政治採取中立地位是很危險的：「這會成為大問題。」他承認：「我們不知道問題的答案是什麼。你我要多討論這個問題，我們的總統也要多討論。」謝瓦納茲表示，克里姆林宮贊成在蘇聯撤軍後讓美國軍隊繼續留下來。他雖然對柯爾有信心，但還是擔心未來的政府——也許是政治上極右派的政府——會關閉美軍基地。[55]謝瓦納茲最後悲觀的說：「是的，我們可以處理經濟，雖然很困難，但民族問題是另一回事。」[56]。貝克看出蘇聯的政治危機，察覺到戈巴契夫和改革派還沒有「劃出底線」。[57]謝瓦納茲幾天後又和根舍在南非會談，強調蘇聯反對任何北約東擴的圖謀。去年的革命打破了幾十年來的戰略平衡，莫斯科有很多人批評共產主義傳統被拋棄。謝瓦納茲警告說「重建」可能會突然被中斷。如果「重建」完蛋，蘇聯可能會換獨裁者上台。根舍打趣說，謝瓦納茲講話像個西方的鷹派。[58]

三月十八日，按照柯爾的要求，東德舉行了大選。共產黨以民主社會黨的名義參選。如同在歐洲其他地方，不管是東歐或西歐，他們知道「共產黨」這個詞在選民心中是毒藥。然而民主社會黨的選舉結果只拿到第三名。一些由前異議分子組成、希望延緩兩德統一進度的政黨也潰不成軍。基督教民主黨所帶領的政治聯盟獲得大勝，黨魁洛塔．德梅基耶（Lothar de Maizière）取代莫德洛成為東德總理。[59]

戈巴契夫不能只處理德國問題。莫斯科的政局亂成一團。總參謀長莫伊謝耶夫和中央委員會書記巴克蘭諾夫認為蘇聯放棄太多戰略性核子武器。為什麼蘇聯要銷毀的飛彈比美國多？在三月十日的「五巨頭」會議中，莫伊謝耶夫在謝瓦納茲缺席的情況下對他發動批評。[60]巴克蘭諾夫致函戈巴契夫說裁減百分之五十戰略性核武的方案是錯誤的，他很遺憾領導層已不再把軍力對等當成官方目標。戈巴契夫把這些意見都交由札伊可夫領導的政治局小組去處理。一如既往，他要大家集體負責。札伊可夫認為巴克蘭諾夫是在批評他近來的工作。三月三十日，札伊可夫再度召開「五巨頭」會議，在戈巴契夫建議下聽取了巴克蘭諾夫的主張，但完全不改變政策。會議結論強調要採取「建設性的方式」和美國對話。[61]在莫伊謝耶夫支持下，巴克蘭諾夫批評戈巴契夫任由國防崩潰。他要求把他的意見單獨留下紀錄，不要和「五巨頭」其他人攪和在一起。[62]

為了安撫批評聲浪，戈巴契夫派阿赫羅梅耶夫帶團到華府和美方工作小組會談。阿赫羅梅耶夫最近表達過對「重建」的憂慮，他說：「美國人七十年來都想要毀掉我們的聯邦，他們終於達到目的了。」外交部副部長別斯梅爾特內赫則說：「不是他們毀掉的，而是我們自己。」[63]

政治局還是通過了「五巨頭」的建議，強調要新德國退出北約。謝瓦納茲則對美方最近一些說法提出抗議，包括私人企業投資蘇聯的條件。[64]戈巴契夫寫了一封信讓謝瓦納茲轉交布希，準備要簽署戰略性核武減半的雙邊協議。[65]謝瓦納茲很高興總體政策路線得到確認，出發前往美國。但他覺得必須向貝克表明蘇聯這邊越來越不喜歡被迫做決定。他們的談話氣氛比起之前較不友善。[66]貝克重申反對蘇聯涉入古巴以及納吉布拉在阿富汗繼續掌權。謝瓦納茲回說外國強權不該把其他國家領袖拉下台。這些都是慣常的意見交換。但當貝克提到有兩三個華沙公約國家贊成讓新德國加入北約時，謝瓦納茲被激怒了，要求蘇聯一定要參與決定過程。[67]

但他也表示了克里姆林宮的立場並不是不能改變。[68]批評謝瓦納茲和戈巴契夫的人擔心他們會做出太多退讓。此時又有一件蘇聯與過去東歐盟國的交易曝光，讓事情雪上加霜。莫斯科曾經出售SS－23飛彈給保加利亞、東德和捷克斯洛伐克。謝瓦納茲請美方要相信他和戈巴契夫。他在四月六日華府的記者會上聲稱他們兩人都不知道這個軍售案，還說蘇聯有嚴格遵守《中程核子飛彈條約》。[69]但阿赫羅梅耶夫批評了謝瓦納茲的說法。他說戈巴契夫和謝瓦納茲對軍售案一直都知情，他猜測謝瓦納茲是臨時信口開河，因為他還沒收到外交部的報告。一個月後，阿赫羅梅耶夫有機會在美國參議院軍事委員一吐不快，他認為他的演講總算洗清了蘇聯軍方的污名。[70]

在飛回莫斯科途中，阿赫羅梅耶夫表現出他對談判走向的強烈不安。謝瓦納茲察覺出危險，試圖拉攏他但徒勞無功。阿赫羅梅耶夫只是一語不發地坐在位子上。[71]

謝瓦納茲知道阿赫羅梅耶夫是對的，美國人確實是要求蘇聯比他們銷毀更多戰略性飛彈。[72]阿赫羅梅耶夫已經是蘇聯軍方高層中最好說話的，戈巴契夫和謝瓦納茲還得說服其他立場更強硬的軍方將領說戰略準備只要在國防上足夠就好。但這種說法能說服由約翰．葛倫率領的美國參議員訪問團，卻難以說動自己的總參謀部。[73]

這時候，西德告知美國他們會公開承認歐洲現行的邊界，讓情況出現了曙光。[74]柯爾終於達到了要求。切爾尼雅耶夫和謝赫納札羅夫建議戈巴契夫讓德國自己決定其憲法和軍事方向。法林的看法完全相反。他以一九四一年的事警告說新德國可能再度與俄國對抗。他在四月十八日呈送一份備忘錄給戈巴契夫，力主要逼德國人退出北約。[75]戈巴契夫則說處理德國統一最保險的方法是讓她同時參加北約和華沙公約。[76]謝瓦納茲警告根舍不要操之過急，因為隨著民眾對經濟越發不滿和最高蘇維埃及媒體對戈巴契夫的批評越演越烈，戈巴契夫是有可能下台的。換上一個新政府，他說，可能不會接受柯爾總理的要求。[77]貝克終於了解到由雷根建立的合作架構可能崩解。他認為謝瓦納茲是不可或缺的合作對象，要手下官員轉達他對蘇聯外交部多年來的成就表達「最深的感謝」。[78]謝瓦納茲則要貝克放心：「我不會去爭論我們哪一邊讓得比較大方。」[79]

然而國際局勢依然充滿不安。美國和英國向蘇聯外交部抗議蘇聯正在非法製造生物武器。政治局的專家保證蘇聯科學家的研究只限於防衛性質。[80]但美國和英國都不相信。五月十四日，馬特洛克大使和布萊斯威特大使告訴副外長別斯梅爾特內赫說莫斯科必須立刻停止這個計畫。布萊斯威特強調札伊可夫從頭到尾都知情。[81]馬特洛克還說貝克在下次碰面時會和謝瓦納茲提出這件事。[82]

札伊可夫報告說確實有一項研究計畫正在進行中，違反了一九七二年生物武器公約。但他爭辯說蘇聯是發現北約國家繞過條約把生產設備放在第三世界國家以後才開始進行的。在一九八九年科學家伏拉迪米爾．帕謝奇尼克叛逃把消息告訴英國政府後，蘇聯的計畫就暫停了。札伊可夫向戈巴契夫和謝瓦納茲保證說，已經準備好在一九九〇年開放實驗室供人查驗。[83]在西方壓力下，這個計畫決定中止，化學武器的生產也停止。美蘇雙方同意在二〇〇二年之前銷毀所有庫存。總參謀長莫伊謝耶夫勸阻說蘇聯欠缺必要的銷毀設備。[84]「五巨頭」建議說要為此事籌劃好經費。[85]

有關此事的討論都是秘密進行，因為美國和英國不想傷害到戈巴契夫。但不是所有西方政客都這麼老練：美國國防部長錢尼就公然預測戈巴契夫地位不穩，可能被敵視西方的人取而代之。[86]他還是很擔心蘇聯的軍事威脅。[87]他講出布希政府中許多人一直擔心卻不好意思說出口的事。蘇聯領導人意識到質疑聲浪越來越大，謝瓦納茲請根舍要了解戈巴契夫正面對嚴重問題。[88]蘇聯在一九四五年打敗第三帝國後成為超級強國，蘇聯人民不會原諒現任領導人喪失超強地位。謝瓦納茲在五月一日與貝克會面，提醒貝克要知道蘇聯人民犧牲多少生命才打敗納粹德國。他強調反對「重建」的人會用德國問題來為難戈巴契夫。[89]西方國家面臨的選擇是：不是好好和戈巴契夫打交道，就是讓他的敵手把他幹掉。賭注非常之高。

五月三日，貝克在布魯塞爾的北約理事會中說明了美國的目標。他強調原定的裁軍計畫並不表示美國會從歐洲完全撤出核武和傳統武力。他強調這些東西對「歐洲的長期穩定」至關重要。他也宣布說，本著和解的精神，布希將取消好幾個美軍戰略武器現代化計畫。他提到華府越來越擔心莫斯科的緊張局勢。他很遺憾戈巴契夫沒有快速推動市場經濟。他不知道要怎麼幫助愛沙尼亞、拉脫維亞和立陶宛而又不把戈巴契夫逼入死角。貝克說他對戈巴契夫繼續掌權依然樂觀，儘管莫斯科對他的批評聲浪越來越大。他希望蘇聯領導層能認清讓新德國留在北約是符合大眾利益的。[90]美蘇之間還有很多事情要談。德國東部邊界已經沒有爭議，但幾個月爭吵下來，大家對歐洲軍事安全的藍圖還是沒有共識。要結束冷戰還是有風險。

第三十八章
新德國

蘇聯的經濟在崩潰邊緣，但布希明白反對直接提供貸款援助，英、法、加也口惠而實不至，只有柯爾提供50億馬克的貸款。戈巴契夫因為對德國讓步太多，飽受國內的批評。

美國政府對於如何打破僵局毫無方案。戈巴契夫也想不出新點子，他手上已無牌可打。他已經承諾要從東歐撤軍，現在放棄只會在全世界丟掉政治信用。他還要靠美國人合作才能用裁軍協議來節省開支。蘇聯的財政就快崩潰，急需外國援助，戈巴契夫打算向資本主義國家求援。他在一九九〇年夏初派出官員請求緊急貸款。[1]

美方要他接受美國對歐洲未來政治和疆域的主張。他們開動外交機器要說服戈巴契夫接受他們對德國問題的看法。統一過程已被延緩，因為西德不肯承諾未來將不准北約部隊在東德領土上活動。貝克致函根舍，要求他要做出明確宣示好安撫蘇聯的反對派。他說華府和波昂一定要合作緩和氣氛。[2]貝克在五月十一日與戈巴契夫在莫斯科會談，德國問題是最重要的議題。他們還談到如何縮減傳統武力的規模。戈巴契夫想用漸進的方式在九年內完成。他還認為要再花三年才能達成協議。他希望北約和華沙公約在數量上對等，雙方只能保留不超過一百三十五萬名部隊和兩萬輛坦克。[3]柯爾的特助提爾施克在五月十四日飛往莫斯科機密會談。雷日科夫毫不掩飾地談到即將來臨的經濟災難。他請求西德以為期十五年的貸款提供財政援助。

提爾施克帶來了幾位銀行界巨擘。[4]德國統一問題和蘇聯經濟安全的問題交纏在一起了。

但戈巴契夫和柯爾必須當面談好才行。提爾施克說戈巴契夫提議可以在他家鄉斯塔夫羅波爾會面，還說他需要五十億德國馬克的貸款。[5]柯爾利用這個機會飛到華府，一對一看看布希意見為何。布希重申他不認為直接金援蘇聯有什麼道理。柯爾很為難，說：「我的問題是我們是要幫忙他，還是要看到另一個人（在莫斯科掌權）。」布希遲疑地回答說：「也許吧，但我不知道誰會取代他或經濟會變成怎麼樣。」[6]柯爾覺得他得自己採取主動。提爾施克聽史考克羅夫說貝克和謝瓦納茲在德國問題上毫無進展。[7]西德想打破僵局，柯爾加大力道說服銀行團滿足戈巴契夫在一九九〇年七月中的要求。[8]根舍在下一次和謝瓦納茲會談時使盡渾身解數要說服他。他奉承的說：「你們是超級強國，我們只是一個分裂的小國！」謝瓦納茲苦笑回說：「你實在太謙虛了。」[9]他和戈巴契夫都認清了雖然西方國家急於要解決德國問題，卻不願意對蘇聯經濟施以援手。

戈巴契夫心知肚明地前往美國與布希舉行高峰會。他知道會受到總統熱烈歡迎。布希曾對柯爾說：「媒體都說我很愛戈巴契夫。這也許是對的。因為我見過其他人。你見過雅佐夫吧？如果你叫人照蘇聯將軍的刻板形象選角，他們會給你雅佐夫。」[10]雙方在一九九〇年五月三十一日先於白宮舉行會談，之後轉往大衛營。布希想讓戈巴契夫把他當朋友。他在大衛營問戈巴契夫要不要開一下高爾夫球車。戈巴契夫興高采烈道：「為什麼不呢？我可是農場技工出身。」他太大力踩油門差點撞到樹。他開玩笑說：「希望我不要被指控意圖謀殺美國總統。」戈巴契夫也嘗試了健身飛輪。他已經好多年沒有鍛鍊，覺得太累而改踩腳踏車。布希則踩完他的里程數，氣氛從頭到尾都很輕鬆。[11]

他們討論了許多在馬爾他峰會時的老問題：立陶宛、古巴、德國。布希說他能了解對於為了打敗第三帝國而喪失好幾百萬條性命的蘇聯人民來說，實在很難平靜看待東歐當前的變局。但他也請戈巴契夫要了解他在立陶宛問題上的政治難題。戈巴契夫說他一定要對蘇聯經濟做改革，布希說：「你一定要貫徹到底，不然不會有效果。」他說：「這就像懷孕一樣，你不可能只有稍微懷孕。」戈巴契夫立刻回應說：「是的，你也不可能懷孕一個月就生寶寶。懷孕要九個月，你還得小心不要中途流產。」這番話打動了布希。[12]但他還是不能答應戈巴契夫想要的貿易協議。他再三重申「凡尼克—傑克森修正案」還沒有被撤銷。戈巴契夫對此「大為惱怒」，警告布希說如果沒有外國資金，蘇聯將出現「大災難」。[13]這是他第一次這樣講話。他在馬爾他時是東歐解放的促成者，現在是焦急的求助者。

戈巴契夫要法林幫忙向美方說明為什麼東德對蘇聯非常重要。戈巴契夫和謝瓦納茲在這時出現了裂痕。法林後來聲稱戈巴契夫跟他說：「我們不聽愛德華（謝瓦納茲）是對的。當然，我們很難算到具體會發生什麼，但美國對德國在北約的會籍一定有備案。」[14]然後戈巴契夫和布希在沒有幕僚在場的情況下達成重大妥協。他們同意，如果兩德人民都贊成新德國留在北約，蘇聯會接受；但若結果正好相反，美國也會尊重德國人民的決定。[15]戈巴契夫的立場轉變出乎布希意料，他可以想像阿赫羅梅耶夫和法林將難以接受。他把雙方所同意的內容再講了一遍，戈巴契夫重申如果新德國決定不留在北約而成為中立國，他會加以尊重，然後布希也確認他贊同這個立場。阿赫羅梅耶夫和法林開始嘀咕起來。謝瓦納茲拉了拉戈巴契夫的衣袖拚命比手勢。戈巴契夫突然意識到自己已經越線，連忙收回剛剛的說法。蘇聯代表團在美國人面前分裂了——這在高峰會是沒有過的事。[16]

戈巴契夫想把談判工作交給謝瓦納茲和貝克去進行。謝瓦納茲通常都很配合，但這次不同。他原本回說兩位總統得先確定立場才行，但看到戈巴契夫心力交瘁的模樣，他又改變心意。謝瓦納茲和貝克用模糊的字眼交代了德國問題，講得不清不楚。[17]布希覺得戈巴契夫雖然比幾個月前要有彈性，但還是無法在書面上敲定。看得出來如果戈巴契夫讓步，他在莫斯科會受到危險的攻擊。

六月七日，華沙公約的政治協商委員會在莫斯科的奧克提亞巴斯卡亞飯店（Oktyabrskaya Hotel）召開，戈巴契夫出席說明蘇聯的政策。捷克斯洛伐克的哈維爾說：「這是我第一次在這個總是在頌揚蘇聯領袖的場合講話。」戈巴契夫說明為什麼要重新簽訂華沙公約的理由：「我們已經向把我們這些國家和人民帶到死胡同的模式告別，而基於每個國家的獨立選擇，我們走上了新的發展道路。」[18]他歡迎東歐的革命：「他們大致上是以民主和文明的方式進行的，我們並不認為這些改變有害蘇聯的根本利益。」[19]他主要擔心的是德國問題。他主張德國應該脫離兩大軍事集團之外，最多只能同時成為華約和北約的非正式成員。[20]（布希曾私下說這是「荒唐的想法」。）[21]戈巴契夫肯定美國軍隊是維持西歐穩定的力量。而他要保留華沙公約的主要理由是把它當作維持整個歐洲安全的政治機構。[22]會議最後宣言強調要由「權利平等的主權國家」來培養合作共識。[23]

該月末，柯爾取得波昂和東柏林兩德國會的支持，承認了戰後與波蘭的邊界。[24]為此他做了好幾個月的說服工作。他降低了東歐對新德國可能採取擴張主義的疑慮。但他也在無意間降低了東歐對戈巴契夫的需要——華沙公約組織已沒有繼續存在的理由。

戈巴契夫早期的對外政策都是直線推進，鮮少迂迴，現在則被批評是不斷在原地打轉。到了六月中，中央委員會書記巴克蘭諾夫再也按捺不住，向媒體表示他很擔心在裁軍談判的讓步。[25]領導層的裂痕浮上了檯面。蘇共中央國際部的法林曾經懇求戈巴契夫要對柯爾強硬未果，現在也不肯再保持沉默。七月十九日，他告訴布萊斯威特大使說在柯爾下台後，德國政治人物一定會討回一九四五年被波蘭拿走的領土。法林幾乎情緒失控。他推測德國會用到時候可能已經獨立的白俄羅斯和烏克蘭的土地來補償波蘭在戰後喪失的東部領土。[26]這既顯示法林已經脫離現實，也顯示蘇聯的新政局讓法林和其他戈巴契夫的批評者可以自由表達意見。蘇聯領導層必須趕緊與新德國達成穩固的解決方案，好專注在自己的政治、經濟和民族問題。

七月五日，北約在倫敦召開為期兩天的高峰會。只要盟國同意，美國希望把在歐洲的駐軍留得越久越好，但駐軍規模將會縮小。布希取得盟國同意他「大幅減少對核武的依賴，尤其是短程核武」的方案。這比雷根的裁軍雄心小了很多。最後的聯合公報強調「除非作為最終手段」，北約已不再需要動用核武。[27]

一九九〇年七月十日，G7在德州休斯頓舉行高峰會，最重要是討論戈巴契夫所要求的金援。柯爾和布希在整個夏天都在交換意見。戈巴契夫表示急需援助，他希望能有一個多國的金援方案讓他能進口急需的民生消費品給蘇聯人民，他還要求柯爾直接貸款五十億德國馬克，並表示他會有所回報。[28]柯爾認為蘇聯領袖是在暗示如果德國馬克能挹注蘇聯的預算，蘇聯就可能讓步。他不想放棄這個大好機會。他在高峰會前夕與美國總統在休斯頓的莊園酒店會談，想說服布希同意幫忙戈巴契夫。但布希不為所動。他認為蘇聯還沒有進行必要的經濟改革，也沒有停止支持卡斯楚。但他可以理解柯爾的立場以及為什麼一定要提供金援。他答應不會擋他的路。至於柯爾自己和莫斯科的協議，布希只說「那是德國總理自己的事」。[29]

布希並沒有拿「傑克森—范尼克修正案」當藉口。有些國家領袖覺得他太粗魯，但柴契爾夫人表示贊成。[30]她反對提供貸款，只同意提供顧問和專家。密特朗希望能用一些實際行動來幫助戈巴契夫，但也沒說要做什麼。漫無章法的討論讓柯爾很擔心，他警告說全世界正面臨重大挑戰，蘇聯正急需援助來開放經濟。他批評說這場高峰會把戈巴契夫的要求當成是來自剛果。柯爾強調戈巴契夫在人權問題上做了很多，而中國的人權紀錄奇差無比，卻正在接受西方援助。他請布希解釋為什麼會有這種差別，布希回答說：「中國和蘇聯並不是一回事。」加拿大總理穆爾羅尼說他願意援助，卻沒有說要怎麼做。日本首相海部俊樹則反對提供貸款。[31]

蘇聯領導層的局面堪稱可悲，戈巴契夫也不是唯一知道大難臨頭的人。主管經濟的雷日科夫警告說如果沒有外援，六個月內一定會破產。[32]雖然他並不主張全面轉型為市場經濟，但他支持用任何手段拿到外國貸款。而當部長會議對經濟感到絕望時，總參謀部也對國際安全感到悲觀。東歐革命讓蘇聯再也沒有真正的盟國。這些國家沒有大規模從華沙公約出走只是因為害怕新德國和莫斯科的政治動盪。北約秘書長溫納爾夏天到訪莫斯科時，莫伊謝耶夫毫不掩飾地表示華沙公約組織再也沒有軍事價值。[33]

戈巴契夫知道他要為軍事和經濟困難負起絕大部分責任，決定採取激烈手段。他很清楚柯爾的立場與眾不同，邀請他在七月十四日到莫斯科和斯塔夫羅波爾展開會談。柯爾一行人知道將有大事發生。[34]西德這邊興奮不已，財政部長魏格爾（Theodor Waigel）也確認政府將提供五十億馬克的貸款。[35]但德國統一問題呢？法林上呈一份備忘錄給戈巴契夫，力主要強硬要求德國以邦聯的型式達成統一，好讓東德繼續留在華沙公約。[36]戈巴契夫在七月九日到十日和他在電話中談到半夜。法林說柯爾的作為讓人想到希特勒在一九三八年對奧地利所為，戈巴契夫喪氣地說：「我會盡力而為。但我怕火車已經要出站了。」[37]法林見識過戈巴契夫在大衛營的混亂表現，一直認為戈巴契夫對柯爾太過軟弱（就算戈巴契夫知道法林和提爾施克拙劣的接觸過程，他也假裝不知道）。法林有可能帶頭反對德國統一問題，後果將非常嚴重。

柯爾在七月十四日抵達莫斯科。他和戈巴契夫處得極好，戈巴契夫感謝他提供五十億馬克的貸款，他則說這是方向正確的「一步棋」。他們同意世界政治正進入新階段。戈巴契夫不顧政府的禁酒令，向客人敬了一杯伏特加（他說這是很環保的產品）。有趣的是，這讓雷日科夫想到德國和蘇聯可以合夥搞釀酒業。[38]然而戈巴契夫還是不肯讓德國在統一後屬於北約。柯爾說除非戈巴契夫同意這件事，否則不會和他往南到阿克希茲（Arkhyz）。戈巴契夫並沒有表示反對，柯爾認為這就是默認了。[39]這趟阿克希茲之旅氣氛友好，成果也很豐碩。戈巴契夫是模仿美國人的手法在熟悉的環境中非正式交換意見，以此尋求外交突破。隨行的有謝瓦納茲、根舍、雙方的財經部長魏格爾和西塔爾揚（Stepan Sitaryan）。萊莎也同行。柯爾帶著提爾施克同行，切爾尼雅耶夫則決定留在莫斯科：他覺得心灰意冷想退休，雖然這是個重大歷史時刻。[40]戈巴契夫和柯爾一道吃飯聊天。這是兩人第一次愉快相處，戈巴契夫對結果相當滿意。

兩大領袖達成了重大協議。戈巴契夫同意了柯爾的德國統一方案，包括新德國要屬於北約。柯爾很高興，他回報戈巴契夫說波蘭人不需要擔心他們西部邊界。總理希望能趕快和波蘭政府簽訂條約，還承諾說以後將不准北約軍隊在即將消失的德國民主共和國範圍內活動。為了加強互信，西德還將負擔蘇聯撤軍的花費。除了原本答應的五十億馬克之外，魏格爾將為此再籌二十億馬克。[41]波昂也不會太過著急。柯爾同意蘇聯軍隊可以再用三、四年來完成撤軍。德國將放棄製造核武、化學和生物武器的權利，把軍隊人數降到三十七萬。[42]柯爾的貸款在這個協議中扮演關鍵角色：戈巴契夫聽雷日科夫說過沒有外援就會預算崩潰。[43]休斯頓高峰會讓蘇聯領導層大失所望，戈巴契夫必須絕地求生，在俄國南部達成的這項協議已是他所能想到的最佳方案。

萊莎覺得她丈夫可能無法拿到蘇聯所需要的正式承諾。她把根舍拉到一邊，沉重地要他發誓會遵守在阿克希茲的諾言。根舍握住她的手說，雙方都已「從歷史學到教訓」。他向她保證一切都會很好。[44]

這件事戈巴契夫只有和謝瓦納茲討論過。他們兩人都很不滿在一九七九年被排除在政治局討論之外就決定入侵阿富汗。[45]政治局沒有像處理阿富汗那樣成立德國小組（甚至連葉門都有專門小組）。[46]戈巴契夫從未解釋他的態度為何大轉彎。謝瓦納茲當時對幕僚所言也許最接近真相。他和戈巴契夫在柯爾到訪前就考慮要改變政策了。溫納爾給他們的保證加強了他們的信心。謝瓦納茲說蘇聯軍隊在德國領土上很容易被攻擊。一個意外事件就可能引爆軍事衝突。戈巴契夫和謝瓦納茲無論如何都要堅持和美國政府和解的路線，不能和布希翻臉。謝瓦納茲坦承柯爾的金援很重要。至於蘇聯的權威會因此喪失殆盡，他強調不管蘇聯想要怎樣，兩個德國都還是會統一。如果不打仗，莫斯科根本無力阻止統一。柯爾可以說「你們自己去死吧」，然後連金援都沒有了。[47]

七月十七日，布希打電話問柯爾在阿克希茲的事。柯爾對戈巴契夫的表現大為興奮：「他簡直是破釜沉舟。」[48]他跟布希說他有向戈巴契夫警告蘇聯要自己做經濟改革，否則不會再有金援；他不想顯得自己給莫斯科空白支票。[49]同一天，布希又打電話給戈巴契夫說休斯頓的G7高峰會一致贊成要援助蘇聯。[50]戈巴契夫心知這根本只是口惠。他批評有些美國人說提供援助只會延緩蘇聯轉型為市場經濟。他維持住尊嚴，沒有乞求任何東西。[51]

戈巴契夫擔心蘇聯人民的反應。東歐變局雖大，但無法和德國問題相比。自一九四五年以來，幾代蘇聯人民都被教育說第三帝國被打敗後的領土劃分是不可變動的。就連改革派也被動搖了。外交部的阿達米申寫道「這就像世界末日」。[52]阿達米申後來指責戈巴契夫造成了「大混亂」，把德國民主共和國便宜地奉送。[53]五十億馬克的貸款對柯爾來說實在是小數目。雅可夫列夫也認為應該事先仔細考慮，不能讓蘇聯軍隊蒙羞。[54]普利馬克夫也說戈巴契夫只和柯爾達成口頭協議是犯了低級錯誤。[55]如果戈巴契夫在外交上能專業一點，他會堅持要白紙黑字寫清楚。整個莫斯科都覺得戈巴契夫在阿克希茲是腦袋不清。

阿克希茲並沒有談到新德國的東邊鄰國。在年初的時候，戈巴契夫以為貝克已經承諾北約不會東擴。貝克確實說過美國會「考慮」，但沒有簽下任何東西。戈巴契夫在阿克希茲沒有逼柯爾答應此事，事後也沒有逼美國保證在德國統一條約中寫進這一點。幾個前華沙公約國家在一九九〇年代加入北約時，*戈巴契夫的支持者都後悔當初遺漏了這一點。[56]

在阿克希茲之後的幾個星期中，戈巴契夫相信他達成了歷史性的協議。他只對細節要再考慮一下。他比較擔心美國人而不是德國人。他決定如果蘇聯駐軍要離開德國領土，美國駐軍也應如此。謝瓦納茲在七月二十二日飛到柏林和貝克會談。他向國務卿說明戈巴契夫在莫斯科面臨的政治困境。貝克了解「重建」的困難。他和謝瓦納茲處得很好，喜歡和他合作。但政治是冷酷的。貝克爭辯說美國軍隊留在德國是德國人同意的，應該由德國人而不是外國人來決定。[57]既然戈巴契夫和柯爾已達成協議，就要自己承受後果。布希政府不會對如此重大事項讓步。如果戈巴契夫難以接受美國駐軍，那他在阿克希茲和西德總理握手之前就應該把話講清楚。

戈巴契夫持續和柯爾通電討論蘇聯駐軍回國一事。柯爾提出如果雙方達成可行的方案，他會付更多錢讓軍人分配住房。[58]戈巴契夫更大的圖謀是拉德國人來拯救蘇聯經濟。柯爾回應得很積極。他在九月十日說他可以再提供五年的無息貸款，承諾會交由財政部長魏格爾和副總理西塔爾揚來敲定細節。[59]到了十一月，戈巴契夫又向德國總統理查．馮．魏查克（Richard von Weizsacker）要求再貸款兩百億馬克。[60]魏格爾說他已經批准兩百四十億馬克援助蘇聯了。[61]

九月二十四日，德國民主共和國將退出華沙公約的消息披露後，震撼了莫斯科的人民代表大會。外交部必須解釋為什麼事先沒有通報。柯瓦廖夫在代替謝瓦納茲出面說明前先問了戈巴契夫的批評者法林。法林說外交部在東德決定之前就知道了，也有知會戈巴契夫的幕僚長瓦雷利．鮑爾丁，但鮑爾丁卻沒有轉達訊息。柯瓦廖夫不能實話實說，只能對外表示沒有人會在離婚之前大肆宣揚。[62]西德政府此時正在對前東德領導人追究法律責任。在法林的建議下，政治局試著保護何內克，讓他和他太太躲在蘇聯軍醫院。[63]但柯爾竟然把前總理莫德洛抓上法庭。莫德洛是逼何內克下台的共黨改革派之一。戈巴契夫認為他是自己人，跟柯爾說他很失望。[64]但柯爾毫無回應。在統一之時，德國已不再是克里姆林宮的乞求者，而變成了她的最終債權人。

＊　一九九九年三月十二日，波蘭、捷克和匈牙利加入北約。

第三十九章
波羅的海三角

戈巴契夫堅信，波羅的海三小國合法地屬於蘇聯，也深信留在蘇聯在經濟上對這三小國是有利的。他願意做各種讓步，只要它們不獨立出去。但他嚴重低估了各國內部強烈的民族主義。

打亂華府和蘇聯來往的不只是德國問題。一九八九年夏，布希把「波羅的海自由日」列入美官方行事曆，以七月十四日來紀念史達林當年流放立陶宛、拉脫維亞和愛沙尼亞人民。美國一直支持這三個波羅的海共和國的獨立權利。一九三九年希特勒和史達林簽訂德蘇密約——克里姆林宮從來不承認這個密約存在——劃分東歐和中歐的勢力範圍後，波蘭被蘇聯和第三帝國瓜分，史達林又在一九四〇年一月併吞了立陶宛、拉脫維亞和愛沙尼亞。希特勒在一九四一年中入侵蘇聯後，這三國又被納粹占領，直到紅軍在一九四四年又回來，強迫她們成為蘇聯的共和國。美國和北約盟國一直抗議此舉殘暴及不合法，但沒有以實際行動制裁。兩大超強幾十年來都把波羅的海問題放在一邊。布希修改官方行事曆的作法似乎是改變了姑息立場。而在戈巴契夫看來，此舉是在威脅蘇聯的領土完整。

戈巴契夫告訴密特朗說白宮是在玩火。他批評布希及其官員是「意識型態多於現實政策」。密特朗安撫他說布希只是在平息保守派的批評。他認為只要布希和戈巴契夫開始接觸，這個誤會就會消失。[1]

幾乎所有蘇聯領導人，包括戈巴契夫在內，都認定立陶宛、拉脫維亞和愛沙尼亞天經地義就是蘇聯的共和國。他們否認這三國在兩次大戰期間曾經是獨立國家。他們認為波羅的海國家在一九一七年之前本來就屬於俄羅斯帝國，雖然這在國際法上站不住腳。戈巴契夫在一九八七年二月到愛沙尼亞和拉脫維亞去說明留在蘇聯的好處。他很肯定自己大有斬獲：「政治局勢和人民的情緒在原則上並不算很壞。」他在政治局說他聽到的主要都是在抱怨經濟計畫程序和住房問題。戈巴契夫讓愛沙尼亞黨委書記卡爾・瓦伊諾（Karl Vaino）和拉脫維亞黨委書記鮑里斯・普戈（Boris Pugo）繼續幹下去。他想對這次訪問中所遇到的人「激出實話」。他聲稱其中只有一個人咒罵不斷，而這個人是在監獄中關了三年的老兵。他承認低層官員不願接受批評，在掃除這種態度之前「重建」無法成功。但他說服自己說並不存在大規模的「敵對情緒」。[2]

戈巴契夫真心認為蘇聯各民族應該和諧共榮，他覺得太少愛沙尼亞和拉脫維亞的文學作品翻譯成俄文非常丟臉。他批評學校教育中對方言教學的限制，因為小說家瓦西里・貝科夫（Vasil Bykaŭ）告訴他說這個問題在這個地區很普遍，包括白俄羅斯在內。戈巴契夫相信改革能把事情改正：「美國把多少個民族放進熔爐？結果是完全同化！而我們提供了自治。我們要有具體的方法讓多種民族享有多種自治。只有香腸才能切得很平均。」[3]

謝瓦納茲沒有那麼樂觀。多年以來，他都對領導層處理這個問題的方式保持沉默。但當一九八六年十二月哈薩克因為新任一個俄羅斯裔的葛納迪・柯賓（Gennadi Kolbin）當第一書記而發生暴動時，他怒道：「什麼，他們到底了不了解哈薩克的民族主義？」[4]新任者是他在政治上的盟友，但謝瓦納茲看事情很客觀：哈薩克人恨極了共產黨在一九三〇年代對他們的所作所為。戈巴契夫任命柯賓太缺乏敏感度，但謝瓦納茲只對身邊人抱怨，沒有在政治局上講。他不肯插手

「民族問題」。他深怕如果他發聲，會因為自己是喬治亞人而受人非議。他把想法埋藏在心裡。

就連他的幕僚也不知道他一直都希望為他的祖國喬治亞和其他共和國爭取更寬廣的自治。[5]一九八八年二月，亞塞拜然濱海城市蘇姆蓋特（Sumgait）發生亞塞拜然人屠殺亞美尼亞人的慘案，謝瓦納茲大為震驚。[6]但他依舊保持沉默。戈巴契夫手握國內政策大權，民族仇恨不斷加劇。

KGB給戈巴契夫的報告讓領導人自滿，完全沒提到民意其實站在反共分子那邊。[7] KGB喜歡點出具體的敵人。不再受到干擾的自由歐洲電台呼籲立陶宛青少年不要理會入伍召集令。[8]梵蒂岡也一直製造麻煩。雖然梵蒂岡並沒有要求讓教宗出席立陶宛基督教六百年大典，但天主教會不放棄若望保祿二世能來的希望，莫斯科政府也收到許多請願。連西德的主教都提出這件事。立陶宛教區的神父鼓勵民眾在菜園裡插上木頭十字架。信徒們已不再害怕抗議蘇聯法律禁止向青少年傳教和教導聖經。[9]在「封閉城市」開放接受觀光客後，外國情報機關也派特工滲透進立陶宛多數地區。KGB斷定美國特工正在暗中「挑動生釁」。[10]

立陶宛成立了一個代表立陶宛人利益的人民陣線，名為「薩尤季斯」（Sajūdis，意為「運動」）。愛沙尼亞人和拉脫維亞人很快起而效尤。戈巴契夫派雅可夫列夫在一九八八年八月到維爾紐斯去做調研工作。「薩尤季斯」派出維陶塔斯・蘭茨貝吉斯（Vytautas Landsbergis）*等人去和他公開辯論。蘭茨貝吉斯要雅可夫列夫絕不能相信立陶宛的共黨領導人，這些人只想回復布里茲涅夫時代的政策。民族主義者為蘭茨貝吉斯叫好，雅可夫列夫冷靜以對，然後蘭茨貝吉斯表示他支持「重建」，但他要求以後不要再派俄羅斯人來當立陶宛共黨的第二書記。立陶宛人不歡迎現任的尼可萊・米特金（Nikolai Mitkin）。雅可夫列夫回答說：「如果我說得不對請糾正我，但我相信立陶宛人是有偉大文化的民族。我要請問你們批評米特金難道只是因為他是俄羅斯人？如果我被派來當立陶宛的第二書記，你們也要趕我走嗎？」群眾中有人喊道他們歡迎雅可夫列夫來當。

蘭茨貝吉斯高喊道：「你有一點說錯了：你才不會讓自己像聖誕禮物一樣被推給我們。」[11]雅可夫列夫的表現在莫斯科領導層中引起了批評。KGB副主席波布柯夫後來說雅可夫列夫習慣在克里姆林宮說一套，對亞美尼亞、亞塞拜然和蘇聯其他共和國的反蘇分子又說另外一套。[12]

雅可夫列夫說他只是代表政治局做工作。[13]他的報告強調波羅的海的知識分子都被激烈指控莫斯科的領導者所吸引過去。但他也表示，在維爾紐斯的集會中並沒有人使用反蘇語言。雅可夫列夫說他們主要是在批評莫斯科當局壟斷了生產決策權，甚至還訓令立陶宛的食物加工廠要怎麼煮可可豆。俄羅斯勞工大量湧入也引發不滿。也有人擔心立陶宛的英格那利納（Ignalina）拉尼雅核電廠，它和在車諾比爆炸的發電廠是一樣的設計。雅可夫列夫質疑波羅的海共和國的共黨領導人能否了解問題的嚴重性，他說這些人都冷漠、僵化、不容異見。[14]但他並不完全悲觀。他強調，「薩尤季斯」是一個意見紛歧的多層面組織，立陶宛分離主義者還沒有占據主導地位。他沒有提出具體建議，只說應該讓立陶宛人和拉脫維亞人更能自由出國。[15]

戈巴契夫堅持這個地區合法地屬於蘇聯。他的幕僚切爾尼雅耶夫試著說服他未必如此，但毫無作用。戈巴契夫願意做各種讓步，只要不搞分裂。立陶宛、拉脫維亞和愛沙尼亞的人民陣線越來越趨向獨立。在他們看來，他們只是在掙脫不合法的兼併，而不是在追求分離。政治局和戰兩

＊　蘭茨貝吉斯後來成為立陶宛從蘇聯獨立後首位國家元首，並擔任過立陶宛國會議長。

手的策略只是讓波羅的海人民更火大。

立陶宛共黨領導人阿爾吉爾達斯・布拉藻斯卡斯（Algirdas Brazauskas）*比雅可夫列夫想像的更激進。他贊成宣布民族獨立。戈巴契夫終於了解威脅的嚴重性。他在一九八九年一月二十四日告訴政治局說，他準備允許在愛沙尼亞、拉脫維亞和立陶宛實驗「民族經濟」和「民主」。他希望這麼做能避免蘇聯經濟的其他部分受到波及，他自我安慰的說「民族主義浪潮」並沒有影響到這個地區的工人和農民。他不准雅可夫列夫再去那裡。[16]這是為了保護他不受利加喬夫攻擊，而不是要貶抑他。他現在需要一個符合實際的行動方案。政治局成立一個小組——成員有雅可夫列夫、梅德韋傑夫和呂克雅諾夫（Lukyanov）——撰寫草案。他們主張用政治處理避免動武。只有在說服失敗後，政治局才考慮動用經濟制裁或提出立陶宛邊界問題（立陶宛在二次大戰結束成為蘇聯共和國時，這條邊界畫得對立陶宛較為有利）。[17]

美國政府呼籲克里姆林宮和立陶宛政府要和平解決問題。美國和戈巴契夫談判的意願要視他如何對待波羅的海人民而定。馬特洛克大使建議舉辦民族獨立的公民投票——美國願意對此提供協助。這對雅可夫列夫來說是欺人太甚，他知道只要公投下去獨立派就會贏。雅可夫列夫否認立陶宛是在一九四〇年和一九四四年被兼併。他說蘇聯在一九二〇年承認立陶宛獨立時，當時的情況「完全不正常」。他請馬特洛克要理解戈巴契夫很難和蘭茨貝吉斯對話，希望能把訊息轉達給白宮。他說雖然蘇聯領導人反對美國在巴拿馬和菲律賓的行動，還是願意和美國合作降低緊張。他們希望美國在愛沙尼亞、拉脫維亞和立陶宛問題上也能表現出克制。馬特洛克則重申一旦在立陶宛動用武力，美國將拒絕「繼續和蘇聯發展關係」。[18]

謝瓦納茲向國務卿貝克保證立陶宛的局勢已沒有那麼亂，也感謝美國沒有煽風點火。[19]他和布希見面時也再度談到這個議題，布希說他已飽受波羅的海流亡人士指責。布希重申要蘇聯領導層不動用武力解決危機。[20]

一九八九年四月的提比利斯血案†證明了蘇聯政權依然有殘暴鎮壓的能力。調查團前往調查，領導層害怕各共和國的政治火山一觸即發。政治局在五月十一日再度討論波羅的海問題。戈巴契夫說經濟困難被染上了民族主義色彩。他指責波羅的海的共黨領導人脫離工人群眾：「你們太不會利用機會。」[21]他承諾莫斯科只會最低程度介入：「這和聯邦中央、軍隊、國家機關和科學界的關係都不大。剩下的是各共和國自己的問題。」他希望和人民陣線合作。要在人民陣線中建立共產黨左翼。極端分子要繩之以法。[22]雷日科夫建議波羅的海的黨報要恢復刊登政治局成員的文章，不要再把人民陣線描寫成惡棍無賴。[23]戈巴契夫知道他低估了一些領導同志的憂慮，指派梅德韋傑夫——不是雅可夫列夫——到波羅的海共和國去。他自己也會去一趟：「現在需要行動。」他對愛沙尼亞、拉脫維亞和立陶宛的同志表示同情：「犯錯誤的都是他們的前任。但我們現在也不是全盤皆輸。」他樂觀的結論道：「立陶宛不會離開我們，我向你們保證。」[24]

戈巴契夫不顧現實，他是真心相信自己所說的話。七月十四日，他在政治局提出關於「民族問題」的新政策草案。這一次，謝瓦納茲意外提出激烈批評，他警告政治局說如果領導層再不修正對待民族問題的方法，「重建」必受其害。[25]

---

* 布拉藻斯卡斯是立陶宛共產黨最後一任第一書記，一九九三年立陶宛從蘇聯獨立出來後擔任首任總統，二〇〇一到二〇〇六年擔任立陶宛總理。

† 一九八九年四月九日發生在喬治亞首都提比利斯，一次反蘇維埃的遊行被蘇聯陸軍鎮壓，導致二十一死數百人受傷的事件。每年的四月九日現被定為「國家團結紀念日」。

謝瓦納茲說，戈巴契夫關於蘇聯聯邦結構改革的方案太過模糊。他認為要明確聲明維持蘇維埃聯邦。他質疑說，為什麼都沒提到列寧所講過的各共和國有自由退出的權利。他還提到這份草案沒有對民族主義下定義。他認為在局勢已然失控的時刻，這份草案太過老套和不合時宜。[26]謝瓦納茲對阿富汗問題也沒有講得這麼激烈。戈巴契夫對這位朋友兼盟友很不滿，問說是不是必要為這個問題召開一次中央全會。烏克蘭共產黨第一書記謝爾比茨基（Volodymyr Shcherbytsky）贊同謝瓦納茲，大家都知道他是布里茲涅夫的資深弟子。謝瓦納茲堅持己見。梅德韋傑夫想打圓場，建議可以針對新的聯邦條約舉行辯論。他表示很擔心俄羅斯會單獨成為主權國家，戈巴契夫也同意。[27]雷日科夫反對梅德韋傑夫想把權力下放給各共和國——「我覺得你們會把一切都毀掉。所以你們不該去波羅的海。」切布里科夫也說：「人民對波羅的海的觀感很負面。」[28]政治局接著又爭論了很久。由於戈巴契夫的草案是唯一被討論的方案，在沒有別的方案的情況下，決定送交給九月份召開的中央全會討論。[29]

戈巴契夫一直相信蘇維埃聯邦制度的好處。他在全會上提醒眾人，拉脫維亞的石油有百分之九十六是來自蘇聯其他地區。拉脫維亞自己的發電量只有百分之五十，化學產品生產量只有五分之一。波羅的海地區極度依賴其他蘇聯共和國。他同時也稱讚了立陶宛的電腦、電視和錄音機等產品。[30]

一九八九年十一月九日，就在柏林圍牆倒塌前幾小時，他向政治局報告他最近與愛沙尼亞和拉脫維亞代表的會談。雙方完全沒有交集。他們只願意談如何脫離蘇聯。[31]政治局不知道怎麼處理這個局面。俄羅斯共和國最高蘇維埃主席團主席沃羅特尼科夫（Vitaly Vorotnikov）反對動用經濟制裁。他認為這只會激起對整個聯邦制度的敵意。[32]但蘇聯領導層要怎麼辦呢？東歐革命讓情勢雪上加霜。十一月十八日，謝瓦納茲在和幕僚談話時說：東德的「動盪」將「成為波羅的海地區分離主義傾向的催化劑」，甚至包括烏克蘭。[33]他怕人民會說：「喬大叔*創建的制度在你們手上毀了。」[34]在十二月三日的馬爾他高峰會中，布希表示他擔心戈巴契夫會加強鎮壓波羅的海共和國。他重申在美國的流亡人士都在警告有這種可能性。戈巴契夫回答說他正在擴大蘇聯人民的自由，而立陶宛、拉脫維亞和愛沙尼亞的分離主義會威脅到「重建」。他請布希也要考慮到有幾百萬俄羅斯人住在非俄羅斯的共和國。美國干預會破壞和莫斯科的關係。布希則說：「我聽懂你的話，總統先生。」[35]

當月底，在立陶宛共產黨明確宣布要尋求民族獨立之後，蘇共特別召開一次中央全會討論立陶宛問題。戈巴契夫講話時很憤怒。KGB主席克留奇科夫宣稱他「同意戈巴契夫報告中所講的每一個字和他的說法」。他譴責布拉藻斯卡斯允許反對黨成立是開啟了反對蘇聯的「第二戰線」。他說立陶宛可能為其他想要脫離的共和國創下先例。這不單是領土和憲法會解體的問題，社會主義本身也會受到攻擊，正如在匈牙利、波蘭、東德和捷克斯洛伐克所發生的一樣。他感嘆說「我們」——蘇聯領導層——總是在勝利已經無望之時才開始掙扎。[36]

戈巴契夫在一九九〇年一月十一日到維爾紐斯急著尋求立陶宛民意的支持。布拉藻斯卡斯怕被視為莫斯科的傀儡，相當不合作——服從對他已經沒有好處。戈巴契夫感嘆布里茲涅夫時代浪費了太多時間，而西方國家則在改革經濟。他細數自己所啟動的政治和文化變革。[37]立陶宛已經民意沸騰。布拉藻斯卡斯宣布立陶宛共產黨脫離蘇聯共產黨。亞美尼亞和亞塞拜然的局勢也走向

---

* 喬大叔（Uncle Joe）是史達林的綽號。

同一方向。蘇聯就在大家眼前分崩離析，謝瓦納茲覺得雅可夫列夫講的「骨牌效應」是對的。[38]立陶宛即將宣布完全獨立。[39]但戈巴契夫駁斥了悲觀主義，只要他還在位，蘇聯共產黨就不會分裂，他也不會讓波羅的海分離出去。他對政治局說愛沙尼亞之所以在一九二〇年獲得獨立，完全是因為俄羅斯被內戰削弱所致。[40]

他這番話在軍事史上是沒錯，但並沒有回答愛沙尼亞人、拉脫維亞人和立陶宛人的質疑，也就是為什麼他到現在還有權力決定他們的命運。「薩尤季斯」在全國大選中獲勝，在三月十一日以勝利者之姿進入立陶宛最高蘇維埃。蘭茨貝吉斯當選國家元首，卡濟梅拉・普倫斯克涅（**Kazimira Prunskienė**）當選總理。他們立即立法宣布獨立。「薩尤季斯」的領導人往蘇聯政治的河中丟了塊大石頭，震波所及影響到莫斯科和華府的關係。

在三月二十二日的政治局會議中，戈巴契夫拒絕了瓦連尼科夫宣布進入緊急狀態的提議。戈巴契夫考慮以經濟制裁來對付蘭茨貝吉斯和民族主義分子。立陶宛政府已切斷對蘇聯駐立陶宛部隊的燃料供應，非採取一些激烈手段不可。戈巴契夫傾向對話，但也不排斥實施戒嚴的可能性。[41]但政治局好幾位成員並不滿意。利加喬夫力主要迅速行動。雷日科夫主張要設立一個由莫斯科指派的平行政府，正如史達林在一九三九至一九四〇年與芬蘭打冬日戰爭時也設立過一個芬蘭政府。[42]雖然戈巴契夫想避免這類極端措施，但他也說不清到底該怎麼辦。雅可夫列夫建議要先和西方政府接觸，告知他們最新情況，「讓他們不要趁機生事。」但除此之外，戈巴契夫和雅可夫列夫都不知該如何處理波羅的海的政治危機。[43]

四月六日，布希在白宮接見謝瓦納茲，謝瓦納茲請求總統不要做任何會挑起波羅的海共和國動盪的事。[44]布希警告不得對立陶宛動武。他表示雖然他支持「重建」，但美國領導人現在很擔心莫斯科。[45]謝瓦納茲在整個華府之行中都表現出對立陶宛局勢很有信心。[46]但謝瓦納茲只是在執行莫斯科給他的指令。他個人認為戈巴契夫太聽信瓦連尼科夫，可能導致與美國的裁軍談判破裂。謝瓦納茲害怕這會重啟新一輪的軍備競賽，而蘇聯根本負擔不起。[47]他向外交部官員透露他很擔心在國家面臨崩解時，蘇聯領導層內部有日益反對官方路線的聲浪。雖然戈巴契夫只是對批評者做策略性的讓步，但改革派的地位確實不如以往穩固。[48]

戈巴契夫決定教訓立陶宛人。四月十九日，他宣布貿易封鎖，斷絕蘇聯其他地區對立陶宛的石油供應。他請外國領袖們要了解他有責任維護憲政秩序。他向英國外交部長道格拉斯·赫德（Douglas Hurd）保證說，雖然蘭茨貝吉斯一夥人只是投機冒險之徒，他還是會對維爾紐斯審慎行事。[49]布希覺得頗為同情。他可以想像阿赫羅梅耶夫一幫人正在高喊：「是可忍，孰不可忍。」[50]他在四月二十九日秘密致函給戈巴契夫講了這些想法，甚至還講到他能理解蘇聯的官方立場是波羅的海國家屬於蘇聯。[51]貝克在五月份到訪莫斯科時，戈巴契夫聲稱「立陶宛永遠會和蘇聯綁在一起」。他表示會出現麻煩，當初是史達林劃定了立陶宛的邊界，現在白俄羅斯要討回他們的領土。貝克非常友善，他說他當初也和美國國會講說立陶宛的首都維爾紐斯在一九四〇年以前並不屬於立陶宛，而是屬於波蘭。[52]五月十八日，英國大使布萊斯威特也拒絕支持立陶宛總理卡濟梅拉·普倫斯克涅的政府。布萊斯威特敦促要對話和有耐心。他判斷立陶宛領導層還是希望戈巴契夫的「重建」能夠成功。[53]

戈巴契夫在當月底去到華府，布希對他在波羅的海的困境表示同情，但也請他要了解他已經為了不肯介入立陶宛而飽受批評。他還提到他不喜歡蘭茨貝吉斯，因為他把他比作張伯倫。[54]布希向戈巴契夫提出，如果莫斯科能解除對立陶宛的出入境限制和經濟封鎖的話，美國總統就會幫蘇聯經濟紓困：「所以，如果能有默契，我今天就可以簽下貿易協定，雖然批評我的人會把我罵死。」[55]參議員鮑伯．杜爾（Bob Dole）就沒有這麼客氣。他長篇大論地指責戈巴契夫不讓愛沙尼亞、拉脫維亞和立陶宛獨立。戈巴契夫怒氣沖沖地回說：「如果你們這麼熱愛自由，為什麼你要讓你的政府干預巴拿馬？你也在天安門之後給中國最惠國待遇。我們該怎麼辦？難道要在立陶宛宣布實施緊急命令嗎？」[56]《紐約時報》的理查．伯理批評布希和貝克太急著討好戈巴契夫。他提醒讀者立陶宛有正當理由尋求獨立。[57]

六月二十九日，立陶宛在華府和莫斯科的雙重壓力下暫停宣布獨立。美方堅持要克里姆林宮別對波羅的海國家動手。謝瓦納茲則說愛沙尼亞、拉脫維亞和立陶宛的領導人太不夠自制。[58]蘇聯內部爭議不休。波羅的海的政治人物——包括共產黨在內——譴責克里姆林宮不肯承認歷史上的不公義。一九三九年的納粹與蘇聯密約也引發爭辯。雅可夫列夫被指派進行調查，但找不到條約的原始文本。很顯然，莫洛托夫在一九五七年從外交部長離職時調走了檔案，不是藏起來就是毀掉了。[59]到了七月份，雅可夫列夫依然堅持納粹和蘇聯的條約是「合法的」，但密約部分則否。[60]

戈巴契夫的盤算是給波羅的海共和國最大程度的自由，但要把他們留在蘇聯。他是蘇聯的愛國者，也是個驕傲的俄羅斯人。雖然他的頭腦從不拘泥，但他還是不懂為什麼這些國家不想和俄羅斯聯合在一起。但這些國家的民族運動完全從相反的前提出發。在他們看來，他們不是想尋求分離，因為他們從未同意過要聯合在一起。他們是被非法強迫吞併的，現在只是要行使獨立的權利。在他們看來，戈巴契夫只有在莫斯科很弱的時候才會讓步。他們要把握千載難逢的時機。如果這表示要和布希作對，那也沒辦法。布希一直想著要和蘇聯達成裁軍協議，他還要蘇聯接受德國等地的革命性轉變。波羅的海獨立運動破壞了戈巴契夫的權威，這並不符合布希的利益。

布希和戈巴契夫要以最小程度的混亂來結束冷戰。立陶宛、拉脫維亞和愛沙尼亞民族主義者則拚命不讓莫斯科和華府在沒有解決波羅的海人的委屈之前輕鬆結束敵對。他們才不會為了地緣政治的理由就退讓。

第四十章

謝瓦納茲不幹了

謝瓦納茲長期以來壓抑自己的喬治亞人認同，忠心耿耿地扮演戈巴契夫的左右手。但布希的一句話竟然讓戈巴契夫對他起了疑心。兩人更因為海珊入侵波斯灣的戰爭而出現重大嫌隙。

戈巴契夫從阿富汗撤軍、與美國談判解決區域衝突，翻轉了蘇聯對外政策的傳統。他的夢想是以和平轉變為原則的世界新秩序。但一九九〇年八月二日的波斯灣事件——海珊下令伊拉克軍隊進占科威特——挑戰了他的想法。此事公然違反國際法，讓所有鄰國大為緊張，美國要求立即撤軍。布希發出最後通牒，如果海珊拒絕會有嚴重後果。華府的好戰態度讓戈巴契夫很失望，他仍然希望和美國建立一個致力於非暴力手段的全球性夥伴關係。他擔心布希政府是想以單一超強地位支配全世界。戈巴契夫身邊許多人也這麼認為。葉夫根尼．普利馬可夫是專精中東事務的學者，他主張蘇聯的利益應該是防止這個地區的傳統盟友被擊敗，包括海珊的阿拉伯復興黨（Batthist）政權。[*]蘇共中央國際部的法林力勸戈巴契夫要聯合歐洲左派反對對伊拉克動武。[1]

謝瓦納茲和切爾尼雅耶夫則站在另一邊，他們希望蘇聯能和美國在對外政策上保持一致。[2]他們力主戈巴契夫別讓華府有所不滿。國際關係中還有許多重大議題。中東雖然重要，但比不上超強之間尚待解決的重大要務。美國則想拉攏蘇聯一起對付海珊。九月三日，美方要求蘇聯派輪船馬格尼托哥斯克號載運美軍到沙烏地阿拉伯，[3]並持續施壓。[4]

在一九九〇年九月九日的赫爾辛基高峰會中，戈巴契夫向布希抱怨美國不先商量就派兵到中東。布希接受這是「建設性的批評」。[5]他們商量好由戈巴契夫和海珊接觸。撇開公開立場不論，布希表示他還是傾向用和平手段解決危機。他說他歡迎蘇聯也派兵到波斯灣加強美國兵力，但史考克羅夫不表贊同。[6]貝克想拉攏戈巴契夫，說他將率領美國企業界領袖造訪莫斯科。戈巴契夫很希望有人能幫忙開發西伯利亞西部的坦吉茲（Tengiz）油田。[7]他和謝瓦納茲還要求十五億美元的無息貸款。貝克解釋說蘇聯還有一大筆款項沒有和美國清算完畢，布希在法律上無法再給貸款，但他會負責向美國的盟邦籌措這筆錢。戈巴契夫對這個提議很感興趣：「十億對身價一千零四十億或一千零五十億的阿拉伯王公來說算什麼呢？」[8]

戈巴契夫在高峰會後派普利馬可夫代表他到巴格達，這讓謝瓦納茲和戈巴契夫發生嫌隙。這是戈巴契夫第一次沒派謝瓦納茲執行重要任務，讓謝瓦納茲很不高興。

其實他們的關係早有緊張。當兩個強悍的政治人物必須在巨變時期做出判斷時，如果意見都一致反而是不符合人性的。一九八六年，謝瓦納茲就反對過戈巴契夫那種要不要隨你的對美談判策略；一九八八年，他也反對不留一些駐軍在阿富汗。他不喜歡他的領袖的言論——戈巴契夫每次在世界各地講到「我們共同的家園」時，謝瓦納茲就有點反感。[9]但他向來認為身為一個喬治亞人，他不可能取代戈巴契夫掌舵：「我相信……米哈伊爾．謝爾蓋耶維奇唯一能領導國家的

＊　阿拉伯復興黨是主張「泛阿拉伯主義」的政黨，其綱領是要把阿拉伯人居住的地區統一起來，實現阿拉伯民族的偉大復興。

人。」[10]他還說，如果「重建」失敗，結果將是「無政府和混亂」，而取代戈巴契夫者將鎮壓所有異見。[11]他相信會有獨裁者上台。[12]但戈巴契夫和謝瓦納茲的意見不合並無仇恨情緒，也沒有公諸於外。兩人的夥伴關係相當良好，戈巴契夫讓謝瓦納茲在許多重大議題上有很大的自由度，例如對非洲南部的政策。謝瓦納茲的幕僚都尊他為「副米夏」（Vice Mischa，Mischa即戈巴契夫）。[13]外國領袖都認定這兩人是蘇聯新對外政策的支柱。

一九八九年六月，東歐與波蘭的亂局讓蘇聯的對外政策首度遭受公開抨擊，謝瓦納茲在克里姆林宮多稜廳（Faceted Chamber）中成為最高蘇維埃國際事務委員會的主要批評對象。質詢的猛烈就連個性溫和的政治人物都受不了，何況是性烈如火的謝瓦納茲。有人質疑為什麼外交部用了那麼多女性。委員會主席瓦連京·法林認為沒有用到真正專業的人士。另有委員質疑謝瓦納茲談判過於軟弱，應該「把利牙露出來」，直到喬治·阿巴托夫站出來幫謝瓦納茲說話才平息混亂。然後委員會依「重建」之前的老傳統一致通過他為外交部長。[14]這不過是走個形式，但這場會議讓謝瓦納茲警惕到領導層在言論大開時所面臨的危機。雖然還沒有人敢直接批評戈巴契夫，但大家都知道攻擊謝瓦納茲就是一箭雙鵰。

謝瓦納茲承認自己是「情緒化的人」。[15]喬治亞的事情總是讓他憂心忡忡。儘管他自許是在守護國家，批評他的人還是會提到他在一九七六年曾說太陽不從東邊升起而從北邊升起一事。[16]很多喬治亞人貶斥他為「人民的欺騙者」。[17]民族主義反對派茲維亞德·加姆薩胡爾季阿（Zviad Gamsakhurdia）*指控他是「莫斯科特務」。[18]

共黨傳統派同樣對他火力全開，讓謝瓦納茲深感受辱。在一九八九年十二月二十四日的人民代表大會上，他要求能在軍事總檢察長亞歷山大·卡圖謝夫（Alexander Katusev）挑釁性的發言後也能講講話。喬治亞代表團當時已經離席。謝瓦納茲認為如果沒有更高層授意，卡圖謝夫絕不敢胡說八道。[19]戈巴契夫不讓謝瓦納茲拿麥克風，怕他會講出一些讓兩人都後悔的話。[20]謝瓦納茲再也無法忍耐。他對戈巴契夫說他要辭職回到鄉間別墅。克里姆林宮的政局已亂成一團。克留奇科夫請謝瓦納茲幕僚柯瓦廖夫去對他曉以大義。戈巴契夫也出口拜託。柯瓦廖夫謹慎地用自己的私人電話打給謝瓦納茲。謝瓦納茲接了電話。他對外交部還是有使命感，在他不在時由柯瓦廖夫代行職務。謝瓦納茲說他需要時間考慮一下，柯瓦廖夫則向他保證戈巴契夫對他的支持。柯瓦廖夫還說如果謝瓦納茲不為所動，那他將毀掉自己的所有成就。謝瓦納茲答應會重新考慮。[21]

謝瓦納茲在當晚和戈巴契夫談了話。第二天他就回到外交部的辦公桌，打電話給柯瓦廖夫說：「來我辦公室，我在這裡。」[22]他把辭職信放進保險箱裡。幾天後他對斯特帕諾夫—馬馬拉澤說：「中央全會證實了我最擔心的事。除了極少數人之外，大家都要求要下重手。這些都和十二月二十四那天的力量展示直接相關。對於『重建』來說，這是比四月九日（提比利斯大屠殺）更狡詐、更危險的一擊。」[23]為了安撫他，戈巴契夫請他去立陶宛和獨派人士會談。[24]謝瓦納茲私下對斯特帕諾夫—馬馬拉澤說：「你知道，我隨時都可以走人。但我真的很想——純粹是出於個性——讓事情功德圓滿……總要有一個合理的結尾，這樣人生才算值得。」[25]

與此同時，蘇聯對外政策的反對派繼續把謝瓦納茲當成攻擊對象——直接批評戈巴契夫太過危險，但大家都知道這是一箭雙鵰。謝瓦納茲卯足全力推動對外政策改革，最近幾個星期更加強

* 茲維亞德．加姆薩胡爾季阿曾在一九七七年被時任喬治亞第一書記的謝瓦納茲關入大牢，後來在喬治亞獨立後當上第一任喬治亞總統。

力道。批評者對他憤慨不已。謝瓦納茲在一九八九年九月向貝克的「開放天空」條約做讓步，*事前完全沒有做軍事評估。他也同意美方的裁減化武方案，完全不管蘇聯欠缺銷毀化武的設備。一九八九年十月二十三日，他又向最高蘇維埃說克拉斯諾雅爾斯克雷達站違反了《反彈道飛彈條約》，[26]暗指整個政治局都受到蒙蔽。[27]科尼恩柯後來聲稱他在一九八五年九月謝瓦納茲飛往美國之前就向他完整匯報過雷達站的歷史。[28]也有人指責謝瓦納茲沒有在一九九〇年二月的渥太華會談中爭取有利的裁軍數量。[29]

對謝瓦納茲的攻擊尚不如對雅可夫列夫猛烈。KGB主席克留奇科夫認定他是叛徒，在與鮑爾丁聯絡後帶著KGB的報告去找戈巴契夫。但這項指控根本沒有明確證據。克留奇科夫只能指出雅可夫列夫有時會「未經批准」和美國人談話。戈巴契夫認為這根本不算什麼罪證確鑿，建議克留奇科夫直接找雅可夫列夫談一談。[30]這種處理方式很巧妙，卻不令人服氣。克留奇科夫非常囂張，如果不是戈巴契夫想平衡政府內部激進派和傳統派勢力的話，可能會把他免職。但戈巴契夫將會後悔失策。克留奇科夫只是暫時保持對領導人忠誠。他是個複雜的人物。在被任命為KGB主席後，他曾脫口對馬特洛克大使說有些情報官員認為現在的蘇聯領導人都瘋了。但他也承認蘇聯曾經是一個邪惡帝國，也詢問以美國的經驗如何處理民族問題。[31]

由於有許多人認為謝瓦納茲要為東歐「社會主義陣營」的崩解負責，他想在當月的中央全會中發言為自己辯護。[32]但會場上有另一件事激怒了他。利加喬夫居然向全會報告說一九八九年四月在提比利斯動用軍隊是經過整個政治局同意的。謝瓦納茲覺得大受冒犯，他插話說政治局決定部署軍隊只是為了維持秩序，根本沒有批准動用武力。謝瓦納茲坐下後，中央委員中只有經濟學家史塔尼斯拉夫·沙塔林（Stanislav Shatalin）發言支持他。謝瓦納茲比誰都吃驚：「這是我第一次受到如此對待。」[33]他決心在任期內完成他自己對外交政策的使命：「我會負起完全責任。但如果大家覺得這只會換來整個制度垮台而不是民主，或者違反了國家利益，那我願意辭職。」他很自豪自己對反對獨裁的貢獻。[34]

謝瓦納茲認為，如果戈巴契夫想克服政治局、中央委員會和最高蘇維埃的掣肘，就必須加強總統的權力。[35]一九九〇年三月和四月，卡圖謝夫和羅迪歐諾夫（Rodionov）拿提比利斯大屠殺作文章，聲稱謝瓦納茲有喬治亞民族主義傾向。[36]讓謝瓦納茲著惱的是戈巴契夫居然沒有為他辯護。[37]到了七月份，謝瓦納茲甚至有在黨代表大會上落選中央委員的可能。他不想「被拉著耳朵進中央委員會」，請求戈巴契夫不要把他放入候選人名單。戈巴契夫要他學自己放下政治上的不愉快。[38]他不理會謝瓦納茲的請求，讓謝瓦納茲獲得絕大多數的選票。[39]但戈巴契夫還有更煩的事。葉爾欽出席了大會，但當他的激進民主化方案被否絕後，他宣布退黨，大搖大擺地走出會議廳。戈巴契夫的大多數政策都獲得支持，新黨章草案卻飽受批評。但是利加喬夫無法當選他的副手讓他很高興，而利加喬夫很快就離開了政治局。

領導層中的派系鬥爭愈益緊張，謝瓦納茲和雅可夫列夫的敵對也成為公開的秘密。[40]有傳言說戈巴契夫是有意讓這兩個激進派頭頭互相競爭。謝瓦納茲不認為這是戈巴契夫在搞鬼：「我不覺得這是戈巴契夫搞的。他知道我的脾氣。這是別人搞的——是亞歷山大·尼可萊維奇（雅可夫列夫）和中央委員會國際部。」[41]他懷疑是雅可夫列夫在搞這些伎倆，也很討厭他喜歡自稱

＊　開放天空條約是美俄兩大勢力圈中的一種軍事透明機制，簽約國之間可以在彼此領土進行非武裝方式空中偵察，以檢查其執行各種國際武器控制條約的情況。美俄可以在雙方領土上使用偵察機飛行查看，並用當地機場起降補給，然而機上必須有當地國軍人在場監督，飛行路線和機場必須事前協商報批准許。

是「重建」的創始者。他說自己從來沒有取代戈巴契夫的野心，言下之意是雅可夫列夫有。[42]雅可夫列夫確實不像謝瓦納茲對戈巴契夫那麼善意。他說戈巴契夫從來不喜歡自己，還講過他的壞話。[43]他注意到戈巴契夫從來不讓他代理主持政治局或中央書記處的會議。雅可夫列夫想代表政治局發表年度公開講話，但戈巴契夫從來不指派他，卻把榮譽給了利加喬夫。雅可夫列夫懷疑戈巴契夫身邊的人有在放話說「雅可夫列夫想搞自己的局面」。[44]

從一九八九年末開始，謝瓦納茲也發覺戈巴契夫對他的信任不若以往。他認為這導因於布希在馬爾他高峰會時曾對戈巴契夫說：「我信任謝瓦納茲。」[45]他猜想戈巴契夫可能覺得既然美國總統喜歡和謝瓦納茲來往，那就得小心提防。

在戈巴契夫要求和葉爾欽贊同之下，史塔尼斯拉夫・沙塔林和格列高里・雅夫林斯基（Grigori Yavlinski）率領一個經濟學家小組制定了一個在五百天內把市場經濟導入蘇聯的方案。蘇共中央委員會在九月中討論了這個方案。經濟已經掉到谷底，財政部長瓦倫丁・帕夫洛夫（Valentin Pavlov）報告說，如果沒有進來大量外國資本，蘇聯就要破產。他估計有百分之三十五的企業處於虧損。崩潰速度之快讓雷日科夫無法再顧及人民對零售價格改革的反彈。他宣稱現在迫切需要展開行動。他也質疑為什麼指派雅可夫列夫去負責打擊犯罪，說雅可夫列夫根本無法勝任。認為舊經濟體制總比不確定的改革要好的一派也公開出聲。尤里・波洛可非夫（Yuri Prokofev）說沙塔林的草案不過是宣傳口號，毫不實際。巴克蘭諾夫說工人階級已經快要上街頭抗議了。[46]中央委員會分裂成兩半。唯一的共識是蘇聯確實面臨危機。

戈巴契夫和謝瓦納茲想靠西方協助來緩和局面。但葉爾欽訪美讓他們很憂心。切爾尼雅耶夫紀錄說：「布希一夥人把他看成替代人選。」[47]戈巴契夫向英國外交部長道格拉斯・赫德請求二十億美元無息貸款。他表示莫斯科還需要另外一百五十到兩百億美元的信貸、物資和專家來渡過難關。赫德答應會轉告柴契爾夫人，只有她能做決定。[48]

蘇聯總參謀部和國防部讓政治領導層為難。九月十八日，謝瓦納茲提醒戈巴契夫西方媒體有報導蘇聯正系統性地違反裁軍協議。[49]報導說軍方並沒有銷毀坦克，而是把它們移到了烏拉山以東。[50]謝瓦納茲認為除非外國人視他為可靠的談判對象，他根本無法承擔責任。雙方原來同意要把坦克改裝成推土機、消防車和起重機，沒想到被保留作軍事用途。謝瓦納茲要求戈巴契夫一定要介入，這樣才能在年底前達成全面性裁軍協議。[51]格里涅夫斯基也從維也納寫信來講到同樣的事，然後切爾尼雅耶夫也參與討論。戈巴契夫下令雅佐夫和札伊可夫去和謝瓦納茲商量如何解決這件事。戈巴契夫說他有向國防部長雅佐夫痛罵那些違反命令的將領。[52]《歐洲傳統武力條約》預定要在一九九〇年十一月十九日簽署，蘇聯必須裁減烏拉山以西百分之七十的坦克、火砲和裝甲戰鬥車。[53]

謝瓦納茲正高興戈巴契夫有聽進他對坦克的建言，卻又被戈巴契夫最新的外交動作所愕然。戈巴契夫竟沒有派他到巴格達去和海珊會談，而是派了普利馬可夫。戈巴契夫打電話來時，謝瓦納茲要他的幕僚塔拉申科（Tarasenko）留下來做見證。戈巴契夫說讓普利馬可夫去巴格達沒有什麼壞處。英國前首相愛德華・希斯（Edward Heath）都可以去進行和平任務，為什麼蘇聯的公眾人物不行呢？[54]根據切爾尼雅耶夫後來的說法，戈巴契夫只是派了最適當的人去執行任務。普利馬可夫會說阿拉伯語，是資深的中東問題專家。[55]但這種說法沒讓謝瓦納茲信服，他對塔拉申科說：「到底是誰在領導對外政策？是我還是普利馬可夫？誰是負責人？一堆人要插手我工作範圍的事，我沒辦法當這個部長。」[56]謝瓦納茲暗地裡搞破壞。蘇聯駐約旦大使向蘇共中央國際部的卡倫・布騰透露說，謝瓦納茲有命令他不要積極協助普利馬可夫一行人——謝瓦納茲說他擔心普利馬可夫會太過遷就海珊，會搞得沙烏地阿拉伯撤回原來答應的貸款。[57]

謝瓦納茲對戈巴契夫的忠誠動搖了。他認為要更深化與美國合作才能解決一些迫切的問題。這些問題包括裁軍、泛歐洲大陸的軍事安全、華沙公約的組成、莫斯科如何處理波羅的海國家以及蘇聯的經濟崩潰。謝瓦納茲考慮的是美蘇之間的全盤局勢，普利馬可夫只重視伊拉克危機，比謝瓦納茲急於安撫海珊。

謝瓦納茲打破傳統，私下寫信給國務院官員丹尼斯・羅斯（Dennis Ross）表達對戈巴契夫的不滿。塔拉申科把這封信交給他信任的美國大使館人員。謝瓦納茲想讓貝克知道他對波斯灣危機的立場。[58]謝瓦納茲又在九月二十二日和十月五日分別在紐約與布希和貝克會面。布希要「賭一下夥伴關係」。他說，如果海珊「不理性地頑固到底」，蘇聯領導人可以從中調解。貝克也對自己曾經公開譴責史達林併吞波羅的海國家致歉。雖然這對蘇聯外交是一大鼓舞，謝瓦納茲還是請戈巴契夫不要把美國在裁軍議題上的合作視為理所當然。他提醒戈巴契夫沙烏地有可能貸款四十億美元、科威特是四億美元。西班牙也提出會給十億美元。在這個「微妙」的議題上，謝瓦納茲暗示說，如果蘇聯的對外政策和美國在波斯灣的目標有所衝突的話，這些貸款可能會付諸東流。[59]

金援的額度是會改變的，戈巴契夫只能盡量維持蘇聯的尊嚴。貝克努力展現善意，在九月中率領了雪佛龍石油、百事可樂和一些大企業代表造斯莫斯科，希望能促進工商投資。這算是及時雨，因為戈巴契夫正在啟動沙塔林改造蘇聯經濟的「五百日方案」。[60]但美國企業家覺得誘因不大，他們也看到社會和經濟的混亂狀況。戈巴契夫也被總理雷日科夫逼著對沙塔林的激進主義踩煞車。「五百日方案」慢慢被閹割了。雷日科夫很高興，卻惹惱了葉爾欽（這也造成戈巴契夫的激進派經濟顧問尼可萊・佩特拉可夫在十二月辭職）。[61]戈巴契夫努力在不惹惱反對派的情況下保留一些激進元素。這是不可能的任務，但他還不願意承認失敗。

他至少知道急需直接金援，向貝克請求十五億美元無息貸款。貝克記下了他的印象：「緊急──快來救命。」[62]美國政府依然拒絕蘇聯的請求，但要盟國伸出援手。到了十月底，德國提供了兩百億美元，沙烏地拿出了四十億美元，法國十五億美元，西班牙和義大利又更多一點。[63]但不是每個西方國家都一致支持。蘇聯副總理西塔爾揚譴責英國居然撤回了原來答應的七十億美元。西塔爾揚希望在一九九〇年十一月二十八日接任柴契爾的新首相梅傑能扭轉政策。[64]沙烏地外長紹德・阿爾法紹（Saud al-Faisal）向戈巴契夫保證說法德國王會擔保四十億美元的貸款。[65]在拯救經濟的同時，戈巴契夫也明白這些外國金援是有附帶條件的。他依然堅稱蘇聯有能力處理困難。儘管近來的風風雨雨，蘇聯和美國領導人還是緊密合作。但科威特還是造成了他們的嫌隙，對全世界都有後續影響。

第四十一章

世界新秩序？

布希決定以武力將海珊趕出科威特。戈巴契夫不滿意美國訴諸武力，試圖制止，但謝瓦納茲則願意配合美國。謝終於辭職了。而美軍在波斯灣的單邊行動與勢如破竹的大勝，吹響了美國獨霸時代的先聲。

美國政府到處找朋友對海珊發動外交攻勢。動員北約國家不難，但布希還想再擴大尋求支持。他明確表示如果伊拉克拒絕遵行聯合國的要求，就一定會動武。華府已經在沙烏地阿拉伯集結了盟國和朋友的強大軍隊。

十月三日到五日，普利馬可夫到巴格達和伊拉克領導人會談。他還在約旦時，謝瓦納茲打電報給他說此時和海珊會面是不道德的，普利馬可夫則認為放棄和平解決的機會才是不道德。他向伊拉克人表示戈巴契夫要求從科威特撤軍，他覺得海珊真的有意願讓步。戈巴契夫很高興普利馬可夫在十月六日的報告。謝瓦納茲也在現場，和普利馬可夫惡言相向。普利馬可夫說：「你好大的膽子，你不過是庫台西（Kutaisi）師範學院的新聞學碩士，居然敢教訓我中東事務，這個我從學生時代就開始研究的地方。」戈巴契夫出言勸阻。[1]在戈巴契夫吩咐下，普利馬可夫又飛往倫敦徵詢柴契爾夫人的意見。[2]謝瓦納茲憤怒地寫信給戈巴契夫說：「我仔細讀完葉夫根尼．馬克西莫維奇（即普利馬可夫）的方案。我努力想找出一點有道理的東西，但我完全找不到。」[3]戈巴契夫不理會他。他在十月三十日向密特朗說海珊有意從科威特撤軍，請法國幫忙說服美國。[4]

戈巴契夫打電話給謝瓦納茲談伊拉克問題時，塔拉申柯正好在部長辦公室。謝瓦納茲傾向討好美國，戈巴契夫則想走自己的路。戈巴契夫尖銳地說：「你和貝克套交情，但看看你的朋友貝克是怎麼對你的：事實是他們什麼都不肯說就打算要發動攻擊了。」他說，美國人根本把他當傻瓜。謝瓦納茲回應說：「我相信國務卿。他答應若決定攻擊會通知我，讓我了解狀況。他們不會不告訴我們就片面行動。我相信這一點。」戈巴契夫對謝瓦納茲說美國人把他騙得他們講什麼都相信。[5]這是一場激烈的談話，戈巴契夫甚至用上了污辱高加索人的詞彙。[6]

外交部的阿拉伯事務專家不贊成聯合入侵伊拉克。他們和普利馬可夫一樣覺得不應該拋棄海珊，他們也反對謝瓦納茲的幕僚塔拉申科和國務院的丹尼斯・羅斯達成以軍事行動對付海珊的默契。但謝瓦納茲支持塔拉申科。[7]切爾尼雅耶夫相信謝瓦納茲有向貝克暗示蘇聯不會阻擋入侵。這件事戈巴契夫並不知情，也沒有允許。蘇聯的政策已不再一致。[8]謝瓦納茲埋首於自己的使命，他很高興蘇聯、美國和歐洲國家終於在十一月十九日簽署《歐洲傳統武力條約》。但波斯灣局勢不容樂觀。謝瓦納茲在十一月二十六日與伊拉克外長塔里克・阿齊茲（Tariq Aziz）會面，他指出伊拉克已經打了整整十年的仗。蘇聯是伊拉克最可靠的軍火提供者，幾乎可以算是盟國，這些東西也從沒真的收錢。謝瓦納茲說這件事已無法再忍受，要求阿齊茲要商討出一個合理的付錢計畫。[9]

在莫斯科，許多證據顯示有蘇聯政治菁英的大老想除掉謝瓦納茲。他和妻子南莉都生活在某種恐懼之中。他知道ＫＧＢ正在提比利斯策畫些什麼。謝瓦納茲當過喬治亞的內政部長，很熟悉陰謀詭計。他擔心如果一旦宣布緊急狀態，情報單位可能會逮捕他的門生故舊。他覺得敵人已在向他收網了。[10]他認為如果發生政變，他將性命不保。他注意到共黨保守派越來越大膽。新任副總統根納季·亞納耶夫（Gennady Yanayev）選擇住在和他家同一層樓的單間房，而他家比較大間，謝瓦納茲就猜測亞納耶夫是想侵奪他的住所。[11]但他希望能完成他自一九八〇年代中以來就為之奮鬥的工作。他認為美國人已經不太重視要完成戰略核武條約。[12]

在人心慌慌之中，戈巴契夫打算重組政府機構，也採納了傳統派批評者一直在要求的「特別措施」。波羅的海和南高加索地區的分離主義越演越烈，幾乎所有蘇聯共和國都在宣示主權。戈巴契夫打算設立一個由他所控制的部長內閣來穩定局勢。法律和秩序要伸張。謝瓦納茲看出政策轉向的危險，甚至向中國外長錢其琛透露他的憂慮。他告訴錢其琛說在十一月七日的示威遊行中有標語寫著「戈巴契夫下台」、「戈巴契夫—謝瓦納茲—雅可夫列夫集團下台」。謝瓦納茲問說：「我們該怎麼辦？向他們開槍？」[13]。這個問題當然不用回答。他最害怕的是一旦戈巴契夫動用了「特別措施」，他可能很快就被迫要動用暴力。他害怕蘇聯會淪為獨裁。第二天他在莫斯科飛往巴黎途中問幕僚自己是否應該辭職。[14]他已經忍耐到極限。他想走人。

KGB主席克留奇柯夫敦促政治局要宣布緊急狀態。他要總統獨攬大權。[15]這等於是要戈巴契夫被蘇聯傳統暴力機關掌控：KGB、蘇聯軍方和共產黨。內政部長瓦迪姆·巴卡金——改革派和戈巴契夫的親信——憤怒地起身反對。戈巴契夫想保護他，巴卡金還是口沒遮攔地講了一堆。[16]戈巴契夫認為這時候要安撫共黨保守派——一九九〇年十月就在他要到斯德哥爾摩領諾貝爾和平獎之前，批准了在喀拉海和巴倫支海之間的新地島進行核試爆。[17]在戈巴契夫要求之下，巴卡金於一九九〇年十二月一日離職。戈巴契夫逐漸向保守派批評者靠攏，一些改革派大將紛紛遭罷黜。瓦迪姆·梅德韋傑夫在戈巴契夫同意下辭去總統會議的職務。雅可夫列夫也從公眾視野消失。在最高蘇維埃，反對改革者趾高氣揚。尼可萊·佩楚先科上校和「聯盟」（Soyuz）派叫囂著他們還要趕走更多改革派。[18]

一九九〇年十二月十一日，布希宣布了一個讓蘇聯購買十億美元美國小麥的融資機制。[19]謝瓦納茲在第二天與他在白宮會面。布希想辦法要拉蘇聯全力支持波斯灣的軍事行動。他希望這項貸款能讓蘇聯朋友知道他很關心即將到來的嚴冬。[20]他還講到立陶宛，再次提到蘭茨貝吉斯曾把他比為二戰前的英國首相張伯倫——這是在提醒謝瓦納茲美國並沒有想立刻讓立陶宛獨立。謝瓦納茲感謝布希答應經濟援助。布希呼籲要把「我們的美麗聯盟」維持下去。[21]

對謝瓦納茲不幸的是，戈巴契夫繼續在國內政策上對「重建」的批評者讓步。謝瓦納茲擔心一撤退就一發不可收拾，幾年來的成果都將毀於一旦。但兩人在國際政治上的嫌隙就比較小，因為謝瓦納茲知道戈巴契夫想和美國保持良好關係。但兩人對於如何達成這個目標的看法並不相同。謝瓦納茲知道布希是鐵了心要用武力把海珊趕出科威特。他看不出有任何理由要去阻擋美國，尤其是在蘇聯領導人希望美國能幫蘇聯度過難關的時候。而戈巴契夫則想在國際關係上走一條獨立路線，力求以和平手段解決衝突。到了十二月中，蘇聯領導層告知美方他們無法再把英國直升機運送到波斯灣。[22]在一九九〇到一九九一年的冬天，戈巴契夫收到一群軍方將領的威脅信函。阿赫羅梅耶夫說他們是要反對一系列他們認為會傷害國防能力的政策。[23]一九九〇年十二月十九日，法林又在最高蘇維埃的國際關係委員會中批評對德條約。

第二天，謝瓦納茲搞了個政治大地震。他向最高蘇維埃全體會議報告波斯灣局勢。想粉碎領導層將派兵過去的謠言。「聯盟」派的人發言痛斥官方的對外政策，他們痛恨蘇聯對西方投降。這些話謝瓦納茲都聽多了。[24]他靜坐在大廳右邊第三排等候輪到自己發言。他一開口就可以聽出他滿腔怒火。他說有兩位最高蘇維埃代表叫囂說在趕走內政部長瓦迪姆．巴卡金之後，接著就要趕走外交部長。他說在黨代表大會選舉中央委員時，有八百張票是反對他的。他說最高蘇維埃現在對外交政策開公聽會都不找他出席了。他還點名媒體對他的攻擊。[25]

然後他發出重擊：

獨裁就要來了——我對我的說法負完全責任。沒有人知道會是哪種獨裁，上台的會是誰，是什麼樣的獨裁者，或者會有什麼樣的體制……我就要退休了。請不要有反應，也不要詛咒我。這是我對即將到來的獨裁的抗議。我衷心感謝米哈伊爾．謝爾蓋耶維奇．戈巴契夫。我是他的朋友和支持者。我永遠支持他，直到我死我都會支持「重建」的理念。但我不能容忍我們國家正在發生的事情以及人民即將面對的磨難。我依然堅信：獨裁不會成功，未來屬於民主。[26]

「重建」的設計師之一宣布要辭職。大廳中有一半的人起立表示悲憤和感佩，另一半人則端坐不動，樂見謝瓦納茲要滾蛋。謝瓦納茲離開大廳時，戈巴契夫的表情很不安。蘇聯改革的命運面臨重大轉折，對蘇聯的對外政策不利。

戈巴契夫在電話中質問謝瓦納茲：「為什麼我一無所知？」他猜想謝瓦納茲的真正動機是因為喬治亞的局勢。謝瓦納茲否認。他堅稱他的理由已經在最高蘇維埃講完了。[27]他對幕僚解釋說他不能給總統勸他的機會：「對我來說，不離開就等於政治自殺。」戈巴契夫知道他的決定已無可挽回，只要求謝瓦納茲要留到可以找到替代人選為止。[28]

謝瓦納茲還想和戈巴契夫維持良好關係，但他很確定這位老戰友會面臨保守派越來越大的壓力。戈巴契夫將「被迫動用暴力手段」。[29]他們在十二月三十日碰面時，萊莎非常難過：「我最擔心的是我們的友誼。」[30]第二天他仍然堅持要辭職。他告訴幕僚說有一項陰謀正在醞釀之中，而「聯盟」派正是其核心。他預測會出現獨裁，希望戈巴契夫能認清危險。但他一點都不樂觀。在他看來，比起其他民族的人——例如他自己——像戈巴契夫這種俄羅斯人比較不能警覺目前這種「誹謗運動」的危險性。[31]他從未說明他的訊息是打哪來的，多年後他在回憶錄的最後一卷中也只說訊息來自KGB和一些蘇聯外館。他有把訊息告知戈巴契夫，但戈巴契夫只當馬耳東風。[32]整個局勢令人非常不安。他難以相信戈巴契夫察覺不到同樣的徵兆。[33]

但也有其他因素。謝瓦納茲已經心力交瘁。自一九八五年起他就活得像個游牧民族，沒有一整個月待在莫斯科過。他對斯特帕諾夫—馬馬拉澤說，他很嫉妒他有時間到提比利斯度假。他甚至沒時間去看望年邁的父親。[34]和謝瓦納茲比誰都親近的斯特帕諾夫—馬馬拉澤認為，他是決心在被人推下去之前自己先跳下去，因為戈巴契夫顯然不知感恩，在一九九〇年秋罷黜了許多忠實的改革派。[35]塔拉申科則有不同的詮釋。他猜測謝瓦納茲是覺得自己已經做到外交部長所能做的大多數事情。蘇聯的對外政策已經和一九八五年完全不同，而他是重要推手。但他和戈巴契夫的關係也不若從前。謝瓦納茲已不再是戈巴契夫的密友。他預期戈巴契夫會在壓力下對波羅的海國家動用武力，他不想為他所不贊成的政策辯護。[36]

全球都憂心最近的事態發展會讓世界政治再度緊張。戈巴契夫罷黜了許多改革派旗手，繼續阻擋布希在波斯灣的計畫。北約國家都很遺憾謝瓦納茲離開。貝克告訴美國媒體說：「我很驕傲地說這個人是我朋友……我要告訴你們我會很想念他。」[37]

戈巴契夫對這位離去的朋友和盟友不出惡言，[38]而謝瓦納茲也還相信如果可能的話，戈巴契夫「仍然想當個民主派」。[39]雖然他們依然關係良好，謝瓦納茲還是有一些個人的想法。他認為政治領導人到了六十五歲就應該退休，否則就會患上老人症候群，只想維持個人權位。[40]而戈巴契夫身邊的人則放話說謝瓦納茲辭職是出於自私的動機。切爾尼雅耶夫認為他想把蘇聯困境的所有責任都推給戈巴契夫。[41]法林的猜測更具體。他認為謝瓦納茲心知莫斯科人盡皆知他告訴貝克說他贊同美國的軍事行動，認為蘇聯應該加入聯軍。如果被要求交代這一點，他將無法自辯。[42]

戈巴契夫持續向北約國家遊說要和平解決波斯灣危機。他在蘇聯內部面臨很大的壓力，很多人認為他太容易在對外政策上向華府讓步，也太自滿於「重建」對國內的好處。菁英和庶民都為民生凋敝和政府崩潰所苦。戈巴契夫覺得有必要傾聽這些批評者和懷疑派的聲音，即使他根本不想照做。有時他根本不相信自己聽到的東西，例如KGB主席克留奇科夫報告說美國人正在考慮對伊拉克動用核武。外交部報告說這是無稽之談，切爾尼雅耶夫亦然。[43]戈巴契夫有辦法在技巧性地忽略KGB之前先聽聽兩邊的說法。他本身並不同情海珊。他一直催他從科威特撤軍，相信戰爭是可以避免的。但他低估了海珊的固執和魯莽，而且他不像謝瓦納茲認識到白宮根本不想要海珊自己撤軍。布希只想用武力把海珊從他占領的領土上趕出去。[44]

克里姆林宮領導人也忽略了西方對蘇聯把「坦克公園」轉移到烏拉山以東的重視程度。史考克羅夫寫信給阿赫羅梅耶夫表達不滿。阿赫羅梅耶夫則為軍方高層辯護。戈巴契夫要札伊可夫、克留奇柯夫、雅佐夫、巴克蘭諾夫和謝瓦納茲去調查和做報告。他們不認為有違反《歐洲傳統武力條約》，因為這是在條約簽訂之前就轉移的。[45]一九九〇年十二月二十四日，英國外交官大衛・羅根（David Logan）向維克多・卡波夫抱怨。卡波夫沒有否認無法否認的東西，但告訴羅根說蘇聯對這個問題是很有彈性的。[46]

誰來接任謝瓦納茲激起了很大的爭辯。戈巴契夫的第一人選是穩健但缺乏想像力的札索科夫（A.S. Dzasokhov）。謝瓦納茲則偏向裁軍談判專家維辛斯基。[47]新內閣由瓦倫丁・帕夫洛夫率領，他在雷日科夫在十二月心臟病發後被戈巴契夫任命為總理。帕夫洛夫並不比雷日科夫更擁護市場經濟。一九九一年一月十五日，他在《勞動報》專訪中說他有證據美國人意圖往蘇聯灌入大量五十元和一百元的盧布來破壞其經濟。[48]戈巴契夫最後挑了別斯梅爾特內赫接任謝瓦納茲，他是以反對激進主義著稱的外交官。謝瓦納茲在一月十六日清空了他在外交部的七〇六號辦公室。[49]他仍持續和美方保持接觸，例如貝克和馬特洛克，也把來往的訊息告知蘇聯官員。他盡量不去談會讓克里姆林宮尷尬的事情。當馬特洛克對蘇聯在拉脫維亞增加駐軍表示關切時，謝瓦納茲說他是第一次聽到這件事。他很希望能見到貝克在莫斯科簽署條約：「歷史不會原諒浪費機會。」[50]

甚至在美國展開轟炸之後，戈巴契夫都還想阻止進攻。一九九一年一月十八日，他致電密特朗提出一個聯合政治方案。他也致電柯爾恭喜他當上德國統一後的總理。最後他打給布希，勸他要暫停進攻，讓談話氣氛降到冰點。布希不為所動，最後是電話連線出問題才結束了這場談話。[51]戈巴契夫學到了世界政治格局轉變殘酷的一課。布希以前很想和戈巴契夫合作，現在卻寧可丟下他單獨行動。

第四十二章
結局

飛往倫敦的戈巴契夫無法籌措到足夠的貸款，灰頭土臉地回到莫斯科。KGB主席克留奇克夫等保守派再也忍耐不了戈對蘇聯造成的傷害，趁他休假時發動八月政變。僅管政變迅速結束，葉爾欽成為最大贏家。在烏克蘭獨立公投之後，葉下定決心結束蘇聯……

戈巴契夫按政治理念治國，但也要靠智謀，而現在他更得用智謀才能生存。到了一九九一年初，智謀在蘇聯的嚴重危機中已經沒有太大用處。共黨組織分崩離析。各部會已無法施展中央權威，軍方士氣低落，就連KGB人員也不知道該做什麼。當列夫．謝巴辛受克留奇科夫之命展開調研工作後，對於社會普遍失去方向感感到震驚。他發現在波羅的海國家的首都、海參崴和克拉斯諾雅爾斯克等地，電話根本很少接得通。[1]一月二日，戈巴契夫和包括謝瓦納茲在內的親信們討論該月底即將召開的中央全會。他對雙邊裁軍、第三世界衝突、官方意識型態和蘇聯的經濟崩潰等議題都興趣缺缺。他只想找到辦法處理民族主義在各共和國蔓延的問題。

亞塞拜然有些政治人物呼籲要和伊朗北部的大批亞塞拜然同胞重新統一。立陶宛騷亂不止。媒體一天到晚批評。還有報告說蘇聯工人階級希望建立某種獨裁體制。戈巴契夫認為解決方法是派克里姆林宮領導人到當地去穩定局勢。他說如果憲法要改革，也必須是在聯邦架構之下。戈巴契夫決心保留聯邦。蘇聯舊秩序的堡壘已經崩塌，現在的局面很危險，戈巴契夫說要避免再批評軍方。在一九九〇年中失去政治局候補委員位置的格奧爾格・拉祖莫夫斯基（Gerogi Razumovski）講了他在地方黨委員會看到的死氣沉沉。中央委員會書記尼克萊・斯來恩科夫（Nikola Slyunkov）抱怨說一些新成立的合作社都把錢亂花。謝瓦納茲把討論拉回到立陶宛問題。他反對倉促行事，認為按兵不動要比共黨保守派及其軍方同路人所想要的措施來得好。[2]

一月十日，戈巴契夫呼籲蘭茨貝吉斯和立陶宛政府要效忠莫斯科的憲政權威。他表示軍事介入是有可能的，這正是謝瓦納茲最害怕的事情。第二天，蘇聯傘兵部隊開始占據建築物。一月十三日，維爾紐斯電視台大樓爆發衝突，有十三名立陶宛人被殺。這立即引發全國激憤。立陶宛各大城市都有群眾聚集。

戈巴契夫否認有參與血案，國防部長雅佐夫和內政部長普戈也異口同聲。但人們立刻就質疑即便他沒有下令，他也是選擇性的不阻止。他總愛讓人看不透，他身邊的人——包括切爾尼雅耶夫、雅可夫列夫和謝赫納札羅夫——都不知道他到底為什麼要讓一些明顯屬於共黨保守派的人出任高位。謝赫納札羅夫猜想戈巴契夫是個兩面人：既是激進派，也是名共黨幹部。[3]不論他在立陶宛首都維爾紐斯屠殺中扮演了什麼角色，結果都傷到了他。立陶宛的民族主義呼聲大漲。這三個自己宣布獨立的國家已把俄羅斯當成是外國，而葉爾欽在愛沙尼亞首都塔林承認了三國的地位。葉爾欽以俄羅斯最高蘇維埃主席的身分譴責了維爾紐斯大屠殺。俄國民主運動人士也在莫斯科示威抗議軍事暴力。[4]戈巴契夫沒有讓葉爾欽在一九八七年秋退出政壇後永遠回不來，現在他要面對這個對手。葉爾欽呼籲要採取更激進的政治經濟政策，他也樂見波羅的海國家獨立出去。

戈巴契夫的國際地位也在下滑。二月二十五日，在有蘇聯、保加利亞、匈牙利、波蘭、捷克斯洛伐克和羅馬尼亞等國外長和國防部長出席的布加勒斯特會議中，華沙公約組織宣布解散。[5]

「經濟互助委員會」也在幾個月後壽終正寢。[6]戈巴契夫不得不接受不可避免的結果：東歐國家根本不想和蘇聯在軍事或經濟上同盟。他們只想加強他們剛從莫斯科掙脫後的自由。

三月十七日，蘇聯領導人舉辦是否維持蘇聯的公民投票，希望能強化自己的地位。多數共和國都是贊成票占多數。英國外長道格拉斯．赫德在三月份訪問莫斯科時還表示希望會出現「新生而自願的聯邦」。他公開表示蘇聯解體對大家都沒有好處，包括西方在內。在私底下，他說葉爾欽是「危險人物」。[7]在該月份，貝克下令美國駐莫斯科大使館籌辦一個十五個蘇聯共和國總統的會議，兩大超強的地位不平等已經變得很明顯了。戈巴契夫憤怒地要各位總統都不要參加。[8]但西方壓力還是不斷。英國首相梅傑在四月份再度向戈巴契夫抱怨蘇聯的生物武器計畫——布萊斯威特大使請切爾尼雅耶夫把信轉交給蘇聯總統。[9]英國人一直表達關切到年底，並威脅說將不再提供經濟援助。[10]戈巴契夫在公投取得勝利，但對於一個衣食無著的社會來說根本毫無意義。

謝瓦納茲警告蘇聯可能會在內戰中突然解體：「這是我最害怕的事。」他還說戈巴契夫應該另創一個改革派政黨，謝瓦納茲和雅可夫列夫這些人都會加入。雅可夫列夫寫信給戈巴契夫主張建立兩黨制度。他心知戈巴契夫懷疑他想取而代之，強調自己已經年紀太老。[11]謝瓦納茲很遺憾戈巴契夫和葉爾欽無法調和歧見。他認為葉爾欽替代戈巴契夫是不錯的人選。他承認戈巴契夫從來不想當「獨裁者」，葉爾欽卻有「威權傾向」。但如果戈巴契夫在莫斯科失勢，葉爾欽似乎比較能保證繼續改革。謝瓦納茲繼續對戈巴契夫保持忠誠，但他的前副手阿達米申卻看得出戈巴契夫讓他失望，甚至背叛他。[12]謝瓦納茲也覺得外交部高層已沒有什麼「戰略家」——他並不贊成拔擢別斯梅爾特內赫。[13]雖然他嘴上說並不後悔辭職，但阿達米申認為他只是在自我說服。[14]

戈巴契夫心力交瘁。他可以預見自己的下場會很慘：「先知總是會被釘上十字架，所以我在想我何時會上十字架。」[15]他把憂慮埋在心裡，但萊莎知道他有多麼意志消沉。她會偷偷和她心愛的人說：「米哈伊爾．謝爾蓋維奇，是時候離開了。去過自己的生活寫回憶錄吧。」有一次她又說：「米哈伊爾．謝爾蓋維奇，你的工作做完了。」[16]他不聽勸告。除了家人和身邊的人之外，他表現得像是會永遠幹下去。

一九九一年四月，有一份機密報告評估說，隨著裁減戰略性核子武器，未來六年內可省下一百一十五億盧布的預算。[17]阿赫羅梅耶夫也向英國官員承認蘇聯沒辦法再和美國維持軍力對等。幾年前，沒有任何蘇聯將領敢說這種話。[18]五月十八日，戈巴契夫召開國家安全會議討論危機。沒有人認為蘇聯可以再撐多久。西方的援助至關重要，戈巴契夫也拜託密特朗幫忙蘇聯加入國際貨幣基金——在G7國家中只有日本表示異議。他希望能達成一項為期五年、每年貸款一百五十億美元的協議（哈佛經濟學家傑佛瑞．薩克斯聲稱蘇聯可以拿到兩倍於這個數字的貸款，但戈巴契夫認為不切實際）。[19]他說蘇聯領導層會為此被「愛國派」批評是「喪權辱國」，但他呼籲大家要認清現實：「我們遠遠落後於西方，我們的科學只有好好運用在軍事部門……和西方合作是符合國家利益的，是為了讓國家再起——這也是愛國主義。而這該是一種什麼樣的合作型態呢？不是雙邊的，也不是偶一為之的，而是真正的廣泛的融合。」[20]

波羅的海問題持續攪動政治局勢。立陶宛、拉脫維亞和愛沙尼亞都派出領導人到北美和西歐去煽動波羅的海流亡人士。他們駁斥那種不想傷害到戈巴契夫的想法。立陶宛最高會議主席蘭茨貝吉斯在美國國會人權委員會發表演說，譴責蘇聯在立陶宛境內持續破壞法治。他講到蘇聯是如何在一九四四年併吞他的國家。他和拉脫維亞及愛沙尼亞的總理還去和布希會面。[21]他們在西歐也忙得不可開交。蘭茨貝吉斯不耐的對法國朋友說：「我們來到法國，你們對我們很好。但你們也不想開罪蘇聯，所以你們和其他國家都不和我們正式建交。現在看看你們的朋友，蘇聯人，趁你們猶豫時正在幹些什麼！」這頓發作收到了預期效果，法國外長羅蘭．杜馬斯（Roland Dumas）表示法國會認真考慮個別和立陶宛建立正式關係。[22]

在蘇聯日趨混亂之際，布希想趕緊完成條約，以免戈巴契夫有什麼閃失。他打電話給戈巴契夫說他們應該在《歐洲傳統武力條約》之外再補上長久討論過的戰略核子武器協議。他巧妙地讓蘇聯總統趕緊對這些議題重視起來。他們很快就談好要簽署一項新條約把戰略核子武器減半。這是重大成就。在經濟上，布希坦言他懷疑帕夫洛夫的政策會有效果，除非蘇聯政府能自己打破市場經濟的障礙，否則他幫不上戈巴契夫什麼忙。[23]六月五日，他又致函戈巴契夫提出美方關於如何解決定義和數量等癥結點的方案。[24]戈巴契夫也表示要趕快達成協議。[25]

整個蘇聯已來到解體的邊緣。六月十七日，克留奇柯夫在最高蘇維埃的閉門會議提出報告說，如果當局無法恢復秩序，蘇聯將在二到三個月內終結。[26]雖然他說自己支持市場經濟，但強調需要管制。他嘲笑有人幻想西方會提供大量貸款。他聲稱CIA已經在蘇聯公民之間吸收特工。經濟已壞到不行。蘇聯境內的族群衝突越演越烈。組織犯罪也在增加。北約組織不尊重戰後的邊界，經常提出要讓波羅的海國家獨立。[27]聽到這些話的人都不會認為克留奇科夫還贊成戈巴契夫繼續領導。這不單是克留奇科夫而已。總理帕夫洛夫提出要有緊急權力，並承認自己沒和總統事先討論。反改革的代表們都輪番砲轟戈巴契夫。[28]

於是有人想推翻總統的謠言滿天飛。去年也有過幾次警訊，但戈巴契夫都置之不理。他對一名來自外國情報單位的訪客說他已經受夠了KGB的報告中充滿偏見，這些話都被克留奇科夫監聽了。[29]帕夫洛夫抱怨西方銀行沒有落實貸款。[30]雅佐夫則質疑當初幹嘛要搞「重建」：「我們到底是為了什麼？」鮑爾丁指控激進派是在鋪路「向葉爾欽投降」。[31]巴克蘭諾夫則繼續質疑戈巴契夫的裁軍方案。[32]阿赫羅梅耶夫深信戈巴契夫已經毀掉蘇聯的國防能力。[33]美國政府為蘇聯總統擔心。六月二十三日，布希在半夜打電話給他。切爾尼雅耶夫要讓他們通上話，但戈巴契夫和萊莎不在公館。第二天早上，戈巴契夫告訴克留奇科夫和鮑爾丁說昨晚沒有去找他是嚴重失職。[34]「在這混亂的幾星期，戈巴契夫收到自己人的報告說莫斯科近郊有可疑的部隊調動。普利馬可夫也警告戈巴契夫不要太信任KGB。[35][36]

戈巴契夫不顧這些警訊，專注於政治、民族和經濟問題。他和支持者推人在一九九一年六月的俄羅斯共和國總統選舉中挑戰葉爾欽，但葉爾欽獲得絕對多數。戈巴契夫不得不承認現實，固定和葉爾欽討論問題。首要之務是如何為蘇聯建立一個新的聯邦架構。同樣緊迫的是如何緩解經濟困難。商店裡幾乎都沒東西可賣給消費者。民眾的不滿與日俱增。最高蘇維埃也越來越大聲。他現在比任何時候都需要外援。布萊斯威特大使致電戈巴契夫，梅傑首相正式邀請他參加在倫敦舉辦的G7峰會。布萊斯威特和戈巴契夫談到冷戰終結的蜜月期已經不再。戈巴契夫要西方改變態度，要搞清楚他不能像個小販一樣去倫敦。他希望能有「偉大且具原則性的對話」。[37]但他並不抱幻想。布萊斯威特記錄道：「他知道沒有錢在倫敦等著他，事前要做很多具體工作才行。」[38]

國務卿貝克在七月十一日到參議院對外關係委員會請求批准《歐洲傳統武力條約》。他說這對於終結蘇聯在部隊和武器數量上的優勢，以及鞏固全歐洲大陸的民主至關重要。[39]

七月十七日，布希和戈巴契夫在美國駐倫敦大使館展開事前磋商。戈巴契夫直接質問布希說，他到底想和什麼樣的蘇聯打交道。如果打個波灣戰爭就可以花幾上幾百億，拿來幫助蘇聯轉型不是更好嗎？布希回答說美國希望能有一個民主而充滿活力的蘇聯融入世界各國的「大家庭」。他否認有對戈巴契夫幸災樂禍。戈巴契夫強調他在縮減軍工部門規模時要很小心——蘇聯最好的發明家和工程師都在軍火業。布希趁機把話題轉到猶太教古經文手稿，又談到阿拉法特。[40]戈巴契夫並不期待會有多成功，但布希所給的遠比他想像的少。他向主辦的英國解釋說，世界經濟強國必須了解他的改革還需要努力很多年才會成功。他抗議技術移轉的禁令還在持續。他的心情很不好。他知道如果他空手回到莫斯科，就只能面對最壞的結果：「到時候十個天使都救不了我們。」[41]

七月二十三日再度共進午餐時，布希尷尬得不敢直視蘇聯總統的眼神。[42]他重申他不想介入蘇聯內政，除非克里姆林宮能引入民主制度和市場經濟，並以聯邦制度處理好各蘇聯共和國的關係，否則戈巴契夫就別期待有國外直接投資。[43]戈巴契夫是來倫敦求援的，離開時卻連一毛也沒拿到。此趟倫敦之行是個羞辱。

之後不到一週，布希就到莫斯科簽署了《限制和削減戰略性攻擊武器條約》（Treaty on the Reduction and Limitation of Strategic Offensive Arms，簡稱START）。雙方專家小組刻意忽略掉一些漏洞，而戈巴契夫和布希也不想因為沒有金援就再拖延下去。一九九一年七月三十一日，他們在文件上簽名。蘇聯和美國同意部署飛彈上限為六千枚。根據協議，兩大超強各自要把陸基、海基和空基飛彈減少到一千六百枚。這將是史上最大且最複雜的裁軍過程，在二〇〇一年執行完畢時將銷毀掉百分之八十的戰略核子武器。在雷根第二任期中所開啟的進程終於圓滿完結。這些能從一個大陸打到另一個大陸中心地帶的飛彈在每次高峰會都是議題。它們的存在構成了兩大超強鬥爭的最大風險。它們是冷戰的象徵和現實。

戈巴契夫和布希都知道這個條約的重要性，布希也不想讓蘇聯政府陷入不穩。他在八月一日飛往烏克蘭。在基輔的演講中，他不但沒有支持烏克蘭獨立，還譴責了任何「提倡建立在種族仇恨之上的自殺性民族主義」的人。他還提醒烏克蘭人民說，想要快速繁榮是不可能的事。美國國內對此反應不一，政治右派的評論家和幾個國家的流亡人士都譴責布希背叛了被奴役人民的意願。史考克羅夫趕緊跳出來捍衛總統。他說布希謹守不承認愛沙尼亞、拉脫維亞和立陶宛被蘇聯併吞的一貫政策。但與此同時，史考克羅夫說，美國也認為蘇聯人民的光明未來有賴於民族包容、尊重少數和真正開放的社會。光有政治民主是不夠的。要有智慧和謹慎才能建立更好的社會，而布希既不偏向莫斯科的中央政府，也不偏向她在各共和國的敵人。[44]

戈巴契夫此時正在莫斯科和葉爾欽商量，要在八月二十日通過一項新的聯邦條約，賦予各共和國政府更廣泛的權力。布希支持他的憲政改革，並致函保證說他在基輔沒有說什麼不適當的話。[45]由於實在太疲憊，戈巴契夫到克里米亞去度假，準備在簽字儀式之前重新打起精神。他住在佛羅斯的尤茲尼療養院。[46]帕夫洛夫和葉爾欽傳來一些修改建議，戈巴契夫認為都可以放進條約中，等回到首都就可以簽字。[47]

他不知道有人對他鬆散聯邦的構想已不滿到極點。就在上個月，一份莫斯科報紙刊出一篇名為「給人民的話」的文章。署名者有瓦連尼科夫和俄羅斯共黨政治局委員根納季·朱加可夫（Gennadi Zyuganov）。文章為蘇聯的未來哀悼說，如果戈巴契夫的憲改計畫果真實現，「那麼這個祖國，我們的國家，這個由歷史、自然和過往先賢交給我們的偉大國家將會消亡、崩解和墮入黑暗及遺忘。」這篇文章不提列寧、十月革命或共產主義，純粹講愛國情操：如果再不採取極端手段，蘇聯將裂成碎片。[48] KGB主席克留奇科夫立刻聯絡看法相同的領導同志要阻止聯邦條約簽署。瓦連尼科夫和戈巴契夫的特助鮑爾丁飛到克里米亞，要總統宣布進入緊急狀態。克留奇科夫切斷了戈巴契夫別墅的電話連線，逼他接受既成事實。但戈巴契夫不從，把他們趕了出去，然後就被軟禁。同一天，克留奇科夫和倉促成立的國家緊急狀態委員會宣布戈巴契夫生病了，由副總統根納季・亞納耶夫代行職權。

這些不速之客離開時，戈巴契夫的首席安全人員伏拉迪米爾・梅德韋傑夫（Vladimir Medvedev）*也跟著走了。他也背叛了總統。[49]他們還帶走了有「核子按鈕」的裝置，要移交給總參謀長莫伊謝耶夫。[50]電話線被切斷了。沒有車輛能靠近尤茲尼療養院。有三層警戒線把建築物與世隔絕。只有從海路才能離開尤茲尼療養院，從雅爾達到塞瓦斯托波爾的道路也被封閉。[51]

政變嚇到了西方各國領導人，雖然幾個月來都有預測會發生這種事件。布希也很震驚。他在日記中寫道：

> 新總統是亞納耶夫……這傢伙和我在莫斯科機場碰過面。這傢伙和我同車過。這傢伙和我一起飛到基輔。我在烏克蘭講完要尊重人民的選擇後，也是這傢伙來向我道賀。我喜歡這傢伙。我還送他釣魚用的假餌。他真的滿有趣的。[52]

前首相柴契爾夫人把政變的消息告知蘇聯駐倫敦大使列昂尼德・札米亞京：

> 她在早上八點打來氣沖沖地說：「大使先生，你知道俄國發生什麼事了嗎？」「抱歉，夫人，我不知道。」「喔，那就打開電視自己看吧。我要你們批准讓一架英國飛機飛到俄

羅斯。你和我一起去。我會把醫生帶上。戈巴契夫一定病了，甚至快死了。我一定要去俄國。」[53]

她的地理一定不太好，因為佛羅斯並不在俄羅斯，而是在烏克蘭。她的語調也許有點維多利亞時代的誇大，但她是真的擔心她的蘇聯朋友。

國家緊急狀態委員會的成員包括國防部長雅佐夫、內政部長普戈和總理帕夫洛夫，但幕後是KGB主席克留奇科夫在主導。當他們出現在電視上，代理總統亞納耶夫顯然心神不寧，手指不自覺地敲著玻璃杯。但他們沒料到有一大群抗議者聚集在最高蘇維埃大樓外面。克留奇科夫忘了把葉爾欽也拘留起來。然後是一陣混亂。葉爾欽站在大樓外面一輛坦克上，宣稱他絕不會服從這些叛變者。軍方也拒絕執行國家緊急狀態委員會的命令。政變在八月二十日悄悄收場了。

國家緊急狀態委員會派了幾個人到佛羅斯，其中有克留奇科夫和雅佐夫。他們是去請求戈巴契夫諒解，說他們並沒有傷害他的意思。戈巴契夫把他們趕了出去。[54]他總是小心對待每個人，但雅佐夫的背叛特別傷他的心。電話線接通之後，他下令克里姆林宮要清洗這些陰謀叛變者。他打給布希，感謝他和他團結一致。俄羅斯副總理亞歷山大．魯茨科伊（Alexander Rutskoi）又帶另一批人前來。他自己駕著飛機飛到克里米亞，和俄羅斯總理伊凡．西拉耶夫（Ivan Silaev）一起到了尤茲尼療養院。他帶來四十名中尉軍官以防意外。戈巴契夫把家人和幕僚都交給魯茨柯伊

＊　伏拉迪米爾．梅德韋傑夫在二〇〇八至二〇一二年接替普丁，成為俄羅斯總統，並在任內指派普丁作為他的總理。二〇一二年，梅德韋傑夫卸任，普丁繼任為總統，又指派梅德韋傑夫為總理。二〇二〇年一月，普丁再指派他為俄羅斯聯邦安全會議（Security Council of Russia）副主席。

照料。[55]他們把克留奇科夫也帶上飛機，以防在飛行途中被擊落。克留奇科夫上飛機時還被搜身看有沒有武器。[56]救援團隊一一和戈巴契夫及其家屬談話，這時才發現萊莎的情況不太對。尤茲尼的事讓她心臟病發作。雖然她未經醫療就沒事了，但手部活動有困難。戈巴契夫則是坐骨神經痛復發，這個病從他年輕時代就有了。[57]

快接近首都時，他的精神來了：「我們正飛進一個新的國家。」[58]他這話再正確不過。葉爾欽打敗了國家緊急狀態委員會，現在是莫斯科之王。他逼著戈巴契夫清除掉所有支持或寬容政變的人。儘管經歷了佛羅斯事件，戈巴契夫一開始還不願承認涉入政變的圈子有多大。葉爾欽在眾目睽睽之下粗魯地要他唸出已知叛亂分子的清單。戈巴契夫查禁了蘇聯共產黨，把各政府部門的領導官員幾乎換過一遍，國家緊急狀態委員會的成員都被收押。

八月二十四日，立陶宛、拉脫維亞和愛沙尼亞接連宣布獨立，葉爾欽宣布支持。烏克蘭領導人也做了同樣聲明。[59]戈巴契夫雖然從軟禁中出來，卻在莫斯科坐困政治愁城。他拜託過去的親信能回到他身邊。八月三十日，戈巴契夫請求謝瓦納茲：「立刻動身到克里姆林宮來！」但謝瓦納茲不再唯命是從：「立刻是不可能的。事情沒有這麼簡單。我們得先談談。」戈巴契夫怒道：「我們這不是正在談嗎？」當他們碰面時雅可夫列夫也在場。謝瓦納茲大發怨氣。戈巴契夫毀掉了他的人生目標，背棄了他的盟友，身邊盡是平庸阿諛之輩：「是你自己——不管是不是故意的都不重要——挑起了政變。我完全有理由認為你也參與了陰謀。」[60]戈巴契夫問他為什麼不肯再回來當外交部長。謝瓦納茲簡單回答說：「因為我不信任你。」[61]雅可夫列夫的說法也一樣難聽。[62]換作是以前，戈巴契夫會插口打斷。現在他不發一語。談話結束時，戈巴契夫對謝瓦納茲和雅可夫列夫說他會原諒一切，承認他的錯誤。他沒說他要原諒什麼，他也未曾說明他犯了什麼錯誤。[63]

布希對他的忠誠也不如以往。九月二日，他對立陶宛、拉脫維亞和愛沙尼亞的獨立給予官方承認。[64]但他要先靜待事情發展。國防部長錢尼力主要採取更積極的行動。他認為要更客觀的計算美國的政策，而不是一直賭在戈巴契夫身上。他還警告蘇聯有發生內戰的可能。錢尼希望美國能追求自己的國家利益。他從來都不贊成要加速裁軍的官方政策。現在他可以公開說出口了。[65]史考克羅夫和他正相反對。錢尼警告說莫斯科可能會回到從前的威權政體，史考克羅夫則認為毫無理由再去傷害戈巴契夫。他駁斥了直接介入蘇聯共和國的提案，比較傾向鮑威爾——自一九八九年秋以來擔任參謀首長聯席會議主席——的報告。報告中說「中央」仍有足夠力量控制蘇聯的軍隊。貝克嚴峻地說道：「蘇聯的和平解體符合我們的利益。」布希不想被催著走。他認為比較謹慎的作法是先看看新的聯邦條約成效如何。[66]

為了消除最後一點和蘇聯關係緊張的遺跡，他宣布要減少美國的軍事預算，裁減軍隊和武器數量。他還降低了全球美軍的戰備等級，確認美國將銷毀戰術性核子武器。他停掉了一些戰略飛彈計畫的經費。他在九月二十七日發表電視演說，向美國人民保證這不會傷害到國家安全。他大力推銷「和平紅利」的好處。[67]他在同一天打電話給戈巴契夫，告知他這一切。[68]戈巴契夫也在莫斯科回報以同樣的措施。[69]但此時的戈巴契夫已為了整個蘇聯的經濟和憲政危機忙得不可開交。他無法再想到別的事。十月七日，米歇爾．坎德蘇斯（Michel Camdessus）率領國際貨幣基金代表團到莫斯科與戈巴契夫、雅夫林斯基和其他人會談。拯救預算是唯一的話題，戈巴契夫要求坎德蘇斯不要把藥方開得太重。他說得好像他還在當家作主。[70]

事實是蘇聯已在解體邊緣。十月底，戈巴契夫到馬德里參加規劃了很久的中東會議。他在馬德里打電話給布希請求貸款。布希回答說他必須向國會保證債務人的信用是可靠的，但他沒辦法說蘇聯符合條件。戈巴契夫說一百億到一百五十億美元對蘇聯經濟是生死攸關，對美國的預算來說卻是九牛一毛，就算倒債也不是什麼大風險。布希還是不肯，他只能幫忙十五億美元的食物進口頭期款，超過的話會在國內被批評。貝克支持布希堅守立場。他說華府已得到情報說葉爾欽的俄羅斯政府正計畫要解散蘇聯外交部。貝克非正式地向口譯員帕佛．普拉什欽柯（Pavel Palazhchenko）咬耳朵，請他轉告戈巴契夫最好先接受食物進口這一條，免得美方變卦。但戈巴契夫希望能向西方多要一些東西，指示要向該年度G7峰會的籌辦人英國首相梅傑開口。[71]

葉爾欽的策略是維持聯邦，但每天不斷阻撓戈巴契夫。他向所有人保證他會穩固和美國的關係。俄羅斯總理伊凡．西拉耶夫在維塔利．卡塔耶夫的建議下，仿效「五巨頭」模式設立了一個裁軍議題團隊。[72]葉爾欽先按兵不動，直到十二月一日烏克蘭獨立的公民投票結果出爐。投票結果一面倒地支持分離。葉爾欽抓住機會。幾天後他和烏克蘭總統列昂尼德．克拉夫查克（Leonid Kravchuk）和白俄羅斯總統斯坦尼斯拉夫．舒什克維奇（Stanislav Shushkevich）在普希查國家公園會晤，他下定決心要終結蘇聯。他沒有徵詢俄羅斯選民的意見：他的決定就是最終決定。

戈巴契夫不得不接受。十二月二十五日，他在蘇聯國家電視台宣布他將在新年前的午夜時分下台。一九一七年的十月革命被丟到了一邊。馬克思—列寧主義在其誕生的國度永遠名譽掃地。十五個共和國都成為獨立國家。一個超級強國在政治和經濟上的解體——還有戈巴契夫和葉爾欽的個人角力——掩蓋了這段時期的卓越成就。冷戰的殘餘被掃得精光。一系列條約讓核子浩劫不再是迫切的危機，雖然雙方還是擁有遠足以互相摧毀的彈道飛彈。戈巴契夫一點一點把他的前任所認為神聖不可侵犯的東西給讓出去。他和美國簽署的條約降低了蘇聯在全球的軍力。東歐共黨國家不復存在。華沙公約解體，蘇聯也從東歐撤軍。莫斯科不再援助阿富汗共黨政府，在非洲或中東也不再是一流強權。美國獨大，蘇聯成為明日黃花。

假如克里姆林宮或白宮有人在幾年前預測會有這種結果，一定會被認為是瘋了。不可能的事情變成可能，最終成為現實。一九四五年那個由兩大超強鬥爭所建構出來的世界在眾目睽睽之下崩解。沒有人能確定接下來會發生什麼。

後記

冷戰的結束如同其開始一樣，並沒有明確的日期。雖然確切時間點不明，但沒有人能懷疑這真是一場大和解。自一九四〇年代末以來，美蘇鬥爭經常逼近全球「熱戰」邊緣，有核武競賽，也有政治體制、意識型態、軍事同盟以及人員與資訊流通的衝突。第三次世界大戰隨時一觸即發。

和解之所以可能，是因為蘇聯領導人了解到他們再也無法負擔他們的地緣政治野心。和一般認為的相反，克里姆林宮從一九八〇年代初就開始意識到自己的困難。

這是戈巴契夫在一九八五年啟動改革的關鍵因素。長年的貿易禁令和越來越擴大的科技差距終於變得難以負荷，政治局中的改革派欲改變對外政策，讓他們有喘息空間以重塑社會主義。雷根堅定的要消除核戰威脅，希望和蘇聯領導層共商裁軍。但他同時也堅持要推動戰略武器現代化，這又逼戈巴契夫領導的莫斯科更有必要和華府和解。在區域衝突、蘇聯迫害人權、假消息宣傳戰和東西方接觸等議題上，雷根把戈巴契夫越推越遠、越走越快，超出其原來預想。在戈巴契夫執政早期，黨、政、KGB和軍方的領導菁英都同意他大部分的診斷和治療是正確的。

與此同時，戈巴契夫與雷根在謝瓦納茲和舒茲的支持下，也發展出一定程度的互信。隨著蘇聯的自我改革越來越深入，不再把政治和媒體與世隔絕，雙方也越能互相了解。但雙方領導人還是有尖銳的爭辯。

隨著蘇聯內部瓦解加速，美國的談判籌碼越來越多。每次出現僵局，戈巴契夫最後都會讓步，因為怕失去達成協議的機會。他和雷根是真心要降低核戰威脅，他們的成就也相當偉大。但戈巴契夫想復興蘇聯經濟的雄心卻成為惡夢，他的政策讓工業產出和糧食供應的情況越來越糟。雷根和布希都不想救他——他們的當務之急是穩定國際局勢讓美國在全球獨大，幫忙莫斯科經濟改革對他們沒有好處。在高峰會友善的外表下，美方堅持的條件其實很苛刻。

西方和蘇聯政治人物沒有一個料想到冷戰會在他們還沒退休之前就結束。所有事都好像在夢裡無預警的發生，醒來之前就在那裡了。如同所有人都曉得的，莫斯科和華府的軍事對立有可能消滅地球上所有人類。這些締造和平的人要把它終止可能有許多動機，但目標絕對是高貴的。

兩大超強的盟國雖然都贊成要和平，但如同我已說過的，他們對大的政策只有邊緣性的影響力。戈巴契夫警告東歐共黨領袖蘇聯不會幫他們鎮壓人民，西奧塞古最終也為他的暴力和緊縮政策付出代價。在剛剛進入白宮時，布希還懷疑為什麼要和蘇聯交好，但他被戈巴契夫拒絕鎮壓一九八九年的東歐革命所感動，終於回到雷根和舒茲的路線。這是個迷失方向的轉變時代。波羅的海民族運動衝擊了美蘇和解的道路，讓地緣政治的形勢更加複雜。當雷根著手放棄核武提出「戰略防禦系統」時，西歐多數領袖都憂心其國家安全。柴契爾夫人、密特朗和安德烈奧蒂都試圖在重要議題上拉住雷根，但雷根從未在裁軍的大戰略上對他們讓步。只有柯爾的德國統一運動有辦法開山劈石，但他還是需要布希的默許才能實現。

隨著冷戰終結和蘇聯解體，歐洲的政治地圖在一九九〇年被重畫。垂死的「世界共產主義運動」走入歷史，馬列主義被放進圖書館的骯髒角落。世界政治無可逆轉地改變了。在接下來的十年內，世界上只有一個超級強國。蘇聯最大的繼承人俄羅斯受限於內部經濟和政治困難，在全球外交中只是一個小角色。葉爾欽總統在和西方各國打交道時像個乞丐。俄羅斯的核武存量是其總統和美國總統會面時仍然能稱為高峰會的唯一理由，雖然其存量已因戈巴契夫所簽的條約減少許多。華府漸漸習慣對莫斯科居高臨下。此等情況直到本世紀初才改變，因為世界油價和天然氣價格飆升使得俄國的石化原料出口盈餘大增。普丁在二〇〇〇年當選總統，在國際政治上越來越有自信為俄羅斯發聲。

在二十世紀的最後十年中，西方有人在談論「歷史的終結」，認為美國贏得冷戰將很快導致全球的自由民主化和市場經濟化。許多美國評論家都有一種勝利凱旋的心態。美國成為唯一的超級強國，一九九〇年代初率軍介入前南斯拉夫一役更證明其壓倒性的軍事優勢。而隨著資訊科技革命的進展，沒有哪個經濟體能在創新能力上和美國比肩。

然而大家慢慢看出，冷戰其實對許多區域衝突具有壓制作用，美國在二十一世紀初對阿富汗和中東的軍事介入產生了華府所沒有逆料到的惡果。伊斯蘭基本教義派曾在阿富汗重創蘇聯，現在則在其他穆斯林國家把矛頭指向美國及其盟國。國際聖戰恐怖主義就像瘟疫一般蔓延。與此同時，美國在全世界也遭遇經濟挑戰。中國崛起為工業強國，印度、巴西和印尼都高呼要經濟自主。美國政府所鼓勵的金融「全球化」現在反而進一步弱化了美國。

中國和俄羅斯這兩個國家被認為是美國在新冷戰時期的對手。鄧小平的繼任者繼續他和美國合作以求經濟現代化的路線。中國領導人的首要之務是維持資本投資和先進科技的流入。但隨著中國持有的國外債券增加而美國的對外債權降低，有人開始擔心美國是不是培養出一個危險的競爭對手。中國間諜行動的醜聞經常爆出。中國把亞洲當成自己有特殊影響力的地區，壓迫日本和越南接受其要求。在二〇一二年第二任總統任期之初，歐巴馬開始把政策焦點放在維持美國在太平洋兩岸的影響力。

但比較明顯挑戰美國政策的是俄羅斯。普丁剛開始還順著美國，幫忙在二〇〇一年進軍阿富汗。但他和俄羅斯的統治集團覺得回報太少。美國步步進逼，把北約擴張到前東歐國家和波羅的海三小國。戈巴契夫聲稱這違反了他和貝克在一九九〇年的默契，葉爾欽也說美國和西方國家領袖撕毀了他們在蘇聯解體後所給的承諾。普丁不再搞和解。二〇〇七年，他反對小布希在波蘭部署飛彈防禦系統。他經常用切斷天然氣供應來恐嚇烏克蘭。二〇〇八年，他入侵喬治亞，持續占領著南奧塞提亞。自二〇一一年起，他在敘利亞內戰中支持阿拉伯復興派領袖阿塞德。二〇一四年，他在烏克蘭的政治騷動中兼併了克里米亞。他進一步侵擾烏克蘭東部有大批俄羅斯少數族群居住地區，引起了西方的經濟制裁。俄羅斯和美國的長期停戰已然中止，華府帶頭對俄羅斯施以經濟制裁。

這是否是另一次冷戰的開端？美國和俄羅斯都擁有可以隨時夷平對方主要城市和對全世界造成核子浩劫的彈道飛彈。普丁把俄羅斯的預算拿來搞傳統武器現代化，此舉和戈巴契夫上台之前的舊蘇聯很相似，而普丁也不在乎外國的批評。這對國際關係不是好事。但普丁的行動自由也受到很大的拘束。最重要的是，俄羅斯的經濟還是太依賴出口天然資源，也很難趕上美國的科技實力。俄羅斯的領導人雖然很會嚇唬和霸凌鄰國，卻不夠實力和美國對抗——希望克里姆林宮的菁英們都能認清這一點。

烏克蘭東部的衝突讓人擔心歐洲的未來，但和冷戰時代的危險性比起來其實不算什麼。當時的蘇聯和美國是在軍事、意識型態、經濟、科技和政治上全面對抗。兩大超強背後都有一堆盟國和朋友。核戰陰影無所不在。華府和莫斯科都假設對方領導人會瘋狂到發動全面核子攻擊。美國總統和蘇共總書記都擔心這種可能性。即使是在一九七〇年代中的「低盪」時期，世界末日的陰影依然揮之不去。雖然彈道飛彈都留在發射井裡，美國和蘇聯領袖卻一直大打意識型態砲火，各自支持一些和對方敵對的代理國。蘇聯緊守著堡壘國家的城牆，盡量不讓人民和資本主義的西方接觸。這種情況下只能有易碎的和平。一直到一九八〇年代末，全球軍事浩劫都隨時可能被意外、誤判或蓄意所引發。

在當今的東歐、中東和東亞國際局勢愈益緊張，而核擴散問題尚未解決之際，這樣的結果並非無法想像。今天的我們都要感謝終結掉冷戰、讓繼任者不太可能發動核戰的那一代領導人。我們已有許多成就，但還要做得更多。

參考書目

The following sources were actively used in the chapters. An exhaustive list of archives, documentary publications, memoirs and secondary works on the end of the Cold War would call for a book in itself.

Archives

British Diplomatic Oral History Programme (abbreviated as BDOHP)
Sir Rodric Braithwaite, 'Moscow Diary'
George Bush Presidential Library
Central Intelligence Agency
Central Intelligence Agency Papers (abbreviated as CIA Papers)
Churchill College, Cambridge
Hoover Institution, Stanford University, CA (abbreviated as HIA)

A. L. Adamishin Papers Richard V. Allen Papers William J. Casey Papers
Committee on the Present Danger Records
Deaver & Hannaford, Inc. Records
John P. Dunlop Collection
Eastern European Oral History Project interviews 1999-2001
Eesti NSV Riikliku Julgeoleku Komitee records, 1920-1991
Fond 89
Charles Hill Papers
Hoover Institution and Gorbachev Foundation Collection
(abbreviated as HIGFC) Fred Charles Iklé Papers John O. Koehler Papers
Vitali Korotych Papers
Edward Landsdale Papers
Lietuvos SSR Valstybes Saugumo Komitetas (Lithuanian SSR KGB) Selected Records
Lyn Nofziger Papers

George Vernon Orr Papers
Peter Robinson Papers
Scientists for Sakharov, Orlov and Shcharansky Records
T. G. Stepanov-Mamaladze Papers Edward Teller Papers
Understanding the End of the Cold War: Reagan/Gorbachev Years: An Oral History Conference 7-10 May, 1998, Brown University: a compendium of declassifi ed documents and chronology of events, comp. and ed. V.
Zubok, C. Nielsen, G. Grant (Providence, RI : Watson Institute, Brown University, 1998)
Dmitri A. Volkogonov Papers
Zelikow-Rice Papers

National Security Archive, George Washington University, Washington DC
Ronald Reagan Presidential Papers (CD-Rom: BACM Research) (abbreviated as RRPP)
Ronald Reagan Presidential Library, Simi Valley, California (abbreviated as RRPL)
Rossiiskii Gosudarstvennyi Arkhiv Sotsial'no-Politicheskoi Istorii, Moscow (abbreviated as RGASPI)
Russian and Eurasian Studies Centre Archive, St Antony's College, Oxford Uni-versity (abbreviated as RESCA)
Anatoli Chernyaev Papers

Online sources

CIA, *At Cold War's End: US Intelligence on the Soviet Union and Eastern Europe, 1989-1991*, www.cia.gov/library/center-for-the-study-of-intelligence/csipublications/books-and-monographs/at-cold-wars-end-us-intelligence-onthe-soviet-union-and-eastern-europe-1989-1991/art-1.html
End of the Cold War Forum (abbreviated as ECWF)
B. B. Fischer, *A Cold War Conundrum: The 1983 Soviet War Scare* (Washington, DC: Center for the Study of Intelligence, 1997), retrieved online at www.cia. gov/library/center-for-the-study-of-intelligence/csi-publications/books-andmonographs/a-cold-war-conundrum
H. Kohl, 'Ten-Point Plan for German Unity', 28 November 1989, *German History in Documents and Images*: retrieved online at http://germanhistorydocs.
ghi-dc.org/sub_document.cfm?document_id=223
Parallel History Project on Cooperative Security (abbreviated as PHPCS)
'Record of Conversation, M. S. Gorbachev and G. Bush, Washington DC', 31 May, Document 10, The Washington/Camp David Summit 1990: From the Secret Soviet, American and German Files, National Security Archive, available at: www.gwu.edu/nsarchiv/NSAEBB/NSAEBB320/index.htm
Ronald Reagan Oral History Project, Miller Center of Public Aff airs, Charlottesville, VA (abbreviated as RROHP)

Soviet Intentions 1965-1985, vol. 2: *Soviet Post-Cold War Testimonial Evidence*, ed. J. G. Hines, E. M. Mishulovich and J. F. Shull (BDF Federal Inc., 1995) Margaret Thatcher Foundation Archive
US Department of State FOIA Documents

Newspapers and periodicals

Guardian
Kommersaut
New York Times
Pravda
The Times
Wall Street Journal

Books and articles

A. Adamishin, *Beloe solntse Angoly* (Moscow: Vagrius, 2001)
A. Adamishin and R. Schift er, *Human Rights, Perestroika, and the End of the Cold War* (Washington, DC: United States Institute of Peace, 2009)
H. Adomeit, *Imperial Overstretch: Germany in Soviet Policy from Stalin to Gorbachev* (Baden-Baden: Nomos Verlagsgesellshaft , 1998)
S. Akhromeev and G. Kornienko, *Glazami marshala i diplomata* (Moscow: Mezhdunarodnye otnosheniya, 1992)
R. Aldous, *Reagan and Thatcher: The Diffi cult Relationship* (London: Hutchinson, 2012)
A. M. Aleksandrov-Agentov, *Ot Kollontai do Gorbachëva: vospominaniya, sovetnika A. A. Gromyko, pomoshchnika L. I. Brezhneva, Yu. V. Andropova, K. U. Chernenko i M. S. Gorbachëva* (Moscow: Mezhdunarodnye otnosheniya, 1994)
M. Alexander, *Managing the Cold War: A View from the Front Line* (London: RUSI, 2005)
M. Anderson, *Revolution: The Reagan Legacy* (Stanford, CA: Hoover Institution Press, 1990)
M. Anderson and A. Anderson, *Reagan's Secret War: The Untold Story of His Fight to Save the World from Nuclear Disaster* (New York: Th ree Rivers Press, 2009)
G. Andreotti, *L'URSS vista da vicino: dalla guerra fredda a Gorbaciov* (Milan: Rizzoli, 1988)
C. Andrew, *For the President's Eyes Only: Secret Intelligence and the American Presidency from Washington to Bush* (New York: HarperPerennial, 1996)
C. Andrew and O. Gordievsky, *KGB: The Inside Story of Its Foreign Operations from Lenin to Gorbachev* (New York: HarperCollins, 1992)
C. Andrew and O. Gordievsky (eds), *Comrade Kryuchkov's Instructions: Top Secret Files on KGB Foreign Operations, 1975-1985* (Stanford, CA: Stanford University Press, 1993)

C. Andrew and V. Mitrokhin, *The Mitrokhin Archive: The KGB in Europe and the West* (London: Allen Lane, 1999)

S. Antohi and V. Tismaneanu (eds), *Between Past and Future: The Revolutions of 1989 and Th eir Aft ermath* (Budapest: Central University Press, 2000) G. Arbatov, *Chelovek sistemy: nablyudeniya i razmyshleniya ochevidtsa* (Moscow: Vagrius, 2002)

D. Arbel and Ran Edelist, *Western Intelligence and the Collapse of the Soviet Union: 1980-1990: Ten Years that Did Not Shake the World* (London: Cass, 2003)

G. Arrighi, *The Long Twentieth Century: Money, Power and the Origins of Our Time*, 2nd edn (London: Verso, 2009)

G. Arrighi, 'The World Economy and the Cold War, 1970-1990', in M. Leffl er and O. A. Westad (eds), *The Cambridge History of the Cold War*, vol. 3 (Cambridge: Cambridge University Press, 2010)

A. Åslund, *How Russia Became a Market Economy* (Washington, DC: Brookings Institution, 1995)

J. Attali, *Verbatim*, vol. 1: *Chronique des années 1981-1986*; vol. 2: *Chronique des années 1986-1988*; vol. 3: *Chronique des années 1988-1991* (Paris: Fayard, 1995)

N. A. Bailey, *The Strategic Plan Th at Won the Cold War: National Security D ecision Directive 75* (McLean, VA: Potomac Foundation, 1998) V. Bakatin, *Izbavlenie ot KGB* (Moscow: Novosti, 1992)

J. Baker, 'The New Russian Revolution: Toward Democracy in the Soviet Union' (Washington, DC: US Department of State, March 1990)

J. Baker, 'Remarks before the International Aff airs Committee of the USSR Supreme Soviet, 10 February 1990' (Washington, DC: US Department of State. 1990)

J. A. Baker III with T. M. DeFrank, *The Politics of Diplomacy: Revolution, War, and Peace, 1989-1992* (New York: G. P. Putnam's Sons, 1995)

J. R. Barletta, *Riding with Reagan from the White House to the Ranch* (New York: Citadel Press, 2005)

G. S. Barrass, *The Great Cold War: A Journey through the Hall of Mirrors* (Stanford, CA: Stanford University Press, 2009)

J. Baylis, S. Smith and P. Owens, *The Globalisation of World Politics*, 4th edn (Oxford: Oxford University Press, 2008)

M. Bearden and J. Risen, *The Main Enemy: The Inside Story of the CIA's Final Showdown with the KGB* (New York: Random House, 2003)

A. Belonogov, *MID: Kreml': kuveitskii krizis: zamministra inostrannykh del SSSR rasskazyvaet* (Moscow: Olma-Press, 2001)

I. Berend, *From the Soviet Bloc to the European Union* (Cambridge: Cambridge University Press, 2009)

D. M. Berkowitz, J. S. Berliner, P. R. Gregory, S. J. Linz and J. R. Millar, 'An E valuation of the CIA's Analysis of Soviet Economic Performance, 1970-90', *Comparative Economic Studies*, no. 2 (1993)

M. S. Bernstam and S. M. Lipset, 'Punishing Russia', *The New Republic*, no. 3, 5 August 1985

M. R. Beschloss and S. Talbott, *At the Highest Levels: The Inside Account of the End of the Cold War* (Boston, MA: Little, Brown and Co., 1993)

V. Boldin, *Krushenie p'edestala: shtrikhi k portrete M. S. Gorbachëva* (Moscow: Respublika, 1995)

K. Booth and N. J. Wheeler, *The Security Dilemma: Fear, Cooperation, and Trust in World Politics* (Basingstoke: Palgrave Macmillan, 2008)

A. Bovin, *XX vek kak zhizn'. Vospominaniya* (Moscow: Zakharov, 2003) F. Bozo, *Mitterrand, the End of the Cold War, and German Unifi cation* (New York: Berghahn, 2009)

F. Bozo, M.-P. Rey, N. Ludlow and L. Nuti (eds), *Europe and the End of the Cold War: A Reappraisal* (London: Routledge, 2008)

R. Braithwaite, *Across the Moscow River: The World Turned Upside Down* (New Haven, CT: Yale University Press, 2002)

R. Braithwaite, *Afgantsy: The Russians in Afghanistan, 1979-1989* (London: Profi le, 2011)

R. Braithwaite, 'Gorbachev and Thatcher', *Journal of European Integration History*, no. 1 (2010)

G. Breslauer, *Gorbachev and Yeltsin as Leaders* (Cambridge: Cambridge University Press, 2001)

A. Brown, *The Gorbachev Factor* (Oxford: Oxford University Press, 1996)

A. Brown, 'Margaret Thatcher and Perceptions of Change in the Soviet Union', *Journal of European Integration History*, no. 1 (2010)

A. Brown, *Seven Years that Changed the World: Perestroika in Perspective* (Oxford: Oxford University Press, 2007)

K. N. Brutents, *Nesbyvsheesya. Neravnodushnye zametki o perestroike* (Moscow: Mezhdunarodnye otnosheniya, 2005)

K. N. Brutents, *Tridtsat' let na Staroi ploshchadi* (Moscow: Mezhdunarodnye otnosheniya, 1998)

W. F. Buckley Jr, *The Reagan I Knew* (New York: Basic Books, 2008)

V. Bukovskii, *Moskovskii protsess* (Moscow: MIK, 1996)

G. Bush, *All the Best, George Bush: My Life in Letters and Other Writings* (New York: Simon and Schuster, 1999)

G. Bush and B. Scowcroft , *A World Transformed* (New York: Alfred A. Knopf, 1998)

L. Cannon, *President Reagan: The Role of a Lifetime* (New York: PublicAff airs, 2000)

A. Casaroli, *Il martirio della pazienza. La Santa Sede e i paesi comunisti (1963-1989)* (Turin: Einaudi, 2000)

G. Cervetti, *Zoloto Moskvy: svidetel'stvo uchastnika fi nansovykh operatsii KPSS* (Moscow: Mezhdunarodnye otnosheniya, 1995)

Chen Jian, 'China's Path Toward 1989', in J. A. Engel (ed.), *The Fall of the Berlin Wall: The Revolutionary Legacy of 1989* (Oxford: Oxford University Press, 2009)

Chen Jian, *Mao's China and the Cold War* (Chapel Hill, NC: University of North Carolina Press, 2001)

A. S. Chernyaev, *Beskonechnost' zhenshchiny* (Moscow: GOETAR Meditsiny, 2000)

A. S. Chernyaev, *Moya zhizn' i moë vremya* (Moscow: Mezhdunarodnye otnosheniya, 1995)

A. S. Chernyaev, *Shest' let s Gorbachëvym* (Moscow: Progress, 1993)

A. Chernyaev, *Sovmestnyi iskhod. Dnevnik dvukh epokh. 1971-1991 gody* (Moscow: Rosspen, 2010)

CIA and Defense Intelligence Agency, *Gorbachev's Economic Program: Problems Emerge* (n.p., 1988)

S. Coll, *Ghost Wars: The Secret History of the CIA, Afghanistan, and Bin Laden* (New York: Penguin, 2004)

Commission on Integrated Long-Term Strategy, *Discriminate Deterrence* (Washington, DC: US Government Printing House, 1988)

M. Cox (ed.), *Rethinking the Soviet Collapse: Sovietology, the Death of Communism and the New Russia* (London: Pinter, 1998)

P. Cradock, *In Pursuit of British Interests: Refl ections on Foreign Policy under M argaret Thatcher and John Major* (London: Current Aff airs, 1997)

B. Crawford, *Economic Vulnerability in International Relations: East-West Trade, Investment, and Finance* (New York: Columbia University Press, 1993)

W. Crowe, *In The Line of Fire: From Washington to the Gulf, the Politics and B attles of the New Military* (New York: Simon and Schuster, 1993)

B. Crozier, *Free Agent: The Unseen War, 1941-1991* (London: HarperCollins, 1993)

A. Dallin, *Black Box: KAL 007 and the Superpowers* (Berkeley: University of California Press, 1985)

K. Dawisha, *Eastern Europe, Gorbachev and Reform: The Great Challenge*, 2nd edn (Cambridge: Cambridge University Press, 1990)

M. K. Deaver, *Behind the Scenes* (New York: William Morrow, 1987)

M. K. Deaver, *A Diff erent Drummer: My Th irty Years with Ronald Reagan* (New York: HarperCollins, 2001)

D. Deletant, *Ceauşescu and the Securitate: Coercion and Dissent in Romania, 1965-1989* (London: Hurst, 1995)

J. Delors, *Mémoires* (Paris: Plon, 2004)

M. Dennis, *The Rise and Fall of the German Democratic Republic, 1945-1990* (Harlow: Pearson Education, 2000)

Deutsche Einheit: Sonderedition aus den Akten des Bundeskanzleramtes 1989/90, ed. H. J. Kusters and D. Hofmann (Munich: Oldenbourg Verlag, 1998)

A. Dobrynin, *In Confi dence: Moscow's Ambassador to America's Cold War Presidents* (New York: Times Books, 1995)

Documents of the National Security Council, 7th supplement, ed. P. Kesaris (Bethesda, MD: University Publications of America, 1996)

Documents of the National Security Council, 8th supplement, ed. D. Reynolds (Bethesda, MD: University Publications of America, 2000)

M. W. Doyle, *Liberal Peace: Selected Essays* (London: Routledge, 2012)

S. D. Drell, A. D. Sofaer and G. D. Wilson, *The New Terror: Facing the Th reat of Biological and Chemical Weapons* (Stanford, CA: Hoover Institution Press, 1999)

J.-F. Drolet, *American Neo-Conservatism: The Politics and Culture of a Reactionary Idealism* (Oxford:

Oxford University Press, 2013)

Dvadtsat' sed'moi s"ezd Kommunisticheskoi Partii Sovetskogo Soyuza, 25 fevralya-6 marta 1986 goda, Stenografi cheskii Otchët, vols. 1-3 (Moscow: I zdatel'stvo politicheskoi literatury, 1986)

L. Eden, *Whole World on Fire: Organizations, Knowledge, and Nuclear Weapons Devastation* (Ithaca, NY: Cornell University Press, 2006)

C. M. Ekedahl and M. A. Goodman, *The Wars of Eduard Shevardnadze* (University Park, PA: Pennsylvania State University Press, 1997)

D. C. Engerman, *Know Your Enemy. The Rise and Fall of America's Soviet Experts* (Oxford: Oxford University Press, 2009)

R. English, *Russia and the Idea of the West: Gorbachev, Intellectuals and the End of the Cold War* (New York: Columbia University Press, 2000)

C. Estier, *Dix ans qui ont changé le monde: Journal, 1989-2000* (Paris: B. L eprince, 2000)

A. B. Evans, *Soviet Marxism: The Decline of an Ideology* (London: Praeger, 1993) V. Falin, *Bez skidok na obstoyatel'stva: politicheskie vospominaniya* (Moscow: R espublika, 1999)

V. Falin, *Konfl ikty v Kremle: sumerki bogov po-russki* (Moscow: Tsentrpoligraf, 1999)

F. Fejto, *La fi ne delle democrazie popolari. L'Europa orientale dopo la rivoluzione del 1989* (Milan: Mondadori, 1994)

B. A. Fischer, *The Reagan Reversal: Foreign Policy and the End of the Cold War* (Columbia, MO: University of Missouri Press, 1997)

F. Fitzgerald, *Way Out Th ere in the Blue: Reagan, Star Wars and the End of the Cold War* (New York: Simon and Schuster, 2000)

D. S. Foglesong, *The American Mission and the 'Evil Empire': The Crusade for a Free Russia since 1881* (Cambridge: Cambridge University Press, 2007)

R. Foot, 'The Cold War and Human Rights', in M. Leffl er and O. A. Westad (eds), *The Cambridge History of the Cold War*, vol. 3 (Cambridge: Cambridge University Press, 2010)

J. Lewis Gaddis, *The Cold War: A New History* (New York: Penguin Press, 2005) Ye. Gaidar, *Gibel' imperii* (Moscow: Rosspen, 2006)

R. Garthoff , *Détente and Confrontation: American-Soviet Relations from Nixon to Reagan*, 2nd edn (Washington, DC: Brookings Institution, 1994)

R. Garthoff , *The Great Transition: American-Soviet Relations and the End of the Cold War* (Washington, DC: Brookings Institution, 1994)

T. Garton Ash, *In Europe's Name: Germany and the Divided Continent* (London: Cape, 1993)

T. Garton Ash, *The Magic Lantern: The Revolution of '89 Witnessed in Warsaw, Budapest, and Prague* (New York: Random House, 1990)

R. M. Gates, *From the Shadows: The Ultimate Insider's Story of Five Presidents and How They Won the Cold War* (New York: Simon and Schuster, 1996) V. E. Genin, *The Anatomy of Russian Defense Conversion* (Walnut Creek, CA: Vega, 2001)

H.-D. Genscher, *Erinnerungen* (Berlin: Siedler, 1995)

H.-D. Genscher, *Rebuilding a House Divided: A Memoir by the Architect of G ermany's Reunifi cation* (New York: Broadway Books, 1998)

A. Giovanognoli, 'Karol Wojtila and the End of the Cold War', in S. Pons and F. Romero (eds), *Reinterpreting the End of the Cold War. Issues, Interpretations, Periodizations* (London: Frank Cass, 2005)

M. I. Goldman, *Petrostate: Putin, Power, and the New Russia* (Oxford: Oxford University Press, 2008)

M. S. Gorbachëv, *Gody trudnykh reshenii: izbrannoe, 1985-1992 gg.* (Moscow: Al'fa-Print, 1993)

M. Gorbachëv, *Naedine s soboi* (Moscow: Grin strit, 2012)

M. Gorbachëv, *Perestroika i novoe myshlenie dlya nashei strany i vsego mira*

(Moscow: Izdatel'stvo politicheskoi literatury, 1987)

M. S. Gorbachëv, *Sobranie sochinenii*, vols 1-(Moscow: Ves' mir, 2008-)

M. S. Gorbachëv, *Zhizn' i reformy*, vols 1-2 (Moscow: Novosti, 1995)

M. Gorbachev and Z. Mlynar, *Conversations with Gorbachev on Perestroika, the Prague Spring, and the Crossroads of Socialism* (New York: Columbia University Press, 2002)

R. M. Gorbachëva, *Ya nadeyus'* (Moscow: Novosti, 1991)

A. Grachev, *Final Days: The Inside Story of the Collapse of the Soviet Union* (Boulder, CO: Westview, 1995)

A. Grachëv, *Gorbachëv* (Moscow: Vagrius, 2001)

A. Grachev, *Gorbachev's Gamble: Soviet Foreign Policy and the End of the Cold War* (Cambridge: Polity Press, 2008)

A. Grachev, 'Political and Personal: Thatcher and the End of the Cold War', *Journal of European Integration History*, no. 1 (2010)

N. A. Graebner, R. D. Burns and J. M. Siracusa, *Reagan, Bush, Gorbachev: Re visiting the End of the Cold War* (Westport, CT: Praeger, 2008)

O. Grinevsky, 'The Crisis that Didn't Erupt: the Soviet-American Relationship, 1980-1983', in K. Skinner, *Turning Points in the End of the Cold War* (Stanford, CA: Hoover Institution Press, 2007).

O. A. Grinevskii, 'Mister Net', in A. A. Gromyko (ed.), *'Luchshe desyat' let peregovorov, chem desyat' den' voiny': vospominaniya ob Andree Andreeviche Gromyko* (Moscow: Ves' mir, 2009)

O. Grinevskii, *Perelom: ot Brezhneva k Gorbachëvu* (Moscow: Olma-Press, 2004)

O. Grinevskii, *Tainy sovetskoi diplomatii* (Moscow: Vagrius, 2000)

O. Grinevsky and L. M. Hansen, *Making Peace: Confi dence Building* (New York: Eloquent Books, 2009)

V. Grishin, *Ot Khrushchëva do Gorbachëva: politicheskie portrety pyati gensekov i A. N. Kosygina. Memuary* (Moscow: Aspol, 1996)

A. Gromyko, *Pamyatnoe*, vols 1-2 (Moscow: Politizdat, 1988)

B. A. Grushin, *Chetyre zhizni Rossii v zerkale oprosov obshchestvennogo mneniya: ocherki massovogo soznaniya rossiyan vremën Khrushchëva, Brezhneva, Gorbachëva i El'tsina v 4-kh knigakh* (Moscow: Progress-Traditsiya, 2001)

S. Guzzini, *Realism in International Relations and International Political Economy: The Continuing Story of a Death Foretold* (London: Routledge, 1998)

J. Harris, *Subverting the System: Gorbachev's Reform of the Party's Apparat, 1986-1991* (Lanham, MD: Rowman and Littlefi eld, 2005)

J. Haslam, *The Soviet Union and the Politics of Nuclear Weapons in Europe, 1969-87: The Problem of the* SS–20 (Basingstoke: Palgrave Macmillan, 1989)

J. Haslam, *Russia's Cold War: From the October Revolution to the Fall of the Wall* (New Haven, CT: Yale University Press, 2011)

Hearings before the Subcommittee on National Security Economics of the Joint Economic Committee, Congress of the United States, April 13 and 21, 1988 (Washington DC: US Government Printing Offi ce, 1989)

T. H. Hendriksen, *American Power aft er the Berlin Wall* (London: Palgrave M acmillan, 2007)

H.-H. Hertle, *Vom Ende der DDR-Wirtschaft zum Neubeginn in den ostdeutschen Bundeslä ndern* (Hanover: Niedersäc hsischen Landeszentrale für politische Bildung, 1998)

C. Hill, *Grand Strategies: Literature, Statecraft , and World Order* (New Haven, CT: Yale University Press, 2010)

J. Hoff enaar and C. Findlay (eds), *Military Planning for European Th eatre Confl ict During the Cold War: An Oral History Roundtable, Stockholm, 24-25 April 2006* (Zurich: ETH Zurich 2007)

D. Hoff man, *Dead Hand: The Untold Story of the Cold War Arms Race and Its Dangerous Legacy* (New York: Random House, 2009)

S. Hoff man, *World Disorders: Troubled Peace in the Post-Cold War Era* (Lanham, MD: Rowman and Littlefi eld, 2000)

J. F. Hough, *Democratization and Revolution in the USSR, 1985-1991* (Washington, DC: Brookings Institution, 1997)

G. Howe, *Confl ict of Loyalty* (London: Macmillan, 1994)

R. L. Hutchings, *American Diplomacy and the End of the Cold War: An Insider's Account of U.S. Policy in Europe, 1989-1992* (Baltimore, MD: Johns Hopkins University Press, 1997)

R. W. Johnson, *Shootdown: Flight 007 and the American Connection* (New York: Viking, 1986)

A. M. Kalinovsky, *A Long Goodbye: The Soviet Withdrawal from Afghanistan* (Cambridge, MA: Harvard University Press, 2011)

O. Kalugin with F. Montaigne, *The First Directorate: My 32 Years in Intelligence and Espionage against the West* (New York: St Martin's Press, 1994)

M. M. Kampelman, *Entering New Worlds: The Memoirs of a Private Man in Public Life* (London: HarperCollins, 1991)

A. Kemp-Welch, *Poland under Communism: A Cold War History* (Cambridge: Cambridge University

Press, 2008)
P. Kengor, *The Crusader: Ronald Reagan and the Fall of Communism* (New York: HarperCollins, 2006)
P. Kengor, *The Judge: William P. Clarke, Ronald Reagan's Top Hand* (San Francisco: Ignatius Press, 2007)
P. Kenney, *A Carnival of Revolution: Central Europe 1989* (Princeton, NJ: Princeton University Press, 2003)
J. O. Koehler, *Spies in the Vatican: The Soviet Union's War against the Catholic Church* (New York: Pegasus Books, 2009)
J. O. Koehler, *Stasi: The Untold Story of the East German Secret Police* (Boulder, CO: Westview Press, 1999)
H. Kohl, *Erinnerungen*, vol. 3: *1990-1994* (Munich: Drömer, 2004)
I. Korchilov, *Translating History: Th irty Years on the Front Lines of Diplomacy with a Top Russian Interpreter* (New York: Lisa Drew/Scribner, 1997)
P. Kornbluh and M. Byrne (eds), *The Iran-Contra Scandal: The Declassifi ed History* (New York: New Press, 1993)
G. M. Kornienko, *Kholodnaya voina: svidetel'stvo eë uchastnika* (Moscow: Mezhdunarodnye otnosheniya, 1994)
R. Koslowski and F. Kratochvil, 'Understanding Change in International Politics: The Soviet Empire's Demise and the International System', *International Organization*, no. 2 (1994)
S. Kotkin, *Armageddon Averted: The Soviet Collapse, 1970-2000* (New York: Oxford University Press, 2001)
S. Kotkin with J. Gross, *Uncivil Society: 1989 and the Implosion of the Communist Establishment* (New York: Modern Library, 2009)
M. Kramer, 'The Demise of the Soviet Bloc', *Journal of Modern History,* no. 4 (2011)
M. Kramer, 'The Warsaw Pact and the Polish Crises of 1980-1981', *Cold War International History Project*, no. 5 (1995)
M. Kramer, 'Gorbachev and the Demise of East European Communism', in S. Pons and F. Romero (eds), *Reinterpreting the End of the Cold War. Issues,*
Interpretations, Periodizations (London: Frank Cass, 2005) V. Kryuchkov, *Lichnoe delo*, vols. 1-2 (Moscow: Olimp, 1997)
Yu. Kvitsinskii, *Vremya i sluchai: zametki professionala* (Moscow: Olma-Press, 1999)
M. Laar, *The Power of Freedom: Central and Eastern Europe aft er 1945* (Brussels: Centre for European Studies, 2010)
V. Landsbergis, *Lithuania Independent Again: The Autobiography of Vytautas Landsbergis*, trans. and ed. A. Packer and E. Šova (Cardiff : University of Wales Press, 2000)
R. N. Lebow and T. Risse-Kappen, *International Relations Th eory and the End of the Cold War* (New York: Columbia University Press, 1995)

M. P. Leffl er, *For the Soul of Mankind: The United States, the Soviet Union, and the Cold War* (New York: Hill and Wang, 2007)

M. Leffl er and O. A. Westad (eds), *The Cambridge History of the Cold War*, vols 1-3 (Cambridge: Cambridge University Press, 2010)

R. Legvold, 'Soviet Learning in the 1980s', in G. Breslauer and P. Tetlock (eds), *Learning in US and Soviet Foreign Policy* (Boulder, CO: Westview Press, 1991)

N. S. Leonov, *Likholet'e* (Moscow: Mezhdunarodnye otnosheniya, 1994) P. Lettow, *Ronald Reagan and His Quest to Abolish Nuclear Weapons* (New York: Random House, 2005)

J. Lévesque, *The Enigma of 1989: The USSR and the Liberation of Eastern Europe* (Berkeley: University of California Press, 1997)

M. Lewin, *The Gorbachev Phenomenon: A Historical Interpretation* (London: Hutchinson Radius, 1988)

A. Lieven, *The Baltic Revolution* (New Haven, CT: Yale University Press, 1993) Ye. Ligachev, *Kto predal SSSR?* (Moscow: Algoritm/Eksmo, 2009)

Ye. Ligachev with S. Cohen, *Inside Gorbachev's Kremlin: The Memoirs of Yegor Ligachev* (Boulder, CO: Westview Press, 1996)

B. Lo, *Axis of Convenience: Moscow, Beijing and the New Geopolitics* (London: Chatham House, 2008)

A. Luk'yanov, *Avgust 91-go: a byl li zagovor?* (Moscow: Algoritm/Eksmo, 2010)

R. Lyne, 'Making Waves: Mr Gorbachev's Public Diplomacy, 1985-6', *International Aff airs*, no. 2 (1987)

D. J. MacEachin, *US Intelligence and the Polish Crisis, 1980-1981* (Washington, DC: Center for the Study of Intelligence, 2000)

C. Maier, *Dissolution: The Crisis of Communism and the End of East Germany* (Princeton, NJ: Princeton University Press, 1997)

J. Mann, *About Face: A History of America's Curious Relationship with China, from Nixon to Clinton* (New York: Alfred A. Knopf, 1999)

J. Mann, *The Rebellion of Ronald Reagan: A History of the End of the Cold War* (New York: Viking, 2009)

Z. Maoz and B. Russett, 'Normative and Structural Causes of the Democratic Peace, 1946-1986', *American Political Science Review*, no. 3 (1993)

S. Massie, *Land of the Firebird: The Beauty of Old Russia* (New York: Simon and Schuster, 1982)

S. Massie, *Trust But Verify: Reagan, Russia and Me* (Rockland, ME: Maine Authors Publishing, 2014)

M. Mastanduno, *Economic Containment: CoCom and the Politics of East-West Trade* (Ithaca, NY: Cornell University Press, 1992)

V. Mastny, 'How Able Was "Able Archer"? Nuclear Trigger and Intelligence in Perspective', *Journal of Cold War Studies*, no. 1 (2008)

V. Mastny and M. Byrne, *A Cardboard Castle? An Inside History of the Warsaw Pact, 1955-1991* (Budapest: Central European University Press, 2006)

Materialy plenuma Tsentral'nogo Komiteta KPSS, 27-28 yanvarya 1987 goda (Moscow: Politizdat, 1987)

J. F. Matlock, Jr, *Autopsy on an Empire: The American Ambassador's Account of the Collapse of the Soviet Union* (New York: Random House, 1995)
J. F. Matlock, Jr, *Reagan and Gorbachev: How the Cold War Ended* (New York: Random House, 2004)
J. F. Matlock, Jr, *Superpower Illusions* (New Haven, CT: Yale University Press, 2010)
R. C. McFarlane and Z. Smardz, *Special Trust* (New York: Cadell and Davies, 1994)
A. McGrew, 'Liberal Internationalism: Between Realism and Cosmopolitanism', in D. Held and A. McGrew (eds), *Governing Globalization: Power, Authority and Global Governance* (Cambridge: Polity Press, 2002)
J. Mearsheimer, *The Tragedy of Great Power Politics* (New York: W. W. Norton, 2001)
V. A. Medvedev, *Raspad: kak on nazreval v 'mirovoi sisteme sotsializma'* (Moscow: Mezhdunarodnye otnosheniya, 1994)
V. A. Medvedev, *V komande Gorbachëva: vzglyad izvnutri* (Moscow: Bylina, 1994)
E. Meese III, *With Reagan: The Inside Story* (Washington, DC: Regnery Gateway, 1992)
Mikhail Gorbachëv i germanskii vopros, ed. A. Galkin and A. Chernyaev (Moscow: Ves' mir, 2006)
L. Mlechin, *Ministry inostrannykh del* (Moscow: Tsentropoligraf, 2001)
National Security Directives of the Reagan and Bush Administrations: The Declassifi ed History of U.S. Political and Military Policy, 1981-1991, ed. C. Simpson (Boulder, CO: Westview Press, 1995)
T. Naft ali, *Blind Spot: The Secret History of American Counterterrorism* (New York: Basic Books, 2006)
J. Newton, 'Gorbachev, Mitterrand, and the Emergence of the Post-Cold War Order in Europe', *Europe-Asia*, no. 2 (2013)
J. Newton, *Russia, France and the Idea of Europe* (Basingstoke: Palgrave Macmillan, 2003)
P. Nitze, *From Hiroshima to Glasnost: At the Centre of Decision, A Memoir* (London: Weidenfeld and Nicolson, 1989)
A. Nove, 'Agriculture', in A. Brown and M. Kaser (eds), *Soviet Policy for the 1980s* (London: Macmillan, 1982)
A. Nove, *An Economic History of the USSR*, revised edn (London: Penguin, 1993)
D. Oberdorfer, *From the Cold War to a New Era: The United States and the Soviet Union, 1983-1991* (Baltimore, MD: Johns Hopkins University Press, 1998)
W. E. Odom, *The Collapse of the Soviet Military* (New Haven, CT: Yale University Press, 1998)
N. V. Ogarkov, 'Voennaya strategiya', *Sovetskaya voennaya entsiklopediya*, vol. 7 (Moscow: Voenizdat, 1979)
Otvechaya na vyzov vremeni: Vneshnyaya politika perestroiki: Dokumental'nye svidetel'stva (Moscow: Ves' mir, 2010)
P. J. Ognibene, *Scoop: The Life and Politics of Henry M. Jackson* (New York: Stein and Day, 1975)
T. O'Neill, *Man of the House: The Life and Times of Speaker Tip O'Neill* (London: Random House, 1987)

J. O'Sullivan, *The President, the Pope, and the Prime Minister: Th ree Who Changed the World* (Washington, DC: Regnery, 2006)

A. Paczkowski, *The Spring Will Be Ours: Poland and Poles from Occupation to Freedom* (University Park, PA: Pennsylvania State University Press, 2003)

P. Palazchenko, *My Years with Gorbachev and Shevardnadze: The Memoir of a Soviet Interpreter* (University Park, PA: Pennsylvania State University Press, 1997)

V. Pavlov, *Gorbachëv-putch* (Moscow: Delovoi mir, 1993)

R. Perle, *Hard Line: A Novel* (New York: Random House, 1992)

R. Pipes, *Communism: A History* (London: Weidenfeld and Nicolson, 2001)

R. Pipes, 'Misinterpreting the Cold War: The Hardliners Had It Right', *Foreign Aff airs*, no. 1 (1995)

R. Pipes, *Vixi: Memoirs of a Non-Belonger* (New Haven, CT: Yale University Press, 2003)

S. Plokhy, *The Last Empire: The Final Days of the Soviet Union* (New York: Basic Books, 2014)

S. Pons, *Berlinguer e la fi ne del comunismo* (Turin: Einaudi, 2006)

S. Pons, *La rivoluzione globale: storia del comunismo internazionale 1917-1991* (Turin: Einaudi, 2012)

S. Pons and F. Romero (eds), *Reinterpreting the End of the Cold War. Issues, Interpretations, Periodizations* (London: Frank Cass, 2005)

R. E. Powaski, *Return to Armageddon: The United States and the Nuclear Arms Race* (New York: Oxford University Press US, 2003)

C. L. Powell and J. E. Persico, *My American Journey* (New York: Random House, 1995)

A. Pravda, 'Western Benevolence', *Cambridge History of the Cold War*, vol. 1 (Cambridge: Cambridge University Press, 2010)

Y. Primakov, *Russian Crossroads: Towards the New Millennium* (New Haven, CT: Yale University Press, 2004)

Yu. Prokof'ev, *Kak ubivali partiyu: pokazaniya pervogo sekretarya MGK KPSS* (Moscow: Algoritm Eksmo, 2011)

P. V. Pry, *War Scare: Russia and America on the Nuclear Brink* (Westport, CT: Greenwood Publishing Group, 1999)

Qian Qichen, *Ten Episodes in China's Diplomacy* (New York: HarperCollins, 2005)

R. Ratnesar, *Tear Down This Wall: A City, a President, and the Speech Th at Ended the Cold War* (New York: Simon and Schuster, 2009)

N. Reagan, *My Turn* (New York: Random House, 1989)

R. Reagan, *An American Life: The Autobiography* (New York: Simon and Schuster, 1990)

Reagan: A Life in Letters, ed. K. Skinner, A. Anderson and M. Anderson (New York: Free Press, 2003)

The Reagan Diaries (London: HarperCollins, 2007)

The Reagan Diaries Unabridged, vols 1-2 (New York: HarperCollins, 2009)

The Reagan Files: The Untold Story of Reagan's Top-Secret Eff orts to Win the Cold War, ed. J. Saltoun-Ebin (privately published by the editor, 2010)

Reagan in His Own Hand, ed. K. Skinner, A. Anderson and M. Anderson (New York: Free Press, 2001)

R. Reagan, *Speaking My Mind* (New York: Simon and Schuster, 2004)

T. C. Reed, *At the Abyss* (New York: Ballantine Books, 2004)

R. Reeves, *President Reagan: The Triumph of Imagination* (New York: Simon and Schuster, 2005)

D. Regan, *For the Record: From Wall Street to Washington* (London: Hutchinson, 1988)

'Rencontre de Mikhail Gorbatchev avec la Délégation Française "Initiative-87" ', *Actualités Soviétiques*, 7 October 1987

T. Risse-Kappen, *Bringing Transnational Relations Back In: Non-State Actors, Domestic Factors and International Institutions* (Cambridge: Cambridge University Press, 1995)

V. Riva, *Oro da Mosca: i fi nanziamenti sovietici al PCI dalla Rivoluzione d'ottobre al crollo dell'URSS. Con 240 documenti inediti degli archivi moscoviti* (Milan: Mondadori, 1994)

P. Robinson, *How Ronald Reagan Changed My Life* (New York: ReganBooks, 2003)

P. Robinson, *It's My Party: A Republican's Messy Love Aff air with the GOP* (London: Warner, 2000)

P. W. Rodman, *Presidential Command: Power, Leadership, and the Making of F oreign Policy from Richard Nixon to George W. Bush* (New York: Alfred A. Knopf, 2009)

F. Romero, *Storia della guerra fredda. L'ultimo confl itto per l'Europa* (Turin: Einaudi, 2009)

D. Rothkopf, *Running the World: The Inside Story of the National Security Council and the Architects of American Power* (New York: PublicAff airs, 2004)

H. S. Rowen, 'Living with a Sick Bear', *National Interest*, no. 2 (Winter 1985-1986) H. S. Rowen and C. Wolf, Jr (eds), *The Future of the Soviet Empire* (New York: St. Martin's Press, 1987)

H. S. Rowen and C. Wolf, Jr (eds), *The Impoverished Superpower: Perestroika and the Soviet Military Burden* (San Francisco, CA: Institute for Contemporary Studies, 1990)

E. L. Rowny, *It Takes Two To Tango* (London: Brassey's, 1992)

N. Ryzhkov, *Glavnyi svidetel'* (Moscow: Algoritm/Eksmo, 2010)

C. Sagan, 'Nuclear War and Climatic Catastrophe: Some Policy Implications', *Foreign Aff airs*, no. 2 (Winter 1983-1984)

R. Z. Sagdeev, *The Making of a Soviet Scientist: My Adventures in Nuclear Fusion and Space from Stalin to Star Wars* (New York: John Wiley and Sons, 1994)

R. Z. Sagdeev and A. Kokoshkin, *Strategic Stability under the Conditions of Radical Nuclear Arms Reductions* (Moscow: Committee of Soviet Scientists for Peace, Against Nuclear War, 1987)

R. Sakwa, *Gorbachev and His Reforms, 1985-1990* (London: Philip Allan, 1990)

P. Salmon and K. A. Hamilton (eds), *Documents on British Policy Overseas Series III*, vol. 7 (London: Routledge, 2010)

R. Samuel, 'Conservative intellectuals and the Reagan-Gorbachev Summits', *Cold War History*, no. 1 (2012)

S. Sanders, *Living off the West: Gorbachëv's Secret Agenda and Why It Will Fail* (New York: Madison Books, 1990)

Ş. Săndulescu, *Decembrie '89: Lovitura de stat a confi scate revoluţie română* (Bucharest: Omega Press, 1996)
M. E. Sarotte, *1989: The Struggle to Create Post-Cold War Europe* (Princeton, NJ: Princeton University Press, 2009)
A. G. Savel'yev and N. N. Detinov, *The Big Five: Arms Control Decision-Making in the Soviet Union* (Westport, CT: Praeger, 1995)
S. Savranskaya and T. Blanton, 'Preamble', The Washington/Camp David Summit 1990: From the Secret Soviet, American and German Files, National Security Archives, Electronic Briefi ng No. 320
S. Savranskaya, T. Blanton and V. Zubok, *Masterpieces of History: The Peaceful End of the Cold War in Europe* (Budapest: Central European University Press, 2010)
T. Schabert, *Mitterrand et la réunifi cation allemande: Une histoire secrète, 1981-1995* (Paris: Grasset, 2002)
A. M. Schlesinger, Jr, *Journals, 1952-2000* (New York: Penguin, 2007)
P. Schweizer, *Victory* (New York: Atlantic Monthly Press, 1994)
V. Sebestyen, *Revolution 1989: The Fall of the Soviet Empire* (London: Weidenfeld and Nicolson, 2009)
Select Committee on Intelligence, United States Senate, *An Assessment of the Aldrich H. Ames Espionage Case and Its Implications for U.S. Intelligence: Report* (Washington, DC: US Government Printing Offi ce, 1994)
M. J. Selverstone, *Constructing the Monolith. The United States, Great Britain, and International Communism, 1945-1950* (Cambridge, MA: Harvard University Press, 2009)
G. K. Shakhnazarov, *S vozdyami i bez nikh* (Moscow: Vagrius, 2001)
G. Shakhnazarov, *Tsena svobody: reformatsiya Gorbachëva glazami ego pomoschnika* (Moscow: Rossika, 1993)
L. V. Shebarshin,*... I zhizni melochnye sny* (Moscow: Mezhdunarodnye otnosheniya, 2000)
L. V. Shebarshin, *Ruka Moskvy: Zapiski nachal'nika sovetskoi razvedki* (Moscow: Tsentr-100, 1990)
E. Shevardnadze, *The Future Belongs to Freedom* (London: Sinclair-Stevenson, 1991)
E. Shevardnadze, *Kogda rukhnul zheleznyi zanaves: vstrechi i vospominaniya* (Moscow: Yevropa, 2009)
E. Shevardnadze, *Moi vybor: v zashchitu demokratii i svobody* (Moscow: Novosti, 1991)
E. Shlosser, *Command and Control: Nuclear Weapons, the Damascus Accident, and the Illusion of Safety* (New York: Penguin, 2013)
C. Shulgan, *The Soviet Ambassador: The Making of the Radical behind Perestroika* (Toronto: McClelland and Stewart, 2008)
G. P. Shultz, 'Managing the U.S.-Soviet Relationship over the Long Term', speech at Rand-UCLA, 18 October 1984 (Washington, DC: US Department of State, 1984)
G. P. Shultz, 'Nuclear Weapons, Arms Control, and the Future of Deterrence', address before the International House of the University of Chicago and the *Chicago Sun-Times*, 17 November 1986 (Washington, DC: US Department of State, 1986)

G. P. Shultz, 'The Shape, Scope, and Consequences of the Age of Information', address before the Stanford University Alumni Association, Paris, 21 March 1986 (Washington, DC: US Department of State, 1986)

G. Shultz, Statement to the Foreign Relations Committee, 31 January 1985 (Washington, DC: US Department of State, 1985)

G. Shultz, *Turmoil and Triumph: My Years as Secretary of State* (New York: Charles Scribner's Sons, 1993)

G. P. Shultz, S. D. Drell and J. E. Goodby (eds), *Reykjavik Revisited: Steps Towards a World Free of Nuclear Weapons* (Stanford, CA: Hoover Institution Press, 2008)

K. Skinner (ed.), *Turning Points in the End of the Cold War* (Stanford, CA: Hoover Institution Press, 2007)

S. Smith, 'Foreign Policy Is What States Make of It: Social Construction and International Relations Th eory', in V. Kubálková (ed.), *Foreign Policy in a Constructed World* (Armonk, NY: M. E. Sharpe, 2001)

A. A. Snyder, *Warriors of Disinformation: American Propaganda, Soviet Lies, and the Winning of the Cold War: An Insider's Account* (New York: Arcade Publishing, 1995)

J. Snyder, 'One World, Rival Th eories', *Foreign Policy*, no. 145 (2004)

Soviet Economy: Assessment of How Well the CIA Has Estimated the Size of the Economy (Washington, DC: US Government Accountability Offi ce, 1991)

A. E. Stent, *The Limits of Partnership* (Princeton, NJ: Princeton University Press, 2014)

A. E. Stent, *Russia and Germany Reborn: Unifi cation, the Soviet Collapse, and the New Europe* (Princeton, NJ: Princeton University Press, 1998)

C. Sterling, *The Terror Network: The Secret War of International Terrorism* (London: Weidenfeld and Nicolson, 1981)

N. Stone, *The Atlantic and Its Enemies: A Personal History of the Cold War* (London: Allen Lane, 2010)

P. Stroilov, *Behind the Desert Storm* (Chicago: Price World Publishing, 2011)

Tajne dokumenty Biura Politicznego i Sekretariatu KS: Ostatni rok władzy 1988-1989, ed. S. Perzkowski (Warsaw: Aneks, 1994)

W. Taubman and S. Savranskaya, 'If a Wall Fell in Berlin and Moscow Hardly Noticed, Would It Still Make a Noise?', in J. A. Engel (ed.), *The Fall of the Berlin Wall: The Revolutionary Legacy of 1989* (New York: Oxford University Press, 2009)

E. Teller, *Memoirs: A Twentieth-Century Journey in Science and Politics* (Cambridge, MA: Perseus Press, 2001)

H. Teltschik, *329 Tagen: Innenansichten der Einigung* (Berlin: Goldmann, 1993)

M. Thatcher, *The Downing Street Years* (London: HarperCollins, 1993)

D. C. Thomas, *The Helsinki Eff ect: International Norms, Human Rights, and the Demise of Communism* (Princeton, NJ: Princeton University Press, 2001)

K. Tōgō, *Japan's Foreign Policy, 1945-2009*, 3rd edn (Leiden: Brill, 2010)

J. Tower, *The Tower Report* (New York: Bantam, 1987)

P. E. Trudeau, *Memoirs* (Toronto: McClelland and Stewart, 1993)

V. N. Tsygichko, *Modeli v sisteme prinyatiya voennoi-strategicheskikh reshenii v SSSR* (Moscow: Imperium Press, 2005)

US Department of Defense, Trip Report. Visit of the United State Military Technology Delegation to the People's Republic of China. September 6-19, 1980

US Export Controls and Technology Transfer to China (New York: n.p., 1987) USSR Ministry of Defense, *Whence the Th reat to Peace*, 4th edn (Moscow: Military Publishing House, 1987)

C. Unger, *The Fall of the House of Bush* (New York: Simon and Schuster, 2007)

G. R. Urban, *Diplomacy and Disillusion at the Court of Margaret Thatcher* (London: I. B. Tauris, 1996)

J. Valenta and F. Cibulka (eds), *Gorbachev's New Th inking and Th ird World Confl icts* (London: Transaction Publishers, 1990)

V. I. Varennikov, *Nopovtorimoe*, vols 1-7 (Moscow: Sovetskii pisatel', 2001-2)

Ye. Velikhov, R. Sagdeev and A. Kokoshin (eds), *Weaponry in Space: The Dilemma of Security* (Moscow: Mir, 1986)

V. Vorotnikov, *A bylo eto tak... : iz dnevnika chlena Politbyuro TsK KPSS* (Moscow: Sovet Veteranov Knigoizdaniya, 1995)

V Politbyuro TsK KPSS. Po zapisyam Anatoliya Chernyaeva, Vadima Medvedeva, Georgiya Shakhnazarova, 1985-1991 (Moscow: Alpina Biznes Buks, 2006)

W. V. Wallace and R. A. Clarke, *Comecon, Trade and the West* (London: Pinter, 1986)

K. N. Waltz, *Realism and International Politics* (New York: Routledge, 2008)

K. Waltz, *Th eory of International Politics* (New York: Random House, 1979)

C. Weber, *International Relations Th eory: A Critical Introduction*, 2nd edn (London: Taylor and Francis, 2004)

G. Weigel, *Witness to Hope: The Biography of Pope John Paul II, 1920-2005* (New York: Harper, 2005)

C. Weinberger, *Annual Report to the Congress: Fiscal Year 1988* (Washington, DC: US Department of Defense, 12 January 1987)

C. W. Weinberger, *In the Arena: A Memoir of the Twentieth Century* (Washington, DC: Regnery, 2001)

B. Weiser, *A Secret Life: The Polish Offi cer, His Covert Mission, and the Price He Paid to Save His Country* (New York: PublicAff airs, 2004)

G. S. Weiss, *The Farewell Dossier: Duping the Soviets* (Washington, DC: Center for the Study of Intelligence); retrieved from www.cia.gov/library/center-forthe-study-of-intelligence/kent-csi/vol39no5/pdf/v39i5a14p.pdf

A. Wendt, *Social Th eory of International Politics* (Cambridge: Cambridge University Press, 1999)

O. A. Westad, *The Global Cold War: Th ird World Interventions and the Making of Our Times* (Cambridge: Cambridge University Press, 2005)

S. White, *Aft er Gorbachev* (Cambridge: Cambridge University Press, 1993)

S. White, *Political Culture and Soviet Politics* (London: Macmillan, 1979) S. Whitefi eld, *Industrial Power and the Soviet State* (Oxford: Oxford University Press, 1993)

S. Wilentz, *The Age of Reagan: A History, 1974-2008* (New York: HarperCollins, 2008)

P. Willetts (ed.), *Pressure Groups in the Global System* (London: Pinter, 1982)

J. G. Wilson, *The Triumph of Improvisation: Gorbachev's Adaptability, Reagan's Engagement, and the End of the Cold War* (Ithaca, NY: Cornell University Press, 2014)

J. Winik, *On the Brink: The Dramatic Behind-the-Scenes Saga of the Reagan Era and the Men and Women Who Won the Cold War* (New York: Simon and Schuster, 1996)

W. C. Wohlforth, 'Revising Th eories of International Politics in Response to the End of the Cold War', *World Politics*, No. 4 (1998)

W. C. Wohlforth (ed.), *Cold War Endgame: Oral History, Analysis, Debates* (University Park, PA: Pennsylvania State University Press, 2003)

W. Wohlforth (ed.), *Witnesses to the End of the Cold War* (Baltimore, MD: Johns Hopkins University Press, 1996)

P. Wolfowitz, 'Shaping the Future: Planning at the Pentagon, 1989-93', in M. P. Leffl er and J. Legro (eds), *In Uncertain Times: American Foreign Policy aft er the Berlin Wall and 9/11* (Ithaca, NY: Cornell University Press, 2011)

M. Worthen, *The Man on Whom Nothing Was Lost: The Grand Strategy of Charles Hill* (New York: Houghton Miffl in Harcourt, 2006)

Aleksandr Yakovlev. Perestroika, 1985-1991. Neizdannoe, maloizvestnoe, zabytoe, ed. A. A. Yakovlev (Moscow: Mezhdunarodnyi fond 'Demokratiya', 2008) A. Yakovlev, *Omut pamyati* (Moscow: Vagrius, 2001)

A. Yakovlev, *Sumerki* (Moscow: Materik, 2003)

D. Yergin, *The Prize: The Epic Quest for Oil, Money, and Power* (New York: Free Press, 1991)

P. Zelikow and C. Rice, *Germany Unifi ed and Europe Transformed: A Study in Statecraft* (Cambridge, MA: Harvard University Press, 1995)

T. Zhivkov, *Memoary*, 2nd expanded edn (Sofi a: Trud i pravo, 2006)

V. Zubok, *A Failed Empire: The Soviet Empire in the Cold War: From Stalin to Gorbachev* (Chapel Hill, NC: University of North Carolina Press, 2007)

註釋

前言

1. Central Committee plenum, 19 September 1989: RGASPI, f. 3, op. 5, d. 295, p. 32 (heavily correcteDPAge of a minuted speech by Gorbachëv).
2. T. G. Stepanov (interview), Hoover Institution and Gorbachev Foundation Collection (hereaft er HIGFC): Hoover Institution, Stanford University, CA (hereaft er HIA), box 3, folder 1, pp. 40-1.

導論

1. See F. Romero, *Storia della guerra fredda. L'ultimo confl itto per l'Europa* (Turin: Einaudi, 2009); G. Arrighi, *The Long Twentieth Century: Money, Power and the Origins of Our Time*, 2nd edn (London: Verso, 2009); G. Arrighi, 'The World Economy and the Cold War, 1970-1990', in M. Leffl er and O. A. Westad (eds), *The Cambridge History of the Cold War*, vol. 3 (Cambridge: Cambridge University Press, 2010).
2. See A. S. Chernyaev, *Shest' let s Gorbachëvym* (Moscow: Progress, 1993); see also R. Garthoff , *The Great Transition: American-Soviet Relations and the End of the Cold War* (Washington, DC: Brookings Institution Press, 1994); A. Brown, *The Gorbachev Factor* (Oxford: Oxford University Press, 1996); J. F. Hough, *Democratization and Revolution in the USSR, 1985-1991* (Washington, DC: Brookings Institution, 1997); J. Lévesque, *The Enigma of 1989: The USSR and the Liberation of Eastern Europe* (Berkeley: University of California Press, 1997); D. S. Foglesong, *The American Mission and the 'Evil Empire': The Crusade for a Free Russia since 1881* (Cambridge: Cambridge University Press, 2007); V. Zubok, *A Failed Empire: The Soviet Empire in the Cold War: From Stalin to Gorbachev* (Chapel Hill, NC: University of North Carolina Press, 2007).
3. See G. Shultz, *Turmoil and Triumph: My Years as Secretary of State* (New York: Charles Scribner's Sons, 1993). See also M. Anderson, *Revolution: The Reagan Legacy* (Stanford, CA: Hoover Institution Press, 1990); M. Anderson and A. Anderson, *Reagan's Secret War: The Untold Story of His Fight to Save the World from Nuclear Disaster* (New York: Th ree Rivers Press, 2009); J. Mann, *The Rebellion of Ronald Reagan: A History of the End of the Cold War* (New York: Viking, 2009); J. Lewis Gaddis, *The Cold War: A New History* (New York: Penguin Press, 2005).
4. See J. F. Matlock Jr, *Autopsy on an Empire: The American Ambassador's Account of the Collapse of*

the Soviet Union (New York: Random House, 1995); J. F. Matlock Jr, *Reagan and Gorbachev: How the Cold War Ended* (New York: Random House, 2004); M. P. Leffl er, *For the Soul of Mankind: The United States, the Soviet Union, and the Cold War* (New York: Hill and Wang, 2007).

5. P. Zelikow and C. Rice, *Germany Unifi ed and Europe Transformed: A Study in Statecraft* (Cambridge, MA: Harvard University Press, 1995); R. L. Hutchings, *American Diplomacy and the End of the Cold War: An Insider's Account of U.S. Policy in Europe, 1989-1992* (Baltimore, MD: Johns Hopkins University Press, 1997).
6. J. G. Wilson, *The Triumph of Improvisation: Gorbachev's Adaptability, Reagan's Engagement, and the End of the Cold War* (Ithaca, NY: Cornell University Press, 2014).
7. R. Pipes, 'Misinterpreting the Cold War: The Hardliners Had It Right', *Foreign Aff airs*, no. 1 (1995).
8. R. English, *Russia and the Idea of the West: Gorbachev, Intellectuals and the End of the Cold War* (New York: Columbia University Press, 2000).
9. S. Whitefi eld, *Industrial Power and the Soviet State* (Oxford: Oxford University Press, 1993).
10. See A. Nove, *An Economic History of the USSR*, revised edn (London: Penguin, 1993); S. Kotkin, *Armageddon Averted: The Soviet Collapse, 1970-2000* (New York: Oxford University Press 2001); M. Lewin, *The Gorbachev Phenomenon: A Historical Interpretation* (London: Hutchinson Radius, 1988); S. G. Brooks and W. C. Wohlforth, 'Economic Constraints and the End of the Cold War', in W. C. Wohlforth (ed.), *Cold War Endgame: Oral History, Ana lysis, Debates* (University Park, PA: Pennsylvania State University Press, 2003).
11. R. Aldous, *Reagan and Thatcher: The Diffi cult Relationship* (London: Hutchinson, 2012).
12. S. Kotkin with J. Gross, *Uncivil Society: 1989 and the Implosion of the Communist Establishment* (New York: Modern Library, 2009).
13. T. Garton Ash, *The Magic Lantern: The Revolution of '89 Witnessed in Warsaw, Budapest, and Prague* (New York: Random House, 1990); T. Garton Ash, *In Europe's Name: Germany and the Divided Continent* (London: J. Cape, 1993); Lévesque, *The Enigma of 1989*; C. Maier, *Dissolution: The Crisis of Communism and the End of East Germany* (Princeton, NJ: Princeton University Press, 1997).
14. O. A. Westad, *The Global Cold War: Th ird World Interventions and the Making of Our Times* (Cambridge: Cambridge University Press, 2005); S. Pons, *La rivoluzione globale: storia del comunismo internazionale 1917-1991* (Turin: Einaudi, 2012).
15. J. Haslam, *The Soviet Union and the Politics of Nuclear Weapons in Europe, 1969-87: The Problem of the* SS–20 (Basingstoke: Palgrave Macmillan, 1989); Brooks and Wohlforth, 'Economic Constraints'. See also J. Haslam, *Russia's Cold War: From the October Revolution to the Fall of the Wall* (New Haven, CT: Yale University Press, 2011).

第一章　雷根的戰爭與和平

1. A. F. Dobrynin to L. M. Zamyatin (International Information Department of the Secretariat), 27

January 1981: Rossiiskii Gosudarstvennyi Arkhiv Sotsial'no-Politicheskoi Istorii, Moscow (hereaft er RGASPI), f. 89, op. 76, d. 70, p. 7.
2. Shultz later changed his mind: *The Reagan Diaries*, p. 113 (16 November 1982).
3. M. Deaver, HIGFC (HIA), box 1, folder 13, p. 37.
4. P. Hannaford, *ibid.*, box 2, folder 2, p. 4.
5. R. Reagan, *An American Life: The Autobiography*, pp. 257-8.
6. Richard V. Allen (interview), 28 May 2002: Ronald Reagan Oral History Project, Miller (hereaft er RROHP), p. 71.
7. S. Massie, *Trust But Verify: Reagan, Russia and Me*, p. 121.
8. Kenneth Adelman, 30 September 2003: RROHP, p. 50.
9. M. Friedman, interview with P. Robinson, 21 March 2002: Peter Robinson Papers (HIA), box 29, p. 24.
10. M. Deaver, HIGFC (HIA), box 1, p. 23.
11. R. Reagan to Revd R. Rodgers, 12 November 1986: Ronald Reagan Presiden-tial Library (hereaft er RRPL), Presidential Handwriting File: Presidential Records, box 17, folder 263; Massie, *Trust But Verify*, p. 160.
12. F. Carlucci, HIGFC (HIA), box 1, folder 10, p. 6.
13. E. Meese, *ibid.*, box 2, folder 11, pp. 32-3.
14. *The Reagan Diaries*, p. 104 (1 October 1982). See also p. 190 (24 October 1983).
15. *Ibid.*, p. 331 (29 May 1985).
16. R. Conquest, letters page, *Washington Post*, 5 February 1981.
17. *Washington Post*, 5 February 1981; R. V. Allen to R. Reagan, 5 February 1981: Richard V. Allen Papers (HIA), box 45, folder: Memoranda for the President, 1981 Jan.-July.
18. R. Conquest, informal recollection, 14 August 2011.
19. M. Deaver, HIGFC (HIA), box 1, p. 20.
20. See, for example, the hand-edited draft of Presidential Address to National Association of Evangelicals (Orlando, FL), 8 March 1983, pp. 1-17: Ronald Reagan Presidential Papers; L. Nofziger, HIGFC (HIA), box 2, folder 12, p. 8.
21. Author's conversation with Peter Robinson, one of the President's speech-writers: 6 September 2013.
22. M. K. Deaver, *A Diff erent Drummer: My Th irty Years with Ronald Reagan*, p. 14.
23. R. V. Allen to R. Reagan, talking points suggestion for telephone conversa-tion with Paul Nitze, 25 November 1981: Richard V. Allen Papers (HIA), box 45, folder: Memoranda for the President, 1981 August-November.
24. C. Weinberger (interview), HIGFC (HIA), box 3, folder 4, pp. 35-6.
25. *The Reagan Diaries*, p. 100 (14 September 1982).
26. E. Meese III, *With Reagan: The Inside Story*, pp. 192-3.

27. Recollection by P. Robinson (about comment by William Buckley Jr) in his interview with M. Friedman, 21 March 2002, p. 8: Peter Robinson Papers (HIA), box 29.
28. *The Reagan Diaries*, p. 142 (6 April 1983).
29. See G. Arrighi, 'The World Economy and the Cold War, 1970-1990', in M. Leffl er and O. A. Westad (eds), *The Cambridge History of the Cold War*, vol. 3, pp. 31-40; F. Romero, *Storia della guerra fredda. L'ultimo confl itto per l'Europa*, pp. 252-66.
30. *New York Times*, 31 March 1981.
31. V. A. Aleksandrov, HIGFC (HIA), box 1, folder 2, p. 15.
32. *The Reagan Diaries*, pp. 14-15 (23 April 1981).
33. *Ibid.*, p. 15: 24 April 1981; R. Harris (Reuters), 24 April 1981.
34. A. G. Savel'yev and N. N. Detinov, *The Big Five: Arms Control DecisionMaking in the Soviet Union*, p. 62.
35. If Politburo deputy member Mikhail Gorbachëv already had such thoughts, he kept them to himself.
36. *The Reagan Diaries Unabridged*, vol. 1, pp. 92-3 (12-15 December 1981).
37. National Security Decision Directive no. 75, 17 January 1983, p. 1: Ronald Reagan Presidential Papers (hereaft er RRPP).
38. *Ibid.*, pp. 2-3.
39. *Ibid.*, p. 4.
40. *Ibid.*, p. 5.
41. *Ibid.*, pp. 7-9.
42. *Ibid.*, p. 3.
43. Personal interview with Charles Hill, 22 July 2011.

第二章　核戰末日

1. N. V. Ogarkov, 'Voennaya strategiya', *Sovetskaya voennaya entsiklopediya*, vol. 7, p. 564.
2. *Soviet Intentions 1965-1985*, vol. 2: *Soviet Post-Cold War Testimonial Evidence* (eds J. G. Hines, E. M. Mishulovich and J. F. Shull): interview of Lt. Gen. G. V. Batenin, 6 August 1993, pp. 8-9; *ibid.*: interview of Col. Gen. A. A. Danilevich, 13 December 1992, p. 57.
3. *Ibid.*: interview of Lt. Gen. G. V. Batenin, 6 August 1993, pp. 8-9; *ibid.*: interview of Col. Gen. A. A. Danilevich, 9 December 1994, pp. 68-9, and 13 December 1992, p. 57.
4. *Ibid.*: interview of Col. Gen. A. A. Danilevich, 21 September 1992, p. 28.
5. *Ibid.*: interview of V. M. Surikov, 11 September 1993, p. 135.
6. N. Creighton (testimony), in J. Hoff enaar and C. Findlay (eds), *Military Planning for European Th eatre Confl ict During the Cold War: An Oral History Roundtable, Stockholm, 24-25 April 2006*, pp. 48-9.
7. *Ibid.*, p. 54.
8. *Ibid.*, pp. 89 and 102.

9. *Ibid.*, testimonies of G. Johnson (p. 86) and M. Zachariáš (p. 91).
10. *Observer* (London), 17 April 1983.
11. Remarks by S. F. Akhromeev in O. Grinevsky and L. M. Hansen, *Making Peace: Confi dence Building*, pp. 571-2. See also below, p. 204.
12. L. Chalupa (testimony), in *Military Planning for European Th eatre Confl ict During the Cold War*, pp. 107 and 112.
13. W. Odom (testimony), *ibid.*, p. 133.
14. A. L. Adamishin Papers (HIA), box 1: Diaries 1980, 9 December 1980.
15. *Soviet Intentions 1965-1985*, vol. 2: interview of Col. Gen. A. A. Danilevich, 21 September 1992, p. 27.
16. *Ibid.*: interview of Col. Gen. A. A. Danilevich, 21 September 1992, p. 28.
17. *Ibid.*: interview of Col. Gen. A. A. Danilevich, 9 December 1994, pp. 68-9.
18. *Ibid.*: interview of V. N. Tsygichko, 20 December 1990, p. 145.
19. 'Soviet Capabilities for Strategic Nuclear Confl ict through the Mid-1990s: Key Judgements', p. 23: CIA National Intelligence Estimate, 25 April 1985: CIA Papers.
20. *Soviet Intentions 1965-1985*, vol. 2: interview of V. N. Tsygichko, 13 December 1990, pp. 136-40.
21. Rolf Ekéus's conversation with W. Jaruzelski in Sweden's Warsaw Embassy, 26 September 2002, p. 2 (Swedish report): Parallel History Project on Co-operative Security (hereaft er PHPCS).
22. T. Pióro (testimony) in *Military Planning for European Th eatre Confl ict During the Cold War*, pp. 76-7 and 92.
23. Interview of Gen. T. Tuczapski, in conversation with other Polish com-manders (n.d.), 'Nuclear Delusions: Soviet Weapons in Poland': PHPCS. I have reworked the translation into idiomatic English.
24. J. Attali, *Verbatim*, vol. 3: *Chronique des années 1988-1991*, p. 67 (F. Mitterrand, 20 July 1988); p. 95 (conversation between F. Mitterrand and R. Reagan, 29 September 1988).
25. V. N. Tsygichko (testimony), in *Military Planning for European Th eatre Confl ict During the Cold War*, pp. 65-6 and 139.
26. V. N. Tsygichko (testimony), *ibid.*, pp. 67, 79 and 81.
27. L. Chalupa (testimony), *ibid.*, p. 57.
28. R. Cirillo (testimony), *ibid.*, pp. 51-2.
29. *Ibid.*, pp. 53-4.
30. *Soviet Intentions 1965-1985*, vol. 2: *Soviet Post-Cold War Testimonial Evidence*: interview of H. C. Iklé, 11 December 1991, p. 78.
31. P. J. Crutzen and J. W. Birks, 'The Atmosphere aft er a Nuclear War: Twilight at Noon', *Ambio*, nos. 2-3 (1982), pp. 115-25.
32. L. Gouré, '"Nuclear Winter" in Soviet Mirrors', *Strategic Review*, 3 September 1985, p. 22.
33. C. Sagan, 'Nuclear War and Climatic Catastrophe: Some Policy Implications', *Foreign Aff airs*, no.

2 (Winter 1983-1984), pp. 259-60 and 291.

34. C. Sagan to E. Teller, 23 February 1984: Edward Teller Papers (HIA), box 283, folder: Carl Sagan.
35. *Pravda*, 23 March 1980, p. 4.
36. Gouré, '"Nuclear Winter" in Soviet Mirrors', p. 25.
37. A. L. Adamishin Papers (HIA), box 1: Diaries 1987, 27 February 1987.
38. Yu. V. Andropov to the Central Committee, 21 February 1979, pp. 1-2: Dmitri A. Volkogonov Papers (HIA), reel 18.
39. Deputy Minister P. P. Falaleev, Ministry of Energy and Electrifi cation, to the Central Committee, 16 March 1979: *ibid.*
40. Working lunch of R. Reagan and A. Casaroli (memcon), 15 December 1981: M. Anderson and A. Anderson, *Reagan's Secret War: The Untold Story of His Fight to Save the World from Nuclear Disaster*, p. 81.
41. G. P. Shultz to the American embassy (Rome), 16 January 1982: RRPL, Executive Secretariat, National Security Council (hereaft er NSC), Head of State Files: USSR: The Vatican, Pope John Paul II: Cables, box 41.

第三章　雷根分子

1. Charles Hill, diary (8 December 1984): Molly Worthen's notes.
2. R. Pipes, *Vixi: Memoirs of a Non-Belonger*, pp. 134-4; W. R. Van Cleave (interview), *The Konzak Report*, January 1990, p. 1. See also C. Unger, *The Fall of the House of Bush*, pp. 48-50.
3. R. E. Pipes to R. V. Allen, 30 March 1981: Richard V. Allen Papers (HIA), box 46, folder 15.
4. R. V. Allen to R. E. Pipes, 6 April 1981: *ibid.*
5. I. Kristol, 'An Auto-Pilot Administration', *Wall Street Journal*, 14 December 1984.
6. E. Meese III, *With Reagan: The Inside Story*, pp. 64-5; interview with Martin Anderson, 11-12 December 2001, p. 105: RROHP.
7. A. L. Adamishin Papers (HIA), box 1: Diaries 1981, September 1981.
8. *The Reagan Diaries*, p. 88 (14 June 1982).
9. Interview with Martin Anderson, 11-12 December 2001, p. 105: RROHP.
10. *The Reagan Diaries Unabridged*, vol. 1, p. 139 (25 June 1982).
11. A. M. Schlesinger Jr, *Journals, 1952-2000*, p. 537.
12. Charles Hill, diary (3 January 1985): Molly Worthen's notes.
13. G. P. Shultz's interview with P. Robinson, 10 June 2002, p. 5: Peter Robinson Papers (HIA), box 21.
14. See the letters from M. Friedman to G. P. Shultz in Milton Friedman Papers (HIA), box 179, folder: Shultz, George P., 1969-2006.
15. M. Friedman to G. P. Shultz, 30 July 1982: *ibid.*
16. G. P. Shultz to M. Friedman, 26 November 1982: *ibid.*
17. Matlock Files, 'Saturday Group: late 83-early 84' (RRPL): Jim Mann Papers (HIA), box 56, folder:

Memoirs/Letters 1986-7.
18. Author's interview with Charles Hill, 20 July 2012.
19. C. W. Weinberger, *In the Arena: A Memoir of the Twentieth Century*, p. 259.
20. *Wall Street Journal*, 8 July 1982.
21. Author's interview with Charles Hill, 22 July 2011.
22. Profi le by George C. Wilson, *Washington Post*, 25 August 1982.
23. *New York Times*, 24 August 1982.
24. C. P. Weinberger, Remarks to the California Chamber of Commerce, Los Angeles, 11 August 1982: News Release, p. 1: Committee on the Present Danger (HIA), box 136, folder: Weinberger: 1982.
25. C. W. Weinberger, Statement before the United States Senate Committee on Budget, 3 March 1982: *ibid.*
26. *New York Times*, 5 February 1985.
27. F. Hiatt, *Washington Post*, 1 February 1985.
28. K. Skinner, notes on conversation with H. Kissinger, 20 February 1992: Charles Hill Papers (HIA), box 60.
29. T. G. Stepanov-Mamaladze diary, 19 September 1986: T. G. Stepanov-Mamaladze Papers (HIA), box 5.
30. James Mann's interview with Jack Matlock, 27 April 1987, p. 14: Jim Mann Papers (HIA), box 58.
31. C. Weinberger (interview), HIGFC (HIA), box 3, folder 4, pp. 30-1.
32. *New York Times*, 10 August 1982; *Defense Daily*, 12 October 1982.
33. National Security Council, 6 July 1981, p. 3: CIA Papers.
34. *Ibid.*, pp. 4 and 8: CIA Papers.
35. *Soviet Support for International Terrorism and Revolutionary Violence*, Special National Intelligence Estimate, 27 May 1981.
36. W. J. Casey to R. Reagan, memo, 6 May 1981: CIA Papers.
37. National Security Council, 9 July 1981, p. 3: *ibid.*
38. W. J. Casey to R. Reagan, G. W. Bush and others, memo, 8 July 1981: CIA Papers; National Security Council, 9 July 1981, pp. 3-5: *ibid.*
39. National Security Council, 9 July 1981, pp. 11-12: *ibid.*
40. W. J. Casey to R. Reagan, National Security Council, 25 March 1982, p. 7: CIA Papers.
41. R. V. Allen to R. Reagan, 5 February 1981: talking points for the National Security Council meeting of 6 February 1981, p. 2: *ibid.*
42. E. Rostow to Ambassador W. J. Stoessel, 10 July 1981: Richard V. Allen Papers (HIA), box 46, folder 21.
43. E. Rowny to Joint Chiefs of Staff , 21 May 1979, pp. 1-3: Committee on the Present Danger (HIA), box 112, folder: SALT II.
44. C. Weinberger (interview), HIGFC (HIA), box 3, folder 4, pp. 32-3.

第四章 「星戰計畫」與「優秀射手演習」

1. Interview with Caspar Weinberger, 19 November 2002, p. 10: RROHP.
2. James Mann's interview with Jeane Kirkpatrick, 3 March 2005, p. 2: Jim Mann Papers (HIA), box 60.
3. DCI's notes for President-Elect's Foreign Policy Assessment Board, 21 November 1980: CIA Papers.
4. Remarks at the Annual Convention of the National Association of Evangeli-cals, Orlando, FL, 8 March 1983: R. Reagan, *Speaking My Mind*, pp. 178-9.
5. *Ibid*., pp. 176-7.
6. *Ibid.*
7. C. Weinberger (interview), HIGFC (HIA), box 3, folder 4, p. 40.
8. P. Robinson in his interview with G. P. Shultz, 10 June 2002, p. 5: Peter Robinson Papers (HIA), box 21.
9. Author's interview with Charles Hill, 22 July 2011.
10. *Ibid.*
11. C. Weinberger, Report to Defense Department, 25 November 1983, pp. 1-4: RRPL, John Lenczowsky Files, box 1, Active Measures.
12. E. Teller to R. Reagan, 23 July 1983: Jim Mann Papers (HIA), box 55.
13. W. D. Suit to G. H. Bush, 5 March 1981, pp. 1-2: William J. Casey Papers (HIA), box 566, folder 10.
14. US Embassy (Islamabad) to Secretary of State, 4 October 1983: ISLAMA 17012: Digital National Security Archive.
15. Interview with A. G. Kovalëv: *Novaya gazeta*, July 1996.
16. V. N. Tsygichko (testimony), in *Military Planning for European Th eatre Confl ict During the Cold War: An Oral History Roundtable, Stockholm, 24-25 April 2006*, p. 184.
17. Y. Primakov, *Russian Crossroads: Towards the New Millennium*, pp. 124-5.
18. 'Problema protivosputnikovogo oruzhiya' (n.a., n.d.), p. 1: Vitalii Leonidovich Kataev Papers (HIA), disk 1, IS-M.
19. V. N. Tsygichko (testimony), in *Military Planning for European Th eatre Confl ict During the Cold War*, p. 115.
20. *Washington Post*, 11 July 1981: Jim Mann Papers (HIA), box 8.
21. Assistant Secretary of State P. Wolfowitz to Secretary of State G. Shultz, 27 January 1983-briefi ng memo (RRPL): Jim Mann Papers (HIA), box 8.
22. Trip Report. Visit of the United States Military Technology Delegation to the People's Republic of China. September 6-19, 1980, p. 1: Jim Mann Papers (HIA), box 3.
23. U.S. Export Controls and Technology Transfer to China, p. 1: *ibid*., box 19.
24. B. Crawford, *Economic Vulnerability in International Relations: East-West Trade, Investment, and Finance*, pp. 16, 139-44.

25. M. S. Bernstam and S. M. Lipset, 'Punishing Russia', *The New Republic*, no. 3, 5 August 1985.
26. Thomas H. Naylor, 'For More Trade With the Russians', *New York Times*, 17 December 1984.
27. *New York Times*, 2 August 1983.
28. *Ibid.*
29. *Ibid.*, 7 March 1984.
30. *Ibid.*
31. *Ibid.*, 17 May 1984.
32. T. C. Reed, *At the Abyss*, pp. 266-9.
33. G. S. Weiss, *The Farewell Dossier: Duping the Soviets* (CSI Publications: Studies in Intelligence); retrieved from www.cia.gov/library/center-for-thestudy-of-intelligence/kent-csi/vol39no5/pdf/v39i5a14p.pdf, p. 125.
34. A. Dobrynin, *In Confi dence: Moscow's Ambassador to America's Cold War Presidents*, p. 537.
35. G. M. Kornienko in S. F. Akhromeev and G. M. Kornienko, *Glazami marshala i diplomata*, pp. 49-50.
36. *Pravda*, 24 November 1983.
37. Interview with A. G. Kovalëv: *Novaya gazeta*, July 1996.
38. Dobrynin, *In Confi dence*, p. 523.
39. *Soviet Intentions 1965-1985*, vol. 2: *Soviet Post-Cold War Testimonial Evidence*: interview of Lt. Gen. G. V. Batenin, 6 August 1993, p. 10.
40. *Ibid.*: interview of Col. Gen. A. A. Danilevich, 21 September 1992, p. 26.
41. *Ibid.*: comment by V. L. Kataev in interview of Col. Gen. V. V. Korobushin, 10 December 1992, p. 107.
42. *The Reagan Diaries*, p. 131 (15 February 1983).
43. Dobrynin, *In Confi dence*, pp. 516-20.

第五章　蘇聯的經濟沉痾

1. A. G. Kovalëv (interview), HIGFC (HIA), box 2, folder 6, p. 17.
2. A. Dobrynin, *In Confi dence: Moscow's Ambassador to America's Cold War Presidents*, p. 616.
3. *Ibid.*, p. 602.
4. *Ibid.*, pp. 615-16.
5. A. Chernyaev, *Sovmestnyi iskhod. Dnevnik dvukh epokh. 1971-1991 gody*, p. 758 (13 September 1988).
6. K. N. Brutents, *Nesbyvsheesya. Neravnodushnye zametki o perestroike*, a. 36.
7. V. A. Medvedev, *V komande Gorbachëva. Vzglyad izvnutri*, p. 34.
8. S. F. Akhromeev in S. F. Akhromeev and G. M. Kornienko, *Glazami marshala i diplomata*, p. 20.
9. *Ibid.*, p. 19.
10. Chernyaev, *Sovmestnyi iskhod*, p. 606 (8 March 1985).

11. E. Shevardnadze, *Moi vybor: v zashchitu demokratii i svobody*, p. 85.
12. RGASPI, f. 2, op. 3, d. 614, p. 32.
13. *Ibid.*
14. See A. Nove, 'Agriculture', in A. Brown and M. Kaser (eds), *Soviet Policy for the 1980s*, p. 171.
15. RGASPI, f. 2, op. 3, d. 614, p. 33.
16. *Ibid.*
17. *Ibid.*, p. 34.
18. *Ibid.*, pp. 41-2.
19. A. L. Adamishin Papers (HIA), box 1: Diaries 1981, 23 December 1981.
20. *Ibid.*: 25 December 1981.
21. RGASPI, f. 2, op. 3, d. 521, p. 12.
22. See R. Braithwaite, *Afgantsy: The Russians in Afghanistan, 1979-1989*, pp. 250-2; O. A. Westad, *The Global Cold War: Th ird World Interventions and the Making of Our Times*, p. 351.
23. On Vietnam, see A. L. Adamishin's account of USSR Ambassador to Vietnam, V. P. Chaplin: A. L. Adamishin Papers (HIA), box 1: Diaries 1982, 26 July 1982.
24. Central Committee plenum, 23 June 1980: RGASPI, f. 2, op. 3, d. 521, p. 70.
25. *Ibid.*, p. 77.
26. Working draft minutes of conference of CC Secretaries, 18 January 1983, a. 19: Dmitri A. Volkogonov Papers (HIA), reel 17.
27. M. S. Gorbachëv, *Zhizn' i reformy*, vol. 1, p. 233.
28. A. L. Adamishin Papers (HIA), box 1: Diaries 1986, 7 January 1986.
29. V. L. Kataev, untitled memoir notes fi led as PAZNOGL, p. 2: Vitalii Leonidovich Kataev Papers (HIA), disk 3.
30. A. L. Adamishin Papers (HIA), box 1: Diaries 1981, 13 December 1983.
31. Chernyaev, *Sovmestnyi iskhod*, pp. 372-3 (4 August 1979).
32. *Ibid.*, pp. 396-7 (3 March 1980).
33. *Ibid.*
34. *Ibid.*, p. 480 (2 April 1982).
35. *Ibid.*
36. M. Gorbachëv, *Naedine s soboi*, pp. 337-8.
37. V. L. Kataev, 'Kakoi byla reaktsiya v SSSR na zayavleniya R. Reigana o razvër-tyvanii raboty v SShA po SOI', n.d., p. 5: Vitalii Leonidovich Kataev Papers (HIA), disk 3, SOI.
38. R. Z. Sagdeev, *The Making of a Soviet Scientist: My Adventures in Nuclear Fusion and Space from Stalin to Star Wars*, p. 261.
39. V. L. Kataev, 'Kakoi byla reaktsiya v SSSR na zayavleniya R. Reigana o razvër-tyvanii raboty v SShA po SOI', n.d., p. 5: Vitalii Leonidovich Kataev Papers (HIA), disk 3, SOI.
40. L. V. Shebarshin (interview), HIGFC (HIA), box 2, folder 19, p. 18.

41. Chernyaev, *Sovmestnyi iskhod*, p. 528 (13 March 1983).
42. *Ibid.*, p. 537 (6 September 1983). Sue S. Pons, *La rivoluzione globale*, chap. 6.
43. G. K. Shakhnazarov, *S vozdyami i bez nikh*, p. 263.
44. Chernyaev, *Sovmestnyi iskhod*, p. 523 (20 December 1982).
45. *Ibid.*, p. 546 (29 December 1983).
46. A. L. Adamishin Papers (HIA), box 1: Diaries 1985, 15 January 1985.
47. Excerpt from Politburo meeting minutes, 24 March 1983: Dmitri A. Volk-ogonov Papers (HIA), reel 18.
48. Politburo meeting, 24 March 1983, pp. 20-1: *ibid.*, reel 17.
49. Chernyaev, *Sovmestnyi iskhod*, p. 582 (16 October 1984).
50. See A. B. Evans, *Soviet Marxism: The Decline of an Ideology*, pp. 105-6; S. White, *Political Culture and Soviet Politics*, p. 133.
51. Shakhnazarov, *S vozdyami i bez nikh*, pp. 107-9.

第六章　冰山的裂縫——東歐

1. *Poland: Its Renewal and a U.S. Strategy. A Report Prepared for the Committee on Foreign Relations, United States Senate. October 30, 1981*, p. 5.
2. *Ibid.*, p. 7.
3. *Ibid.*
4. *Ibid.*, pp. 8-9.
5. *Ibid.*, pp. 8-10.
6. A. Chernyaev, *Sovmestnyi iskhod. Dnevnik dvukh epokh. 1971-1991 gody*, p. 459 (10 August 1981).
7. Draft proposal for the Central Committee, 28 August 1980: Dmitri A. Volkogonov Papers (HIA), reel 18.
8. Politburo meeting, 9 September 1982: *ibid.*, reel 16.
9. RGASPI, f. 2, op. 3, d. 568, p. 128.
10. *Ibid.*, p. 129. 11. *Ibid.*, p. 130. 12. *Ibid.*, p. 131. 13. *Ibid.*, p. 136.
14. *Ibid.*, p. 137.
15. *Ibid.*, pp. 142-3.
16. *Ibid.*, p. 143.
17. Central Committee plenum, 16 November 1981: RGASPI, f. 2, op. 3, d. 569, p. 7.
18. Excerpt from Politburo meeting minutes, March 1981: V. Bukovskii (ed.), *Moskovskii protsess*, pp. 417-19.
19. Excerpt from Politburo meeting minutes, 10 December 1981: *ibid.*, pp. 408-12.
20. G. K. Shakhnazarov, *S vozdyami i bez nikh*, p. 150.
21. *Ibid.*, p. 250.
22. W. Jaruzelski to D. A. Volkogonov, 23 June 1994: Dmitri A. Volkogonov Papers (HIA), reel 7.

23. R. T. Davies to R. Reagan, 17 December 1981: Richard T. Davies Papers (HIA), box 15, folder: Polish Crisis, 1980-82.
24. R. T. Davies to A. Haig, 9 August 1981: *ibid.*
25. *The Reagan Diaries*, p. 57 (21 December 1981).
26. *Ibid.*, p. 58 (22 December 1981).
27. *Ibid.*, p. 65 (29 January 1982).
28. Working lunch of R. Reagan and A. Casaroli (memcon), 15 December 1981: M. Anderson and A. Anderson, *Reagan's Secret War: The Untold Story of His Fight to Save the World from Nuclear Disaster*, pp. 80-1.
29. A. L. Adamishin Papers (HIA), box 1: Diaries 1981, 30 March 1981.
30. G. H. Bush to R. Reagan via R. McFarlane (cable from Air Force 2), 15 February 1984: RRPL, Executive Secretariat, NSC, Head of State Files: USSR: The Vatican, Pope John Paul II: Cables, box 41.
31. A. L. Adamishin Papers (HIA), box 1: Diaries 1981, 23 December 1981.
32. *Ibid.*, 25 December 1981.
33. National Security Council, 5 January 1982, pp. 5-9: RRPL, box 91283, Executive Secretariat, NSC: National Security Council Meeting Files.
34. Politburo meeting, 19 August 1982, pp. 2-3: Dmitri A. Volkogonov Papers (HIA), reel 17.
35. Memo on fi nancial assistance to Poland, September 1982: RGASPI, f. 89, op. 66, d. 8, pp. 1-2.
36. L. V. Shebarshin (interview), HIGFC (HIA), box 2, folder 19, p. 21.
37. Shakhnazarov, *S vozdyami i bez nikh*, pp. 242-4.
38. Politburo meeting, 9 September 1982, pp. 1-2: Dmitri A. Volkogonov Papers (HIA), reel 16.
39. Chernyaev, *Sovmestnyi iskhod*, p. 393 and 395 (9 February and 1 March 1980).
40. V. A. Andropov, Central Committee plenum, 15 June 1983: f. 2, op. 3, d. 631, pp. 19-20.
41. *Ibid.*, p. 21.
42. Chernyaev, *Sovmestnyi iskhod*, p. 368 (8 July 1979).
43. *Ibid.*, p. 537 (6 September 1983).
44. *Ibid.*, p. 318 (16 April 1978).
45. V. M. Falin (interview), HIGFC (HIA), box 1, folder 15, pp. 30-2.
46. A. S. Chernyaev (interview), *ibid.*, folder 16, pp. 29-30.
47. Chernyaev, *Sovmestnyi iskhod*, p. 383 (7 December 1979).
48. *Ibid.*, p. 391 (5 February 1980).
49. *Ibid.*, p. 368 (8 July 1979).
50. Shakhnazarov, *S vozdyami i bez nikh*, pp. 169-70.
51. Chernyaev, *Sovmestnyi iskhod*, p. 368 (8 July 1979).
52. D. Deletant, *Ceaușescu and the Securitate: Coercion and Dissent in Romania, 1965-1989*, pp. 69-76 and 327.
53. Chernyaev, *Sovmestnyi iskhod*, p. 251 (11 November 1976).

54. A. L. Adamishin Papers (HIA), box 1: Diaries 1982, 23 March 1982.
55. Interview with Sir Bryan Cartledge, 14 November 2007, pp. 44-5: BDOHP.
56. National Security Decision Directive no. 54, 9 September 1982, pp. 1-4: RRPL, Paula Dobriansky Files, RAC, box 7.

第七章　鐵幕下的蘇聯

1. See R. Service, *Russia: Experiment with a People. From 1991 to the Present*, pp. 312-13.
2. R. Z. Sagdeev, *The Making of a Soviet Scientist: My Adventures in Nuclear Fusion and Space from Stalin to Star Wars*, p. 292.
3. Author's observation, early 1974.
4. S. Voronitsyn in *Sovetskaya Rossiya* as reported in *Radio Liberty Research*, 5 July 1982.
5. See A. B. Evans, *Soviet Marxism: The Decline of an Ideology*, pp. 105-6.
6. Memorandum on 'hostile aspirations and anti-Soviet actions of the Lithua-nian reactionary emigration against the Lithuanian SSR', 15 April 1985: Lithuanian SSR KGB (HIA), K-1/3/784, p. 4; P. Goble and A. Worobij to National Security Council, 'USSR: The Counterpropaganda Apparatus in the Ukraine' 12 October 1983, pp. 1-2: RRPL, John Lenczowsky Files, box 1, Active Measures. See also A. A. Snyder, *Warriors of Disinformation: American Propaganda, Soviet Lies, and the Winning of the Cold War: An Insider's Account*, pp. 26-7.
7. USPS booklet (1985), pp. 17-18: Center for International Civil Society (HIA), box 88, folder 1.
8. USSR KGB to Comrade Zvezdenkov, 7 January 1983: Lithuanian SSR KGB (HIA), K-1/3/775.
9. USSR KGB to the KGB leaderships in Tallinn, Vilnius, Riga, Grodno and Pskov, 9 March 1983: *ibid.*
10. Z. F. Osipov, Report of the 3rd Department of the Lithuanian SSR KGB, 7 December 1984: *ibid.*, K-1/3/782, p. 10.
11. Yu. V. Andropov to the Central Committee: 'Ob itogakh raboty po rozysku avtorov antisovetskikh anonimnykh dokumentakh za 1979 god', 31 January 1980: Dmitri A. Volkogonov Papers (HIA), reel 18.
12. V. M. Chebrikov to the Central Committee: 'Ob itogakh raboty po rozysku avtorov antisovetskikh anonimnykh dokumentakh za 1979 god', 9 February 1984: *ibid.*
13. Yu. V. Andropov, 'Otchët o rabote Komiteta gosudarstvennoi bezopasnosti SSSR za 1981 god', pp. 1-3 and 6-8: *ibid.* See also A. P. Rupshis, Report-memorandum on the results of the counter-intelligence activity of the 2nd Department of the Lithuanian SSR KGB for 1984, 14 January 1985: Lithuanian SSR KGB (HIA), K-1/3/783, pp. 1 and 4.
14. Memorandum on hostile aspirations and anti-Soviet actions of the Lithua-nian reactionary emigration against the Lithuanian SSR, 15 April 1985: *ibid.*, K-1/3/784, pp. 2 and 5-8.
15. J. Petkevičius, Survey of operational information about the Lithuanian SSR KGB's service activity, 22 July 1983: *ibid.*, K-1/3/776, pp. 1-8.
16. Excerpt from Politburo meeting, 25 July 1980: Dmitri A. Volkogonov Papers (HIA), reel 18.
17. Z. F. Osipov, Report on agent-operational work and work with cadres of the 3rd Department of the

Lithuanian SSR KGB (n.d.): *ibid.*, K-1/3/781, pp. 4-5 and 7.

18. Plan for agent network operational measures for 1982, signed by M. Misiu-konis, 3 December 1981: *ibid.*, K-1/3/769.
19. J. Petkevičius: excerpt from plan to deal with Mossad's subversive activity, 18 August 1982: *ibid.*
20. Report: 'Mezhdunarodnye svyazi Litovskoi SSR v 1984 godu': *ibid.*, K-1/3/783.
21. Z. F. Osipov, Report on agent-operational work and work with cadres of the 3rd Department of the Lithuanian SSR KGB (n.d.): *ibid.*, K-1/3/781, p. 21.
22. A. P. Rupshis, Report-memorandum on the results of the counter-intelligence activity of the 2nd Department of the Lithuanian SSR KGB for 1983: *ibid.*, K-1/3/779, p. 5.
23. 'Mezhdunarodnye svyazi Litovskoi SSR v 1984 godu': *ibid.*, K-1/3/783, pp. 1-3 and table 1.
24. Z. F. Osipov, Report on agent-operational work and work with cadres of the 3rd Department of the Lithuanian SSR KGB (n.d.): *ibid.*, K-1/3/781, p. 10; Z. F. Osipov (3rd Department of 4th Administration of the Lithuanian KGB), report, 7 December 1984: *ibid.*, K-1/3/782.
25. Z. F. Osipov, Report on agent network operational work and work with cadres of the 3rd Department of the 2 Administration of the Lithuanian KGB, 21 January to 29 December 1984, p. 10: *ibid.*, K-1/3/781.
26. Yu. V. Andropov, 'Otchët o rabote Komiteta gosudarstvennoi bezopasnosti SSSR za 1981 god', pp. 2-3 and 6-8: Dmitri A. Volkogonov Papers (HIA), reel 18.
27. A. N. Gorbachëv of DOSAAF of the USSR, report on the planned 'Baltika' car rally, 11 April 1983: KGB Lithuanian SSR (HIA), K-1/3/775.
28. Z. F. Osipov, Report on agent-operational work and work with cadres of the 3rd Department of the Lithuanian SSR KGB (n.d.): *ibid.*, K-1/3/781, p. 18.
29. 'Basic Rules of Behaviour for Soviet Citizens Travelling to Capitalist and Developing Countries', July 1979: RGASPI, f. 89, op. 31, d. 7, pp. 1-8.

第八章　北大西洋公約組織及盟國

1. Internal FCO memo by Planning Staff , 'The Management of East-West R elations', 2 May 1980, p. 3. I am grateful to Sir Rodrick Lyne for sharing this document.
2. A. Dobrynin, *In Confi dence: Moscow's Ambassador to America's Cold War Presidents*, p. 430.
3. *The Reagan Diaries Unabridged*, vol. 1, p. 277 (20 October 1983).
4. *Ibid.*, vol. 1, p. 41 (22 May 1981).
5. *Ibid.* (16 October 1981), p. 75.
6. *Ibid.* (15 November 1982), p. 172.
7. See S. F. Akhromeev's comments at meeting of F. C. Carlucci and D. Z. Yazov (Moscow), 30 May 1988, p. 3: RRPL, Fritz W. Ermath Files, Box 92084, US-Soviet Summit Intentions, May 26-June 3, 1988.
8. V. L. Kataev, 1993 diary: Vitalii Leonidovich Kataev Papers (HIA), box 1, folder 3, pp. 66-7.

9. P. Cradock, *In Pursuit of British Interests: Refl ections on Foreign Policy under Margaret Thatcher and John Major*, p. 56.
10. See C. Moore, *Margaret Thatcher: The Authorized Biography*, vol. 1: *Not For Turning* (Allen Lane: London, 2013), pp. 313-15.
11. Expanded meeting between R. Reagan and M. Thatcher, 22 December 1984: Margaret Thatcher Foundation from the Reagan Library: European and Soviet Aff airs Directorate, NSC: Records (folder: Thatcher Visit-Dec. 1984 [1] Box 90902).
12. *The Reagan Diaries*, p. 22 (20-21 July 1981).
13. J. Attali, *Verbatim*, vol. 2: *Chronique des années 1986-1988*, p. 176 (13 October 1986).
14. Internal FCO memo by Planning Staff , 'The Management of East-West Relations', 2 May 1980, p. 8.

第九章　世界共產主義與和平運動

1. A. L. Adamishin Papers (HIA), box 1: Diaries 1981, 23 December 1981.
2. Qian Qichen, *Ten Episodes in China's Diplomacy*, pp. 2-3.
3. Interview with Richard V. Allen, 28 May 2002, p. 70: RROHP.
4. *Ibid.*
5. National Security Archive Electronic Briefi ng Book no. 18, doc. 8: National Security Decision Directive no. 140, pp. 1-2.
6. *The Reagan Diaries Unabridged*, vol. 1, p. 341 (27 April 1984).
7. *Ibid.*, p. 342 (28 April 1984). 8. *Ibid.*, p. 343 (30 April 1984).
9. Excerpt from Politburo minutes, 7 July 1983: Dmitri A. Volkogonov Papers (HIA), reel 17.
10. V. A. Zagladin (Deputy Head, International Department) to Central Com-mittee, 4 October 1979: RGASPI, f. 89, op. 32, d. 12.
11. A. L. Adamishin Papers (HIA), box 2: Diaries July and October-December 1991, 11 November 1991.
12. Politburo meeting, 8 January 1969: RGASPI, f. 89, op. 51, d. 28.
13. *Ibid.*
14. A. Chernyaev, *Sovmestnyi iskhod. Dnevnik dvukh epokh. 1971-1991 gody*, p. 379 (21 October 1979).
15. See S. Pons, *La rivoluzione globale. Storia del comunismo internazionale 1917-1991*, pp. 347-70.
16. RGASPI, f. 89, op. 38, d. 47; V. Riva, *Oro da Mosca: i fi nanziamenti sovietici al PCI dalla Rivoluzione d'ottobre al crollo dell' URSS. Con 240 documenti inediti degli archivi moscoviti*, p. 60.
17. Party Secretariat meeting, 5 January 1982: RGASPI, f. 89, op. 11, d. 47.
18. RGASPI, f. 89, op. 38, d. 47; Riva, *Oro da Mosca*, p. 60.
19. Chernyaev, *Sovmestnyi iskhod*, p. 371 (27 July 1979).
20. RGASPI, f. 89, op. 38, d. 47; Riva, *Oro da Mosca*, p. 60.
21. *Ibid.*
22. O. A. Westad, *The Global Cold War: Th ird World Interventions and the Making of Our Times*, pp. 215-16.

23. Draft letter of CPSU Secretariat, 18 February 1977: RGASPI, f. 89, op. 33, d. 15.
24. A. L. Adamishin Papers (HIA), box 1: Diaries 1982, 17 January 1982.
25. *Ibid.*, box 1: Diaries 1981, 25 December 1981.
26. Chernyaev, *Sovmestnyi iskhod*, p. 15 (8 April 1972).
27. Briefing paper on 'Military-Technical Collaboration' (n.d. but no earlier than 1992), p. 1: Vitalii Leonidovich Kataev Papers (HIA), box 12, folder 30.
28. A. L. Adamishin Papers (HIA), box 1: Diaries 1980, 9 December 1980.
29. V. I. Varennikov (interview), HIGFC (HIA), box 3, folder 3, pp. 20-1.
30. *Ibid.*, box 2, folder 4, p. 54.
31. *Congressional Record-House*, 24 March 1983, H1791-1793.
32. Chernyaev, *Sovmestnyi iskhod*, p. 461 (10 October 1979).
33. A. S. Chernyaev, *Moya zhizn' i moë vremya*, p. 416.
34. Chernyaev, *Sovmestnyi iskhod*, p. 585 (12 November 1984).
35. *Ibid.*, p. 588 (1 December 1984).
36. Report by Counsellor L. A. Parshin and First Secretary Yu. M. Mazur, 15 November 1984: Dmitri A. Volkogonov Papers (HIA), reel 19, pp. 139-42.

第十章　排隊接班

1. R. Reagan, address to the nation, 16 January 1984: www.reagan.utexas.edu/archives/speeches/1984/11684a.htm
2. National Security Planning Group, 27 March 1984, p. 2: CIA Papers.
3. *Ibid.*, p. 5.
4. M. Gorbachëv, *Naedine s soboi*, p. 358.
5. *Ibid.*, pp. 358 and 395.
6. *Ibid.*, p. 355.
7. Politburo meeting, 10 February 1984, pp. 1-5: Dmitri A. Volkogonov Papers (HIA), reel 17; V. A. Medvedev, *V komande Gorbachëva. Vzglyad izvnutri*, p. 17; Gorbachëv, *Naedine s soboi*, p. 362.
8. A. Chernyaev, *Sovmestnyi iskhod. Dnevnik dvukh epokh. 1971-1991 gody*, p. 550 (14 February 1984).
9. *Ibid.*, pp. 550-1 (14 February 1984).
10. M. S. Gorbachëv, Central Committee plenum, 13 February 1984: RGASPI, f. 2, op. 3, d. 669, p. 30.
11. G. K. Shakhnazarov, *S vozdyami i bez nikh*, p. 250.
12. Chernyaev, *Sovmestnyi iskhod*, p. 588 (1 December 1984).
13. I. Korchilov, *Translating History: Th irty Years on the Front Lines of Diplomacy with a Top Russian Interpreter*, p. 274.
14. Chernyaev, *Sovmestnyi iskhod*, p. 571 (12 August 1984).
15. *Ibid.*, p. 572 (16 August 1984).
16. *Ibid.*, p. 566 (18 June 1984).

17. *Ibid.*, p. 582 (23 October 1984).
18. V. I. Varennikov (interview), HIGFC (HIA), box 3, folder 3, pp. 11-12.
19. A. L. Adamishin (interview), *ibid.*, box 1, folder 1, p. 5.
20. S. P. Tarasenko (interview), *ibid.*, box 3, folder 2, pp. 32-3.
21. A. L. Adamishin Papers (HIA), box 1: Diaries 1980, 13 January 1980.
22. Gorbachëv, *Naedine s soboi*, p. 362.
23. *Krasnaya Zvezda*, 9 May 1984.
24. *Soviet Intentions 1965-1985*, vol. 2: *Soviet Post-Cold War Testimonial Evidence*: interview of V. N. Tsygichko, 30 March 1991, p. 149.
25. *Ibid.*: interview of Maj. Gen. Yu. A. Kirshin, 9 January 1990, p. 102.
26. R. Braithwaite, 'Moscow Diary', 21 February 1990.
27. Chernyaev, *Sovmestnyi iskhod*, p. 567 (18 June 1984).
28. *Ibid.*, p. 571 (12 August 1984).
29. M. S. Gorbachëv to the Political Consultative Committee in Sofi a (Soviet record), 22 October 1985, p. 14: PHPCS.
30. J. Attali, *Verbatim*, vol. 1: *Chronique des années 1981-1986*, p. 798 (18 April 1985).
31. See A. B. Evans, *Soviet Marxism: The Decline of an Ideology*, pp. 105-6.
32. K. U. Chernenko, Central Committee plenum, 23 October 1984: RGASPI, a. 2, op. 3, d. 685, p. 8.
33. A. Yakovlev, *Omut pamyati*, p. 165.
34. N. A. Tikhonov, Central Committee plenum, 23 October 1984: RGASPI, f. 2, op. 3, d. 685, pp. 26, 30, 40, 46 and 52.
35. A. L. Adamishin Papers (HIA), box 1: Diaries 1985, 23 February 1985.
36. A. A. Gromyko, Politburo meeting, 26 April 1984: RGASPI, f. 89, op. 42, d. 57, pp. 2-4.
37. D. F. Ustinov, *ibid.*, p. 5.
38. A. A. Gromyko, *ibid.*, p. 6.
39. L. Bezymenskii, 'Pod sen'yu amerikanskikh raket', *Pravda*, 27 July 1984.
40. James Mann's interview with E. Krenz, 17 November 2005, p. 5: Jim Mann Papers (HIA), box 60.
41. Chernyaev, *Sovmestnyi iskhod*, pp. 574-5 (25 August 1984).
42. *Pravda*, 30 June 1984. See also J. Haslam, *The Soviet Union and the Politics of Nuclear Weapons in Europe, 1969-87: The Problem of the* SS–20, pp. 143-4.
43. National Security Council, 18 September 1984, p. 9: CIA Papers.
44. Charles Hill, diary (7 December 1984): Molly Worthen's notes.
45. G. P. Shultz, 'Managing the U.S.-Soviet Relationship over the Long Term', speech at Rand-UCLA, 18 October 1984, p. 2.
46. A. Dobrynin, *In Confi dence: Moscow's Ambassador to America's Cold War Presidents*, p. 555.
47. Haslam, *The Soviet Union and the Politics of Nuclear Weapons in Europe, 1969-87*, pp. 146-7.
48. P. Trudeau, *Memoirs*, p. 341; Yakovlev, *Omut pamyati*, p. 490.

49. Chernyaev, *Sovmestnyi iskhod*, p. 566 (14 June 1984).
50. *Ibid.*, p. 567 (18 June 1984).
51. Attali, *Verbatim*, vol. 1, p. 521 (20 October 1983).
52. Chernyaev, *Sovmestnyi iskhod*, p. 553 (18 February 1984).
53. Soviet record of Chernenko-Thatcher conversation, 14 February 1984, pp. 4-6: Dmitri A. Volkogonov Papers (HIA), reel 17.
54. Attali, *Verbatim*, vol. 1, pp. 655-6 (20 June 1984).
55. *Ibid.*, p. 681 (26 June 1984).
56. K. A. Bishop (interpreter), report on 3 July 1984 Moscow meeting, 4 July 1984, pp. 1-2: National Archives, PREM 19/1394.
57. Attali, *Verbatim*, vol. 1, p. 521 (20 October 1983); M. Thatcher, note on memo from C. D. Powell, 28 June 1984: National Archives, PREM 19/1394.
58. Trudeau, *Memoirs*, pp. 340-1; L. V. Appleyard (FCO) to C. D. Powell, 19 November 1984: National Archives, PREM 19/1394.
59. Note by M. Thatcher on memo from R. B. Bone (FCO) to A. J. Coles (PM's offi ce), 4 June 1984: National Archives, PREM 19/1394; R. Th ompson to R. B. Bone (DTI), 12 July 1984: *ibid.*; Moscow embassy to FCO, telegram 824, 3 July 1984: *ibid.*
60. Central Committee plenum, 10 April 1984: RGASPI, f. 2, op. 3, d. 674, p. 5a.
61. Interview with L. M. Zamyatin, *Kommersant*, 3 May 2005.
62. A. G. Kovalëv (interview), HIGFC (HIA), box 2, folder 6, p. 5.
63. R. Z. Sagdeev, *The Making of a Soviet Scientist: My Adventures in Nuclear Fusion and Space from Stalin to Star Wars*, p. 266.
64. A. G. Kovalëv (interview), HIGFC (HIA), box 2, folder 6, p. 5.
65. *Ibid.*
66. *Ibid.*, p. 24.
67. K. A. Bishop (interpreter), personal assessment of Gorbachëv during the December 1984 visit to the UK, 3 January 1985, p. 1: National Archives, PREM 19/1394.
68. C. D. Powell (10 Downing Street) to L. V. Appleyard (FCO), 17 December 1984: National Archives, PREM 19/1394.
69. Interview with L. M. Zamyatin, *Kommersant*, 3 May 2005; private meeting between R. Reagan and M. Thatcher, 22 December 1984: Margaret Thatcher Foundation from the Reagan Library: European and Soviet Aff airs Directorate, NSC: Records (folder: Thatcher Visit-Dec. 1984 [1] Box 90902).
70. Notes on Chequers lunchtime discussion 16 December 1984, p. 3: National Archives, PREM 19/1394.
71. Interview with L. M. Zamyatin, *Kommersant*, 3 May 2005; private meeting between R. Reagan and M. Thatcher, 22 December 1984: Margaret Thatcher Foundation from the Reagan Library: European and Soviet Aff airs Directorate, NSC: Records (folder: Thatcher Visit-Dec. 1984 [1] Box 90902).

72. Notes on Chequers lunchtime discussion 16 December 1984, p. 5: National Archives, PREM 19/1394.
73. *Ibid.*
74. Chernyaev, *Sovmestnyi iskhod*, p. 597 (26 January 1985).
75. Official record of Chequers lunchtime discussion 16 December 1984, p. 5: National Archives, PREM 19/1394.
76. *Ibid.*, p. 7.
77. Yakovlev, *Omut pamyati*, p. 236.
78. Braithwaite, 'Moscow Diary', 13 March 1992: entry on recollection by inter-preter Tony Bishop.
79. K. A. Bishop (interpreter), personal assessment of Gorbachëv during the December 1984 visit to the UK, 3 January 1985, p. 3: National Archives, PREM 19/1394.
80. FCO to Hong Kong Embassy, 20 December 1984, p. 1: National Archives, PREM 19/1394.
81. M. Thatcher's notes before Camp David meeting (22 December 1984) with R. Reagan, pp. 1-2: National Archives, PREM 19/1394.
82. G. P. Shultz to R. Reagan, memo for meeting with M. Thatcher on 22 December 1984, p. 2: RRPL, Coordination Offi ce, NSC: Records, box 4.
83. C. Hill, handwritten notes on 'Soviet: 1984, Oct. 1 to Oct. 31', p. 7: Charles Hill Papers (HIA), box 64.
84. C. Hill, notes on 'Soviet Union, Nov. 1 to Nov. 28', p. 8: *ibid.*, box 64, folder: G. P. Shultz-'Turmoil'-Draft-Soviet Union.
85. Charles Hill, diary (8 December 1984): Molly Worthen's notes.
86. *Ibid.* (1 December 1984).
87. *Ibid.* (7 January 1985). 88. *Ibid.* (5 January 1985).
89. *Ibid.* (5 January 1985).
90. E. Shevardnadze, *Kogda rukhnul zheleznyi zanaves: vstrechi i vospominaniya*, p. 69.
91. A. L. Adamishin Papers (HIA), box 1: Diaries 1980, 5 May 1980 and Diaries 1982, 24 June 1982.
92. G. Shultz, *Turmoil and Triumph: My Years as Secretary of State*, p. 515; G. M. Kornienko in S. F. Akhromeev and G. M. Kornienko, *Glazami marshala i diplomata*, p. 89.
93. Charles Hill, diary (28 January 1985): Molly Worthen's notes.
94. G. Shultz, *Statement to the Foreign Relations Committee, 31 January 1985*, pp. 1-3: Committee on the Present Danger (HIA), box 113.
95. This exchange was reported weeks later in the *Wall Street Journal*, 21 March 1985.
96. *New York Times*, 5 February 1985.
97. *Washington Post*, 1 February 1985.

第十一章　戈巴契夫的第一個禮拜

1. Politburo meeting, 11 March 1985, p. 2: Dmitri A. Volkogonov Papers (HIA), reel 17.
2. A. Dobrynin, *In Confi dence: Moscow's Ambassador to America's Cold War Presidents*, p. 571.

3. M. Gorbachëv, *Naedine s soboi*, p. 374.
4. A. Yakovlev, *Omut pamyati*, p. 442. 5. Gorbachëv, *Naedine s soboi*, p. 382.
6. *Ibid.*, pp. 383-4.
7. *Ibid.*, p. 385.
8. *Ibid.*, pp. 385-6.
9. Politburo meeting, 11 March 1985, pp. 2-4: Dmitri A. Volkogonov Papers (HIA), reel 17.
10. Yakovlev, *Omut pamyati*, p. 444.
11. A. Chernyaev, *Sovmestnyi iskhod. Dnevnik dvukh epokh. 1971-1991 gody*, p. 608 (11 March 1985).
12. Central Committee plenum, 11 March 1985: RGASPI, f. 2, op. 3, d. 697, pp. 5-6; *ibid.*, f. 2, op. 3, d. 700, p. 1.
13. Central Committee plenum, 21 October 1980: *ibid.*, f. 2, op. 3., d. 543, p. 2.
14. R. Braithwaite, 'Moscow Diary', 17 October 1990.
15. N. Ryzhkov, *Glavnyi svidetel'*, p. 63.
16. G. K. Shakhnazarov, *S vozdyami i bez nikh*, p. 284.
17. Chernyaev, *Sovmestnyi iskhod*, p. 699 (7 December 1986).
18. T. G. Stepanov-Mamaladze diary, 22 April 1986: T. G. Stepanov-Mamaladze Papers (HIA), box 5.
19. Gorbachëv, *Naedine s soboi*, pp. 44 and 113.
20. I. Korchilov, *Translating History: Th irty Years on the Front Lines of Diplomacy with a Top Russian Interpreter*, p. 302.
21. *Ibid.*, p. 39.
22. Gorbachëv, *Naedine s soboi*, p. 226; Chernyaev, *Sovmestnyi iskhod*, p. 434 (29 January 1981).
23. Dinner conversation at Geneva summit meeting between Reagan and Gor-bachëv, 19 November 1985: National Security Archive Electronic Briefi ng Book no. 172, doc. 20 (US memorandum), p. 6.
24. *The Reagan Diaries*, p. 307 (11 March 1985). Because of the time-zone diff erence, Reagan heard the news at 4 a.m. on 11 March 1985, US Eastern time.
25. *Ibid.*, p. 310 (20 March 1985).
26. R. Reagan to M. S. Gorbachëv, 11 March 1985: RRPL, Executive Secretariat, NSC, Head of State Files: USSR: General Secretary Gorbachev, box 39.
27. *New York Times*, 12 March 1985.
28. J. Attali, *Verbatim*, vol. 1: *Chronique des années 1981-1986*, p. 780 (13 March 1985).
29. Conversation of M. S. Gorbachëv with B. Karmal, 14 March 1985: Dmitri A. Volkogonov Papers (HIA), reel 17.
30. Working notes of conference of Central Committee secretaries, 15 March 1985, p. 7: *ibid.*, reel 17.
31. *Ibid.*, p. 3.
32. Chernyaev, *Sovmestnyi iskhod*, p. 610 (14 March 1985).
33. G. Shultz: interview with R. Service and P. Robinson, Hoover Institution, 1 September 2009.
34. Working notes of conference of Central Committee secretaries, 15 March 1985, pp. 5-6: Dmitri A.

Volkogonov Papers (HIA), reel 17.
35. *Ibid.*, pp. 4-5; Chernyaev, *Sovmestnyi iskhod*, p. 610 (14 March 1985).
36. Chernyaev, *Sovmestnyi iskhod*, p. 803 (23 September 1989).
37. *Ibid.*, p. 944 (28 May 1991).
38. *Ibid.*, p. 610 (14 March 1985); working notes of conference of Central Committee secretaries, 15 March 1985, pp. 4-5: Dmitri A. Volkogonov Papers (HIA), reel 17.
39. *Ibid.*, p. 6.
40. Gorbachëv, *Naedine s soboi*, pp. 393-4.
41. Working notes of conference of Central Committee secretaries, 15 March 1985, pp. 10-11: Dmitri A. Volkogonov Papers (HIA), reel 17.
42. Politburo meeting, 4 February 1988, p. 3: Anatoli Chernyaev Papers (Russian and Eurasian Studies Centre Archive, St Antony's College, Oxford University, hereaft er RESCA), box 2, folder 3; Dobrynin, *In Confi dence*, p. 616.
43. A. S. Chernyaev (interview), HIGFC (HIA), box 1, folder 12, p. 39.
44. Dobrynin, *In Confi dence*, p. 616.
45. Chernyaev, *Sovmestnyi iskhod*, p. 613 (18 March 1985).
46. *Ibid.*, p. 619 (11 April 1985).
47. Working notes of conference of Central Committee secretaries, 15 March 1985, pp. 10-11: Dmitri A. Volkogonov Papers (HIA), reel 17.
48. Chernyaev, *Sovmestnyi iskhod*, p. 620 (11 April 1985).
49. Politburo meeting, 13 March 1988: Anatoli Chernyaev Papers (RESCA), box 1, p. 374.
50. 'Iz razmyshlenii v uzkom krugu po podgotovke 70-letiya Oktyabrya', 29 April 1987, p. 1: *ibid.*, box 2, folder 2.
51. T. G. Stepanov (interview), HIGFC (HIA), box 3, folder 1, p. 40.
52. Chernyaev, *Sovmestnyi iskhod*, p. 579 (2 October 1984).
53. M. S. Gorbachëv to R. Reagan, 24 March 1985, pp. 1-3: RRPL, Executive Secretariat, NSC, Head of State Files: USSR: General Secretary Gorbachev, box 39.
54. G. P. Shultz to R. Reagan, 25 March 1985: *ibid.*
55. *Guardian*, 18 April 1985.
56. *New York Times*, 11 April 1985; see also Reagan's reference to O'Neill's t estimony in R. Reagan to M. S. Gorbachëv, 30 April 1985, pp. 6-7: RRPL, Executive Secretariat, NSC, Head of State Files: USSR: General Secretary Gorbachev, box 39.
57. Central Committee plenum, 23 April 1985: RGASPI, f. 2, op. 3, d. 708, p. 34.
58. *Ibid.*, pp. 34-5. 59. *Ibid.*, p. 35.
60. *Ibid.*, p. 38.
61. *Ibid.*, p. 39.
62. *Ibid.*, pp. 40-1.

63. Central Committee plenum report by M. S. Gorbachëv, 23 April 1985: *V Politbyuro TsK KPSS. Po zapisyam Anatoliya Chernyaeva, Vadima Medvedeva, Georgiya Shakhnazarova, 1985-1991*, p. 15.
64. Central Committee plenum, 23 April 1985: RGASPI, f. 2, op. 3, d. 708, p. 76.
65. S. F. Akhromeev in S. F. Akhromeev and G. M. Kornienko, *Glazami marshala i diplomata*, p. 35.
66. A. L. Adamishin Papers (HIA), box 1: Diaries 1986, 19 November 1986, p. 1.
67. Chernyaev, *Sovmestnyi iskhod*, p. 575 (16 September 1984).

第十二章　莫斯科改革團隊

1. Ye. Ligachev with S. Cohen, *Inside Gorbachev's Kremlin: The Memoirs of Yegor Ligachev*, p. 21.
2. See above, p. 61.
3. Politburo meeting, 12 July 1984: V. Bukovskii (ed.), *Moskovskii protsess*, pp. 87-8.
4. A. L. Adamishin Papers (HIA), box 1: Diaries 1985, 10 April 1985.
5. V. A. Medvedev (interview), HIGFC (HIA), box 2, folder 10, p. 25.
6. Politburo meeting, 29 June 1985, p. 2: Dmitri A. Volkogonov Papers (HIA), reel 17.
7. T. G. Stepanov-Mamaladze diary, 26 April 1986: T. G. Stepanov-Mamaladze Papers (HIA), box 5; E. Shevardnadze, *Kogda rukhnul zheleznyi zanaves: vstrechi i vospominaniya*, pp. 67-8.
8. E. Shevardnadze, *Moi vybor: v zashchitu demokratii i svobody*, p. 80.
9. Politburo meeting, 29 June 1985, pp. 2-3: Dmitri A. Volkogonov Papers (HIA), reel 17.
10. *Ibid.*, p. 3; confi dential information given by B. N. Ponomarëv to A. S. Chernyaev: A. Chernyaev, *Sovmestnyi iskhod. Dnevnik dvukh epokh. 1971-1991 gody*, p. 637 (1 July 1985).
11. Shevardnadze, *Moi vybor*, p. 58.
12. *Ibid.*, pp. 59-60; Shevardnadze, *Kogda rukhnul zheleznyi zanaves*, pp. 71-2.
13. Conference of Central Committee secretaries, n.d. but likely to be in January 1983: Dmitri A. Volkogonov Papers (HIA), reel 17.
14. Gorbachëv's second meeting with provincial party committee secretaries, 15 April 1988: Anatoli Chernyaev Papers (RESCA), box 2, folder 5.
15. T. G. Stepanov-Mamaladze diary, 20 April 1986: T. G. Stepanov-Mamaladze Papers (HIA), box 5.
16. *Ibid.*, 17 November 1985: box 5, folder 1; Shevardnadze, *Kogda rukhnul zheleznyi zanaves*, p. 91.
17. Shevardnadze, *Moi vybor*, p. 43.
18. *Ibid.*, p. 51.
19. R. Braithwaite, 'Moscow Diary', 29 March 1989.
20. T. G. Stepanov-Mamaladze working notes, 21 January 1986: T. G. Stepanov-Mamaladze Papers (HIA), box 1.
21. T. G. Stepanov-Mamaladze diary, 4-12 July 1990: *ibid.*, box 5. This was excised from the *Pravda* report of 10 July.
22. RGASPI, f. 2, op. 3, d. 521 p. 47.
23. A. L. Adamishin Papers (HIA), box 1: Diaries 1984, 22 February 1984.

24. T. G. Stepanov-Mamaladze working notes, 26 November 1985: T. G. Stepanov-Mamaladze Papers (HIA), box 1.
25. T. G. Stepanov-Mamaladze diary, 1 March 1986: *ibid.*, box 5.
26. *Ibid.*, 28 February 1986: box 5.
27. Politburo meeting, 23 January 1986: *V Politbyuro TsK KPSS. Po zapisyam Anatoliya Chernyaeva, Vadima Medvedeva, Georgiya Shakhnazarova, 1985-1991*, p. 25.
28. T. G. Stepanov-Mamaladze diary, 20 April 1986: T. G. Stepanov-Mamaladze Papers (HIA), box 5.
29. A. Yakovlev, *Omut pamyati*, pp. 190-1.
30. Chernyaev, *Sovmestnyi iskhod*, p. 376 (14 October 1979).
31. Yakovlev, *Omut pamyati*, p. 213.
32. *Ibid.*, p. 209.
33. A. N. Yakovlev (interview), HIGFC (HIA), box 3, folder 5, p. 8.
34. Yakovlev, *Omut pamyati*, p. 579.
35. A. N. Yakovlev (interview), HIGFC (HIA), box 3, folder 5, p. 17.
36. Braithwaite, 'Moscow Diary', 30 May 1990.
37. I. Korchilov, *Translating History: Th irty Years on the Front Lines of Diplomacy with a Top Russian Interpreter*, p. 197.
38. A. N. Yakovlev (interview), HIGFC (HIA), box 3, folder 5, p. 6.
39. O. D. Baklanov (interview), *ibid.*, box 1, folder 5, p. 29.
40. A. Luk'yanov, *Avgust 91-go: a byl li zagovor?*, p. 10.
41. Yakovlev, *Omut pamyati*, pp. 242-6.
42. V. A. Medvedev (interview), HIGFC (HIA), box 2, folder 10, p. 25.
43. V. L. Kataev (interview), *ibid.*, box 2, folder 4, p. 6.
44. Politburo meeting, 29 June 1985, p. 7: Dmitri A. Volkogonov Papers (HIA), reel 17.
45. *Ibid.*, p. 8.
46. L. N. Zaikov, proposal, August 1982: Vitalii Leonidovich Kataev Papers (HIA), box 13, folder 28.
47. Politburo meeting, 14 May 1987: Anatoli Chernyaev Papers (RESCA), box 1, p. 225.
48. V. L. Kataev, untitled memoir notes fi led as PAZNOGL, p. 3: Vitalii Leonidovich Kataev Papers (HIA), disk 3.
49. V. L. Kataev, 'Struktura podgotovki i prinyatiya reshenii po voenno-politicheskim problemam v SSSR', pp. 4-5: *ibid.*, box 16.
50. A. S. Chernyaev to M. S. Gorbachёv, 13 November 1987: Anatoli Chernyaev Papers (RESCA), box 2, folder 2.
51. V. L. Kataev, 'Struktura podgotovki i prinyatiya reshenii po voenno-politicheskim problemam v SSSR', pp. 18-19: Vitalii Leonidovich Kataev Papers (HIA), box 16.; V. L. Kataev, 'Koordinatsiya v SSSR voprosov kontrolya nad vooruzheniyami do 1985', p. 2: *ibid.*, disk 2, PAB-GRUP; N. S. Leonov, *Likholet'e*, p. 323. Strictly speaking, the body was known as the Supreme (*Verkhnyaya*) Five.

52. V. L. Kataev, 'Struktura podgotovki i prinyatiya reshenii po voenno-politich-eskim problemam v SSSR', pp. 10-11: Vitalii Leonidovich Kataev Papers (HIA), box 16; V. L. Kataev, untitled memoir notes fi led as PAZNOGL, p. 6: *ibid.*, disk 3; V. L. Kataev (interview), HIGFC (HIA), box 2, folder 4, pp. 19-20.
53. V. L. Kataev in his untitled memoir notes fi led as PAZNOGL, p. 8: Vitalii Leonidovich Kataev Papers (HIA), disk 3; V. L. Kataev, 'Struktura podgotovki i prinyatiya reshenii po voenno-politicheskim problemam v SSSR', p. 6: *ibid.*, box 16; V. L. Kataev, 'Koordinatsiya v SSSR voprosov kontrolya nad vooruzheniyami do 1985', p. 2: *ibid.*, disk 2, PAB-GRUP; S. F. Akhromeev, background briefi ng, 22 May 1988, pp. 1-2: *ibid.*, box 10, folder 14.
54. V. L. Kataev, 'Problemy voennoi politiki', p. 3: *ibid.*, box 16.
55. V. L. Kataev, diary for 15 February 1988: *ibid.*, box 1, folder 2; V. L. Kataev (interview), HIGFC (HIA), box 2, folder 4, p. 22.
56. V. L. Kataev, 'Koordinatsiya v SSSR voprosov kontrolya nad vooruzheniyami do 1985', p. 3: Vitalii Leonidovich Kataev Papers (HIA), disk 2 (PAB-GRUP); V. L. Kataev, 'Struktura podgotovki i prinyatiya reshenii po voenno-politicheskim problemam v SSSR', p. 17: *ibid.*, box 16.
57. O. D. Baklanov (interview), HIGFC (HIA), box 1, folder 5, pp. 7-8.
58. G. M. Kornienko in S. F. Akhromeev and G. M. Kornienko, *Glazami marshala i diplomata*, p. 91.
59. V. L. Kataev (interview), HIGFC (HIA), box 2, folder 4, pp. 18-19.
60. Leonov, *Likholet'e*, p. 328.
61. V. L. Kataev, diary for 1984-1986: 30 June 1986: Vitalii Leonidovich Kataev Papers (HIA), box 2, folder 3.
62. Notes on confi dential conversation with E. A. Shevardnadze, 10 September 1985: T. G. Stepanov-Mamaladze Papers (HIA), box 5.
63. T. G. Stepanov-Mamaladze diary, 17 November 1985: *ibid.*
64. *Ibid.*, 25 February 1986: box 5, folder 2.
65. S. P. Tarasenko (interview), HIGFC (HIA), box 3, folder 2, p. 10.
66. Shevardnadze, *Moi vybor*, p. 42.
67. See the comment made to Anatoli Adamishin: A. L. Adamishin Papers (HIA), box 1: Diaries 1985, 7 October 1985, p. 1.
68. K. N. Brutents reports this comment to him by Ponomarëv in *Nesbyvsheesya. Neravnodushnye zametki o perestroike*, pp. 445-6.
69. T. G. Stepanov-Mamaladze diary, 1 December 1985: T. G. Stepanov-Mamaladze Papers (HIA), box 5.
70. *Ibid.*, 20 April 1986: box 5, folder 2.
71. Notes on confi dential conversation with E. A. Shevardnadze, 10 September 1985: *ibid.*, box 5, folder 1.
72. T. G. Stepanov-Mamaladze diary, 18 November 1985: *ibid.*
73. T. G. Stepanov-Mamaladze working notes, 26 November 1985: *ibid.*, box 1, folder 3.

74. *Ibid.*, 2 September 1985: box 1.
75. T. G. Stepanov-Mamaladze diary, 30 June 1988: *ibid.*, box 5.
76. *Ibid.*, 17 November 1985; T. G. Stepanov-Mamaladze working notes, 15 February (miswritten as August) 1986: *ibid.*, box 1.
77. T. G. Stepanov-Mamaladze diary, 30 April 1986: *ibid.*, box 5.
78. Note on party conference (Ministry of Foreign Aff airs), 30 November 1985: A. L. Adamishin Papers (HIA), box 1: Diaries 1985, 30 November 1985, pp. 42-5.
79. T. G. Stepanov-Mamaladze diary, 1 December 1985: *ibid.*, box 5.

第十三章　裁掉一半中程飛彈

1. G. Shultz: interview with R. Service and P. Robinson, Hoover Institution, 1 September 2009.
2. J. Attali, *Verbatim*, vol. 1: *Chronique des années 1981-1986*, p. 854 (28 September 1985).
3. R. Reagan to M. S. Gorbachëv, 30 April 1985, pp. 1-11: RRPL, Executive Secretariat, NSC, Head of State Files: USSR: General Secretary Gorbachev, box 39.
4. M. S. Gorbachëv to R. Reagan, 10 June 1985, pp. 3 and 7: *ibid.*, box 40.
5. M. S. Gorbachëv to R. Reagan, 22 June 1985, p. 3: *ibid.*
6. J. Matlock to R. McFarlane, 26 June 1985 (memo): *ibid.*
7. 'Soviet Strategic and Political Objectives in Arms Control in 1985', p. 6: Special National Intelligence Estimate (March 1985): CIA Papers.
8. 'Soviet Capabilities for Strategic Nuclear Confl ict Th rough the Mid-1990s: Key Judgments', pp. 16-17: National Intelligence Estimate, 25 April 1985: *ibid.*
9. W. J. Casey to R. Reagan, 25 June 1985, report: 'Gorbachev, The New Broom', pp. 6-8 and 13: *ibid.*
10. 'Gorbachev's Economic Agenda: Promises, Potentials, and Pitfalls. An Intel-ligence Assessment', 6 September 1985: *ibid.*
11. E. Rowny, 'Gorbachev's First Hundred Days' (draft), 5 June 1985, pp. 1-4: RRPL, Jack Matlock Files, box 61, folder: USSR-Mikhail Sergeyevich Gorbachev-Gen. Secretary-March 11, 1985.
12. W. F. Buckley, 'Exit Chernenkoism?', *National Review*, 19 April 1985, p. 54.
13. R. Halloran, 'Export Ban Called Costly to Soviet', *New York Times*, 14 May 1985.
14. *Ibid.*
15. R. N. Perle, statement before House of Representatives Armed Services C ommittee Special Panel on Arms Control and Disarmament, pp. 1-6, 18 September 1985: Committee on the Present Danger (HIA), box 104.
16. *Washington Post*, 24 March 1985.
17. R. Perle, 'The Eastward Technology Flow: A Plan of Common Action', *Strategic Review*, spring 1984, p. 29.
18. *Washington Post*, 5 August 1986.
19. G. Andreotti, *L'URSS vista da vicino: dalla guerra fredda a Gorbaciov*, p. 233.

20. V. L. Kataev, untitled memoir notes fi led as PAZNOGL, p. 4: Vitalii Leonidovich Kataev Papers (HIA), disk 3.
21. *Ibid*., p. 4: Vitalii Leonidovich Kataev Papers (HIA), disk 3; V. L. Kataev (interview), HIGFC (HIA), box 2, folder 4, p. 12.
22. *Ibid*., box 2, folder 4, pp. 12-13.
23. *Ibid*.
24. V. L. Kataev, 'Struktura podgotovki i prinyatiya reshenii po voenno-politicheskim problemam v SSSR', p. 8: Vitalii Leonidovich Kataev Papers (HIA), box 16.
25. *Ibid*., pp. 8-9; V. L. Kataev, untitled memoir notes fi led as PAZNOGL, p. 5: Vitalii Leonidovich Kataev Papers (HIA), disk 3.
26. V. L. Kataev, 'Struktura podgotovki i prinyatiya reshenii po voenno-politicheskim problemam v SSSR', pp. 8-9: Vitalii Leonidovich Kataev Papers (HIA), box 16.
27. *Ibid*., pp. 9-10.
28. V. L. Kataev (interview), HIGFC (HIA), box 2, folder 4, pp. 16-17.
29. A. L. Adamishin Papers (HIA), box 1: Diaries 1985, 16 March 1985.
30. T. G. Stepanov-Mamaladze diary, 2 September 1985: T. G. Stepanov-Mamaladze Papers (HIA), box 5.
31. Meeting of G. P. Shultz and E. A. Shevardnadze (US Ambassador's Residence, memcon), 31 July 1985, pp. 2-20: National Security Archive, End of the Cold War series, box 1.
32. A. L. Adamishin Papers (HIA), box 1: Diaries 1986, 25 April 1985.
33. *Ibid*., 29 July 1985, p. 2.
34. *Ibid*., 20 August 1985, p. 1.
35. *Ibid*., 11 August 1985, p. 1.
36. *Ibid*., 15 October 1985.
37. *Ibid*., 22 September 1985.
38. *Ibid*., 20 August 1985.
39. *Ibid*., 22 September 1985.
40. *Ibid*., p. 2.
41. N. N. Detinov (interview), HIGFC (HIA), box 1, folder 14, p. 17.
42. W. J. Casey to R. Reagan, 9 September 1985, p. 1: CIA Papers.
43. C. Hill, notes (1 March 1991) on 'Terrorism', pp. 33-4: Charles Hill Papers (HIA), box 64.
44. *Ibid*., p. 35.
45. *Ibid*., p. 38.
46. C. Hill, diary (23 September 1985): Molly Worthen's notes.
47. C. Hill, notes (1 March 1991) on 'Terrorism', p. 42: Charles Hill Papers (HIA), box 64.
48. *Ibid*., pp. 39-40.
49. National Security Council, 20 September 1985, p. 2 and 5-7: *The Reagan Files: The Untold Story of Reagan's Top-Secret Eff orts to Win the Cold War* (ed. J. Saltoun-Ebin).

50. *Izvestiya*, 28 July 1985.
51. T. G. Stepanov-Mamaladze working notes, 3 September 1985: T. G. Stepanov-Mamaladze Papers (HIA), box 1.
52. T. G. Stepanov-Mamaladze diary, 23 September 1985: *ibid.*, box 5.
53. *Ibid.*, 24 September 1985.
54. *Ibid.*
55. T. G. Stepanov-Mamaladze diary, 28 September 1985: *ibid.*
56. *Ibid.*
57. *New York Times*, 28 September 1985.
58. R. M. Nixon to W. J. Casey, 5 November 1985, pp. 1-3: William J. Casey Papers (HIA), box 329, folder 8.
59. Qian Qichen, *Ten Episodes in China's Diplomacy*, pp. 17-18.
60. Attali, *Verbatim*, vol. 1, p. 803 (30 April 1985).
61. *Ibid.*, p. 853 (28 September 1985).
62. Flyposter: 'Gorbatchev à Paris: S.O.S. Droits de l'Homme. Appel'.
63. Spot commentary on Gorbachëv's Paris announcements, forwarded by D. Mahley and R. Linhard to R. McFarlane, 3 October 1985: CIA Papers.
64. Attali, *Verbatim*, vol. 1, p. 861 (2 October 1985).

第十四章　在日內瓦會面

1. A. Chernyaev, *Sovmestnyi iskhod. Dnevnik dvukh epokh. 1971-1991 gody*, p. 649 (16 October 1985).
2. *Ibid.*, p. 650 (17 October 1985).
3. M. S. Gorbachëv to the Political Consultative Committee in Sofi a (Soviet record), 22 October 1985, p. 5: PHPCS.
4. *Ibid.*, pp. 7-8.
5. *Ibid.*, pp. 8-9.
6. *Ibid.*, p. 10.
7. *Ibid.*, pp. 5-7.
8. *Ibid.*, pp. 12-14.
9. *Ibid.*
10. Chernyaev, *Sovmestnyi iskhod*, p. 621 (16 March 1985).
11. Political Consultative Committee discussion, 23 October 1985 in Sofi a (East German record, translated into English), p. 22: PHPCS.
12. *Ibid.*, p. 33.
13. *Ibid.*, pp. 39-40.
14. *Ibid.*, p. 47.
15. *Ibid.*, p. 50.

16. Meeting of R. Reagan and E. A. Shevardnadze, 24 October 1985 (memcon), pp. 3 and 5.
17. G. Andreotti, *L'URSS vista da vicino: dalla guerra fredda a Gorbaciov*, pp. 265-8.
18. R. Reagan to M. S. Gorbachëv, 31 October 1985, p. 1: RRPL, Executive Secre-tariat, NSC, Head of State Files: USSR: General Secretary Gorbachev, box 40.
19. J. Helms, S. Symms and J. MacClure to R. Reagan, 29 October 1985: Monique Garnier-Lançon Papers (HIA), box 27, folder 1.
20. *New York Times*, 3 November 1985.
21. T. G. Stepanov-Mamaladze working notes, 26 October 1985: T. G. Stepan-ov-Mamaladze Papers (HIA), box 1.
22. G. P. Shultz to R. Reagan, 12 November 1985, pp. 4, 6, 8 and 13-14: End of the Cold War Forum (hereaft er ECWF), STY-1985-11-12.
23. R. C. McFarlane to R. Reagan, 8 November 1985, p. 1: National Security Archive, End of the Cold War series, box 2, folder 2.
24. G. P. Shultz to R. Reagan, memo, 7 November 1985, pp. 1-5: US Department of State FOIA Documents.
25. G. P. Shultz to R. Reagan, 12 November 1985, pp. 4, 6, 8-9 and 12-14: ECWF, STY-1985-11-12.
26. A. L. Adamishin Papers (HIA), box 1: Diaries 1985, 25 November 1985, pp. 35-6; note on E. A. Shevardnadze's report to the Foreign Aff airs Ministry collegium, 25 November 1985: *ibid.*, p. 1.
27. *New York Times*, 15 November 1985.
28. A. L. Adamishin Papers (HIA), box 1: Diaries 1985, 24 November 1985, p. 1.
29. *Ibid.*, p. 2.
30. T. G. Stepanov-Mamaladze diary, 10 September 1985: T. G. Stepanov-Mamaladze Papers (HIA), box 5.
31. B. Kalb to G. P. Shultz, 31 October 1985: RRPL, Geneva: Reagan/Gorbachev, Sven F. Kraemer Files, box 941043.
32. Address by the President to the Nation, 14 November 1985 in Committee on the Present Danger Papers (HIA), box 140, folder: Reagan-1985.
33. R. M. Nixon to R. W. Reagan: 14 November 1985: Jim Mann Papers (HIA), box 55.
34. M. Kampelman, J. Tower and M. Glitman to G. P. Shultz, '1985 Geneva Summit: Suggested Talking Points', 14 November 1985: National Security Archive, End of the Cold War series, box 2.
35. *New York Times*, 16 November 1985.
36. *The Reagan Diaries Unabridged*, vol. 1, p. 541 (17 November 1985).
37. A. L. Adamishin Papers (HIA), box 1: Diaries 1985, 24 November 1985, p. 4.
38. A. Dobrynin, *In Confi dence: Moscow's Ambassador to America's Cold War Presidents*, p. 588.
39. *The Reagan Diaries*, p. 369 (19 November 1985).
40. First plenary session of Geneva summit meeting, 19 November 1985: National Security Archive Electronic Briefi ng Book no. 172, doc. 16 (US memorandum), p. 3.

41. *Ibid.*, pp. 7-8.
42. Second plenary session of Geneva summit meeting, 19 November 1985: *ibid.*, doc. 17 (US memorandum), p. 3.
43. *Ibid.*, p. 4.
44. *Ibid.*, pp. 7-8.
45. Second private session of Geneva summit meeting, 19 November 1985: *ibid.*, doc. 19 (US memorandum), p. 2.
46. See the full sentence in C. Hill, notes on Gorbachëv's January 1986 declara-tion, p. 5: Charles Hill Papers (HIA), box 64, folder: G. P. Shultz-'Turmoil'-Draft-Soviet Union 1986.
47. Second private session of Geneva summit meeting, 19 November 1985: National Security Archive Electronic Briefi ng Book no. 172, doc. 19 (US memorandum), p. 2.
48. Th ird plenary session of Geneva summit meeting, 20 November 1985: *ibid.*, doc. 21 (US memorandum), p. 2.
49. *Ibid.*, pp. 3-4.
50. Dobrynin, *In Confi dence*, pp. 589-90.
51. Th ird plenary session of Geneva summit meeting, 20 November 1985: National Security Archive Electronic Briefi ng Book no. 172, doc. 21 (US memorandum), p. 6.
52. *Ibid.*, pp. 6-7.
53. *Ibid.*, p. 10.
54. Fourth plenary session of Geneva summit meeting, 20 November 1985: *ibid.*, doc. 22 (US memorandum), p. 3.
55. *Ibid.*, pp. 3-4.
56. Dinner at Geneva summit meeting, 20 November 1985: *ibid.*, doc. 22 (US memorandum), p. 3.
57. Address to a joint session of the Congress, President's back-up copy, 21 November 1985, pp. 1-2: RRPP.
58. *Ibid.*, pp. 6-7.
59. W. Safi re, 'The Fireside Summit', 21 November 1985; editorial *New York Times*, 22 November 1985. In general see R. Samuel, 'Conservative Intellectuals and the Reagan-Gorbachev Summits', *Cold War History*, no. 1 (2012), p. 144.
60. R. M. Smalley to the Acting Secretary of State, 29 November 1985: National Security Archive, End of the Cold War series, box 2.
61. Charles Z. Wick (Director of the American Information Agency) to G. P. Shultz, 'Highlight of European Public Opinion Aft er the Geneva Summit', 18 December 1985, p. 1: *ibid.*
62. *Ibid.*, pp. 2-3.
63. Michael D. Schneider to Charles Z. Wick, Director of the American Informa-tion Agency, 12 December 1985: *ibid.*
64. R. Reagan to G. Murphy, 19 December 1985: Jim Mann Papers (HIA), box 51.

65. *The Reagan Diaries*, p. 371 (22 November 1985).
66. A. L. Adamishin Papers (HIA), box 1: Diaries 1985, 24 November 1985, p. 3.
67. *Ibid.*
68. Note on E. A. Shevardnadze's report to the Foreign Aff airs Ministry c ollegium, *ibid.*, 25 November 1985, p. 38.
69. *Ibid.*, p. 40.
70. Discussion at the Foreign Aff airs Ministry collegium, *ibid.*, 25 November 1985, p. 41.

第十五章　總參謀部的提案

1. R. Reagan to M. S. Gorbachëv (English translation), 28 November 1985, pp. 2-4: RRPL, Executive Secretariat, NSC, Head of State Files: USSR: General Secretary Gorbachev, box 40.
2. *Ibid.*, pp. 4-5.
3. M. S. Gorbachëv to R. Reagan, 24 December 1985, pp. 2-3: *ibid.*
4. A. Dobrynin, *In Confi dence: Moscow's Ambassador to America's Cold War Presidents*, p. 596.
5. Meeting of R. Reagan and B. Aristov, 5 December 1985 (memcon), p. 2: RRPL, European and Soviet Aff airs Directorate, RAC, box 14.
6. M. Baldrige, speech to US-USSR Trade and Economic Council (Moscow), 9 December 1985, pp. 1-12: RRPL, Stephen Danzansky Files (NSC): RAC, box 12.
7. *Washington Post*, 15 December 1985.
8. *Ibid.*, 16 December 1985.
9. *Ibid.*, 17 December 1985.
10. Politburo meeting, 26 November 1985: *V Politbyuro TsK KPSS. Po zapisyam Anatoliya Chernyaeva, Vadima Medvedeva, Georgiya Shakhnazarova, 1985-1991*, p. 19.
11. Meeting in the Central Committee with Secretaries and Department Heads, 10 March 1986: *ibid.*, p. 27.
12. V. A. Medvedev (interview), HIGFC (HIA), box 2, folder 10, p. 27.
13. O. Grinevsky in O. Grinevsky and L. M. Hansen, *Making Peace: Confi dence Building*, pp. 425-6 and 430.
14. Gorbachëv's opening speech, quoted extensively by O. Grinevskii in *Perelom: ot Brezhneva k Gorbachëvu*, p. 314.
15. O. Grinevsky in Grinevsky and Hansen, *Making Peace: Confi dence Building*, p. 434.
16. A. L. Adamishin Papers (HIA), box 1: Diaries 1986, 7 January 1986; O. Grinevsky in Grinevsky and Hansen, *Making Peace: Confi dence Building*, a. 432; O. A. Grinevskii (interview): HIGFC (HIA), box 2, folder 1, p. 20 (where it is suggested that the Politburo met on 2 January 1986).
17. *Ibid.*
18. Grinevsky and Hansen, *Making Peace: Confi dence Building*, p. 434.
19. A. L. Adamishin Papers (HIA), box 1: Diaries 1986, 7 January 1986; O. Grinevsky in Grinevsky and

Hansen, *Making Peace: Confi dence Building*, pp. 432-3.
20. A. L. Adamishin Papers (HIA), box 1: Diaries 1986, 7 January 1986.
21. *Ibid.*, Diaries 1985, 24 November 1985.
22. *Ibid.*
23. *Ibid.*, Diaries 1986, 8 January 1986.
24. *Ibid.*
25. V. L. Kataev (interview), HIGFC (HIA), box 2, folder 4, p. 8; L. V. Shebarshin (interview), HIGFC (HIA), box 2, folder 19, p. 9; N. N. Detinov (interview), HIGFC (HIA), box 1, folder 14, pp. 19-20; O. A. Grinevskii (interview): HIGFC (HIA), box 2, folder 1, p. 21; Grinevsky and Hansen, *Making Peace: Confi dence Building*, p. 436.
26. G. M. Kornienko in S. F. Akhromeev and G. M. Kornienko, *Glazami marshala i diplomata*, p. 89.
27. *Soviet Intentions 1965-1985*, vol. 2: *Soviet Post-Cold War Testimonial Evidence*: interview of Col. Gen. A. A. Danilevich, 21 September 1992, p. 29.
28. S. F. Akhromeev in Akhromeev and Kornienko, *Glazami marshala i diplomata*, 87-8.
29. A. L. Adamishin Papers (HIA), box 1: Diaries 1986, 8 January 1986; O. A. Grinevskii (interview): HIGFC (HIA), box 2, folder 1, p. 21; O. Grinevsky in Grinevsky and Hansen, *Making Peace: Confi dence Building*, pp. 436-7.
30. O. A. Grinevskii (interview): HIGFC (HIA), box 2, folder 1, p. 22.
31. A. L. Adamishin Papers (HIA), box 1: Diaries 1986, 8 January 1986; N. N. Detinov (interview), HIGFC (HIA), box 1, folder 14, pp. 19-20; O. A. Grinevskii (interview): *ibid.*, box 2, folder 1, p. 21.
32. See the comments of Anatoli Adamishin in A. L. Adamishin Papers (HIA), box 1: Diaries 1986, 2 February 1986.
33. N. S. Leonov, *Likholet'e*, p. 319.
34. Grinevskii, *Perelom: ot Brezhneva k Gorbachëvu*, pp. 324-8; 'Zayavlenie General'nogo sekretarya TsK KPSS M. S. Gorbachëva', *Pravda*, 16 January 1986; 'Predlozhenie SSSR o programme polnoi likvidatsii yadernogo oruzhiya po vsemu mire k 2000 godu': Vitalii Leonidovich Kataev Papers (HIA), box 4, folder 8.
35. M. S. Gorbachëv to R. Reagan, 11 January 1986, p. 2: RRPL, Executive Secre-tariat, NSC, Head of State Files: USSR: General Secretary Gorbachev, box 40.
36. M. S. Gorbachëv to R. Reagan, 14 January 1986 (unoffi cial translation), pp. 1-5: *ibid.*, Robert E. Linhard Files, RAC, box 8, NSDD 214/NSDD 210.
37. 'Zayavlenie General'nogo sekretarya TsK KPSS M. S. Gorbachëva', *Pravda*, 16 January 1986.
38. *Ibid.*
39. T. G. Stepanov-Mamaladze working notes, 23 February 1986: T. G. Stepanov-Mamaladze Papers (HIA), box 1.
40. *Ibid.*, 15 March 1986.
41. A. L. Adamishin Papers (HIA), box 1: Diaries 1986, 2 February 1986.

42. T. G. Stepanov-Mamaladze working notes, 24 February 1986: T. G. Stepanov-Mamaladze Papers (HIA), box 1.
43. A. L. Adamishin Papers (HIA), box 1: Diaries 1986, 2 February 1986.

第十六章　美方拒絕「一月宣言」

1. Charles Hill, diary (15 January 1986): Molly Worthen's notes.
2. C. Hill, notes on Gorbachëv's January 1986 declaration, pp. 4 and 7: Charles Hill Papers (HIA), box 64, folder: G. P. Shultz-'Turmoil'-Draft-Soviet Union 1986.
3. G. Shultz, *Turmoil and Triumph: My Years as Secretary of State*, p. 700.
4. A. F. Dobrynin to G. P. Shultz, 15 January 1986: George Shultz Papers (RRPL), box 21a.
5. G. P. Shultz to R. Reagan, memo, 23 January 1986: *ibid.*, Jack Matlock Files, box 14, folder: Matlock Chron. January 1986.
6. Charles Hill, diary (15 January 1986): Molly Worthen's notes.
7. Shultz, *Turmoil and Triumph*, p. 700.
8. *Ibid.*, p. 699.
9. *New York Times,* 16 January 1986; *Washington Times*, 16 January 1986.
10. *New York Times*, 26 January 1986.
11. *Time Magazine*, 27 January 1986, p. 9.
12. A. Hartman to Secretary of State, telegram, 5 February 1986, pp. 1-5: RRPL, Jack Matlock Files, box 14, folder: Matlock Chron. February 1986.
13. C. Hill, notes on Gorbachëv's January 1986 declaration, p. 13: Charles Hill Papers (HIA), box 64, folder: G. P. Shultz-'Turmoil'-Draft-Soviet Union 1986.
14. C. Weinberger to R. Reagan, 31 January 1986, pp. 1-3: RRPL, Robert Linhard Files, RAC, box 8, National Security Decision Directive no. 210.
15. W. J. Casey, 'Worldwide Briefi ng', 30 January 1986, pp. 1-16: *ibid.*, Jack Matlock Files, box 14, folder: Matlock Chron. February 1986.
16. C. Hill, notes on Gorbachëv's January 1986 declaration, pp. 8-9: Charles Hill Papers (HIA), box 64, folder: G. P. Shultz-'Turmoil'-Draft-Soviet Union 1986.
17. Nitze's comment to M. Thatcher, 5 February 1986: US Embassy (London) to Secretary of State, 6 February 1986, pp. 2-3: RRPL, Robert E. Linhard Files, box 92083, folder: Mrs Thatcher on SDI/ABM.
18. National Security Planning Group, 3 February 1986, p. 2: *ibid.*, Executive Secretariat, NSC: NSPG, Records, box 91308.
19. *Ibid.*, pp. 3-4.
20. *Ibid.*, p. 4.
21. *Ibid.*
22. *Ibid.*, pp. 5-6.

23. National Security Decision Directive no. 210, 4 February 1986, pp. 1-3: RRPL, Robert Linhard Files, RAC, box 8.
24. R. Reagan to S. Massie, 10 February 1986: Jim Mann Papers (HIA), box 55.
25. M. S. Gorbachëv to R. Reagan, 16 February 1986, pp. 1-7: RRPL, Executive Secretariat, NSC, Head of State Files: USSR: General Secretary Gorbachev, box 40.
26. 'Soviet Forces and Capabilities for Strategic Nuclear Confl ict Th rough the Mid-1990s', National Intelligence Estimate, April 1986, p. 7: CIA Papers; R. M. Gates, *From the Shadows: The Ultimate Insider's Story of Five Presidents and How They Won the Cold War*, p. 381.
27. E. Abrams to the National Security Council, memo, 11 March 1986, p. 1: RRPL, Jack Matlock Files, box 15, folder: Matlock Chron. March 1986.
28. O. Grinevsky and L. M. Hansen, *Making Peace: Confi dence Building*, pp. 467-8; meeting of N. I. Ryzhkov and G. P. Shultz (Stockholm, memcon), 15 March 1986, pp. 4 and 6-7: RRPL, Jack Matlock Files, box 15, folder: Matlock Chron. March 1986.
29. Meeting of J. Matlock and T. Renton and others (London, memcon), 7 March 1986, p. 2: *ibid.*
30. G. P. Shultz to R. Reagan, memo, 19 February 1986, p. 1: RRPL, Robert E. Linhard Files, box 92168, folder: NSDD 214.
31. J. Matlock to R. Lehman, R. Linhard and S. Sestanovich, memo, 3 February 1986: RRPL, Jack Matlock Files, box 14, folder: Matlock Chron. February 1986.
32. A. Hartman to Secretary of State, telegram, 5 February 1986: *ibid.*
33. National Security Decision Directive, no. 214, 21 February 1986, pp. 1-2: RRPL, Robert E. Linhard Files, RAC, box 8.
34. R. Reagan to M. S. Gorbachëv, 22 February 1986, pp. 1-8: RRPL, Executive Secretariat, NSC, Head of State Files: USSR: General Secretary Gorbachev, box 40.
35. P. H. Nitze to R. Reagan, 14 February 1986: *ibid.*
36. E. L. Rowny to R. Reagan, 14 February 1986: *ibid.*
37. J. Attali, *Verbatim*, vol. 1: *Chronique des années 1981-1986*, pp. 930-1 (24 February 1986). See also the discussion by J. Newton, *Russia, France and the Idea of Europe*, p. 136.
38. M. Thatcher to R. Reagan, 11 February 1986, pp. 1-5: RRPL, Executive Secretariat, NSC, Head of State Files: USSR: General Secretary Gorbachev, box 40.
39. US Embassy (London) to Secretary of State, 7 March 1986, pp. 1-6: RRPL, Robert E. Linhard Files, box 92083, folder: Mrs Thatcher on SDI/ABM.
40. 'Gorbachev's Modernization Program: Implications for Defense. An Intelli-gence Assessment', 1 March 1986, p. 4: CIA Papers.
41. DCI talking points for National Security Planning Group, 16 April 1986, p. 1: *ibid.*
42. 'USSR: Facing the Dilemma of Hard Currency Shortages. A Research Paper': Offi ce of Soviet Analysis, 1 May 1986, pp. 1-4 and 9-11; 'Implications of the Decline in Soviet Hard Currency Earnings: National Intelligence Estimate', September 1986, pp. 7 and 11: *ibid.*

43. A. Hartman (Moscow embassy) to G. P. Shultz (cable), 15 November 1986: RRPL, Stephen Danzansky Files (NSC): RAC, box 1.
44. H. S. Rowen, 'Living with a Sick Bear', *National Interest*, no. 2, winter 1985-1986, pp. 14-26.
45. Interview with Harry Rowen, 1 August 2013; S. I. Danzansky to J. M. Poin-dexter (preparatory memo), 9 April 1986: RRPL, Coordination Offi ce, NSC Records, box 11; K. Lundberg, 'CIA and the Fall of the Soviet Empire: The Politics of "Getting It Right". A Case Study' (1994), p. 14: CIA Papers.
46. Personal communication from Harry Rowen, 3 August 2013.
47. W. J. Casey to National Intelligence Offi cer for the USSR, 22 April 1986: William J. Casey Papers (HIA), HIA-CASEY 3-A-5-26-2.
48. See the balanced verdict of the early post-Soviet enquiry by D. M. Berkowitz, J. S. Berliner, P. R. Gregory, S. J. Linz and J. R. Millar in 'An Evaluation of the CIA's Analysis of Soviet Economic Performance, 1970-90', *Comparative Economic Studies*, no. 2 (1993).
49. G. P. Shultz to R. Reagan, memo, 5 March 1986, pp. 1-3: RRPL, Jack Matlock Files, box 15, folder: Matlock Chron. March 1986.
50. Executive Secretary N. Platt to J. Poindexter, memo, n/e 5 March 1986, pp. 1-2: *ibid.*
51. C. Hill, notes (16 April 1991) on 'Soviet Union 3', p. 4: Charles Hill Papers (HIA), box 64, folder: G. P. Shultz-'Turmoil'-Draft-Soviet Union.

第十七章　車諾比震撼

1. V. M. Falin (interview), HIGFC (HIA), box 1, folder 15, p. 8.
2. A. G. Kovalëv (interview), *ibid.*, box 2, folder 6, p. 6.
3. E. Shevardnadze, *Kogda rukhnul zheleznyi zanaves: vstrechi i vospominaniya*, p. 92; T. G. Stepanov-Mamaladze working notes, 17 February 1991: T. G. Stepanov-Mamaladze Papers (HIA), box 3.
4. T. G. Stepanov-Mamaladze diary, 18 January 1986, *ibid.*, box 5.
5. *Ibid.*, 25 February 1986.
6. R. Z. Sagdeev, *The Making of a Soviet Scientist: My Adventures in Nuclear Fusion and Space from Stalin to Star Wars*, p. 272.
7. M. S. Gorbachëv, speech to the Party Congress, 25 February 1986: M. S. Gorbachëv, *Sobranie sochinenii*, vol. 3, pp. 305-6, 358 and 361.
8. See D. Yergin, *The Prize: The Epic Quest for Oil, Money, and Power*, pp. 727-31.
9. O. Grinevsky and L. M. Hansen, *Making Peace: Confi dence Building*, p. 475.
10. M. S. Gorbachëv's comments on preparations for his speech in Tolyatti, 20 March 1986: Anatoli Chernyaev Papers (RESCA), box 2, folder 1, pp. 1-2; 'Zadaniya Gorbachëva pomoshchnikam po mezhdunarodnym voprosam', 20 March 1986: Anatoli Chernyaev Papers (RESCA), box 1, pp. 8-9.
11. See above, p. 204.
12. R. M. Gates, *From the Shadows: The Ultimate Insider's Story of Five Presidents and How They Won the Cold War*, p. 381.

13. Politburo meeting, 20 March 1986: *V Politbyuro TsK KPSS. Po zapisyam Anatoliya Chernyaeva, Vadima Medvedeva, Georgiya Shakhnazarova, 1985-1991*, p. 29.
14. M. S. Gorbachëv's consultation with small group, 24 March 1986, p. 11: Ana-toli Chernyaev Papers (RESCA), box 1. The group consisted of V. M. Chebrikov, E. A. Shevardnadze, L. N. Zaikov, A. F. Dobrynin, A. N. Yakovlev and A. S. Chernyaev.
15. 'O prakticheskikh vyvodakh iz s"ezda dlya mezhdunarodnoi politiki', pp. 1-3: *ibid.*, box 2, folder 6.
16. Politburo meeting, 3 April 1986, p. 17: *ibid.*, box 1.
17. *Ibid.*
18. M. S. Gorbachëv to R. Reagan, 2 April 1986, pp. 1-3: RRPL, Executive Secretariat, NSC, Head of State Files: USSR: General Secretary Gorbachev, box 40.
19. M. S. Gorbachëv's instructions to his aides on international questions, 20 March 1986: Anatoli Chernyaev Papers (RESCA), box 1, p. 8.
20. 'O prakticheskikh vyvodakh iz s"ezda dlya mezhdunarodnoi politiki', pp. 5-7: *ibid.*, box 2, folder 6.
21. *Ibid.*
22. Politburo meeting, 28 March 1986, pp. 14-16: Anatoli Chernyaev Papers (RESCA), box 1.
23. 'Zadaniya Gorbachëva pomoshchnikam po mezhdunarodnym voprosam', 20 March 1986: *ibid.*, box 1, p. 8.
24. A. L. Adamishin Papers (HIA), box 1: Diaries 1986, 9 April 1986.
25. Politburo meeting, 24 April 1986, pp. 21 and 25: Anatoli Chernyaev Papers (RESCA), box 1.
26. Politburo meeting of 24 April 1986, quoted in Grinevsky and Hansen, *Making Peace: Confi dence Building*, pp. 497-9.
27. A. L. Adamishin Papers (HIA), box 1: Diaries 1985, 21 April 1986, p. 4; Grinevsky and Hansen, *Making Peace: Confi dence Building*, pp. 424-5.
28. A. L. Adamishin Papers (HIA), box 1: Diaries 1986, 25 April 1986; A. S. Chernyaev (interview), HIGFC (HIA), box 1, folder 12, p. 28.
29. A. L. Adamishin Papers (HIA), box 1: Diaries 1986, 21 April 1986.
30. *Ibid.*, Diaries 1986, 25 April 1986.
31. *Ibid.*, 21 and 22 April 1986.
32. K. N. Brutents, *Nesbyvsheesya. Neravnodushnye zametki o perestroike*, p. 210.
33. P. Cradock, *In Pursuit of British Interests Refl ections on Foreign Policy under Margaret Thatcher and John Major*, pp. 73-5.
34. T. G. Stepanov-Mamaladze diary, 20 April 1986: T. G. Stepanov-Mamaladze Papers (HIA), box 5.
35. Politburo meeting, 15 April 1986, p. 20: Anatoli Chernyaev Papers (RESCA), box 1.
36. *Ibid.*
37. T. G. Stepanov-Mamaladze diary, 30 April 1986: T. G. Stepanov-Mamaladze Papers (HIA), box 5.
38. See above, p. 32.
39. See his comments to George Bush (Soviet embassy, Washington), 10 December 1987: RRPL,

Stephen Danzansky Files (NSC): RAC, box 12.
40. G. P. Shultz to R. Reagan, memo, 19 May 1986: RRPL, Jack Matlock Files, folder: Matlock Chron. May 1986, box 16.
41. C. Hill, notes on Gorbachëv's January 1986 declaration, pp. 41-2: Charles Hill Papers (HIA), box 64, folder: G. P. Shultz-'Turmoil'-Draft-Soviet Union 1986.
42. G. P. Shultz to R. Reagan, memo, 19 May 1986: RRPL, Jack Matlock Files, folder: Matlock Chron. May 1986, box 16.
43. Politburo meeting, 29 May 1986: *Otvechaya na vyzov vremeni: Vneshnyaya politika perestroiki: Dokumental'nye svidetel'stva*, pp. 676-7.
44. T. G. Stepanov-Mamaladze working notes, probably 23 May 1986: T. G. Stepanov-Mamaladze Papers (HIA), box 1.
45. M. S. Gorbachëv, Political Consultative Committee meeting in Budapest (Soviet record, translated into English), 10 June 1986, pp. 2, 4, 6, 10 and 11: PHPCS.
46. Meeting of General and First Party Secretaries of the Warsaw Pact countries (East German report), 11 June 1986, pp. 3-10: PHPCS.
47. *Ibid.*, pp. 16-18.
48. *Ibid.*, pp. 19-21.
49. *Ibid.*, pp. 23-5.
50. *Ibid.*, p. 18.
51. *Ibid.*, pp. 33-4.
52. *Ibid.*, p. 37.
53. Communique of the Political Consultative Committee, 13 June 1986: PHPCS; meeting of General and First Party Secretaries of the Warsaw Pact countries (East German report), 11 June 1986, p. 39: *ibid.*
54. Gorbachëv's report to Central Committee plenum, 16 June 1986: RGASPI, f. 5, op. 3, d. 17, pp. 87-8 and 90; decree of Central Committee plenum, 16 June 1986: *ibid.*, f. 5, op. 3, d. 10, pp. 23-5.
55. Gorbachëv's report to Central Committee plenum, 16 June 1986: *ibid.*, f. 5, op. 3, d. 17, pp. 92-3 and 95.
56. M. S. Gorbachëv, written report to the Politburo, 26 June 1986: 'Onekoto-rykh aktual'nykh voprosakh sotrudnichestva s sotsstranami', pp. 1-6: Dmitri A. Volkogonov Papers (HIA), reel 17.
57. Politburo meeting, 3 July 1986: *V Politbyuro TsK KPSS*, p. 53.
58. National Security Planning Group, 6 June 1986, pp. 1-2: *The Reagan Files: The Untold Story of Reagan's Top-Secret Eff orts to Win the Cold War*.
59. C. Hill, notes on Gorbachëv's January 1986 declaration, p. 44: Charles Hill Papers (HIA), box 64, folder: G. P. Shultz-'Turmoil'-Draft-Soviet Union 1986.
60. National Security Planning Group, 12 June 1986, pp. 1-2: *The Reagan Files*.
61. *Ibid.*, pp. 2 and 4.
62. Discussion with George Bush at the Soviet embassy, Washington, 10 December 1987, p. 2: RRPL, Stephen Danzansky Files (NSC): RAC, box 12.

63. See V. Chernyshev on conventional-forces war in Europe, *Krasnaya Zvezda*, 29 March 1988.
64. R. Reagan, speech at Glassboro High School commencement ceremonies, 19 June 1986: www.reagan.utexas.edu/archives/speeches/1986/61986e.htm
65. C. Hill, diary (20 June 1986): Charles Hill Papers (HIA), box 64, folder: Soviet Union 1986.
66. *Ibid.*
67. Memcon of meeting between R. Reagan and Ambassador Dubinin, 23 June 1986, p. 2: ECWF, MTG-1986-6-23.

第十八章　戰略防禦系統的虛實

1. C. Hill, notes on Gorbachëv's January 1986 declaration, p. 44: Charles Hill Papers (HIA), box 64, folder: G. P. Shultz-'Turmoil'-Draft-Soviet Union 1986.
2. 'Gorbachev's Policy Toward the United States, 1986-88: Special National Intelligence Estimate', September 1986: CIA Papers.
3. C. Thomas Th orne (Directorate of Intelligence and Research to G. P. Shultz, 26 July 1985: National Security Archive, End of the Cold War series, box 1.
4. F. Carlucci (interview), HIGFC (HIA), box 1, folder 10, p. 38.
5. G. P. Shultz's interview with P. Robinson, 10 June 2002, p. 6: Peter Robinson Papers (HIA), box 21.
6. P. Robinson, notes on conversation with H. Kissinger, 14 November 2002, p. 1: *ibid.*, box 34.
7. J. Poindexter, on-the-record briefi ng on Air Force One, 12 October 1986: National Security Archive, End of the Cold War series, box 2, folder 3.
8. R. M. Gates to F. C. Carlucci, 15 January 1987, introducing report on 'Soviet and Other Foreign Reactions to a Zero-Ballistic Missile World' (see especially pp. 20-1): RRPL, Executive Secretariat, NSC: NSDD, Records, box 91297, NSDD 250.
9. P. Nitze, 'Presentation of SDI', 5 April 1985, pp. 2-7: RRPL, Robert E. Linhard Files, box 92083, folder: SDI-NSDD 172.
10. C. Weinberger (interview), HIGFC (HIA), box 3, folder 4, p. 33.
11. E. Teller to G. P. Shultz, 20 May 1986: Edward Teller Papers (HIA), box 283, folder: George P. Shultz; C. Hill, handwritten notes on 'Soviet: 1984, Oct. 1 to Oct. 31', p. 7: Charles Hill Papers (HIA), box 64.
12. T. H. Johnson to J. Matlock, 20 December 1984, pp. 3-4: Thomas H. Johnson Papers (HIA), box 47, folder: Matlock Memos.
13. T. H. Johnson to J. Matlock, 23 September 1985: *ibid.*
14. T. H. Johnson to J. Matlock, 14 June 1986: *ibid.*
15. *Ballistic Missile Defense, NSIAD 94-219* (Washington, DC: General Accounting Offi ce, July 1994), pp. 2-3 and 30.
16. *The Reagan Diaries*, p. 313 (3 April 1985).
17. T. G. Stepanov-Mamaladze diary, 2 October 1986: T. G. Stepanov-Mamaladze Papers (HIA), box 5.

18. C. Hill, notes on 'The Soviet Union, April 1 1985 to [*sic*]', pp. 69-70, Charles Hill Papers (HIA), box 64.
19. M. S. Gorbachëv's report to Politburo meeting, 2 December 1988, p. 507: Anatoli Chernyaev Papers (RESCA), box 1.
20. T. G. Stepanov-Mamaladze working notes, 13 July 1986: T. G. Stepanov-Mamaladze Papers (HIA), box 1.
21. Ye. Velikhov, R. Sagdeev and A. Kokoshin (eds), *Kosmicheskoe oruzhie: dilemma bezopasnosti* (Mir: Moscow, 1986), published in English as *Weaponry in Space: The Dilemma of Security* (Mir: Moscow, 1986).
22. R. Z. Sagdeev, *The Making of a Soviet Scientist: My Adventures in Nuclear Fusion and Space from Stalin to Star Wars*, p. 299.
23. V. L. Kataev, diary, 2 December 1985: Vitalii Leonidovich Kataev Papers (HIA), box 2, folder 3: Diary 1984-1985.
24. *Ibid.*
25. V. L. Kataev, untitled memoir notes fi led as PAZNOGL, p. 18: Vitalii Leonidovich Kataev Papers (HIA), disk 3.
26. *Ibid.*
27. V. L. Kataev, 'Kakoi byla reaktsiya v SSSR na zayavleniya R. Reigana o razvër-tyvanii raboty v SShA po SOI', n.d., pp. 6-7: Vitalii Leonidovich Kataev Papers (HIA), disk 3, SOI.
28. A. G. Kovalëv (interview), HIGFC (HIA), box 2, folder 6, p. 20.
29. V. A. Kryuchkov (interview), *ibid.*, box 2, folder 7, p. 31.
30. O. D. Baklanov (interview), *ibid.*, box 1, folder 5, p. 10.
31. V. L. Kataev, untitled memoir notes fi led as PAZNOGL, pp. 19-20: Vitalii Leonidovich Kataev Papers (HIA), disk 3.
32. V. L. Kataev, 'Kakoi byla reaktsiya v SSSR na zayavleniya R. Reigana o razvër-tyvanii raboty v SShA po SOI', n.d., pp. 3-4: *ibid.*, disk 3, SOI.
33. T. G. Stepanov-Mamaladze working notes, 7 February 1986 (or a few days earlier): T. G. Stepanov-Mamaladze Papers (HIA), box 1.
34. V. L. Kataev, untitled memoir notes fi led as PAZNOGL, pp. 18-19: Vitalii Leonidovich Kataev Papers (HIA), disk 3; V. L. Kataev, 'Kakoi byla reaktsiya v SSSR na zayavleniya R. Reigana o razvërtyvanii raboty v SShA po SOI', n.d., p. 8: *ibid.*, disk 3 (SOI).
35. L. N. Zaikov, E. A. Shevardnadze, A. F. Dobrynin and A. N. Yakovlev to M. S. Gorbachëv, 21 July 1986: Vitalii Leonidovich Kataev Papers (HIA), box 4, folder 9.

第十九章　漫長的夏天

1. C. Hill, notes on Gorbachëv's January 1986 declaration, p. 44: Charles Hill Papers (HIA), box 64, folder: G. P. Shultz-'Turmoil'-Draft-Soviet Union 1986.

2. Interview with Frank Carlucci, 28 August 2001, p. 11: RROHP.
3. C. Hill, diary (20 June 1986): Charles Hill Papers (HIA), box 64, folder: Soviet Union 1986.
4. National Security Council, 1 July 1986, pp. 1-2: *The Reagan Files: The Untold Story of Reagan's Top-Secret Eff orts to Win the Cold War*.
5. *Ibid*., p. 3. 6. *Ibid*., p. 4.
7. *Ibid*., p. 5.
8. A. Hartman to Secretary of State, telegram, 14 July 1986, p. 6: RRPL, Jack Matlock Files, box 17, folder: Matlock Chron. June 1986.
9. Discussion with A. N. Yakovlev, A. S. Chernyaev, V. A. Medvedev and V. I. Boldin, 16 July 1986: Anatoli Chernyaev Papers (RESCA), box 1, pp. 49-52.
10. Politburo meeting, 22 May 1986: *V Politbyuro TsK KPSS. Po zapisyam Anatoliya Chernyaeva, Vadima Medvedeva, Georgiya Shakhnazarova, 1985-1991*, p. 40.
11. 'Vstrecha s sekretaryami TsK i zav. Otdelami', 23 June 1986: Anatoli Chernyaev Papers (RESCA), box 1, pp. 33-7 and 40.
12. *Ibid*., p. 38.
13. N. I. Ryzhkov, Politburo meeting, 27 March 1986: *V Politbyuro TsK KPSS*, p. 32.
14. Gorbachëv's meeting with Politburo members, including Shevardnadze, and Gorbachëv's aides, 22 September 1986: Anatoli Chernyaev Papers (RESCA), box 1, p. 63.
15. N. I. Ryzhkov, Politburo meeting, 11 July 1986: *V Politbyuro TsK KPSS*, p. 58.
16. Politburo meeting, 14 August 1986: *ibid*., p. 68.
17. J. Attali, *Verbatim*, vol. 2: *Chronique des années 1986-1988*, pp. 109-10 (4 July 1986).
18. *Ibid*. (7 July 1986).
19. *Ibid*., p. 121 (F. Mitterrand to J. Attali, 10 July 1986).
20. Conversation between F. Mitterrand and M. S. Gorbachëv, 7 July 1986: *Otvechaya na vyzov vremeni: Vneshnyaya politika perestroiki: Dokumental'nye svidetel'stva*, p. 165.
21. National Security Decision Directive no. 233, pp. 1-2 and 5, 21 July 1986: www.fas.org/irp/off docs/nsdd/index.html.
22. R. Reagan to M. S. Gorbachëv, 25 July 1986: *The Reagan Files*.
23. Memo to the Central Committee: 'O merakh po usileniyu nashego protivo-deistviya amerikanskoi politiki "neoglobalizma"', 31 July 1986, p. 1: Dmitri A. Volkogonov Papers (HIA), reel 17.
24. *Ibid*., pp. 2-3.
25. *Ibid*., p. 3.
26. *Ibid*., pp. 4-5.
27. 'Central Committee' decree 'O merakh po usileniyu nashego protivodeistviya amerikanskoi politiki "neoglobalizma"': *ibid*.
28. A. L. Adamishin, African notes (1986, sometime aft er XXVII Party C ongress), pp. 1 and 3: A. L. Adamishin Papers (HIA), box 1.

29. A. N. Yakovlev to M. S. Gorbachëv, 1 August 1986: *Aleksandr Yakovlev. Perestroika, 1985-1991. Neizdannoe, maloizvestnoe, zabytoe*, ed. A. A. Yakovlev, p. 55.
30. Meeting with Ye. K. Ligachëv, 1986: V. O. Korotych, 1986 diary: Vitalii Korotych Papers (HIA).
31. Politburo meeting, 30 January 1986, pp. 20-2: Dmitri A. Volkogonov Papers (HIA), reel 17; T. G. Stepanov-Mamaladze diary, 16, 20 and 23 January 1986: T. G. Stepanov-Mamaladze Papers (HIA), box 5.
32. M. S. Gorbachëv, speech in Vladivostok, 28 July 1986: M. S. Gorbachëv, *Sobranie sochinenii*, vol. 4, pp. 362, 366, 368, 370, 372, 374-6.
33. C. Hill, notes, pp. 62-4: Charles Hill Papers (HIA), box 64, folder: G. P. Shultz-'Turmoil'-Draft-Soviet Union 1986.
34. National Security Decision Directive no. 232, pp. 1-3, 16 August 1986: www.fas.org/irp/off docs/nsdd/index.html.
35. National Security Decision Directive no 238, 2 September 1986, pp. 2, 5, 6, 8 and 12-13: RRPL, Executive Secretariat, NSC: NSDD Records, box 91297.
36. O. Grinevsky and L. M. Hansen, *Making Peace: Confi dence Building*, pp. 524-7.
37. *Ibid.*, p. 566.
38. *Ibid.*, pp. 568-71.
39. *Ibid.*, pp. 571-2.
40. *Ibid.*, pp. 575-9.
41. V. L. Kataev (interview), HIGFC (HIA), box 2, folder 4, p. 18.
42. Grinevsky and Hansen, *Making Peace: Confi dence Building*, pp. 575-9.
43. O. A. Grinevskii (interview): HIGFC (HIA), box 2, folder 1, p. 29; Grinevsky and Hansen, *Making Peace: Confi dence Building*, pp. 579-80 and 583.
44. L. M. Hansen's report quoted *ibid.*, pp. 602-3.
45. *Soviet Intentions 1965-1985*, vol. 2: *Soviet Post-Cold War Testimonial Evidence*: interview of S. F. Akhromeev, 5 March 1990, p. 6.
46. M. S. Gorbachëv to R. Reagan, 15 September 1986, pp. 1-3: RRPL, Executive Secretariat, NSC, Head of State Files: USSR: General Secretary Gorbachev, box 40.
47. T. G. Stepanov-Mamaladze diary, 20 September 1986: T. G. Stepanov-Mamaladze Papers (HIA), box 5.
48. *Ibid.*
49. *Ibid.*
50. A. L. Adamishin Papers (HIA), box 1: Diaries 1988, 21 September 1986, pp. 7-8. This diary entry is misdated by two years.
51. Charles Hill, diary (20 September 1986): Molly Worthen's notes.
52. Gorbachëv's meeting with Politburo members, including Shevardnadze, and Gorbachëv's aides, 22 September 1986, p. 64: Anatoli Chernyaev Papers (RESCA), box 1.

53. *Ibid.*, p. 65.
54. A. S. Chernyaev to M. S. Gorbachëv, 3 October 1986: *ibid.*, box 2, folder 7.
55. M. S. Gorbachëv to the Reykjavik planning group (V. M. Chebrikov, L. N. Zaikov, A. G. Kovalëv, A. S. Chernyaev and S. F. Akhromeev), 4 October 1986, p. 76: *ibid.*, box 1.
56. *Ibid.*, pp. 73-4 and 76-7.
57. *Ibid.*, pp. 74-5.
58. *Ibid.*, p. 77. 59. *Ibid.*, p. 78.
60. *Ibid.*, p. 77.
61. *Ibid.*, pp. 76-7.
62. Gorbachëv at the Reykjavik preparatory group (this time consisting of V. M. Chebrikov, L. N. Zaikov, A. G. Kovalëv, A. S. Chernyaev and S. F. Akhromeev), 4 October 1986: *V Politbyuro TsK KPSS*, pp. 72-4.
63. 'Zapis' besedy A. N. Yakovleva s direktorom instituta mezhdunarodnykh izmenenii Kolumbiiskogo Universiteta (SShA) S. Bialerom', 20 May 1986: *Aleksandr Yakovlev. Perestroika, 1985-1991*, p. 48. See also later conversations, *ibid.*, pp. 159-63, 166-71 and 307-12.
64. T. G. Stepanov-Mamaladze diary, 2 October 1986: T. G. Stepanov-Mamaladze Papers (HIA), box 5.
65. Politburo meeting, 6 October 1986, pp. 1-8: Dmitri A. Volkogonov Papers (HIA), reel 18.
66. Memo of preparatory group (L. N. Zaikov, V. M. Chebrikov, S. L. Sokolov, A. F. Dobrynin and A. G. Kovalëv) to the Central Committee, October 1986: Vitalii Leonidovich Kataev Papers (HIA), box 4, folder 11.
67. Politburo meeting, 6 October 1986, p. 8: Dmitri A. Volkogonov Papers (HIA), reel 18.
68. Politburo meeting, 8 October 1986: *V Politbyuro TsK KPSS*, p. 75.
69. Comments to British Foreign Secretary Sir Geoff rey Howe: T. G. Stepanov-Mamaladze working notes, 4 October 1986: T. G. Stepanov-Mamaladze Papers (HIA), box 1; A. L. Adamishin Papers (HIA), box 1: Diaries 1986, 19 November 1986 and 5 December 1986.
70. *Ibid.*

第二十章　雷克雅維克高峰會

1. S. Massie, *Trust But Verify: Reagan, Russia and Me*, p. 230.
2. National Security Decision Directive no. 244, 3 October 1986: www.fas.org/irp/off docs/nsdd/index.html.
3. E. A. Shultz to R. R. Reagan, 2 October 1986: National Security Archive, End of the Cold War series, box 2, folder 3.
4. B. Oldfi eld to R. Reagan, 30 September 1986 and R. Reagan to B. Oldfi eld, 6 October 1986: RRPL, Presidential Handwriting File: Presidential Records, box 16, folder 259.
5. C. Heston to R. Reagan, 6 October 1986: *ibid.*, folder 266.
6. L. Nofziger (interview), HIGFC (HIA), box 2, folder 12, pp. 27-8.

7. J. Courter, J. Kemp and E. Teller to R. Reagan, 1 October 1986: Albert J. Wohlstetter Papers (HIA), box 26, folder 1.
8. S. A. Gecys, Lithuanian-American Community of the USA to R. Reagan, 6 October 1986: National Security Archive, End of the Cold War series, box 2, folder 3.
9. G. Will, 'Downhill to a Summit', *Newsweek*, 29 September 1986; President's talking points, 25 September 1986: RRPL, Jack Matlock Files, box 18, folder: Matlock Chron. September 1986.
10. 'The Secretary's Pre-Reykjavik Congressional Briefi ng and Media Events. October 7-8, 1986': National Security Archive, End of the Cold War series, box 2, folder 3.
11. Charles Hill, diary (23 September 1986): Molly Worthen's notes.
12. Conversation with B. Mulroney: T. G. Stepanov-Mamaladze diary, 2 October 1986: T. G. Stepanov-Mamaladze Papers (HIA), box 5.
13. J. Poindexter to E. A. Shultz, 4 October 1986, pp. 1-2: National Security Archive, End of the Cold War series, box 2, folder 3; S. Sestanovich, briefi ng memo for R. Reagan, no later than 5 October 1986: RRPL, Jack Matlock Files, box 18, folder: Matlock Chron. October 1986; J. Matlock to J. Poindexter, 21 September 1986, p. 2: RRPL, Jack Matlock Files, box 17, folder: Matlock Chron. September 1986.
14. Gorbachëv's consultation with E. A. Shevardnadze, A. F. Dobrynin, S. F. Akhromeev and A. S. Chernyaev, 26 May 1986: *V Politbyuro TsK KPSS. Po zapisyam Anatoliya Chernyaeva, Vadima Medvedeva, Georgiya Shakhnazarova, 1985-1991*, p. 40.
15. National Security Planning Group list of participants, 7 October 1986: RRPL, Executive Secretariat, NSC: NSPG, Records, box 91308.
16. National Security Decision Directive no. 245, 7 October 1986: www.fas.org/irp/off docs/nsdd/index.html.
17. A. G. Kovalëv (interview), HIGFC (HIA), box 2, folder 6, p. 17; N. S. Leonov, *Likholet'e*, p. 321; 'The Iceland Summit: Lost in the Shuffl e; Protest Th warted', *New York Times*, 13 October 1986.
18. 'Iceland Chronology', 18 October 1986, p. 1: RRPL, Sven Kraemer Files, box 91171.
19. James Mann's interviews with Kenneth Adelman, 10 August 1987 (pp. 2 and 5) and 24 August 1987 (p. 11): Jim Mann Papers (HIA), box 58.
20. C. Hill, notes, p. 7: Charles Hill Papers (HIA), box 63, folder: G. P. Shultz-'Turmoil'-Draft-Reykjavik.
21. *Ibid.*, pp. 7-8.
22. 'Iceland Chronology', 18 October 1986, pp. 2-3: RRPL, Sven Kraemer Files, box 91171.
23. M. Gorbachëv, *Naedine s soboi*, p. 473.
24. N. Reagan, *My Turn*, p. 344.
25. 'Iceland Chronology', 18 October 1986, p. 3: RRPL, Sven Kraemer Files, box 91171; first session of Reykjavik summit meeting between Reagan and Gorbachëv, 11 October 1986: National Security Archive Electronic Briefi ng Book no. 303, doc. 9 (US memorandum), pp. 1-6.

26. C. Hill, notes: Charles Hill Papers (HIA), box 63, folder: G. P. Shultz-'Turmoil'-Draft-Reykjavik, p. 10.
27. First session of Reykjavik summit meeting, 11 October 1986: National Security Archive Electronic Briefi ng Book no. 303, doc. 9 (US memorandum), pp. 6-7.
28. *Ibid.*, pp. 7-8.
29. C. Hill, notes: Charles Hill Papers (HIA), box 63, folder: G. P. Shultz-'Turmoil'-Draft-Reykjavik, pp. 10-11.
30. Second session of Reykjavik summit meeting, 11 October 1986: National Security Archive Electronic Briefi ng Book no. 303, doc. 11 (US memorandum), pp. 8-9.
31. *Ibid.*, pp. 11-13.
32. *Ibid.*, pp. 14-15.
33. Charles Hill, diary (11 October 1986): Molly Worthen's notes.
34. 'Iceland Chronology', 18 October 1986, p. 2: RRPL, Sven Kraemer Files, box 91171; Brook Lapping interview with summit note taker Tom Simons, 13 August 1987, p. 5: Jim Mann Papers (HIA), box 58.
35. Exchange between Roz Ridgeway and George Shultz: 'Reykjavik Summit Anniversary', Fora TV: Hoover Institution, 11 October 2006; G. Shultz to Jacalyn Stein, 13 October 1986: George Shultz Papers (RRPL), box 56b, Offi cial Memoranda.
36. James Mann's interview with Paul Nitze, 12 August 1987, p. 5: Jim Mann Papers (HIA), box 58.
37. Interview with Kenneth Adelman, 10 August 1987: *ibid.*
38. C. Hill, notes: Charles Hill Papers (HIA), box 63, folder: G. P. Shultz-'Turmoil'-Draft-Reykjavik, pp. 14-15.
39. Soviet Transcript of Talks in the Working Group on Military Issues, 11-12 October 1986, pp. 30-52: ECWF.
40. Th ird session of Reykjavik summit meeting, 12 October 1986: National Security Archive Electronic Briefi ng Book no. 303, doc. 13 (US memorandum), p. 1.
41. *Ibid.*, pp. 4-5 and 7.
42. *Ibid.*, pp. 7-8.
43. *Ibid.*, pp. 10-11.
44. *Ibid.*, p. 13.
45. *Ibid.*, pp. 13-17.
46. *Ibid.*, pp. 17-20.
47. Fourth session of Reykjavik summit meeting, 12 October 1986: *ibid.*, doc. 15 (US memorandum), p. 2.
48. *Ibid.*, p. 3.
49. *Ibid.*, pp. 4-5.
50. *Ibid.*, p. 8.
51. *Ibid.*, p. 11.

52. *Ibid.*, pp. 12-14; E. Meese III, *With Reagan: The Inside Story*, 1992), p. 197; G. Shultz (interview), HIGFC (HIA), box 2, folder 20, p. 5.
53. Fourth session of Reykjavik summit meeting, 12 October 1986: National Security Archive Electronic Briefi ng Book no. 303, doc. 15 (Soviet memorandum), p. 8.
54. *Ibid.*
55. G. Shultz, *Turmoil and Triumph: My Years as Secretary of State*, pp. 773-4.
56. *The Reagan Diaries Unabridged*, vol. 2, p. 647 (12 October 1986).
57. Press conference (Reykjavik), 12 October 1986: M. S. Gorbachëv, *Sobranie sochinenii*, vol. 5, pp. 46-56.
58. G. P. Shultz, Press Briefi ng, pp. 1-4, 12 October 1986 (Loft leidir Hotel: Reyk-javik): Committee on the Present Danger (HIA), box 112, folder: Shultz 1986.

第二十一章　暗潮洶湧的一個月

1. Gorbachëv's comments on the aeroplane, 12 October 1986: Anatoli Chernyaev Papers (RESCA), box 1, pp. 80-1.
2. Presidential Address to the Nation, 13 October 1986, p. 6: Ronald Reagan Presidential Papers.
3. *Ibid.*, pp. 6-8.
4. Peter Robinson's account of email exchange with N. Podhoretz: see his inter-view with G. P. Shultz, 10 June 2002, p. 7: Peter Robinson Papers (HIA), box 21.
5. *Newsweek*, 13 October 1986.
6. W. F. Buckley to R. Reagan, 13 October 1986: RRPL, Presidential Hand-writing File: Presidential Records, box 17, folder 268; W. F. Buckley, 'Saved from the Brink', *National Review*, 21 November 1986, p. 68.
7. J. Attali, *Verbatim*, vol. 2: *Chronique des années 1986-1988*, p. 184 (18 October 1986).
8. Memcon of telephone conversation between R. Reagan and M. Thatcher, 13 October 1986, p. 3: RRPL, Jack Matlock Files, box 18, folder: Matlock Chron. October 1986; J. M. Poindexter to R. Reagan, 6 November 1986 (memo): *ibid.*, Coordination Offi ce of NSC, Records, box 15, 'Thatcher Visit, 11/15/1986'; G. P. Shultz: interview with P. Robinson, 10 June 2002, pp. 7-8: Peter Robinson Papers (HIA), box 21; P. R. Sommer to J. M. Poindexter, 1 October 1986 (memo), p. 1: RRPL, Coordination Offi ce of NSC, Records, box 13, Thatcher Visit.
9. Attali, *Verbatim*, vol. 2, pp. 180-2 (16 October 1986).
10. P. R. Sommer to J. M. Poindexter, 1 October 1986 (memo): RRPL, Coordination Offi ce of NSC, Records, box 13, 'Thatcher Visit'.
11. P. R. Sommer to J. M. Poindexter, 6 November 1986 (memo): *ibid.*, box 13, 'Thatcher Visit, 11/15/1986'; R. Reagan, note (n.d.): RRPL, Presidential Handwriting File: Presidential Records, box 16, folder 260.
12. P. Cradock, *In Pursuit of British Interests Refl ections on Foreign Policy under Margaret Thatcher*

and John Major, pp. 68-9.

13. *New York Times*, 16 November 1986.
14. Attali, *Verbatim*, vol. 2, pp. 205-6 (conversation of M. Thatcher and F. Mitterrand, 20 November 1986).
15. *Ibid.*, p. 271 (4 March 1987).
16. G. P. Shultz to R. Reagan, aircraft cable, 13 October 1986: RRPL, Jack M atlock Files, box 18, folder: Matlock Chron. October 1986.
17. G. P. Shultz to R. Reagan, aircraft cable (2), 13 October 1986: *ibid.*
18. C. Hill, talking points for G. P. Shultz's meeting with R. Reagan, no earlier than 13 October 1986: Charles Hill Papers (HIA), box 63, folder: G. P. Shultz-'Turmoil'-Draft-Reykjavik.
19. C. Hill, notes, p. 33: *ibid.*
20. 'The Secretary's Post-Reykjavik Media Events. October 17 and 19, 1986': National Security Archive, End of the Cold War series, box 2, folder 3.
21. Secretary Shultz, Address before the Commonwealth Club, 'Reykjavik: A Watershed in U.S.-Soviet Relations', pp. 1-3, 31 October 1986 (Washington DC: US Department of State, 1986): Committee on the Present Danger (HIA), box 112, folder: Shultz 1986; Secretary Shultz, Address before the Los Angeles World Aff airs Council, 'Human Rights and Soviet-American Relations', pp. 1-4, 31 October 1986 (Washington DC: US Department of State, 1986): *ibid.*, box 112, folder: Shultz 1986.
22. Secretary Shultz, Address at the University of Chicago, 'Nuclear Weapons, Arms Control, and the Future of Deterrence', 17 November 1986: Committee on the Present Danger (HIA), box 112, folder: Shultz 1986.
23. C. Hill, notes, p. 33: Charles Hill Papers (HIA), box 63, folder: G. P. Shultz-'Turmoil'-Draft-Reykjavik.
24. Politburo meeting, 14 October 1986, pp. 1-4: Dmitri A. Volkogonov Papers (HIA), reel 17; Politburo meeting, 14 October 1986: *V Politbyuro TsK KPSS. Po zapisyam Anatoliya Chernyaeva, Vadima Medvedeva, Georgiya Shakhnazarova, 1985-1991*, p. 77; S. K. Sokolov to the Central Committee, 17 May 1987: Vitalii Leonidovich Kataev Papers (HIA), box 7, folder 25.
25. Politburo meeting, 14 October 1986, pp. 4-11: Dmitri A. Volkogonov Papers (HIA), reel 17.
26. S. P. Tarasenko (interview), HIGFC (HIA), box 3, folder 2, p. 46.
27. T. G. Stepanov-Mamaladze working notes, 19 August 1987: T. G. Stepanov-Mamaladze Papers (HIA), box 1; S. P. Tarasenko (interview), HIGFC (HIA), box 3, folder 2, pp. 48-9.
28. T. G. Stepanov-Mamaladze working notes, 18 October 1986: T. G. Stepanov-Mamaladze Papers (HIA), box 1.
29. A. L. Adamishin Papers (HIA), box 1: Diaries 1987, 25 January 1987, p. 2.
30. Charles Hill, diary (15 October 1986): Molly Worthen's notes.
31. Conversation between M. S. Gorbachëv and G. Hart (Moscow), 15 December 1986: *Otvechaya na vyzov vremeni: Vneshnyaya politika perestroiki: Dokumental'nye svidetel'stva*, p. 180.

32. M. S. Gorbachëv's conversation with A. S. Chernyaev, 17 November 1986: Anatoli Chernyaev Papers (RESCA), box 1, pp. 92-3.
33. T. G. Stepanov-Mamaladze working notes, 4 November (miswritten as October) 1986: T. G. Stepanov-Mamaladze Papers (HIA), box 1.
34. *Ibid.*, n.d. but earlier than 8 November 1986 and aft er the Reykjavik summit.
35. S. F. Akhromeev in S. F. Akhromeev and G. M. Kornienko, *Glazami marshala i diplomata*, p. 125.
36. *Ibid.*, pp. 124-7.
37. Gorbachev's meeting with the USSR government deputy premiers, 30 October 1986, p. 89: Anatoli Chernyaev Papers (RESCA), box 1.
38. *Ibid.*, pp. 89-90.
39. *Ibid.*, p. 88.
40. *Ibid.*
41. J. Poindexter to R. Reagan, memo, 22 October 1986, p. 1: RRPL, Jack Matlock Files, box 18, folder: Matlock Chron. October 1986.
42. National Security Decision Directive no. 250, pp. 9-10 and 14, 3 November 1986: *ibid.*, Executive Secretariat, NSC: NSDD, box 91297.
43. National Security Decision Directive no. 249, 29 October 1986: www.fas.org/irp/off docs/nsdd/index.html.
44. J. M. Poindexter to R. Reagan, earlier than the NSPG meeting of 27 October 1986 (memo): RRPL, Executive Secretariat, NSC: NSPG, Records, box 91308.
45. C. Weinberger to J. M. Poindexter, 31 October 1986 (memo), pp. 1 and 3: *ibid.*, Executive Secretariat, NSC: NSDD 250, Records, box 91297.
46. W. J. Casey to A. G. Keel, 31 October 1986 (notes to memo), pp. 1-3: *ibid.*
47. G. P. Shultz to R. Reagan, 14 November 1986, p. 1: RRPL, Jack Matlock Files, box 19, folder: Matlock Chron. December 1986.
48. G. P. Shultz to R. Reagan, 14 November 1986, memo, p. 4 and 'Notional Plan for Elimination of Nuclear Weapons', pp. 1-3: *ibid.*
49. G. P. Shultz to R. Reagan, 14 November 1986, pp. 2-3: *ibid.*
50. C. Hill, notes (19 September 1991) for G. Shultz, *Turmoil and Triumph*, folder: Soviet Union, 1986-1987, pp. 1-2, Charles Hill Papers (HIA), box 64.
51. Memo from Alton G. Keel on President's forthcoming meeting (19 December 1986) with Joint Chiefs of Staff , 18 December 1986: Jim Mann Papers (HIA), box 58.
52. G. P. Shultz to R. Reagan, memo 'One Eye Only', n.d., pp. 1-3: folder: Soviet Union, 1986-1987, Charles Hill Papers (HIA), box 64.
53. C. Hill, notes (19 September 1991) for G. Shultz, *Turmoil and Triumph*, folder: Soviet Union, 1986-1987, p. 7, Charles Hill Papers (HIA), box 64.

第二十二章　戈巴契夫的妥協

1. Briefing for White House Senior Staff , 5 November 1986, pp. 9-10: Peter Robinson Papers (HIA), box 24.
2. V. L. Kataev, 'Kakoi byla reaktsiya v SSSR na zayavleniya R. Reigana ob otkaze SShA soblyudat' kolichestvennye dogovornye ogranicheniya SNV', n.d., pp. 10-11: Vitalii Leonidovich Kataev Papers (HIA), disk 3 (SOI).
3. *Ibid.*, pp. 11-12.
4. Meeting with Politburo members and Central Committee secretaries, 1 December 1986: Anatoli Chernyaev Papers (RESCA), box 1, pp. 94-6, 100 and 102.
5. A. L. Adamishin Papers (HIA), box 1: Diaries 1986, December 1986 s ummary.
6. Politburo meeting, 13 November 1986: Anatoli Chernyaev Papers (RESCA), box 1, pp. 91-2.
7. A. L. Adamishin Papers (HIA), box 1: Diaries 1986, 19 and 21 November 1986.
8. T. G. Stepanov-Mamaladze working notes, 19 December 1986: T. G. Stepan-ov-Mamaladze Papers (HIA), box 1.
9. Conversation of M. S. Gorbachëv and G. Hart, 15 December 1986: M. S. Gorbachëv, *Sobranie sochinenii*, vol. 5, pp. 306-23.
10. T. G. Stepanov-Mamaladze working notes, 19 December 1986: T. G. Stepan-ov-Mamaladze Papers (HIA), box 1.
11. Notes taken by O. Grinevskii, *Perelom: ot Brezhneva k Gorbachëvu*, p. 522.
12. V. L. Kataev to L. N. Zaikov, c. 18 December 1986, pp. 1-10: Vitalii Leonidovich Kataev Papers (HIA), box 4, folder 15.
13. Grinevskii, *Perelom: ot Brezhneva k Gorbachëvu*, p. 507.
14. P. J. Wallison to R. Reagan, 22 December 1986: RRPL, Frank C. Carlucci Files, box 92462, folder: Chronology-Offi cial (12/31/1986-01/24/1986); P. J. Wallison to D. Regan and F. Carlucci, 7 January 1987: RRPL, Frank C. Carlucci Files, box 92462, folder: Chronology-Offi cial (12/31/1986-01/24/1986).
15. V. L. Kataev, 'Sovetskii voenno-promyshlennyi kompleks', p. 31: Vitalii Leonidovich Kataev Papers (HIA), box 16.
16. *Materialy plenuma Tsentral'nogo Komiteta KPSS, 27-28 yanvarya 1987 goda* (Moscow: Politizdat, 1987).
17. 'Reagan May Pick an SDI System Soon', *Washington Post*, 14 January 1987.
18. C. Hill, notes (24 September 1991) for G. Shultz, *Turmoil and Triumph*, folder: Soviet Union, 1986-1987, pp. 4-5, Charles Hill Papers (HIA), box 64.
19. *Ibid.*, p. 4.
20. *Ibid.*, p. 6.
21. Meeting of the Senior Presidential Advisers, 3 February 1987, pp. 11-12: RRPL, Executive Secretariat, NSC, NSPG, box 91306.

22. *Washington Times*, 5 February 1987.
23. C. Weinberger, *Annual Report to the Congress: Fiscal Year 1988*, pp. 302-3.
24. C. Hill, notes (24 September 1991) on 'Soviet Union 1987', pp. 8-10, for G. Shultz, *Turmoil and Triumph*, folder: Soviet Union, 1986-1987, Charles Hill Papers (HIA), box 64.
25. *New York Times*, 9 February 1987.
26. P. Dobriansky to F. C. Carlucci, 6 January 1986 (draft memo): RRPL, Paula Dobriansky Files, RAC, box 7, Whitehead Visit to Eastern Europe; C. Hill, notes (24 September 1991) on 'Soviet Union 1987', pp. 10-11, for G. Shultz, *Turmoil and Triumph*, folder: Soviet Union, 1986-1987, Charles Hill Papers (HIA), box 64.
27. J. Attali, *Verbatim*, vol. 1: *Chronique des années 1981-1986*, p. 788 (25 March 1985).
28. *Washington Times*, 12 January 1987.
29. *Wall Street Journal*, 12 January 1987.
30. *New York Times*, 23 January 1987.
31. *Washington Times*, 18 February 1987.
32. *New York Times*, 25 February 1987.
33. T. H. Johnson to J. Matlock, 23 February 1987 (memo): Thomas H. Johnson Papers (HIA), box 47, folder: Matlock Memos.
34. 'O nashei takticheskoi linii v otnoshenii peregovorov s SShA po voprosam yadernykh i kosmicheskikh vooruzheniyakh', 20 February 1987: Vitalii Leonidovich Kataev Papers (HIA), box 5, folder 24, pp. 1-5.
35. Politburo meeting, 26 February 1987, p. 156: Anatoli Chernyaev Papers (RESCA), box 1.
36. *Ibid.*, pp. 156-7.
37. *Ibid.*, p. 157.
38. A. N. Yakovlev to M. S. Gorbachëv. 25 February 1987: *Aleksandr Yakovlev. Perestroika, 1985-1991. Neizdannoe, maloizvestnoe, zabytoe* (ed. A. A. Yakovlev), pp. 77-89.
39. Politburo meeting, 26 February 1987, pp. 157-8: Anatoli Chernyaev Papers (RESCA), box 1.
40. *Pravda*, 1 March 1987; Attali, *Verbatim*, vol. 2: *Chronique des années 1986-1988*, p. 165 (28 February 1987); M. M. Kampelman, *Entering New Worlds: The Memoirs of a Private Man in Public Life*, pp. 319-20. Kampelman received an advance alert about the contents that day.
41. T. G. Stepanov-Mamaladze diary, 1 March 1987: T. G. Stepanov-Mamaladze Papers (HIA), box 5.
42. *The Reagan Diaries Unabridged*, vol. 2, p. 696 (6 March 1987).
43. R. W. Reagan, RRPL, Presidential Handwriting File, Series II, Presidential Records, box 18, folders 280-5.
44. V. L. Kataev, 'O programme SOI', p. 1 in 'SOI-A': Vitalii Leonidovich Kataev Papers (HIA), disk 5.
45. Note on C. Weinberger's behalf to C. Powell, 9 April 1987: RRPL, Executive Secretariat, NSC, Head of State Files: USSR: General Secretary Gorbachev, box 41.
46. National Security Decision Directive no. 267, pp. 1-4, 9 April 1987: www.fas.org/irp/off docs/nsdd/

index.html. p. 2.

47. C. Weinberger, 'Toward Real Reductions in Weapons', *New York Times*, 14 April 1987.
48. F. C. Carlucci to M. Baldrige, 27 March 1987: RRPL, Stephen Danzansky Files (NSC): RAC, box 2.
49. R. L. Lesher (President, US Chamber of Commerce) and A. B. Trowbridge (President, National Association of Manufacturers) to R. Reagan, 6 October 1986: *ibid.*, box 8; Senator L. Bentsen to M. Baldrige, 15 December 1986: *ibid.*
50. Talking points for Reagan's meeting with USSR Foreign Trade Minister B. I. Aristov, 5 December 1986: *ibid.*, box 2.
51. *New York Times*, 24 February 1987.
52. Press release of US Department of Commerce (n.d.) for session of the US-USSR Commercial Commission, 4-5 December 1986: RRPL, Stephen Danzansky Files (NSC): RAC, box 2.
53. R. Reagan to M. S. Gorbachëv, 10 April 1987, p. 1: *The Reagan Files: The Untold Story of Reagan's Top-Secret Eff orts to Win the Cold War.*
54. Soviet transcript (excerpted) of conversation between M. S. Gorbachëv and G. P. Shultz, 14 April 1987, pp. 1-2 and 5-7: ECWF (translated for the National Security Archive by S. Savranskaya).
55. *Ibid.*
56. Politburo meeting, 16 April 1987: Anatoli Chernyaev Papers (RESCA), box 1, pp. 189-90.
57. Politburo meeting, 16 April 1987: *V Politbyuro TsK KPSS. Po zapisyam Anatoliya Chernyaeva, Vadima Medvedeva, Georgiya Shakhnazarova, 1985-1991*, pp. 145-6.
58. T. G. Stepanov-Mamaladze diary, 2-3 May 1987: T. G. Stepanov-Mamaladze Papers (HIA), box 5.
59. From discussion led by E. A. Shevardnadze: T. G. Stepanov-Mamaladze working notes, 13 June 1987: *ibid.*, box 1.
60. *Ibid.*, 29 May 1987; M. S. Gorbachëv to the Political Consultative Committee in East Berlin (East German report), 29 May 1987, pp. 2-3: PHPCS.
61. *Ibid.*, p. 5.
62. T. G. Stepanov-Mamaladze working notes, 29 May 1987: T. G. Stepanov-Mamaladze Papers (HIA), box 1.
63. Politburo meeting, 30 May 1987, pp. 493-502: Dmitri A. Volkogonov Papers (HIA), reel 17.
64. Politburo meeting, 9 July 1987: Anatoli Chernyaev Papers (RESCA), box 1, pp. 261-2.
65. From discussion led by E. A. Shevardnadze: T. G. Stepanov-Mamaladze working notes, 13 June 1987: T. G. Stepanov-Mamaladze Papers (HIA), box 1.
66. *Ibid.*, 9 November 1987: box 2.
67. Politburo meeting, 9 July 1987: Anatoli Chernyaev Papers (RESCA), box 1, p. 261.
68. National Security Decision Directive no. 278, 13 June 1987: www.fas.org/irp/off docs/nsdd/index.html. p. 2.
69. T. G. Stepanov-Mamaladze diary, 13 June 1987: T. G. Stepanov-Mamaladze Papers (HIA), box 1.
70. T. G. Stepanov-Mamaladze diary, 23 July 1987: *ibid.*, box 5.

第二十三章　四巨頭開啟大和解

1. Yakovlev was important for Soviet foreign policy but had always been much more infl uential on internal policy.
2. Memcon of meeting between R. Reagan and M. Koivisto: RRPL, Fritz W. Ermath Files, box 98084, 1988 US-USSR Memcons, May 26-June 3, 1988.
3. M. K. Deaver, *A Diff erent Drummer: My Th irty Years with Ronald Reagan*, p. 31.
4. Gorbachev's meeting with the USSR government deputy premiers, 30 October 1986, p. 89: Anatoli Chernyaev Papers (RESCA), box 1.
5. Meeting with Politburo members and Central Committee secretaries, 1 December 1986: *ibid.*, p. 99.
6. T. G. Stepanov-Mamaladze working notes, 24 October 1985: T. G. Stepanov-Mamaladze Papers (HIA), box 1.
7. A. Chernyaev, *Sovmestnyi iskhod. Dnevnik dvukh epokh. 1971-1991 gody*, p. 710 (15 June 1987).
8. T. G. Stepanov-Mamaladze working notes, 11 December 1987: T. G. Stepanov-Mamaladze Papers (HIA), box 2.
9. Chernyaev, *Sovmestnyi iskhod*, p. 754 (26 April 1988).
10. T. G. Stepanov-Mamaladze working notes, 16 October 1987: T. G. Stepanov-Mamaladze Papers (HIA), box 1.
11. T. G. Stepanov-Mamaladze diary, 19 September 1986: *ibid.*, box 5.
12. Chernyaev, *Sovmestnyi iskhod*, p. 734 (17 December 1987).
13. T. G. Stepanov-Mamaladze working notes, 15 September 1987: T. G. Stepanov-Mamaladze Papers (HIA), box 2.
14. *Ibid.*, 16 October 1987.
15. *Ibid.*, 4 December 1989; 3 December 1989: *ibid.*, box 5.
16. C. Hill, handwritten notes on 1986-1987, p. 68: Charles Hill Papers (HIA), box 64.
17. Chernyaev, *Sovmestnyi iskhod*, p. 736 (17 December 1987).
18. T. G. Stepanov-Mamaladze working notes, 30 October 1987: T. G. Stepanov-Mamaladze Papers (HIA), box 2.
19. Interview with Kenneth Adelman, 30 September 2003, p. 58: RROHP.
20. See the analysis off ered to J. M. Poindexter by J. Matlock, 15 February 1986, p. 2: RRPL, Executive Secretariat, NSC, Head of State Files: USSR: General Secretary Gorbachev, box 40.
21. S. Massie, *Trust But Verify: Reagan, Russia and Me*, p. 230.
22. T. G. Stepanov-Mamaladze diary, 25 September 1985: T. G. Stepanov-Mamaladze Papers (HIA), box 5.
23. *Ibid.*, 28 September 1985.
24. *Ibid.*, 23 March 1988.
25. *Ibid.*, 17 September 1987.
26. *Ibid.*, 15 September 1987.

27. I. Korchilov, *Translating History: Th irty Years on the Front Lines of Diplomacy with a Top Russian Interpreter*, p. 80.
28. Interview with Caspar Weinberger, 19 November 2002, p. 34: RROHP.
29. Interview with Richard V. Allen, 28 May 2002, p. 68: *ibid.*
30. Interview with Martin Anderson, 11-12 December 2001, p. 88: *ibid.*
31. D. Regan (interview), HIGFC (HIA), box 2, folder 15, p. 7.
32. T. G. Stepanov-Mamaladze diary, 15 September 1987: T. G. Stepan-ov-Mamaladze Papers (HIA), box 5.
33. T. G. Stepanov-Mamaladze working notes, 15 September 1987: *ibid.*, box 2; T. G. Stepanov-Mamaladze diary, 15 September 1987: *ibid.*, box 5.
34. Shevardnadze's report to the Ministry of Foreign Aff airs collegium, 16 October 1987: T. G. Stepanov-Mamaladze working notes: *ibid.*, box 1.
35. T. G. Stepanov-Mamaladze diary, 23 March 1988: *ibid.*, box 5.
36. E. Shevardnadze, *Kogda rukhnul zheleznyi zanaves: vstrechi i vospominaniya*, a. 78.
37. T. G. Stepanov-Mamaladze diary, 2 June 1988: T. G. Stepanov-Mamaladze Papers (HIA), box 5.
38. A. S. Chernyaev (interview), HIGFC (HIA), box 1, folder 12, p. 17.
39. T. G. Stepanov-Mamaladze diary, 2 June 1988: T. G. Stepanov-Mamaladze Papers (HIA), box 5.
40. R. Braithwaite, 'Moscow Diary', 6 April 1989 and 7 November 1989.
41. C. Hill, notes (19 December 1991), p. 9: Charles Hill Papers (HIA), box 67, folder: Soviet Union, Late 1987: The Cold War is Over.
42. D. Regan (interview), HIGFC (HIA), box 2, folder 15, p. 51.
43. T. G. Stepanov-Mamaladze working notes, 27 November 1986: T. G. Stepanov-Mamaladze Papers (HIA), box 1.
44. T. G. Stepanov-Mamaladze diary, 6 December 1988: *ibid.*, box 5.
45. Braithwaite, 'Moscow Diary', 6 April 1989.
46. Korchilov, *Translating History*, p. 216.
47. A. L. Adamishin Papers (HIA), box 1: Diaries 1988, 15 May 1988.
48. Braithwaite, 'Moscow Diary', 29 March 1989.
49. T. G. Stepanov-Mamaladze working notes, 9 November 1985: T. G. Stepanov-Mamaladze Papers (HIA), box 1.
50. T. G. Stepanov-Mamaladze diary, 25 September 1985: *ibid.*, box 5.
51. T. G. Stepanov-Mamaladze working notes, 9 November 1986: *ibid.*, box 1.
52. G. Shultz: interview with R. Service and P. Robinson, Hoover Institution, 1 September 2009.
53. *Ibid.*
54. T. G. Stepanov-Mamaladze diary, 13 April 1987: T. G. Stepanov-Mamaladze Papers (HIA), box 5. Stepanov-Mamaladze's informant about this was S. P. Tarasenko.
55. E. Shevardnadze, *Moi vybor: v zashchitu demokratii i svobody*, pp. 131-2.

56. T. G. Stepanov-Mamaladze diary, 24 October 1987: T. G. Stepanov-Mamaladze Papers (HIA), box 5.
57. *Ibid.*, 24 October 1987.
58. *Ibid.*, 15 March 1988.
59. C. Hill, notes (19 December 1991), p. 10: Charles Hill Papers (HIA), box 67, folder: Soviet Union, Late 1987: The Cold War is Over.
60. Politburo meeting, 16 April 1987: *V Politbyuro TsK KPSS. Po zapisyam Anatoliya Chernyaeva, Vadima Medvedeva, Georgiya Shakhnazarova, 1985-1991*, p. 145.
61. Personal interview with Charles Hill, 22 July 2011.
62. C. Hill, notes (24 September 1991) on 'Soviet Union 1987', p. 69, for G. Shultz, *Turmoil and Triumph*, folder: Soviet Union, 1986-1987, Charles Hill Papers (HIA), box 64.
63. T. G. Stepanov-Mamaladze working notes, 14 March 1988: T. G. Stepan-ov-Mamaladze Papers (HIA), box 2.
64. G. P. Shultz, 'The Shape, Scope, and Consequences of the Age of Information', address before the Stanford University Alumni Association, Paris, 21 March 1986, pp. 1 and 3.
65. C. Hill, notes (27 January 1992), p. 16: Charles Hill Papers (HIA), box 66, folder: The Last of the Superpower Summits.
66. T. G. Stepanov-Mamaladze working notes, 5 November 1987: T. G. Stepanov-Mamaladze Papers (HIA), box 2.
67. G. Shultz: interview with R. Service and P. Robinson, Hoover Institution, 1 September 2009.
68. Chernyaev, *Sovmestnyi iskhod*, p. 754 (26 April 1988).

第二十四章　情報戰、假訊息、真欣賞

1. J. Matlock to J. Poindexter, 11 June 1986: RRPL, Jack Matlock Files, box 16, folder: Matlock Chron. June 1986.
2. R. Reagan to J. M. Poindexter, no earlier than 16 June 1986, pp. 2-6: *ibid.*
3. See J. Haslam, *Russia's Cold War: From the October Revolution to the Fall of the Wall*, p. 329.
4. The exception was the leading biological weapons programme scientist Vladimir Pasechnik: see below, pp. 372 and 439.
5. W. J. Casey, Speech to US-USSR Trade Council and New York CEOs (hand-written notes), New York City, 29 July 1985, p. 1: William J. Casey Papers (HIA), box 310, folder 10.
6. T. G. Stepanov-Mamaladze diary, 28 October 1985: T. G. Stepanov-Mamaladze Papers (HIA), box 5.
7. N. S. Leonov, *Likholet'e*, pp. 283-5.
8. Select Committee on Intelligence, United States Senate, *An Assessment of the Aldrich H. Ames Espionage Case and Its Implications for U.S. Intelligence: Report*, pp. 2, 11, 19, 26, 53 and 62-3.
9. W. J. Casey, Remarks before World Aff airs Council (draft notes), Pittsburgh, PA, 29 April 1985, p. 5: William J. Casey Papers (HIA), box 310, folder 1.
10. F. Ermath, draft speech written for W. J. Casey, 16 May 1986, pp. 3 and 12: *ibid.*, box 311, folder 11.

11. 'Gorbachev: Steering the USSR Into the 1990s',pp. v-ix: CIA Papers.
12. R. M. Gates to F. C. Carlucci, 15 January 1987, introducing National Intelli-gence Council report on 'Soviet and Other Foreign Reactions to a Zero-Ballistic Missile World' (see especially p. 32): RRPL, Executive Secretariat, NSC: NSDD, Records, box 91297, NSDD 250.
13. 'Whither Gorbachev? Soviet Policy and Politics in the 1990s: National Intel-ligence Estimate', November 1987, pp. 6, 8, 12 and 17: CIA Papers.
14. National Security Archive Electronic Briefi ng Book No. 238: R. M. Gates, 'Gorbachev's Endgame: The Long View', 24 November 1987, pp. 2-5.
15. M. Gorbachëv, *Perestroika i novoe myshlenie dlya nashei strany i vsego mira.*
16. Hearings before the Subcommittee on National Security Economics of the Joints Economic Committee, Congress of the United States, April 13 and 21, 1988, pp. 71-2 and 78: National Security Archive, End of Cold War series, box A1.
17. Intelligence Research Report, no. 183, 9 September 1988, p. 1 and appendices 1 and 2: National Security Archive, Soviet Flashpoints series, box 37.
18. Memorandum of dinner conversation, 18 September 1987, p. 5: RRPL, Nelson Ledsky Files, RAC, box 8.
19. CIA and Defense Intelligence Agency, *Gorbachev's Economic Program: Problems Emerge* (n.p., 1988), p. 12 and table 9: National Security Archive, Soviet Flashpoints series, box 37.
20. D. MacEachin to R. Kerr, memo, 27 September 1988: CIA Papers.
21. W. J. Casey, draft speech to CSIS International Councillors on Soviet Political Developments, 16 May 1986, p. 11: William J. Casey Papers (HIA), box 311, folder 11.
22. See for example V. M. Chebrikov, 'O rezul'tatakh raboty po preduprezh-deniyu terroristicheskikh proyavlenii na territorii SSSR', 11 January 1988, pp. 1-5: Dmitri A. Volkogonov Papers (HIA), reel 18.
23. R. M. Gates, *From the Shadows: The Ultimate Insider's Story of Five Presidents and How They Won the Cold War*, pp. 410-11.
24. C. Hill, notes on '1987: Shultz-Gates meeting aft er Gates became acting DCI', pp. 12-13, for G. Shultz, *Turmoil and Triumph*, folder: Soviet Union, 1986-1987, Charles Hill Papers (HIA), box 67.
25. Interview with George Shultz, 18 December 2002, p. 27: RROHP.
26. C. Hill, notes on '1987: Shultz-Gates meeting aft er Gates became acting DCI', pp. 14-15 and 16, for G. Shultz, *Turmoil and Triumph*, folder: Soviet Union, 1986-1987, Charles Hill Papers (HIA), box 67.
27. *Ibid.*, p. 17.
28. *Whence the Th reat to Peace*, pp. 3, 29, 68, 70 and 74.
29. R. Z. Sagdeev and A. Kokoshkin, *Strategic Stability under the Conditions of Radical Nuclear Arms Reductions*, p. 21.
30. *Congressional Record-House*, 17 July 1985, pp. 5866-5883.
31. W. J. Casey, speech to Dallas World Aff airs Council, 18 September 1985, pp. 1-17: RRPL, John Lenczowsky Files, box 1, Active Measures.

32. A. A. Snyder, *Warriors of Disinformation: American Propaganda, Soviet Lies, and the Winning of the Cold War: An Insider's Account*, p. xiii.
33. Chapter and verse was supplied in a USIA memo, 'Soviet Disinformation Campaigns in 1987', n.d., pp. 1-4: John O. Koehler Papers (HIA), box 16, folder: Eastern Europe, 1974-1995. See also 'The USSR's Disinformation Campaign': Foreign Aff airs Note, State Department, July 1987: Citizens for International Civil Society (HIA), box 89, folder 1. The Pravda cartoon appeared on 31 October 1986.
34. Snyder, *Warriors of Disinformation*, pp. 93-4.
35. *Ibid.*, pp. 94-5.
36. *New York Times*, 22 January 1983.
37. P. J. Buchanan to R. Arledge (President, ABC News), 27 February 1987: RRPL, Presidential Handwriting File: Presidential Records, folder 230.
38. C. Wick to F. Carlucci, 7 March 1987: RRPL, Frank C. Carlucci Files, box 92463, Offi cial Correspondence.
39. F. C. Carlucci to C. Z. Wick, 12 August 1987: *ibid.*, Fritz W. Ermath Files, box 92244, Soviet Active Measures.
40. V. L. Kataev (interview), HIGFC (HIA), box 2, folder 4, p. 53.
41. A. L. Adamishin Papers (HIA), box 1: Diaries 1987, 25 July 1987.
42. R. Reagan to R. C. McFarlane, no earlier than 28 July 1985: RRPL, Co-ordination Offi ce, NSC: Records, box 9, folder: Meeting with Suzanne Massie, 9/3/85; S. Massie, *Trust But Verify: Reagan, Russia and Me*, pp. 90 and 97-101.
43. *The Reagan Diaries*, p. 412 (20 May 1986).
44. S. Massie to R. Reagan, 10 August 1985, pp. 2-3: RRPL, Coordination Com-mittee, NSC, box 9, folder: Meeting with Suzanne Massie, 9/3/85.
45. S. Massie to R. Reagan, 27 October 1985: Jim Mann Papers (HIA), box 55.
46. S. Massie to R. Reagan, 12 March 1986: RRPL, Coordination Offi ce, NSC: Records, box 12, folder: Meeting with Suzanne Massie, May 20, 1986.
47. Charles Hill, diary (24 September 1986): Molly Worthen's notes.
48. F. Carlucci (interview), HIGFC (HIA), box 1, folder 10, p. 14.
49. F. Carlucci to R. Reagan, 25 February 1987 (RRPL): Jim Mann Papers (HIA), box 56.
50. S. Massie to R. Reagan, 14 October 1986: RRPL, Presidential Handwriting File, box 16, folder 261.
51. C. Hill, notes (24 September 1991) for G. P. Shultz, *Turmoil and Triumph*, folder: Soviet Union, 1986-1987, pp. 6-7, Charles Hill Papers (HIA), box 64.
52. R. Reagan to S. Massie, 13 January 1987: Jim Mann Papers (HIA), box 55.
53. S. Massie to R. Reagan, 6 February 1987: *ibid.*
54. Politburo meeting, 17 December 1987: Anatoli Chernyaev Papers (RESCA), box 1, p. 321.
55. Discussion with George Bush at the Soviet embassy, Washington, 10 December 1987, p. 5: RRPL, Stephen Danzansky Files (NSC): RAC, box 12.

56. Politburo meeting, 27-28 December 1988: *V Politbyuro TsK KPSS. Po zapisyam Anatoliya Chernyaeva, Vadima Medvedeva, Georgiya Shakhnazarova, 1985-1991*, p. 366.
57. T. G. Stepanov-Mamaladze diary, 22 March 1986: T. G. Stepanov-Mamaladze Papers (HIA), box 5.
58. M. Gorbachëv, *Naedine s soboi*, pp. 343-4.
59. Gorbachëv at Politburo meeting, 26 October 1986: *Otvechaya na vyzov vremeni: Vneshnyaya politika perestroiki: Dokumental'nye svidetel'stva*, p. 122.
60. V. L. Kataev to the Central Committee (memo, n.d., on the consequences of the intermediate-range nuclear weapons treaty), p. 2: Vitalii Leonidovich Kataev Papers (HIA), disk 2, RSMD-2.
61. Politburo meeting, 26 February 1987, p. 159: Anatoli Chernyaev Papers (RESCA), box 1.
62. V. Bakatin, *Izbavlenie ot KGB*, pp. 44-6.
63. Meeting of Politburo members and Central Committee secretaries, 1 December 1986: Anatoli Chernyaev Papers (RESCA), box 1, p. 99.
64. Politburo meeting, 26 March 1987: *ibid.*, p. 172.
65. Politburo meeting, 21 January 1987: *ibid.*, p. 129.
66. Politburo meeting, 16 April 1987: *ibid.*, p. 185. 67. Politburo meeting, 23 April 1987: *ibid.*, p. 196.
68. Politburo meeting, 30 April 1987: *ibid.*, p. 203.
69. Politburo meeting, 26 March 1987: *ibid.*, pp. 172 and 174.
70. T. G. Stepanov-Mamaladze working notes, 12 December 1987: T. G. Stepan-ov-Mamaladze Papers (HIA), box 2.
71. F. Carlucci (interview), HIGFC (HIA), box 1, folder 10, pp. 17-18.
72. M. S. Gorbachëv's second meeting with obkom secretaries, 15 April 1988,
p. 6: Anatoli Chernyaev Papers (RESCA), box 2, folder 5.
73. T. G. Stepanov-Mamaladze diary, 22 January 1988: T. G. Stepanov-Mamaladze Papers (HIA), box 5.
74. *Ibid.*, 28 April 1988.
75. T. G. Stepanov-Mamaladze working notes, 26 April 1988: *ibid.*, box 2.
76. *Ibid.*, 20 December 1988.
77. T. G. Stepanov-Mamaladze diary, 15 January 1986: *ibid.*, box 5.
78. *Ibid.*, 17 January 1986.
79. Meeting with newspaper editors, writers and ideological personnel, 7 May 1988: Anatoli Chernyaev Papers (RESCA), box 1, p. 417.
80. T. G. Stepanov-Mamaladze diary, 13 July 1986: T. G. Stepanov-Mamaladze Papers (HIA), box 5.
81. *Ibid.*, 19 September 1986.
82. *The Reagan Diaries*, p. 557 (10 December 1987).
83. V. A. Alexandrov (interview), HIGFC (HIA), box 1, folder 2, p. 23.
84. I. Korchilov, *Translating History: Th irty Years on the Front Lines of Diplomacy with a Top Russian Interpreter*, p. 44.
85. T. G. Stepanov-Mamaladze diary, 14 September 1987: T. G. Stepan-ov-Mamaladze Papers (HIA),

box 5.
86. Korchilov, *Translating History*, pp. 121-3.
87. *Ibid.*, p. 101.
88. *Ibid.*, pp. 82-7.
89. E. Teller to G. P. Shultz, 20 May 1986: Edward Teller Papers (HIA), box 283, folder: George P. Shultz.
90. *Washington Post*, 11 July 1987.
91. Notes on meetings with American offi cials in 1987, pp. 2, 4 and 6: A. L. Adamishin Papers (HIA), box 1: Diaries 1987.
92. *Dvadtsat' sed'moi s"ezd Kommunisticheskoi Partii Sovetskogo Soyuza, 25 fevralya-6 marta 1986 goda, Stenografi cheskii Otchët*, vol. 1, pp. 347-9.
93. Ye. K. Ligachëv and V. M. Chebrikov to the Central Committee, 26 September 1986: RGASPI, f. 89, op. 18, d. 105, pp. 1-2.
94. N. Ryzhkov, *Glavnyi svidetel'*, p. 33.
95. T. G. Stepanov-Mamaladze diary, 22 January 1988: T. G. Stepanov-Mamaladze Papers (HIA), box 5.
96. V. L. Kataev, 'Kartina kontsa 80-x', fi led as 80-90, p. 3: Vitalii Leonidovich Kataev Papers (HIA), disk 3.
97. ITAR-TASS, 5 September 2012; Interview with Sir Roderic Lyne, 6 June 2006, a. 4 2 : BDOHP.
98. Politburo meeting minutes, 23 July 1987: RGASPI, f. 89, op. 42, d. 17, p. 1.
99. *Ibid.*, p. 2.
100. *New York Times*, 23 March 1988.

第二十五章　蘇軍不能說的秘密

1. Joint letter (L. N. Zaikov, E. A. Shevardnadze and V. M. Chebrikov) to the Central Committee, 13 January 1987, pp. 1-3: Vitalii Leonidovich Kataev Papers (HIA), box 14, folder 24.
2. R. Z. Sagdeev, *The Making of a Soviet Scientist: My Adventures in Nuclear Fusion and Space from Stalin to Star Wars*, pp. 299-300.
3. Discussion with George Bush at the Soviet embassy, Washington, 10 December 1987, pp. 8-9: RRPL, Stephen Danzansky Files (NSC): RAC, box 12.
4. Sagdeev, *The Making of a Soviet Scientist*, pp. 301-2.
5. Politburo meeting, 30 July 1987: *V Politbyuro TsK KPSS. Po zapisyam Anatoliya Chernyaeva, Vadima Medvedeva, Georgiya Shakhnazarova, 1985-1991*, pp. 183-4.
6. Politburo meeting, 3 March 1988: *ibid.*, pp. 257-8.
7. S. K. Sokolov to the Central Committee, 17 May 1987: Vitalii Leonidovich Kataev Papers (HIA), box 7, folder 25.
8. Excerpt from Politburo minutes, 19 May 1987: *ibid.*

9. T. G. Stepanov-Mamaladze working notes, 10 July 1987: T. G. Stepanov-Mamaladze Papers (HIA), box 2.
10. T. G. Stepanov-Mamaladze working notes, 19 August 1987: *ibid.*, box 1.
11. Central Committee decree, 12 February 1987: Vitalii Leonidovich Kataev Papers (HIA), box 10, folder 32.
12. E. Teller to F. Seitz, 14 February 1987: Edward Teller Papers (HIA), box 283, folder: Frederick Seitz.
13. Sagdeev, *The Making of a Soviet Scientist*, p. 303.
14. Politburo meeting, 8 May 1987: Anatoli Chernyaev Papers (RESCA), box 1, p. 218.
15. M. S. Gorbachëv to R. Reagan, 22 September 1987: RRPL, Executive Secre-tariat, NSC, Head of State Files: USSR: General Secretary Gorbachev, box 41. 16. G. P. Shultz to R. Reagan, 30 October 1987: *ibid.*
17. J. Attali, *Verbatim*, vol. 3: *Chronique des années 1988-1991*, p. 134 (conversation between F. Mitterrand and M. Gorbachëv, 25 November 1988).
18. Soviet transcript of talks at the Pentagon between S. F. Akhromeev and F. Carlucci, 9 December 1987, pp. 1-3: ECWF.
19. V. L. Kataev, diary notes on questions of military-technical collaboration and meetings in Zaikov's offi ce, 1988-1990, 2 March 1988: Vitalii Leonidovich Kataev Papers (HIA), box 2, folder 6.
20. *Ibid.*
21. Meeting of C. L. Powell and Yu. Dubinin (Washington, memcon), 29 April 1988, p. 7: RRPL, Fritz W. Ermath Files, box 92084, 1988 US-Soviet Summit Memcons, May 26-June 3, 1988.
22. Background briefi ng (n.d.) on 17 November 1986 speech by R. Gates: Vitalii Leonidovich Kataev Papers (HIA), box 7, folder 26; V. I. Stepanov, background briefi ng, 24 December 1986, pp. 1-5: *ibid.*, folder 27.
23. G. M. Kornienko in S. F. Akhromeev and G. M. Kornienko, *Glazami marshala i diplomata*, p. 256.
24. N. N. Detinov (interview), HIGFC (HIA), box 1, folder 14, pp. 32-4.
25. *Ibid.*, p. 34.
26. T. G. Stepanov-Mamaladze working notes, 24 February 1987: T. G. Stepanov-Mamaladze Papers (HIA), box 1.
27. N. N. Detinov (interview), HIGFC (HIA), box 1, folder 14, p. 35.
28. T. G. Stepanov-Mamaladze diary, 15 September 1987: T. G. Stepan-ov-Mamaladze Papers (HIA), box 5.
29. T. G. Stepanov-Mamaladze working notes, 15 September 1987: *ibid.*, box 1.
30. O. Belyakov, G. Kornienko, S. Akhromeev and A. Kovalëv: memo to Central Committee, September 1987 (sent on 3 October 1987?): Vitalii Leonidovich Kataev Papers (HIA), box 7, folder 24.
31. N. N. Detinov (interview), HIGFC (HIA), box 1, folder 14, p. 35.
32. 'O direktivakh dlya besed s gosudarstvennym sekretarëm SShA Dzh. Shul'tsem', 17 February

1988, pp. 1-2 (signed by Zaikov, Shevardnadze, Chebrikov, Yazov, Dobrynin, Belousov): Vitalii Leonidovich Kataev Papers (HIA), box 4, folder 20.

33. R. Reagan to M. S. Gorbachëv, 12 August 1988: *ibid.*, box 7, folder 20.
34. M. S. Gorbachëv to R. Reagan, 13 September 1988: RRPL, Executive Secre-tariat, NSC, Head of State Files: USSR: General Secretary Gorbachev, box 41.
35. G. P. Shultz to R. Reagan, 16 September 1988: *ibid.*; 'Soviet Policy Toward the West and the Gorbachev Challenge', National Intelligence Estimate, April 1989, p. 9: CIA Papers.
36. T. G. Stepanov-Mamaladze working notes, 22 September 1988: T. G. Stepanov-Mamaladze Papers (HIA), box 2.
37. N. N. Detinov (interview), HIGFC (HIA), box 1, folder 14, p. 35.
38. V. L. Kataev, untitled memoir notes fi led as PAZNOGL, p. 11: Vitalii Leonidovich Kataev Papers (HIA), disk 3.
39. L. Zaikov, V. Kryuchkov, E. Shevardnadze, D. Yazov, O. Baklanov and I. B elousov, draft to Central Committee: 'O likvidatsii krasnoyarskoi RLS', n.d.: *ibid.*, box 7, folder 24.
40. O. Belyakov to the Central Committee (draft memo), November 1986: *ibid.*, box 12, folder 13.
41. Politburo meeting, 5 March 1987: Anatoli Chernyaev Papers (RESCA), box 1, p. 161.
42. O. D. Belyakov to the Central Committee (draft memo), April 1987: Vitalii Leonidovich Kataev Papers (HIA), box 12, folder 13.
43. Politburo meeting, 8 May 1987: Anatoli Chernyaev Papers (RESCA), box 1, a. 217.
44. Politburo minutes, 8 May 1987: *Otvechaya na vyzov vremeni: Vneshnyaya politika perestroiki: Dokumental'nye svidetel'stva*, p. 186.
45. Politburo meeting, 8 May 1987: Anatoli Chernyaev Papers (RESCA), box 1, pp. 217-19.
46. Report to Central Committee, 20 July 1987, pp. 1-3, signed by N. I. Ryzhkov, L. N. Zaikov, E. A. Shevardnadze, A. S. Yakovlev, A. F. Dobrynin, F. D. Bobkov: Vitalii Leonidovich Kataev Papers (HIA), box 12, folder 13.
47. *Ibid.*
48. 'Spravka' (n.d.), pp. 1-2: *ibid.*, box 11, folder 31.
49. L. N. Zaikov to Yu. D. Maslyukov, S. F. Akhromeev and others, 13 August 1987: *ibid.*, box 12, folder 13.
50. A. N. Yakovlev (interview), HIGFC (HIA), box 3, folder 5, p. 15.
51. V. L. Kataev (interview), *ibid.*, box 2, folder 4, p. 42.
52. Memo to the Central Committee, 16 February 1988, 'Ob itogakh oznakomi-tel'nykh poezdok sovetskikh i amerikanskikh spetsialistov na yadernye ispytatel'nye poligony SSSR i SShA' (signed by L. N. Zaikov, V. M. Chebrikov, E. A. Shevardnadze, D. T. Yazov, Yu. D. Maslyukov and L. D. Ryabev), pp. 1-2 and 6: Vitalii Leonidovich Kataev Papers (HIA), box 6, folder 6.
53. V. A. Medvedev (interview), HIGFC (HIA), box 2, folder 10, pp. 23-4.
54. T. G. Stepanov-Mamaladze working notes, 11 November 1987: T. G. Stepan-ov-Mamaladze Papers

(HIA), box 2.
55. T. G. Stepanov-Mamaladze diary, 24 November 1987: *ibid.*, box 5.
56. V. L. Kataev, diary notes on arms reduction and 'Five' work, 1988-1990, 11 February 1990: Vitalii Leonidovich Kataev Papers (HIA), box 2, folder 5.
57. T. G. Stepanov-Mamaladze diary, 10 May 1988: T. G. Stepanov-Mamaladze Papers (HIA), box 5.
58. V. L. Kataev, untitled memoir notes fi led as PAZNOGL, p. 9: Vitalii Leonidovich Kataev Papers (HIA), disk 3.
59. *Ibid.*, pp. 1-2.
60. V. L. Kataev, untitled memoir notes fi led as PAZNOGL, p. 13: Vitalii L eonidovich Kataev Papers (HIA), disk 3; G. M. Kornienko, *Kholodnaya voina: svidetel'stvo eё uchastnika*, pp. 253-4.
61. V. I. Varennikov (interview), HIGFC (HIA), box 3, folder 3, p. 10.
62. S. F. Akhromeev in Akhromeev and Kornienko, *Glazami marshala i diplomata*, p. 133.
63. V. L. Kataev (interview), HIGFC (HIA), box 2, folder 4, p. 30.
64. *Ibid.*, p. 31.
65. N. N. Detinov (interview), *ibid.*, box 1, folder 14, p. 28; V. L. Kataev (interview), *ibid.*, box 2, folder 4, p. 31.

第二十六章　簽署中程核武條約

1. Talking points for National Security Planning Group, 8 September 1987, p. 1: Jim Mann, box, 58.
2. National Security Planning Group, 8 September 1987, pp. 2-3: CIA Papers.
3. *Ibid.*, pp. 3-4. 4. *Ibid.*, pp. 4-7.
5. *Ibid.*, p. 8.
6. *Ibid.*
7. *Ibid.*, pp. 8-9.
8. *Ibid.*, p. 9.
9. *Ibid.*, pp. 9-10.
10. *Ibid.*, pp. 10-11. 11. *Ibid.*, pp. 11-12.
12. T. G. Stepanov-Mamaladze working notes, 13 September 1987: T. G. Stepanov-Mamaladze Papers (HIA), box 1.
13. *Ibid.* (15 September 1987?).
14. T. G. Stepanov-Mamaladze diary, 15 September 1987: *ibid.*, box 5.
15. T. G. Stepanov-Mamaladze working notes (15 September 1987?): *ibid.*, box 1.
16. T. G. Stepanov-Mamaladze diary, 17 September 1987: *ibid.*, box 5.
17. *Ibid.*, 15 September 1987.
18. *Ibid.*, 17 September 1987.
19. T. G. Stepanov-Mamaladze working notes, 16 October 1987: *ibid.*, box 1.
20. 'Puti razvitiya vooruzhënnykh sil SShA i NATO' (unidentifi ed offi cial paper), 24 September 1987,

pp. 1-7: Vitalii Leonidovich Kataev Papers (HIA), box 16.

21. National Security Planning Group, 14 October 1987, p. 2: *The Reagan Files: The Untold Story of Reagan's Top-Secret Eff orts to Win the Cold War*.
22. *Ibid.*, p. 3. 23. *Ibid.*, p. 8.
24. *Ibid.*, pp. 8-9.
25. T. G. Stepanov-Mamaladze diary, 22-23 October 1987: T. G. Stepanov-Mamaladze Papers (HIA), box 5.
26. *Ibid.*, 24 October 1987.
27. Soviet record of meeting of M. S. Gorbachëv and G. P. Shultz, 23 October 1987: *Mirovaya ekonomika i mezhdunarodnye otnosheniya*, 1993, nos. 10, pp. 69-81 and 11, pp. 73-84.
28. G. P. Shultz to R. Reagan, 1 December 1987 (memo), p. 2: RRPL, Briefi ng book for meeting between President Reagan and General Secretary Gorbachev, 12/1987, Stephen Danzansky Files (NSC): RAC, box 19.
29. V. O. Korotych, 'Otrazhenie' (typescript memoir, n.d.), p. 190: Vitalii Korotych Papers (HIA).
30. C. Hill, notes (19 December 1991), p. 7: Charles Hill Papers (HIA), box 67, folder: Soviet Union, Late 1987: The Cold War is Over.
31. *The Reagan Diaries Unabridged*, vol. 2, p. 810 (9 December 1987); I. Korchilov, *Translating History: Th irty Years on the Front Lines of Diplomacy with a Top Russian Interpreter*, p. 103.
32. C. Hill, notes (19 December 1991), p. 8: Charles Hill Papers (HIA), box 67, folder: Soviet Union, Late 1987: The Cold War is Over.
33. *The Reagan Diaries*, p. 557 (10 December 1987).
34. *Ibid.*
35. C. Hill, notes (19 December 1991), p. 10: Charles Hill Papers (HIA), box 67, folder: Soviet Union, Late 1987: The Cold War is Over.
36. Secretary of State to all diplomatic and consular posts, 12 December 1987, p. 11: ECWF.
37. C. Hill, notes (19 December 1991), p. 10: Charles Hill Papers (HIA), box 67, folder: Soviet Union, Late 1987: The Cold War is Over.
38. G. P. Shultz, statement before the Senate Foreign Relations Committee, 25 January 1988, pp. 1-10: United States Department of State, Washington, F ebruary 1988.
39. G. P. Shultz to R. Byrd, 4 February 1988: Charles Hill Papers (HIA), box 66, folder: The Last of the Superpower Summits.
40. G. P. Shultz to R. Byrd and S. Nunn, 8 February 1988: *ibid.*
41. C. Hill, notes (27 January 1922), p. 10: *ibid.*
42. National Security Planning Group, 9 February 1988, p. 2: *The Reagan Files*.
43. *Ibid.*, p. 3. 44. *Ibid.*, p. 4. 45. *Ibid.*, p. 5. 46. *Ibid.*, p. 7.
47. *Ibid.*, p. 9.
48. Politburo meeting, 25 February 1988: *V Politbyuro TsK KPSS. Po zapisyam Anatoliya Chernyaeva,*

Vadima Medvedeva, Georgiya Shakhnazarova, 1985-1991*, p. 253.

49. *Ibid.*
50. H. Kissinger, 'The Dangers Ahead', *Newsweek*, 21 December 1987.
51. *Wall Street Journal*, 8 February 1988.
52. *Washington Post*, 15 March 1988.
53. V. L. Kataev, diary notes on questions of military-technical collaboration and meetings in Zaikov's offi ce, 1988-1990, 11 March 1988: Vitalii Leonidovich Kataev Papers (HIA), box 2, folder 6.
54. T. G. Stepanov-Mamaladze diary, 22 March 1988: T. G. Stepanov-Mamaladze Papers (HIA), box 5.
55. *Ibid.*, 22 and 23 March 1988.
56. C. Hill, notes on 'April 1988: Noriega', pp. 5-7: Charles Hill Papers (HIA), box 79, folder: April 1988: Noriega.
57. Remarks to the World Aff airs Council of Western Massachusetts, 21 April 1988: www.reagan.utexas.edu/archives/speeches/1988/042188c.htm 58. C. Hill, notes (27 January 1992), pp. 14-15: Charles Hill Papers (HIA), box 66, folder: The Last of the Superpower Summits.
59. *Ibid.*, pp. 15-16.
60. C. Hill, notes on 'April 1988: Noriega', p. 9: *ibid.*, box 79, folder: April 1988: Noriega.
61. *Ibid.*, p. 16.
62. T. G. Stepanov-Mamaladze diary, 10 May 1988: T. G. Stepanov-Mamaladze Papers (HIA), box 5.
63. National Security Planning Group, 23 May 1988, pp. 1-2: *The Reagan Files*.
64. *Ibid.*, p. 8.
65. *Ibid.*, p. 9.
66. *Ibid.*, pp. 10-11.
67. Memo to the Central Committee, 24 May 1988: 'O kontseptsii sovetsko-amerikanskoi vstrechi na vysshem urovne v Moskve', pp. 11-15 (signed by L. N. Zaikov, E. A. Shevardnadze, V. M. Chebrikov, D. T. Yazov, O. D. Baklanov, A. F. Dobrynin and I. S. Belousov): Vitalii Leonidovich Kataev Papers (HIA), box 4, folder 22.
68. A. Chernyaev, *Sovmestnyi iskhod. Dnevnik dvukh epokh. 1971-1991 gody*, p. 755 (19 June 1988).
69. Korchilov, *Translating History*, pp. 145-6.
70. Meeting of G. P. Shultz and E. A. Shevardnadze, 29 May 1988 (memcon), p. 2: RRPL, Fritz W. Ermath Files, box 92084, 1988 US-Soviet Memcons, May 26-June 3, 1988.
71. *Ibid.*, p. 6. 72. *Ibid.*, p. 9.
73. *Ibid.*, p. 10.
74. First meeting (led by C. Crocker and A. L. Adamishin), 29 May 1988 (memcon), p. 5: RRPL, Fritz W. Ermath Files, box 92084, 1988 US-Soviet Memcons, May 26-June 3, 1988.
75. *Ibid.*, p. 2.
76. Second meeting (led by P. Solomon and V. Polyakov), 29 May 1988 (memcon), pp. 4 and 6: *ibid.*
77. C. Crocker, first meeting (led by C. Crocker and A. L. Adamishin), 30 May 1988 (memcon), p. 3: *ibid.*

78. Second meeting (led by P. Solomon and V. Polyakov), 30 May 1988 (memcon), pp. 4-14: *ibid.*
79. Th ird meeting (led by P. Solomon and V. Polyakov), 30 May 1988 (memcon), p. 4: *ibid.*; meeting between C. L. Powell and Yu. Dubinin (Washington, memcon), 29 April 1988, p. 8: *ibid.*
80. Yu. Alekseev and P. Solomon, third meeting (led by P. Solomon and V. Polyakov), 30 May 1988 (memcon), pp. 5-6: *ibid.*
81. *Ibid.*
82. See S. F. Akhromeev's comments at meeting of F. C. Carlucci and D. Z. Yazov (Moscow), 30 May 1988, p. 3: *ibid.*
83. *The Reagan Diaries*, p. 613 (29 May 1988).
84. *Ibid.*, p. 614 (31 May 1988).
85. First private meeting of R. Reagan and M. S. Gorbachëv, 29 May 1988 (memcon), pp. 6 and 8: RRPL, Fritz W. Ermath Files, box 92084, 1988 US-Soviet Memcons, May 26-June 3, 1988.
86. Second private meeting of R. Reagan and M. S. Gorbachëv, 31 May 1988 (memcon), pp. 4-5: *ibid.*
87. The question was put by Sam Donaldson of ABC: see J. Mann, *The Rebellion of Ronald Reagan: A History of the End of the Cold War*, p. 304. I. Korchilov off ers a slightly diff erent wording in *Translating History*, pp. 168-9.
88. G. P. Shultz, interview with T. Brokaw, Moscow, 31 May 1988: Committee on the Present Danger (HIA), box 112, folder: Shultz 1987-1989.
89. T. G. Stepanov-Mamaladze diary, 1 June 1988: T. G. Stepanov-Mamaladze Papers (HIA), box 5; *The Reagan Diaries*, p. 614 (1 June 1988).

第二十七章　西歐：猜忌與融冰

1. J. Attali, *Verbatim*, vol. 3: *Chronique des années 1988-1991*, p. 43 (conversation between R. Reagan and F. Mitterrand, 19 June 1988).
2. *Ibid.*, pp. 67-8 (20 July 1988).
3. Attali, *Verbatim*, vol. 2: *Chronique des années 1986-1988*, p. 103 (conversation of H. Kohl and F. Mitterrand, 27 June 1986).
4. See above, p. 193.
5. Attali, *Verbatim*, vol. 2, p. 103 (conversation of H. Kohl and F. Mitterrand, 27 June 1986).
6. E. Meese (interview), HIGFC (HIA), box 2, folder 11, p. 59.
7. Memorandum on hostile aspirations and anti-Soviet actions of the Lithua-nian reactionary emigration against the Lithuanian SSR, 15 April 1985: Lithuanian SSR KGB (HIA), K-1/3/784, p. 6.
8. Conversation between V. A. Medvedev and W. Jaruzelski, 3 July 1987: *Aleksandr Yakovlev. Perestroika, 1985-1991. Neizdannoe, maloizvestnoe, zabytoe*, ed. A. A. Yakovlev, pp. 114 and 116-17.
9. *New York Times*, 12 June 1987.
10. E. Meese (interview), HIGFC (HIA), box 2, folder 11, p. 59.

11. Attali, *Verbatim*, vol. 1: *Chronique des années 1981-1986*, p. 839 (1 August 1985).
12. See the reference to this in the President's draft response to her letter to him of 7 March 1987: RRPL, Nelson Ledsky Files, RAC, box 9, United Kingdom-1987-Memos, Letters.
13. P. Cradock, *In Pursuit of British Interests Refl ections on Foreign Policy under Margaret Thatcher and John Major*, p. 95.
14. A. Chernyaev, *Sovmestnyi iskhod. Dnevnik dvukh epokh. 1971-1991 gody*, p. 806 (5 October 1989).
15. *Ibid.*, p. 653 (3 November 1985).
16. G. Shultz: interview with R. Service and P. Robinson, Hoover Institution, 1 September 2009.
17. Politburo meeting, 21-22 May 1987: Anatoli Chernyaev Papers (RESCA), box 1, p. 231.
18. *Los Angeles Times*, 25 October 1986.
19. Politburo meeting, 4 June 1987: Anatoli Chernyaev Papers (RESCA), box 1, a. 238.
20. House of Commons Debates, 29 January 1987, vol. 109, cc. 341-2.
21. Cradock, *In Pursuit of British Interests*, p. 100.
22. T. G. Stepanov-Mamaladze diary, 1 April 1987: T. G. Stepanov-Mamaladze Papers (HIA), box 5.
23. Interview with Sir Bryan Cartledge, 14 November 2007, p. 56: BDOHP.
24. Personal recollection about a Moscow trip in October 1987.
25. Gorbachëv's meeting with E. A. Shevardnadze, A. F. Dobrynin, A. N. Yakovlev, V. A. Medvedev and A. S. Chernyaev, 1 April 1987: Anatoli Chernyaev Papers (RESCA), box 1, pp. 175-6.
26. Politburo meeting, 2 April 1987: *ibid.*, p. 183.
27. *Ibid.*, pp. 180-2.
28. Interview with Sir Bryan Cartledge, 14 November 2007, p. 57: BDOHP.
29. House of Commons Debates, 26 June 1987, vol. 118, cols. 158-68.
30. Interview with L. M. Zamyatin, *Kommersant*, 3 May 2005; M. Thatcher, press conference, 7 December: Margaret Thatcher Foundation: www.margaretthatcher.org/document/106982.
31. A. S. Chernyaev to M. S. Gorbachëv, 10 November 1987: Anatoli Chernyaev Papers (RESCA), box 2, folder 8.
32. M. Thatcher, press conference, 7 December: Margaret Thatcher Foundation: www.margaretthatcher.org/document/106982 33. Interview with L. M. Zamyatin, *Kommersant*, 3 May 2005.
34. Cradock, *In Pursuit of British Interests*, p. 100.
35. *Ibid.*, p. 101.
36. R. Braithwaite, 'Moscow Diary', 6 April 1989.
37. They addressed each other with the equivalent of the Russian familiar 'you': T. G. Stepanov-Mamaladze working notes, 14 July 1987: T. G. StepanovMamaladze Papers (HIA), box 2.
38. G. Shultz: interview with R. Service and P. Robinson, Hoover Institution, 1 September 2009.
39. Record of conversation with M. Thatcher: Braithwaite, 'Moscow Diary', 13 September 1988.
40. Politburo meeting 10 March 1988: Anatoli Chernyaev Papers (RESCA), box 1, p. 371.

41. Polish Central Committee meeting, 10 December 1988: Poland, 1986-1989: The End of the System (HIA), box 1, folder 2, item 8, pp. 26-7.
42. Braithwaite, 'Moscow Diary', 13 September 1988.
43. T. G. Stepanov-Mamaladze working notes, 18 January 1988: T. G. Stepanov-Mamaladze Papers (HIA), box 1.
44. Attali, *Verbatim,* vol. 2, p. 287 (28 March 1987).
45. T. G. Stepanov-Mamaladze diary, 19 January 1988: T. G. Stepanov-Mamaladze Papers (HIA), box 5.
46. *Ibid.*
47. H. Kohl's interview with G. Palkot (n.d.): Peter Robinson Papers (HIA), box 21.
48. *Ibid.*
49. A. S. Chernyaev (interview), HIGFC (HIA), box 1, folder 12, p. 17.
50. I. Korchilov, *Translating History: Th irty Years on the Front Lines of Diplomacy with a Top Russian Interpreter*, p. 201.
51. Attali, *Verbatim*, vol. 3, p. 132 (conversation between F. Mitterrand and M. Gorbachëv, 25 November 1988).
52. Politburo meeting, 2 December 1988: Anatoli Chernyaev Papers (RESCA), box 1, p. 509; Politburo meeting, 2 December 1988: *V Politbyuro TsK KPSS. Po zapisyam Anatoliya Chernyaeva, Vadima Medvedeva, Georgiya Shakhnazarova, 1985-1991*, pp. 365-6.
53. Chernyaev, *Sovmestnyi iskhod*, p. 788 (16 April 1989).
54. Korchilov, *Translating History*, p. 209.
55. Politburo meeting, 13 April 1989: Anatoli Chernyaev Papers (RESCA), box 1, p. 38.
56. Korchilov, *Translating History*, p. 213.
57. Chernyaev, *Sovmestnyi iskhod*, p. 788 (16 April 1989).
58. Politburo meeting, 13 April 1989: Anatoli Chernyaev Papers (RESCA), box 1, a. 37.
59. *Ibid.*, pp. 37-8.
60. Braithwaite, 'Moscow Diary', 19 May 1989.

第二十八章　東歐：動亂與抗議

1. General Department of the Secretariat, 'Nekotorye dannye o deyatel'nosti Politbyuroi Sekretariata TsK KPSSv 1985' (n.d.), pp. 13-14: Dmitri A. Volkogonov Papers (HIA), reel 17.
2. T. G. Stepanov-Mamaladze working notes, 19 March 1986: T. G. Stepanov-Mamaladze Papers (HIA), box 1.
3. Gorbachëv's conversation with his aides, 29 September 1986: Anatoli Chernyaev Papers (RESCA), box 1, pp. 70-1 and *V Politbyuro TsK KPSS. Po zapisyam Anatoliya Chernyaeva, Vadima Medvedeva, Georgiya Shakhnazarova, 1985-1991*, p. 71.
4. T. G. Stepanov-Mamaladze working notes, 30 June 1986: T. G. Stepanov-Mamaladze Papers (HIA), box 1.

5. Politburo meeting, 23 October 1986: *Otvechaya na vyzov vremeni: Vneshnyaya politika perestroiki: Dokumental'nye svidetel'stva*, pp. 524-5.
6. V. M. Falin (interview), HIGFC (HIA), box 1, folder 15, p. 29.
7. A. S. Grachëv's interview with V. Musatov, 20 December 1997: A. Grachev, *Gorbachev's Gamble: Soviet Foreign Policy and the End of the Cold War*, p. 119.
8. Gorbachëv's report to Politburo meeting, 13 November 1986: *V Politbyuro TsK KPSS*, pp. 92-3.
9. Politburo meeting, 13 November 1986: RGASPI, f. 89, op. 42, d. 16, p. 1.
10. J. Attali, *Verbatim*, vol. 2: *Chronique des années 1986-1988*, p. 189 (27 October 1986).
11. 'Ob itogakh Varshavskogo soveshchaniya sekretarei TsK stran SEV', Politburo meeting, 29 January 1987: Anatoli Chernyaev Papers (RESCA), box 1, pp. 140-1.
12. Gorbachëv's résumé, Politburo meeting, 29 January 1987: *V Politbyuro TsK KPSS*, p. 122.
13. Gorbachëv's conversation with his aides, 29 September 1986: Anatoli Chernyaev Papers (RESCA), box 1, pp. 70-1 and *V Politbyuro TsK KPSS*, p. 71.
14. Gorbachëv's résumé, Politburo meeting, 29 January 1987: *V Politbyuro TsK KPSS*, pp. 122-3.
15. 'Eduard Ambrosevich's Impressions from Poland' (n.d.), pp. 9-10: A. L. Adamishin Papers (HIA), box 1: Diaries 1987.
16. Politburo meeting, 23 April 1987: Anatoli Chernyaev Papers (RESCA), box 1, p. 197.
17. Politburo meeting, 1 July 1987: *ibid.*, pp. 256-7; record of conversation between M. S. Gorbachëv and E. Krenz, 1 November 1989: *Mikhail Gorbachëv i germanskii vopros* (eds A. Galkin and A. Chernyaev), pp. 235-6; interview with L. M. Zamyatin, *Kommersant*, 3 May 2005.
18. V. M. Falin (interview), HIGFC (HIA), box 1, folder 15, p. 29.
19. V. Falin, *Konfl ikty v Kremle: sumerki bogov po-russki*, p. 148.
20. T. G. Stepanov (interview), HIGFC (HIA), box 3, folder 1, p. 25.
21. *Ibid.*
22. Politburo meeting, 2 April 1987: Anatoli Chernyaev Papers (RESCA), box 1, a. 188; Politburo meeting, 16 April 1987: *V Politbyuro TsK KPSS*, pp. 143-4.
23. 'Iz razmyshlenii v uzkom krugu po podgotovke 70-letiya Oktyabrya', 29 April 1987, p. 1: Anatoli Chernyaev Papers (RESCA), box 2, folder 2.
24. Politburo meeting, 4 June 1987: *V Politbyuro TsK KPSS*, p. 168.
25. T. G. Stepanov-Mamaladze, 'K besede s nemtsami iz Nut'ingena' (retrospec-tive notes: n.d.), p. 1: T. G. Stepanov-Mamaladze Papers (HIA), box 2; T. G. Stepanov (interview), HIGFC (HIA), box 3, folder 1, pp. 25-6.
26. Attali, *Verbatim*, vol. 2, p. 279 (17 March 1987).
27. V. A. Kryuchkov (interview), HIGFC (HIA), box 2, folder 7, p. 39.
28. S. P. Tarasenko (interview), *ibid.*, box 3, folder 2, p. 56.
29. T. G. Stepanov-Mamaladze working notes, 30 May 1987: T. G. Stepanov-Mamaladze Papers (HIA), box 2.

30. National Security Committee annotations on Robinson's 29 May 1987 draft : Jim Mann Papers (HIA), box 55.
31. C. L. Powell to T. Griscom, 1 June 1987: *ibid.*
32. A. R. Dolan to R. Reagan, who had asked him to thank Robinson, 15 June 1987: *ibid.*
33. R. Reagan, speech at the Brandenburg Gate, 12 June 1987: www.reagan.utexas.edu/archives/speeches/1987/061287d.htm.
34. A. Bovin, *Izvestiya*, 18 June 1986.
35. *New York Times*, 12 June 1987.
36. *Chicago Tribune*, 27 September 1987.
37. Conversation between G. H. W. Bush and M. S. Gorbachëv (Washington), 10 December 1987: *Otvechaya na vyzov vremeni*, pp. 190-1.
38. 'Kvystupleniyu na rabochei vstreche 10 noyabrya 1987 goda', pp. 7, 9, 10 and 14-15: Anatoli Chernyaev Papers (RESCA), box 2, folder 6.
39. Politburo meeting, 19 November 1987: *ibid.*, box 1, p. 306.
40. A. S. Chernyaev (interview), HIGFC (HIA), box 1, folder 12, pp. 69-70.
41. V. A. Medvedev (interview), *ibid.*, box 2, folder 10, pp. 47-8.
42. Quoting an article in *Baricada*; V. A. Medvedev (interview), HIGFC (HIA), box 2, folder 10, p. 35.
43. T. G. Stepanov-Mamaladze diary, 11 December 1987: T. G. Stepanov-Mamaladze Papers (HIA), box 5; S. P. Tarasenko (interview), HIGFC (HIA), box 3, folder 2, p. 56.
44. S. P. Tarasenko (interview), HIGFC (HIA), box 3, folder 2, pp. 56-7.
45. T. G. Stepanov-Mamaladze working notes, 11 December 1987: T. G. Stepanov-Mamaladze Papers (HIA), box 2.
46. T. G. Stepanov-Mamaladze diary, 11 December 1987: *ibid.*, box 5.
47. Conversation between M. S. Gorbachëv and M. Jakes (Moscow), 11 January 1988: *Otvechaya na vyzov vremeni*, p. 542.
48. Conversation between M. S. Gorbachëv and M. Jakes (Moscow), 18 April 1989: *ibid.*, p. 566.
49. Politburo meeting, 10 March 1988: Anatoli Chernyaev Papers (RESCA), box 1, p. 369.
50. Politburo meeting, 3 March 1988: *ibid.*, p. 365.
51. Politburo meeting, 10 March 1988: *ibid.*, pp. 368-70.
52. Joint Soviet-Yugoslav declaration, *Pravda*, 19 March 1988, p. 1.
53. A. N. Yakovlev, 'Ob itogakh soveshchaniya sekretarei TsK bratskikh partii sotsialisticheskikh stran po ideologicheskim voprosam (Ulan-Bator, 16-17 marta 1988 g.)': memorandum to the Central Committee, 21 March 1988: *Aleksandr Yakovlev. Perestroika, 1985-1991. Neizdannoe, maloizvestnoe, zabytoe* (ed. A. A. Yakovlev), pp. 187-91.
54. T. G. Stepanov-Mamaladze working notes, 29 March 1988: T. G. Stepanov-Mamaladze Papers (HIA), box 2.
55. T. G. Stepanov-Mamaladze diary, 30 March 1988: *ibid.*, box 5.

56. T. G. Stepanov-Mamaladze working notes, 26 April 1988: *ibid.*, box 2, folder 7; T. G. Stepanov-Mamaladze diary, 28 April 1988: *ibid.*, box 5; T. G. Stepanov-Mamaladze, 'K besede s nemtsami iz Nut'ingena' (retrospective notes: n.d.), p. 1: *ibid.*, box 2.
57. Directorate of Intelligence report, 22 July 1988, pp. 1 and 8: RRPL, Nelson Ledsky Files, RAC, box 8.
58. *Tajne dokumenty Biura Politicznego i Sekretariatu KS: Ostatni rok władzy 1988-1989* (ed. S. Perzkowski), pp. 32-3: Polish Politburo, 23 August 1989.
59. Politburo meeting, 21 July 1988: Anatoli Chernyaev Papers (RESCA), box 1, a. 437.
60. Polish Politburo meeting, 21 August 1988: Poland, 1986-1989: The End of the System (HIA), box 1, folder 2, item 4, p. 10.
61. Polish Central Committee secretariat meeting, 4 October 1988: *ibid.*, box 1, folder 2, item 6, pp. 40-1.
62. *Ibid.*, p. 52.
63. V. A. Medvedev, *Raspad: kak on nazreval v 'mirovoi sisteme sotsializma'*, pp. 89-91. See also M. Kramer, 'Gorbachev and the Demise of East European Communism', in S. Pons and F. Romero (eds), *Reinterpreting the End of the Cold War. Issues, Interpretations, Periodizations*, p. 188.
64. G. Shakhnazarov, *Tsena svobody: reformatsiya Gorbachëva glazami ego pomoschnika*, pp. 367-9.
65. T. G. Stepanov-Mamaladze working notes, 29 October 1988: T. G. Stepanov-Mamaladze Papers (HIA), box 2.
66. 'Zapis' besedy A. N. Yakovleva s General'nym sekretarëm TsK KPCh M. Yakeshem', 14 November 1988: *Aleksandr Yakovlev. Perestroika, 1985-1991*, p. 273.
67. T. G. Stepanov-Mamaladze diary, 29 October 1988: T. G. Stepanov-Mamaladze Papers (HIA), box 5.
68. V. L. Kataev, diary 1987-1992: 10 November 1988: Vitalii Leonidovich Kataev Papers (HIA), box 2, folder 4.
69. J. Sasser to F. C. Carlucci, 21 June 1988: RRPL, Stephen Danzansky Files (NSC): RAC, box 12.
70. 'Soviet Policy During the Next Phase of Arms Control in Europe', Special National Intelligence Estimate: November 1988, p. 12: CIA Papers.
71. 'Soviet Policy Toward Eastern Europe Under Gorbachev: National Intelli-gence Estimate', May 1988, pp. 16-17 and 19: *ibid.*
72. 'Soviet Policy During the Next Phase of Arms Control in Europe', Special National Intelligence Estimate: November 1988, p. 12: *ibid.*

第二十九章　結束阿富汗悲劇

1. A. L. Adamishin, conspectus of notes on the year 1986, p. 6 (comments by E. A. Shevardnadze): A. L. Adamishin Papers (HIA), box 1: Diaries 1986.
2. Politburo meeting, 23 February 1987: Anatoli Chernyaev Papers (RESCA), box 1, p. 153; Politburo meeting, 23 February 1987: *V Politbyuro TsK KPSS. Po zapisyam Anatoliya Chernyaeva, Vadima Medvedeva, Georgiya Shakhnazarova, 1985-1991*, p. 129.
3. E. A. Shevardnadze in a comment to T. G. Stepanov-Mamaladze: T. G. S tepanov-Mamaladze diary,

17 November 1985: T. G. Stepanov-Mamaladze Papers (HIA), box 5.

4. A. J. Kuperman, 'The Stinger Missile and the U.S. Intervention in Afghanistan', *Political Science Quarterly*, no. 2 (1999), p. 235.
5. *The Pentagon's Spies* (National Security Archive Electronic Briefi ng Book), doc. 13: report of Commander of 500th Military Intelligence Group (INSCOM), 1987, p. 1.
6. Interview with Caspar Weinberger, 19 November 2002, p. 31: RROHP.
7. 'Afghanistan', briefi ng paper prepared for M. S. Gorbachëv on the history of the decisions on the Soviet military withdrawal from the war in Afghanistan, no earlier than 23 August 1990, p. 1: Anatoli Chernyaev Papers (RESCA), box 2, folder 4.
8. M.S. Gorbachëv at Politburo meeting, 26 June 1986: *V Politbyuro TsK KPSS*, p. 52.
9. Aide-memoire, 'Afghanistan', prepared for M. S. Gorbachëv on the history of the decisions on the Soviet military withdrawal from the war in Afghanistan, no earlier than 23 August 1990, pp. 1-2: Anatoli Chernyaev Papers (RESCA), box 2, folder 4.
10. *Ibid.*, p. 2.
11. Politburo meeting, 13 November 1986: RGASPI, f. 89, op. 42, d. 16, pp. 8-9; Politburo meeting, 13 November 1986: *V Politbyuro TsK KPSS*, pp. 94-5.
12. T. G. Stepanov-Mamaladze working notes, 5 January 1987: T. G. Stepanov-Mamaladze Papers (HIA), box 2.
13. *Ibid.*, 8 January 1987.
14. *Ibid.*, 13 January 1987.
15. Politburo meeting, 21 January 1987, pp. 129-30: Anatoli Chernyaev Papers (RESCA), box 1.
16. Politburo meeting, 21 January 1987, pp. 130-1: *ibid.*; Politburo meeting, 21-22 January 1987: *V Politbyuro TsK KPSS*, pp. 118-20.
17. Politburo meeting, 21 January 1987, p. 131: Anatoli Chernyaev Papers (RESCA), box 1.
18. Politburo meeting, 23-26 February 1987, p. 153: *ibid.*; Politburo meeting, 23 February 1987: *V Politbyuro TsK KPSS*, p. 129.
19. Politburo meeting, 23-26 February 1987, p. 153: Anatoli Chernyaev Papers (RESCA), box 1; Politburo meeting, 23 February 1987: *V Politbyuro TsK KPSS*, p. 129.
20. Politburo meeting, 26 February 1987, p. 156: Anatoli Chernyaev Papers (RESCA), box 1.
21. Politburo meeting, 21-22 May 1987, pp. 232-3: *ibid.*; *V Politbyuro TsK KPSS*, pp. 164-6.
22. Politburo meeting, 21-22 May 1987, pp. 234-5: Anatoli Chernyaev Papers (RESCA), box 1.
23. Politburo meeting, 11 June 1987, p. 248: *ibid.*
24. T. G. Stepanov-Mamaladze working notes, 15 July 1987: T. G. Stepanov-Mamaladze Papers (HIA), box 2.
25. I. Korchilov, *Translating History: Th irty Years on the Front Lines of Diplomacy with a Top Russian Interpreter*, p. 41.
26. Secretary of State to all diplomatic and consular posts, 12 December 1987, a. 4: ECWF.

27. T. G. Stepanov-Mamaladze working notes, 2 January 1988: T. G. Stepanov-Mamaladze Papers (HIA), box 2.
28. *Ibid.*
29. USSR Kabul Embassy meeting: T. G. Stepanov-Mamaladze working notes, 4 January 1988: T. G. Stepanov-Mamaladze Papers (HIA), box 2.
30. T. G. Stepanov-Mamaladze working notes, 11 March 1988: *ibid.*
31. T. G. Stepanov-Mamaladze diary, 23 March 1988: *ibid.*, box 5.
32. A. Chernyaev, *Sovmestnyi iskhod. Dnevnik dvukh epokh. 1971-1991 gody*, p. 749 (2 April 1988); T. G. Stepanov-Mamaladze working notes, 3 April 1988: T. G. Stepanov-Mamaladze Papers (HIA), box 2.
33. Chernyaev, *Sovmestnyi iskhod*, p. 749 (2 April 1988).
34. *Ibid.*, p. 749 (2 April 1988); T. G. Stepanov-Mamaladze working notes, 3 April 1988: T. G. Stepanov-Mamaladze Papers (HIA), box 2.
35. *Ibid.*, 4 April 1988.
36. Politburo meeting, 14 April 1988: *V Politbyuro TsK KPSS*, pp. 288-9; T. G. Stepanov (interview), HIGFC (HIA), box 3, folder 1, p. 8.
37. Politburo meeting, 14 April 1988: *V Politbyuro TsK KPSS*, pp. 288-9; T. G. Stepanov (interview), HIGFC (HIA), box 3, folder 1, p. 8.
38. Politburo meeting, 18 April 1988: *V Politbyuro TsK KPSS*, pp. 290-1.
39. T. G. Stepanov-Mamaladze diary, 4 August 1988: T. G. Stepanov-Mamaladze Papers (HIA), box 5.
40. T. G. Stepanov-Mamaladze working notes, 16 July 1990: *ibid.*, box 3; T. G. Stepanov-Mamaladze diary, 16 July 1990: *ibid.*, box 5.
41. T. G. Stepanov-Mamaladze working notes, 8 January 1987: *ibid.*, box 1, folder 14.
42. Politburo meeting, 18 April 1988: *V Politbyuro TsK KPSS*, p. 291.
43. G. P. Shultz to R. Reagan, 23 June 1988: RRPL, Executive Secretariat, NSC, Head of State Files: USSR: General Secretary Gorbachev, box 41.
44. P. Solomon: third meeting (led by P. Solomon and V. Polyakov), 30 May 1988 (memcon), pp. 5-6: RRPL, Fritz W. Ermath Files, box 92084, 1988 US-Soviet Memcons, May 26-June 3, 1988.
45. T. G. Stepanov-Mamaladze diary, 4 August 1988: T. G. Stepanov-Mamaladze Papers (HIA), box 5.
46. Chernyaev, *Sovmestnyi iskhod*, p. 769 (28 October 1988).
47. T. G. Stepanov-Mamaladze diary, 16 January 1989: T. G. Stepanov-Mamaladze Papers (HIA), box 5.
48. *Ibid.*, 23 January 1989.
49. T. G. Stepanov-Mamaladze working notes, 23 January 1989: T. G. Stepanov-Mamaladze Papers (HIA), box 2.
50. Chernyaev, *Sovmestnyi iskhod*, pp. 782-3 (20 January 1989).
51. E. A. Shevardnadze in a comment to T. G. Stepanov-Mamaladze: T. G. S tepanov-Mamaladze diary, 11 March 1989: T. G. Stepanov-Mamaladze Papers (HIA), box 5.
52. Chernyaev, *Sovmestnyi iskhod*, p. 786 (11 March 1989).

第三十章　領袖身邊的人

1. Directorate of Central Intelligence, 'Soviet Dependence on Imports from the West: Why the Numbers Belie the Rhetoric', November 1988, pp. 2, 5, 7 and 9: CIA Papers.
2. 'Soviet Policy Toward the West and the Gorbachev Challenge', National Intel-ligence Estimate, April 1989, pp. 11-12 and 17: *ibid.*
3. *Washington Post*, 17 April 1987.
4. C. W. Weinberger, 'It's Time to Get S.D.I. Off the Ground', *New York Times*, 21 August 1987.
5. C. Weinberger (interview), HIGFC (HIA), box 3, folder 4, pp. 18 and 54.
6. C. Weinberger to R. Reagan, 15 May 1987: RRPL, Frank C. Carlucci Files, box 92463, Secretary Weinberger (Meetings with President).
7. C. Weinberger, *Annual Report to the Congress: Fiscal Year 1988*, pp. 13, 23-4, 52-5.
8. *Ibid.*, p. 213.
9. *Ibid.*, p. 215.
10. *Wall Street Journal*, 15 May 1987.
11. *Washington Post*, 6 November 1987.
12. T. G. Stepanov-Mamaladze diary, 9 November 1987: T. G. Stepanov-Mamaladze Papers (HIA), box 5.
13. Maureen Dowd, *New York Times*, 12 December 1987.
14. C. P. Weinberger, statement before the Senate Foreign Relations Committee, 2 February 1988, pp. 1-8: Committee on the Present Danger Papers (HIA), box 68.
15. R. Perle, *New York Times*, 1 August 1988.
16. Personal interview with Charles Hill, 22 July 2011.
17. R. B. Dawson to H. H. Baker, memo on conversation with Perle, 19 November 1987: RRPL, H. H. Baker Files, box 2, folder: INF.
18. R. Perle, statement before the Senate Foreign Relations Committee, 16 February 1988, pp. 1-9: Committee on the Present Danger Papers (HIA), box 68.
19. J. J. Kirkpatrick, testimony before the Senate Armed Services Committee, 29 January 1988, pp. 1-6: *ibid.*
20. F. W. Ermath to C. L. Powell, 12 November 1987 (memo): RRPL, Fritz W. Ermath Files, box 92244, Policy Review Group-Summit Planning.
21. Notes on meeting with conference of presidents of major Jewish organiza-tions (Washington), 12 August 1987, p. 5: *ibid.*, Max Green Files, box 39.
22. J. Attali, *Verbatim*, vol. 2: *Chronique des années 1986-1988*, p. 278 (17 March 1987).
23. Interview of G. P. Shultz by D. Brinkley, ABC News, 6 December 1987: Com-mittee on the Present Danger (HIA), box 112, folder: Shultz 1987-1989.
24. *National Review*, 22 January 1987, p. 72.
25. R. Reagan to W. F. Buckley, 5 May 1987: W. F. Buckley Jr, *The Reagan I Knew*, p. 201.
26. R. Nixon and H. Kissinger, 'A Real Peace', *National Review*, 22 May 1987, a. 32.

27. W. F. Buckley to R. Reagan, 18 October 1987: Buckley, *The Reagan I Knew*, a. 205.
28. W. F. Buckley, 'Th ank God He's Gone', *National Review*, 22 January 1988.
29. G. Will, 'Reagan's Disarmament': *Newsweek*, 14 December 1987.
30. Interview with Frank Carlucci, 28 August 2001, p. 24: RROHP.
31. *New York Times*, 18 December 1986.
32. F. Carlucci (interview), HIGFC (HIA), box 1, folder 10, pp. 26-7; G. Shultz (interview), *ibid.*, box 2, folder 20, p. 46; Interview with Frank Carlucci, 28 August 2001, pp. 22-3: RROHP.
33. *Washington Post*, 13 November 1987.
34. F. Carlucci (interview), HIGFC (HIA), box 1, folder 10, pp. 5-6.
35. T. G. Stepanov-Mamaladze diary, 22 March 1988: T. G. Stepanov-Mamaladze Papers (HIA), box 5.
36. Notes for the Politburo, 28 September 1987, p. 6: Anatoli Chernyaev Papers (RESCA), box 2, folder 2.
37. D. Andreas (Chairman, Archer-Daniels-Midland Company) to R. Reagan, 11 July 1988 (memo on meeting with N. I. Ryzhkov): RRPL, Stephen Danzansky Files (NSC): RAC, box 12.
38. Commission on Integrated Long-Term Strategy, *Discriminate Deterrence*, pp. 2, 3, 7 and 28.
39. P. Kennedy, 'Not So Grand Strategy', *New York Review of Books*, 12 May 1988.
40. A. Chernyaev, *Sovmestnyi iskhod. Dnevnik dvukh epokh. 1971-1991 gody*, a. 745 (28 March 1988).
41. *Ibid.*, pp. 747-8 (1 April 1988).
42. A. S. Chernyaev (interview), HIGFC (HIA), box 1, folder 12, pp. 26-7.
43. K. N. Brutents, *Nesbyvsheesya. Neravnodushnye zametki o perestroike*, a. 210.
44. Chernyaev, *Sovmestnyi iskhod*, p. 753 (24 April 1988).
45. *Ibid.*, p. 814 (29 October 1989).
46. V. L. Kataev, diary for 1988, p. 158 (no date): Vitalii Leonidovich Kataev Papers (HIA), box 1, folder 2.
47. L. N. Zaikov, speech, n.d., p. 2: *ibid.*, disk 1, LEW-28.
48. L. N. Zaikov, Th eses (some time in 1987), p. 6: *ibid.*, box 13, folder 28.
49. V. L. Kataev, 'Struktura podgotovki i prinyatiya reshenii po voenno-politicheskim problemam v SSSR', p. 17: *ibid.*, box 16.
50. V. L. Kataev (interview), HIGFC (HIA), box 2, folder 4, p. 21.
51. R. Z. Sagdeev, *The Making of a Soviet Scientist: My Adventures in Nuclear Fusion and Space from Stalin to Star Wars*, pp. 257 and 260.
52. Politburo meeting, 3 March 1988, p. 5: Anatoli Chernyaev Papers (RESCA), box 2, folder 3.
53. Central Committee plenum, 23 May 1988: *V Politbyuro TsK KPSS. Po zapisyam Anatoliya Chernyaeva, Vadima Medvedeva, Georgiya Shakhnazarova, 1985-1991*, pp. 318-19 and 320.
54. T. G. Stepanov-Mamaladze diary, 23 May 1988: T. G. Stepanov-Mamaladze Papers (HIA), box 5.
55. Politburo meeting, 20 June 1988: *V Politbyuro TsK KPSS*, pp. 327-8.
56. T. G. Stepanov (interview), HIGFC (HIA), box 3, folder 1, p. 7.
57. T. G. Stepanov-Mamaladze diary, 13 September 1987: T. G. Stepanov-Mamaladze Papers (HIA), box 5.

58. *Ibid.*, 23 May 1988.
59. Central Committee plenum, 30 September 1988: *V Politbyuro TsK KPSS*,
a. 351.
60. *Ibid.*, p. 351.
61. Central Committee plenum, 28 November 1988: RGASPI, f. 3, op. 5, d. 178, pp. 33 and 35.
62. Central Committee plenum, 30 September 1988: *V Politbyuro TsK KPSS*, pp. 351-2.
63. V. M. Chebrikov, 'O rezul'tatakh raboty po preduprezhdeniyu terroristicheskikh proyavlenii na territorii SSSR', 11 January 1988, pp. 1-5: Dmitri A. Volkogonov Papers (HIA), reel 18.
64. *Ibid.*, p. 772 (9 November 1988).
65. S. F. Akhromeev in S. F. Akhromeev and G. M. Kornienko, *Glazami marshala i diplomata*, p. 216.
66. A. L. Adamishin Papers (HIA), box 1: Diaries 1987, 25 July 1987.
67. *Soviet Intentions 1965-1985*, vol. 2: *Soviet Post-Cold War Testimonial Evidence*: interview of Col. Gen. A. A. Danilevich, 9 December 1994, pp. 67-8.
68. Shevardnadze in conversation with Baker: T. G. Stepanov-Mamaladze working notes, 12 September 1991: T. G. Stepanov-Mamaladze Papers (HIA), box 3.
69. *Soviet Intentions 1965-1985*, vol. 2: interview of Lt. Gen. G. V. Batenin, 6 August 1993, p. 8.
70. R. Braithwaite, 'Moscow Diary', 21 February 1990.
71. T. G. Stepanov-Mamaladze working notes, 25 March 1988: T. G. Stepanov-Mamaladze Papers (HIA), box 2.
72. A. L. Adamishin Papers (HIA), box 1: Diaries 1987, 25 July 1987; V. L. Kataev (interview), HIGFC (HIA), box 2, folder 4, pp. 52-4.
73. S. P. Tarasenko (interview), HIGFC (HIA), box 3, folder 2, p. 27.
74. This was V. L. Kataev's judgement in his untitled memoir notes fi led as PAZNOGL, p. 8: Vitalii Leonidovich Kataev Papers (HIA), disk 3.
75. *Ibid.*, p. 8.
76. *Soviet Intentions 1965-1985*, vol. 2: interview of Col. Gen. A. A. Danilevich, 9 December 1994, p. 68.
77. *Ibid.*: interview of Col. Gen. A. A. Danilevich, 24 September 1992, p. 43.
78. V. L. Kataev, untitled memoir notes fi led as PAZNOGL, p. 3: Vitalii Leonidovich Kataev Papers (HIA), disk 3.
79. V. N. Chernavin (interview), HIGFC (HIA), box 1, folder 11, p. 8.

第三十一章　雷根時代的結束

1. Politburo meeting, 6 June 1988: Anatoli Chernyaev Papers (RESCA), box 1, p. 423.
2. M. S. Gorbachëv to the Political Consultative Committee in Warsaw (Soviet record), 15 July 1988, p. 2: PHPCS.
3. *Ibid.*, pp. 3-4.
4. *Ibid.*, p. 8.

5. *Ibid.*, p. 16.
6. V. L. Kataev, 'Struktura podgotovki i prinyatiya reshenii po voenno-politicheskim problemam v SSSR', p. 21: Vitalii Leonidovich Kataev Papers (HIA), box 16.
7. M. S. Gorbachëv to R. Reagan, 20 September 1988: RRPL, Executive Secre-tariat, NSC, Head of State Files: USSR: General Secretary Gorbachev, box 41.
8. T. G. Stepanov-Mamaladze diary, 23 September 1988: T. G. Stepanov-Mamaladze Papers (HIA), box 5.
9. *Ibid.*
10. G. Shultz: interview with R. Service and P. Robinson, Hoover Institution, 1 September 2009.
11. *New York Times*, 15 October 1988.
12. C. Hill, diary (17 October 1988): Charles Hill Papers (HIA), box 66, folder: Miscellany.
13. Gorbachëv's meeting with E. A. Shevardnadze, A. N. Yakovlev, A. F. Dobrynin, V. M. Falin and A. S. Chernyaev, 31 October 1988: Anatoli Chernyaev Papers (RESCA), box 1, pp. 499-500.
14. Politburo meeting, 24 November 1988: *V Politbyuro TsK KPSS. Po zapisyam Anatoliya Chernyaeva, Vadima Medvedeva, Georgiya Shakhnazarova, 1985-1991*, p. 361.
15. *Ibid.*
16. Gorbachëv's meeting with E. A. Shevardnadze, A. N. Yakovlev, A. F. Dobrynin, V. M. Falin and A. S. Chernyaev, 31 October 1988: Anatoli Chernyaev Papers (RESCA), box 1, p. 500.
17. Politburo meeting, 20 June 1988: *V Politbyuro TsK KPSS,* pp. 327-8.
18. T. G. Stepanov-Mamaladze diary, 7 December 1988 (aft erthoughts written a day later, pp. 109-11): T. G. Stepanov-Mamaladze Papers (HIA), box 5; V. L. Kataev, 'Kartina kontsa 80-x', fi led as 80-90, p. 3: Vitalii Leonidovich Kataev Papers (HIA), disk 3.
19. T. G. Stepanov-Mamaladze diary, 6 December 1988: T. G. Stepan-ov-Mamaladze Papers (HIA), box 5.
20. *Ibid.*, 7 December 1988.
21. M. S. Gorbachëv, *Sobranie sochinenii*, vol. 13, pp. 20, 22, 23-4, 31-2, 33-4 and 36.
22. T. G. Stepanov-Mamaladze diary, 7 December 1988: T. G. Stepanov-Mamaladze Papers (HIA), box 5.
23. Meeting on Governors Island, 7 December 1988 (memcon): National Secu-rity Archive Electronic Briefi ng Book no. 261, doc. 8, p. 2.
24. *Ibid.*, pp. 2-6.
25. Phone conversation (New York) between G. H. W. Bush and M. S. Gor-bachëv, 8 December 1988: *Otvechaya na vyzov vremeni: Vneshnyaya politika perestroiki: Dokumental'nye svidetel'stva*, p. 221.
26. T. G. Stepanov-Mamaladze diary, 7 December 1988: T. G. Stepanov-Mamaladze Papers (HIA), box 5; T. G. Stepanov-Mamaladze working notes, 7 December 1988: T. G. Stepanov-Mamaladze Papers (HIA), box 2.
27. A. Adamishin and R. Schift er, *Human Rights, Perestroika, and the End of the Cold War*, pp. 175-6 (R. Schift er).
28. *Ibid.*, p. 179.
29. *Ibid.*, p. 180.

30. Politburo meeting, 27-8 December 1988: RGASPI, f. 89, op. 42, d. 24, pp. 1-2.
31. *Ibid.*, p. 3.
32. *Ibid.*, pp. 4-6 and 8-10.
33. *Ibid.*, pp. 6 and 12.
34. Politburo meeting minutes, 27-28 December 1988: *ibid.*, f. 89, op. 17, d. 42, a. 13.
35. Politburo meeting, 27-28 December 1988: *ibid.*, f. 89, op. 42, d. 24, pp. 8-9.
36. Politburo meeting minutes, 27-28 December 1988: *ibid.*, f. 89, op. 17, d. 42, pp. 13-19.
37. *Ibid.*, pp. 22-4.
38. *Ibid.*, pp. 24-5.
39. *Ibid.*, p. 25.
40. *Ibid.*, pp. 25-6.
41. Politburo meeting, 27-8 December 1988: *ibid.*, f. 89, op. 42, d. 24, pp. 16-17.
42. *Ibid.*, pp. 13-14.
43. Politburo meeting minutes, 27-28 December 1988: *ibid.*, f. 89, op. 17, d. 42, pp. 26-8.
44. *Ibid.*, pp. 32-4.
45. *Ibid.*, p. 34.

第三十二章　布希的遲疑

1. *New York Times*, 3 November 1989.
2. *Ibid.*
3. G. H. W. Bush to M. S. Gorbachëv, letter handed over by H. Kissinger in Moscow, 17 January 1989: *Otvechaya na vyzov vremeni: Vneshnyaya politika perestroiki: Dokumental'nye svidetel'stva*, p. 223.
4. Telephone conversation between G. H. W. Bush and M. S. Gorbachëv, 23 January 1989, p. 2: http://bushlibrary.tamu.edu/research/pdfs/memcons_ telcons/1989-01-23--Gorbachev.pdf
5. T. G. Stepanov-Mamaladze diary, 8 January 1989: T. G. Stepanov-Mamaladze Papers (HIA), box 5.
6. *New York Times*, 25 January 1989.
7. C. Hill, notes (5 March 1992) on 'Transition', p. 1: Charles Hill Papers (HIA), box 67.
8. J. Attali, *Verbatim*, vol. 3: *Chronique des années 1988-1991*, p. 271 (F. Mitterrand, 28 June 1989).
9. First AAASS Conference on Science, Arms Control and National Security, 4-5 December 1986, p. 44: Thomas H. Johnson Papers (HIA), box 52.
10. G. H. W. Bush, 'Address on Administration Goals', 9 February 1989: http://bushlibrary.tamu.edu/research/public_papers.php?id=51&year=1989& month=2.
11. Attali, *Verbatim*, vol. 3, p. 202 (31 March 1989).
12. Central Committee plenum, 10 January 1989: RGASPI, f. 3, op. 5, d. 195, p. 20.
13. Briefing paper for Big Five (Politburo commission) meeting of 16 January 1989, pp. 1-3: Vitalii Leonidovich Kataev Papers (HIA), box 13, folder 29.
14. 'Iz besedy s G. Kissindzherom, 17 yanvarya 1989 goda', *Otvechaya na vyzov vremeni*, pp. 221-3.

15. Recollection in T. G. Stepanov-Mamaladze diary, 6 February 1989: T. G. Stepanov-Mamaladze Papers (HIA), box 5.
16. Politburo meeting, 24 January 1989, p. 6: Anatoli Chernyaev Papers (RESCA), box 1b. I have translated *balovalis'* as 'did not play up'-with its notion of childish naughtiness.
17. Politburo meeting, 24 January 1989, p. 5: *ibid.*
18. 'Zapis' besedy A. N. Yakovleva c politologom i gosudarstvennym deyatelem SShA G. Kissindzherom', 16 January 1989: *Aleksandr Yakovlev. Perestroika, 1985-1991. Neizdannoe, maloizvestnoe, zabytoe*, pp. 305-6.
19. Notes for Politburo meeting, 24 January 1989, p. 4: Anatoli Chernyaev Papers (RESCA), box 1b, folder 4.
20. V. Falin, *Bez skidok na obstoyatel'stva: politicheskie vospominaniya*, p. 437.
21. Politburo meeting, 24 January 1989: Anatoli Chernyaev Papers (RESCA), box 1, p. 6.
22. Falin, *Bez skidok na obstoyatel'stva*, p. 436.
23. Politburo meeting, 24 January 1989: *V Politbyuro TsK KPSS. Po zapisyam Anatoliya Chernyaeva, Vadima Medvedeva, Georgiya Shakhnazarova, 1985-1991*, pp. 375-6.
24. Politburo meeting, 24 January 1989: Anatoli Chernyaev Papers (RESCA), box 1b, pp. 4-5.
25. *Ibid.*, p. 4.
26. *Ibid.*, p. 5.
27. Excerpt from Politburo decree, 1 February 1989, pp. 1-3: Vitalii Leonidovich Kataev Papers (HIA), box 4, folder 31.
28. V. L. Kataev, untitled memoir notes fi led as PAZNOGL, p. 10: *ibid.*, disk 3.
29. V. L. Kataev, 'Sovetskii voenno-promyshlennyi kompleks', p. 30: *ibid.*, box 16.
30. *Ibid.*, p. 33.
31. O. D. Baklanov and I. S. Belousov's commentary on V. A. Kryuchkov's a nalysis of the socio-economic consequences of 'conversion', 4 March 1989: *ibid.*, box 11, folder 30, pp. 1-2.
32. *Ibid.*, pp. 3-4.
33. J. Abrahamson to Deputy Secretary of Defense, 9 February 1989: Albert J. Wohlstetter Papers (HIA), box 24, folder 4.
34. See the report on progress in laser-beam uniformity in Laboratory for *Laser Energetics Review: Quarterly Report* (Laboratory for Laser Energetics, University of Rochester), July-September 1989, pp. 185-202.
35. G. H. W. Bush, memo on National Security Review no. 12, 3 March 1989, pp. 1-10: National Security Archive, End of the Cold War series, box A1, folder 1.
36. T. G. Stepanov-Mamaladze diary, 5-7 March 1989: T. G. Stepanov-Mamaladze Papers (HIA), box 5; T. G. Stepanov-Mamaladze working notes, 7 March 1989: T. G. Stepanov-Mamaladze Papers (HIA), box 2.
37. *Ibid.*, 6 March 1989.
38. T. G. Stepanov-Mamaladze diary, 5-7 March 1989: *ibid.*, box 5.

39. *Ibid.*
40. *Ibid.*; T. G. Stepanov-Mamaladze working notes, 6 March 1989: *ibid.*, box 2.
41. G. E. Brown to V. A. Medvedev, no earlier than 9 March 1989: Vitalii Leonidovich Kataev Papers, box 14, folder 26.
42. See S. White, *Aft er Gorbachev*, pp. 52-3.
43. T. G. Stepanov-Mamaladze diary, 9-18 April 1989, p. 1: T. G. Stepanov-Mamaladze Papers (HIA), box 5.
44. *Ibid.*, p. 36.
45. T. G. Stepanov(-Mamaladze) (interview), HIGFC (HIA), box 3, folder 1, a. 33.
46. *Guardian*, 19 April 1989.
47. 'Besedy N. I. v Lyuksemburge. 18.04.1989 g.', pp. 1-3: A. L. Adamishin Papers (HIA), box 1: Diaries 1989.
48. *Ibid.*, pp. 6-7.
49. *Ibid.*, pp. 8-9.
50. *Ibid.*, p. 13.
51. *Ibid.*, pp. 11-12.
52. Response to National Security Review no. 12-Review of US Defense Strategy, part 1, 16 March 1989, pp. 7-12: National Security Archive, End of the Cold War series, box A1, folder 1.
53. Response to National Security Review no. 12-Review of US Defense Strategy, part 2, US Defense Objectives and Strategies for the 1990s and Beyond, 3 April 1989, pp. 3, 5 and 10: *ibid.*
54. *Ibid.*
55. *Washington Post*, 5 April 1989.
56. *New York Times*, 2 April 1989.
57. *Ibid.*, 2 May 1989, p. 1.
58. R. Braithwaite, 'Moscow Diary', 25 April 1989.
59. L. N. Zaikov's report to M. S. Gorbachëv, 15 May 1990, pp. 1-3: Vitalii Leonidovich Kataev Papers (HIA), box 10, folder 2.
60. Excerpt from Politburo minutes, 25 April 1990 and accompanying 'Informat-sionnyi material ob ob"ekte v Sverdlovske': Dmitri A. Volkogonov Papers (HIA), reel 17.
61. Politburo Commission on Arms Reduction Talks (minutes), 27 July 1989, pp. 1-4: Vitalii Leonidovich Kataev Papers (HIA), box 13, folder 29.
62. Aide-memoire on chemical and biological weapons (no earlier than 16 March 1990), pp. 1-2: *ibid.*, box 10, folder 4.
63. Conversation between M. S. Gorbachëv and J. A. Baker (Moscow), 11 May 1989: *Otvechaya na vyzov vremeni*, pp. 227-30.
64. *Ibid.*, p. 231.
65. Response to National Security Review no. 12-Review of US Defense Strategy. Executive Summary,

13 May 1989, pp. 1-10: National Security Archive, End of the Cold War series, box A1, folder 1.

66. *Ibid.*, pp. 22-4.
67. G. H. W. Bush to M. S. Gorbachëv, 29 May 1989, pp. 1-2: Vitalii Leonidovich Kataev Papers (HIA), box 8, folder 20.
68. Associated Press, 13 June 1989.
69. Conversation M. S. Gorbachëv and F. Mitterrand, 4 July 1989: Gorbachëv Foundation Archive, fond 1, op. 1, reproduced in P. Stroilov, *Behind the Desert Storm*, p. 130; conversation between M. S. Gorbachëv and F. Mitterrand conversation, 5 July 1989: *ibid.*
70. G. H. W. Bush to M. S. Gorbachëv, 21 July 1989: G. Bush, *All the Best, George Bush: My Life in Letters and Other Writings*, pp. 433-4.
71. A. Chernyaev, *Sovmestnyi iskhod. Dnevnik dvukh epokh. 1971-1991 gody*, a. 818 (10 December 1989).
72. Central Committee plenum, 28 May 1989: Anatoli Chernyaev Papers (RESCA), box 1, pp. 71-2.
73. O. S. Belyakov to O. D. Baklanov, 6 June 1989: Vitalii Leonidovich Kataev Papers (HIA), box 13, folder 29.
74. T. G. Stepanov-Mamaladze working notes, 28 July 1989: T. G. Stepanov-Mamaladze Papers (HIA), box 2.
75. J. A. Baker III with T. M. DeFrank, *The Politics of Diplomacy: Revolution, War, and Peace, 1989-1992*, p. 139.
76. T. G. Stepanov-Mamaladze working notes, 21 September 1989: T. G. Stepanov-Mamaladze Papers (HIA), box 2.
77. T. G. Stepanov-Mamaladze diary, 21 August 1989: *ibid.*, box 5.
78. Memcon, meeting of G. H. W. Bush and E. A. Shevardnadze, 21 September 1989, p. 6: http://bushlibrary.tamu.edu/research/pdfs/memcons_telcons/1989-09-21-Shevardnadze.pdf
79. T. G. Stepanov-Mamaladze working notes, 21 September 1989: T. G. Stepanov-Mamaladze Papers (HIA), box 2.
80. *Ibid.*, 22 September 1989.
81. Chernyaev, *Sovmestnyi iskhod*, pp. 809-10 (15 October 1989).
82. T. G. Stepanov-Mamaladze working notes, 22 September 1989: T. G. Stepanov-Mamaladze Papers (HIA), box 2.
83. Baker with DeFrank, *The Politics of Diplomacy*, pp. 145-50.
84. Thomas Friedman, 'Baker Bars Expert's Speech About Gorbachev's Chances', *New York Times*, 27 October 1989.

第三十三章　中國與亞洲

1. Politburo meeting, 4 December 1986, p. 102: Anatoli Chernyaev Papers (RESCA), box 1a; see also the conversation between M. S. Gorbachëv and T. Zhivkov (Moscow), 11 May 1987: *Otvechaya na vyzov vremeni: Vneshnyaya politika perestroiki: Dokumental'nye svidetel'stva*, p. 531.

2. T. G. Stepanov-Mamaladze diary, 23 July 1987: T. G. Stepanov-Mamaladze Papers (HIA), box 5.
3. Politburo meeting, 8 May 1987: Anatoli Chernyaev Papers (RESCA), box 1, p. 220.
4. Shevardnadze's analysis in T. G. Stepanov-Mamaladze working notes, 11 May 1987: T. G. Stepanov-Mamaladze Papers (HIA), box 1.
5. *Ibid.*, 1-3 December 1988: box 2; Qian Qichen, *Ten Episodes in China's D iplomacy*, pp. 23-6.
6. Politburo meeting, 22 May 1987: *Otvechaya na vyzov vremeni*, p. 830.
7. K. Tōgō, *Japan's Foreign Policy, 1945-2009*, p. 244.
8. Meeting with newspaper editors, writers and ideological personnel, 7 May 1988: Anatoli Chernyaev Papers (RESCA), box 1, p. 411.
9. T. G. Stepanov-Mamaladze diary, 19 December 1988: T. G. Stepanov-Mamaladze Papers (HIA), box 5.
10. *Ibid.*, 20 December 1988.
11. *Ibid.*, 8 January 1989.
12. James Mann's interview with James Lilley, 10 September 1996, p. 5: Jim Mann Papers (HIA), box 60.
13. *Ibid.*, 3 February 1989.
14. Czechoslovak record of Li Peng's trip to Moscow, pp. 1-4, 22-23 December 1985: PHPCS.
15. *Ibid.*, pp. 5-6.
16. A. L. Adamishin Papers (HIA), box 1: Notes on Ministry of Foreign Aff airs collegium meetings, 25 April 1987, p. 8.
17. *Ibid.*, p. 7.
18. *Ibid.*, p. 8.
19. Politburo meeting, 8 May 1987: Anatoli Chernyaev Papers (RESCA), box 1, a. 220.
20. T. G. Stepanov-Mamaladze diary, 3 February 1989: T. G. Stepanov-Mamaladze Papers (HIA), box 5.
21. *Ibid.*, 4 February 1989.
22. T. G. Stepanov-Mamaladze working notes, 4 February 1989: *ibid.*, box 2.
23. T. G. Stepanov-Mamaladze diary, 4 February 1989: *ibid.*, box 5.
24. T. G. Stepanov-Mamaladze working notes, 4 February 1989: *ibid.*, box 2.
25. *Ibid.*
26. T. G. Stepanov-Mamaladze diary, 4 February 1989: *ibid.*, box 5; T. G. Stepanov-Mamaladze working notes, 4 February 1989: *ibid.*, box 2.
27. E. Shevardnadze, *Kogda rukhnul zheleznyi zanaves: vstrechi i vospominaniya*, a. 115.
28. T. G. Stepanov-Mamaladze diary, 4 February 1989: T. G. Stepanov-Mamaladze Papers (HIA), box 5.
29. *Ibid.*, 5 February 1989.
30. *Ibid.*, 16 February 1989; E. A. Shevardnadze and M. S. Gorbachëv, Politburo meeting, 16 February 1989: Central Committee plenum report by M. S. Gorbachëv, 23 April 1985: *V Politbyuro TsK KPSS*, p. 388.
31. Conversation between M. S. Gorbachëv and H. Assad, 24 April 1987: Gorbachëv Foundation Archive, fond 1, op. 1, reproduced in P. Stroilov, *Behind the Desert Storm*, p. 73.

32. T. G. Stepanov-Mamaladze diary, 17-27 February 1989: T. G. Stepanov-Mamaladze Papers (HIA), box 5.
33. *Ibid.*, n.d. but aft er 17-27 February 1989.
34. *Ibid.*
35. A. S. Chernyaev's notes on conversation between M. S. Gorbachëv and K. K. Katushev (3 March 1989), reproduced in Stroilov, *Behind the Desert Storm*, p. 64.
36. US embassy (Beijing) to Secretary of State, 18 April 1989: BEIJIN 10518: Jim Mann Papers (HIA), box 8.
37. State Department memo for B. Scowcroft , 13 May 1989, pp. 2-3: *ibid.*
38. Politburo meeting, 8 May 1987: Anatoli Chernyaev Papers (RESCA), box 1, a. 220.
39. Gorbachëv's conversation with his aides, 29 September 1986: Anatoli Chernyaev Papers (RESCA), box 1, p. 71.
40. Conversation with A. S. Chernyaev, 5 August 1988: *ibid.*, box 2, folder 2.
41. Gorbachëv frequently cast doubt on the eff ectiveness of Deng's path of reforms. In May 1987, when Todor Zhivkov returned from a visit to China full of admiration for the profusion of goods on sale, Gorbachëv interrupted with sceptical remarks. Two months later Gorbachëv told Rajiv Gandhi that China was running out of foreign currency and that sales of its industrial output were restricted to its elites: Karen Brutents reports these conversations, without documentary references, in *Nesbyvsheesya. Neravnodushnye zametki o perestroike*, pp. 228-9.
42. Qichen, *Ten Episodes in China's Diplomacy*, pp. 29-30.
43. T. G. Stepanov-Mamaladze working notes, 16 May 1989: T. G. Stepanov-Mamaladze Papers (HIA), box 2.
44. Discussion in Shevardnadze's entourage: *ibid.*, 19 May 1989: T. G. StepanovMamaladze Papers (HIA), box 2.
45. *Ibid.*, 16 May 1989.
46. *Ibid.* 47. *Ibid.*
48. *Ibid.*
49. M. S. Gorbachëv, speech, 17 May 1989: M. S. Gorbachëv, *Sobranie sochinenii*, vol. 14, pp. 207-20.
50. T. G. Stepanov-Mamaladze diary, 17 May 1989: T. G. Stepanov-Mamaladze Papers (HIA), box 5.
51. *Ibid.*
52. T. G. Stepanov-Mamaladze working notes, 18 May 1989: *ibid.*, box 2.
53. Karen Brutents reports the conversation, without documentary reference, in *Nesbyvsheesya. Neravnodushnye zametki o perestroike*, pp. 228-9.
54. M. S. Gorbachëv to the Political Consultative Committee in Bucharest (Soviet record), 7 July 1989, p. 30: PHPCS.
55. J. A. Baker to G. H. Bush, memo, not later than 5 June 1989: US Department of State FOIA Documents.
56. *Los Angeles Times*, 6 June 1989.
57. *Ibid.*, 9 April 1989.

58. Background briefi ng on Sino-Soviet arms reduction talks (n.d.): Vitalii Leo-nidovich Kataev Papers (HIA), box 10, folder 16. For the background see B. Lo, *Axis of Convenience: Moscow, Beijing and the New Geopolitics*, pp. 28-9.
59. Karen Brutents reports the conversation, without documentary reference, in *Nesbyvshcheesya. Neravnodushnye zametki o perestroika*, pp. 228-9. See also above, note 53.

第三十四章　世界共產主義的墓誌銘

1. V. O. Korotych, diary no. 1, 22 February 1988 (misdated as 1987): Vitalii Korotych Papers (HIA).
2. A. N. Yakovlev, 'Ob itogakh soveshchaniya sekretarei TsK bratskikh partii sotsialisticheskikh stran po ideologicheskim voprosam (Ulan-Bator, 16-17 marta 1988 g.': memorandum to the Central Committee, 21 March 1988: *Aleksandr Yakovlev. Perestroika, 1985-1991. Neizdannoe, maloizvestnoe, zabytoe*, pp. 187-91.
3. Report to Central Committee plenum, 26 June 1969: RGASPI, f. 2, op. 3, d. 161, pp. 5-6 and 8-14. See also S. Pons, *Berlinguer e la fi ne del comunismo*, p. 10.
4. See O. A. Westad, *The Global Cold War: Th ird World Interventions and the Making of Our Times*, pp. 378-95.
5. RGASPI, f. 89, op. 2, d. 2: decree of Party Secretariat, 6 May 1988.
6. V. Zagladin, Deputy Head of the International Department, to the Central Committee secretariat, 15 May 1987: *ibid*., f. 89, op. 11, d. 41.
7. Excerpt from Secretariat meeting minutes, 18 January 1988: *ibid*., f. 89, op. 13, d. 17.
8. Memo of K. N. Brutents, 6 January 1989: *ibid*., f. 89, op. 13, d. 34.
9. Memo from V. M. Falin to the Central Committee, 5 December 1989; excerpt from Politburo meeting minutes, 11 December 1989: Dmitri A. Volkogonov Papers (HIA), reel 18.
10. Excerpt from Secretariat meeting, 22 February, and accompanying note from the International and Ideological Departments, pp. 1-3: *ibid*., reel 1.
11. A. Adamishin, *Beloe solntse Angoly*, pp. 183-4.
12. A. L. Adamishin Papers (HIA), box 1: Diaries 1988, 16 April 1988; Adamishin, *Beloe solntse Angoly*, p. 104.
13. T. G. Stepanov-Mamaladze working notes, 10 May 1988: T. G. Stepanov-Mamaladze Papers (HIA), box 2.
14. A. L. Adamishin Papers (HIA), box 1: Diaries 1988, 25 August 1988.
15. Adamishin, *Beloe solntse Angoly*, pp. 59, 175-7 and 181.
16. A. S. Chernyaev to A. N. Yakovlev, 30 September 1988: A. S. Chernyaev, *Shest' let s Gorbachëvym*, pp. 259-60; A. S. Chernyaev to A. N. Yakovlev, 10 October 1988: Anatoli Chernyaev Papers (RESCA), box 2, folder 3.
17. Excerpt from Politburo meeting minutes, 19 September 1989: RGASPI, f. 89, op. 10, d. 43.
18. Excerpt from Politburo minutes, 20 December 1989 plus N. I. Ryzhkov's proposal: *ibid*., f. 89, op. 9, d. 66, pp. 1-2.

19. G. Kh. Shakhnazarov and A. S. Chernyaev to M. S. Gorbachëv, 10 October 1989: Anatoli Chernyaev Papers (RESCA), box 2, folder 4.
20. Briefing paper on 'Military-Technical Collaboration' (n.d. but no earlier than 1992), p. 4: Vitalii Leonidovich Kataev Papers (HIA), box 12, folder 30.
21. T. G. Stepanov-Mamaladze diary, 8 January 1989: T. G. Stepanov-Mamaladze Papers (HIA), box 5.
22. *Ibid*., 27 October 1985.
23. *Ibid*., 17 November 1985.
24. *Ibid*., 7 October 1987.
25. T. G. Stepanov-Mamaladze working notes, 8 October 1987: *ibid*., box 1.
26. A. L. Adamishin Papers (HIA), box 1: Diaries 1988, 30 March 1988, pp. 1-3.
27. A. Chernyaev, *Sovmestnyi iskhod. Dnevnik dvukh epokh. 1971-1991 gody*, p. 781 (15 January 1989).
28. Politburo meeting, 28 March 1989: Anatoli Chernyaev Papers (RESCA), box 1, p. 5; Politburo meeting, 28 March 1989: *V Politbyuro TsK KPSS. Po zapisyam Anatoliya Chernyaeva, Vadima Medvedeva, Georgiya Shakhnazarova, 1985-1991*, p. 397.
29. Politburo meeting, 13 April 1989: Anatoli Chernyaev Papers (RESCA), box 1, pp. 35-7.
30. Excerpt from Politburo meeting minutes, 17 February 1990 plus proposal from E. A. Shevardnadze and A. N. Yakovlev: RGASPI, f. 89, op. 9, d. 80, pp. 1-6.
31. Briefing paper on 'Military-Technical Collaboration' (n.d. but no earlier than 1992), p. 1: Vitalii Leonidovich Kataev Papers (HIA), box 12, folder 30.
32. M. Moiseev to L. N. Zaikov, 21 March 1990: RGASPI, f. 89, op. 2, d. 10, pp. 1-2.
33. Aide-memoire, 'Afghanistan', prepared for M. S. Gorbachëv on the history of the decisions on the Soviet military withdrawal from the war in Afghanistan, no earlier than 23 August 1990, p. 17: Anatoli Chernyaev Papers (RESCA), box 2, folder 4.
34. Excerpt from Politburo meeting minutes, 13 April 1990, including memo from Shevardnadze, Yakovlev and Kryuchkov: RGASPI, f. 89, op. 9, d. 177.
35. J. F. Matlock to J. A. Baker, telegram, 23 June 1989: US Department of State FOIA Documents.
36. Proposal by V. Ryvin (Deputy Chief of the International Department), 13 May 1991: RGASPI, f. 89, op. 4, d. 29, p. 1.
37. Draft letter, prepared on the International Department's advice, from M. S. Gorbachëv, May 1990: Dmitri A. Volkogonov Papers (HIA), reel 1.

第三十五章　東歐共產政權紛紛倒台

1. Party International Department to A. N. Yakovlev, February 1989: National Security Archive, End of the Cold War series, Box A8.
2. Politburo meeting, 12 March 1989: Anatoli Chernyaev Papers (RESCA), box 1, p. 31.
3. A. Chernyaev, *Sovmestnyi iskhod. Dnevnik dvukh epokh. 1971-1991 gody*, p. 787 (3 April 1989).
4. See M. Kramer, 'Gorbachev and the Demise of East European Communism', in S. Pons and F. Romero

(eds), *Reinterpreting the End of the Cold War. Issues, Interpretations, Periodizations*, p. 188.
5. T. G. Stepanov-Mamaladze diary, 20 May 1989: T. G. Stepanov-Mamaladze Papers (HIA), box 5.
6. J. Attali, *Verbatim*, vol. 3: *Chronique des années 1988-1991*, p. 241 (conversation between F. Mitterrand and G. H. W. Bush, 20 May 1989).
7. See A. Paczkowski, *The Spring Will Be Ours: Poland and the Poles from Occupation to Freedom*, pp. 507-8.
8. The first serious reference is made on 16 August; and what is more, no mention appears in that entry to Shevardnadze's personal reaction: T. G. Stepanov-Mamaladze working notes in T. G. Stepanov-Mamaladze Papers (HIA), box 2.
9. Andrei Kozyrev's testimony: R. Braithwaite, 'Moscow Diary', 12 April 1991.
10. T. G. Stepanov-Mamaladze diary, 9 June 1989: T. G. Stepanov-Mamaladze Papers (HIA), box 5.
11. M. S. Gorbachëv to the Political Consultative Committee in Bucharest (Soviet record), 7 July 1989, p. 2: PHPCS.
12. *Ibid.*, pp. 7-8.
13. *Ibid.*, pp. 11-13.
14. *Ibid.*, p. 22.
15. Conversation between M. S. Gorbachëv and F. Mitterrand (Moscow), 25 November 1988: *Otvechaya na vyzov vremeni: Vneshnyaya politika perestroiki: Dokumental'nye svidetel'stva*, p. 400.
16. M. S. Gorbachëv to the Political Consultative Committee in Bucharest (Soviet record), 7 July 1989, p. 25: PHPCS.
17. W. Jaruzelski to the Political Consultative Committee in Bucharest (East German record, translated into English), 7 July 1989, pp. 1-5: *ibid.*
18. Memcon, meeting of G. H. W. Bush and W. Jaruzelski, 10 July 1989, pp. 1-3: http://bushlibrary.tamu.edu/research/pdfs/memcons_telcons/1989-07-10-Jaruzelski.pdf
19. Memcon, meeting of G. H. W. Bush and M. Rakowski, 10 July 1989, p. 3: *ibid.*
20. Memcon, meeting of G. H. W. Bush and M. Németh, 12 July 1989, p. 3: http://bushlibrary.tamu.edu/research/pdfs/memcons_telcons/1989-07-12-Nemeth.pdf
21. Memcon, meeting of G. H. W. Bush and I. Poszgay, 12 July 1989, p. 2: http://bushlibrary.tamu.edu/research/pdfs/memcons_telcons/1989-07-12-Poszgay.pdf
22. Braithwaite, 'Moscow Diary', 12 July 1989.
23. 'Zapis' besedy A. N. Yakovleva s poslom v SSSR Dzh. Metlokom', 20 July 1989: *Aleksandr Yakovlev. Perestroika, 1985-1991. Neizdannoe, maloizvestnoe, zabytoe*, pp. 340-2.
24. See Kramer, 'Gorbachev and the Demise of East European Communism', a. 189.
25. See also *ibid.*, p. 190.
26. T. G. Stepanov-Mamaladze diary, 16 August 1989: T. G. Stepanov-Mamaladze Papers (HIA), box 5.
27. *Ibid.*
28. *Gazeta Wyborcza*, 29 September-1 October 1989, p. 6.

29. GDR Ambassador Plashke to G. Wittag, telegram, 20 August 1989: Poland, 1986-1989: The End of the System (HIA), box 1, folder 2, item 22, pp. 1-2; offi cial GDR response to Foreign Aff airs Minister Totu, 29 August 1989, box 1, folder 2, item 29, p. 1.
30. *Gazeta Wyborcza*, 29 September-1 October 1989, p. 6.
31. See Kramer, 'Gorbachev and the Demise of East European Communism', a. 190.
32. See M. Kramer, 'The Demise of the Soviet Bloc', pp. 788-854, citing especially 'Vstrechi v Varshave', *Izvestiya*, 27 August 1988, p. 3.
33. See Paczkowski, *The Spring Will Be Ours*, pp. 508-9.
34. L. V. Shebarshin (interview), HIGFC (HIA), box 2, folder 19, p. 21.
35. *Ibid.*, pp. 22-3.
36. V. A. Medvedev (interview), *ibid.*, box 2, folder 10, p. 46.
37. Braithwaite, 'Moscow Diary', 13 September 1989.
38. Central Committee plenum, 19 September 1989: RGASPI, f. 3, op. 5, d. 318, a. 8.
39. Central Committee plenum, 19 September 1989: *ibid.*, f. 3, op. 5, d. 323, a. 182; for Bush's speech on 7 September 1989 see http://bushlibrary.tamu.edu/research/public_papers.php?id=872&year=1989&month=9.
40. Proposal to the Central Committee by E. A. Shevardnadze, A. N. Yakovlev, D. T. Yazov and V. M. Kryuchkov, 20 September 1989, pp. 8-12: Zelikow-Rice Papers (HIA), box 3.
41. Excerpt from minute on Politburo meeting, 28 September 1989 and accom-panying proposal: RGASPI, f. 89, op. 9, d. 33, pp. 1-5.
42. Attali, *Verbatim*, vol. 3, p. 297 (conversation between F. Mitterrand and M. Thatcher, 1 September 1989).
43. Chernyaev, *Sovmestnyi iskhod*, p. 808 (9 October 1989).
44. National Security Archive Electronic Briefi ng Book no. 293, doc. 3: A. S. Chernyaev's notes on conversation between M. S. Gorbachëv and M. Thatcher, 23 September 1989, p. 4.
45. *Ibid.*
46. Chernyaev, *Sovmestnyi iskhod*, p. 808 (9 October 1989).
47. V. Falin, *Bez skidok na obstoyatel'stva: politicheskie vospominaniya*, p. 440.
48. *Ibid.*, p. 442.
49. East German Politburo, 7 October 1989: *Mikhail Gorbachëv i germanskii vopros*, pp. 209-12.
50. Chernyaev, *Sovmestnyi iskhod*, pp. 805-6 (5 October 1989).
51. Conversation between M. S, Gorbachëv and E. Honecker, 7 October 1989: *Mikhail Gorbachëv i germanskii vopros*, pp. 206-7.
52. Chernyaev, *Sovmestnyi iskhod*, pp. 805-6 (5 and 8 October 1989).
53. *Ibid.*, p. 808 (11 October 1989).
54. DPA report (18 August 1991) on Tisch's article in *Kurier am Sonntag*: John Koehler Papers (HIA), box 52, folder: End of the DDR, 1990-1997.
55. V. I. Varennikov (interview), HIGFC (HIA), box 3, folder 3, p. 23.

56. Braithwaite, 'Moscow Diary', 23 October 1989; T. G. Stepanov-Mamaladze diary, 21-29 October 1989: T. G. Stepanov-Mamaladze Papers (HIA), box 5; E. A. Shevardnadze, speech to USSR Supreme Soviet, 23 October 1989: *Pravda*, 24 October 1989.
57. V. A. Aleksandrov (interview), HIGFC (HIA), box 1, folder 2, p. 42.
58. Politburo meeting, 12 October 1989: *V Politbyuro TsK KPSS. Po zapisyam Anatoliya Chernyaeva, Vadima Medvedeva, Georgiya Shakhnazarova, 1985-1991*, p. 443.
59. Joint memorandum of the Hungarian Foreign Aff airs Ministry and the Ministry of National Defence on the future of the Warsaw Treaty (translated into English), pp. 4-5, 6 March 1989: PHPCS.
60. E. A. Shevardnadze to the Warsaw Pact's Foreign Ministers' meeting in Warsaw (East German report), 26 October 1989, pp. 6, 14, 24 and 28: *ibid.*
61. Record of conversation between M. S. Gorbachëv and W. Brandt, 17 October 1989: *Mikhail Gorbachëv i germanskii vopros*, pp. 229-30.
62. Record of conversation between Alexander Yakovlev and Zbigniew Brzezinski, 31 October 1989, pp. 4-5: ECWF, MTG-1989-10-31-AY-ZB.
63. 'Memorandum of Krenz-Gorbachëv Conversation, 1 November 1989', *Cold War International History Project Bulletin*, no. 12/13 (2001), p. 19.
64. Conversation between M. S. Gorbachëv and E. Krenz, 1 November 1989: *Mikhail Gorbachëv i germanskii vopros*, pp. 238-9.
65. Excerpt from record of conversation between M. S. Gorbachëv and E. Krenz, 1 November 1989: Poland, 1986-1989: The End of the System (HIA), box 1, folder 2, item 32, pp. 26-7 from A. S. Chernyaev Archive.
66. Politburo meeting, 3 November 1989: *V Politbyuro TsK KPSS*, p. 450.
67. *Ibid.*, p. 451.
68. T. G. Stepanov-Mamaladze working notes, 19 November 1989: T. G. Stepan-ov-Mamaladze Papers (HIA), box 2.
69. *Deutsche Einheit: Sonderedition aus den Akten des Bundeskanzleramtes 1989/90*, pp. 492-6.
70. T. Stepanov-Mamaladze working notes, 9 November 1989: T. G. Stepanov-Mamaladze Papers (HIA), box 2.
71. Telephone conversation of G. H. W. Bush and H. Kohl, 10 November 1989, a. 1: http://bushlibrary.tamu.edu/research/pdfs/memcons_telcons/1989-11-10--Kohl.pdf
72. Conversation between M. S. Gorbachëv and H. Kohl, 11 November 1989: *Mikhail Gorbachëv i germanskii vopros*, p. 249.
73. Attali, *Verbatim*, vol. 3, p. 339 (14 November 1989).
74. T. G. Stepanov-Mamaladze working notes, 18 November 1989: T. G. Stepanov-Mamaladze Papers (HIA), box 2.
75. V. M. Falin (interview), HIGFC (HIA), box 1, folder 15, p. 33.
76. *Ibid.*, p. 34.

77. H. Teltschik, *329 Tagen: Innenansichten der Einigung*, pp. 44-6 (21 November 1989). See also A. Grachev, *Gorbachev's Gamble: Soviet Foreign Policy and the End of the Cold War*, pp. 144-5; M. E. Sarotte, *1989: The Struggle to Create Post-Cold War Europe*, pp. 71-2.
78. H. Kohl, speech to the Bundestag, 28 November 1989: German History in Documents and Images (http://ghdi.ghi-dc.org/sub_document.cfm? document_id=223&language=german).
79. Conversation of G. H. W. Bush and H. Kohl, 29 November 1989 (telcon), a. 4: http://bushlibrary.tamu.edu/research/pdfs/memcons_telcons/1989-11-29--Kohl.pdf
80. Attali, *Verbatim*, vol. 3, p. 350 (28 November 1989).
81. Braithwaite, 'Moscow Diary', 7 December 1989 (conversation with V. M. Falin); A. G. Kovalëv (interview), HIGFC (HIA), box 2, folder 6, p. 16.

第三十六章　馬爾他高峰會

1. *New York Times*, 15 November 1989.
2. CIA National Intelligence Estimate: 'The Soviet System in Crisis: Prospects for the Next Two Years', 18 November 1989, pp. vi-vii: ECWF, INT-1989-1118.
3. E. Rowny to J. A. Baker, 17 November 1989, p. 1: *ibid.*, STY-1989-11-17Rowny.
4. B. Scowcroft to G. H. Bush, 30 November 1989, pp. 3-4: *ibid.*
5. J. F. Matlock to Secretary of State, 14 November 1989, pp. 1-3: *ibid.*, STY1989-11-14.
6. Telephone conversation between G. H. W. Bush and H. Kohl, 29 November 1989, p. 5: http://bushlibrary.tamu.edu/research/pdfs/memcons_telcons/1989-11-29--Kohl.pdf.
7. G. H. W. Bush to M. S. Gorbachëv, 22 November 1989: G. Bush, *All the Best, George Bush: My Life in Letters and Other Writings*, p. 444.
8. J. A. Baker to G. H. W. Bush, 29 November 1989, pp. 1-4: ECWF, STY-1989-11-29.
9. A. Chernyaev, *Sovmestnyi iskhod. Dnevnik dvukh epokh. 1971-1991 gody*, p. 802 (16 September 1989).
10. *Ibid.*, pp. 812-13 (23 October 1989).
11. 'Primernyi perechen' voprosov k vstreche c Dzh. Bushem, 2-3 dekabrya 1989 goda', pp. 1-7: Vitalii Leonidovich Kataev Papers (HIA), box 4, folder 27.
12. Politburo meeting, 22 September 1988: Anatoli Chernyaev Papers (RESCA), box 2, folder 3.
13. T. G. Stepanov-Mamaladze working notes, 29 November 1989: T. G. Stepanov-Mamaladze Papers (HIA), box 3.
14. Conversation between M. S. Gorbachëv and A. Casaroli (Moscow), 13 June 1988: *Otvechaya na vyzov vremeni: Vneshnyaya politika perestroiki: Dokumental'nye svidetel'stva*, pp. 494-6.
15. Conversation between John Paul II and M. S. Gorbachëv (Vatican), 1 December 1989: *ibid.*, pp. 501-2; T. G. Stepanov-Mamaladze diary, 1 December 1989: T. G. Stepanov-Mamaladze Papers (HIA), box 5; Gorbachëv's report to the leaders of Warsaw Pact countries: T. G. Stepanov-Mamaladze working notes, 1 and 4 December 1989: *ibid.*, box 2.
16. Chernyaev, *Sovmestnyi iskhod*, p. 819 (10 December 1989).

17. One-on-one conversation between G. H. Bush and M. S. Gorbachëv (Malta), 2 December 1989: *Otvechaya na vyzov vremeni*, pp. 234-6.
18. Chernyaev, *Sovmestnyi iskhod*, p. 822 (10 December 1989); Malta talks between G. H. Bush and M. S. Gorbachëv (Malta), 2 December 1989: *Otvechaya na vyzov vremeni*, pp. 237-9.
19. Chernyaev, *Sovmestnyi iskhod*, p. 822 (10 December 1989).
20. *Ibid.*, p. 824 (10 December 1989); Malta talks between G. H. Bush and M. S. Gorbachëv (Malta), 2 December 1989: *Otvechaya na vyzov vremeni*, p. 240.
21. Chernyaev, *Sovmestnyi iskhod*, pp. 823-4 (10 December 1989); Malta summit talks between G. H. Bush and M. S. Gorbachëv (Malta), 2 December 1989: *Otvechaya na vyzov vremeni*, pp. 236-7.
22. Lunchtime summit talks between G. H. Bush, J. A. Baker and M. S. Gorbachëv (Malta), 2 December 1989: *ibid.*, p. 243; Chernyaev, *Sovmestnyi iskhod*, pp. 824-5 (10 December 1989).
23. Chernyaev, *Sovmestnyi iskhod*, p. 825 (10 December 1989).
24. Malta summit talks between G. H. Bush and M. S. Gorbachëv, 3 December 1989: *Otvechaya na vyzov vremeni*, pp. 243-4.
25. *Ibid.*, p. 246.
26. Chernyaev, *Sovmestnyi iskhod*, pp. 826-7 (10 December 1989).
27. *Ibid.*, pp. 827-8.
28. Malta summit talks between G. H. Bush and M. S. Gorbachëv, 3 December 1989: *Otvechaya na vyzov vremeni*, p. 247.
29. *Ibid.*
30. One-on-one conversation between G. H. Bush and M. S. Gorbachëv (Malta), 3 December 1989: *ibid.*, pp. 248-9.
31. T. G. Stepanov-Mamaladze diary, 3 December 1989: T. G. Stepan-ov-Mamaladze Papers (HIA), box 5.
32. Secretary of State to Tokyo and Beijing embassies, 8 December 1989: STATE 391698: Jim Mann Papers (HIA), box 8.
33. Meeting of G. H. W. Bush and H. Kohl, 3 December 1989 (memcon), pp. 1-4: George Bush Presidential Library, http://bushlibrary.tamu.edu/research/ pdfs/memcons_telcons/1989-12-03--Kohl.pdf.
34. B. Scowcroft to G. H. W. Bush (memo), 5 December 1989: STY-1989-12-05.
35. T. G. Stepanov-Mamaladze diary, 4 December 1989: T. G. Stepan-ov-Mamaladze Papers (HIA), box 5.
36. T. G. Stepanov-Mamaladze working notes, 4 December 1989: *ibid.*, box 2.
37. T. G. Stepanov-Mamaladze diary, 4 December 1989: *ibid.*, box 5.
38. T. G. Stepanov-Mamaladze working notes, 4 December 1989: *ibid.*, box 2.
39. T. G. Stepanov-Mamaladze diary, 4 December 1989: *ibid.*, box 5.
40. T. G. Stepanov-Mamaladze working notes, 4 December 1989: *ibid.*, box 2.
41. T. G. Stepanov-Mamaladze diary, 4 December 1989: *ibid.*, box 5.
42. *Ibid.*; T. G. Stepanov-Mamaladze working notes, 4 December 1989: *ibid.*, box 2.
43. T. G. Stepanov-Mamaladze diary, 4 December 1989: *ibid.*, box 5.

44. 'Initsiativy prezidenta Busha, vydvinutye v khode vstrechi na Mal'te' (unsigned, n.d.), p. 1: Vitalii Leonidovich Kataev Papers (HIA), box 4, folder 3.
45. 'Plenum TsK KPSS-9 dekabrya 1989 goda. Stenografi cheskii otchët', *Izvestiya TsK KPSS*, no. 4 (1990), pp. 58 and 61.
46. *Ibid.*, pp. 61-2.
47. *Ibid.*, pp. 27-9.
48. *Ibid.*, pp. 76-9.

第三十七章　重劃歐洲地圖

1. 'Zapis' besedy M. S. Gorbachëva s ministrom inostrannykh del FRG G.-D. Gensherom', 5 December 1989, pp. 33-6: Zelikow-Rice Papers (HIA), box 3.
2. Conversation between M. S. Gorbachëv and H.-D. Genscher, 5 December 1989: *Mikhail Gorbachëv i germanskii vopros*, pp. 276-7.
3. 'Zapis' besedy M. S. Gorbachëva s prezidentom Frantsii F. Mitteranom', 5 December 1989, pp. 38-9: Zelikow-Rice Papers (HIA), box 3.
4. 'Beseda [V. Zagladina] s Zhakom Attali v Kiev', 6 December 1989, p. 37: *ibid.*
5. J. Attali, *Verbatim*, vol. 3: *Chronique des années 1988-1991*, p. 371 (conversation between F. Mitterrand and M. Thatcher, 8 December 1989).
6. *Ibid.*, pp. 369-70.
7. *Ibid.*, p. 371.
8. T. G. Stepanov-Mamaladze diary, 21 December 1989: T. G. Stepanov-Mamaladze Papers (HIA), box 5.
9. *Ibid.*, 17 December 1989.
10. R. Braithwaite, 'Moscow Diary', 4 November 1989.
11. T. G. Stepanov-Mamaladze diary, 17 December 1989: T. G. Stepanov-Mamaladze Papers (HIA), box 5.
12. V. A. Medvedev (interview), HIGFC (HIA), box 2, folder 10, p. 35.
13. Meeting of M. S. Gorbachëv, N. I. Ryzhkov, N. Ceauşescu and C. Dadalescu, 4 December 1989: Ş. Săndulescu, *Decembrie '89: Lovitura de stat a confi scate revoluţie română*, pp. 289-93.
14. T. G. Stepanov-Mamaladze diary, 17 December 1989: T. G. Stepanov-Mamaladze Papers (HIA), box 5.
15. Politburo meeting, 23 December 1989: RGASPI, f. 89, op. 9, d. 67.
16. T. G. Stepanov-Mamaladze diary, 3 January 1990: T. G. Stepanov-Mamaladze Papers (HIA), box 5.
17. *Ibid.*, 6 January 1990.
18. *Ibid.*
19. See M. E. Sarotte, *1989: The Struggle to Create Post-Cold War Europe*, p. 99.
20. G. K. Shakhnazarov, *S vozdyami i bez nikh*, p. 173.
21. Politburo meeting, 26 January 1990: *V Politbyuro TsK KPSS. Po zapisyam Anatoliya Chernyaeva, Vadima Medvedeva, Georgiya Shakhnazarova, 1985-1991*, p. 474.
22. Shakhnazarov, *S vozdyami i bez nikh*, p. 173.

23. V. L. Kataev, diary notes on arms reduction and 'Five' work, 1988-1990, 29 January 1990: Vitalii Leonidovich Kataev Papers (HIA), box 2, folder 5.
24. T. G. Stepanov-Mamaladze diary, 1 February 1990: T. G. Stepanov-Mamaladze Papers (HIA), box 5.
25. T. G. Stepanov-Mamaladze diary, 11 February 1990: *ibid.*, box 5.
26. Politburo minute, 9 March 1990: RGASPI, f. 89, op. 8, d. 78, p. 1.
27. See also M. Kramer, 'Gorbachev and the Demise of East European Commu-nism', in S. Pons and F. Romero (eds), *Reinterpreting the End of the Cold War. Issues, Interpretations, Periodizations*, p. 193.
28. Central Committee plenum, 5 February 1990: RGASPI, f. 3, op. 5, d. 420, p. 11.
29. *Ibid.*, f. 3, op. 5, d. 421, pp. 20-1.
30. *Ibid.*, p. 113.
31. *Ibid.*, f. 3, op. 5, d. 422, pp. 27-8.
32. Politburo meeting, 29 January 1990: *V Politbyuro TsK KPSS*, p. 481.
33. J. A. Baker to E. A. Shevardnadze, 3 February 1990: Vitalii Leonidovich Kataev Papers (HIA), box 4, folder 35.
34. Meeting of J. A. Baker and E. A. Shevardnadze, 9 February 1990 (memcon), a. 3: National Security Archive, Soviet Flashpoints, box 38.
35. 'O peregovorakh c Dzh. Beikerom, 7-8 fevralya 1990, pp. 1-5: Vitalii Leonidovich Kataev Papers (HIA), box 4, folder 36.
36. J. A. Baker to all diplomatic posts, 13 February 1990, pp. 3-4: US Department of State FOIA Documents.
37. First telephone conversation of G. H. W. Bush and H. Kohl, 13 February 1990, pp. 1-2: http://bushlibrary.tamu.edu/research/pdfs/memcons_telcons/1990-02-13--Kohl%20%5B1%5D.pdf. See also P. Zelikow and C. Rice, *Germany Unifi ed and Europe Transformed: A Study in Statecraft* , p. 184.
38. Official Soviet note on Baker's position in the Moscow talks: Vitalii Leonidovich Kataev Papers (HIA), box 4, folder 36; memcon: J. A. Baker, M. S. Gorbachëv and E. A. Shevardnadze, 9 February 1990, pp. 6 and 9-11: National Security Archive, Soviet Flashpoints, box 38.
39. Excerpt from Soviet record of conversation between M. S. Gorbachëv and J. A. Baker, 9 February 1990: *Otvechaya na vyzov vremeni: Vneshnyaya politika perestroiki: Dokumental'nye svidetel'stva*, p. 379.
40. Official Soviet note on Baker's position in the Moscow talks: Vitalii L eonidovich Kataev Papers (HIA), box 4, folder 36; meeting of J. A. Baker, M. S. Gorbachëv and E. A. Shevardnadze, 9 February 1990 (memcon), pp. 6 and 9-11: National Security Archive, Soviet Flashpoints, box 38.
41. J. Baker, 'Remarks before the International Aff airs Committee of the USSR Supreme Soviet, 10 February 1990', pp. 1-3: Committee on the Present Danger, box 115.
42. J. Baker, 'The New Russian Revolution: Toward Democracy in the Soviet Union' (Washington, DC: US Department of State, March 1990), pp. 1-2 and 7; meeting of J. A. Baker, M. S. Gorbachëv and E. A. Shevardnadze, 9 F ebruary 1990 (memcon), pp. 4 and 11: National Security Archive, Soviet Flashpoints, box 38.

43. Baker, 'The New Russian Revolution', pp. 4-9.
44. Record of conversation between M. S. Gorbachëv and H. Kohl, 10 February 1990: *Mikhail Gorbachëv i germanskii vopros*, pp. 341-53.
45. T. G. Stepanov-Mamaladze diary, 14 February 1990: T. G. Stepanov-Mamaladze Papers (HIA), box 5.
46. *Ibid.*, 13 February 1990.
47. *Ibid.*
48. *Ibid.*, 14 February 1990.
49. *Ibid.*, 24 February 1990.
50. V. A. Kryuchkov to M. S. Gorbachëv and the Supreme Soviet, 14 February 1990: RGASPI, f. 89, op. 51, d. 16, p. 2.
51. *Ibid.*
52. *Ibid.*, pp. 4-6.
53. Excerpt from phone conversation between G. H. Bush and M. S. Gorbachëv, 28 February 1990: Vitalii Leonidovich Kataev Papers (HIA), disk 2, TEL-GERM.
54. Telephone conversation of G. H. W. Bush and M. S. Gorbachëv, 28 Feb-ruary 1990, p. 3: http://bushlibrary.tamu.edu/research/pdfs/memcons_telcons/1990-02-28--Gorbachev.pdf
55. J. A. Baker to G. H. Bush, cabled memo, 20 March 1990, section 2, pp. 1-2: US Department of State FOIA Documents.
56. *Ibid.*, section 3, p. 1.
57. *Ibid.*, p. 4.
58. T. G. Stepanov-Mamaladze diary, 22 March 1990: T. G. Stepanov-Mamaladze Papers (HIA), box 5.
59. See M. Dennis, *The Rise and Fall of the German Democratic Republic, 1945-1990*, pp. 279-83 and 296-97.
60. N. S. Leonov, *Likholet'e*, p. 328.
61. Politburo Commission on Arms Reduction Talks (minutes), 30-31 March 1990, p. 2: Vitalii Leonidovich Kataev Papers (HIA), box 13, folder 29; V. L. Kataev (interview), HIGFC (HIA), box 2, folder 4, p. 58; V. L. Kataev, untitled memoir notes fi led as PAZNOGL, p. 10: Vitalii Leonidovich Kataev Papers (HIA), disk 3.
62. Aide-memoir, based on report from Yu. K. Nazarkin: T. G. Stepanov-Mamaladze working notes, 6 April 1990: T. G. Stepanov-Mamaladze Papers (HIA), box 3; V. L. Kataev, 'Problemy voennoi politiki', p. 9: Vitalii Leonidovich Kataev Papers (HIA), box 16; V. L. Kataev, untitled memoir notes fi led as PAZNOGL, pp. 9-10: *ibid.*, disk 3.
63. T. G. Stepanov-Mamaladze diary, 6 April 1990: T. G. Stepanov-Mamaladze Papers (HIA), box 5. Stepanov-Mamaladze's information came from Yu. K. Nazarkin, who attended the Big Five.
64. 'Direktivy dlya peregovorov ministra inostrannykh del SSSR s Prezidentom SShA Dzh. Bushem i gosudarstvennym sekretarëm Dzh. Beikerom, 4-6 aprelya 1990 goda', pp. 44-6: RGASPI, f. 89, op. 9, d. 100.

65. Letter of M. S. Gorbachëv to G. W. Bush, to be delivered by E. A. Shevard-nadze on 4-6 April 1990, pp. 1-6: RGASPI, f. 89, op. 9, d. 101.
66. T. G. Stepanov-Mamaladze diary, 3 April 1990: T. G. Stepanov-Mamaladze Papers (HIA), box 5.
67. T. G. Stepanov-Mamaladze working notes, 5 April 1990: *ibid.*, box 3.
68. Attali, *Verbatim*, vol. 3, p. 460 (6 April 1990).
69. S. F. Akhromeev in S. F. Akhromeev and G. M. Kornienko, *Glazami marshala i diplomata*, p. 232.
70. *Ibid.*
71. T. G. Stepanov-Mamaladze working notes, 6 April 1990: T. G. Stepanov-Mamaladze Papers (HIA), box 3. Stepanov-Mamaladze's information came from Yu. K. Nazarkin, who attended the Big Five.
72. *Ibid.*, 13 April 1990 (?): T. G. Stepanov-Mamaladze Papers (HIA), box 3.
73. *Ibid.*, 12 April 1990.
74. Attali, *Verbatim*, vol. 3, p. 468 (19 April 1990).
75. V. Falin, *Konfl ikty v Kremle: sumerki bogov po-russki*, pp. 163-4 and 168; the memorandum is reproduced *ibid.*, pp. 368-85.
76. Shevardnadze in conversation with US Senate delegation led by John Glenn: T. G. Stepanov-Mamaladze working notes, 12 April 1990: T. G. StepanovMamaladze Papers (HIA), box 3.
77. *Ibid.*, 4 May 1990.
78. Notes on conversation between J. A. Baker and V. P. Karpov, 20 April 1990: Vitalii Leonidovich Kataev Papers (HIA), box 4, folder 37.
79. T. G. Stepanov-Mamaladze working notes, 5 May 1990 : T. G. Stepanov-Mamaladze Papers (HIA), box 3.
80. Excerpt from Politburo minutes, 25 April 1990 and accompanying 'Informat-sionnyi material ob ob"ekte v Sverdlovske': Dmitri A. Volkogonov Papers (HIA), reel 17.
81. Braithwaite, 'Moscow Diary', 14 May 1990; Soviet minute on A. A. Bessmert-nykh's meeting with J. F. Matlock and R. Braithwaite, 14 May 1990, pp. 1-3: Vitalii Leonidovich Kataev Papers (HIA), box 10, folder 1.
82. *Ibid.*, p. 4.
83. L. N. Zaikov's report to M. S. Gorbachëv, 15 May 1990, pp. 1-3: *ibid.*, box 10, folder 2.
84. M. Moiseev to L. N. Zaikov, 13 June 1990, pp. 1-3: *ibid.*, box 10, folder 4.
85. L. N. Zaikov, V. Kryuchkov, E. A. Shevardnadze, D. Yazov, O. Baklanov and I. Belousov to M. S. Gorbachëv, June 1990: *ibid.*
86. *Washington Post*, 30 April 1990.
87. *Ibid.*, 29 June 1990.
88. T. G. Stepanov-Mamaladze diary, 30 April 1990: T. G. Stepanov-Mamaladze Papers (HIA), box 5.
89. *Ibid.*, 1 May 1990.
90. Memcon of J. A. Baker's intervention at NATO Council meeting, 3 May 1990, pp. 2-5: US NATO Mission to Secretary of State, 10 May 1990, US Department of State FOIA Documents.

第三十八章　新德國

1. J. Attali, *Verbatim*, vol. 3: *Chronique des années 1988-1991*, pp. 506-7 (1 June 1990).
2. J. A. Baker to H.-D. Genscher via US Embassy (Bonn), 4 May 1990 (sent from Bonn a day later): US Department of State FOIA Documents.
3. Excerpt from Soviet minute on M. S. Gorbachëv's meeting with J. A. Baker, 11 May 1990: Vitalii Leonidovich Kataev Papers (HIA), box 4, folder 38.
4. H. Teltschik, *329 Tagen: Innenansichten der Einigung*, pp. 230-2 (14 May 1990).
5. *Ibid.*, pp. 234 and 235 (14 and 15 May 1990).
6. One-on-one meeting between G. H. W. Bush and H. Kohl, 17 May 1990, p. 3: http://bushlibrary.tamu.edu/research/pdfs/memcons_telcons/1990-05-17-Kohl%20%5B1%5D.pdf
7. Teltschik, *329 Tagen*, p. 243 (21 and 22 May 1990).
8. *Ibid.*, p. 269 (12 June 1990).
9. T. G. Stepanov-Mamaladze working notes, 23 May 1990 : T. G. Stepan-ov-Mamaladze Papers (HIA), box 3.
10. Second meeting of G. H. W. Bush and H. Kohl, 17 May 1990, memcon, p. 5: http://bushlibrary.tamu.edu/research/pdfs/memcons_telcons/1990-05-17-Kohl%20%5B2%5D.pdf
11. I. Korchilov, *Translating History: Th irty Years on the Front Lines of Diplomacy with a Top Russian Interpreter*, p. 278.
12. G. Bush, diary entry, 31 May 1990: G. Bush, *All the Best, George Bush: My Life in Letters and Other Writings*, p. 471.
13. *Ibid.*, 1 June 1990, p. 472.
14. V. Falin, *Konfl ikty v Kremle: sumerki bogov po-russki*, p. 172. In an interview, Falin remembered the comment diff erently: 'Eduard is not right.': V. M. Falin (interview), HIGFC (HIA), box 1, folder 15, p. 40.
15. V. M. Falin (interview), HIGFC (HIA), box 1, folder 15, p. 41.
16. G. Bush in G. Bush and B. Scowcroft , *A World Transformed*, pp. 282-3.
17. *Ibid.*, p. 283.
18. M. S. Gorbachëv to the Political Consultative Committee in Moscow (East German record, translated into English), 7 June 1990, p. 3: PHPCS; T. G. Stepanov-Mamaladze diary, 9 June 1990: T. G. Stepanov-Mamaladze Papers (HIA), box 5. Stepanov-Mamaladze recorded the events of 7 June 1990 two days later.
19. M. S. Gorbachëv to the Political Consultative Committee in Moscow (East German record, translated into English), 7 June 1990, p. 3: PHPCS.
20. *Ibid.*, p. 6.
21. Telephone conversation of G. H. W. Bush and H. Kohl, 1 June 1990, p. 1: http://bushlibrary.tamu.edu/research/pdfs/memcons_telcons/1990-06-01-Kohl.pdf
22. M. S. Gorbachëv to the Political Consultative Committee in Moscow (East German record, translated into English), 7 June 1990, pp. 8-10: PHPCS.

23. Warsaw Pact States' Declaration at Political Consultative Committee in Moscow: *Pravda*, 8 June 1990.
24. See M. E. Sarotte, *1989: The Struggle to Create Post-Cold War Europe*, p. 171.
25. Interview in *Rabochaya tribuna*, 12 June 1990; V. L. Kataev, untitled memoir notes fi led as PAZNOGL, p. 10: Vitalii Leonidovich Kataev Papers (HIA), disk 3.
26. R. Braithwaite, 'Moscow Diary', 19 July 1990.
27. US State Department's Briefi ng Book on the NATO Summit in London, 5-6 July 1990, pp. 3-4: PHPCS.
28. Meeting of G. H. W. Bush and H. Kohl, 8 June 1990 (Washington, memcon), p. 3: http://bushlibrary.tamu.edu/research/pdfs/memcons_telcons/1990-06-08--Kohl.pdf
29. Meeting of G. H. W. Bush and H. Kohl, 9 July 1990 (Houston, memcon), pp. 1-2: http://bushlibrary.tamu.edu/research/pdfs/memcons_telcons/199007-09--Kohl.pdf; Teltschik, *329 Tagen*, p. 305 (9 July 1990).
30. Attali, *Verbatim*, vol. 3, p. 533 (sherpas' discussion, 9 July 1990).
31. Opening session of the Economic Summit of Industrialized Nations (Houston, memcon), 9 July 1990, pp. 2 and 6-7; first plenary session of the Economic Summit of Industrialised Nations (Houston), 10 July 1990, memcon, pp. 4-6; Teltschik, *329 Tagen*, pp. 306-10 (10-11 July 1990); Attali, *Verbatim*, vol. 3, pp. 533-4 (10 July 1990).
32. T. G. Stepanov-Mamaladze working notes, 16 July 1990: T. G. Stepanov-Mamaladze Papers (HIA), box 3.
33. Braithwaite, 'Moscow Diary', 16 July 1990.
34. Teltschik, *329 Tagen*, p. 310 (11 July 1990); Attali, *Verbatim*, vol. 3, pp. 533-4 (10 July 1990).
35. Teltschik, *329 Tagen*, p. 316 (13 July 1990).
36. V. M. Falin to M. S. Gorbachëv, 9 July 1990 (appendix 19): Falin, *Konfl ikty v Kremle*, pp. 386-92.
37. *Ibid.*, pp. 185-7.
38. Teltschik, *329 Tagen*, p. 325 (15 July 1990).
39. H. Kohl, *Erinnerungen*, vol. 3: *1990-1994*, pp. 169-70.
40. *Ibid.*, p. 332; T. G. Stepanov-Mamaladze diary, 16 July 1990: T. G. Stepanov-Mamaladze Papers (HIA), box 5; record of conversation between M. S. Gorbachëv and H. Kohl, 16 July 1990: *Mikhail Gorbachëv i germanskii vopros*, p. 507; A. Chernyaev, *Sovmestnyi iskhod. Dnevnik dvukh epokh. 1971-1991 gody*, p. 865 (15 July 1990).
41. Record of conversation between M. S. Gorbachëv and H. Kohl, 16 July 1990: *Mikhail Gorbachëv i germanskii vopros*, p. 509, 511-13, 517 and 519.
42. T. G. Stepanov-Mamaladze diary, 17 July 1990: T. G. Stepanov-Mamaladze Papers (HIA), box 5.
43. T. G. Stepanov-Mamaladze working notes, 16 July 1990: T. G. Stepanov-Mamaladze Papers (HIA), box 3.
44. H.-D. Genscher, *Erinnerungen*, p. 837.

45. Falin, *Konfl ikty v Kremle*, pp. 156-7, 180 and 187.
46. Ye. K. Ligachëv (interview), HIGFC (HIA), box 2, folder 9, p. 32.
47. T. G. Stepanov-Mamaladze diary, 16 July 1990: T. G. Stepanov-Mamaladze Papers (HIA), box 5; T. G. Stepanov-Mamaladze working notes, 16 July 1990: *ibid.*, box 3.
48. G. Bush in Bush and Scowcroft , *A World Transformed*, pp. 296-7.
49. Telephone conversation of G. H. W. Bush and H. Kohl, 17 July 1990, p. 2: http://bushlibrary.tamu.edu/research/pdfs/memcons_telcons/1990-07-17-Kohl.pdf
50. Phone conversation between M. S. Gorbachëv and G. H. W. Bush, 17 July 1990: *Otvechaya na vyzov vremeni: Vneshnyaya politika perestroiki: Dokumental'nye svidetel'stva*, p. 266.
51. Phone conversation between M. S. Gorbachëv and G. H. W. Bush, 17 July 1990: M. S. Gorbachëv, *Sobranie sochinenii*, vol. 21, pp. 277-8.
52. A. L. Adamishin Papers (HIA), box 1: Diaries 1990, March 1990.
53. A. L. Adamishin (interview), HIGFC (HIA), box 1, folder 1, p. 23.
54. A. N. Yakovlev (interview), *ibid.*, box 3, folder 5, p. 17.
55. E. I. Primakov (interview), *ibid.*, box 2, folder 14, p. 6.
56. See above, p. 432; and excerpt from Soviet record of conversation between M. S. Gorbachëv and J. A. Baker, 9 February 1990: *Otvechaya na vyzov vremeni*, a. 379. A. E. Stent gives an excellent account of the Gorbachëv-Baker conver-sation, albeit one that is more defi nite about the implications of the contents than I have adopted, in *Russia and Germany Reborn: Unifi cation, the Soviet Collapse, and the New Europe*, pp. 113-14 and 225.
57. J. A. Baker and E. A. Shevardnadze (West Berlin, memcon), 22 July 1990, pp. 4-5 and 12-14: National Security Archive, Soviet Flashpoints, box 38.
58. Record of conversation between M. S. Gorbachëv and H. Kohl, 7 September 1990: *Mikhail Gorbachëv i germanskii vopros*, pp. 555-6.
59. Record of conversation between M. S. Gorbachëv and H. Kohl, 10 September 1990: *ibid.*, p. 565.
60. Record of conversation between M. S. Gorbachëv and R. von Weizsäcker, 9 November 1990: *ibid.*, p. 597.
61. Record of conversation between M. S. Gorbachëv and T. Waigel, 10 November 1990: *ibid.*, p. 622.
62. A. G. Kovalëv (interview), HIGFC (HIA), box 2, folder 6, p. 36.
63. Politburo vote, 4 April 1990: Dmitri A. Volkogonov Papers (HIA), reel 1.
64. Coded telegram to Soviet embassy, 16 October 1990: *ibid.*

第三十九章　波羅的海三角

1. J. Attali, *Verbatim*, vol. 3: *Chronique des années 1988-1991*, p. 275 (conversation between F. Mitterrand and M. S. Gorbachëv, 5 July 1989).
2. Politburo meeting, 23 February 1987: *V Politbyuro TsK KPSS. Po zapisyam Anatoliya Chernyaeva, Vadima Medvedeva, Georgiya Shakhnazarova, 1985-1991*, pp. 127-9.
3. Politburo meeting, 23 February 1987, p. 152: Anatoli Chernyaev Papers (RESCA), box 1.

4. T. G. Stepanov-Mamaladze diary, 15 and 23 December 1986: T. G. Stepanov-Mamaladze Papers (HIA), box 5.
5. E. Shevardnadze, *Kogda rukhnul zheleznyi zanaves: vstrechi i vospominaniya*, p. 199.
6. T. G. Stepanov-Mamaladze working notes, 26 April 1988: T. G. Stepanov-Mamaladze Papers (HIA), box 2, folder 7; T. G. Stepanov-Mamaladze diary, 28 April 1988: *ibid.*, box 5; T. G. Stepanov-Mamaladze, 'K besede s nemtsami iz Nut'ingena' (retrospective notes: n.d.), p. 1: *ibid.*, box 2.
7. V. Bakatin, *Izbavlenie ot KGB*, p. 45.
8. Survey of operational information of the Lithuanian SSR KGB, 22 April 1987 (p. 2): Lithuanian SSR KGB (HIA), K-1/10/712.
9. Survey of operational information of the Lithuanian SSR KGB, 6 March 1987 (pp. 1-6): *ibid.*
10. Survey of operational information of the Lithuanian SSR KGB, 10 June 1987 (pp. 2-3): *ibid.*
11. V. Landsbergis, *Lithuania Independent Again: The Autobiography of Vytautas Landsbergis*, pp. 113-14.
12. F. D. Bobkov (interview), HIGFC (HIA), box 1, folder 6, p. 28.
13. *Ibid.*, p. 28 and 32.
14. A. N. Yakovlev, theses for speech at the Politburo, 18 August 1988: *Aleksandr Yakovlev. Perestroika, 1985-1991. Neizdannoe, maloizvestnoe, zabytoe*, pp. 218-22.
15. *Ibid.*, pp. 221 and 223.
16. Politburo meeting, 24 January 1989: Anatoli Chernyaev Papers (RESCA), box 1, p. 6; Politburo meeting, 24 January 1989: *V Politbyuro TsK KPSS*, p. 376.
17. Draft policy document (signed by V. A. Medvedev, Yu. D. Maslyukov, N. Slyunkov, A. N. Yakovlev, A. I. Lukyanov and G. Razumovski), 1 February 1990, pp. 1-5: Dmitri A. Volkogonov Papers (HIA), reel 1.
18. 'Zapis' besedy A. N. Yakovleva s poslom SShA v SSSR Dzh. Metlokom', 30 March 1990: *Aleksandr Yakovlev. Perestroika*, pp. 437-42.
19. J. A. Baker and G. H. Bush, 20 March 1990 (memo), section 2, p. 3: US Department of State FOIA Documents.
20. T. G. Stepanov-Mamaladze working notes, 5 April 1990: T. G. Stepanov-Mamaladze Papers (HIA), box 3.
21. Politburo meeting, 11 May 1989: Anatoli Chernyaev Papers (RESCA), box 1, pp. 62-3.
22. *Ibid.*, p. 64.
23. *Ibid.*, p. 65.
24. *Ibid.*
25. Politburo meeting, 14 July 1989: *V Politbyuro TsK KPSS*, pp. 427-8.
26. Politburo meeting, 14 July 1989: Anatoli Chernyaev Papers (RESCA), box 1, pp. 73-4.
27. *Ibid.*, 75-6.
28. *Ibid.*, pp. 78-9.
29. *Ibid.*, p. 82.
30. Central Committee plenum, 19 September 1989: RGASPI, f. 3, op. 5, d. 295, pp. 31-2.
31. Politburo meeting, 9 November 1989: Anatoli Chernyaev Papers (RESCA), box 1, p. 99.

32. *Ibid.*, p. 100.
33. T. G. Stepanov-Mamaladze working notes, 19 November 1989: T. G. Stepanov-Mamaladze Papers (HIA), box 2.
34. *Ibid.*, 18 November 1989.
35. One-on-one conversation between G. H. Bush and M. S. Gorbachëv (Malta), 3 October 1989: *Otvechaya na vyzov vremeni: Vneshnyaya politika perestroiki: Dokumental'nye svidetel'stva*, pp. 248-9.
36. Central Committee plenum, 25 December 1989: RGASPI, f. 3, op. 5, d. 374, pp. 194-5.
37. M. S. Gorbachëv, speech in the House of Culture (Vilnius), 11 January 1990: M. S. Gorbachëv, *Sobranie sochinenii*, vol. 18, pp. 73-85.
38. T. G. Stepanov-Mamaladze diary, 12 January 1990: T. G. Stepanov-Mamaladze Papers (HIA), box 5.
39. *Ibid.*, 16 January 1990.
40. Politburo meeting, 13 February 1990: Anatoli Chernyaev Papers (RESCA), box 1b, p. 48.
41. Politburo meeting, 22 March 1990: *ibid.*, pp. 59-60.
42. *Ibid.*, p. 60.
43. *Ibid.*, pp. 60-1.
44. 'Ukazaniya dlya besedy ministra inostrannykh del SSSR s Prezidentom SShA Dzh. Bushem (Vashington, 6 aprelya 1990 goda)', pp. 2-46: RGASPI, f. 89, op. 9, d. 100.
45. T. G. Stepanov-Mamaladze diary, 6 April 1990: T. G. Stepanov-Mamaladze Papers (HIA), box 5.
46. J. A. Baker to G. H. Bush, 9 May 1990, memo: US Department of State FOIA Documents.
47. T. G. Stepanov-Mamaladze working notes, 6 April 1990: T. G. Stepanov-Mamaladze Papers (HIA), box 3.
48. *Ibid.*
49. R. Braithwaite, 'Moscow Diary', 10 April 1990.
50. Attali, *Verbatim*, vol. 3, pp. 469-70 (19 April 1990).
51. G. H. W. Bush to M. S. Gorbachëv, 29 April 1990: G. Bush, *All the Best, George Bush: My Life in Letters and Other Writings*, p. 468.
52. Conversation between M. S. Gorbachëv and J. A. Baker (Moscow), 18 May 1990: *Otvechaya na vyzov vremeni*, p. 259.
53. Braithwaite, 'Moscow Diary', 18 May 1990.
54. Conversation between G. H. W. Bush and M. S. Gorbachëv (Washington), 31 May 1990: *Otvechaya na vyzov vremeni*, p. 263.
55. I. Korchilov, *Translating History: Th irty Years on the Front Lines of Diplomacy with a Top Russian Interpreter*, p. 263.
56. *Ibid.*, p. 255.
57. *New York Times*, 6 June 1990.
58. Meeting of J. A. Baker and E. A. Shevardnadze (West Berlin, memcon), 22 July 1990, pp. 4-5 and 12-14: National Security Archive, Soviet Flashpoints, box 38.

59. Shevardnadze, *Kogda rukhnul zheleznyi zanaves*, p. 182.
60. A. N. Yakovlev, Question-and-answer session at the XXVIII Party Congress, 7 July 1990: *Aleksandr Yakovlev. Perestroika*, p. 511.

第四十章　謝瓦納茲不幹了

1. A. Chernyaev, *Sovmestnyi iskhod. Dnevnik dvukh epokh. 1971-1991 gody*,
p. 872 (13 September 1990).
2. *Ibid.*
3. Meeting of A. A. Obukhov and J. Matlock, 3 September 1990: Vitalii Leonidovich Kataev Papers (HIA), box 4, folder 48.
4. Message from offi cial to E. A. Shevardnadze, 19 September 1990: *ibid.*, box 4, folder 49.
5. Helsinki Summit, 9 September 1990: *Otvechaya na vyzov vremeni: Vneshnyaya politika perestroiki: Dokumental'nye svidetel'stva*, p. 726.
6. Conversation between M. S. Gorbachëv and G. H. W. Bush, 9 September 1990: Gorbachëv Foundation Archive, fond 1, op. 1, reproduced in P. Stroilov, *Behind the Desert Storm*, p. 149; B. Scowcroft in G. Bush and B. Scowcroft , *A World Transformed*, p. 364.
7. Helsinki summit transcript (Soviet), 9 September 1990: Gorbachëv Foundation Archive, fond 1, op. 1, reproduced in Stroilov, *Behind the Desert Storm*, p. 182.
8. *Ibid.*, pp. 184-6.
9. T. G. Stepanov-Mamaladze diary, 28 April 1988: T. G. Stepanov-Mamaladze Papers (HIA), box 5.
10. T. G. Stepanov-Mamaladze working notes, 1 February 1990: *ibid.*, box 3.
11. *Ibid.*
12. *Ibid.*, 22 March 1990.
13. T. G. Stepanov-Mamaladze diary, 5-9 February 1990: *ibid.*, box 5.
14. *Ibid.*, 23 June 1989.
15. T. G. Stepanov-Mamaladze working notes, 1 June 1990 : *ibid.*, box 3.
16. T. G. Stepanov-Mamaladze diary, 30 June 1988: *ibid.*, box 5.
17. *Ibid.*, 28 December 1989.
18. T. G. Stepanov (interview), HIGFC (HIA), box 3, folder 1, p. 38.
19. T. G. Stepanov-Mamaladze diary, 28 December 1989: T. G. Stepanov-Mamaladze Papers (HIA), box 5.
20. *Ibid.*, 25 December 1989; S. P. Tarasenko (interview), HIGFC (HIA), box 3, folder 2, p. 57.
21. A. G. Kovalëv (interview), *ibid.*, box 2, folder 6, p. 38; S. P. Tarasenko (interview), *ibid.*, box 3, folder 2, pp. 58 and 99-100.
22. A. G. Kovalëv (interview), *ibid.*, box 2, folder 6, p. 39; S. P. Tarasenko (interview), *ibid.*, box 3, folder 2, pp. 58 and 99-100.
23. T. G. Stepanov-Mamaladze diary, 28 December 1989: T. G. Stepanov-Mamaladze Papers (HIA), box 5.

24. *Ibid.*, 30 December 1989.
25. *Ibid.*, 1 February 1990. The Russian phrase is: 'Radi etogo stoilo by eshchë pozhit.'
26. 'Onekotorykh aspektakh polozheniya del na peregovorakh po sokrash-cheniyu vooruzhenii', 23 March 1990 (n.a.), pp. 1-5: Vitalii Leonidovich Kataev Papers (HIA), box 13, folder 28.
27. G. M. Kornienko in S. F. Akhromeev and G. M. Kornienko, *Glazami marshala i diplomata*, p. 255.
28. *Ibid.*, p. 256.
29. 'Onekotorykh aspektakh polozheniya del na peregovorakh po sokrash-cheniyu vooruzhenii', 23 March 1990 (n.a.), pp. 1-5: Vitalii Leonidovich Kataev Papers (HIA), box 13, folder 28.
30. V. Kryuchkov, *Lichnoe delo*, vol. 1, pp. 296-8 and 301.
31. R. Braithwaite, 'Moscow Diary', 4 January 1989.
32. T. G. Stepanov-Mamaladze diary, 1 February 1990: T. G. Stepanov-Mamaladze Papers (HIA), box 5.
33. *Ibid.*, 5-9 February 1990.
34. T. G. Stepanov-Mamaladze working notes, 27 February 1990: T. G. Stepanov-Mamaladze Papers (HIA), box 3.
35. A. L. Adamishin Papers (HIA), box 1: Diaries 1990, March 1990.
36. Lt. Gen. A. F. Katusev, 'Proshu opublikovat'', *Sovetskaya Rossiya*, 25 March 1990; Col. Gen. I. Rodionov, 'Lish' polnaya pravda mozhet ubedit'', *Literaturnaya Rossiya*, 20 April 1990; T. G. Stepanov-Mamaladze diary, 17-25 April 1990: T. G. Stepanov-Mamaladze Papers (HIA), box 5.
37. T. G. Stepanov-Mamaladze working notes, 13 April 1990: T. G. Stepanov-Mamaladze Papers (HIA), box 3.
38. A. S. Chernyaev (interview), HIGFC (HIA), box 1, folder 16, p. 89.
39. In fact over a thousand out of 4,459 delegates rejected Defence Minister Yazov whereas only 872 spurned Shevardnadze: T. G. Stepanov-Mamaladze diary, 13 July 1990: T. G. Stepanov-Mamaladze Papers (HIA), box 5.
40. A. N. Yakovlev (interview), HIGFC (HIA), box 3, folder 4, p. 17.
41. T. G. Stepanov-Mamaladze diary, 12 January 1990: T. G. Stepanov-Mamaladze Papers (HIA), box 5.
42. T. G. Stepanov-Mamaladze working notes, 2 July 1990: *ibid.*, box 3.
43. A. S. Chernyaev (interview), HIGFC (HIA), box 1, folder 12, p. 90.
44. A. Yakovlev, *Omut pamyati*, p. 484.
45. T. G. Stepanov-Mamaladze working notes, 1 February 1990: T. G. Stepanov-Mamaladze Papers (HIA), box 3. The Russian phrase is: 'Ya absolyutno veryu v Shevardnadze.'
46. V. L. Kataev, 'Kartina kontsa 80-x', fi led as 80-90, p. 3: Vitalii Leonidovich Kataev Papers (HIA), disk 3.
47. Chernyaev, *Sovmestnyi iskhod*, p. 802 (16 September 1989).
48. Braithwaite, 'Moscow Diary', 14 September 1990.
49. E. A. Shevardnadze to M. S. Gorbachëv, 18 September 1990, p. 5: Vitalii Leonidovich Kataev Papers (HIA), box 4, folder 50.

50. E. Shevardnadze, *Moi vybor: v zashchitu demokratii i svobody*, p. 20.
51. E. A. Shevardnadze to M. S. Gorbachëv, item 2 (October 1990?), pp. 6-8: Vitalii Leonidovich Kataev Papers (HIA), box 4, folder 53; T. G. StepanovMamaladze working notes, 17 February 1991: T. G. Stepanov-Mamaladze Papers (HIA), box 3.
52. Chernyaev, *Sovmestnyi iskhod*, p. 883 (23 October 1990).
53. P. Cradock, *In Pursuit of British Interests Refl ections on Foreign Policy under Margaret Thatcher and John Major*, p. 115.
54. S. P. Tarasenko (interview), HIGFC (HIA), box 3, folder 2, p. 80.
55. A. S. Chernyaev (interview), *ibid.*, box 1, folder 12, p. 88.
56. S. P. Tarasenko (interview), *ibid.*, box 3, folder 2, p. 58.
57. K. N. Brutents, *Nesbyvsheesya. Neravnodushnye zametki o perestroike*, a. 534.
58. S. P. Tarasenko (interview), HIGFC (HIA), box 3, folder 2, p. 81.
59. E. A. Shevardnadze to M. S. Gorbachëv (n.d.), 'Ob itogakh peregovorov v N'yu-Iorke, 22 sentyabrya-5 oktyabrya 1990 goda', pp. 2-7 and 17: Vitalii Leonidovich Kataev Papers (HIA), box 4, folder 53.
60. See J. G. Wilson, *The Triumph of Improvisation: Gorbachev's Adaptability, Reagan's Engagement, and the End of the Cold War*, p. 191.
61. See A. Brown, *The Gorbachev Factor*, pp. 152-3.
62. See Wilson, *The Triumph of Improvisation*, p. 192.
63. Chernyaev, *Sovmestnyi iskhod*, p. 884 (31 October 1990).
64. Braithwaite, 'Moscow Diary', 4 December 1990; Y. Primakov, *Russian Crossroads: Towards the New Millennium*, p. 48.
65. Meeting of M. S. Gorbachëv and S. Al-Feisal (Moscow), 27 November 1990: *Otvechaya na vyzov vremeni*, p. 740.

第四十一章　世界新秩序？

1. Y. Primakov, *Russian Crossroads: Towards the New Millennium*, p. 51.
2. S. P. Tarasenko (interview), HIGFC (HIA), box 3, folder 2, p. 81.
3. T. G. Stepanov-Mamaladze diary, 19 October 1990: T. G. Stepanov-Mamaladze Papers (HIA), box 5.
4. J. Attali, *Verbatim*, vol. 3: *Chronique des années 1988-1991*, pp. 620-1 (conversation between F. Mitterrand and M. Gorbachëv, 30 October 1990).
5. S. P. Tarasenko (interview), HIGFC (HIA), box 3, folder 2, pp. 84-5.
6. *Ibid.*, pp. 84-6.
7. T. G. Stepanov (interview), *ibid.*, box 3, folder 1, p. 8.
8. A. S. Chernyaev (interview), *ibid.*, box 1, folder 12, p. 88.
9. T. G. Stepanov-Mamaladze working notes, 26 November 1990: T. G. Stepanov-Mamaladze Papers (HIA), box 3.

10. *Ibid.*, 27 November 1990.
11. E. Shevardnadze, *Kogda rukhnul zheleznyi zanaves: vstrechi i vospominaniya*, pp. 191-2; conversation between N. Shevardnadze and J. Braithwaite: R. Braithwaite, 'Moscow Diary', 10 September 1991.
12. T. G. Stepanov-Mamaladze working notes, 9 December 1990: T. G. Stepanov-Mamaladze Papers (HIA), box 3.
13. *Ibid.*, 23 November 1990.
14. *Ibid.*, 24 November 1990.
15. V. V. Bakatin (interview), HIGFC (HIA), box 1, p. 6.
16. *Ibid.*, p. 7.
17. A. Chernyaev, *Sovmestnyi iskhod. Dnevnik dvukh epokh. 1971-1991 gody*, p. 883 (23 October 1990).
18. T. G. Stepanov-Mamaladze working notes, 4 December 1990: T. G. Stepanov-Mamaladze Papers (HIA), box 3.
19. Attali, *Verbatim*, vol. 3, p. 657 (11 December 1990).
20. T. G. Stepanov-Mamaladze working notes, 12 December 1990: T. G. Stepanov-Mamaladze Papers (HIA), box 3.
21. *Ibid.*
22. Braithwaite, 'Moscow Diary', 14 December 1990.
23. Letter from Zh. A. Medvedev to the British authorities, 11 July 1991 about information collected by Roy Medvedev from S. F. Akhromeev: Braithwaite, 'Moscow Diary', 18 July 1991.
24. T. G. Stepanov-Mamaladze working notes, 20 December 1990: T. G. Stepanov-Mamaladze Papers (HIA), box 3.
25. *Pravda*, 21 December 1990; Chernyaev, *Sovmestnyi iskhod*, p. 890 (19 December 1990).
26. *Pravda*, 21 December 1990.
27. T. G. Stepanov-Mamaladze working notes, 20 and 21 December 1990: T. G. Stepanov-Mamaladze Papers (HIA), box 3.
28. *Ibid.*, 21 December 1990.
29. *Ibid.*
30. *Ibid.*, 30 December 1990.
31. *Ibid.*, 2 January 1991.
32. Shevardnadze, *Kogda rukhnul zheleznyi zanaves*, pp. 191-2.
33. *Ibid.*, p. 193.
34. T. G. Stepanov-Mamaladze diary, 28 April 1988: T. G. Stepanov-Mamaladze Papers (HIA), box 5.
35. V. M. Falin (interview), HIGFC (HIA), box 1, folder 15, pp. 20-1.
36. S. P. Tarasenko (interview), *ibid.*, box 3, folder 2, pp. 59-60.
37. *New York Times*, 21 December 1990.
38. A. S. Chernyaev (interview), HIGFC (HIA), box 1, folder 16, p. 90.

39. T. G. Stepanov-Mamaladze working notes, 18 March 1991: T. G. Stepanov-Mamaladze Papers (HIA), box 3.
40. T. G. Stepanov-Mamaladze diary, 30 June 1988: *ibid.*, box 5.
41. Chernyaev, *Sovmestnyi iskhod*, p. 934 (31 March 1991).
42. V. M. Falin (interview), HIGFC (HIA), box 1, folder 15, pp. 20-1.
43. Chernyaev, *Sovmestnyi iskhod*, p. 912 (29 January 1991).
44. *Ibid.*, p. 921 (25 February 1991).
45. L. N. Zaikov, V. M. Kryuchkov, E. A. Shevardnadze, D. T. Yazov, O. D. Bak-lanov and I. S. Belousov to M. S. Gorbachëv (draft memo), December 1990: Vitalii Leonidovich Kataev Papers (HIA), disk 1, AKHROMEEV, pp. 1-2. I have no idea whether this memo went to Gorbachëv as draft ed.
46. Soviet record of conversation between D. Logan and V. P. Karpov, 24 December 1990: *ibid.*, box 11, folder 12.
47. A. L. Adamishin Papers (HIA), box 2, folder 1: Diaries 1991, 17 February 1991.
48. Chernyaev, *Sovmestnyi iskhod*, p. 917 (15 January 1991).
49. E. Shevardnadze, *Moi vybor: v zashchitu demokratii i svobody*, p. 85.
50. E. A. Shevardnadze to J. A. Baker, January 1991: Vitalii Leonidovich Kataev Papers (HIA), box 4, folder 54; and record of conversation with J. Matlock, 1 February 1991: *ibid.*, folder 55.
51. Chernyaev, *Sovmestnyi iskhod*, p. 908 (18 January 1991).

第四十二章　結局

1. L. V. Shebarshin, *Ruka Moskvy: Zapiski nachal'nika sovetskoi razvedki*, p. 274.
2. V. L. Kataev, 'Sovetskii voenno-promyshlennyi kompleks', p. 41: Vitalii Leonidovich Kataev Papers (HIA), box 16.
3. R. Braithwaite, 'Moscow Diary', 25 September 1991.
4. V. Landsbergis, *Lithuania Independent Again: The Autobiography of Vytautas Landsbergis*, pp. 259-60.
5. Protocol on the cessation of the Warsaw Pact's military agreements and the elimination of its organs and structures, 25 February 1991 (Soviet record): PHPCS.
6. See also M. Kramer, 'Gorbachev and the Demise of East European Commu-nism', in S. Pons and F. Romero (eds), *Reinterpreting the End of the Cold War. Issues, Interpretations, Periodizations*, p. 194.
7. Braithwaite, 'Moscow Diary', 21 March 1991.
8. A. Chernyaev, *Sovmestnyi iskhod. Dnevnik dvukh epokh. 1971-1991 gody*, p. 928 (14 March 1991).
9. J. Major to M. S. Gorbachëv, 5 April 1991: Vitalii Leonidovich Kataev Papers (HIA), box 4, folder 57; Braithwaite, 'Moscow Diary', 5 April 1991.
10. *Ibid.*, 5 December 1991.
11. A. N. Yakovlev (interview), HIGFC (HIA), box 3, folder 4, pp. 11-12.
12. A. L. Adamishin Papers (HIA), box 2, folder 1: Diaries 1991, 14 March 1991.

13. *Ibid.*, 15 March 1991.
14. *Ibid.*, 14 March 1991.
15. G. K. Shakhnazarov, *S vozdyami i bez nikh*, p. 472.
16. Chernyaev, *Sovmestnyi iskhod*, p. 815 (29 October 1989).
17. 'Spravka' on the expected savings from the fulfi lment of the strategic off en-sive weapons treaty, probably April 1991: Vitalii Leonidovich Kataev Papers (HIA), box 11, folder 33.
18. Braithwaite, 'Moscow Diary', 6 May 1991.
19. Security Council meeting, 18 May 1991: *V Politbyuro TsK KPSS. Po zapisyam Anatoliya Chernyaeva, Vadima Medvedeva, Georgiya Shakhnazarova, 1985-1991*, p. 573.
20. *Ibid.*, p. 574.
21. Landsbergis, *Lithuania Independent Again*, pp. 261-2.
22. *Ibid.*, pp. 263-4.
23. Telephone conversation of G. H. W. Bush and M. S. Gorbachëv, 11 May 1991, pp. 3-4: http://bushlibrary.tamu.edu/research/pdfs/memcons_telcons/1991-05-11--Gorbachev.pdf
24. G. H. W. Bush to M. S. Gorbachëv, 5 June 1991: Vitalii Leonidovich Kataev Papers (HIA), box 4, folder 58.
25. M. S. Gorbachëv to G. H. W. Bush, 13 June 1991: *ibid.*, box 4, folder 59.
26. V. A. Kryuchkov (interview), HIGFC (HIA), box 2, folder 7, pp. 47-8.
27. V. Kryuchkov, *Lichnoe delo*, vol. 2, pp. 389-92.
28. A. L. Adamishin Papers (HIA), box 2, folder 1: Diaries 1991, 26 June 1991; Braithwaite, 'Moscow Diary', 17 June 1991.
29. L. V. Shebarshin (interview), HIGFC (HIA), box 2, folder 19, p. 39.
30. Braithwaite, 'Moscow Diary', 6 June 1991.
31. V. Kryuchkov, *Lichnoe delo*, vol. 1, p. 261.
32. Presidential Council, 16 October 1990: Anatoli Chernyaev Papers (RESCA), box 1, p. 61.
33. V. L. Kataev, untitled memoir notes fi led as PAZNOGL, p. 10: Vitalii Leonidovich Kataev Papers (HIA), disk 3.
34. V. M. Falin (interview), HIGFC (HIA), box 1, folder 15, p. 17.
35. Chernyaev, *Sovmestnyi iskhod*, p. 954 (23 June 1991).
36. *Ibid.*
37. Meeting of Gorbachëv and Rodric Braithwaite, 15 June 1991: *V Politbyuro TsK KPSS*, p. 579.
38. Braithwaite, 'Moscow Diary', 15 June 1991.
39. J. A. Baker, 'CFE: Foundation for Enduring European Security', statement before Senate Foreign Relations Committee, 11 July 1991, p. 1: Committee on the Present Danger, box 126, folder: CFE.
40. Gorbachëv and Bush 17 July 1991 (London): *V Politbyuro TsK KPSS*, pp. 594-6.
41. Braithwaite, 'Moscow Diary', 18 July 1991.
42. Chernyaev, *Sovmestnyi iskhod*, p. 966 (23 July 1991).

43. *Ibid.*, pp. 966-7.
44. B. Scowcroft , 'Bush Got It Right in the Soviet Union', *New York Times*, 18 August 1991.
45. G. Bush, *All the Best, George Bush: My Life in Letters and Other Writings*, a. 530.
46. Chernyaev, *Sovmestnyi iskhod*, p. 970.
47. G. I. Revenko (interview), HIGFC (HIA), box 2, folder 16, p. 33.
48. *Sovetskaya Rossiya*, 23 July 1991.
49. Chernyaev, *Sovmestnyi iskhod*, p. 971 (21 August 1991).
50. *Ibid.*, p. 975.
51. *Ibid.*, p. 972.
52. Bush, *All the Best, George Bush*, p. 533 (diary: 19 August 1991).
53. Interview with L. M. Zamyatin, *Kommersant*, 3 May 2005.
54. Chernyaev, *Sovmestnyi iskhod*, p. 982 (21 August 1991).
55. *Ibid.*
56. V. A. Medvedev, *V komande Gorbachëva. Vzglyad izvnutri*, p. 198.
57. Chernyaev, *Sovmestnyi iskhod*, p. 973 (21 August 1991).
58. *Ibid.*, p. 984 (21 August 1991).
59. S. Plokhy, *The Last Empire: The Final Days of the Soviet Empire*, p. 174.
60. T. G. Stepanov-Mamaladze working notes, 30 August 1991: T. G. Stepan-ov-Mamaladze Papers (HIA), box 3; E. Shevardnadze, *Kogda rukhnul zheleznyi zanaves: vstrechi i vospominaniya*, pp. 211-12.
61. A. Yakovlev, *Omut pamyati*, p. 469. Yakovlev did not specify that Gorbachëv made the off er at that meeting, but the balance of probability is that it was then and there.
62. Shevardnadze, *Kogda rukhnul zheleznyi zanaves*, pp. 211-12. On 30 November 1991, Shevardnadze was to ask Yeltsin whether he thought that Gorbachëv had been involved in the August coup. Apparently Yeltsin had replied: 'I don't exclude [the possibility].': T. G. Stepanov-Mamaladze working notes, 30 November 1991: T. G. Stepanov-Mamaladze Papers (HIA), box 3.
63. Shevardnadze, *Kogda rukhnul zheleznyi zanaves*, pp. 211-12.
64. G. Bush and B. Scowcroft , *A World Transformed*, p. 539.
65. *Washington Post*, 30 August 1991.
66. Bush and Scowcroft , *A World Transformed*, pp. 541-2.
67. G. H. W. Bush, Address to the Nation on Reducing United States and Soviet Nuclear Weapons, 27 September 1991: www.presidency.ucsb.edu/ ws/?pid=20035
68. Bush and Scowcroft , *A World Transformed*, p. 546.
69. *Ibid.*, p. 547.
70. Braithwaite, 'Moscow Diary', 7 October 1991.
71. Chernyaev, *Sovmestnyi iskhod*, p. 1016 (3 November 1991).
72. V. L. Kataev, diary: 15 November 1991: Vitalii Leonidovich Kataev Papers (HIA), box 3, folder 5.

專有名詞中英文對照表

中文	英文
《中程核子飛彈條約》	Intermediate-Range Nuclear Forces Treaty
《反彈道飛彈條約》（1972年）	Anti-Ballistic Missile Treaty (1972)
《重建：我們國家和全世界的新思維》	Perestroika: New Thinking for Our Country and the World
《限制和削減戰略性攻擊武器條約》	Treaty on the Reduction and Limitation of Strategic Offensive Arms (START)
《從威脅到和平》	Whence the Threat to Peace
《晨星報》	Morning Star (newspaper)
《第二階段限制戰略武器條約》	SALT-II Treaty
《歐洲傳統武力條約》	Conventional Armed Forces in Europe Treaty
「國家新聞及保護秘密總局」（格拉維特）	Glavlit
Ambio期刊	Ambio (journal)
2劃	
人民陣線	popular front
十月革命	October Revolution (1917)
十點計畫	Ten-Point Plan for German unity
3劃	
三方委員會	Trilateral Commission
大衛・帕克	Packard, David
大衛・洛克斐勒	Rockefeller, David
大衛・郎格	Lange, David
小威廉・巴克利	Buckley, William F., Jr
4劃	
山姆・努恩	Nunn, Sam
丹・奎爾	Quale, Dan
丹・龍仁	Lungren, Dan
丹尼斯・希利	Healey, Denis
五巨頭	Big Five (USSR)
切斯瓦夫・基什恰克	Kiszczak, Czesław

中文	英文
尤里・波洛可非夫	Prokofev, Yuri
尤里・索洛維夫	Solovëv, Yuri
尤里・馬斯柳科夫	Maslyukov, Yuri
尤里・維辛斯基	Kvitsinski, Yuli
尤里・沃倫特索夫	Vorontsov, Yuli
尤金・羅斯托	Rostow, Eugene
巴尼・歐德菲爾	Oldfield, Barney
巴布拉克・卡爾邁勒	Karmal, Babrak
戈登・麥克雷南	McLennan, Gordon
戈登・韓福瑞	Humphrey, Gordon
5劃	
世界和平會議	World Peace Council
出口管制統籌委員會	CoCom (Coordinating Committee for Export Controls)
加林頓爵士	Carrington, Lord
加普洛夫	Gapurov, Mukhamednazar
北大西洋公約組織	NATO (North Atlantic Treaty Organization)
卡倫・布騰	Brutents, Karen
卡斯帕・溫伯格	Weinberger, Caspar
卡斯楚	Castro, Fidel
卡路奇	Carlucci, Frank
卡爾・瓦伊諾	Vaino, Karl
卡爾・沙根	Sagan, Carl
卡薩羅里大主教	Casaroli, Cardinal
卡羅伊・格羅斯	Grósz, Károly
古斯塔夫・胡薩克	Husák, Gustáv
史坦尼斯瓦夫・卡尼亞	Kania, Stanisław
史塔尼斯拉夫・沙塔林	Shatalin, Stanislav
史達林	Stalin, Joseph
四方會談	Quad, The
尼古拉・帕托利切夫	Patolichev, Nikolai
尼古拉・雷日科夫	Ryzhkov, Nikolai
尼可拉斯・丹尼洛夫	Daniloff, Nicholas
尼可萊・切爾渥夫	Chervov, Nikolai
尼可萊・米利塔盧	Militaru, Nicolae

中文	英文
尼可萊・米特金	Mitkin, Nikolai
尼可萊・西米列夫	Shmelëv, Nikolai
尼可萊・佩特拉可夫	Petrakov, Nikolai
尼可萊・佩楚先科	Petrushenko, Nikolai
尼可萊・德提諾夫	Detinov, Nikolai
尼克來・斯來恩科夫	Slyunkov, Nikolai
尼克森	Nixon, Richard
尼克萊・希施林	Shishlin, Nikolai
尼格爾・巴納爾	Bagnall, Nigel
尼爾・海特	Hyett, Nell
尼爾・金諾克	Kinnock, Neil
布里辛斯基	Brzezinski, Zbigniew
布里茲涅夫	Brezhnev, Leonid
布里茲涅夫主義	Brezhnev Doctrine
布來恩・柯立芝	Cartledge, Bryan
布萊恩・穆爾羅尼	Mulroney, Brian
布萊恩・克羅茲爾	Crozier, Brian
布蘭特・史考克羅夫	Scowcroft, Brent
弗里茲・俄馬特	Ermath, Fritz
弗拉迪米爾・波斯納	Pozner, Vladimir
弗拉基米爾・切爾納溫	Chernavin, Vladimir
弗拉基米爾・多爾吉赫	Dolgikh,Vladimir
弗拉基米爾・韋特羅夫	Vetrov, Vladimir
弗朗茨・約瑟夫・施特勞斯	Strauss, Franz-Josef
札格拉丁	Zagladin, Vadim
瓦西里・貝科夫	Byka , Vasil
瓦迪姆・巴卡金	Bakatin, Vadim
瓦迪姆・梅德韋傑夫	Medvedev, Vadim
瓦倫丁・帕夫洛夫	Pavlov, Valentin
瓦倫丁・法林	Falin, Valentin
瓦連尼科夫	Varennikov, Valentin
瓦雷利・鮑爾丁	Boldin, Valeri
甘迺迪	Kennedy, John
皮耶・杜魯道	Trudeau, Pierre

中文	英文
石油輸出國家組織	Organization of the Petroleum Exporting Countries (OPEC)
6劃	
任・貝勒索夫	Belousov, Rem
伊凡・弗羅洛夫	Frolov, Ivan
伊凡・貝洛索夫	Belousov, Ivan
伊凡・格拉祖諾夫	Glazunov, Ivan
伊凡・鮑久爾	Bodyul, Ivan
伊里・瓦杜瓦	Văduva, Ilie
伊里那・拉圖辛斯卡雅	Ratushinskaya, Irina
伊昂・伊列斯庫	Iliescu, Ion
伊朗醜聞	Iran–Contra scandal (1986)
伊耿・克倫茲	Krenz, Egon
伏拉迪米爾・帕謝奇尼克	Pasechnik, Vladimir
伏拉迪米爾・梅德韋傑夫	Medvedev, Vladimir
列夫・札伊可夫	Zaikov, Lev
列夫・謝巴辛	Shebarshin, Lev
列昂尼德・札米亞京	Zamyatin, Leonid
列寧	Lenin, Vladimir
吉安尼・塞維蒂	Cervetti, Gianni
吉米・卡特	Carter, Jimmy
吉姆・寇特	Courter, Jim
吉姆・撒瑟	Sasser, Jim
多斯桑托斯	Dos Santos, José Eduardo
宇野宗佑	Uno, Sōsuke
安納托利・葛羅米柯（葛羅米柯之子）	Gromyko, Anatoli
安德烈・沙卡洛夫	Sakharov, Andrei
安德烈・科科申	Kokoshin, Andrei
安德烈・科科申	Kokoshin, Andrey
安德烈・基里連科	Kirilenko, Andrei
安德羅波夫	Andropov, Yuri
托多爾・日夫科夫	Zhivkov, Todor
朱利奧・安德烈奧蒂	Andreotti, Giulio
死手系統	Dead Hand system
米克洛什・內梅特	Németh, Miklós

中文	英文
米克羅斯・耶克斯	Jakes, Miklos
米奇斯瓦夫・拉科夫斯基	Rakowski, Mieczysław
米哈伊爾・索洛緬采夫	Solomentsev, Mikhail
米哈伊爾・莫伊謝耶夫	Moiseev, Mikhail
米哈伊爾・戈巴契夫	Gorbachëv, Mikhail
米歇爾・坎德蘇斯	Camdessus, Michel
自由歐洲電台	Radio Free Europe
艾伯・索弗	Sofaer, Abe
艾德・梅西	Meese, Ed
艾德・羅尼	Rowny, Ed
艾德里安・丹尼列維奇	Danilevich, Andrian
衣索比亞的門格斯圖	Mengistu, Haile
西塔爾揚	Sitaryan, Stepan
西奧塞古	Ceauşescu, Nicolae
亨利・ 肯德爾	Kendall, Dr Henry
亨利・季辛吉	Kissinger, Henry
7劃	
低盪	détente
何內克	Honecker, Erich
何梅尼	Khomeini, Ayatollah
佛瑞德・伊克萊	Iklé, Fred
克拉斯諾雅爾斯克反飛彈雷達站	Krasnoyarsk radar station
克留奇科夫	Kryuchkov, Vladimir
李斯澤德・庫克林斯基	Kukliński, Ryszard
李奧波德・查魯巴	Chalupa, Leopold
杜比寧大使	Dubinin, Ambassador
杜凱吉斯	Dukakis, Michael
沃特・孟岱爾	Mondale, Walter
狄托	Tito, Josip Broz
貝蒂諾・克拉克西	Craxi, Bettino
貝爾納・羅傑斯	Rogers, Bernard
8劃	
亞伯拉罕森	Abrahamson, James
亞瑟・斯卡吉爾	Scargill, Arthur

中文	英文
亞瑟・哈特曼	Hartman, Arthur
亞歷山大・卡圖謝夫	Katusev, Alexander
亞歷山大・柴可夫斯基	Chakovski, Alexander
亞歷山大・梅爾尼柯夫	Melnikov, Alexander
亞歷山大・別斯梅爾特內赫	Bessmertnykh, Alexander
亞歷山大・雅可夫列夫	Yakovlev, Alexander
亞歷山大・杜布切克	Dubček, Alexander
亞歷山大・海格	Haig, Alexander
亞歷山大－艾真托夫	Alexandrov-Agentov, Alexander
亞諾什・卡達爾	Kádár, János
佩特爾・姆拉德諾夫	Mladenov, Petar
佩特羅斯基	Petrovski, Boris
妮娜・安德列娃	Andreeva, Nina
孟什維克	Mensheviks
季斯卡・德斯坦	D'Estaing, Giscard
帕爾米羅・陶里亞蒂	Togliatt, Palmiroi
彼得・羅賓森	Robinson, Peter
彼得・漢納佛	Hannaford, Pete
拉吉夫・甘地	Gandhi, Rajiv
拉姆拉尼	Lamrani, Mohammed
林・諾夫齊格	Nofziger, Lyn
波布柯夫	Bobkov, Filipp
波利斯・亞里斯托夫	Aristov, Boris
波蘭統一工人黨	Polish United Workers Party
肯尼思・卡翁達	Kaunda, Kenneth
肯尼斯・阿德曼	Adelman, Kenneth
芭芭拉・布希（芭芭拉・皮爾斯）	Bush, Barbara
阿卡迪・謝夫欽科	Shevchenko, Arkadi
阿納托利・柯瓦廖夫	Kovalëv, Anatoli
阿納托利・切爾尼雅耶夫	Chernyaev, Anatoli
阿納托利・杜布里寧	Dobrynin, Anatoli
阿納托利・阿達米申	Adamishin, Anatoli
阿塞德	al-Assad, Bashar
阿爾吉爾達斯・布拉藻斯卡斯	Brazauskas, Algirdas

中文	英文
阿爾多・莫羅	Moro, Aldo
阿維德・佩爾謝	Pelshe, Arvid
9劃	
俄羅斯新聞社	Novosti
保羅・甘迺迪	Kennedy, Paul
保羅・尼茲	Nitze, Paul
南西・雷根	Reagan, Nancy
南庫頁群島	South Kuriles
南莉・謝瓦納茲	Shevardnadze, Nanuli
哈利・提許	Tisch, Harry
哈理・羅溫	Rowen, Harry
哈菲茲・阿塞德	al-Assad, Hafez 383
哈維爾	Havel, Václav
威利・布蘭特	Brandt, Willi
威利・史托夫	Stoph, Willi
威廉・克羅伊	Crowe, William
威廉・范克立夫	Van Cleave, William
威廉・凱西	Casey, Bill
威廉・克拉克	Clark, William
威廉・阿姆斯壯	Armstrong, William L.
威廉・奧德姆	Odom, William
政治局	Politburo
查爾斯・威克	Wick, Charles
查爾斯・鮑威爾	Powell, Charles
查爾斯・希爾	Hill, Charles
查爾頓・赫斯頓	Heston, Charlton
柯利達	Cradock, Percy
柯林・鮑威爾	Powell, Colin
柯爾	Kohl, Helmut
柯錫金	Kosygin, Alexei
洛塔・德梅基耶	de Maizière, Lothar
派特・布坎南	Buchanan, Pat
珍・惠曼	Wyman, Jane
珍妮・柯克派屈克	Kirkpatrick, Jeane

中文	英文
約翰・史丹尼斯	Stennis, John C.
約翰・懷海德	Whitehead, John
約翰・懷德海	Whitehead, John
約翰・波因德克斯特	Poindexter, John
約翰・辛克利	Hinckley, John
約翰・華納	Warner, John
紅色旅	Red Brigades
美國之音	Voice of America
美國共產黨	United States Communist Party
美國新聞處	United States Information Agency
若望保祿二世	John Paul II, Pope
范・克萊本	Cliburn, Van
軍情六處	MI6
迪克・錢尼	Cheney, Dick
飛雅特公司	Fiat
10劃	
唐諾・里根	Regan, Don
夏蘭斯基	Shcharanski, Anatoli
席恩・加蘭	Garland, Sean
庫里可夫	Kulikov, Viktor
恩里科・貝林格	Berlinguer, Enrico
恩維爾・霍查	Hoxha, Enver
柴契爾夫人	Thatcher, Margaret
核子裁軍運動	Campaign for Nuclear Disarmament (CND)
根舍	Genscher, Hans-Dietrich
根納季・亞納耶夫	Yanaev, Gennadi
根納迪・札卡洛夫	Zakharov, Gennadi
格列高里・雅夫林斯基	Yavlinski, Grigori
格里戈里・羅曼諾夫	Romanov, Grigori
格里申	Grishin, Viktor
格斯・霍爾	Hall, Gus
格奧爾格・拉祖莫夫斯基	Razumovski, Georgi
格達費	Gaddafi, Muammar
格雷爵士	Grey, Earl

中文	英文
格魯烏	GRU (Main Intelligence Administration)
格羅莫夫	Gromov, Boris
桑定陣線	Sandinistas
泰姆拉茲・斯特帕諾夫—馬馬拉澤	Stepanov-Mamaladze, Teimuraz
海珊	Saddam Hussein
班娜姬・布托	Bhutto, Benazir
馬丁・安德森	Anderson, Martin
馬克斯・坎波曼	Kampelman, Max
馬克斯・渥夫	Wolf, Markus
馬利安・奧茲邱斯基	Orzechowski, Marian
馬林・費茲瓦特	Fitzwater, Marlin
馬提雅斯・魯斯特	Rust, Mathias
馬爾科姆・鮑德里奇	Baldrige, Malcolm
高華德	Barry, Goldwater
11劃	
國際收割機公司	International Harvester Company
國際特赦組織	Amnesty International
國際貨幣基金	International Monetary Fund
國際援助左派組織基金	International Fund of Assistance
密特朗	Mitterrand, François
密爾頓・傅利曼	Friedman, Milton
康斯坦丁・魯薩科夫	Rusakov, Konstantin
康斯坦丁・契爾年科	Chernenko, Konstantin
曼弗雷德・溫納爾	Wörner, Manfred
梅傑	Major, John
梵蒂岡電台	Vatican Radio
理查・柯爾	Kerr, Richard
理查・派普斯	Pipes, Richard
理查・席夫特	Schifter, Richard
理查・戴維斯	Davies, Richard
理查・艾倫	Allen, Richard
理查・培里	Perle, Richard
紹德・阿爾法紹	al-Faisal, Saud
麥可・富特	Foot, Michael

中文	英文
麥克・迪佛	Deaver, Mike
麥克・畢佛	Beaver, Mike
麥迪遜團體	Madison Group
12劃	
傑西・荷姆斯	Helms, Jesse
傑佛瑞・薩克斯	Sachs, Jeffrey
傑佛瑞・侯艾	Howe, Geoffrey
傑克・馬特洛克	Matlock, Jack
傑克森─范尼克修正案	Jackson–Vanik amendment
勞勃・伯德	Byrd, Robert Byrd
勞倫斯・伊格爾伯格	Eagleburger, Lawrence
喬・斯洛佛	Slovo, Joe
喬艾思・卡羅・歐提茲	Oates, Joyce Carol
喬治・布朗	Brown, George
喬治・米契爾	Mitchell, George
喬治・阿巴托夫	Arbatov, Georgi
喬治・威爾	Will, George
喬治・馬歇	Marchais, Georges
喬治・莫菲	Murphy, George
喬治・納波里塔諾	Napolitano, Giorgio
喬治・舒茲	Shultz, George
喬治・謝赫納札羅夫	Shakhnazarov, Georgi
喬治・科尼恩柯	Kornienko, Georgi
喬治・布希	Bush, George H. W.
提比利斯大屠殺	Tbilisi massacre (1989)
提克霍諾夫	Tikhonov, Nikolai
提普・歐尼爾	O'Neill, Tip
斯圖亞特・霍蘭德	Holland, Stuart
斯諾	Snow, C. P.
普丁	Putin, Vladimir
湯姆・布羅考	Brokaw, Tom
湯瑪斯・強生	Johnson, Thomas
華沙公約組織	Warsaw Pact
華勒沙	Wałesa, Lech
萊莎・戈巴契夫	Gorbachëva, Raisa

中文	英文
開放天空大會	Open Skies Conference (1990)
隆納・雷根	Reagan, Ronald
13劃	
傳統基金會	Heritage Foundation
塔里克・阿齊茲	Aziz, Tariq
塔拉申科	Tarasenko, Sergei
塔迪烏斯・皮歐若	Pióro, Tadeusz
塔迪烏斯・塔撒普斯基	Tuczapski, Tadeusz
塔德烏什・馬佐維耶茨基	Mazowiecki, Tadeusz
塞維林・比爾勒	Bialer, Professor Seweryn
奧比・舒茲	Shultz, O'Bie
奧立佛・諾斯	North, Oliver
奧列格・貝爾雅柯夫	Belyakov, Oleg
奧列格・格里涅夫斯基	Grinevski, Oleg
奧列格・戈迪夫斯基	Gordievski, Oleg
奧列格・巴克蘭諾夫	Baklanov, Oleg
奧洛夫・帕爾梅	Palme, Olof
奧斯卡・費雪	Fischer, Oscar
奧蒂嘉	Ortega, Daniel
奧爾洛夫	Orlov, Yuri
奧德里奇・艾姆斯	Ames, Aldrich
愛德華・吉瑞克	Gierek, Eduard
愛德華・謝瓦納茲	Shevardnadze, Eduard
愛德華・泰勒	Teller, Edward
當前危機委員會	Committee on the Present Danger
經濟互助委員會	Comecon
聖戰士	Mujahidin
葉夫根尼・韋利霍夫	Velikhov, Yevgeni
葉夫根尼・普利馬可夫	Primakov, Yevgeni
葉戈爾・利加喬夫	Ligachëv, Yegor
葛納迪・柯賓	Kolbin, Gennadi
葛羅米柯	Gromyko, Andrei
詹姆斯・貝克	Baker, James
詹森	Johnson, Lyndon
賈克・席哈克	Chirac, Jacques

中文	英文
賈魯塞斯基	Jaruzelski, Wojciech
跨部門工作小組（五小巨頭）	Inter-Departmental Working Group ('Little Five')
道格拉斯・麥克伊欽	MacEachin, Douglas
道格拉斯・赫德	Hurd, Douglas
雷根分子	Reaganauts
雷蒙・塞伊	Seitz, Raymond Seitz
雷熱・涅爾什	Nyers, Resz
14劃	
團結工聯	Solidarity
漢斯・莫德洛	Modrow, Hans
爾文・克里斯多	Kristol, Irving
福特	Ford, Gerald
維克多・卡波夫	Karpov, Viktor
維克托・切布里科夫	Chebrikov, Viktor
維陶塔斯・蘭茨貝吉斯	Landsbergis, Vytautas
維塔利・沙巴諾夫	Shabanov, Vitali
維塔利・尤爾欽科	Yurchenko, Vitali
維塔利・卡塔耶夫	Kataev, Vitali
維塔利・齊基奇柯	Tsygichko, Vitali
蓋瑞・哈特	Hart, Gary
赫曼・艾森	Axen, Hermann
赫爾伯特・羅梅爾斯坦	Romerstein, Herb
赫爾穆・施密特	Schmidt, Helmut
赫魯雪夫	Khrushchëv, Nikita
齊亞・哈克	Zia-ul-Haq, President
齊洪伯・派特亞希維里	Patiashvili, Dzhumber
15劃	
德米特里・史坦尼謝夫	Stanishev, Dmitri
德米特里・雅佐夫	Yazov, Dmitri
德米特里・烏斯季諾夫	Ustinov, Dmitri
歐巴馬	Obama, Barack
歐加可夫	Ogarkov, Nikolai
歐共主義	Eurocommunism
歐洲經濟共同體	European Economic Community (EEC)
潘興二號飛彈	Pershing-2 missiles

中文	英文
戰略防禦計畫	Strategic Defense Initiative (SDI)
16劃	
盧博米爾・什特勞加爾	Štrougal, Lubomír
盧博米爾・史特勞加爾	Strougal, Lubomir Strougal
穆罕默德・納吉布拉	Najibullah, Mohammad
諾曼・波德里茲	Podhoretz, Norman
諾曼・梅勒	Mailer, Norman
霍斯特・提爾施克	Teltschik, Horst
霍華・貝克	Baker, Howard
鮑伯・杜爾	Dole, Bob
鮑利斯・葉爾欽	Yeltsin, Boris
鮑里斯・波諾馬廖夫	Ponomarëv, Boris
鮑里斯・普戈	Pugo, Boris
17劃	
戴高樂	de Gaulle, Charles
謝爾比茨基	Shcherbitski, Vladimir
謝爾蓋・索科洛夫	Sokolov, Sergei
謝爾蓋・阿赫羅梅耶夫	Akhromeev, Sergei
18劃	
薩尤季斯	Sajūdis
魏格爾	Waigel, Theodor
19劃	
羅伯・蓋茲	Gates, Robert
羅伯・麥克法蘭	McFarlane, Robert
羅伯・麥納馬拉	McNamara, Robert
羅伯特・康奎斯特	Conquest, Robert
羅伯特・赫瑞斯	Herres, Robert
羅珊・李奇威	Ridgway, Rozanne
羅爾德・薩格德耶夫	Sagdeev, Roald
羅德里克・布萊斯威特	Braithwaite, Rodric
20劃	
蘇珊・瑪西	Massie, Suzanne
蘇斯洛夫	Suslov, Mikhail
蘭恩・柯克蘭	Kirkland, Lane

八旗國際 12

意外的和平

雷根、戈巴契夫等「四巨頭」，如何攜手結束半世紀的冷戰對峙？

The end of the Cold War : 1985-1991.

作　者　羅伯．塞維斯（Robert Service）
翻　譯　梁文傑
編　輯　王家軒
協力編輯　王紫讓
校　對　陳佩伶
地圖繪製　黃清琦
封面設計　倪旻鋒

企　劃　蔡慧華
總 編 輯　富　察
社　長　郭重興
發行人兼出版總監　曾大福
出版發行　八旗文化／遠足文化事業股份有限公司
地　址　新北市新店區民權路108-2號9樓
電　話　02-22181417
傳　真　02-86671065
客服專線　0800-221029
信　箱　gusa0601@gmail.com
Facebook　facebook.com/gusapublishing
Blog　gusapublishing.blogspot.com
法律顧問　華洋法律事務所／蘇文生律師

印　刷　前進彩藝有限公司
定　價　740元
初版一刷　2021年（民110）02月
ISBN　978-986-5524-40-1

國家圖書館出版品預行編目（CIP）資料

意外的和平：雷根、戈巴契夫等「四巨頭」，如何攜手結束半世紀的冷戰對峙？／羅伯．塞維斯（Robert Service）作；梁文傑譯. -- 一版. -- 新北市：八旗文化出版：遠足文化事業股份有限公司發行, 民110.02
面；17×22公分. --（八旗國際；12）
譯自：The end of the Cold War : 1985-1991.
ISBN 978-986-5524-40-1（平裝）

1. 國際關係　2. 冷戰　3. 美國　4. 俄國

578.18　　109022120